2판

무역실무강의

이시환 · 이원정

三 英 社

[제2판] 머리말

먼저, 그동안 이 책을 구독해 주신 대학의 학생들과 교수님들, 무역현장의 실무자들, 각종 무역관련 고시와 자격시험을 준비하는 독자들에게 무한한 감사의 인사를 드린다.

대학의 무역실무론 강의교재와 무역현장의 실무지침서가 되겠다는 포부를 갖고 이 책을 출간한지 7년의 시간이 흘렀다. 그동안의 무역실무 환경변화를 반영하고자 개정판을 발간하기로 결심하였다. 이번 개정판은 초판의 전체적인 틀을 유지하면서, 다음과 같은 내용에 주안점을 두었다.

첫째, 2019년 9월 국제상업회의소(ICC)는 인코텀즈(Incoterms) 제8차 개정본인 '2020년 인코텀즈(Incoterms® 2020)'을 공표하였다. 인코텀즈는 무역거래에서 널리 이용되고 있는 '정형거래조건의 해석에 관한 국제규칙'으로서, 2020년 인코텀즈는 2020년 1월 1일부터 시행된다. 따라서 2020년 인코텀즈의 주요 개정 사항을 반영하였다.

둘째, 우리나라 무역관리기구와 무역관계법규의 변화 내용을 반영하였다. 즉 정부조직의 개편에 따른 무역관련 행정기관의 변화 내용을 고려하고, 관세법 · 대외무역법 · 외국환관리법 · 불공정무역행위 조사 및 산업피해구제에 관한 법 · 무역보험법 등의 주요 법률의 개정 내용을 업데이트하였다.

셋째, 무역분쟁의 대표적 해결방법인 국제상사중재의 내용을 보완하였다. 즉 우리나라 중재에 관한 기본법인 중재법과 대표적인 중재기관인 대한상사중재원(KCAB)의 국제중제규칙의 최근 개정 내용을 반영하였다.

이밖에 해상보험의 준거법인 영국법과 공동해손에 관한 국제통일규칙인 요크 · 앤트위프규칙(YAR)의 최근 개정 사항을 반영하였고, 전문무역상사지정제도와 KITA무역진흥자금 등과 같은 우리나라 중소기업 수출지원제도의 변화 내용도 소개하였다.

머리말 [제2판]

최근의 무역실무 환경변화를 최대한 반영해 보겠다는 신념을 가지고 이 책의 개정 작업에 임했지만, 저자의 불찰로 부족한 점이 많을 줄 한다. 독자 여러분의 아낌없는 비판과 질타가 있기를 바란다.

끝으로 이 책의 개정을 허락해 주신 삼영사 고성익 대표님께 감사의 뜻을 표한다.

2020년 1월

저 자

머리말

이 책은 대학의 무역실무 또는 무역상무론의 강의교재 내지 무역에 종사하고 있는 실무자를 위한 지침서로서 저술한 것이다.

원래 이 책은 지난 1981년에 「무역실무강의」라는 제목으로 초판이 출간된 이후 독자 여러분의 사랑을 받아 1991년의 제5전정판까지 출간되어 오다가, 다시 1994년 이후 「신무역실무강의」, 그리고 「최신무역실무강의」라는 제목으로 지난 2011년까지 간행되어 왔다.

그런데 책의 초판이 간행된 지 30년이 지나다 보니 저자의 나이도 많아져 어느덧 정년을 눈앞에 두게 되었다. 따라서 더 이상 책을 간행하지 않고 절판을 할까 하는 생각도 하였으나, 이 책이 그 동안 대학교재로 또는 업계의 지침서로서 나름대로 다소간의 역할을 해 왔는데 완전히 절판하자니 무언가 아쉬움이 남는 것 같았다. 그래서 상당한 기간 동안 이 책으로 강의를 해 오신 덕성여대 이원정 교수님의 힘을 합쳐서 계속 간행하기로 결심하고, 새 출발을 하는 의미에서 출판사를 바꾸어 간행하게 되었다.

이 책에서는 우선 그 동안 바뀐 법령의 내용에 따라 책의 내용을 보완하였다.

무역실무가 크게 보면 계약의 체결과 그 이행으로 이루어지는데, 무역실무 교재에서는 매매계약서 양식의 구체적인 내용은 잘 다루고 있지 않다. 종래 이 책에서도 국제상업회의소가 만들어 놓은 표준 국제매매계약서의 견본 일부만을 삽입해 두고 있었다. 그러나 실제로 국제물품매매계약을 체결할 때 국제상업회의소 표준 매매계약서 양식을 사용하면 간편하고 안전하게 계약을 체결할 수 있다.

따라서 이번에 이 책에서는 국제상업회의소 표준 국제매매계약서의 전반적인 내용을 요약하여 설명함과 동시에 양식 전체를 삽입하고 그 내용을 번역해 두었다. 다만 이 표준계약서는 Incoterms 2000을 전제로 한 것이고, 2010년 Incoterms가 시행됨에 따라 이와 관련된 내용이 다소 바뀌어야 하지만 아직 이에 대한 개정작업이 이루어지고 있지 않다.

머리말

따라서 이 책에서는 기존의 표준계약서에서 수정되어야 할 부분을 밑줄로 표시하고 그 옆에 2010년 Incoterms에 따라 수정되어야 할 내용을 괄호 안에 표시해 두었다.

그러나 탈고를 하고 보니 구판보다 얼마나 개선되었는지, 또한 뜻하지 않은 잘못은 없는지 두려움이 앞선다. 부족한 점은 앞으로 독자 여러분의 비판을 받아 계속 보완해 나가기로 하고, 독자 여러분의 계속적인 사랑을 기대해 본다.

끝으로 어려운 출판사정에도 불구하고 기꺼이 책을 출판해 주신 삼영사 고덕환 사장님께 심심한 감사를 드린다.

2013년 1월

저 자

Contents

Chapter 1 무역실무의 기초 / 19

Chapter 2 해외시장의 개척 / 45

Contents

Contents

Contents

Chapter 8 무역보험의 부보 / 301

Contents

Contents

Chapter 13 무역클레임과 중재 / 447

Chapter 1

무역실무의 기초

1. 무역의 개념
2. 무역관리
3. 수출입절차의 개요
4. 전자무역의 기초
5. 중소기업을 위한 수출지원제도

Chapter 1 무역실무의 기초

1 무역의 개념

① 물자의 국제적 교류

오늘날 우리들의 경제생활은 물자의 국제적 교류하에서 영위되고 있다. 즉, 우리가 생산한 많은 물자가 해외로 수출되어 그 나라 국민생활을 윤택하게 하고 있는 반면, 우리도 외국으로부터 수입한 물자를 일상생활에 많이 사용하고 있는 것이다.

이와 같이 우리들의 생활에 필요한 물자는 국내에서 생산되는 것만으로는 부족하며, 많은 물자를 외국으로부터 수입하지 않고서는 하루라도 경제생활을 영위할 수 없다. 만약 이러한 물자의 국제적 교류가 이루어지지 않는다면 인류의 생활은 얼마나 비참할 것인가? 특히 우리나라와 같이 국토는 좁은데 비하여 인구는 많고 천연자원이 부족한 나라에 있어서는 더욱 더 그러할 것이다.

이러한 국제간에 있어서의 물자의 교류는 국제간에 행해지는 국제교역의 한 형태이며, 오늘날 지구상의 모든 국가는 쇄국상태에 있는 것이 아니라 인간의 왕래, 선박의 출입, 자본의 이동이라고 하는 형태로 상호 국제교역을 함으로써 그 생활을 윤택하게 하고 있는 것이다.

② 무역의 의의

무역은 경제학상 넓은 의미로 해석하여 서로 다른 국가간에 행해지는 상품 · 자본 · 노동 · 기술 · 서비스의 국제적 이동을 의미한다. 그러나 무역을 좁은 의미로 이해할 때에는 상품의 국제적 이동에 수반하는 매매거래형태를 가리킨다. 일반적으로 무역이라 할 때에는 이러한 좁은 의미로 사용한다.

국제교역의 한 형태로서의 물자의 교류는 일국의 기업이 통상 영리를 목적으로 외국의 기업에 물품을 매도하거나 외국의 기업으로부터 매수하는 결과로서 일어난다. 이와 같이 한 나라의 기업이 외국의 기업에 물건을 매도하거나 또는 외국의 기업으로부터 매수하는 것을 외국무역 또는 단순히 무역(foreign trade)이라 하며, 이것은 국내 상거래에 대칭되는 개념이다. 그리고 상품의 국제적 이동방향에서 보아 일국으로부터 타국에 나가는 것을 수출(export), 타국으로부터 자국에 들어오는 것을 수입(import)이라 한다.

한편, 무역을 하는 주체를 무역업자라 하고, 그 중에서 수출을 경영하는 자를 수출업자(exporter), 수입을 경영하는 자를 수입업자(importer), 양자를 겸하여 경영하는 자를 수출입업자(exporter & importer)라고 한다.

요컨대, 무역이란 통상 영리를 목적으로 일국의 무역업자와 외국의 무역업자 사이에 이루어지는 사적인 매매활동(private merchandising activity which is carried on for the purpose of gaining profit)을 가리킨다.[1]

2 무역관리

① 무역관리의 의의와 목적

(1) 무역관리의 의의

무역관리(trade control)라 함은 무역거래에 대한 국가의 간섭 내지는 통제를 말한다. 여기서 말하는 통제란 대체로 「경제를 일정한 방향으로 규제한다」든가, 「특정한 목적을 완수하기 위하여 경제를 지도한다」는 것이다.

국제분업원리에 의한 비교생산비설에 의하면 무역은 거래당사자 쌍방에 이익을 주는 것이므로 될 수 있는 한 무역에 대하여 인위적인 간섭 내지 통제를 하지 않고 당사자의 자유에 맡겨두는 것이 가장 이상적이다. 그러나 문자 그대로의 자유무역(free trade)이라는 것은 세계 어느 국가에서도 찾아볼 수 없으며, 비록 정도의 차이

1) 국제간의 물품매매는 영리가 불가결의 조건은 아니고, 또 거래 주체도 사경제에 국한되는 것은 아니다. 예컨대, 정부 무역과 같이 공경제에 의한 비영리 거래도 있다. 따라서 무역은 엄밀히 말하여 사경제 거래, 공경제 거래, 영리 · 비영리의 일체를 포함하는 개념이다.

는 있을지언정 모든 국가가 무역에 대하여 통제 내지 간섭을 하고 있다. 상품을 수출하는 국가는 예를 들면 희소한 재화의 보존, 현실적 · 잠재적인 적성국가에의 전략물자의 통제라는 이유로, 또 수입국의 경우 국민의 보건, 외국환의 보유, 현실적 · 잠재적 적성국가에 대한 경제보복, 자국산업의 보호, 관세라는 형태의 세입원 확보 등을 이유로 수입을 제한하거나 규제하고 있는 것이다.

우리나라의 경우도 예외는 아니며, 특히 과거 우리나라의 수출입무역 및 외환은 국가의 엄격한 관리하에 운영되어 왔다. 그러나 1970년대 이후 세계경제가 전반적으로 위축되면서 각국이 국내산업 · 고용 · 국제수지 등을 보호하기 위하여 이른바 신보호(무역)주의(new protectionism)를 채택함에 따라 공정무역(fair trade), 질서있는 무역, 나아가 상호주의(reciprocity)가 강조되고 있었다. 또 한편으로는 우리나라 무역규모도 크게 증가함에 따라 정부 주도하의 타율적 · 규제적 무역정책이 한계점에 이르고, 민간 주도의 자율적 경제운영의 필요성이 제고됨에 따라 종래의 엄격한 관리무역체제를 근간으로 하는 무역관리의 기본법인 무역거래법을 폐지하고 대외무역법을 제정, 1987년 7월 1일부터 시행해 왔다. 대외무역법에서는 관리무역체제하의 과도한 규제를 완화하여 자유무역 원칙을 수용하면서 수입자유화정책과 국내산업보호를 합리적으로 조정할 수 있는 수입에 의한 산업피해구제제도를 마련하고, 교역 상대국의 수입규제에 사전 대응하며, 국제무역질서협정에 적극적으로 참여하기 위하여 공정한 무역을 하도록 하는 등의 제도적인 장치를 마련하였다. 그리고 이러한 대외무역법의 제정 이후 국제무역환경의 변화에 따라 수시로 대외무역법의 개정이 있었다.

(2) 무역관리의 목적

대외무역법 제1조는 "이 법은 대외무역을 진흥하고 공정한 거래질서를 확립하여 국제수지의 균형과 통상의 확대를 도모함으로써 국민경제를 발전시키는 데 이바지함을 목적으로 한다"고 규정하고 있다. 즉, 무역관리의 궁극적인 목적은 국민경제의 발전에 기여하는 데에 있으며, 그 방법 내지 수단은 대외무역을 진흥하고 공정한 거래질서를 확립하여 국제수지의 균형을 꾀하고 통상의 확대를 도모하는 것이다.

❷ 무역관계법규 및 무역관리기구

(1) 무역관계법규

무역관리를 위해서는 법률의 뒷받침이 필요한데, 이러한 뒷받침이 되는 법률로서는 다음과 같은 것이 있다.

(가) 기본법(대외무역법)

무역행정의 주무관청인 산업통상자원부가 무역활동을 규제하기 위한 법적인 근거로서 대외무역거래에 관한 기본법인 대외무역법이 있다. 이 법은 무역거래에 관한 일반법 · 기준법으로서 「대외무역을 진흥하고 공정한 거래질서를 확립하여 국제수지의 균형과 통상의 확대를 도모함으로써 국민경제를 발전시키는 데 이바지」하고자 종래의 무역거래법, 산업설비 수출촉진법 및 수출조합법을 통폐합 · 보완하여 1986년 12월 31일 법률 제3895호로 제정되었으며, 현행 대외무역법은 2019년 8월 1일(법률 제16422호)에 개정된 것으로서, 이 법 밑에 대외무역법 시행령 및 대외무역관리규정이 있어 이와 같은 것들이 실제로 무역활동을 규제하는 세부적인 절차를 규정하고 있다.

(나) 기타 무역관계법규

대외무역법 이외에 무역거래에 직접 관계되는 법으로서는 다음과 같은 것이 있다.

1) 외국환거래법

이 법은 외국환거래와 그 밖의 대외거래의 자유를 보장하고 시장기능을 활성화하여 대외거래의 원활화 및 국제수지의 균형과 통화가치의 안정을 도모함으로써 국민경제의 건전한 발전에 이바지함을 목적으로 하고 있다. 이 법은 종래의 외국환관리법에 대치하여 1998년 9월 16일(법률 제5550)에 제정되었으며, 현행법은 2017년 7월 8일(법률 제14525호)에 개정된 것이다.

2) 관세법

관세법은 관세의 부과 · 징수 및 수출입 물품의 통관을 적정하게 하고 관세수입을 확보함으로써 국민경제의 발전에 이바지함을 목적으로 하고 있는데, 현행법은 2019년 12월 31일(법률 제16838호)에 개정된 것으로서 이 법에 의하여 통관절차 등에 규제를 하고 있다.

3) 불공정무역행위 조사 및 산업피해구제에 관한 법률

이 법은 불공정한 무역행위와 수입의 증가 등으로 인한 국내산업의 피해를 조사 · 구제하는 절차를 정함으로써 공정한 무역질서를 확립하고 국내산업을 보호하며, 「세계무역기구 설립을 위한 마라케쉬협정」 등 무역에 관한 국제협약을 이행하기 위해 필요한 사항을 규정함을 목적으로 한다. 이 법은 종래 대외무역법에 있던 규정의 일부를 분리하여 2001년 2월 3일(법률 제6417호)에 제정되었으며, 현행법은 2019년 12월 10일(법률 제16798호)에 개정된 것이다.

이밖에도 무역이나 그 밖의 대외거래와 관련하여 발생하는 위험을 담보하기 위한 무역보험제도를 효율적으로 운영함으로써 무역과 해외투자를 촉진하여 국가경쟁력을 강화하고 국민경제의 발전에 이바지함을 목적으로 하는 무역보험법(법률 제16797호 2019년 12월 10일) 등 많은 법률이 무역거래에 관계된다.

(다) 특별법

무역에 관한 일반법인 대외무역법에 대한 예외를 규정하여 우선 적용되는 특별법으로는 식품위생법, 문화재보호법, 양곡관리법, 농약관리법 등 수많은 법률이 있다.

(2) 무역관리기구

무역관리는 위에서 살펴 본 무역관계법규에 따라 국가의 행정기관을 통해서 행해지고 있다. 우리나라의 무역관리에 관한 중앙행정관청은 산업통상자원부장관인데, 본 장관은 무역행정을 신속하고 능률적으로 운영하기 위하여 무역관리에 관한 권한의 일부를 소속기관의 장, 시 · 도지사에게 위임하거나, 관계 행정기관의 장, 세관장, 한국은행총재, 한국수출입은행장, 외국환은행의 장, 그 밖에 대통령령으로 정하는 법인 또는 단체에 위탁할 수 있다[대외무역법(이하 "법"이라 한다) 제52조].

(가) 주무 중앙행정관청(산업통상자원부장관)

산업통상자원부장관은 최상급의 중앙 무역행정관청으로서 무역에 관한 사무를 관장 · 통할한다.

(나) 협조 중앙행정관청(각 주무장관)

무역행정에 관한 협조 중앙행정관청으로서는 기획재정부장관(외환 등), 외교부장관(해외통상 등), 행정안전부장관(총포화약류 등), 농림축산식품부장관(양곡 · 비료 · 농약 등), 보건복지부장관(독물 및 극물 · 마약 등), 국토교통부장관(건설장비 등) 및 문화체육관광부장관(영화 · 출판물 · 음반 · 문화재 등) 등이 있는데, 이들은 각각 소관사무에 관한 특별법을 가지고 운영하고 있다.

(다) 무역위원회

산업통상자원부에 불공정무역행위에 대한 조사 · 판정, 수입 증가 · 덤핑 · 보조금 등으로 인한 국내산업 피해의 조사 · 판정, 산업경쟁력 영향조사 등에 관한 업무를 수행하기 위하여 무역위원회를 두고 있다(불공정 무역행위 조사 및 산업피해구제에 관한 법률 제27조 제1항).

그리고 이러한 업무 및 국제무역제도의 연구 등 무역위원회의 업무를 처리하기 위하여 무역위원회에 사무기구를 두고 있다(동 제2항).

무역위원회는 위원장 1명을 포함한 9명 이내의 위원으로 구성하며 위원 중 대통령령으로 정하는 수의 위원은 상임으로 하고 있다(동 법 제29조 제1항 및 제2항).

(라) 산업통상자원부의 권한위임(또는 위탁)에 의한 무역관리기구

산업통상자원부장관의 권한위임(또는 위탁)에 의한 무역관리기구로서는 시 · 도지사, 세관장, 한국은행 총재, 외국환은행의 장, 한국무역협회장 등이 있다.

산업통상자원부장관은 효율적인 무역관리를 위해 자기가 위임 또는 위탁한 사무에 관하여 그 위임 또는 위탁을 받은 자를 지휘 · 감독한다(법 제52조).

3 무역관리의 수단 및 내용

(1) 무역업 고유번호의 부여

종래 대외무역법에서는 무역을 업으로 영위하는 이른바 무역업을 하고자 하는 자들로 하여금 산업통상자원부장관(실제로는 산업통상자원부장관의 권한 위탁에 의해 한국무역협회)에게 신고하도록 하고 있었다.

그러나 2000년 1월 1일부터는 이러한 무역업신고제도를 폐지하고 그 대신 산업통상자원부장관에게 무역업 고유번호를 신청하여 고유번호를 부여받도록 하고 있는데, 현재 이 권한은 한국무역협회장에게 위탁되어 있다. 그리고 2000년 1월 1일 이전에 대외무역법에 의해 부여받은 무역업 신고필증상의 무역업 신고번호는 무역업 고유번호로 본다.

한편 무역거래자는 관세법 제241조의 규정에 의한 수출입신고시 무역업 고유번호를 수출입자 상호명과 함께 기재하여야 한다.

[별지 제1호 서식]

무역업고유번호신청서

APPLICATION FOR TRADE BUSINESS CODE

처리기간(Handling Time)
즉 시(Immediately)

<table>
<tr><td colspan="2">① 상 호
(Name of Company)</td><td></td><td>② 무역업고유번호
(Trade Business Code)</td><td></td></tr>
<tr><td colspan="2">③ 주 소
(Address)</td><td colspan="3"></td></tr>
<tr><td rowspan="2">④</td><td>전화번호
(Phone Number)</td><td></td><td>⑤ 이메일주소
(E-mail Address)</td><td></td></tr>
<tr><td>팩스번호
(Fax Number)</td><td></td><td>⑥ 사업자등록번호
(Business Registry Number)</td><td></td></tr>
<tr><td colspan="2">⑦ 대표자 성명
(Name of Rep.)</td><td colspan="3"></td></tr>
</table>

「대외무역법 시행령」 제21조 제1항 및 대외무역관리규정 제24조에 따라 무역업고유번호를 위와 같이 신청합니다.

I hereby apply for the above-mentioned trade business code in accordance with Article 24 of the Foreign Trade Management Regulation.

신청일 : 년 월 일
Date of Application Year Month Day

신청인 : (서명)
Applicant Signature

사단법인 한국무역협회 회장
Chairman of Korea International Trade Association

유의사항 : 상호, 대표자, 주소, 전화번호 등 변동사항이 발생하는 경우 변동일로부터 20일 이내에 통보하거나 무역업데이타베이스에 수정입력하여야 함.

(2) 수출입의 승인

물품 등의 수출입은 원칙적으로 자유롭게 할 수 있으나, 예외적으로 헌법에 따라 체결·공포된 조약과 일반적으로 승인된 국제법규에 따른 의무의 이행, 생물자원의 보호 등을 위하여 필요하다고 인정하여 산업통상자원부장관이 지정하는 물품은 산업통상자원부장관의 승인을 받아야 수출입을 할 수 있다(법 제10조 및 제11조 참조).

(3) 수출입의 질서유지

우리나라의 무역은 헌법에 따라 체결·공포된 무역에 관한 조약과 일반적으로 승인된 국제법규에서 정하는 바에 따라 자유롭고 공정한 무역을 조장함을 원칙으로 하고 있다(법 제3조 제1항). 이러한 공정무역을 구현하기 위하여 무역업자 등에게 수출입의 질서유지의무를 부과하고 있다.

(가) 불공정 무역행위의 금지

누구든지 다음 각 호의 어느 하나에 해당하는 행위(이하 "불공정무역행위"라 한다)를 하여서는 아니 된다(불공정무역행위 조사 및 산업피해구제에 관한 법률 제4조 제1항).

1) 대한민국의 법령이나 대한민국이 당사자인 조약에 따라 보호되는 특허권·실용신안권·디자인권·상표권·저작권·저작인접권·프로그램저작권·반도체집적회로의 배치설계권이나 지리적 표시 또는 영업 비밀을 침해하는 물품 등(이하 "지식재산권침해물품 등"이라 한다)에 관한 다음 각 목의 어느 하나에 해당하는 행위
   ① 해외에서 지식재산권침해물품 등을 국내에 공급하는 행위 또는 지식재산권침해물품 등을 수입하거나 수입된 지식재산권침해물품 등을 국내에서 판매하는 행위
   ② 지식재산권침해물품 등을 수출하거나 수출을 목적으로 국내에서 제조하는 행위
2) 다음 각 목의 어느 하나에 해당하는 물품 등을 수출하거나 수입하는 행위
   ① 원산지를 거짓으로 표시하거나 원산지를 오인하게 하는 표시를 한 물품 등
   ② 원산지 표시를 손상하거나 변경한 물품 등
   ③ 원산지 표시를 하지 아니한 원산지 표시 대상 물품
3) 품질 등을 거짓으로 표시하거나 과장하여 표시한 물품 등을 수출하거나 수입하는 행위

4) 수출입계약의 이행과 관련하여 계약내용과 현저하게 다른 물품 등의 수출입 또는 분쟁의 발생 등을 통하여 대한민국의 대외신용을 손상시켜 해당 지역에 대한 수출 또는 수입에 지장을 주는 행위

이것은 국제무역질서에 부합하는 공정무역을 함으로써 외국과의 무역마찰을 피하려는 데에 그 목적이 있다.

(나) 수출입 물품 등의 가격 조작 금지

무역거래자는 외화 도피의 목적으로 물품 등의 수출 또는 수입 가격을 조작하여서는 아니된다(법 제43조).

(다) 무역분쟁의 신속한 해결

무역거래자는 그 상호간이나 교역 상대국의 무역거래자와 물품 등의 수출 · 수입과 관련하여 분쟁이 발생한 경우에는 정당한 사유 없이 그 분쟁의 해결을 지연시켜서는 아니된다(법 제44조 제1항). 이것은 우리나라의 대외 신용을 제고시키기 위한 것이다.

④ 수출입공고

(1) 수출입공고의 의의

물품 등의 수출입은 원칙적으로 자유롭게 할 수 있으나 일정한 경우에는 산업통산자원부장관의 승인을 받아야 수출입을 할 수 있다. 즉, 산업통상자원부장관은 헌법에 따라 체결 · 공포된 조약과 일반적으로 승인된 국제법규에 따른 의무의 이행, 생물자원의 보호 등을 위하여 필요하다고 인정하면 물품 등의 수출 또는 수입을 제한하거나 금지할 수 있다(법 제11조 제1항). 그리고 산업통상자원부장관이 헌법에 따라 체결 · 공포된 조약과 일반적으로 승인된 국제법규에 따른 의무의 이행, 생물자원의 보호 등을 위하여 지정하는 물품 등을 수출하거나 수입하려는 자는 산업통상자원부장관의 승인을 받아야 한다(동 제2항). 이러한 규정에 따라 산업통상자원부장관이 제한 · 금지, 승인절차 등을 정한 경우에는 이를 공고하여야 하는데(동 제5항), 이를 수출입공고라 한다.

그리고 대외무역법 이외의 법령에 의하여 관계 행정기관의 장이 수출 · 수입요령

을 제정하거나 개정하는 경우에는 그 수출·수입요령이 그 시행일 전에 공고될 수 있도록 이를 산업통상자원부장관에게 제출하여야 하고, 산업통상자원부장관은 제출받은 수출·수입요령을 통합하여 공고하여야 하는데, 이를 통합공고라 한다(법 제12조).

(2) 품목분류방법

수출입공고상의 품목분류는 1970년도까지 SITC 방식에 의하였고, 1971년도 상반기부터는 CCCN 방식에 따랐으나, 1988년부터는 HS 방식에 의하고, 그 세분류는 관세·통계통합품목분류표(HSK)에 의하고 있다.

(가) SITC(Standard International Trade Classification : 표준국제무역분류)

SITC는 유엔 통계분과위원회의 추천으로 1950년 유엔 경제사회이사회에서 선포하였으며, 1960년에 전면적으로 개정되었다. 이것은 경제분석과 상품별 무역자료의 국제비교를 용이하게 하기 위해 필요한 무역통계를 제시하는 데에 그 목적을 두고 있다. 즉, SITC는 경제통계나 무역통계를 작성하는데 적합하도록 총 45,000여 종의 무역상품을 분류한 것이다.

(나) CCCN(Customs Cooperation Council Nomenclature : 관세협력이사회 상품분류)

CCCN은 관세협력이사회(Customs Cooperation Council : CCC)가 관세부과를 위한 상품분류의 국제적 통일을 기하기 위하여 1955년에 제정한 상품분류이다. 이것은 당초 CCC 본부가 있는 브뤼셀(Brussels)의 이름을 따 BTN(Brussels Tariff Nomenclature)이란 명칭으로 사용해 오다가 1976년 1월부터 그 명칭을 CCCN으로 변경하였다.

CCCN은 총 60,000여종의 품목을 관세부과에 편리하도록 분류하고 있다.

(다) HS(Harmonized System : 신국제통일상품분류제도)

HS는 Harmonized Commodity Description and Coding System(HCDCS)의 약칭으로 보통 조화제도라고도 하며, 1983년 6월 브뤼셀에서 개최된 CCC총회에서 채택한 새로운 상품분류체계이다. HS가 탄생된 직접적인 계기가 된 것은 주요 교역국들 간의 서로 다른 상품분류체계에 따른 각국간의 무역통계의 비교 및 관세협상 추진상의 기술적 어려움을 타개하려는 국제무역기구의 노력이었다. 앞에서 살펴 본 CCCN이 관세율표에 사용하기 위해 마련된 특정 용도의 품목분류표라고 한다면, HS는 관세 · 통계 · 운송 등 모든 분야에 공통으로 사용하기 위해 만든 다목적 품목분류표라 할 수 있다.

HS는 무역거래의 대상이 될 수 있는 모든 상품을 21개의 부(section)로 대분류하고, 이를 97개의 류(chapter)로 중분류한 다음 다시 호(heading)로 소분류하고, 이어 소호(sub-heading)로 세분류하고 있다.

HS분류번호는 10단위까지 있으며 그 중 6단위까지는 협약사항으로서 그대로 사용하여야 한다. 그리고 마지막 4단위는 HS를 사용하는 국가별로 자국 사정을 감안 조정할 수 있다. 우리나라에서 사용하는 10단위는 이를 HSK(Harmonized System Korea: 관세 · 통계통합품목분류표)라 한다. 예컨대 유아용 의류 및 부속품은 HS번호가 6209(호: heading)이고, 그 중 재질이 합성섬유인 경우 소호가 30이며, 합성섬유로 만든 의류는 통계번호가 1000이고, 합성섬유로 만든 부속품은 통계번호가 2000이다. 따라서 이를 종합해 보면 합성섬유로 만든 유아용 의류는 HS 번호가 6209301000이 된다.

따라서 수출입하고자 하는 품목에 대하여 수출입 제한여부를 파악하기 위해서는 우선 당해 품목의 HS상품분류 번호를 확인한 다음[2] 한국무역협회에서 운용하는 KOTIS(Korea Trade Information Service)에 조회하면 된다.

(3) 수출입물품의 품목구분

수출입공고에는 별표로서 수출금지품목, 수출제한품목, 수입제한품목을 공고하고 있다. 따라서 수출입공고에 열거되지 않은 품목은 자유롭게 수출입을 할 수 있다. 그리고 수출입제한품목을 수출입하기 위해서는 동 공고상의 품목별 수출입요령에 따라 수출입승인을 받아야 한다.

2) 이때 상품분류번호를 정확하게 파악할 수 없을 경우에는 관세청(고객지원센터 : 1577-8577)이나 한국무역협회(종합무역컨설팅 지원단 : 1566-5114)에 문의하면 도움을 받을 수 있다.

3 수출입절차의 개요

① 수출절차

수출절차라 함은 대외무역법, 관세법 등 수출입을 규제하는 각종 법규의 내용에 따라 수출계약의 체결단계로부터 수출대금의 결제에 이르기까지 수출을 하는데 있어서 거쳐야 할 일련의 행정절차를 의미한다. 수출절차는 무역거래형태에 따라 다소 차이가 있지만 여기서는 일반적인 신용장 베이스의 수출절차를 살펴보기로 한다.

상품을 수출하고자 할 때에는 우선 수출할 시장을 결정하고 그 시장내의 유력한 거래처를 물색한 다음 거래제의를 하여 수출계약을 체결한다. 그리고 일단 수출계약이 체결되면 수출신용장을 접수한 후 원자재를 확보한다. 다음에는 제품을 생산하여 수출통관을 한 다음 선적하고, 수출대금을 회수하게 된다.

여기서 신용장거래의 경우를 중심으로 하여 수출절차를 간단히 살펴보면 다음과 같다(〈그림 1-1〉 참조).

(1) 수출의 전제사항

수출을 하기 위해서는 다음과 같은 조건이 충족되어야 한다.

① 특정지역으로서의 수출을 금지하고 있는 경우에는 그 지역으로 수출을 할 수 없고, 또 특정지역으로서의 수출을 제한하고 있는 경우에는 별도 수출요령에 따라 수출하여야 한다.

② 각국에서는 자국 산업과 소비자를 보호하기 위하여 일정한 상품에 대하여 수입을 금지시키거나 규제하고 있으므로, 수출대상국가의 수입정책에 따라 수입이 허용되는 품목이어야 수출할 수 있다.

③ 국가에 따라서는 수입물량 또는 수입금액을 규제하기 위하여 수입쿼터 등 각종 방식으로 수입을 제한하고 있는 바, 이 경우 당해 수입규제의 운영요령에 따라 수입자격이 있는 자에 대하여 수출할 수 있다.

④ 수출하고자 하는 품목이 수출입공고, 통합공고에 의해 수출이 제한되는 품목인 경우에는 수출승인 또는 수출요건확인을 받아야 한다.

〈그림 1-1〉 신용장방식에 의한 수출절차(CIF조건)

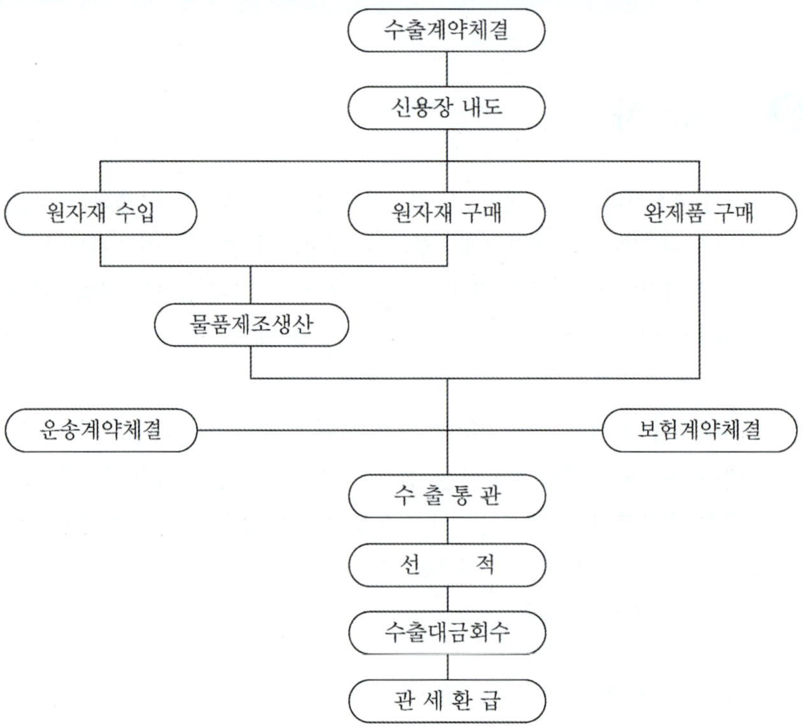

(2) 수출신용장의 접수

오늘날 무역거래에 있어서 대금결제수단으로 신용장이 차지하는 비중은 점차 줄어들고 있기는 하지만 여전히 신용장이 많이 이용되고 있다. 대금결제가 신용장부 화환어음 방법을 이용하는 경우 수출업자는 신용장을 접수하면 대금회수의 안전을 위하여 매매계약내용과의 일치여부, 기타 이행 불가능한 조건이 있는가의 여부를 검토하여야 한다.

(3) 수출물품의 확보와 무역금융

수출물품은 수출업자가 스스로 제조 · 생산하거나 완제품을 내국신용장 또는 구매확인서에 의하여 구매하게 된다. 그리고 수출물품을 제조 · 생산하기 위해서는 소요원자재를 확보하여야 되는데, 원자재는 내국신용장 또는 구매확인서에 의하여 국내에서 구매하거나 수입신용장을 발행하여 해외에서 수입한다. 이때 수출자의 자금부담을 덜어주고 수출을 촉진하기 위하여 원자재 확보시 소요되는 자금에 대하여는 원자재금융을, 제조 · 생산에 소요되는 자금에 대하여는 생산자금을 지원하고 있으며, 그 밖에도 수출업자는 수출신용장 또는 내국신용장을 근거로 무역어음을 발행하여 소요자금을 조달할 수도 있다.

(4) 운송 및 보험계약 체결

수출물품이 확보되면 운송수단을 수배하여 운송계약을 체결하고 또 가격조건에 따라 매도인이 부보해야 할 경우에는 보험회사와 해상보험계약을 체결하여야 한다. 그런데 무역상품의 운송수단에는 여러 가지가 있지만, 가장 널리 이용되고 있는 운송방법이 선박에 의한 해상운송이므로, 일반적으로 수출물품을 선적할 적당한 선박을 수배하여 선박회사와 해상운송계약을 체결하게 된다.

(5) 수출통관

수출물품이 확보되면 수출상품을 외국의 매수인에게 보내기 위해 관세법이 정하는 바에 따라 수출통관절차를 거쳐야 한다. 즉, 수출하고자 하는 자는 당해 물품의 소재지 관할세관장에게 수출신고를 하고 수리를 받아야 한다.

(6) 선적 및 대금회수

수출신고가 수리되면 수출물품은 내국물품에서 외국물품으로 바뀌므로 언제든지 선적할 수 있게 된다. 따라서 다음 단계는 운송계약에 따라 물품을 선적하고 선박회사로부터 선하증권을 교부받은 다음, 수출대금을 회수한다. 수출대금을 회수하기 위해서는 신용장에서 요구하는 환어음과 운송서류, 즉 선박회사로부터 교부받은 선하증권 이외에 상업송장, 보험증권, 포장명세서, 원산지증명서 등을 구비하여 외국환은행에 매입을 의뢰한다. 매입의뢰를 받은 외국환은행은 신용장 조건과 제시된 화환어음을 검토한 후 환어음을 매입하고 수출업자에게 수출대금을 지급하게 된다.

(7) 관세환급

수출을 완료한 다음, 수출물품을 제조하기 위해 원재료를 수입한 경우에는 그 원재료를 수입할 때 세관에 납부한 관세 및 내국소비세액을 정액환급 또는 개별환급 방법에 의하여 환급받는다.

2 수입절차

수입절차도 수출의 경우와 마찬가지로 대외무역법, 관세법 등 수입을 규제하는 각종 법규의 내용에 따라 수입계약을 체결하고 수입신용장 등을 발행한 후에 수입통관을 완료하기까지 수입을 하는데 있어서 거쳐야 할 일련의 절차를 의미한다.

여기서 우선 가장 일반적인 신용장거래의 경우를 중심으로 하여 수입절차를 간단히 살펴보면 다음과 같다(〈그림 1-2〉 참조).

〈그림 1-2〉 신용장방식에 의한 수입절차(CIF조건)

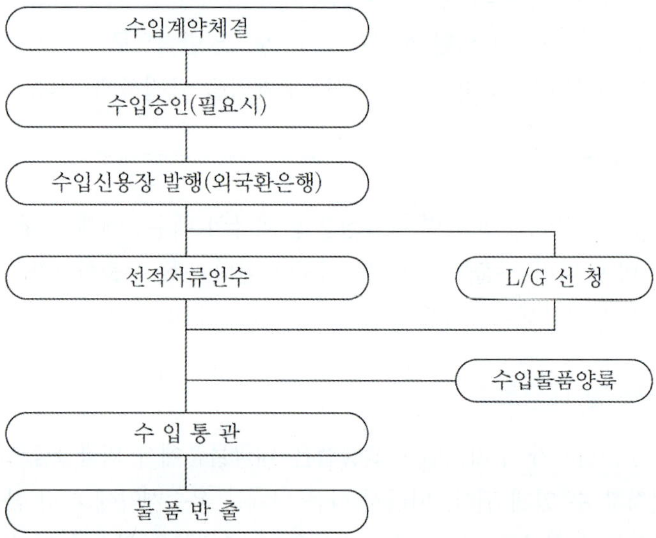

(1) 수입승인 또는 수입요건 확인

수입계약이 체결되면 우선 수입하고자 하는 품목이 수출입공고, 통합공고에 의해 수입이 제한되는 품목인 경우에는 수입승인 또는 수입요건 확인을 받아야 한다.

(2) 수입신용장의 발행

수입대금을 신용장 베이스로 결제하는 경우에는 외국환은행에 신청하여 수입신용장을 발행하여야 한다.

(3) 선적서류의 인수

신용장을 수령한 상대방 수출업자는 신용장 조건에 따라 물품을 선적하면 자기의 거래은행을 통하여 선하증권 등의 선적서류를 제시, 수출대금을 회수하게 된다. 따라서 이들 선적서류는 발행은행으로 송부되어 오는데, 이때 신용장 발행은행은 내도된 선적서류와 신용장 조건을 대조·검토한 후 수입업자 앞으로 선적서류 도착통지서(arrival notice of documents)를 발송한다. 선적서류 도착통지를 받은 수입업자는 수입대금을 결제하고 선적서류를 인도 받는다. 만약 수입화물은 도착하였으나 선적서류가 도착하지 않은 경우에는 은행으로부터 수입화물선취보증서(letter of guarantee : L/G)를 발급받아 수입화물을 인수할 수도 있다.

(4) 수입통관

수입대금을 결제하고 선적서류를 인수하거나 또는 수입화물선취보증서를 발급받은 수입업자는 수입화물을 선박으로부터 양륙하여 보세구역에 반입한 후 세관장에게 수입신고를 하여야 한다. 수입신고가 관세법의 규정에 따라 적합하게 이루어진 경우 세관장은 이를 수리하고 신고인에게 신고필증을 교부해 준다. 그리고 현행 관세법에서는 신속한 통관과 납세자의 편의를 위해 수입절차와 납세절차를 분리시켰기 때문에 물품반출 후 관세를 납부할 수도 있다.

한편 이상에서 살펴 본 절차 이외에도 만약 수입계약이 FOB조건이나 CFR조건으로 체결되었다면 수입업자는 신용장을 발행한 후 해상보험계약을 체결하지 않으면 안된다. 또 FOB 조건의 경우 원칙적으로 운송계약도 수입업자가 체결하여야 한다. 다만, 현실적으로 수입업자가 수출지의 사정에 어둡기 때문에 운송계약은 대부분 수출업자가 수입업자를 대신하여 체결해 주고 있다.

4 전자무역의 기초

① 전자무역의 개요

(1) 전자무역의 개념

전자무역은 재화 또는 서비스의 국가간 거래인 무역행위의 본질적 업무를 인터넷을 포함한 정보기술(Information Technology : IT) 수단을 활용하여 전자적·정보집약적 방법으로 수행하는 무역활동이다. 전자무역은 제품과 서비스의 수출입에 관련된 전통적 무역프로세스에서 발생하는 방대한 정보를 전자적 방식(주로 전자문서)으로 교환함으로써 무역프로세스를 획기적으로 전환하고 있다.

전자무역이라는 용어가 등장하기 이전에는 이러한 무역업무의 자동화 및 인터넷 활용을 의미하는 단어로 '무역자동화', '사이버 무역', '인터넷 무역' 등의 용어가 많이 사용되었으나 2000년 개정된 대외무역법에서 전자무역이라는 용어가 사용되면서 '전자무역' 또는 'e-Trade'라는 단어가 공식 용어로 자리잡게 되었다. 당시 대외무역법(제2조 6호)에서는 전자무역을 "무역의 전부 또는 일부가 컴퓨터 등 정보처리능력을 가진 장치와 정보통신망을 이용하여 이루어지는 거래"라고 정의하고 있었다. 이러한 대외무역법상의 정의는 2005년 12월 23일자로 삭제되고, 현재는 그 대신 전자무역촉진에 관한 법률(2014.1.14. 개정 법률 제12239호)에서 전자무역을 정의하고 있다. 이 법에서는 전자무역을 "「대외무역법」 제2조 제1호의 규정에 의한 무역의 일부 또는 전부가 전자무역문서에 의하여 처리되는 거래를 말한다"고 규정하고 있다(동 제12조 제1호). 여기서 전자무역문서란 전자무역에 사용되는 「전자문서 및 전자거래기본법」(2013.3.23. 법률 제11690호) 제2조 제1호의 규정에 의한 전자문서, 즉 정보처리시스템에 의하여 전자적 형태로 작성, 송신·수신 또는 저장된 정보를 말한다.

속도의 시대인 21세기의 국가 간 무역은 어느 기업이 먼저 거래 정보를 입수하고 상담에서 계약·운송·대금결제에 이르는 전 과정을 신속하게 진행하느냐가 경쟁력을 좌우한다. 이 때문에 많은 국가가 급속한 인터넷 보급을 이용, 무역거래에 확대 적용하는 전자무역 기반을 구축하고 글로벌 네트워크를 위한 국제 협력에도 힘을 기울이고 있다.

아직까지 전자무역은 계속해서 새로운 프로세스와 관련기술, 사업모델 등이 도입되고 있는 단계에 있긴 하지만 전자무역은 갈수록 늘어나고 있고, 2020년 이후에는 전자무역이 전 세계 교역량의 30%를 차지할 것이라고 예측하는 기관도 있다.

(2) 전자무역과 전통적인 방식의 무역거래와의 차이

전자무역을 전통적인 방식의 무역거래와 비교해 보면 진행순서에는 별다른 차이가 없지만 방법이나 수단에는 큰 차이가 있다.

우선 거래처를 조사 · 발굴하거나 마케팅활동을 하는 방법이 크게 다르고, 계약체결을 위한 무역상담도 전통적인 방식과는 전혀 다른 양상을 보이고 있다. 또한 대금결제에 있어서도 전자 화폐 등 전혀 다른 수단이 이용된다. 무역거래과정에서의 전자무역실무에 관하여는 각 장에서 전통적인 방식의 무역거래와 동시에 설명하기로 하고, 여기서 우선 전통적인 방식의 무역과 전자무역의 차이를 살펴보면 〈그림 1-3〉과 같다.

〈그림 1-3〉 전통적인 방식의 무역거래와 전자무역의 차이

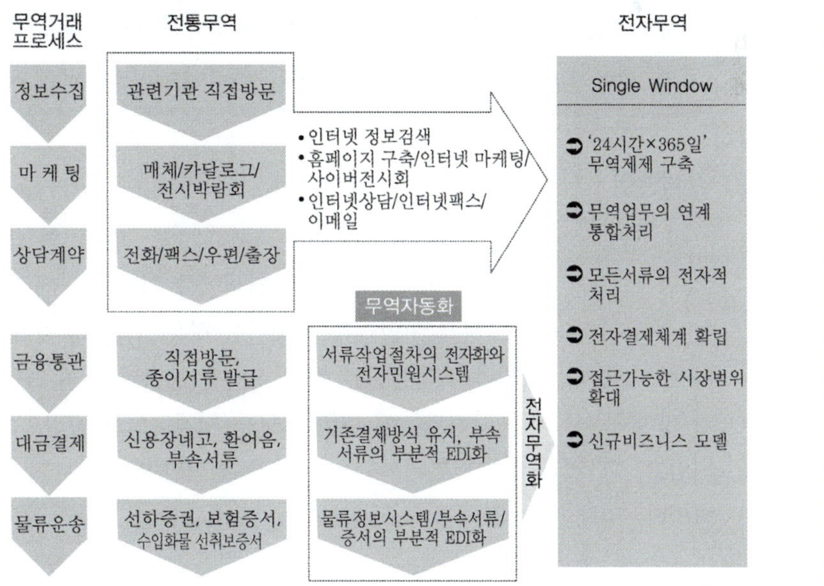

❷ 전자무역을 위한 도구

전자무역을 위한 도구로서는 전자우편, 메일링 리스트, 검색엔진, 유즈넷(Usenet), 홈페이지 등이 있다.

(1) 전자우편

전자우편(Electronic Mail : E-Mail)이란 인터넷상에서 특정 사용자 간에 컴퓨터를 통하여 파일형태의 텍스트, 그림, 형식이 있는 문서 등을 주고받는 것을 말한다. 즉 전자우편은 기존의 우편, 전화 등의 역할을 대체하는 것으로, 인터넷 서비스를 제공하는 회사에 가입하여 인터넷을 사용하는 경우에는 기본적으로 전자우편계정 하나를 부여받게 된다. 이 전자우편은 세계에 유일한 주소이므로 전세계 어디든지 단 몇 초만에 우편을 보낼 수 있다.

전자우편 주소(E-mail address)는 전자우편을 주고받기 위한 주소를 말하며, 개인이 속한 기관의 시스템 이름과 시스템 내에 등록된 사용자계정으로 이루어진다. 전자우편주소의 일반적인 형태는 다음과 같다.

> 사용자 계정 이름(user id)@컴퓨터 이름. 기관 이름. 기관 형태. 나라 이름(domain.name)
>
> 예 : shlee@gachon.ac.kr

(2) 검색엔진

검색엔진(Search Engine)은 인터넷에 존재하는 웹 페이지의 내용을 색인하여 놓은 일종의 데이터 베이스로서, 사용자가 검색어를 입력했을 때 그 단어를 포함하고 있는 웹 서버의 주소 목록을 알려주는 역할을 하는 「정보의 바다에 있어서의 등대」라 할 수 있다. 이러한 검색엔진은 웹의 폭발적 보급과 함께 출현하였다. 웹사이트가 많아지면서 이들 사이트들에 대한 정보를 체계적으로 정리, 검색할 필요가 증대되었고, 그 결과 1994년부터 웹사이트들을 검색할 수 있는 웹 검색서비스가 출현하였다. 검색엔진으로서는 Yahoo, Alta Vista, Lycos 등이 있다.

(3) 홈페이지

홈페이지란 인터넷에서 특정한 주소(도메인명)를 가지고 불특정 인터넷 이용자들을 대상으로 웹 방식으로 제반 정보 및 관련 서비스를 제공하는 화면들의 집합체로

서, 보통 웹사이트란 용어와 혼용되고 있다.[3)]

기업에서 홈페이지를 제작하는 것은 기본적으로 기업의 상품이나 사업, 서비스에 대한 홍보를 하는 것이지만, 홈페이지의 궁극적인 목적은 고객과 쌍방향으로 정보와 의견을 교환하는 장을 마련하는 것이다.

3 e-무역상사와 전자무역전문서비스업자

2003년 정부(산업통상자원부)는 중소기업에 대한 전자무역 업무를 지원하기 위해 일정 요건을 갖춘 업체를 e-무역상사로 지정하였다. e-무역상사는 바이어와의 거래중개, 전자카탈로그나 오퍼 등재, 주문 관리 등 계약성립까지 지원하고, 또한 계약 이후의 무역업무를 대행하는 업체를 말한다.

2005년 정부는 e-무역상사를 전자무역전문서비스업자로 개편하고 등록 요건(자본금, 인력 등)을 강화함으로써 공신력을 높이도록 하였다. 현재 전자무역전문서비스업자로 등록된 업체로는 EC21, EC Plaza, 레디코리아 등이다. 2014년 정부는 등록요건을 충족하지 못한 업체가 상대적으로 불이익을 보는 문제점이 있다고 판단하고, 전자무역전문서비스업자 등록제를 폐지함으로써 일반 IT업체를 포함한 모든 업체가 공정한 경쟁을 통해 전자무역서비스를 제공할 수 있도록 하였다.

한편 정부는 내수판매 위주인 중소기업과 중견기업의 수출확대를 지원하기 위해 수출 노하우가 풍부한 무역거래자를 전문무역상사로 선정하고, 각종 금융과 세제를 지원하고 있다(대외무역법 제8조의 2). 전문무역상사로 지정을 받기 위해서는 ① 최근 3년간 평균 또는 직전년도 수출실적이 100만달러 이상, ② 전체 수출실적 대비 타 중소기업·중견기업 제품의 최근 3년간 평균수출비중 또는 직전년도 수출비중이 20% 이상 등 2가지 요건을 갖추어야 한다.

4 전자무역과 정보보호

(1) 정보보안

인터넷은 정보의 공유와 개방을 목표로 개발되었기 때문에 기본적으로 보안의 관점에서 취약성이 내재하고 있다. 따라서 인터넷을 기반으로 수행되는 전자무역

3) 이상진·최동오, 전자무역, 두남, 2005, 62면.

이 활성화되기 위해서는 보안문제가 가장 우선적으로 해결되어야 한다.

개방형 네트워크인 인터넷이 지닌 보안상의 취약성을 극복하기 위해서는 전자상거래시스템 내에 다음과 같은 보안기능이 구현되어야 한다.

(가) 기밀성(confidentiality)

기밀성은 메시지 내용을 제3자가 획득하지 못하도록 하는 것이다. 예컨대, 전자결제를 위해 인터넷을 통해 은행 계좌번호와 그 비밀번호를 매도인에게 전달할 때, 그것을 암호화하여 전송함으로써 제3자가 그 내용을 알지 못하도록 하는 것이다.

(나) 인증(authentication)

인증은 정보를 보내오는 사람의 신원을 확인하는 것이다. 예를 들어 상인의 입장에서 볼 때 어떤 고객이 상품의 구매대금으로 신용카드번호를 보내왔을 때, 그 고객이 그 신용카드의 실제소유자인가를 확인하는 것이 그것이다.

(다) 무결성(integrity)

무결성은 정보전달 도중에 정보가 훼손되지 않았는지 확인하는 것이다. 예를 들어 신용카드회사 입장에서 볼 때 카드 사용자가 "매도인 A에게 200만원을 지급하겠다"는 내용을 보내 왔을 때, 그 내용이 원래는 "매도인 B에게 200만원을 지급하겠다"는 것이 중간에 변조된 것은 아닌지 확인할 필요가 있다.

(라) 부인방지(nonrepudiation)

부인방지는 정보제공자가 정보제공 사실을 부인하는 것을 방지하는 것이다. 예를 들어 "A에게 200만원을 지급하겠다"는 메시지를 보낸 B가 나중에 그러한 메시지를 보낸 사실이 없고 따라서 A에게 200만을 지급할 수 없다면서, 그 내용을 부인하는 것을 저지하는 것이다.

이러한 문제를 해결하기 위해 여러 가지 보안기법들이 개발되어 있는데 그 중 대표적인 것이 암호화방식[4]이다. 암호화(encipher)란 누구나 알 수 있는 문장을 특정

4) 암호화방식에는 크게 대칭형과 비대칭형의 두가지가 있으며, 이밖에 암호화 알고리즘은 아니지만 전달된 정보의 변경여부(무결성)나 정보를 보낸 사람을 확인(인증)할 때 사용하는 것으로 메시지 다이제스트방법이 있다.

① 대칭형 알고리즘(Symmetric Algorithm) 또는 비밀키 암호화 방식(Secret-key Algorithm) : 대칭형 알고리즘은 암호화 키로부터 복호화 키를 계산해 낼 수 있거나, 반대로 복호화 키로부터 암호화 키를 계산해 낼 수 있는 암호화 알고리즘을 가리킨다. 대부분의 대칭형 알고리즘에서는 암호화 키와 복호화 키가 동일하다.

인 이외에는 알아볼 수 없는 신호인 암호문으로 바꾸는 과정을 말하며, 복호화(decipher)는 허용된 사람이 암호문을 해독하는 과정을 말한다. 그런데 암호화 방식을 통해 정보의 기밀성을 지킬 수는 있지만 해당 정보가 과연 본인으로 기대했던 사람이 보낸 것인지의 인증, 또 제3자에 의한 내용의 변조는 없었는지에 대한 무결성의 보증은 할 수 없다. 이러한 문제를 해결하기 위해 널리 사용되는 것이 전자서명 기법이다.

(2) 전자서명

전자서명(digital signature)은 거래당사자간 신원확인과 의사표시의 진위 여부를 확인하기 위한 것이다. 이와 관련하여 우리나라 전자서명법(제2조)은 전자서명을 "서명자를 확인하고 서명자가 당해 전자문서에 서명을 하였음을 나타내는데 이용하기 위하여 당해 전자문서에 첨부되거나 논리적으로 결합된 전자적 형태의 정보를 말한다"고 규정하고 있다. 이러한 전자서명은 전자문서에서 보안의 요소 중 무결성, 인증, 부인방지를 해결하여 준다.

(3) 인증과 인증기관

인증이란 통신환경에서 기본적으로 사용자의 신분을 상대방에게 증명하는 기술수단이다.[5] 거래 상대방과 암호로 정보교환을 하더라도 상대방의 진위여부에 문제가 있으면 정보를 보호할 수 없는데, 이러한 정보의 보호를 위해서는 인증이 필요하다. 인증은 전자서명과 함께 상대방의 진위확인과 정보의 진정성 확인을 위해 활용된다.

---

② 공개키 알고리즘(Public-key Algorithm) 또는 비대칭형 암호화 방식(Asymmetric Algorithm) : 이 방법에서는 암호화 키와 복호화 키가 서로 다르며, 또한 암호화 키로부터 복호화 키를 계산해 낼 수 없다. 이 방법을 공개키 방법이라 하는 이유는 암호화 키가 공개되어도 된다는 사실 때문이다. 이 방법에서는 누구라도 암호화 키를 이용하여 어떤 내용을 암호화 할 수 있지만, 그 암호문의 복호화는 오직 해당 복호화 키를 가진 사람만이 할 수 있다. 이때문에 이 알고리즘에서는 암호화 키를 공개키(Public Key), 복호화 키를 개인키(Private Key)라 하여, 대칭형 알고리즘에서 키를 비밀키(Secret Key)라 하는 것과 구별한다.

※ 메시지 다이제스트(Message Digest) : 이것은 단방향(one-way) 해쉬 함수를 이용하여 주어진 정보를 일정한 길이 내의 아주 큰 숫자(해쉬값)로 변환해 주는 것이다. 이 함수는 단방향이기 때문에 주어진 정보로부터 해쉬값을 만들어 낼 수는 있어도, 반대로 해쉬값으로부터 원래의 정보를 복구해 낼 수는 없다. 다만, 정보와 함께 그 정보의 해쉬값을 비교함으로써, 그 값이 같다면 정보 전달 중에 정보가 변조되지 않았음을 확인할 수 있다.

5) 이상진 · 최동오, 전게서, 151면.

③ KITA무역진흥자금

KITA무역진흥자금(구, 무역기금)은 한국무역협회가 중소수출업체의 수출지원을 위해 자체 조성한 자금이다. 한국무역협회는 본 자금을 활용하여 중소수출업체의 수출마케팅비용(국내 및 국외 전시회 참가, 수출상담회 참가, 바이어 초청·방문, 특허·규격인증 획득, 해외 홍보, 해외시장조사 등에 소요되는 비용)과 수출이행비용(물품 확보에 소요되는 비용)을 최대 3억원까지 융자해 준다.

융자대상은 전년도 수출실적이 1천만달러 이하인 중소기업이고, 융자금리는 연 2.75%(고정금리)이며, 융자기간은 3년(2년 거치후 연 4회 균등분할상환)이다.

Chapter 2

해외시장의 개척

1. 해외시장조사와 목표시장의 결정
2. 거래처의 선정과 신용조사

Chapter 2 해외시장의 개척

무역거래를 개시하고자 하는 경우 우선 문제가 되는 것은 해외시장과의 거래관계를 어떻게 하여 창설하는가 하는 점이다. 즉, 유망한 시장의 우수한 거래처를 어떻게 발견하는가 하는 문제이다. 보통 거래관계의 창설은 앞으로의 거래규모를 결정하는 중요한 척도가 된다. 유력한 거래관계가 창설되면 나중에 특별한 노력을 기울이지 않아도 거래가 신장되지만, 그 반대의 경우는 무역거래의 신장을 기대하기가 어려운 것이다. 해외시장을 성공적으로 개척하기 위해서는 먼저 과학적이고 객관적인 시장조사를 통하여 유력한 시장을 선정하고, 그 시장에서 가장 장래성이 있는 거래처를 발견하여야 하는데, 이러한 활동은 수출마케팅활동의 일환으로 이루어진다.

그런데 수출마케팅에 관하여는 별도의 교과목(수출마케팅 · 무역마케팅 또는 국제마케팅)에서 전문적으로 다루고 있으므로 구체적인 내용은 그러한 책을 참고하기 바라며, 여기서는 해외시장조사와 거래처의 선정에 관하여만 간단히 살펴보기로 한다.

1 해외시장조사와 목표시장의 결정

① 해외시장조사

해외시장조사는 해외시장의 개척과 해외시장에서 마케팅활동을 효율적으로 수행하는데 필요한 정보를 획득하는 작업을 말한다. 무역마케팅활동에 있어서는 그 조사대상시장의 제반환경이 국내시장과는 판이하므로 면밀한 해외시장조사는 무역마케팅활동의 시작인 동시에 그 핵심인 것이다. 시장조사는 보통 ① 예비조사, ② 본조사, ③ 추적조사의 3단계를 밟게 된다.

(1) 예비조사

(가) Why-What-How

해외시장조사를 개시함에 있어서는 「무엇을 위해 조사를 하는가」 하는 조사목적(why)을 명확히 하고, 다음에 「무엇을 조사할 것인가」 하는 조사항목(what)을 설정하여야 한다. 그리고 다음에는 「그것을 어떻게 조사할 것인가」 하는 구체적인 조사방법(how)이 검토의 대상이 된다. 이러한 것을 결정해 두지 않는 상태에서는 정보를 수집하더라도 그다지 효과가 나타나지 않는다.

(나) 조사항목

조사목적에 따라 조사항목이 달라지지만, 보통 조사항목은 일반적 항목과 특수항목으로 구분할 수가 있다. 전자는 대부분의 상품에 공통되는 조사 대상국의 역사, 지리, 사회, 법률, 정치, 경제, 무역 등 일반사정에 관한 것이다. 다만, 국토가 넓은 미국 등에 대하여는 동부, 서부, 남부라고 하는 식으로 지역을 나눌 필요가 있는 경우도 있다. 후자는 특수한 항목으로서, 예를 들면 공산품을 수출하는 경우 공업기준(제조기준 · 안전기준 등), 판매경로, 수요예측, 경쟁상태 등 한정된 항목을 말한다. 종래 이러한 예비조사는 주로 문헌을 이용하여 조사하였으나, 오늘날에는 인터넷을 이용하여 손쉽게 조사할 수 있게 되었다.

(2) 본조사

예비조사는 주로 문헌이나 인터넷을 통한 조사이지만, 본조사는 주로 현지조사라 할 수 있다. 「백문(百聞)이 불여일견(不如一見)」이라는 말과 같이 「보는 것」과 「듣는 것」은 큰 차이가 나는 경우도 있다. 따라서 예비조사가 끝나면 조사원을 현지에 파견하여 현지조사를 실시하여야 한다.

현지조사에서 해야 할 주요한 업무는 ① 예비조사단계에서 밝혀지지 않아 본조사로 넘긴 사항을 조사하는 것과 ② 예비조사에서 조사한 사항 중 중요한 사항을 현지에서 확인 · 검증하는 것이다. 그리고 현지조사에서 실시해야 할 조사의 포인트는 ① 그 나라 정부의 수입 · 국내판매에 관한 정책, ② 자사상품의 평가, ③ 가격, ④ 경쟁 상대의 활동, ⑤ 시장세분화분석, ⑥ 구매동기, ⑦ 광고 · 선전매체, ⑧ 거래상대 후보자, ⑨ 연간 판매가능액의 추정 등이다.[1)]

1) 이들 본조사 항목의 구체적인 내용에 대하여는 中村 弘, 輸出市場開發入門, 同文館, 1983, 69~75면 참조.

(3) 추적조사

예비조사, 본조사의 결과 다음에서 살펴볼 목표시장이 결정되면 수출활동을 시작하게 되지만, 해외시장은 끊임없이 변화하고 있으므로 일정시점에서 상세한 조사를 해 두어도 그 후 계속하여 내용을 보완하지 않으면 아무런 도움이 되지 않는다. 따라서 시장의 동향이나 수급패턴 등을 지속적으로 파악할 필요가 있다.

② 목표시장의 결정

어떠한 무역업체도 전세계를 상대로 마케팅을 할 수는 없기 때문에 먼저 주요 타깃이 될 목표시장을 결정할 필요가 있다. 본조사의 결과 후보시장이 유망하다고 판단되어 목표시장으로 결정되면 다음 단계에서는 일정기간 어느 정도의 성과를 올릴 수 있는가에 대하여 계획을 세워 볼 필요가 있다.

기업이 현실적으로 보유하는 자원, 즉 「사람」(Man), 「물건」(Material), 「돈」(Money)의 세 가지 요소(즉, 3M)는 유한하다. 따라서 기업은 이들 세 가지 요소를 가장 효과적으로 조합한 최적규모의 계획을 수립하여야 할 것이다.

2 거래처의 선정과 신용조사

① 거래처의 선정

시장조사 결과 목표시장이 결정되면 다음에는 목표시장에서의 신용 있고 유력한 거래처를 찾아 거래관계를 맺어야 한다. 예컨대, 수출의 경우에는 바이어(buyer)를 물색하여 거래를 제의하고 거래관계를 맺는 일이다. 물론 상대시장에 대리점을 두거나 지점을 설치하는 것도 생각할 수 있으나, 거래 경험이 없는 새로운 시장에 처음부터 막대한 자금이 소요되는 직접투자를 하는 것은 위험부담이 크다. 따라서 우선은 바이어를 선정하고 그 실적을 보아 가면서 기업진출까지 검토해 보는 것이 무난하다 하겠다. 그런데 실제문제로서 목표시장에서 우수한 거래처를 발견하는 것도 그렇게 간단하지 않다.

일반적으로 거래처를 선정하는 방법으로서는 다음과 같은 것을 들 수 있다.

(1) 국내무역관련기관 이용방법

한국무역협회(Korea International Trade Association : KITA), 대한무역투자진흥공사(Korea Trade-Investment Promotion Agency : KOTRA), 대한상공회의소(Korea Chamber of Commerce and Industry : KCCI), 주한외국대사관 상무관실 등을 통해 해당 상품에 대한 Buyer List를 입수하는 방법이다. 특히 한국무역협회 홈페이지에는 오퍼게시판을 두고 있다. 따라서 www.kita.net → 종합무역정보(kotis) → 거래알선 → 오퍼게시판에서 해외오퍼를 검색하면 된다. 또 한국무역협회에 내도한 거래알선정보는 협회에서 운영중인 맞춤형 정보제공 서비스인 E-Mail Club(거래알선분야)을 이용하면 일일이 오퍼게시판에서 검색하지 않아도 원하는 정보를 받아볼 수 있다.

(2) 전자거래알선 사이트활용

전자거래알선(Electronic Trading Opportunities : ETOs) 사이트에서는 상품 카달로그 및 기업 디렉토리 정보를 검색하거나 자사의 정보를 등록할 수 있다.

현재 전자거래알선 사이트는 1,000여개가 있으나, 검증되지 않은 자료가 많으므로 거래전에 반드시 신용조사를 할 필요가 있다. 대표적인 전자거래알선 사이트로서는 다음과 같은 것들이 있다.

(가) 무료사이트

① World Trade Point Federation(세계무역연합)(http://www.wtpfed.or/) ; 155개국의 1만여 무역관련기관과 연결되는 세계최대 거래알선 사이트 : UNCTAD 지원

② World's Top 100 Free Trade Lead Site(http://www.5five.tv/trade-leads.htm) ; 전세계 거래알선 사이트 중 1위에서 100위까지 순서별로 링크되어 있음

③ Yellow Pages Directory on the Web(http://www.infobel.com) : 전세계 170여개국의 Yellow Pages, White Pages, 비즈니스 디렉토리, E-mail 주소, Fax 리스트 등 링크 서비스

④ EC21(http://ec21.com/) : 전자거래알선 전문 사이트로 오퍼정보 검색 및 등록, 전자 카탈로그 정보제공

⑤ Asian Sources Online(http://www.asia.globalsources.com/) : 전자 카탈로그가 포함된 상품별, 공급자별, 국가별 생산업체 검색서비스 제공

(나) 유료 사이트

① Kompass Directory(http://www.kompass.com/) : 세계최대의 기업정보 디렉토리로서 품목별로 수출, 수입, 유통, 제조업체 검색이 가능함

② Alibaba(http://www.alibaba.com/) : 중국에서 운영하는 사이트로 수출입 오퍼정보, 카탈로그 정보 제공

③ EC플라자(http://www.ecplaza.net/) : 전자무역 중개 사이트로서, 주로 중소기업의 해외시장개척과 관련하여 해외홍보, 바이어 발굴 등의 업무를 인터넷을 활용하여 지원하는 인터넷기반의 수출마케팅 업무를 대행하고 있다.

(다) 회원제 운영 사이트

① World Trade Center Association Online(http://iserve.wtca.org/) : 전세계 100여개국 300개 무역센타가 모인 세계무역센터협회 온라인 시스템으로 전자 카탈로그, 오퍼정보 등을 제공

② 트레이드코리아(www.tradeKorea.com) : 트레이드코리아는 한국무역협회가 중소 수출기업의 온라인 해외마케팅 지원을 위해 2008년 4월부터 운영하고 있는 글로벌 B2B 사이트로서 현재 국내 B2B 사이트 중에서 가장 활발하게 활동하고 있다. 트레이드코리아는 알리바바(Alibaba)나 트레이드인디아 등과 같은 해외 사이트와도 제휴하여 대한민국 상품을 홍보하고 있다.

(3) 해외홍보

(가) 홈페이지 홍보

자사의 홈페이지를 홍보하기 위해서는 인터넷의 유즈넷을 이용하여 세분화되어 있는 집단에 접근하고 메시지를 게시할 뉴스그룹들을 선정하여 등록하거나 해외 유명검색엔진에 등록하도록 한다. 이것은 해외 바이어가 자사의 홈페이지에 들어

오도록 유인하는 것으로 보통 웹 프로모션이라고 하며, 해외시장개척을 위한 무역업체의 홈페이지에서는 가장 중요한 일 중의 하나이다.

(나) 국내발간 해외홍보매체의 이용

국내에서 발간하는 수출상품 홍보지는 해외발간매체보다 광고료가 저렴하기 때문에 중소기업의 광고대상으로 적당하다. 이러한 매체로서는 (주) 바이어스가이드에서 발간하는 Buyers Guide, 한국종합전시장(COEX)에서 발간하는 Korea Export 등이 있다.

(다) 해외발간매체 이용방법

해외에서 발간되는 각종 매체를 통해 광고하는 방법으로서, 광고가 성공하기 위해서는 신중하게 광고매체를 선정하여야 한다. 따라서 한국무역협회(국제협력부)나 종합광고대행사의 자문을 받는 것이 바람직하다.

(라) 던스 넘버(DUNS No.) 등록

DUNS는 The Data Universal Numbering System의 약자로 세계적으로 유명한 기업정보 제공업체인 미국 D&B(Dun & Bradstreet)사에서 1962년에 개발한 개별기업에 부여하는 개별기업 인식코드이다. 이것은 세계 기업의 표준 기업코드로 활용되고, 국제사업자 등록번호로 널리 알려지고 있으며, 미연방정부를 비롯한 세계 50여 정부기관과 무역협회에서 해당 기업의 신용조회 및 지불관계를 포함한 수출입계약, 상거래 관리의 기준으로 사용하고 있다. 개별기업이 던스 넘버를 신청하면 D&B의 데이터 베이스에 자동 등록되어 전 세계에 회사의 개요부터 신용도 등이 공개되고, 이를 통해 해외기업으로부터 새로운 제휴 및 제안을 받을 수 있는 기회를 얻게 된다. 따라서 던스 넘버를 획득하면 저렴한 비용으로 실질적인 홍보 효과를 누릴 수 있다.

우리나라에서 던스 넘버에 등록하기 위해서는 (주)나이스 디엔비의 홈페이지(http://www.nicednb.com/)에 들어가 신청하면 된다.

(4) 각종 사절단 및 전시회 참가

무역관련기관에서 파견하는 무역사절단의 일원으로 참가하거나 박람회 및 전시회에 참가하는 것이다. 한국무역협회에서 총괄하여 파견하는 해외투자 및 무역사절단과 대한무역투자진흥공사에서 총괄하여 참가하는 해외박람회 및 전시회는 각종 경비지원을 받을 수 있고, 또 사전홍보를 통한 현지 바이어와의 상담주선 등을 받을 수 있는 혜택이 있다.

(5) 해외출장

무역업자 자신이 직접 목적시장에 나가서 거래처를 발견하는 방법이다. 이것은 상당한 경비가 소요되는 반면 가장 확실하고 유효한 방법이다. 그러나 치밀한 계획 없이 해외출장을 갈 경우 자칫하면 경비만 많이 쓰고 아무런 소득이 없을 수도 있다. 따라서 해외여행에 대하여는 다음 항에서 좀 더 구체적으로 살펴보기로 한다.

(6) 기 타

이 밖에도 ① 해외에 있는 단골 거래처의 소개 및 주선에 의해 목표시장의 유력한 업자와 거래관계를 교섭하거나, ② 해외로부터 직접 보내오는 거래조회(inquiry)에 응함으로써 거래관계가 창설되는 경우도 있다.

2 해외여행

신시장개척을 위해 무역사절단의 일원으로 참여하거나 또는 개인적으로 해외출장을 떠났던 많은 사람들이 아무런 성과 없이 빈손으로 돌아오는 경우를 흔히 볼 수 있다. 그들이 떠날 때에는 자사제품이 그 나라에서 받아들여질 것이란 확신을 가졌었고, 가격경쟁력도 지녔을 뿐 아니라 포장상에도 아무런 문제가 없었다. 그런데도 불구하고 많은 돈과 시간만 낭비하고 주문 한 건 받지 못한 채 돌아오게 되었던 것이다. 무엇이 잘못 되었는가? 이에 대한 대답은 몇 가지가 있을 수 있다. 여행이 성공을 거두기 위해 했어야 할 일을 하지 않았거나, 여행계획이 잘못되었거나 또는 여행 전에 필요한 정보를 충분히 입수하지 못했을지도 모른다.

국내출장의 경우에는 준비가 부족하더라도 많은 주문을 받고 돌아올 수 있다. 그러나 해외여행의 경우에는 그렇지 않다. 무역사절단의 일원으로 참여하는 경우에도 충분한 사전 준비와 계획 없이는 성과를 기대할 수 없다. 성공의 열쇠는 사소한 일까지 면밀하게 준비하는 것이다.

시장조사결과 목표시장으로 특정한 국가를 선정하고 그 지역을 여행하기로 하면 우선 무역관련기관(KITA, KOTRA 등)을 통해 그 지역방문의 최적기, 그 나라의 휴일, 영업시간, 여행국가내의 교통수단과 유의사항, 출장을 위한 건강상태 등에 대한 조언을 구해 구체적인 계획을 수립하는 것이 바람직하다.

성공적인 해외여행을 위해서는 다음과 같은 체크 리스트(check-list)를 활용하는 것이 유익하다.

(1) 출발 3개월 전

(가) 여행사에 항공권과 호텔 예약 의뢰

이때 목적지 국가의 시차(jet lag)를 고려하여야 한다. 시차가 큰 경우 여행 첫날의 활동은 휴식, 관광, 그리고 당해 지역에 있는 우리나라 영사관에 도착을 알리는 정도만으로 한다. 영사관에의 보고는 여권을 분실하거나, 도난 또는 그 밖의 재난을 당한 경우에 영사가 적절한 조처를 취해 줄 수 있도록 하기 위해 필요하다. 특히 시차가 8시간 이상 나는 경우에는 충분한 휴식을 위해 일요일이나 휴일 전날에 도착하도록 여행 스케줄을 짜는 것이 바람직하다. 시간 변화는 몸의 생체 리듬을 파괴시켜, 몸이 시간에 적응될 때까지 생각을 둔하게 하고 기억력을 해치기 때문이다.

또 여행국에서 둘 이상의 도시나 지역을 방문하는 경우 충분한 시간적 여유를 가질 필요가 있다. 외국여행의 베테랑들은 개개의 방문계획과 방문하고자 하는 도시에 대해 우리가 보통 필요하리라고 생각하는 것보다 많은 시간을 할애하도록 권하고 있다. 이것은 시간을 엄수해야 하는 외국에서 여행자가 시간적인 압박 때문에 당황하는 일이 없도록 하기 위해서이다. 그 밖에도 기분전환과 휴식을 위한 시간을 가짐으로써 일하는 시간동안 보다 능률적으로 일할 수 있도록 할 필요가 있다.

(나) 여권의 유효기일 확인과 비자 신청

유효기간이 남은 여권을 가지고 있으면 여행에서 돌아올 때까지 유효한지를 확인한다. 만약 계획된 귀국일자 전에 유효기간이 만료되는 경우에는 여권을 갱신하여야 하고, 또 여권이 없는 경우에는 신규로 신청한다. 그리고 여행국이 비자를 필요로 하는 경우에는 사전에 신청을 해 둔다.

(다) 의사의 검진

여행에 앞서 건강진단을 받고, 이상이 있을 경우 병원으로부터 해외에 있는 의사에게 보여줄 서면 정보를 제공받을 필요가 있다. 이때 여행지에 필요한 예방접종을 하고 그 증명서를 수령해 둔다. 예컨대, 아마존지역에 여행할 계획이면 황열병

(yellow fever)에 대한 예방접종이 필요하고, 또 말라리아에 대비한 약물을 휴대하여야 한다.

(라) 여행목적지 국가의 역사와 사회관습 습득

여행에 앞서 여행하고자 하는 국가의 역사를 공부하고 또 사회적인 관습을 익혀 둘 필요가 있다. 그 나라의 사회관습을 잘 모르면 자기도 모르는 사이에 중대한 잘못을 저질러 비참한 결과를 초래하는 경우도 있다.

펄프공장에 대한 타당성 조사를 전문으로 하고 있는 다국적 기술회사의 설립자 한 사람은 그의 첫 번째 해외 사업여행으로 남미의 조그만 나라를 방문하였는데, 그가 도착한 날 저녁 관계회사의 간부가 자기집에서 저녁 파티를 열어 주었다. 그가 그 간부의 부인에게 소개되었을 때 가볍게 허리를 굽히고, 자기 나라에서 보통 하는 방식대로 그녀의 이름을 부르고 “만나뵙게 되어 반갑습니다”(It is a pleasure to meet you)라고 인사하였다. 그런데 그 시간 이후 사람들이 자기에게 매우 쌀쌀하게 대하는 것으로 느껴졌다. 다음날 그 간부의 사무실에 찾아갔을 때, 그 사람은 지난 밤 충격 때문에 적어도 한달간은 사무실에 나오지 않을 것이라는 얘기를 들었다. 그리고 그 일을 처리할 권한이 있는 다른 간부도 없다는 얘기를 들었다. 아무런 성과도 없이 돌아온 후 얼마 지나 그가 그 안주인에게 손을 내밀지 않았고, 따라서 그녀를 매춘부로 취급했다는 사실을 알았다. 그는 씁쓸했지만 좋은 경험을 했다. 이것은 사회관습이 얼마나 중요한가를 일깨워 주는 좋은 일화이다.[2)]

이 밖에도 「팁」제도, 개인적인 인간관계(personal relationships)의 중요도, 관료적 형식주의(red tape)의 존재여부, 사용하는 언어, 도량형법 등을 익혀 두어야 한다.

(마) 견본을 가져가는 경우 「A.T.A. Carnet」(까르네 : 일시수입통관증서)의 신청

견본을 가져갈 수 있는 경우에는 「A.T.A. Carnet」를 신청하여야 한다. A.T.A.는 일시수입이란 의미의 불어 「Admission Temporaire」와 영어 「Temporary Admission」의 머리글자를 결합하여 만든 것이고, “Carnet”란 불어로 「제도」 또는 「수첩」을 의미한다. 즉, 「A.T.A. Carnet」는 1961년 12월 브뤼셀에서 체결된 「A.T.A. 조약」(A.T.A. convention)[3)] 가입국[4)]간의 일시수입통관에 있어서 복잡한

2) 이 일화는 J. S. Gordon & J. R. Arnold, Profitable Exporting–A Complete Guide to Marketing Your Products Abroad, New York, John Wiley & Sons, Inc., 1988, pp. 30~31에서 인용한 것임.

3) 이 조약의 정식 명칭은 Customs Convention on the A.T.A. Carnets for the Temporary Admission of Goods(물품의 일시수입을 위한 일시수입통관증서에 관한 관세조약)이다.

통관절차를 밟지 않고 간편하게 통관을 할 수 있게 해 준다.

이 증서를 이용하면 상품견본뿐 아니라 전시회 · 박람회에 출품하는 물품도 일시 면세수출입을 할 수 있지만, 이 증서가 통용되는 것은 「A.T.A.조약」에 가입한 국가에 한하기 때문에 먼저 여행하고자 하는 국가가 「A.T.A.조약」에 가입하였는지를 확인하여야 한다.

그리고 「A.T.A. Carnet」의 유효기간은 1년이므로 그 견본은 반드시 1년 이내에 반출해야 하며 그렇지 않으면 그 나라가 관세와 벌금을 청구하게 된다(우리나라의 경우 최대 2년까지 유효기간 연장가능). 이 증서는 대한상공회의소에서 발급하는데, 이때 예상관세에 대한 담보와 소정의 수수료를 징수한다. 예치해 둔 담보금은 「Carnet」의 사용 후 이를 발급기관에 반납함으로써 되돌려 받게 된다.

(2) 출발 2개월전

(가) 가격의 파악

운임과 보험료율을 검토하여 여행국가 항구까지의 CIF 가격을 견적 또는 확인한다. 해외 여행중에는 항시 이것을 견적할 수 있어야 한다.

(나) 통화관리제도의 확인

거래은행의 외환부서로부터 여행국가의 통화관리제도를 알아둘 필요가 있다. 여행자수표를 포함하여 얼마만큼 외화를 소지할 수 있는가를 파악하고, 또 가능하면 미화 $50 정도를 방문하고자 하는 국가의 소액 지폐와 주화로 바꾸는 것이 좋다. 이것은 피곤한 여행 후 공항버스나 택시를 타기 위해 잔돈을 마련하고자 줄을 서서 기다리는 불편을 덜어 준다. 그리고 목표시장에 있어서의 일체의 외환규제를 배우고 따라야 한다. 무의식적으로 한 경우라 할지라도 통화규제의 위반은 여행국가에서 매우 불유쾌한 결과를 초래할 수 있다. 따라서 사전에 거래은행의 외환부서와 충분히 상의하여야 한다.

(다) 복장의 준비

여행하는 국가의 기후에 따라 필요한 의복을 준비하여야 한다. 그리고 공식적인 행사를 위해 필요한 경우 야회복도 가져가야 한다. 특히 열대국가에 가는 경우 적

4) 2020년 1월 현재 이 조약의 가입국은 우리나라를 포함하여 87개 국가 및 지역이다.

절한 의류와 모기에 물릴 경우를 대비하여 약을 지참하도록 한다.

(3) 출발 1개월전

(가) 국제운전면허증 취득

여행 중 손수운전을 할 필요가 있는 경우에는 소유하고 있는 국내 운전면허증을 국제 운전면허로 바꾸어 둔다. 국제운전면허를 취득하기 위해서는 전국에 산재하고 있는 운전면허시험장 중 한 곳을 방문하여 필요서류(국내 운전면허증, 여권, 여권용 칼라 사진 1매)를 제출하고 소정의 수수료를 지급하면 된다.

(나) 견본의 준비

가져갈 견본을 체크하고, 귀국시 가져올 수 있는 물품의 가격과 종류를 알아둔다.

(4) 여행짐을 꾸릴 때의 점검사항

(가) 항공표와 호텔 예약확인

(나) 업무용 명함(business card), 회사 편지봉투 및 편지지

(다) 회사 것이든 개인 것이든 가벼운 선물, 회사 팜플렛 : 회사의 팜플렛은 회사의 연혁, 종업원, 제품 등에 대한 정보를 가능하면 여행국의 언어로 만드는 것이 좋다.

(라) 필요한 약품 및 건강진단서

(마) 여권 및 필요한 경우 비자 : 여권 분실시에 대비하여 여권번호와 발행연월일을 적은 메모와 여권사진 2매를 별도 보관하고 분실한 경우 즉시 한국대사관이나 영사관에 신고하여 재발행을 받도록 한다.

(바) A.T.A. Carnet

(사) 국제운전면허증

(아) 여행자수표와 여행국의 소액 지폐 또는 주화

(자) 여행일정표 사본 : 사업상 또는 개인적으로 급한 일이 생겼을 때 손쉽게 연락이 닿을 수 있도록 사무실과 집에 여행일정표 사본을 남겨 둔다.

(5) 도착 후

(가) 시차에 적응할 수 있도록 24시간 내지 48시간의 휴식을 취한다.

(나) 약속마다 많은 시간적 여유를 갖도록 할 것 : 유망한 매수인을 방문하는 경우 매 인터뷰 후 기록을 남겨두고 그날 저녁에는 감사하다는 편지를 작성한다.

(6) 귀국 후

(가) 다시 24시간 내지 48시간의 휴식을 취할 것

(나) 유망한 잠재적인 매수인에게 약속한 모든 정보를 보낼 것 : 특히 귀국 후 즉시 방문했던 모든 매수인들에게 편지를 보내 방문시 베푼 친절에 감사하고 주문을 요청할 필요가 있다.

(다) 끈기를 가질 것 : 주기적으로 모든 유망한 잠재적인 매수인들에게 편지를 보내고, 답장을 보내오지 않는 경우에도 지속적으로 편지를 보내는 것이 좋다. 끊임없는 인내가 필요한 것이다.

3 거래의 제의

유망하다고 생각되는 거래처가 선정되면 예컨대, 해외출장이나 견본시의 참가 등을 통해 현지에서 상대방과 직접 교섭하는 경우 이외에는 그 상대방에게 거래를 제의하는 거래제의장(circular letter: C/L)을 발송한다. 거래제의장은 알지 못하는 외국업자에게 자기를 소개하는 첫 번째의 서신이므로, 제의장을 받은 상대방으로 하여금 좋은 인상을 갖게 하여 자기와의 거래를 결심하도록 작성하여야 한다.

거래제의장에는 보통 다음과 같은 사항이 기재된다.

① 상대방을 알게된 동기 또는 경로와 거래를 하고 싶다는 의사표시

② 자기소개(취급상품 · 영업상태 등)

③ 거래조건의 개요, 특히 대금결제조건

④ 자기회사의 신용을 조사하기 위한 신용조회처

그리고 거래제의장을 송부할 때에는 상품목록(catalogue)이나 가격표(price-list) 등도 동봉하는 것이 유익하다. 또 단 한번의 제의장으로 즉각 반응을 보이는 경우는 드물기 때문에 수차에 걸쳐 끈기있게 서신을 보낼 필요가 있다.

한편 전자무역의 경우에는 이러한 거래제의장을 이메일로 발송하면 된다. 이때는 나중에 있을 상대방의 거래조회에 대비하여 자사의 웹 주소도 알려주는 것이 좋다.

날 수 없으며 경우에 따라서는 대금결제가 불가능하게 될 수도 있다. 따라서 재무제표를 중심으로 자본금 규모 및 자산내용 등을 충분히 검토하여야 한다.

(다) Capacity(능력)

Capacity는 영업능력(business ability)으로서, 이를 조사하기 위해서는 회사의 연혁(history)이나 경영자의 경력 및 능력 등을 검토할 필요가 있다. 또한 회사의 영업실적, 취급상품, 거래처 등도 조사하여야 한다. 성실하고 재정상태가 양호한 회사라도 영업능력이 없으면 장기적인 전망이 없는 것이다.

(3) 신용조사의 방법

신용조사는 다음과 같은 방법을 통하여 할 수 있는데, 이 중 가장 많이 이용하는 방법은 (라)의 국내관련기관을 통한 조사이다.

(가) 신용조회처(reference)에 의한 조사

상대방으로부터 제시해 온 신용조회처에 의뢰하여 신용조사를 하는 것이다. 상대방이 제시한 신용조회처가 은행인 경우 은행조회처(bank reference)라 하고, 동업자인 경우 동업자조회처(trade reference)라고 하는데, 이러한 조회처의 보고는 신뢰성에 의문이 있다. 왜냐하면 누구라도 자기에게 불리한 보고를 할 자를 신용조회처로 제시하지는 않기 때문이다.

(나) 환거래은행에 의한 조사

외국환거래를 하고 있는 은행에 조회하는 것이다. 그런데 이러한 은행의 보고는 극히 간단하고 형식적이므로 액면 그대로 받아들이기 어려운 면이 있다.

(다) 상업흥신소에 의한 조사

자세한 신용조사를 필요로 하는 경우에는 신용조사를 전문으로 하는 상업흥신소(credit bureau : commercial credit agencies)를 통하여 조사할 수도 있다. 세계적으로 명성을 얻고 있는 미국의 Dun & Bradstreet, Inc.와 같은 흥신소에 의뢰하면 자기가 알고자 하는 내용을 상세하게 파악할 수 있다. 그러나 이러한 흥신소를 통한 신용조사는 상당한 시일과 많은 비용이 소요되므로 널리 이용할 수 있는 방법은 아니다.

(라) 국내 관련기관을 통한 조사

우리나라에서 해외 거래처에 대한 신용조사를 해 주는 기관으로서는 신용보증기금(www.shinbo.co.kr), 대한무역투자진흥공사(www.kotra.or.kr), 한국무역보험공사(http://cyber.ksure.or.kr) 등이 있다. 이들 기관에 신용조사를 의뢰하면 조사대상 지역에 따라 차이가 있지만 늦어도 2개월 이내에 회신을 받을 수 있고, 비용도 그다지 많이 소요되지 않는다.

Chapter 3

수출입계약의 체결

Chapter 3 수출입계약의 체결

1 무역계약의 기초

① 무역과 계약

무역은 일반적으로 다른 나라에 거주하는 업자간에 행해지는 물품의 매매로서, 매도인은 특정물품을 외국에 있는 매수인에게 인도하고 매수인은 이에 대하여 대금을 지급할 것을 내용으로 하고 있다. 즉, 무역거래는 국내에서의 일반 상업의 경우와 같이 주로 물품매매(sale of goods)를 그 목적으로 하는 것이고 외국에 있는 상대방과의 채권계약이라고 하는 법률행위에 의해 실현된다.

그리고 무역거래는 하나의 거래의 실현을 위해 그 보조수단으로서 운송이나 보험, 기타의 법률관계를 수반하기 때문에 당사자는 다른 법역과의 사이에 여러 가지 법률관계를 맺게 된다. 따라서 무역계약이라는 말은 국제물품매매계약만을 가리키는 경우도 있고, 또 국제간의 물품매매를 위해 필요한 운송계약, 보험계약 등의 이른바 종속계약까지를 포함하여 사용되기도 한다. 이 장에서 말하는 무역계약은 주로 주계약인 국제물품매매계약만을 가리키는 것으로 사용하기로 한다.

② 국제물품매매에 관련되는 법규

무역거래가 국내거래와 다른 가장 큰 특징은 법역(法域 : 특정 법령의 효력이 미치는 지역적 범위)을 달리하는 당사자 간의 거래라고 하는 점에 있다. 무역거래는 실로 여러 가지 법규에 의해 규제되고 있으며, 여기에는 각국의 사법[1] 및 공법[2], 사법의 저촉에 관한 국제사법, 분쟁해결에 관한 절차법[3](민사소송법 등), 나아가 2국

1) 사법이란 사인간의 권리 · 의무관계를 규정한 법률로서 민법 · 상법 등이 이에 속한다.
2) 공법이란 국가 상호간 또는 공공단체 상호간의 관계 및 국가와 개인간의 관계를 규율하는 법률로서 헌법, 형법, 행정법, 대외무역법 등이 이에 속한다.

간 및 다수국가간의 협약에 의해 형성된 국제법, 그리고 상사관습 등 광범위한 법 분야가 포함되고 있다.

(1) 각국의 국내법

매매계약과 관계가 깊은 주요 국가의 법률에는 다음과 같은 것이 있다.

(가) 한 국

우리나라는 매매에 관한 상세한 내용이 계약법을 중심으로 대부분 민법(채권편 : 2017. 10. 31. 법률 제14965호)에 규정되어 있으며, 상법(2016. 3. 22. 법률 제14096호)에는 상사매매에 관한 특칙으로 5개의 조문(제67조~제71조)만을 두고 있다.

(나) 영 국

영국은 미국과 함께 판례법(case law)국가이기 때문에 법체계를 구성하고 있는 형식 중에서 판례법, 특히 보통법(common law)[4]이 제1차적 지위를 차지하고 있고, 제정법(legislation)은 단지 판례법을 수정하거나 변경하는데 지나지 않는다. 이러한 점에서 영미법은 대륙법에 속하는 우리나라 법체계와는 근본적인 차이를 보이고 있다. 현재 영국의 매매에 관한 기본적인 제정법으로서는 1893년에 제정되고 1979에 개정된 물품매매법(Sale of Goods Act : 이하 "SGA"라 한다)이 있다.

(다) 미 국

미국도 영국과 마찬가지로 판례법국가이다. 그러나 매매분야에서는 1893년 영국 물품매매법을 모델로 하여 약간의 수정을 가한 제정법으로서 1906년의 통일매매법(Uniform Sales Act : 이하 "USA"라 한다)이 있고, 또 이에 대체되는 것으로 1952년에 통일상법전(Uniform Commercial Code : 이하 "UCC"라 한다)이 공표되고 그 후 개정을 거듭하여 오늘에 이르고 있다. UCC는 USA에 포함된 원칙의 대부분을 채용함과 동시에 판례법에 포함된 원리를 채용하고, 또 일반적으로 인정된 상거래의 실무로 간주되는 관행을 채용하는 이외에 상인 사이에만 적용되는 특칙을 둠으로써 상인간의 매매실무에 적합하도록 하였다.

---

3) 절차법이란 실체법(권리 · 의무의 실체를 규정하는 법 : 민법 · 상법 등)의 운영상의 절차, 특히 권리의 실질적 내용을 실현하는데 관하여 국가기관이 관여하는 방법 · 형식을 정한 법을 말한다.

4) commom law라는 말은 원래 지방의 법이 아닌 법, 결국 영국 전체에 공통되는 법을 의미하였으나 오늘날에는 이 밖에도 다양한 의미로 사용되고 있다. 구체적인 내용은 이시환, 신무역계약론, 신양사, 2002, 6~7면 참조.

(라) 중　국

중국은 1999년 3월 15일 제9기 전국인민대표대회 제2차 회의에서 「중화인민공화국 합동(合同)[5]법」(이하 "통일계약법"이라 한다)을 통과시켜 1999년 3월 15일 중화인민공화국 주석령 제15호로 공포하고, 1999년 10월 1일자로 시행하고 있다.

통일계약법은 개혁개방의 부단한 심화확대, 경제사회의 부단한 발전 등 새로운 시대상황에 따라 그 동안 시행되어오던 중화인민공화국 경제합동법(1981년 12월 제정, 1993년 9월 수정 : 약칭 경제계약법), 중화인민공화국 섭외경제합동법(1985년 3월 제정 : 약칭 섭외경제계약법), 중화인민공화국 기술합동법(1987년 6월 23일 제정 : 약칭 기술계약법) 등 이른바 3대 계약법으로 구성된 중국의 계약법률제도를 전면적으로 수정, 보완하여 새로운 하나의 법으로 제정한 것이다.

중국 통일계약법상의 매매에 관한 규정은 중국 내 매매뿐 아니라 국제거래에도 적용된다.

(2) 국제사법

국제매매계약에 있어서는 적어도 수출국과 수입국의 두 나라 법률이 관계된다. 또 계약 당사자가 제3국에 소재하고 있다면 그 나라의 법률도 관계가 된다. 그런데 이들 여러 나라의 법률이 통일되어 있다면 문제가 없지만, 현재 상태로는 국제적인 법의 통일이 이루어지지 않고 있다. 따라서 국제거래에 있어서 어느 나라의 법률이 적용되는가 하는 점이 문제가 된다.

물론 각국의 매매법(계약법)은 대개 임의규정이며, 특약이 있으면 그 특약이 우선한다. 따라서 상세히 규정된 계약서의 경우는 준거법(governing law) 문제가 그리 중요하지 않는 경우도 있지만, 그렇다고 해도 계약서에 모든 것을 다 규정해 둘 수는 없으므로 어느 나라의 법이 준거법이 되느냐 하는 점을 항상 염두에 둘 필요가 있다.

당사자가 합의하여 특정국가의 법률을 계약의 준거법으로 지정한 때는 그에 따르는 것이 거의 전세계 공통의 원칙이다. 그리고 매매계약상 준거법에 관한 규정을 두지 않은 경우에는 각국의 국제사법에 따르게 된다.

국제사법(private international law)은 섭외적인 법률관계에 관련되는 각국의 법 중에서 당해 법률관계를 규율하는데 가장 적합한 법을 선택하고 이를 적용함으로

5) '合同'은 우리 말 '契約'에 상당하는 용어이다.

써 실질적으로 그 법률관계를 규율하고자 하는 것이다. 즉, 복수의 국가의 법 중에서 당해 법률관계에 적용되어야 할 법을 선택하는 법칙이 국제사법이다. 국제사법을 통해 복수의 법이 관계되는 무역거래에 있어서도 적용되는 법은 최종적으로 하나로 좁혀지게 되므로 어느 나라에서 재판을 해도 동일한 결과를 기대할 수 있게 되고, 따라서 국제적인 법적 안정성을 확보할 수 있다.

오늘날 세계의 거의 모든 국가는 이러한 국제사법을 두고 있다. 우리나라의 경우 국제사법의 가장 기본적인 법원(法源)은 성문법인 국제사법(2016. 1. 19. 법률 제13759호)이다. 우리나라 국제사법에 의하면 계약의 준거법은 당사자가 선택한 법이 되고, 당사자가 준거법을 선택하지 아니한 경우에는 그 계약과 가장 밀접한 관련이 있는 국가의 법이 준거법이 된다(제25조 및 제26조 참조).

(3) 국제매매에 고유한 통일규범

앞에서 언급한 각국의 법은 국제매매의 특성을 충분히 반영하고 있지 않다. 따라서 국제사법을 통해 준거법이 결정된다 하여도 여전히 여러 가지 문제가 발생될 수 있다. 여기서 일찍부터 국제거래에 고유한 통일규범을 설정하기 위한 노력이 있어 왔다. 이러한 노력은 두 가지 방향으로 나타나게 되었는데 그 하나는 당사자 간의 자율적 규범 확립을 위한 노력이고, 또 하나는 국제매매에 관한 법의 통일이다.

(가) 자율적 규범의 통일

민간단체가 만든 자율적인 통일규범으로서는 국제적 통일규칙이나 표준계약서식, 표준약관 등이 있다. 국제적 통일규칙은 국제적인 민간단체가 일정한 거래분야에 있어서의 상관습이나 상관행을 정리하고 그것을 통일하여 명확히 한 것으로서, 인코텀즈(Incoterms), 신용장 통일규칙(Uniform Customs and Practice for Documentary Credits : UCP), 2004년 전자상거래조건(ICC eTerms 2004) 등이 그것이다.

(나) 국제매매법의 통일

무역거래가 안전하고 원활히 수행되기 위해서는 그것이 어느 나라에서나 동일 내용의 통일된 법에 의해 규율되는 것이 바람직하다. 따라서 일찍부터 국제매매법을 통일하려는 움직임이 있어 왔으며, 그 결과 여러 가지 조약이 성립되고 있다. 그 중 가장 주목할 만한 것이 1980년 비엔나(Vienna)에서 채택된 「국제물품매매계약에 관한 유엔협약」(The United Nations Convention on Contracts for the

International Sale of Goods : CISG), 즉 비엔나 협약(Vienna Convention)이다. 이 협약은 1988년 1월 1일부터 발효하고 있으며, 2020년 1월 현재 89개국이 가입하고 있다.[6)]

우리나라는 2004년 2월 17일 유엔에 가입서를 기탁하여 동협약 제99조 제2항에 의거, 2005년 3월 1일부터 발효되고 있다. 따라서 현재 이 협약은 국제물품매매계약에 관한 한, 우리 민 · 상법에 우선하는 특별법의 지위를 차지하고 있다.[7)]

비엔나 협약은 제1편 적용범위와 총칙, 제2편 계약의 성립, 제3편 물품의 매매, 제4편 최종규정의 4개 편으로 구성되고 있다.

비엔나협약은 계약자유(당사자자치)의 원칙을 인정하고 있다. 즉, 비엔나협약은 어디까지나 당사자가 계약에서 명확히 합의하지 않은 사항에 대비하여 마련된 것으로서 계약의 내용을 보완하는 역할을 하고 있다. 그리고 비엔나협약은 국제매매거래의 모든 면을 규율하지는 않는다. 즉, 비엔나협약은 매매계약의 성립 및 매도인 · 매수인의 권리 · 의무만을 규율하며, ① 계약 · 계약조항 또는 관행의 유효성, ② 물품의 소유권 이전에 대하여는 관여하지 않고 있다(제4조).

(다) UNIDROIT의 국제상사계약원칙

「사법통일을 위한 국제협회」(International Institute for the Unification of Private Law : UNIDROIT)의 국제상사계약원칙(Principles of International Commercial Contracts : 이하 "PICC"라 한다)은 UNIDROIT가 기존 국가법체계에 공통되는 계약법 원칙 내지 국제상거래 특유의 요구에 적합한 원칙을 재정립하기 위해 1994년에 제정 한 국제계약의 일반원칙(general principles)으로 2004년과 2010년

---

6) 우리의 주요 교역국인 미국, 중국, 일본, 독일, 프랑스, 호주 등이 모두 체약국이고, 북한도 2019년에 가입하였으나, 아직까지 영국은 이 협약에 가입하고 있지 않다.

7) 비엔나 협약은 서로 다른 체약국에 영업소를 가진 당사자 사이의 물품매매계약 또는 물품매매계약의 준거법이 체약국의 법률인 경우에 적용된다. 따라서 가령 매도인의 영업소가 A국(체약국)에 있고 매수인의 영업소가 B국(비 체약국)에 있으며, 매수인이 매도인을 상대로 A국에서 소송을 제기하였다고 하자. 이때 만약 A국의 국제사법의 규칙상 매도인 국가(A국)의 법률이 적용된다면 이 거래에는 원칙적으로 비엔나 협약이 적용된다. 다만 비엔나협약은 다음과 같은 경우에는 적용되지 않는다.
첫째, ① 개인용 · 가족용 또는 가정용으로 구입한 물품의 매매, ② 경매, ③ 강제집행 그 밖의 법령에 의한 매매, ④ 주식, 지분, 투자증권, 유통증권 또는 통화의 매매, ⑤ 선박, 부선 또는 항공기의 매매, ⑥ 전기의 매매와 같은 특수한 매매(제2조).
둘째, 계약이 매매계약이라고 하기 보다는 서비스를 제공하는 계약인 경우(제3조)
셋째, 원칙적으로 ① 계약 또는 관행의 유효성, ② 소유권의 이전 등 소유권에 관하여 계약이 미치는 효력(제4조).
넷째, 매도인의 제조물책임 중 사람의 사망 또는 상해에 대한 책임(제5조).

에 개정되었다.

PICC는 그 자체가 구속력 있는 협약(convention)은 아니지만 국제거래관계에 있어서 그 적용가능성이 더욱 확대되고 있다. 이는 PICC가 국제적인 보편성과 거래당사자간의 형평성을 바탕으로 하여 확립된 국제계약법원칙으로서 동 원칙의 적용을 통해 국내법규의 차이에서 오는 문제(예컨대 법적용의 불확실성, 법적 안정성)의 해결이 기대되기 때문이다. 그런데 PICC는 비엔나협약과는 여러 가지 면에서 차이가 있다. 비엔나협약은 매매계약에 관한 규정이고, PICC는 상사계약에 관한 규범으로 양자 모두 '계약'에 관한 규범이다. 그렇지만 비엔나협약은 국제조약이고, PICC는 Restatement이다. 그리고 비엔나협약은 물품매매계약만을 대상으로 하는데 대하여 PICC는 보다 광범위한 계약, 즉 국제상사계약 전반에 대하여 적용된다.

(라) 전자통신협약

정보통신기술의 발전에 따라 국제상거래에서도 전자통신수단을 이용하여 계약이 체결되기 시작하였다. 이에 발맞추어 2005년 11월 23일 유엔총회는 전자계약에 있어서 법적 장애를 제거하고 명확성을 기하기 위하여 "국제계약에서 전자통신의 사용에 관한 유엔협약"(UN Convention on the Use of Electronic Communications in International Contracts : 이하 "CUECIC" 또는 "전자통신협약"이라 한다)을 채택하였다. 그런데 2010년 10월 현재 이 협약에 우리나라를 포함하여[8] 18개국이 서명하였으나, 비준한 나라는 온두라스(Honduras)와 싱가포르 2개국뿐이어서 아직 발효되고 있지 않다.

3 매매계약의 성질

무역계약, 즉 무역상품의 매매계약은 매매계약이라고 하는 점에서 국내상거래에 있어서의 매매계약과 본질상 하등 다를 바가 없다. 매매계약(contract for sale : sales and purchase contract)은 매도인이 매수인에게 물품의 재산권(소유권)을 이전할 것을 약정하고, 매수인은 이에 대하여 그 대금을 지급할 것을 약정하는 계약으로서 그 성질은 다음과 같다.[9]

8) 우리나라는 2008년 1월 15일 서명하였다.

9) 이와 관련하여 민법 제563조는 다음과 같이 규정하고 있다.
"매매는 당사자 일방이 재산권을 상대방에게 이전할 것을 약정하고 상대방이 그 대금을 지급할 것을 약정함으로써 그 효력이 생긴다."

(1) 낙성계약

낙성계약(consensual contract)은 당사자 일방의 청약에 대하여 상대방이 승낙함으로써 성립하는 계약으로서, 요물계약[10]에 대칭되는 개념이다. 따라서 매매계약은 매매당사자의 합의만으로 성립되며, 계약당사자 사이에 물품의 점유이전이나 소유권의 이전이라는 사실, 계약문서의 작성 · 교부 등은 계약성립의 요건이 아니다. 그러나 실제로는 후일의 분쟁을 방지하고 또 원활한 계약이행을 위하여 관습상 문서로 계약내용을 확인하고 있다.

(2) 쌍무계약

쌍무계약(bilateral contract)은 계약의 각 당사자가 서로 대가적 의미를 가지는 채무를 부담하는 계약으로서, 당사자의 일방만이 채무를 부담하는 편무계약(unilateral contract : 예컨대, 증여 · 사용대차 등)과 대칭되는 개념이다. 쌍무계약에 있어서는 쌍방의 당사자가 모두 자기의 약속에 대해서는 약속자(promisor)인 동시에 상대방의 약속에 대해서는 수약자(promisee)이다. 바꾸어 말하면 쌍방 모두 채권자인 동시에 채무자이기도 하다. 매매계약에서 매도인은 물품인도의무를, 매수인은 대금지급의무를 교환적으로 부담하고 있는 것이다.[11]

이 조는 매매가 재산권의 이전과 대금지급에 관한 합의에 의해 성립함을 규정함으로써 매매가 이들 두 요소를 포함한 유상 · 쌍무 · 낙성 · 불요식의 계약임을 명확히 하고 있는 것이다.

한편, 영국의 1893년 물품매매법(SGA) 제1조에서는 「물품매매계약이란 대금이라고 하는 금전에 의한 대가를 획득하기 위해 매도인이 매수인에게 물품의 재산권을 이전하거나 또는 이전을 약속하는 계약이다」(A contract of sale of goods is a contract whereby the seller transfers or agrees to transfer the property in goods to the buyer for a money consideration, called the price)라고 규정하고 있다. 이 규정은 우리 민법 제563조의 규정에 대응하는 것이다. 이것은 1979년 물품매매법에는 제2조로 옮겨졌으나 "whereby"가 "by which"로 평이하게 바뀐 것 이외는 전적으로 1893년 물품매매법과 동일하다.

미국의 USA는 제1조에서 물품매매계약(a contract to sell goods)과 물품매매(a sale of goods)를 나누어 정의하고 있으나, 그 내용은 영국의 물품매매법과 동일하다. 그리고 UCC는 제2-106조 제1항에서 「매매계약은 물품의 즉시매매 및 장래의 시기에 있어서 물품을 매매하는 계약을 포함한다. 매매란 대금을 획득하기 위해 매도인으로부터 매수인에게 권원을 이전하는 것이다」("Contract for sale" includes both a present sale of goods, and a contract to sell goods at a future time. A "sale" consists in the passing of title from the seller to the buyer for a price)라고 규정하고 있다.

10) 요물계약은 당사자 사이의 합의 이외에 물건의 인도, 기타의 급부를 하여야만 성립되는 계약으로서 현상광고가 그 예이다.

11) 쌍무계약에 있어서는 채무가 서로 대가적 의미를 가지고 의존관계에 서기 때문에 이른바 동시이행의 항변권 · 위험부담의 문제가 생긴다. 쌍무계약에 의하여 각 당사자가 부담하는 채무는 서로 대가적 의미를 가지고 관련되어 있으므로 그 내용의 실행인 이행에 있어서 자기의 채무는 이행하지 않고서 상대방의 이행만을 청구하는 것은 공평의 관념 · 신의칙(信義則)에 반한다. 여기에 동시이행의 항변권이 인정되는 근거가 있다.

(3) 유상계약

유상계약(onerous contract : contract for consideration)이란 당사자 쌍방이 서로 대가적 의미를 가지는 재산상의 출연(급부)을 하는 계약이며, 이와 같은 급부가 없는 무상계약(gratuitous contract)에 대응하는 개념이다. 이러한 재산상의 출연의 상호의존관계는 각 당사자가 서로 채무를 부담하는 쌍무계약에 있어서는 필연적으로 있게 된다. 즉, 쌍무계약은 모두 유상계약이다. 매매계약에서는 일방(매도인)의 물품급부의 제공에 대하여 상대방(매수인)이 금전으로 반대급부를 제공하기 때문에 유상계약이다.

유상계약 · 무상계약의 구별은 쌍무계약 · 편무계약의 구별과 혼동하기 쉬우나 유상 · 무상의 구별은 채무의 내용이 대가적인가의 여부에 관한 것이고 쌍무 · 편무의 구별은 채무 자체가 상호적인가의 여부에 관한 것이다. 즉, 이 구별은 쌍무계약 · 편무계약의 구별에 있어서와 같이 계약의 효과로서 생기는 채권관계만을 관찰해서 하는 구별은 아니며, 넓게 계약의 성립에서 그 계약의 효과로서 생기는 채권관계의 실현에 이르기까지의 전과정을 관찰해서 그 사이에 있어서의 당사자 사이의 급부에 의하여 일방 당사자에게 생긴 재산상의 이득이 그에 상응하는 상대방의 손실을 가져오고, 또한 그 상대방의 손실이 그에 상응하는 이득으로 보상되느냐의 여부를 표준으로 하는 것이다. 예를 들면 매매계약 이외에 임대차계약은 유상쌍무계약이지만, 이자부 소비대차(利子附 消費貸借)는 유상편무계약이다. 왜냐하면 차주만이 원금의 반환 및 이자지급채무를 부담하기 때문이다. 그리고 증여나 무이자의 소비대차는 무상편무계약이다.

4 무역계약의 성립

(1) 계약성립의 요건

계약은 2인 이상의 당사자 사이에 있어서의 법에 의해 강행가능한 합의(agreement)이다.[12] 따라서 계약이 성립되기 위해서는 서로 대립되는 2개 이상의 의사표

민법 제536조 제1항은 "쌍무계약의 당사자 일방은 상대방이 그 채무이행을 제공할 때까지 자기의 채무이행을 거절할 수 있다"고 규정하고 있다. 위험부담 문제에 대해서는 뒤에서 별도로 살펴보기로 한다.

12) 계약은 모두 합의이지만 합의가 모두 계약이 되는 것은 아니다. 예를 들면, 연극구경을 간다거나 축구경기에 참가한다거나 하는 약속은 법이 이를 강행하지 않으므로 계약은 아니다. 이러한 약속을 지키지 않는 것은 사회적 · 도덕적 의무에 반하지만, 법률상의 의무위반이 되는 것은 아니다. 이와 관련된 판례로서 1919

시의 합치, 즉 합의를 필요로 한다.

무역계약도 계약이기 때문에 일방의 당사자가 다른 당사자에 대하여 계약체결의 의사표시, 즉 청약을 하고, 다른 당사자가 그 청약에 응하는 의사표시, 즉 승낙을 함으로써 성립된다. 따라서 청약과 승낙 중 어느 하나라도 없으면 계약은 성립되지 않는다.[13] 계약성립을 위해서는 항상 명확한 청약과 무조건의 승낙이 존재하여야 하는 것이다.

한편, 영미법에서는 계약이 성립되기 위한 요건으로서 날인증서라고 하는 일정한 방식에 따르거나 또는 약인(約因 : consideration)의 존재를 요구하고 있다. 약인에 의해 성립되는 계약을 단순계약(simple contract)이라 하고, 약인의 유무를 불문하고 날인증서에 의한 계약을 날인계약(specialty contract : deed)이라 한다. 여기서 약인이란 계약상의 채무의 반대급부로서 제공되는 작위 · 부작위 또는 약속을 말한다. 또 날인증서란 당사자의 약속 · 합의를 증명하는 서면으로서 서명(sign) · 날인(seal), 교부(deliver)가 된 것을 말한다. 따라서 계약은 일방 당사자의 명확한 청약이 다른 당사자에 의해 수정없이 승낙되고, 또 상당한 유가약인(valuable consideration)이 합의됨으로써 성립한다.

그런데 물품매매에서는 항상 대금이 유가약인으로 지급되기 때문에 약인과 관련하여 특별한 문제가 발생되지는 않는다.

년 Balfour v. Balfour사건이 있다. 이 사건에 의하면 Balfour는 자기 아내에게 구두로 그녀가 더 이상의 생계비를 요구하지 않는다는 조건으로 매월 생활비조로 30 파운드씩 주기로 약속했다. 1919년 당시 주당 평균임금이 1.25 파운드였으므로 30 파운드는 한달 생활비로서는 무척 많은 금액이었다. 그런데 Balfour가 자기의 약속을 지키지 않으므로 부인은 약속위반을 이유로 제소하였다. 이 사건에서 법원은, 남편과 아내 사이에 한 약속은 순수한 가정내의 약속이며 계약은 아니므로 법적으로 강행할 수 없다고 판결하였다(Geoffrey Whitehead, *Elements of Export Law*, Cambridge, Woodhead-Faulkner, 1983, pp. 23~24).

13) 계약은 보통 청약과 승낙의 합치로 성립되지만, 교차청약이나 현상광고와 같이 청약과 승낙 이외의 방법에 의하여 성립될 수도 있다. 교차청약(cross-offer)이란 예를 들면, 갑이 을에 대하여 계약의 청약을 하고, 을도 또한 갑에 대하여 그와 동일한 내용의 청약을 한 경우와 같이 양 청약이 서로 교차된 것을 말한다. 이 경우에는 양 청약이 모두 상대방에게 도달한 때에 계약이 성립된 것으로 본다(민법 제533조). 이와 같이 우리나라에서는 교차청약에 의해서도 계약이 성립되지만, 영미법에서는 교차청약에 의한 계약의 성립을 원칙적으로 인정하지 않고 있다(田中信幸 외 편, 國際賣買契約ハンドブック, 東京, 有斐閣, 1986, 20면). 한편, 현상광고란 예를 들면, 집을 잃은 어린애를 찾아준 사람에게 돈 얼마를 주겠다는 것과 같이, 일정한 행위를 한 자에게 일정한 보수를 지급하겠다는 신문 · 라디오 등을 통한 광고(불특정 다수인에 대한 의사표시)를 말한다(민법 제675조 참조).

(2) 청 약

(가) 청약의 의의와 요건

청약(offer)은 청약자(offeror)가 피청약자(offeree)와 일정한 조건하에서 계약을 체결하겠다는 뜻을 나타낸 의사표시, 즉 계약체결의 의사표시를 말한다. 청약은 반드시 서면으로 할 필요는 없고, 구두 또는 행위[14]로도 할 수 있다. 다만, 요식계약의 경우에는 청약도 보통 그 형식을 필요로 한다. 그런데 실제로 매매계약에서는 전화나 텔렉스 또는 주문서라는 서면 등을 통해 청약이 이루어지고 있다.

그리고 청약이라고 할 수 있기 위해서는 승낙이 있는 경우 계약으로서 내용을 결정할 수 있을 정도로 내용이 확정되어 있어야 한다. 매매에 있어서는 적어도 목적물인 상품 이외에 수량, 가격을 정해 두고 있어야 할 것이다. 또 목적물의 인도시기 · 방법이나 대금의 결제방법도 정해 둘 필요가 있는 경우가 많을 것이고, 나아가 자세한 거래조건까지 명확히 하지 않으면 청약이라고 할 수 없는 경우도 있을 수 있다.

한편, 청약은 상대방있는 의사표시이지만, 그 상대방이 특정인이어야 할 필요는 없다. 즉, 청약은 어떤 특정의 개인(an individual), 특정 집단의 사람들[15] 또는 불특정 다수인[16]을 상대로 할 수도 있다. 다만, 비엔나협약은 불특정 다수인에 대한 제안을 원칙적으로 청약이 아니라 청약의 유인으로 보고 있다(제14조 제2항).

(나) 청약과 청약의 유인

승낙이 있으면 계약을 성립시킨다고 하는 의사표시가 청약의 요소이므로 이것을

14) 버스정류장에 버스가 정차하는 것은 거기에서 기다리고 있는 승객을 태워주겠다는 청약이고, 자동판매기를 설치해 두고 있는 것도 그 자체가 청약이다.

15) 예컨대, 1919년의 Shipton v. Cardiff Corporation 사건에 의하면 피고는 그 회사의 종업원에게 군에 입대한 경우에는 군대의 급료와 회사 급료의 차액을 부담한다고 하였다. 원고는 입대하였으나 회사가 그에게 차액지급을 거절하였다. 이 사건에서 법원은 원고승소판결을 내렸다. 어떤 특정 집단의 사람들(이 사건에서는 회사의 종업원) 앞으로 한 청약은 그 집단에 속하는 사람이라면 누구라도 승낙할 수가 있기 때문이다.

16) 불특정 다수인에 대한 청약은 일반적 청약(general offer)이라고 하는데, 이러한 청약의 예로서는 자동판매기의 설치, 신문광고에 의한 청약, 버스의 정류장에서의 정차 등을 들 수 있다. 불특정 다수인에 대한 청약과 관련된 판례로서 Carlill v. Carbolic Smoke Ball Co. Ltd (1893)사건이 있다. 이 사건에서 피고는, 그들 회사의 Carbolic Smoke Ball이 유행성 독감(influenza)을 예방하는 것으로 광고하고, 그것을 규정된 방법으로 사용하였음에도 불구하고 유행성 독감에 걸린 자는 누구든 100 파운드를 주겠다고 하였다. Carlill여사가 이 특허약을 사용했지만 병에 걸렸다. 이 사건에서 그녀는 100 파운드를 받을 권한이 있다고 판결하였다. 그녀의 광고에 대한 대답은 그 약을 사서 규정된 방법으로 사용하는 것이었고, 이것은 청약에 대한 승낙이기 때문이다.

결하고 있는 것, 예를 들면 견적은 청약과는 구별되고, 상대방의 청약을 권유한다고 하는 의미에서 청약의 유인(invitation to offer : invitation to treat)이라고 한다. 즉, 청약의 유인은 타인을 꾀어서 자기에서 청약을 하게 하려는 행위로서, 청약의 유인에 의해서 꾀임을 받은 자가 의사표시를 하더라도 계약은 성립되지 않으며, 다시 유인한 자가 승낙의 의사표시를 함으로써 비로소 계약이 성립된다. 예컨대, 구인광고 · 물품판매광고 · 상품목록의 배부 · 정찰부 상품의 진열 · 기차시간표의 게시와 같은 것은 보통 청약의 유인으로 간주된다.

그런데 이와 같이 청약의 유인과 청약을 개념상 · 이론적으로 구별하는 것은 쉬우나, 실제로 개개의 구체적 사례에 있어서 양자를 구별하기 어려운 경우가 있다. 그렇다고 어떤 절대적인 표준을 구할 수도 없는 일이어서 결국 개개의 행위가 가지는 사회적 의미를 밝힘으로써 결정하는 수밖에 없다. 청약과 청약의 유인을 구별하는데 있어서는 다음 사항이 하나의 참고가 될 수 있다.[17)]

① 특정인에 대한 것은 보통 청약이고, 불특정인에 대한 것은 청약의 유인에 해당하는 경우가 많다. 그리고 불특정인에 대한 경우에도 계약당사자가 될 상대방이 누구이든 그 개성을 묻지 않는 것일 때에는 청약이고, 개성을 중요시하여 상대방을 선택할 여지를 남겨두고 있다고 볼 수 있는 경우에는 청약의 유인이다.

② 행위에 의하여 표시된 계약의 내용에 관하여 아무런 유보를 하고 있지 않은 경우에는 청약이나, 그렇지 않은 경우에는 청약의 유인이다.

그 밖에 당사자 사이의 종래의 거래관계나 지방적 관습 등도 고려하여야 한다.

여기서 한 가지 주의할 것은 청약(offer)이라고 하는 단어를 사용하였다고 하여 청약이고, 사용하지 않았다고 하여 청약이 안되는 것은 아니라는 점이다. 청약(offer)이라고 하는 단어를 사용하고 있어도 청약의 유인인 경우가 있고, 승낙(acceptance)이라고 하는 단어를 사용해도 청약인 경우가 있다. 가령 다음과 같은 매매 당사자의 의사표시가 있었다고 하자.

① 청약자 : We offer 1,000 dozen of Article No. A1 for shipment in January at US $ 100 per dozen subject to our confirmation.

② 피청약자 : We accept your offer.

③ 청약자 : We confirm your acceptance.

17) 곽윤직, 채권각론(민법강의 Ⅳ), 박영사, 2005, 36면.

이 예에서 ①은 "offer"(청약)라고 하는 단어를 사용하고 있으나 청약의 유인에 지나지 않는다. 왜냐하면 ②에서 피청약자가 승낙(accept)해도 ③에서 청약자가 확인(confirm)하지 않으면 계약이 성립하지 않기 때문이다. ②에서 피청약자가 "accept"라고 하는 단어를 사용하고 있지만 이것이 매수청약이고, ③에서는 청약자가 "confirm"이라고 하는 단어를 사용하고 있으나 실질적으로는 이것이 승낙이다.[18]

(다) 청약의 효력발생

청약은 상대방에 전달되어야 하며, 상대방에 도달됨으로써 그 효력이 발생한다(도달주의원칙).[19]

(라) 청약의 효력소멸

청약은 철회 · 거절 · 기간의 경과 등에 의해 그 효력이 소멸된다.

1) 청약의 철회

청약은 철회에 의해 효력이 소멸한다. 우리 민법에 의하면 청약은 그것이 효력을 발생한 때에는 청약자가 임의로 이를 철회하지 못한다(민법 제527조). 이를 「청약의 구속력」이라 한다. 구체적으로 보면 승낙기간을 정하여 청약을 한 경우에는 청약자는 그 기간 내에는 철회하지 못하고(민법 제528조), 승낙기간을 정하지 않고 한 청약은 청약자가 「상당한 기간」 동안 이를 철회하지 못한다(민법 제529조).

그런데 영미 보통법에서는 이와 반대로 청약은 승낙되기까지는 아무 때나 철회할 수 있는 것이 원칙이다. 이것은 영미법에 특유한 약인이론에 의한 것으로, 영미법에서는 날인증서에 의하거나 약인이 제공된 경우가 아니면 약속은 구속력을 지니지 못하는데, 이것은 청약에 대해서도 그대로 적용된다.[20] 따라서 가령 청약에 승낙기간을 정하고 있어도 날인증서에 의하거나 약인이 없으면 청약은 자유롭게 철회할 수 있는 것이다.

다만, 미국의 UCC는 이 원칙을 일부 변경하여 확정청약(firm offer)의 경우는 청약에 승낙기간이 기재되어 있는 때는 그 기간, 기재되어 있지 않은 때는

18) 中村 弘, 貿易契約の基礎, 東京, 東洋經濟新報社, 1983, 99면.
19) 우리 민법 제111조 제1항 : 비엔나협약 제15조 제1항.
20) 田中信幸 외 편, 전게서, 17면.

합리적인 기간내에 청약을 철회할 수 없는 것으로 규정하고 있다(제2-205조). 여기서 확정청약이란 상인이 기록하여 서명한 청약으로서, 그 기록에 청약의 효력이 존속한다는 뜻을 기재하고 있는 것을 말한다.[21)]

그리고 비엔나협약 제16조는 다음과 같은 규정을 두고 있다.

① 청약은 계약이 체결되기까지는 철회될 수 있다. 다만, 상대방이 승낙의 통지를 발송하기 전에 철회의 의사표시가 상대방에게 도달되어야 한다.

② 그러나 다음의 경우에는 청약은 철회될 수 없다.

ⓐ 승낙기간의 지정 그 밖의 방법으로 청약이 철회될 수 없음이 청약에 표시되어 있는 경우 또는

ⓑ 상대방이 청약이 철회될 수 없음을 신뢰하는 것이 합리적이고, 상대방이 그 청약을 신뢰하여 행동한 경우

한편, 청약의 철회통지는 청약과 마찬가지로 상대방에 전달되어야 한다. 즉, 도달주의원칙이 우리 민법을 포함하여 영미법, 비엔나협약에서 모두 채용되고 있다.

이 원칙에 대한 사례로서 Byrne v. Van Tienhoven(1880)사건이 있다. 이 사건에서 피고는 뉴욕에 있는 원고에게 특정물품을 청약하는 편지를 선박우편으로 10월 1일 발송하였다. 그 편지는 10월 11일 뉴욕에 도착되고 원고는 즉시 전보로 승낙하였다. 한편, 피고는 10월 8일 그 청약을 철회하는 서신을 발송하였으나 그 철회통지는 10월 20일까지 뉴욕에 도착하지 않았다. 이 사건에서는 철회가 지나치게 늦었다는 이유로 청약이 승낙된 것으로 판결하였다.[22)]

2) 청약의 거절

청약의 거절이란 청약을 승낙하지 않는다는 의사표시를 말한다. 청약은 거절에 의하여 그 효력이 소멸한다. 그리고 거절은 그 통지가 청약자에게 도달하여야만 비로소 효력이 발생한다. 예를 들어 갑이 을에게 편지로 청약을 했

21) 예를 들면 다음과 같은 표현의 주문서가 상인에 의해 서명되어 송부되어 온 경우에는 확정청약이 된다. "We are pleased to make the following offer which is firm for … days from the above date."

22) 이 사건을 담당한 Lindley 판사는 청약의 철회는 상대방에 전달되기까지는 효력이 발생하지 않고, 청약의 철회는 편지를 단지 우편함에 넣은 것만으로는 전달된 것이 아니라고 판시하였다. 그 이유는 청약이 철회되었음을 알지 못하고 승낙한 사람을 보호하는 것이 법원칙이나 거래상의 편의에 부합되기 때문이라고 한다.

다고 하자. 을은 그 편지를 받자마자 즉시 거절의 회신을 하였다. 이때 거절의 서신이 갑에게 도착되기 전에 을이 마음을 바꾸어 갑에게 승낙하는 취지의 전화를 하였다면 갑과 을 사이에는 계약이 성립한다. 우리 민법은 청약의 거절에 대하여 직접적으로는 규정하고 있지 않으나, 청약을 거절한 때에는 비록 그 거절이 승낙기간 내에 있었다고 하더라도 그 청약이 승낙적격(승낙만 있으면 계약을 성립하게 하는 효력)을 잃게 된다.[23]

비엔나협약도 청약은 비록 그것이 철회할 수 없는 것이라고 해도 거절의 의사표시가 청약자에 도달한 때에는 효력을 상실하는 것으로 명확히 규정하고 있다(제17조).

3) 기간의 경과

청약은 기간의 경과(passing of time)에 의해 실효한다. 즉, 승낙의 기간을 정한 청약은 그 기간의 경과, 그리고 승낙기간을 정하지 아니한 청약은 「상당한 기간」(a reasonable time)이 경과하면 청약의 효력이 소멸된다(민법 제528조 제1항 및 제529조 : 비엔나협약 제18조 제2항 참조). 여기서 「상당한 기간」이란 청약의 수단과 내용, 당사자의 의사, 거래관습 등에 따라 결정해야 할 사실문제이다. 부패하기 쉬운 상품이라든가 가격변동이 심한 상품의 경우는 비교적 단기간에 청약의 효력이 상실된다. 또 청약이 전보로 이루어진 경우도 마찬가지이다.

4) 당사자의 사망

당사자의 사망에는 청약자가 사망한 경우와 피청약자가 사망한 경우가 있는데, 영국에서는 일반원칙으로서 어떤 당사자가 사망하더라도 청약은 소멸한다. 그 이유는 당사자가 합의에 도달할 수 없기 때문이다.[24]

한편, 우리 민법은 제111조 제2항에서 "의사표시자가 그 통지를 발송한 후 사망하거나 제한능력자가 되어도 의사표시의 효력에 영향을 미치지 아니한다"고 규정하여 당사자의 사망이 청약의 효력에 영향을 미치지 않음을 명백히 하고 있다. 그리고 피청약자가 사망한 경우에도 일반적으로 청약의 효력에 영향을 미치지 않지만, 청약의 내용이 피청약자의 상속인이 그 지위를 계

23) 곽윤직, 전게서, 40면.

24) J. Chitty, *Chitty on Contracts*, Vol. 1 (26th ed.), (by Guest), London, Sweet & Maxwell, 1989, para. 102.

승할 성질의 것이냐 아니냐에 따라 청약의 효력이 달라진다.[25)]

(3) 승 낙

(가) 승낙의 의의와 요건

승낙(acceptance)은 피청약자가 청약에 응하여 계약을 성립시킬 목적으로 청약자에 대하여 행하는 의사표시이다. 승낙은 청약과 합치시켜 계약을 성립시키는 것이므로 승낙의 내용이 청약의 내용과 일치(객관적 합치)하여야 하고, 또 그 청약에 대한 의사의 표시(주관적 합치)임이 인식될 필요가 있다. 그리고 승낙은 특정의 청약에 대하여 행해지는 것이므로 청약과 달리 불특정 다수인에 대한 승낙은 있을 수 없다.

한편, 승낙의 방법도 청약과 마찬가지로 원칙적으로 자유이다. 따라서 서신, 텔렉스, 전화, 경우에 따라서는 행위[26)]에 의해서도 할 수 있다. 그러나 예약 기타의 특약으로 승낙의 방법이 정하여져 있는 때, 또는 청약자에 의하여 승낙의 방법이 지정되어 있는 때에는 그 방법에 의하여야 한다.

(나) 승낙과 반대청약

승낙은 무조건이어야 한다. 그런데, 실제 거래에서는 단 한번의 청약이 그대로 승낙되는 예는 거의 없고 새로운 조항이 부가되거나 앞의 내용이 변경되거나 하면서 교섭이 진전된다. 따라서 거래의 전과정을 보아 동일조건에 대하여 양 당사자간에 합의가 이루어졌는가의 여부를 판단하여야 한다.

승낙자가 어떠한 방법으로든 청약의 내용을 바꾸고자 하면 이것은 승낙이 아니라 반대청약(counter offer)에 지나지 않으며, 이것은 원청약자의 선택에 따라 승낙되거나 거절될 수 있다. 즉, 반대청약은 원청약의 거절(원청약의 소멸)임과 동시에 반대청약자에 의한 새로운 청약이 된다.

우리 민법도 제534조에서 “승낙자가 청약에 대하여 조건을 붙이거나 변경을 가하여 승낙한 때에는 그 청약의 거절과 동시에 새로 청약한 것으로 본다”고 규정하고 있다.

---

25) 곽윤직, 전게서, 38면.

26) 행위에 의한 승낙의 예로서는 ① 청약에 응하여 주문품을 송부하는 것, ② 자동판매기에 소정의 동전을 투입하는 것, ③ 앞에서 예를 든 Carlill v. Carbolic Ball Co. Ltd (1893)사건에서와 같이 광고된 약품을 규정된 방법으로 사용하는 것 등을 들 수 있다.

영미 보통법에서는 이것을 경상(鏡像)의 원칙(mirror-image rule)[27]이라고 하고 있다.[28] 경상의 원칙은 청약과 승낙이 거울에 비친 모습과 같이 전적으로 동일하여야 한다는 것이다. 따라서 청약에 대한 회답이 청약과 동일하지 않으면 반대청약이 되어 원 청약을 거절함과 동시에 새로운 청약을 한 것으로 취급된다.

한편 비엔나 협약은 청약 조항에 대하여 그 내용을 부가·제한하는 등 변경하고 있는 경우 이것은 청약의 거절이고 반대청약(counter offer)이 된다는 기본원칙을 규정(제19조 제1항)하는 한편으로 미국 통일상법전의 취지에 따라 계약조건의 변경이나 추가를 수반하는 승낙이라 해도 청약의 조건을 실질적으로 변경하는(materially alter)것이 아닌 경우에는 청약자가 지체 없이 이의를 제기하지 않는 한 승낙이 되는 것으로 규정하고 있다. 그리고 이러한 경우 승낙에 의해 수정된 내용으로 계약이 성립한다(제19조 제2항).

(다) 승낙의 효력발생

승낙은 청약에 응하여 그보다 뒤에 행해지는 것이므로 승낙에 의하여 계약은 성립된다. 따라서 승낙의 효력발생시기 문제는 보통 계약의 성립시기의 문제로 돌아가는데, 승낙이 언제부터 효력이 발생하는가에 대하여는 각국 법 사이에 차이가 있다.

우리 민법은 의사표시의 효력발생시기에 관하여 도달주의를 취하고 있으나(제111조 제1항), 격지자간의 계약의 성립에 관하여는 발신주의를 취하고 있다(제531조). 그리고 민법 제528조 제1항과 제529조에서는 위의 발신주의를 제한하고 있다. 즉, 승낙기간을 정한 계약의 청약은 청약자가 그 기간내에 승낙의 통지를 받지 못한 때에는 효력을 잃고(제528조 제1항), 승낙기간을 정하지 않은 계약의 청약은 청약자가 상당한 기간내에 승낙통지를 받지 못한 때에는 역시 효력을 잃는 것으로 규정하고 있다(제529조). 따라서 우리 민법에 의하면 승낙기간 내에 승낙이 도달한다는 전제하에 계약의 성립시기는 승낙의 발송시로 앞당겨진다.[29]

한편, 영국법의 일반원칙에 의하면 승낙은 상대방에 전달(communicate)되지 않으면 안된다. 이러한 도달주의원칙의 중대한 예외로서 우편 또는 전보의 경우에는 편의상(for reason of convenience) 편지가 투함되거나 또는 전보가(전보국 직원에) 수교된 때에 승낙이 완성된다(completed when the letter is posted or the telegram

27) 이를 완전일치의 원칙이라고도 한다(오원석, "국제물품매매계약에서 「변경된 승낙」의 계약성립효과와 계약서식의 교전", 무역상무연구(제Ⅸ권), 한국무역상무학회, 1996, 137면 참조.).

28) E.A. Farnsworth, Contracts(2nd ed.), Toronto, Little, Brown and Company, 1990, p. 170.

29) 법무부, 국제물품매매계약에 관한 유엔협약해설, 2005, 227면.

handed in). 즉, 격지자간의 우편 또는 전보에 의한 승낙의 경우에는 발신주의를 취한다고 하는 예외가 확립되고 있다. 이를 투함원칙(投函原則 ; mailbox rule)[30]이라고 한다. 그리고 격지자간이라고 해도 전화나 텔렉스와 같이 통신이 실질적으로 발신과 동시에 상대방에 전달되는 수단(즉시통신수단)을 이용하는 경우에는 일반원칙에 의거 도달주의를 취한다. 전화나 텔렉스의 경우는 비록 거리가 떨어져 있다고 해도 대화자와 동일하게 취급하고 있는 것이다. 미국의 경우도 영국과 동일하게 취급하고 있다.[31]

그런데 비엔나 협약에서는 "청약에 대한 승낙은 동의의 표시가 청약자에게 도달한 시점에 효력이 발생한다."고 규정하여 승낙의 방법 여하를 불문하고 승낙의 의사표시가 청약자에 도달한 때에 효력이 발생하는 것으로 하고 있다(제18조 제2항). 따라서 승낙이 도달하기 전에는 승낙자가 승낙의 의사표시를 회수할 수 있다(비엔나협약 제22조).

(4) 전자무역계약의 체결

전자무역에 있어서의 계약은 주로 전자우편, EDI 등을 이용하여 체결한다. 이때 전자인증과 계약내용의 보인에 관한 문제가 중요한 이슈가 될 수 있는데, 이러한 문제는 전자상거래 기반기술의 발전과 제도적인 환경의 뒷받침을 통해 극복할 수 있다.

(가) 전자계약의 의의

전자계약이란 일정한 법률효과의 발생을 목적으로 하는 2인 이상 당사자의 전자적 의사표시의 합치에 의해 성립하는 법률행위이다. 여기서 전자적 의사표시란 의사표현의 수단이 컴퓨터와 같은 정보처리장치에 의하여 전자적인 방식으로 직접 표시되거나 네트워크 등을 통하여 다른 사람에게 전달되는 의사표시를 뜻한다.

일반적으로 전자계약은 일방 당사자가 전자우편으로 청약(offer)을 하고 상대방이 전자우편으로 승낙(acceptance)의 통지를 함으로써 성립된다. 이와 관련하여 1996년에 제정된 UNCITRAL의 「전자상거래 모델법」(UNCITRAL Model Law on Electronic Commerce : 이하 "모델법"이라 한다) 제11조에서는 "계약성립에 데이터 메시지가 사용되었다는 이유만으로 그 계약의 유효성과 구속력이 부인되지 않는다"

30) 이를 「우편함규칙」이라고도 한다(석광현, 국제물품매매계약의 법리, 박영사, 2010, 89면 참조).
31) 제2차 계약법 리스테이트먼트 제57A조, 제64조 및 제65조 참조.

고 규정하고 있고, 또 2005년에 성립된 전자통신협약 제8조 제1항에서도 "통신 또는 계약은 그것이 전자통신의 형태로 되어 있다는 이유만으로 그 유효성 또는 구속력이 부인되지 아니한다"고 규정하고 있으며, 우리나라 전자거래기본법 제4조 제1항에서도 "전자문서는 다른 법률에 특별한 규정이 있는 경우를 제외하고는 전자적 형태로 되어 있다는 이유로 문서로서의 효력이 부인되지 아니한다"고 규정하고 있다. 따라서 이러한 전자우편에 의한 계약성립은 법적으로 아무런 문제가 되지는 않는다.

(나) 전자계약의 성립시기

일반적으로 계약은 당사자의 의사표시의 합치에 의해 성립하며 성립시기는 승낙의 효력이 발생한 때가 된다. 승낙의 의사표시는 원칙적으로 상대방에 도달한 때에 효력이 발생하는 도달주의가 원칙이지만 격지자간에 우편이나 전보를 이용하여 승낙의 의사표시를 하는 경우 예외적으로 발신주의 원칙이 적용된다. 그런데 실제로 전자상거래에서는 지속적인 정보기술의 발달로 청약과 승낙이 동시에 이루어져 실시간에 계약에 체결되면 계약의 성립시기와 같은 논의는 무의미하게 된다. 즉, 전자상거래에서는 의사표시의 발신과 동시에 도달되기 때문에 격지자간의 계약도 도달주의 원칙을 적용하는 것이 타당할 것이다.[32] UNCITRAL의 모델법에서는 당초에 도달주의를 명기하는 문제가 검토되었으나 비엔나협약(Vienna Convention)이 도달주의를 채용하고 있으므로 이 원칙은 당연한 것이라는 이유에서 규정을 두지 않기로 하였다.

5 매매계약의 불이행과 구제

(1) 매매당사자의 권리 · 의무

국제매매계약에 있어서 당사자의 권리 · 의무에 대해서는 당사자간에 구체적인 합의가 이루어지는 것이 보통이다. 특히 목적물의 인도나 당사자간의 비용부담 및 위험부담에 대해서 정형거래조건이 이용되는 경우에는 Incoterms 등과 같은 통일규칙에 의해 당사자의 권리 · 의무가 상세히 규정되고 있다.

국제매매계약상 당사자의 권리 · 의무에 대하여 자세한 합의가 이루어진 경우에

32) 이재규 외, 전자상거래 원론, 법영사, 2000, 628면 참조.

는 그에 따르게 되며, 그러한 구체적인 합의가 결여된 경우에는 각국의 법률이나 국제협약이 적용된다.

우리 민법에 의하면, 매매가 성립하면 그 효력으로서 매도인은 매매의 목적인 재산권을 매수인에게 이전할 의무를 부담하고, 매수인은 매매대금을 매도인에게 지급할 의무를 부담하는데, 이러한 의무가 매매의 효력의 중심을 이룬다. 그 밖에 민법은 매매의 목적인 재산권에 하자가 있거나 또는 매매목적물에 하자가 있는 경우에 매도인에게 일정한 담보책임을 부담하게 하고 있다. 결국 매매의 효력의 내용은 매도인의 재산권 이전의무와 담보책임, 그리고 매수인의 대금 지급의무의 세 가지라고 말할 수 있다.

영국 물품매매법(SGA)에서도 매매계약조건에 따라 물품을 인도하는 것은 매도인의 의무이고, 물품을 수리(acceptance)하고 그 대금을 지급하는 것은 매수인의 의무임을 규정하고 있으며(제27조), 또 별도의 합의가 없는 한, 물품의 인도와 대금지급은 동시조건(concurrent condition)임을 명확히 하고 있다(제28조). 미국 통일상법전(UCC)에서도 매매계약에 의거 매수인은 물품을 수리하고, 계약에 정해진 대금을 지급할 의무를 부담하며, 매도인은 계약에 따라 물품의 권원(title)을 매수인에게 이전하고, 물품을 매수인에게 인도할 의무를 부담한다고 규정하고 있다(제2-301조).

한편 비엔나협약에서도 매도인의 기본적 의무로서 ① 물품인도의무, ② 서류교부 의무, ③ 소유권이전의무 및 ④ 적합성보장의무의 4가지를 규정하고(제30조 및 제35조 제1항), 매수인의 기본적 의무로서 ① 대금지급의무, ② 물품수령의무, ③ 물품검사의무의 3가지를 규정하고 있다(제38조 및 제53조).

(2) 계약위반

우리가 일상 경험하고 있는 매매, 예를 들면 백화점에서 옷을 구입하거나 수퍼마켓에서 일용품을 구입하는 경우 상품과 상환으로 대금을 지급하는 것이 보통이다. 가끔 나중에 배달해 주거나 대금을 분할하여 지급하는 경우가 있지만, 이러한 때에도 매매계약이 먼저 성립되고 그 이행이 나중에 이루어지는 것이라는 생각은 거의 없고, 또 이행의 형태도 단순한 것이다. 그러나 상거래에 있어서는 계약의 체결과 이행 사이에 상당한 시차가 있는 경우가 적지 않다. 더욱이 국제매매의 경우에는 국경을 넘어가는 상품의 운송, 대금의 지급 등 이행의 형태도 복잡하게 된다. 또 대부분의 경우 매도인의 이행(상품의 인도)과 매수인의 이행(대금의 지급)은 동시에 이루어지지 않고, 선급금의 지급이나 후불조건의 매매 등 양 당사자의 이행시기에도 시차가 있는 것이 보통이다. 따라서 국제매매에 있어서는 매매계약의 불이행 및 이에 대한 구제방법도 자세히 검토할 필요가 있다.

계약에 의하여 계약당사자간에 채권채무관계가 발생하면, 채권자는 채무자에게 채무를 이행할 것을 요구할 수 있다. 만일 채무자가 채무이행을 하지 않을 경우, 즉 계약을 위반한 경우 채권자가 소송을 제기하여 재판상의 구제를 구할 수 있다.[33)]

(가) 우리 민법

우리나라 법은 채무불이행에 대한 일반조항을 가지고 있는[34)] 한편으로 채무불이행의 유형으로 이행지체, 이행불능 및 불완전이행 등에 대하여 규정하고 있다.

1) 이행지체

이행지체(failure to perform)는 문자 그대로 이행기가 되었으나 채무를 이행하지 않고 있는 것이다. 그런데 우리나라에서 이행지체라 함은 채무가 이행기에 있고, 또한 그 이행이 가능함에도 불구하고 채무자가 그에게 책임 있는 사유(귀책사유)로 채무의 내용에 좇은 이행을 하지 않는 것이다.

2) 이행불능

넓은 의미의 이행불능에는 원시적 불능과 후발적 불능이 포함된다. 원시적 불능은 예컨대 이미 소실된 집을 매매하는 계약처럼 처음부터 이행이 불가능한 것을 말한다. 한편 후발적 불능은 계약이 성립한 때는 이행이 가능했지만 후에 이행이 불가능하게 된 것을 말한다. 예컨대 매매계약 당시에는 존재하고 있었던 가옥이 계약체결 후 인도하기 전에 소실한 경우가 이에 해당한다.

그런데 우리나라에서 이행불능(impossibility of performance)이라 함은 채권이 성립한 후에 채무자에게 책임 있는 사유로 이행이 불가능하게 되는 것, 즉 채무자의 귀책사유로 인한 후발적 불능을 가리킨다. 우리 법에서 원시적 급부불능인 계약은 무효이다. 즉, 원시적 불능의 경우 계약은 당초부터 성립

33) 한국상사법학회 편, 한미상사법비교연구, 삼영사, 1982, 158면.

34) 이와 관련하여 민법 제390조(채무불이행과 손해배상)는 다음과 같이 규정하고 있다 ; 채무자가 채무의 내용에 좇은 이행을 하지 아니한 때에는 채권자는 손해배상을 청구할 수 있다. 그러나 채무자의 고의나 과실 없이 이행할 수 없게 된 때에는 그러하지 아니하다.

될 수 없으므로 대금지급이나 채무불이행으로 인한 손해배상문제는 발생하지 않는다.

3) 불완전이행

불완전이행이란 이행지체 · 이행불능에 해당하지 않는 채무불이행의 제3의 유형으로서, 채무의 이행으로서 어떤 급부를 하기는 하였으나 그것이 채무의 내용에 좇은 것이 아닌 것을 가리킨다. 불완전이행은 민법상 조문화되어 있지는 않으나 독일의 통설에 따라 우리나라에서도 채무불이행의 모습의 하나로 이를 인정하고 있다.

(나) 영미법

영미법에 있어서의 계약위반도 우리나라 법과 큰 차이는 없다. 영미법상 계약위반은「계약의 전체 또는 일부를 이루는 약속을 적법한 면책사유없이 이행하지 않는 것」(failure without legal excuse to perform a promise which forms the whole or part of a contract)이다. 다만 영미법에서는 이행거절(repudiation)이라고 하는 우리나라 법에 없는 개념이 계약위반의 한 형태로 존재한다. 이것은 계약상의 이행기가 도래하기 전에 채무자가 계약이행의 의사가 없음을 표시하는 것이다.

(다) 비엔나협약

비엔나협약에서는 원칙적으로 계약위반의 유형을 별도로 구분하지 않고 의무위반이라는 통일적 개념에서 출발하고 있다.

(3) 계약위반에 대한 구제

일방의 계약당사자가 계약위반을 한 경우 상대방은 위반자로부터 구제(remedy)를 받을 수 있다. 계약위반에 대한 구제란 일방의 당사자가 계약위반을 한 때에 상대방이 위반자에 대하여 갖는 권리라고 할 수 있다.

우리 민법에 의하면 채무불이행의 구제방법으로서 강제이행과 손해배상의 두 가지 방법을 인정하고 있고, 또 경우에 따라 계약해제도 할 수 있다.

영미법에 있어서 계약위반에 대한 구제방법은 ① 손해배상(damages), ② 제공노무상당금액의 청구(quantum meruit), ③ 특정이행(specific performance)과 금지명령(injunction)의 세 가지로 대별된다.[35] 이 밖에 형평법상의 구제방법으로서 계약

35) J. Beatson, *Anson's Law of Contract*(27th ed.), Oxford, Oxford University Press, 1998, p. 559.

의 해제(rescission)와 원상회복(restitution)이 있다.

한편 비엔나협약은 매도인의 계약위반이 있는 경우의 구제방법에 대하여 제45조~제52조에 규정하고 있다. 이를 요약하면 매수인은 ① 매도인에 대한 계약이행 청구(특정이행; 제46조 제1항), ② 계약해제(제49조 제1항), ③ 대금 감액(제50조) 및 ④ 손해배상청구(제45조 제1항 b)등을 할 수 있다. 그리고 또 비엔나협약은 매수인의 계약위반이 있는 경우의 매도인의 구제방법에 대하여 제61조~제65조에 규정하고 있는데, 이를 요약하면 매도인은 ① 매수인에 대한 계약이행 청구(특정이행 ; 제62조), ② 계약해제(제64조), ③ 손해배상청구(제61조 제1항 b) 등을 할 수 있다.

여기서는 이들 중 우리나라법과 비엔나협약을 중심으로 살펴보기로 한다. 그런데 계약위반에 대한 구제와 관련하여 주의할 것은 우리 법에서는 의무위반에 대해 상대방이 구제수단을 행사할 수 있기 위해서는 원칙적으로 채무자의 유책성이 요구되지만, 비엔나협약에서는 그러한 유책성을 요구하지 않는 것이 원칙이라는 점이다.

우리나라에서는 일반적으로 채무자의 유책성이 있어야 채권자가 손해배상청구를 할 수 있고, 특히 계약해제에 대해서도 채무자의 유책성을 요구하는 것이 통설과 판례이다. 그러나 비엔나협약에서는 원칙적으로 의무위반이 있으면 바로 구제수단을 행사할 수 있고, 채무자의 유책사유에 기한 의무위반임을 요구하지 않는다.

(가) 손해배상

계약위반에 대한 일반적인 구제방법은 손해배상이다. 손해배상의 목적은 계약위반으로 인하여 그 상대방이 현실적으로 입은 손해를 금전으로 보상해 줌으로써 상대방으로 하여금 경제적으로 계약이 이행된 것과 다름없는 지위에 놓아주려는 데 있다.

1) 손해배상의 원칙

우리 민법상의 손해배상책임은 원칙적으로 과실책임이다. 따라서 채무자의 채무불이행 외에 과실이 있어야 채권자의 배상청구가 가능하다(민법 제390조). 다만 예외적으로 금전채무의 불이행 책임(민법 제397조 제2항), 이행지체 중의 손해배상(민법 제392조), 채무자의 이행보조자에 대한 책임(제391조) 등은 무과실책임이다. 특히 하자에 대한 매도인의 담보책임은 권리하자든 물건하자든 모두 무과실책임으로 인정되어 있다.[36]

한편 비엔나협약에서 원칙적으로 손해배상책임은 무과실책임이다. 따라서 계약위반만 있으면 채권자에게 손해배상청구권이 인정되며 채무자의 과실여부는 문제되지 않는다. 다만 예외로서 두 가지 면책사유가 있다. 하나는 손해배상에만 적용되는 면책사유로서 채무자는 채무의 불이행이 자기가 통제할 수 없는 장애에 기인하였다는 것과 계약체결시 그 장애를 고려하거나 또는 그 장애나 그로 인한 결과를 회피하거나 극복할 수 없었다는 것을 입증하는 경우에는 손해배상의 책임이 없다(제79조 제1항). 다만 이 면책은 손해배상책임에만 적용되고, 상대방이 계약불이행에 대한 구제로서 이 협약이 인정하고 있는 그 밖의 권리를 행사하는 것을 방해하지 아니한다(동 제5항). 따라서 손해배상 이외의 구제수단, 예를 들면 이행청구, 대금감액, 계약해제 등은 가능하다.

상거래에서는 계약의 체결 후 전쟁, 수출입금지, 운하의 폐쇄, 동맹파업, 화재 등과 같은 예기치 못한 사태가 발생하여 계약의 이행이 불가능하게 되는 경우가 적지 않다. 이러한 경우 각국 법은 당사자에게 일정한 요건 하에서 계약상의 의무이행을 면제시키기 위해 이행불능(impossibility), 불가항력(Act of God, force majeure), 계약목적의 달성불능(frustration)[37] 등의 이론을 발전시켜 왔다. 비엔나협약에서도 채무불이행이 자신이 통제할 수 없는 장애에 기인한 경우에 면책되는 것으로 규정하고 있다.

또 하나는 일반적인 면책사유로서 채권자의 작위나 부작위로 인해 채무자의 채무불이행이 발생한 경우이다(제80조). 예를 들면 FOB계약에서 매수인이 본선을 수배할 의무를 지고 있는데, 매수인이 본선을 수배하지 않으면서 매도인이 선적하지 않은 것을 비난할 수는 없다.[38] 따라서 이러한 경우 채권자는 채무자에게 손해배상을 청구할 수 없다.

---

36) 법무부, 전게서, 278면.

37) Frustration은 영국법에서 발전된 법리로서 계약체결 후 당사자가 예견 할 수 없었고 또 당사자 누구에게도 귀책되지 않는 사태가 발생하여 당사자가 예기한 계약의 목적을 달성할 수 없게 되는 것을 가리킨다. 계약의 성립 후, 물품의 소유권이 매수인에게 이전되기 전에 양 당사자의 과실 없이 계약이 법적으로 이행할 수 없게 되거나 또는 이행이 요구되고 있는 상황이 계약시 예상한 것과는 근본적으로 달라졌기 때문에 이행할 가치가 없게 된 경우 매매계약의 목적은 달성할 수 없게 된다(A.G. Guest, *Benjamin's Sale of goods*(5th ed.), London, Sweet & Maxwell, 1997, para. 6-028, p. 298).

38) 新堀 聰, 國際統一賣買法, 東京, 同文館, 1991, 159면.

2) 손해배상의 범위

손해배상에 있어서 가장 중요한 문제는 배상하여야 할 손해의 범위이다. 우리나라에서는 위반으로 인한 「통상의 손해」의 배상에 더하여 「채무자가 그 사정을 알았거나 알 수 있었던」 때에는 「특별한 사정으로 인한 손해」의 배상청구가 인정되고 있다(민법 제393조)[39]. 예를 들면, 매도인이 계약상품의 인도의무를 게을리한 경우, 당해 상품의 가격과 시장가격과의 차액은 「통상의 손해」로서 무조건 배상청구가 인정되지만, 매수인이 그것을 유리한 가격으로 전매하는 계약을 체결하여 둔 경우 그에 따른 전매이익의 손실은 「특별한 사정으로 인한 손해」로서 매도인이 그러한 계약의 존재를 알았거나, 알 수 있었을 때에 한하여 배상청구가 인정될 것이다. 이때 채무자가 알았거나 알 수 있었을 대상은 손해가 아니라 특별사정 자체이며, 그 인식의 시점은 계약체결시가 아니라 채무의 이행기로 보고 있다.

비엔나협약도 일반원칙으로서 피해를 입은 당사자는 이익의 상실(loss of profit)을 포함하여 계약위반의 결과로 입은 손실과 동등한 금액을 배상받을 수 있는 것으로 규정하고 있다(제74조 제1문). 그러나 비엔나협약은 채무자가 계약위반의 결과로 발생할 것을 예견하였거나 예견할 수 있었던 손실로 그 범위를 한정한다(제2문). 이때 채무자가 예견하였거나 예견할 수 있었던 시점의 기준은 계약체결시이며, 예견 가능한 대상은 계약위반이 아니라 계약위반의 결과인 손실이다.

3) 손해배상액의 예정과 위약금

종종 계약서에 계약이 충족되지 않았을 경우에 지급할 손해배상액을 규정한 조항을 삽입하는 경우가 있다. 이것을 손해배상액의 예정(liquidated damages)이라 한다. 즉, 손해배상액의 예정이라 함은 채무불이행의 경우에 채무자가 지급하여야 할 손해배상의 액을 당사자 사이의 계약으로 미리 정하여 두는 것을 말한다. 예를 들면, 납기지체 1일당 계약금액의 몇 %를 지급한다거나 또 지급기일을 경과한 경우에 일정한 지연손해금을 지급한다고 약정하는 것이 이에 해당한다.

---

39) 민법 제393조(손해배상의 범위)는 다음과 같이 규정하고 있다.
"① 채무불이행으로 인한 손해배상은 통상의 손해를 그 한도로 한다.
② 특별한 사정으로 인한 손해는 채무자가 그 사정을 알았거나 알 수 있었을 때에 한하여 배상의 책임이 있다."

우리 민법에서는 이러한 계약(배상액의 예정)은 통상 약정대로 인정되지만 (제398조)[40], 영미법에 있어서는 배상액의 예정(liquidated damages)과 위약금(penalty)을 구별하여, 후자에 관한 합의를 무효로 하고 있다. 배상액의 예정인가, 위약금인가를 판단함에 있어서 계약상 사용된 명칭은 중요하지 않다. 배상액의 예정으로 인정되기 위해서는 약정된 금액이 예상되는 손해의 합리적인 추산액이어야 하고, 통상 발생하는 실손보다 현저히 높은 경우나 위반형태를 불문하고 일률적으로 동일한 배상을 약정하고 있는 경우에는 위약금으로 간주된다.

4) 손해배상에 관한 우리나라 법과 비엔나협약의 비교

손해배상에 관한 우리나라법과 비엔나협약의 규정을 비교해 보면 다음과 같은 차이가 있다(〈표 3-1〉 참조).

〈표 3-1〉 우리나라 법과 비엔나협약상의 손해배상책임 비교

구 분	우리나라 법	비엔나협약
책임원칙	과실책임	무과실책임
손해배상의 범위	(1) 통상 손해 (2) (예견가능한) 특별 손해	예견가능한 모든 손해
예견가능성의 기준시점	채무의 이행기	계약체결시
예견가능성의 대상	특별한 사정	손 해

첫째, 우리나라에서 손해배상책임은 원칙적으로 과실책임인데 반하여, 비엔나협약에서는 원칙적으로 무과실책임이다.

둘째, 양자 모두 손해배상은 금전배상을 원칙으로 하지만 손해배상의 범위와 관련하여 우리나라 법은 통상 손해와 특별 손해 등과 같은 개념을 가지고 그 범위를 조정하지만, 비엔나협약은 예견가능성이라는 개념을 가지고 손해배상의 범위를 제한한다. 이때 예견가능성의 기준시점이 우리나라에서는 채무의 이행기이지만 비엔나협약에서는 계약체결시이다. 또 예견가능성의 대상도 우리 법에서는 특별사정이 예견가능하면 되지만, 비엔나협약에서는 손해

40) 계약당사자는 법률의 규정 또는 선량한 풍속 기타의 사회질서에 위반하지 않는 한 얼마든지 자유로이 배상액 예정계약을 맺을 수 있지만, 손해배상액의 예정액이 부당히 과다한 경우 법원은 적당히 감액할 수 있다(민법 제398조 제2항).

가 예견가능하여야 한다.

(나) 이행청구

우리 민법(제389조 제1항)은 채무자가 임의로 채무를 이행하지 아니한 때에는 채무의 성질이 강제이행을 하지 못할 것인 경우를 제외하고 채권자는 그 채무의 강제이행을 법원에 청구할 수 있는 것으로 규정하고 있다. 즉, 계약위반의 경우의 구제방법으로서 우리나라에서는 어떠한 종류의 채무에 관하여도 채권자는 원칙적으로 채무의 내용자체의 강제이행을 법원에 청구할 수 있다.[41]

한편 비엔나협약은 이행청구권을 인정하고 있지만(제46조 제1항 및 제62조), 당사자가 이행청구를 할 수 있는 경우라 해도 비엔나 협약이 적용되지 않는 이와 유사한 매매계약에서 자국법에 따라 특정이행[42]을 명하는 판결을 하여야 하는 경우가 아닌 한, 법원은 특정이행을 명하는 판결을 할 의무가 없는 것으로 규정하고 있다(제28조).

이 규정은 대륙법과 영미법의 타협의 산물이다. 우리나라를 포함한 대륙법계에서는 계약위반에 대한 구제수단으로 이행청구가 원칙인데 반해, 영미법계에서는 손해배상이 원칙이고 이행청구는 예외적이고 제한적으로 인정된다. 즉 영미 보통법에서는 계약위반의 경우에 법원에 대하여 채무의 내용 자체의 급부를 명하는 판결을 구할 수 있는 것은 금전채무의 경우뿐이다. 그 밖의 채무에 대하여는 원칙적으로 손해배상(damages)만을 청구할 수 있다. 다만, 손해배상을 하는 것만으로는 채권자의 충분한 구제가 되지 않는 경우에 예외적으로 채무의 내용자체의 급부를 명하는 판결을 구할 수 있다. 여기서 비엔나협약은 종래 법원이 국내법 하에서 갖고 있는 특정이행을 인정하느냐의 여부의 재량권을 살리므로서 제46조 및 제62조가 지금까지 특정이행을 인정하지 않던 국가에 대하여 주는 충격을 완화하고자 제28조와 같은 규정을 두고 있다.[43]

41) 한국상사법학회 편, 전게서, 158면.

42) 특정이행(specific performance)은 원계약의 내용 그대로 이행할 것을 강제하는 형평법(equity)상의 구제수단으로서, 보통법(common law)에 의한 손해배상만으로는 충분한 구제를 받을 수 없는 경우에 예외적으로 인정되는 구제방법이다.

43) A.H. Kritzer, *Guide to Practical Application of the United Nations Convention on Contracts for the International Sale of Goods*, Deventer/Netherlands, Kluwer Law and Taxation Publishers, 1994, pp.226~232 참조.

(다) 계약의 해제

일방의 당사자에 의한 계약위반이 있는 경우, 상대방으로서는 계약을 해제하여 이러한 위반자와의 계약관계로부터 해방되고 싶은 경우가 있다. 계약의 해제란 유효하게 성립하고 있는 계약의 효력을 당사자 한쪽의 의사표시에 의하여 그 계약이 처음부터 있지 않았던 것과 같은 상태로 되돌아가게 하는 것을 말한다.[44]

1) 해제권의 발생

계약위반이 있다고 하여 당연히 계약해제권이 발생하는 것은 아니다. 계약위반이 경미한 경우 피해자는 계약을 해제하여 원상회복을 구할 수는 없고 단지 금전에 의한 손해배상을 청구할 수 있을 뿐이다.

우리 민법이 해제권의 발생원인으로 규정하고 있는 것은 이행지체(제544조 · 제545조)와 이행불능(제546조)인데, 이행지체에 관하여는 이를 다시 보통의 이행지체와 정기행위의 이행지체로 나누어 규정하고 있다. 보통의 이행지체의 경우(계약이 정기행위가 아닌 경우)에는 채권자가 상당한 기간을 정하여 최고(催告)를 하고, 그 기간 내에 이행이 없으면 계약을 해제할 수 있다(제544조). 최고기간 내에는 계약이 존속하므로, 이 기간 내에 이행이 있으면 해제권은 소멸한다. 한편, 정기행위의 이행지체의 경우에는 곧바로 해제권이 발생하고, 보통의 계약에 있어서와 같이 최고를 필요로 하지 않는다(제545조). 여기서 정기행위란 계약의 성질 또는 당사자의 의사표시에 의하여 일정한 시일 또는 일정한 기간 내에 이행하지 않으면 계약을 체결한 목적을 달성할 수 없는 것을 말한다. 예컨대, 각종 초대장의 주문, 연회를 위한 요리의 주문과 같이 일정한 기간 내에 이행되지 않으면 계약의 목적을 달성할 수 없는 것이 그것이다. 이행불능의 경우도 동일한 생각에서 즉시 해제가 인정된다(제546조). 그리고 불완전이행의 경우에도 해제권은 발생하나, 이때에는 그 불완전을 추가로 보완하는 것이 가능한가의 여부에 따라 최고의 요부가 결정된다. 즉, 완전이행이 가능한 경우에는 최고를 요하고, 완전이행이 불가능한 경우에는 최고함이 없이 곧바로 해제할 수 있다.[45]

그리고 민법의 해석론상 제544조의 해제가 인정되는 채무의 불이행은 주된 채무의 불이행을 말하고, 이른바 부수적 채무의 불이행으로는 해제하지

44) 곽윤직, 전게 채권각론, 80면.
45) 상게서, 90~91면.

못한다.[46] 주된 채무는 계약을 맺은 목적을 달성하는 데 필수·불가결한 것, 또는 그 불이행이 있으면 계약을 체결한 목적을 달성할 수 없을 만큼 중요한 채무를 의미한다. 주된 채무인가 또는 부수적 채무인가는 구체적인 경우에 따라 판단되어야 한다.

또 우리법에서는 원칙적으로 채무자의 과실에 의한 채무불이행시에 해제권이 발생하지만(민법 제546조 참조), 특칙으로 담보책임상의 계약해제는 채무자의 과실 없이 발생하기도 한다(민법 제570조 이하 참조).

비엔나 협약에서도 본질적 계약위반(fundamental breach)에 해당하는 경우에만 상대방이 계약을 해제할 수 있는 것으로 규정하고 있다(제49조 제1항 및 제64조 제1항). 이때 채무자의 과실여부는 문제 삼지 않는다. 즉 과실 없이 채무자의 계약위반이 발생한 경우에도 채권자는 계약을 해제할 수 있다. 여기서 본질적 계약위반이란 당사자 일방의 계약위반이 그 계약에서 상대방이 기대할 수 있는 바를 실질적으로 박탈할 정도의 손실(detriment)을 상대방에게 주는 경우의 위반을 가리킨다. 다만, 위반한 당사자가 그러한 결과를 예견하지 못하였고, 또 동일한 부류의 합리적인 사람(a reasonable person)도 동일한 상황에서 그러한 결과를 예견하지 못하였을 경우에는 그러하지 아니하다(제25조).

2) 해제권의 행사

우리 민법상 해제권의 행사는 상대방에 대한 의사표시로 하며(제543조 제1항), 그 의사표시는 상대방에게 도달한 때에 효력이 발생한다(제111조 제1항). 해제의 의사표시 방식에는 아무런 제한이 없기 때문에 서면으로 할 수도 있고, 구두로도 할 수 있다.

그리고 상인간의 확정기매매에서는 해제의 의사표시가 없어도 바로 해제가 인정된다. 즉, 상인간의 매매에서 매매의 성질 또는 당사자의 의사표시에 의하여 일정한 일시 또는 일정한 기간 내에 이행하지 않으면 계약의 목적을 달성할 수 없는 경우에, 채무자가 이행기를 경과하였는데도 채권자가 즉시 그 이행을 청구하지 않으면 계약은 해제된 것으로 본다(상법 제68조).

비엔나협약에서도 해제는 상대방에 대한 의사표시로 하여야 한다(제26조). 해제의 의사표시는 상대방에게 통지해야 하지만 어떤 방식을 요구하지는 않

46) 상게서, 95면.

는다. 따라서 서면으로 해도 되고 구두로 해도 된다. 해제 의사표시의 효력발생 시점은 비엔나협약 제2편(계약의 성립)의 도달주의 원칙이 적용되는 것이 아니라, 제3편(물품의 매매)에 규정된 발신주의원칙이 적용된다. 따라서 해제의 의사표시의 전달위험은 해제의 상대방이 부담한다(제27조).

2 정형거래조건

① 매매계약과 상관습

무역계약은 국내상거래에 있어서의 매매계약과 마찬가지로 낙성계약이므로 당사자의 의사표시의 합치(청약과 승낙)로서 성립된다. 또 이것은 불요식 계약이므로 계약의 체결에 특별한 방식을 요하지 않는다. 따라서 구두로 하든 서면으로 하든 상관없다. 무역거래에 있어서는 보통 서신 · 전보 · 텔렉스 · 팩스(fax) · 이메일(e-mail) 등에 의해 상담을 진행시키고 그 내용이 접근하면 청약과 승낙이라고 하는 의사표시의 합치에 의해 계약이 성립된다. 그리고 이러한 통신의 내용이 당사자간의 계약조항(terms of contract)을 구성한다.

그런데 무역거래와 같은 격지거래의 계약내용은 통신수단에 의해 반복 이용되면 점차 간략화 되고 이윽고는 정형화되는 경향이 있다. 따라서 무역계약의 내용 또는 조항은 대개 명시조항(express terms)과 묵시조항(implied terms)으로 구성된다. 명시조항은 당사자가 상호간에 확약하여 계약에 삽입한 조항이고, 묵시조항은 법 또는 관습에 의하여 당사자가 당연히 따를 것으로 생각하는 것이다. 일반적으로 개개의 무역계약의 내용이 간결하게 표현되는데도 불구하고 거액의 무역거래가 원활히 이루어지고 있는 것은 주로 국제상관습에 의거한 묵시조항에 의하여 무역계약이 보완되고 있기 때문이다. 물론 상관습을 계약에 적용시키기 위해서는 당사자간의 합의를 요한다.

상관습 가운데는 거래가 이루어지는 지역 또는 거래상품의 종류에 따라 서로 다른 경우도 있지만, 상품의 종류나 거래장소 또는 거래 당사자의 직업을 불문하고 널리 일반적으로 적용되는 매매관습이 있다. 이것이 이른바 정형거래조건(무역거래조건)에 관한 관습이다. 정형거래조건(trade terms)이란 국제적으로 정형화된 물품 매매조건으로, FOB나 CIF와 같은 약어를 가리키며, 「무역거래조건」 또는 단순히 「거래조건」이라고도 한다. 이러한 정형거래조건에 관한 관습은 매매당사자의 기본적 의무를 하나하나 명시적으로 약정하는 대신 매매계약의 종류를 FOB나 CIF 등으로 표시함으로써 간결하고도 안전하게 거래를 할 수 있도록 해 준다.

❷ 정형거래조건의 내용

정형거래조건은 국제매매계약에 결정적인 요소가 되는 것으로 다음과 같은 것을 그 내용으로 한다.

(1) 매도인과 매수인의 책임의 한계

정형거래조건은 운송계약을 체결해야 할 당사자, 수출입통관을 해야 할 당사자를 규정함과 동시에 다음과 같은 매매당사자의 책임의 한계를 명확히 해 주고 있다.

① 물품의 인도장소

② 물품에 대한 매매당사자의 위험부담의 분기점

③ 물품에 대한 매매당사자의 비용부담의 분기점

매도인 및 매수인은 국제매매거래를 이행하는데 필요한 다양한 계약, 즉 매매계약뿐만이 아니라 운송계약, 보험계약 및 금융계약 사이의 실제적인 관계를 고려해야 하지만 정형거래조건은 이들 계약 중의 하나인 매매계약에만 관련이 된다. 다만, 특정 정형거래조건을 사용하기로 하는 당사자 사이의 합의는 필연적으로 다른 계약과 관련을 맺고 있다. 예컨대 매도인이 CFR이나 CIF조건으로 매매계약을 체결하면 해상운송 이외의 다른 운송방식에 의한 운송계약을 체결할 수 없다. 왜냐하면 이들 조건하에서 매도인은 선하증권이나 기타 해상운송서류를 매수인에게 제공하여야 하며, 이들 서류는 해상운송 이외의 운송방식을 사용하면 입수할 수 없기 때문이다.

또한 정형거래조건은 그 자체로 매매계약이 아니며, 매매계약의 일부만을 구성한다. 정형거래조건은 매매계약의 존재여부, 매매물품의 사양(specification), 대금결제의 시기 · 장소 · 방법 · 통화, 매매계약위반에 대한 구제조치, 무역제재(sanction)의

3 정형거래조건과 통일규칙

정형거래조건에 의거 매매당사자의 책임한계라든가, 가격 구성 그 밖의 내용은 관계 당사자간에 묵시적으로 양해되고 있다. 따라서 매매계약의 종류를 정형거래조건으로 표시함으로써 간편하고 신속하게 무역계약을 체결할 수 있다.

그런데 이들 정형거래조건은 상관습 또는 상관습법에 의하여 해석되므로 계약당사자가 이에 대하여 올바로 이해하지 못하거나 혹은 당사자간에 그 관습의 내용에 대해 의견의 일치를 보지 못한 때에는 상관습을 유효하게 이용할 수 없거나 계약의 이행에 지장을 초래할 뿐 아니라 분쟁이 야기되어 무역거래를 저해하게 될 수도 있다. 따라서 이러한 사태를 피하고, 무역거래의 안전과 발달을 도모하기 위해 상업회의소 · 동업자조합 등이 정형거래조건의 해석기준으로서 통일규칙을 제정하게 되었다.

다만, 거래관습은 일정시점에서 보면 고정되어 있는 것처럼 보이지만 그 시대의 여러 가지 제도, 예컨대 운송형태 · 보험 · 금융 · 통신방법 등을 배경으로 하여 끊임없이 발전하고 변화하는 것이다. 이에 반하여 상관습에 의거 만들어진 국제적 통일규칙은 그 제정(또는 개정) 당시의 상관습에 고정되어 버린다. 따라서 5년 또는 10년이라고 하는 세월이 흐르면 현실의 거래관습과 통일규칙 사이에는 커다란 격차(gap)가 발생한다. 그러므로 무역에 종사하는 사람은 해석기준인 통일규칙을 익히고 익숙하게 함으로써 거래를 안전하고 합리적으로 수행할 수 있지만, 그 통일규칙은 현재의 거래관습과 상당한 차이가 있을 수 있다는 점을 잊어서는 안될 것이다.

정형거래조건의 해석에 관한 통일규칙으로서는 다음과 같은 것이 있으나, 이들 중 해석기준으로서 널리 이용되고 있는 것은 Incoterms이다.

① 2020년 Incoterms(Incoterms®2020)

② 1990년 개정 미국무역정의(Revised American Foreign Trade Definitions, 1990)

③ 1932년 바르샤바-옥스포드 규칙(Warsaw-Oxford Rules, 1932)

다만, 이들 규칙은 어디까지나 국제적으로 통일된 해석기준을 의미하는데 지나지 않으며 조약이나 법률은 아니다. 따라서 당사자가 그 계약의 해석기준으로서 이 중 어느 하나를 채택하는 뜻의 합의를 명시적으로 한 경우에만 그 규칙이 적용된다.

(1) 2020년 Incoterms(Incoterms® 2020)

이것은 국제상업회의소(International Chamber of Commerce : 이하 "ICC"라 한다)[51]가 각국에서 사용되는 정형거래조건(trade terms)을 조사 · 검토하여, 주요 정형거래조건에 대한 매매당사자들 사이의 최소한의 의무를 규정한 국제규칙이다. ICC는 창립 초기부터 국제무역의 발전을 방해하는 저해하는 요인의 하나로서 정형화된 거래조건의 해석을 국가마다 달리하고 있다는 점에 주목하였다. 따라서 ICC는 창립직후 그 본부 내에 정형거래조건위원회(Trade Terms Committee)를 설치하였고, 이 위원회는 각국에서 관용되고 있는 거래조건에 대한 용어의 내용을 조사 · 정리하여, 이를 기초로 「정형거래조건의 해석에 관한 국제규칙」(International Rules for the Interpretation of Trade Terms) – 약칭 Incoterms, 1936[52] – 이 만들어졌다.

그런데 Incoterms는 거래관습의 해석에 관한 통일기준이므로, 이것이 다수의 무역업자에 의해 이용되기 위해서는 그 내용이 현실에 맞게 수정될 필요가 있다. 따라서 그간 Incoterms는 수차에 걸쳐 개정 · 보완되어 현재에 이르고 있다. 즉, Incoterms는 1936년에 제정된 이래 1953년, 1967년, 1976년, 1980년, 1990년, 2000, 2010년에 각각 개정되었으며, 현행 규칙은 2020년 1월 1일부터 시행하고 있는 2020년 Incoterms이다.

2020년 Incoterms가 2010년 Incoterms와 달라진 중요한 내용은 다음과 같다.

(가) 정형거래조건의 변경

2010년 Incoterms에서 두드러진 변화는 DAT(Delivered At Terminal : 터미널인도)조건과 DAP(Delivered At Place : 목적지인도)조건을 도입한 것이다. 2020년 Incoterms에서는 사용도가 낮은 DAT조건을 삭제하고, DPU(Delivered at Place Unloaded : 목적지양하인도)조건을 신설하였다. DPU조건은 목적지에 도착한 운송수단으로부터 물품의 양하의무를 매도인에게 요구하는 유일한 조건이다.

따라서 2020년 Incoterms에는 다음과 같은 11가지 조건이 있다.

① EXW(Ex Works : 공장인도조건)

② FCA(Free Carrier : 운송인인도조건)

③ CPT(Carriage Paid To : 운송비지급조건)

---

51) ICC는 1919년에 창립되었으며, 프랑스 파리에 본부를 두고 있다.

52) Incoterms란 ***In***ternational ***Co***mmercial ***Terms***에서 딴 약칭이다.

④ CIP(Carriage and Insurance Paid to : 운송비 · 보험료지급조건)
⑤ DAP(Delivered At Place : 목적지인도조건)
⑥ DPU(Delivered at Place Unloaded : 목적지양하인도조건)
⑦ DDP(Delivered Duty Paid : 관세지급인도조건)
⑧ FAS(Free Alongside Ship : 선측인도조건)
⑨ FOB(Free On Board : 본선인도조건)
⑩ CFR(Cost and Freight : 운임포함조건)
⑪ CIF(Cost, Insurance and Freight : 운임 · 보험료포함조건)

2020년 Incoterms는 2010년 Incoterms의 분류방식을 유지하였다. 즉 11개 조건을 운송수단에 따라 ① 모든 단수 또는 복수의 운송수단에 적합한 규칙(즉 복합운송조건)과 ② 해상 및 내수로 운송을 위한 규칙(즉 해상운송조건)으로 구분하고 있다.[53] ①에 속하는 조건으로 EXW, FCA, CPT, CIP, DAP, DPU 및 DDP의 7가지가 있고, ②에 속하는 조선으로 FAS, FOB, CFR 및 CIF의 4가지가 있다.

(나) CIF조건과 CIP조건의 부보수준 차별화

CIF조건과 CIP조건의 공통점은 매도인이 매수인을 위해 적하보험계약을 체결해야 하는 조건이라는 것이다. 2010년 Incoterms에서는 두 조건의 매도인은 ICC(C) 또는 이와 유사한 약관의 최소담보조건으로 적하보험에 가입해야 한다.

2020년 Incoterms에서는 두 조건의 부보수준을 다음과 같이 차별화하였다. 첫째, 주로 원자재의 해상운송에 이용되는 CIF조건의 경우에는 ICC(C)의 부보수준이 요구된다. 둘째, 주로 완제품의 복합운송에 이용되는 CIP조건의 경우에는 최대담보조건인 ICC(A)의 부보수준이 요구된다.

(다) FCA, DAP, DPU 및 DDP조건에서 자가운송 허용

2010년 Incoterms는 매도인 또는 매수인과 독립된 제3자 운송인(third-party carrier)에 의한 물품운송을 전제로 하였다.

2020년 Incoterms는 물품이 매도인으로부터 매수인에게 운송되는 과정에서 제3자 운송인의 개입 없이도 운송이 이루어지는 사정을 고려하였다. FCA조건에서 매수인은 수출지정장소에서 자신의 창고까지 자신의 운송수단을 이용하여 물품을

53) 2000년 Incoterms는 전체 거래조건을 머리글자 기준으로 E그룹, F그룹, C그룹 및 D그룹으로 분류하였다. 인도지점 측면에서 E그룹과 D그룹은 양극단에 있고, F그룹과 C그룹은 그 중간에 있다. 이 분류방식은 인도지점을 이해하는데 도움이 된다.

운송할 수 있으며, D조건에서도 매도인은 자신의 운송수단을 사용하여 목적지까지 운송할 수 있는 것이다. 따라서 위 4가지 조건의 경우 매도인 또는 매수인은 물품 운송을 위해 제3자 운송인과 운송계약을 체결하거나, 자신이 직접 필요한 운송을 수배(arrange)할 수 있다고 규정하고 있다.

(라) FCA조건에서 본선적재표기가 부기된 선하증권의 발행규정 신설

FCA조건은 모든 운송방식에 사용될 수 있는 복합운송조건이며, 이 조건에서의 매도인은 수출지 지정장소에서 매수인이 지정한 운송인에게 물품을 인도해야 한다. 따라서 2010년 Incoterms에서 매도인은 물품이 운송수단에 적재 전에 운송인에게 인도되었다는 통상의 증거(usual proof)만을 매수인에게 제공하면 된다.

그런데 FCA조건의 물품매매계약에서 대금결제방식이 신용장이고 해상운송을 이용하는 경우, 매도인은 선적선하증권(Shipped B/L)을 제공해야 대금결제를 받을 수 있고, 매수인도 선적선하증권을 취득해야만 운송인으로부터 물품수령이 가능하다.

따라서 2020년 Incoterms는 당사자의 합의가 있는 경우, 매수인은 '본선적재표기가 부기된 선하증권(B/L with an onboard notation 또는 on board endorsement B/L)'과 같은 운송서류(transport document)를 매도인에게 발행할 것을 운송인에게 지시해야 하고, 매도인은 이 서류를 매수인에게 제공해야 한다는 규정을 신설하였다.

(마) 그 밖에 중요한 변경 내용

1) 사용지침을 설명문으로 변경

2010년 Incoterms는 사용자들이 특정거래에서 적절한 조건을 선택하여 사용하는데 도움을 주기 위하여 개별 조건의 앞부분에 「사용지침(guidance note)」을 두고 있다.

2020년 Incoterms는 기존의 「사용지침」을 개선하여 「설명문(Explanatory Note)」으로 대체하였다. 설명문은 개별 조건이 언제 사용되어야 하고, 언제 위험이 이전되며, 비용은 매매당사자 사이에 어떻게 배분되는지 등 기본적인 사항을 상세히 설명하고 있다. 다만, 설명문은 개별 조건의 일부는 아니고, 개별 조건에 대한 해석지침의 역할을 한다는 점에 유의해야 한다.

3) FAS(Free Along Side : 선측인도조건)

4) CFR(운임포함조건)

5) CIF(Cost, Insurance, Freight : 운임 · 보험료포함조건)

6) DEQ Delivered(부두인도조건)

그러나 오늘날 정형거래조건의 해석기준으로서 이 개정 미국무역정의가 거의 이용되고 있지 않기 때문에 이들 조건의 구체적인 내용에 대한 설명은 생략하기로 한다.

(3) 1932년 바르샤바-옥스포드 규칙(Warsaw-Oxford Rules, 1932)

이것은 국제법협회(the International Law Association : ILA)가 제정한 CIF계약에 관한 통일규칙이다. ILA가 처음으로 CIF계약에 관한 통일규칙을 채택한 것은 1928년 바르샤바(Warsaw)회의에서 였고, 이것이 이른바 「Warsaw Rules, 1928」이다. 이것은 영국의 CIF관습과 판례에 의거하여 작성되었는데, 이후 국제상업회의소의 관심과 미국 및 독일의 수정안 제출에 따라 1932년 옥스포드(Oxford)에서 개최된 ILA회의에서 1932년 바르샤바-옥스포드 규칙(Warsaw-Oxford Rules, 1932)이 탄생되었다. 이 규칙은 서문과 21개 규칙으로 구성되어 있으며, CIF조건에 의한 매매당사자의 권리 및 의무를 구체적으로 규정하고 있다.

④ Incoterms상의 정형거래조건의 분류

2020년 Incoterms에 있는 정형거래조건은 분류기준 여하에 따라 다음과 같이 여러 가지로 분류할 수 있다.

(1) 지정장소인도조건과 특수비용포함조건

정형거래조건은 그 표현형식에 따라 물품의 인도장소를 나타내는 지정장소 인도조건과 가격을 구성하는 비용요소를 나타내는 특수비용 포함조건으로 대별된다.

지정장소 인도조건의 경우, 예컨대 「FOB Busan, Korea」나 「FCA Seller's premises at San 65, Bokjeong-Dong, Sujeong-Gu, Songnam-Si, Gyeonggi-

Allowed To(named point), ④ FOB(named inland carrier at named point of exportation), ⑤ FOB Vessel(named port of shipment), ⑥ FOB(named inland point in country of importation) 등 6종으로 세분된다.

Do, Korea」와 같이 표시하였다면, 거래조건 뒤에 기재한 지정장소는 계약의 이행지, 즉 물품의 인도장소로서 위험과 비용도 그 인도와 동시에 매도인으로부터 매수인에게 이전된다. 따라서 인도 이후의 일체의 위험과 비용은 매수인이 부담해야 한다.

특수비용 포함조건은 선적지 인도를 기초로 하여 매도인이 매수인의 부담에 속하는 특정비용을 부담하고, 매수인은 매도인이 부담하지 않는 비용과 위험을 부담하는 정형거래조건이다. 특수비용 포함조건에서는 매수인이 부담할 특정비용을 매도인이 부담하고 위험만을 매수인이 부담하므로 여기에 비용부담과 위험부담의 분리가 생기는데, 이것이 특수비용 포함조건의 특징이다.

즉, 특수비용 포함조건의 경우 물품의 인도장소와 위험부담의 분기점은 일치하지만, 비용부담의 분기점은 위험부담의 분기점과 일치하지 않는다. 따라서 특수비용 포함조건의 경우에는 위험의 분기점과 비용의 분기점이라는 두 가지 중요한 분기점(critical points)이 있다. 그러므로 이들 조건을 사용하는 경우 당사자들은 위험이 매수인에게 이전되는 인도지와 매도인이 운송계약을 체결해야 할 지정목적지의 두 장소를 계약에서 가능한 한 정확히 특정해 두어야 한다. 특수비용포함조건의 경우, 예컨대, 「CIF New York」과 같이 표시하였다면, 조건 뒤에 기재한 특정 장소는 계약의 이행지, 즉 인도장소가 아니라 해상운임을 지급해야 하는 목적지이다.

2020년 Incoterms에 규정된 조건 중 C로 시작되는 조건은 모두 특수비용 포함조건이고, E · F, 그리고 D로 시작되는 조건은 모두 지정장소 인도조건이다.

(2) 선적지 인도조건과 양륙지 인도조건

정형거래조건은 물품의 인도장소에 따라 선적지 인도조건과 양륙지 인도조건으로 구별할 수 있다.

선적지 인도조건은 물품의 인도장소를 선적지로 하는 매매조건으로서, 그 인도장소가 매매당사자의 위험부담의 분기점이 된다. 비용부담의 분기점도 원칙적으로 위험부담과 동일하지만, 특수비용 포함조건의 경우에는 예외이다.

양륙지 인도조건은 물품의 인도장소를 목적지로 하는 매매조건으로서, 그 인도장소를 매매당사자의 위험부담과 비용부담의 분기점으로 한다.

선적지 인도조건에서는 위험부담과 비용부담의 분기점이 일치하지 않는 조건도 있지만, 양륙지 인도조건에서는 모두 일치한다.

2020년 Incoterms에 규정된 조건 중 E · F, 그리고 C로 시작되는 조건은 모두 선적지 인도조건으로 매도인의 인도의무가 매도인 소재지에서 완료되지만, D로 시작되는 조건은 모두 양륙지 인도조건으로 매도인의 인도의무가 목적지까지 연장된다.

(3) 현실적 인도조건과 상징적 인도조건

정형거래조건은 물품의 인도방식에 따라 현실적 인도조건과 상징적 인도조건으로 구분할 수가 있다.

상징적 인도(symbolic delivery)조건은 통상의 운송서류(usual transport document)의 교부에 의해 인도가 이루어지는 것으로, 2020년 Incoterms에 규정된 조건 중 C로 시작하는 조건이 이에 속한다. 통상의 운송서류란 매수인이 목적지에서 운송인에게 물품인도를 청구할 수 있는 것이어야 하고, 매수인이 후속매수인에게 이 서류를 양도함으로써 운송 중에 물품을 매각할 수 있는 것을 말한다. 그런데 C조건에서 매도인은 인도의 증거로써 매수인에게 통상의 운송서류를 제공해야 하는 의무를 부담한다. 상징적 인도조건에서 매수인은 물품이 선적되었다고 하더라도 대금을 지급할 의무가 없으며, 운송서류와 상환으로 대금을 지급하면 된다.

현실적 인도(actual delivery; physical delivery)조건은 매도인으로부터 매수인 또는 그 대리인에게 현실적이고 직접적으로 물품을 교부함으로써 인도가 이루어지는 것으로, 2020년 Incoterms에 있는 조건 중 C조건을 제외한 모든 조건이 여기에 속한다.[56)]

(4) 복합운송조건과 해상운송조건

2020년 Incoterms는 운송방식에 따라 정형거래조건을 분류하고 있다. 즉 2020년 Incoterms에 있는 거래조건 중 EXW, FCA, CPT, CIP, DAP, DPU 및 DDP의 7가지 조건은 운송방식에 관계없이 사용할 수 있는 조건(복합운송조건)이고 FAS, FOB, CFR, CIF조건은 해상 및 내수로 운송의 경우에만 사용할 수 있는 조건(해상운송조건)이다.

이상 설명한 2020년 Incoterms에 규정된 정형거래조건을 종합해 보면 〈표 3-2〉와 같다.

56) FOB조건의 경우 매도인은 계약물품을 본선에 인도함으로써 인도의무가 완료되는 현실적 인도(현물인도)조건이지만, 화환신용장에 의한 대금결제방식을 이용할 경우에는 매도인이 신용장에서 요구하는 선적서류를 제시해야만 대금을 결제 받을 수 있는 상징적인도(서류인도) 조건으로 변경된다.

〈표 3-2〉 정형거래조건의 분류

<table>
<tr><th>표현형식에 따른 구별</th><th>인도장소에 따른 구별</th><th>인도형태에 따른 구별</th><th>운송방식에 따른 구별</th><th>거래조건</th></tr>
<tr><td rowspan="7">지정장소 인도조건</td><td rowspan="4">선적지인도조건</td><td rowspan="7">현실적인도조건</td><td rowspan="2">복합운송</td><td>EXW</td></tr>
<tr><td>FCA</td></tr>
<tr><td rowspan="2">해상운송</td><td>FAS</td></tr>
<tr><td>FOB</td></tr>
<tr><td rowspan="3">양륙지인도조건</td><td rowspan="5">복합운송</td><td>DAP</td></tr>
<tr><td>DPU</td></tr>
<tr><td>DDP</td></tr>
<tr><td rowspan="4">특수비용 포함조건</td><td rowspan="4">선적지인도조건</td><td rowspan="4">상징적인도조건</td><td>CPT</td></tr>
<tr><td>CIP</td></tr>
<tr><td rowspan="2">해상운송</td><td>CFR</td></tr>
<tr><td>CIF</td></tr>
</table>

5 주요 정형거래조건의 개요

2020년 Incoterms에 규정된 조건을 운송방식에 따라 구분하여 각 조건의 내용을 간추려 살펴보면 다음과 같다.

(1) 운송방식에 관계없이 사용할 수 있는 조건

(가) EXW(Ex Works[57] : 공장인도조건)

EXW조건은 매매목적물이 현존하는 장소에서 물품을 인도할 것을 내용으로 하며, 국내거래에 적합하다. 이 조건을 사용할 경우에는 EXW 뒤에 수출지 지정장소를 표시한다.

EXW조건은 매도인이 물품을 수출지 지정장소(공장, 창고, 영업소 등)에서 매수인의 처분 하에 둠으로써 물품을 인도하는 것을 의미하고, 지정장소는 매도인의 영업구내일 수도 있고, 아닐 수도 있다. 또한 매도인은 인도를 위해 수취용 차량에 물품을 적재하지 않아도 되고, 물품의 수출통관이 요구되더라도 이를 이행할 필요가

57) "ex"는 '~부터' 또는 '~에서'(from; out of)라는 뜻의 라틴어이다.

없다. 따라서 매수인은 수취용 차량으로의 적재위험(loading risks)과 수출통관의무를 매도인이 부담하도록 하려면, 후술하는 FCA조건을 선택하는 것이 바람직하다. 즉 FCA조건에서 매도인의 영업구내에서 물품이 인도되는 경우, 적재위험과 수출통관의무는 매도인이 부담하기 때문이다.

EXW조건에서 매도인은 매수인에 대하여 운송계약과 보험계약을 체결할 의무가 없다. 반면 매수인은 자신의 비용으로 지정장소로부터 물품운송을 위하여 운송계약을 체결하거나 운송을 수배(arrange)해야 하며, 매도인에 대하여 보험계약을 체결할 의무는 없다. 또한 매수인은 수출국, 통과국 및 수입국에서 요구하는 모든 통관절차를 이행하고, 그에 관한 비용을 부담해야 한다. 따라서 EXW조건은 11개 조건 중에서 매도인의 의무가 가장 적고, 반대로 매수인의 의무가 가장 큰 조건이다.

(나) FCA(Free Carrier : 운송인인도조건)

FCA조건은 매도인이 자신의 구내 또는 그 밖의 지정장소에서 물품을 인도할 것을 내용으로 하며, FCA 뒤에는 수출지 지정장소를 표시한다.

FCA조건에서 매도인은 물품을 지정장소(그 지정장소에 지점이 있는 경우에는 그 지점에서)에서 매수인이 지명한 운송인(또는 제3자)에게 인도하거나 그렇게 인도된 물품을 조달해야 한다.[58] 한편 FCA조건에서 구체적인 인도는 지정장소가 매도인의 구내인 경우와 그 밖의 장소인 경우로 구별된다. 첫째, 지정장소가 매도인의 구내인 경우에는 물품이 매수인이 제공한 운송수단에 적재될 때 인도된다. 둘째, 지정장소가 그 밖의 장소인 경우에는 물품이 매도인의 운송수단에 적재되어 지정장소에 도착하고, 그 운송수단에 실린 채 양하준비가 된 상태로 매수인이 지명한 운송인(또는 제3자)의 처분 하에 놓일 때 인도된다. 물품이 인도된 때부터 물품의 멸실 또는 훼손의 모든 위험은 매수인이 부담한다.

FCA조건에서 매도인은 매수인에 대하여 운송계약과 보험계약을 체결할 의무가 없다. 반면 매수인은 자신의 비용으로 지정장소로부터 물품운송을 위하여 운송계약을 체결하거나 운송을 수배(arrange)해야 하며, 매도인에 대하여 보험계약을 체결할 의무는 없다. 매도인은 수출국에서 요구하는 수출통관절차를 이행하고, 그에 관한 비용을 부담하며, 매수인은 통과국과 수입국에서 요구하는 통관절차를 수행하고, 그에 관한 비용을 부담해야 한다.

58) '그렇게 인도된 물품을 조달해야 한다'는 내용에서 조달(procuring)은 일차산품거래에서 일반적으로 이루어지는 연속매매에 대응하는 것이다.

한편 2020년 Incoterms의 소개문(Introduction)에서는 운송인(carrier)의 확정에 대한 언급이 있다. 2020년 Incoterms상 특정 조건(FCA조건, CPT조건 및 CIF조건)에서는 매도인이 물품을 운송인의 처분 하에 두거나, 운송인에게 교부하는 시점에서 인도시점과 위험분기점이 확정되므로 운송인의 확정이 중요하다. 소개문에서는 물품운송에 복수의 운송인이 관여된 경우, FCA조건에서는 매수인이 지명한 운송인이 관련운송인(relevant carrier)이며, CPT조건과 CIF조건에서는 매도인이 지명한 복수의 운송인 중 최초운송인(first carrier)이 관련운송인이라고 설명하고 있다.

(다) CPT(Carriage Paid To : 운송비지급인도조건)

CPT조건은 FCA조건에 지정목적지까지의 운송비(carriage)를 추가한 조건으로 이 조건을 사용할 경우 CPT뒤에 지정목적지(수입지 지정장소)를 표시한다.

CPT조건에서 매도인은 물품을 인도장소(그 인도장소에 합의된 지점이 있는 경우에는 그 지점)로부터 지정목적지(그 지정목적지에 합의된 지점이 있는 경우에는 그 지점)까지 운송하는 계약을 체결하거나, 조달(procure)해야 한다. 운송계약은 매도인의 비용부담으로 하고, 통상적인 조건으로 체결되어야 하며, 계약물품과 동일한 종류의 물품을 운송하는데 사용되는 통상적인 항로를 이용하여 관행적인 방법으로 운송하는 내용이어야 한다.

매도인은 위와 같이 운송계약을 체결한 운송인에게 물품을 교부하거나 그렇게 인도된 물품을 조달함으로써 인도해야 한다. 물품이 인도된 때부터 물품의 멸실 또는 훼손의 모든 위험은 매수인이 부담한다. 따라서 CPT조건에서는 위험의 분기점과 비용의 분기점이 상이하므로 당사자들은 위험이 매수인에게 이전되는 인도장소와 매도인이 운송비를 부담해야 하는 지정목적지를 명확히 해 두어야 한다.

CPT조건에서 매도인은 매수인에 대하여 운송계약을 체결해야 할 의무는 부담하지만, 보험계약을 체결할 의무가 없다. 반면 매수인은 매도인에 대하여 운송계약과 보험계약을 체결할 의무가 없다. 한편 매도인은 수출국에서 요구하는 수출통관절차를 이행하고, 그에 관한 비용을 부담하며, 매수인은 통과국과 수입국에서 요구하는 통관절차를 수행하고, 그에 관한 비용을 부담해야 한다.

(라) CIP(Carriage and Insurance Paid to : 운송비·보험료지급인도조건)

CIP조건은 CPT조건에 적하보험계약을 체결하고 보험료를 지급하는 것을 매도인의 의무에 추가한 조건으로, CIF조건을 모델로 하여 만들어진 것이다.[59] 이 조건을 사용할 경우 CIP뒤에 지정목적지(수입지 지정장소)를 표시한다. 한편 수입국에서 자국 보험자들에게 적하보험 부보를 강제하는 경우에는 CPT조건을 사용해야 한다.

CIP조건에서 매도인은 물품을 인도장소(그 인도장소에 합의된 지점이 있는 경우에는 그 지점)로부터 지정목적지(그 지정목적지에 합의된 지점이 있는 경우에는 그 지점)까지 운송하는 계약을 체결하거나, 조달(procure)해야 한다. 그리고 매도인은 운송계약을 체결한 운송인에게 물품을 교부하거나, 그렇게 인도된 물품을 조달함으로써 인도해야 한다. 물품이 인도된 때부터 물품의 멸실 또는 훼손의 모든 위험은 매수인이 부담한다. 따라서 CIP조건에서도 위험의 분기점과 비용의 분기점이 상이하므로 인도장소와 지정목적지를 명확히 약정해야 한다.

CIP조건에서 매도인은 매수인에 대하여 운송계약 뿐만 아니라 보험계약을 체결해야 한다. 매도인은 특정거래에서 다른 합의나 관행이 없는 경우에 한하여, 보험계약의 기본조건은 LMA(Lloyd's Market Association : 로이즈시장협회)/IUA(International Underwriting Association of London : 국제보험인수협회)가 제정한 협회적하약관(Institute Cargo Clauses : ICC) A조건 또는 이와 유사한 약관상의 최대담보조건으로 부보하고, 보험기간은 인도지점(수출지에서 물품이 운송인에게 인도된 지점)부터 적어도 지정목적지까지여야 하며, 보험금액은 매매대금의 110%가 되어야 하고, 매수인의 요청이 있는 경우 매수인의 비용으로 협회전쟁약관 및/또는 협회동맹파업약관 또는 이와 유사한 약관상의 추가담보조건을 제공해야 한다. 한편 매도인은 수출국에서 요구하는 수출통관절차를 이행하고, 그에 관한 비용을 부담하며, 매수인은 통과국과 수입국에서 요구하는 통관절차를 수행하고, 그에 관한 비용을 부담해야 한다.

(마) DAP(Delivered At Place : 목적지인도조건)

DAP조건은 지정목적지에서 수입통관을 필하지 않은 물품을 도착된 운송수단으로부터 양하하지 않은 채 매수인의 임의처분상태로 인도하는 것으로, 이 조건을 사용할 경우 DAP 뒤에 지정목적지를 표시한다.

DAP조건에서 매도인은 물품을 지정목적지(그 지정목적지에 합의된 지점이 있는 경

59) Carole Murray, David Holloway and Daren Timson-Hunt, Schmitthoff Export Trade: *The Law and Practice of International Trade*(11th ed.), London, Sweet & Maxwell, 2007(이하 "*Schmitthoff's Export Trade*"라 한다), p. 55.

우에는 그 지점)에서 도착운송수단에 실어둔 채 양하준비된 상태로 매수인의 처분 하에 두거나, 그렇게 인도된 물품을 조달함으로써 인도해야 한다. 매도인은 물품을 지정목적지까지 운송하는데 수반되는 모든 위험을 부담하고, 물품이 인도된 때부터 물품의 멸실 또는 훼손의 모든 위험은 매수인이 부담한다. 따라서 DAP조건에서는 물품의 인도와 목적지 도착은 동일하다.

DAP조건에서 매도인은 매수인에 대하여 자신의 비용으로 물품을 지정목적지(그 지정목적지에 합의된 지점이 있는 경우에는 그 지점)까지 운송하는 운송계약을 채결하거나 그러한 운송을 수배(arrange)해야 하지만, 보험계약을 체결할 의무는 없다. 다만, 매도인은 물품을 지정목적지까지 운송하는데 발생하는 위험을 부담하므로 자신을 위한 보험계약을 체결할 필요가 있다. 매수인은 매도인에 대하여 운송계약과 보험계약을 체결할 의무가 없다. 한편 매도인은 수출국에서 요구하는 수출통관절차를 이행하고 그에 관한 비용을 부담하며, 매수인은 통과국과 수입국에서 요구하는 통관절차를 수행하고 그에 관한 비용을 부담해야 한다.

(바) DPU(Delivered at Place Unloaded : 목적지양하인도조건)

DPU조건은 지정목적지에서 수입통관을 필하지 않은 물품을 도착된 운송수단으로부터 양하하여 매수인의 임의처분상태로 인도하는 것으로, 이 조건을 사용할 경우 DPU 뒤에 지정목적지를 표시한다.

DPU조건에서 매도인은 물품을 지정목적지(그 지정목적지에 합의된 지점이 있는 경우에는 그 지점)에서 도착운송수단에서 양하하여 매수인의 처분 하에 두거나, 그렇게 인도된 물품을 조달함으로써 인도해야 한다. 매도인은 물품을 지정목적지까지 운송하여 그곳에서 양하하는데 수반되는 모든 위험을 부담하고, 물품이 인도된 때부터 물품의 멸실 또는 훼손의 모든 위험은 매수인이 부담한다. 따라서 DPU조건에서는 물품의 인도와 목적지 도착은 동일하다.

DPU조건은 매도인이 목적지에서 물품을 양하하도록 하는 유일한 조건이다. 따라서 매도인은 자신이 그러한 지정장소에서 양하를 할 수 있는 입장에 있는지 확인하여야 하며, 자신이 양하의 위험과 비용을 부담하기를 원하지 않는 경우 DPU조건 대신에 DAP조건을 사용해야 한다.

DPU조건에서 매도인은 매수인에 대하여 자신의 비용으로 물품을 지정목적지(그 지정목적지에 합의된 지점이 있는 경우에는 그 지점)까지 운송하는 운송계약을 채결하거나 그러한 운송을 수배(arrange)해야 하지만, 보험계약을 체결할 의무는 없다. 반면 매수인은 매도인에 대하여 운송계약과 보험계약을 체결할 의무가 없다. 한편 매도인은 수출국과 통과국에서 요구하는 수출통관절차를 이행하고 그에 관한 비용을 부담하며, 매수인은 수입국에서 요구하는 통관절차를 수행하고 그에 관한 비용을 부담해야 한다.

(사) DDP(Delivered Duty Paid : **관세지급인도조건**)

DDP조건은 지정목적지에서 수입통관을 필한 물품을 도착된 운송수단으로부터 양하하지 않은 상태로 매수인에게 인도하는 조건으로, 이 조건을 사용할 경우 DDP 뒤에 지정목적지를 표시한다.

DDP조건에서 매도인은 물품을 지정목적지(그 지정목적지에 합의된 지점이 있는 경우에는 그 지점)에서 도착운송수단에 실어둔 채 양하준비된 상태로 매수인의 처분하에 두거나, 그렇게 인도된 물품을 조달함으로써 인도해야 한다. 매도인은 물품을 지정목적지까지 운송하는데 수반되는 모든 위험을 부담하고, 물품이 인도된 때부터 물품의 멸실 또는 훼손의 모든 위험은 매수인이 부담한다. 따라서 DDP조건에서는 물품의 인도와 목적지 도착은 동일하다.

DDP조건에서 매도인은 매수인에 대하여 자신의 비용으로 물품을 지정목적지(그 지정목적지에 합의된 지점이 있는 경우에는 그 지점)까지 운송하는 운송계약을 채결하거나 그러한 운송을 수배(arrange)해야 하지만, 보험계약을 체결할 의무는 없다. 다만, 매도인은 물품을 지정목적지까지 운송하는데 발생하는 위험을 부담하므로 자신을 위한 보험계약을 체결할 필요가 있다. 매수인은 매도인에 대하여 운송계약과 보험계약을 체결할 의무가 없다. 한편 매도인은 수출국, 통과국 및 수입국에서 요구하는 모든 통관절차를 이행하고 그에 관한 비용을 부담해야 한다. 따라서 DDP조건은 인도가 도착지에서 이루어지고, 매도인이 수입통관절차과 수입관세를 부담하므로 11개 조건 중에서 매도인에게 최고수준의 의무를 부과하는 조건이다.

(2) 해상 및 내수로 운송에서만 사용되는 조건

(가) FAS(Free Alongside Ship : **선측인도조건**)

FAS조건은 지정선적항에서 매수인이 지정한 본선의 선측(예컨대, 부두 또는 부선상)에 수출통관을 필한 물품을 인도하는 조건으로, 이 조건을 사용할 경우 FAS 뒤에 지정선적항을 표시한다.

FAS조건에서 매도인은 물품을 지정선적항(그 지정선적항에 매수인이 표시한 적재지점이 있는 경우에는 그 지점)에서 매수인이 지명한 선박의 선측에 두거나 그렇게 인도된 물품을 조달함으로써 인도해야 한다. 물품이 인도된 때부터 물품의 멸실 또는 훼손의 모든 위험은 매수인이 부담한다. 한편 컨테이너화물은 선측에 두기 전에 컨테이너터미널에서 운송인에게 먼저 교부되므로, 이 경우에는 FAS조건 대신에 FCA조건을 사용하여야 한다.

FAS조건에서 매도인은 매수인에 대하여 운송계약과 보험계약을 체결할 의무는 없다(단, 합의가 있는 경우 매도인은 매수인의 위험과 비용으로 통상적인 조건으로 운송계약을 체결할 수 있음). 반면 매수인은 매도인에 대하여 자신의 비용으로 물품을 지정선적항으로부터 운송하는 운송계약을 체결하여야 하지만, 보험계약을 체결할 필요는 없다(단, 매수인은 적재 및 해상운송 중 물품손해를 대비하여 자신의 비용으로 보험계약을 체결할 필요가 있음). 한편 매도인은 수출국에서 요구하는 수출통관절차를 이행하고 그에 관한 비용을 부담하며, 매수인은 통과국과 수입국에서 요구하는 통관절차를 수행하고 그에 관한 비용을 부담해야 한다.

(나) FOB(Free On Board : 본선인도조건)

FOB조건은 지정선적항에서 매수인이 지명한 선박에 수출통관을 필한 물품을 인도하는 조건으로, FOB 다음에 지정선적항을 표시한다.

FOB조건에서 매도인은 물품을 지정선적항(그 지정선적항에 매수인이 표시한 적재지점이 있는 경우에는 그 지점)에서 매수인이 지명하는 본선상(on board the sessl)에 적재하거나 그렇게 인도된 물품을 조달함으로써 인도해야 한다.[60] 물품이 적재된 때부터 물품의 멸실 또는 훼손의 모든 위험은 매수인이 부담한다. 한편 컨테이너화물인 경우에는 선박에 적재되기 전에 컨테이너터미널에서 운송인에게 먼저 교부되므로, FOB조건 대신에 FCA조건을 사용하여야 한다.

FOB조건에서 매도인은 매수인에 대하여 운송계약과 보험계약을 체결할 의무는 없다(단, 합의가 있는 경우 매도인은 매수인의 위험과 비용으로 통상적인 조건으로 운송계약을 체결할 수 있음). 반면 매수인은 매도인에 대하여 자신의 비용으로 물품을 지정선적항으로부터 운송하는 운송계약을 체결하여야 하지만, 보험계약을 체결할 필요는 없다. 한편 매도인은 수출국에서 요구하는 수출통관절차를 이행하고 그에 관

60) 2000년 Incoterms까지는 이 조건과 후술하는 CFR, CIF조건에서 위험의 분기점을 물품이 본선의 난간(ship's rail)을 통과할 때로 규정하고 있었으나, 2010년 Incoterms부터는 본선의 난간이 삭제되고 본선상으로 변경되었다.

한 비용을 부담하며, 매수인은 통과국과 수입국에서 요구하는 통관절차를 수행하고 그에 관한 비용을 부담해야 한다.

FOB조건이 FAS조건과 다른 점은, 물품의 인도장소가 FOB조건에서는 본선상이지만, FAS조건에서는 본선의 선측이라는 점이다. 또한 FOB조건과 FCA조건의 다른 점은, FOB조건에서는 선적선하증권(on board B/L)이 발행되지만, FCA조건에서는 수취선하증권(received B/L)이 발행된다는 것이다. 다만, 2020년 Incoterms부터는 당사자의 합의가 있는 경우, 매수인은 본선적재표기가 부기된 선하증권을 매도인에게 발행할 것을 운송인에게 지시하고, 매도인은 이 서류를 매수인에게 제공하여야 야 한다는 규정이 추가되었다.

(다) CFR(Cost and Freight : 운임포함조건)

CFR조건은 선적시까지의 상품의 원가(cost)[61]에 지정목적항까지 물품을 운송하기 위한 해상운임(freight)이 가산된 조건으로, CFR뒤에 지정목적항을 표시한다.

CFR조건에서 매도인은 물품을 선박에 적재하거나, 그렇게 인도된 물품을 조달함으로써 인도해야 한다. 물품이 선박에 적재된 때부터 물품의 멸실 또는 훼손의 모든 위험은 매수인이 부담한다. 한편 컨테이너화물인 경우에는 CFR조건 대신에 CPT조건을 사용하여야 한다.

CFR조건에서 매도인은 물품을 인도장소(그 인도장소에 합의된 지점이 있는 때에는 그 지점)로부터 지정목적항(그 지정목적항에 합의된 지점이 있는 때에는 그 지점)까지 운송하는 계약을 체결하거나 조달(procure)하여야 한다. 운송계약은 매도인의 비용으로 하고, 통상적인 조건으로 체결되어야 하며, 계약물품과 동일한 종류의 물품을 운송하는데 통상적으로 사용되는 유형의 선박을 통해 통상적인 항로를 이용하는 내용이어야 한다. 목적항에서 양하비용(unloading costs)은 매수인이 부담하되, 만약 매도인 자신이 체결한 운송계약상 양하비용을 매도인이 부담하기로 한 경우에는 예외로 한다.

CFR조건에서 매도인은 매수인에 대하여 운송계약을 체결해야 할 의무는 부담하지만, 보험계약을 체결할 의무가 없다. 매수인은 매도인에 대하여 운송계약과 보험계약을 체결할 의무가 없다. 한편 매도인은 수출국에서 요구하는 수출통관절차를 이행하고, 그에 관한 비용을 부담하며, 매수인은 통과국과 수입국에서 요구하는 통관절차를 수행하고, 그에 관한 비용을 부담해야 한다.

61) 여기서 Cost는 매도인이 부담하여야 할 일체의 수출원가, 즉 FOB가격을 뜻한다.

(라) CIF(Cost, Insurance and Freight : 운임·보험료포함조건)

CIF조건은 CFR조건에 지정목적항까지의 보험료(insurance premium)가 가산된 조건으로, 이 조건을 사용할 경우 CIF뒤에 지정목적항을 표시한다.

CIF조건에서 매도인은 물품을 선박에 적재하거나, 그렇게 인도된 물품을 조달함으로써 인도해야 한다. 물품이 선박에 적재된 때부터 물품의 멸실 또는 훼손의 모든 위험은 매수인이 부담한다. 한편 컨테이너화물인 경우에는 CIF조건 대신에 CIP조건을 사용하여야 하고, 수입국에서 자국 보험자에게 보험 부보를 요구하는 경우에는 CFR조건을 사용해야 한다.

CIF조건에서 매도인은 물품을 인도장소(그 인도장소에 합의된 지점이 있는 때에는 그 지점)로부터 지정목적항(그 지정목적항에 합의된 지점이 있는 때에는 그 지점)까지 운송하는 계약을 체결하거나 조달(procure)하여야 한다. 목적항에서 양하비용은 매수인이 부담하되, 만약 매도인이 체결한 운송계약상 양하비용을 매도인이 부담하기로 한 경우에는 예외로 한다.

CIF조건에서 매도인은 매수인에 대하여 보험계약을 체결할 의무도 부담한다. 매도인은 특정거래에서 다른 합의나 관행이 없는 경우에 한하여, 보험계약의 기본조건은 협회적하약관(ICC) C조건 또는 이와 유사한 약관상의 최소담보조건으로 부보해야 하고, 보험기간은 인도지점(물품이 지정선박에 적재된 시점)부터 적어도 지정목적항까지여야 하며, 보험금액은 매매대금의 110%가 되어야 하고, 매수인의 요청이 있는 경우 매수인의 비용으로 협회전쟁약관 및/또는 협회동맹파업약관 또는 이와 유사한 약관상의 추가담보조건을 제공해야 한다. 한편 매도인은 수출국에서 요구하는 수출통관절차를 이행하고, 그에 관한 비용을 부담하며, 매수인은 통과국과 수입국에서 요구하는 통관절차를 수행하고, 그에 관한 비용을 부담해야 한다.

이상에서 살펴 본 매매당사자의 위험 및 비용부담의 분기점을 정리해 보면 〈그림 3-1〉과 같다.

〈그림 3-1〉 2020년 Incoterms상 정형거래조건별 위험과 비용부담의 분기점

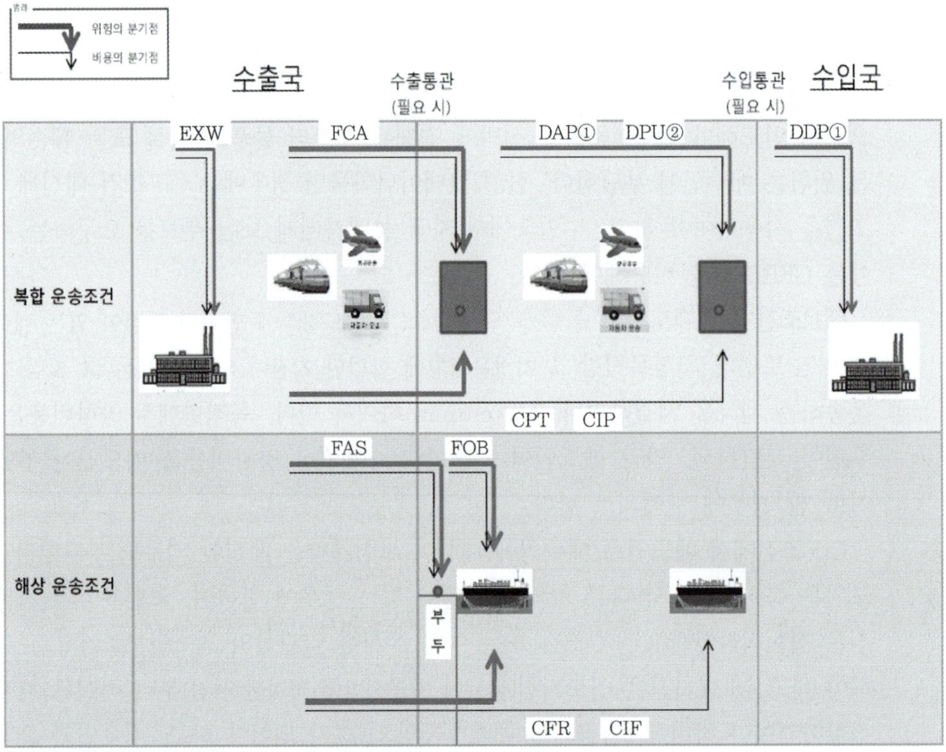

① 지정목적지에서 도착된 운송수단으로부터 양하하지 않은 상태로 인도
② 지정목적지에서 도착된 운송수단으로부터 양하후 인도

3 무역계약의 기본조건

무역거래도 국내상거래와 마찬가지로 물품의 매매이기 때문에 매매계약에서 결정해 두어야 할 기본적인 조건은 국내상거래에 있어서의 그것과 다를 바가 없다. 즉, 개개의 무역계약은 거래상품의 종류나 성질에 따라 세부적인 내용에서 차이가 있을 수 있지만, 물품매매라고 하는 점에서 반드시 포함되어야 할 기본적인 조건으로

서는 품질(quality), 수량(quantity), 가격(price), 선적(shipment), 대금결제(payment)의 다섯 가지가 있다. 그리고 가격조건에 따라 보험(insurance)이 또 하나의 조건이 되는 것이다.

그러나 무역거래는 상대방이 외국에 있는 만큼 상관습의 상위로 인하여 각 조건의 구체적인 내용에 있어서는 국내상거래와 여러 가지 점에서 차이가 있다. 만약 이들 기본조건에 관하여 당사자의 이해가 불충분하거나 오해가 있는 경우에는 클레임이 제기되어 뜻하지 않은 손해를 입게될 수가 있다. 따라서 그 내용과 표시방법 등에 관하여 충분히 이해하고 있어야 한다. 이하에서는 계약체결시 특히 유의하여야 할 사항을 기본조건별로 살펴보기로 한다.

❶ 품질에 관한 조건

품질에 관한 조건으로서 계약상 명확하게 하여야 할 사항은 거래상품의 품질을 결정하는 방법과 품질결정시기에 대한 것이다.

(1) 품질결정방법

무역거래에 있어서의 품질결정방법으로서는 보통 ① 견본, ② 표준품, ③ 상표, ④ 규격, ⑤ 명세서 등이 이용된다. 이들 중 어느 것에 의하여 품질을 결정하느냐에 따라 견본매매, 표준품매매, 상표매매, 규격매매, 명세서매매라고 한다.

(가) 견본매매(sale by sample)

격지매매에 있어서는 견본을 이용함으로써 상품의 품질을 상대방에게 가장 정확하게 인식시킬 수 있다. “백문(百聞)이 불여일견(不如一見)”이라는 말과 같이 상품의 품질을 문장으로 아무리 잘 설명하고 있다고 해도 직접 보는 것과는 상당한 차이가 있다. 따라서 오늘날 무역거래에 있어서는 견본매매가 압도적으로 많으며, 특히 제조가공품은 견본매매를 원칙으로 하고 있다.

견본은 실제로 매매되는 상품의 일부이며, 또한 상품 전체를 대표하는 것이다. 견본매매의 경우 실제로 나중에 인도하는 상품은 계약에 명시되어 있든 되어 있지 않든 반드시 그 견본과 동종동질의 품질일 것을 약속하는 것이므로 매도인(수출업자)은 인도상품과 견본이 동일품질임을 보증하여야 하고, 만약 차이가 있을 경우에는 그에 따른 책임을 져야 한다. 따라서 견본매매에 있어서 견본이라고 하여 특별히 좋은 물건을 골라 보내는 일은 피하지 않으면 안된다. 원래 견본은 품질 · 형상 · 모양 · 색채 · 구성 등을 표시하기 위하여 이용되지만, 그 중 가장 중요한 것이 품질이기 때문에 "Quality Sample"이라고 명시하기도 한다.

여기서 참고로 견본의 종류를 열거해 보면 다음과 같다.

1) 송부방향에 따른 구분

① 매도인견본(seller's sample) : 매도인이 팔고자 하는 상품의 품질을 매수인에게 보여주기 위하여 제시하는 견본

② 매수인견본(buyer's sample) : 매수인이 자기가 사고자 하는 상품을 보여주기 위하여 매도인에게 제시하는 견본

③ 반대견본(counter sample) : 상대방의 견본을 받은 자가 그와 동일한 상품이 없거나, 그 견본과 다른 상품을 매매하고자 하여 상대방에게 새로 보내주는 견본

2) 용도에 따른 구분

① Quality Sample : 좁은 의미의 품질을 검토하기 위해 제시하는 견본

② Colour Sample : 색채를 검토하기 위하여 제시하는 견본

③ Pattern Sample : 의장(意匠)이나 도안을 검토하기 위하여 제시하는 견본

④ Advance Sample : 계약상품의 선적완료 후 곧바로 선적한 품질을 보여주기 위하여 항공편으로 매수인에게 보내주는 견본으로서, 선적견본(shipping sample)이라고도 한다.

3) 취급상의 구분

① 원견본(original sample) : 상대방에게 보내주는 견본

② 제2견본(duplicate sample : keep sample) : 원견본을 보내주는 자가 자기회사에 예비로 보관해 두는 견본

③ 제3견본(triplicate sample) : 계약이 성립된 다음 약정품을 조달하기 위하여 제조업자나 도매상에 보내주는 견본

(나) 표준품매매(sale by standard)

표준품매매는 농산물과 같이 견본을 제시할 수 없는 경우에 표준품을 기준으로 하여 인도할 상품의 품질이 대개 이와 비슷한 정도라고 명시하여 계약을 체결하는

것이다. 따라서 실거래에서 현물과 표준품 사이에 차이가 있는 경우에는 그 정도에 따라 약정된 비율에 의거 가격이나 수량에 가감하여 조정을 하게 된다. 예를 들면 원당(原糖)의 거래에서 당도(polarization) 95도의 원당을 표준으로 거래한다거나, 철광석의 거래에서 철분(Fe) 70%를 기준으로 하여 거래하는 경우가 이에 해당한다. 표준품매매에 있어서 표준품의 결정 및 표준품과 인도 현품과의 품질차이 정도의 판정은 거래관습에 따르지만, 통상 당해 상품의 거래에 관계가 있는 동업조합 또는 거래소 등의 공공기관이 하는 것이 보통이다.

앞에서 살펴 본 견본이 동종동질의 상품을 대표하는 것이라면 표준품은 동종이질(同種異質)의 상품을 대표하는 것이다. 따라서 표준품매매에 있어서 인도상품은 반드시 표준품과 동일하여야 하는 것은 아니지만 가능한 한 표준품과 가깝도록 노력하여야 하고, 또 분쟁이 발생되기 쉬우므로 계약을 체결할 때에는 표준품 및 품질차이의 결정방법, 그리고 분쟁의 해결방법 등에 대하여 계약서에 명시해 두어야 한다.

표준품매매에 있어서 거래하는 물품의 표준품질을 나타내는 방법으로 널리 이용되는 것에 다음과 같은 것이 있다.

1) FAQ(fair average quality : 평균중등품질)

FAQ는 주로 곡물류의 선물매매(future dealing)에 이용되는 품질조건으로 인도상품의 품질은 선적시 및 선적장소에 있어서의 그 계절 출하품의 평균중등품질(fair average quality for the season's shipments at time and place of shipment)일 것을 조건으로 하는 것이다.

2) GMQ(good merchantable quality : 판매적격품질)

GMQ는 인도하는 상품의 품질이 당해 상품의 거래상 적절하다고 인정되는 품질일 것을 매도인이 보증하는 조건으로서, 목재 · 냉동어류 등의 거래에 이용된다. 따라서 수입지에서 현물을 검사하여 시장성이 없는 품질임이 판명되면 그 책임을 매도인이 져야 한다.

(다) 상표매매(sale by trade mark or brand)

상품의 상표(trade mark)나 통명(brand)이 세계적으로 널리 알려진 경우(예컨대, Coca Cola나 오메가 시계)에는 상표나 통명에 의하여 품질을 결정할 수 있다.

(다) 개 수

잡화나 기계 등의 거래에서는 ① 개(piece), ② 타(dozen : 12개), ③ 그로스(gross : 12개×12=144개), ④ great gross(12개×12×12=1,728개), ⑤ small gross(12개×10=120개) 등의 단위가 이용된다.

(라) 포장단위

일정수량을 담고 있는 포장을 거래단위로 하는 것으로, bale · bag · case · can 등이 이용된다. 실제거래에서는 수량을 명확히 하기 위하여 예컨대, "30 cases containing 10 pieces each" 등과 같이 표시한다.

(마) 길 이

길이를 거래단위로 하는 경우에는 미터(meter), 피트(feet : ft.), 야드(yard : yd.) 등이 이용된다.

(바) 면 적

유리 · 타일 · 합판 등의 거래에서는 평방피트(square foot : ft^2)가 거래단위로 이용된다.

(2) 수량의 결정시점

상품에 따라서는 선적시에 정확한 수량을 선적해도 운송 도중에 습도나 온도의 변화 등에 따라 그 중량에 증감이 생기는 경우가 있다. 따라서 이러한 상품의 경우에는 대금계산의 기초가 되는 계약수량을 어느 시점의 수량으로 할 것인가를 결정해 두어야 한다.

(가) 선적수량조건(shipped weight terms)

선적시의 수량을 대금계산의 기초로 하는 것으로서, 운송 도중에 수량이 감소되더라도 매도인은 아무런 책임을 지지 않는 조건이다. CIF · FOB 등과 같은 선적지 인도조건의 경우는 원칙적으로 이 조건이 적용된다.

(나) 양륙수량조건(landed weight terms)

양륙항에서의 양륙수량을 대금계산의 기초로 하는 것으로서, 운송도중 감량이 있을 경우 그것은 매도인의 부담이 된다. DAP · DDP와 같은 양륙지 인도조건의 경우에는 원칙적으로 이 조건이 적용된다.

(3) 수량의 과부족에 관한 조건

상품에 따라서는 계약으로 정한 수량을 정확하게 인도하기 어려운 경우가 있다. 이러한 경우에는 어느 정도의 과부족을 인정하지 않으면 사실상 거래가 이루어지기 어렵다.

(가) 과부족 용인규정이 없는 경우

계약상 과부족 용인조건이 없을 경우 어느 정도의 과부족을 인정할 것인가가 문제가 되는데, 신용장통일규칙에서는 5%까지의 과부족을 허용하고 있다. 다만, 신용장이 수량을 포장단위(packing unit) 또는 개개의 품목별로 명시하고 있지 아니하고, 또 환어음 발행총액(the amount of the drawings)이 신용장금액을 초과하지 않을 것을 조건으로 한다(제30조 b항).

(나) 과부족 용인규정이 있는 경우

1) About, Approximately

수량의 과부족이 예상되는 경우, 계약체결시 수량 앞에 "About", "Approximately" 등의 문자를 붙이는 경우가 있다. 이러한 경우 상품의 종류 또는 관습에 따라 5~10%의 과부족이 있어도 상관없고 그것으로 계약을 완전히 이행한 것으로 간주한다. 신용장통일규칙에서는 이러한 경우 10%를 초과하지 않는 범위 내에서 과부족을 허용하는 것으로 해석하고 있다(제30조 a항).

2) 과부족 용인조건(more or less terms)

현실적으로 과부족의 발생이 예상되는 경우에는 수량 과부족의 허용범위와 과부족 선택권을 갖는 자를 누구로 할 것인가에 대하여 명확하게 계약상에 명시해 두는 것이 바람직하다. 이와 같이 계약에 명시된 조항을 과부족 용인조항 또는 "Allowance Clause"라고 한다.

예컨대, "5% more or less at seller's(or buyer's) option"[5% 이내의 과부족은 매도인(또는 매수인)의 임의로 한다] 등이 그것이다. 이러한 과부족 용인조건이 있으면 규정된 비율범위내의 과부족이 발생하여도 계약위반이 되지 않으며, 인도수량과 계약수량의 차이는 결제대금에서 조정하게 된다. 그런데 여기서 문제가 되는 것은 그 과부족분에 대한 가격을 어떻게 계산할 것인가 하는 점이다. 과부족분에 대한 가격은 통상 계약가격(contract price)에 의해 정산하지만, 경우에 따라 선적일의 시가(the day of shipment price) 또는 도착일의 시가(the day of arrival price)에 의할 수도 있으므로 사전에 명확히 해 두는 것이 좋다. 또한 과부족 허용범위를 초과하여 과부족이 발생한 경우(예컨대 5% more or less at seller's option이라는 조항이 있으나 실제로 6%가 초과된 경우), 초과한 부분만의 인수를 거절할 수 있는지 아니면 전량의 인수를 거절할 수 있는지의 여부에 대하여도 명확히 해 두는 것이 좋다. 이와 관련하여 비엔나 협약에서는 매도인이 계약수량보다 많은 물품을 인도한 경우, 매수인은 초과수량의 인도를 수령하거나 거절할 수 있지만, 초과수량의 전부 또는 일부를 수령한 경우에는 계약대금의 비율에 따라 대금을 지급해야 하는 것으로 규정하고 있다(제52조 제2항).

(4) 계약수량의 한정

가격의 결정이나 생산은 일정수량을 전제로 하고 있으므로 매도인 입장에서는 계약서에 단위거래당 최소 인수가능수량(minimum quantity acceptable)이나 최대 인수가능수량(maximum quantity acceptable)을 명시해 두는 것이 좋다.

3 가격에 관한 조건

가격에 관한 조건에서 명확히 하여야 할 것은 가격조건과 거래통화이다.

(1) 가격조건(price terms)

FOB라든가 CIF라고 하는 정형거래조건은 물품의 인도장소나 매매당사자의 위험부담에 대한 책임의 분기점을 내포함과 동시에 비용부담의 분기점도 그 내용으로 하고 있다.

즉, 정형거래조건은 매도인의 비용부담에 의거한 가격을 나타내고 있으므로, 무역계약에서의 가격조건은 관습상 FAS, FOB 등과 같은 정형거래조건으로 표시하고 있다. 다만, 정형거래조건이 가격조건으로 사용되는 경우에는 「~인도조건」이 아니라 「~인도가격」이라고 한다. 정형거래조건에 대한 구체적인 내용은 앞 절에서 설명하였으므로 여기서는 별도의 설명을 생략한다.

(2) 거래통화

거래통화는 ① 자국통화, ② 상대국통화, ③ 제3국통화 중 어느 하나가 된다. 어느 나라의 통화로 거래하느냐는 매매당사자가 합의하여 결정할 문제이지만, 보통 거래관습에 의거 결정된다. 우리나라의 경우 주로 미국 달러(US$), 영국 파운드(£), 독일 마르크(D.M.), 일본 엔(¥) 등으로 거래하는데, 이와 같이 외국통화로 거래하는 경우에는 환율변동위험(exchange risk)을 부담하게 된다. 따라서 이러한 경우에는 환위험에 대비하여 선물환예약을 해 둘 필요가 있다.

한편, 외국통화 중에는 명칭이 동일하지만 유통지역이나 대외가치를 달리하는 것이 있다. 예컨대, 달러에는 미국 달러 이외에 캐나다 달러(C. $), 싱가폴 달러(S. $), 홍콩 달러(H.K. $)가 있고, 프랑에도 프랑스 프랑(F.Fr), 벨기에 프랑(B.Fr.), 스위스 프랑(S.Fr.) 등이 있으므로 어느 통화인가를 명확히 해두어야 한다.

④ 선적에 관한 조건

선적에 관한 조건에서 가장 중요한 결정 사항은 선적시기(time of shipment)이다. 원래 매매계약을 이행하기 위하여 매도인은 계약에서 정해진 시기에 계약상품을 매수인에게 인도하여야 하지만, 무역거래에서는 화물을 특정기일에 목적항에 도착시키기로 약정하는 것은 곤란하고 또한 위험하므로 목적항에의 도착기일을 약정하지 않고 보통 이와 같이 선적시기를 약정하고 있다.[62] 이 밖에도 선적조건에서는 분할선적과 환적의 처리문제, 선적지연의 처리문제 등을 결정해 두어야 한다.

(1) 선적시기

(가) 특정월 선적조건

이것은 특정의 월 또는 월의 연속으로 선적시기를 정하는 것이다.

1) 단월선적조건

예컨대, "March Shipment" 또는 "Shipment during March"와 같이 특정의 단일 월로서 선적시기를 정하는 것이다. 이 경우 매도인은 3월 1일부터

62) 다만, 뒤에서 살펴 볼 국제상업회의소가 만든 표준 국제매매계약서에서는 선적시기 대신 인도시기(time of delivery)를 약정하도록 하고 있다.

3월 31일까지 사이에 선적을 완료하면 되고, 또 원칙적으로 2회 이상 분할선적(partial shipment)을 해도 상관없다(신용장통일규칙 제31조 a항).

2) 연월선적조건

예컨대, "March/April Shipment"와 같이 월의 연속으로 선적시기를 정하는 것이다. 이러한 경우는 3월 1일부터 4월 30일 사이에 선적을 하면 되고, 특약이 없는 한 분할선적을 해도 된다.

(나) 월을 한정하지 않는 조건

1) 계약성립 후 또는 신용장 수령 후 며칠 이내로 표시하는 것

예컨대, ① Within 2 months after contract나 ② Within 20 days after receipt of L/C와 같이 정하는 것이다. 가격표(price list)상의 적요란에 기재되는 선적시기는 보통 이와 같이 표시한다.

2) 즉시선적

선적시기를 "Immediate Shipment", "Prompt Shipment" 등과 같이 표시하는 것이다. 그러나 이러한 용어는 국가에 따라 그 해석이 달라 분쟁이 발생할 가능성이 높기 때문에 사용하지 않는 것이 좋다. 신용장통일규칙에서도 이러한 애매한 표현이 사용된 경우에는 이를 무시하는 것으로 규정하고 있다(제3조).

선적시기와 관련하여 주의할 것은 이상 살펴 본 방법 중 어떠한 방법으로 선적시기를 약정하더라도 약정된 선적시기의 최종일, 즉 선적기일은 반드시 지켜져야 한다는 점이다. 바꾸어 말하면 선적기일은 일요일이나 공휴일에 해당해도 연장되지 않기 때문에 매도인은 반드시 그날까지 선적을 완료하여야 한다(신용장통일규칙 제29조 c항).

(2) 분할선적과 환적

(가) 분할선적

계약상품을 생산능력이나 운송사정 등으로 한꺼번에 선적하지 못할 경우에는 분할선적을 하게 된다. 신용장에 별도의 규정이 없는 한 이러한 분할선적(partial shipment)은 허용된다(신용장통일규칙 제31조 a항). 따라서 분할선적을 금지하고자 할 때나 분할선적의 회수 및 각 회의 선적수량을 한정하고자 할 때에는 그러한 취지를 계약의 조건으로 명시하여야 한다. 그리고 할부선적을 금지하고 있는 경우에도 동일코스의 동일 운송수단에 선적된 것으로 표시된 복수의 운송서류는 동일한 목적지를 명시하고 있는 한, 그 운송서류가 상이한 선적일 또는 적재항·수령지·발송지를 명시하고 있다고 해도 수리된다(신용장통일규칙 제31조 b항).

한편 소정기간마다의 할부선적(instalment shipment)을 조건으로 하고 있는 경우(예컨대, 30 tons to be shipped during April and 40 tons during May), 어느 할부부분이 소정의 선적기간 내에 선적되지 않으면 그 신용장은 당해 할부부분은 물론 그 이후의 할부부분에 대하여도 효력이 상실된다(신용장통일규칙 제32조).

(나) 환적(transhipment)

환적은 일단 적재되어 있는 화물을 다른 운송수단에 옮겨 싣는 것을 말하는데, 신용장통일규칙에서는 운송수단에 따라 환적의 정의와 그 수리요건을 별도로 규정하고 있다. 따라서 계약을 체결할 때에는 운송수단 여하에 따라 신용장통일규칙을 참고하여 환적의 가부를 명확히 해두어야 한다.

(3) 선적일의 증명

선적에 관한 클레임은 대부분 선적지연(delayed shipment) 때문에 발생하므로 언제를 선적일로 간주하느냐 하는 것은 매우 중요한 문제이다. 신용장통일규칙에서는 운송서류별로 언제를 선적일로 간주하느냐에 관하여 자세한 규정을 두고 있는데, 선하증권의 경우에는 선하증권의 발행일 또는 본선적재의 표기일을 선적일로 간주한다(신용장통일규칙 제20조).

한편, 복수의 운송서류가 제시된 경우 선적일은 운송서류상에 기재된 선적일자 중 최종의 것을 선적일로 간주한다(제31조 b항).

그러나 후일의 분쟁을 피하기 위하여는 매매계약서에 거래조건의 하나로서 다음과 같이 명시해 두는 것이 좋다.

"The date of Bill of Lading shall be taken as the conclusive proof of the date of shipment"

⑤ 대금결제에 관한 조건

대금결제에 관하여 결정해야 할 가장 중요한 조건은 대금결제방법이고, 이 밖에도 화환어음 결제방법을 채택하는 경우에는 환어음의 기한 및 부속 선적서류의 인도조건, 그리고 신용장의 발행을 조건으로 하는 경우에는 신용장의 종류 등에 관하여 명확히 하여야 한다.

(1) 대금결제방법

(가) 선지급(payment in advance) 및 연지급(deferred payment)

주문과 동시에 대금을 지급하는 주문불(cash with order : CWO)과 같은 선지급방법과 반대로 선적 후 일정한 기간을 경과한 다음에 지급하는 연지급방법(예컨대, 외상매출 : sales on credit)은 특별한 경우가 아니면 국제거래에서는 이용되지 않는다.

(나) 분할지급(progressive payment : instalment payment)

대금을 주문시 · 선적시 · 도착시 등으로 나누어 지급하는 방법으로 보통 시설재와 같이 금액이 큰 상품의 거래에 한하여 이용되며, 미국에서는 Rate Payment라고 한다.

(다) 화환어음(documentary bill of exchange)에 의한 결제

매도인이 계약상품의 선적완료 후 매수인 앞으로 환어음을 발행하고, 그 담보로서 선하증권 · 보험증권 · 상업송장 등의 선적서류를 첨부하여 거래은행에서 할인받아 대금을 회수하는 방법이다. 이때 은행은 그 어음을 추심함으로써 수출업자에게 지급한 대금을 회수하게 된다.

화환어음결제방법의 경우에 발행되는 환어음에는 D/A어음과 D/P어음의 두 가지가 있다. D/P(documents against payment : 지급인도)어음은 수입업자의 지급을 기다려 그 지급과 상환으로 선적서류를 수입업자에게 인도하는 것이고, D/A(documents against acceptance : 인수인도)어음은 수입업자의 어음인수(acceptance)만으로 선적서류를 수입업자에게 인도하는 것이다.

그런데 화환어음결제방식에서 어음을 매입하는 은행 입장에서는 어음지급인의 신용상태를 잘 알고 있지 못하므로 어음대금을 수출업자에게 곧바로 지급하지 않고, 어음지급인으로부터 대금을 회수한 다음에 지급하는 이른바 대금추심어음(bill for collection)으로 취급하고자 한다.

(라) 신용장부 화환어음에 의한 결제

은행이 수출업자가 발행한 환어음의 매입을 꺼리는 것은 결국 어음의 지급인인 수입업자의 신용상태가 확실하지 않기 때문이다. 여기서 수입업자의 신용상태를 보강해 주는 신용장부 화환어음에 의한 결제방법이 등장한다. 신용장(letter of credit : L/C)이란 수입업자인 동시에 신용장의 발행신청인인 매수인의 어음 신용에 대하여 발행은행이 책임질 것을 확약하는 증서이다.

따라서 신용장에 의거하여 발행된 화환어음은 신용장 발행은행이 그 지급을 보장해 주고 있으므로, 수출지의 은행이 수출업자가 발행한 화환어음을 안심하고 매입할 수 있게 된다.

(마) 기 타

이 밖에 팩토링, 포페이팅 등의 방식도 무역거래에서 종종 이용되고, 또 최근에는 볼레로, 트레이드 카드 등과 같은 전자무역결제시스템이 개발되어 시험 운영되고 있다.63)

이상 살펴 본 무역대금결제방법은 신용장이 이용되느냐의 여부에 따라 신용장방식과 무신용장방식으로 대별할 수노 있다.64)

(2) 환어음의 기한

환어음에는 그 어음의 지급인에게 제시하면 곧바로 지급하여야 하는 일람출급어음[sight bill ; 요구불어음(demand bill)이라고도 한다]과, 일람후(after sight) 또는 일자후(after date) 30일이라든가 60일이라고 하는 일정한 기간내에 지급하는 기한부어음(time bill : usance bill)의 두가지 종류가 있다. 따라서 화환어음결제의 경우에는 어음의 기한을 명확히 약정해 두어야 한다.

63) 이들 결제방식에 관한 구체적인 내용은 제12장 참조.

64) 지난 1980년만 해도 우리나라 전체 수출액 중 신용장에 의한 거래가 약 80%의 비중을 차지했으나 오늘날에는 그 비중이 20%선까지 떨어지고 있다. 그 배경에는 당사자가 상대방을 신용할 수 있는 경우에 가능한 한 신용장의 사용을 피하고, 송금 내지 추심어음을 사용함으로써 신용장 발행수수료 등의 은행수수료를 절약할 수 있다는 점, 상품의 공급과잉에 따라 국제상품시장이 구매자시장으로 바뀐 점 등이 있다.

(3) 신용장에 관한 조건

신용장부 화환어음결제방식을 채택하는 경우에는 신용장의 종류 등도 명확히 약정해 두어야 한다.

⑥ 보험에 관한 조건

앞에서 설명한 가격조건에 따라 매도인이 매수인을 위하여 보험계약을 체결해 주어야 하는 조건으로 매매계약이 체결된 경우에는 보험에 관한 조건을 명확히 해 두어야 한다. 보험에 관한 조건에서 합의를 해야 할 사항은 보험종목(해상적하보험인가, 항공화물보험인가 등), 보험기간, 보험계약의 기본조건, 부가위험의 처리, 보험금액, 보험금 지급장소 등인데, 이에 관한 구체적인 내용은 제7장에서 별도로 설명하기로 한다.

4 수출입계약의 체결

① 계약의 체결권

팩스의 교신 등에 의해 해외 상대방의 담당자와 계약조건을 교섭한 후 최종단계에 이르러 상대방으로부터 이사회의 승낙을 받지 못했다는 이유로 이미 합의한 여러 조건이 물거품이 되는 경우가 있다. 또 국제거래에 있어서는 중요한 계약서에의 서명시에 서명자가 확실히 서명할 권한을 갖고 있음을 증명하는 위임장이나 증명서의 교부가 요구되는 경우가 많다. 여기서 우리는 회사에서 계약의 체결권한을 누가 갖고 있는가에 대하여 살펴 볼 필요가 있다.

(1) 회사의 대표권(대리권)

우리나라의 경우 주식회사의 대표권은 이사회의 결의로 선임되는 대표이사가 갖고 있다.[65] 따라서 대표이사는 회사 전체의 통상의 거래에 관한 매매계약을 체결할 권한을 갖는다. 그리고 대표이사가 아닌 이사는 이사회의 구성원으로서 회사 업무집행의 의사결정에 참여하지만, 이사 개인으로서는 대외적으로 회사를 대표할 권한을 당연히 갖고 있는 것은 아니라는 점을 주의할 필요가 있다.

그리고 지점장, 공장장, 부 · 과장 등 회사의 직제에 정해진 사람은 일정한 한도에서 회사를 대표할 권한을 갖는다.

한편, 영미의 경우 회사의 대표권(대리권)은 이사회가 갖는다. 그러나 그렇게 되어서는 회사의 일상활동에 지장이 생기므로 일상의 활동에 대해서는 정관 또는 이사회의 결의에 의해 집행위원회(Executive Committee) 또는 사장(미국에서는 president, 영국에서는 managing director) 등의 이른바 임원(officer)에게 위임되고 있는 것이 보통이다. 회사가 체결하는 통상의 매매계약에 대하여 사장이 체결권을 갖는 것은 문제가 없다.

그러나 매매계약에서도 거액인 것, 융자를 수반하는 것 등 통상의 것이라고 할 수 없는 경우에는 사장이라고 해도 권한을 갖고 있지 않고, 이사회의 승인을 요한다. 따라서 이러한 경우에는 계약의 상대방에게 위임장 또는 이사회 의사록의 제출을 요구하여야 할 것이다. 그리고 부 · 과장이 그 부 · 과의 통상의 상업활동 범위내에서 매매계약체결권을 갖는 것은 우리나라의 경우와 마찬가지이다.

(2) 표현대리(表見代理)

대리권이 없는 자가 한 대리행위, 즉 무권대리(無權代理)는 무효이다. 그러나 제3자가 회사의 정당한 대표자 · 대리자라고 믿고 거래를 한 상대방이 실제로는 정당한 권한을 갖고 있지 않은 경우, 그 선의의 제3자는 전혀 그 회사의 책임을 물을 수 없는 것일까? 이러한 경우 우리나라에서는 민법 제125조(대리권수여의 표시에 의한 표현대리), 제126조(권한을 넘은 표현대리) 및 제129조(대리권 소멸 후의 표현대리)의 규정에 의해 선의의 제3자가 보호된다.

요컨대, 제3자가 대표권 · 대리권을 갖고 있는 것으로 믿는데 대해 정당한 이유가 있는 경우 또는 대리권의 부존재를 알지 못한 데에 선의 · 무과실인 경우, 회사는 그 제3자에 대하여 대항할 수 없다는 것이다. 구체적으로 어떠한 경우에 제3자가 보호되는냐 하는 것은 개개의 거래에 따라 상관습 · 거래의 배경 등에 의해 결정된다.

---

65) 대표이사는 이사회의 결의로 선임되는 것이 원칙이지만, 정관으로 주주총회에서 선임하도록 정할 수도 있다(상법 제389조 제1항).

또한 표현대리에 관해서는 상법에 특별한 규정을 두고 있다.[66] 따라서 사장, 부사장, 전무, 상무 등의 이사는 실제로 대표권을 갖고 있는지의 여부를 불문하고 대표이사와 마찬가지로 회사의 대표권을 갖는 것으로 간주되어, 통상의 상업활동 범위내의 매매계약체결의 권한을 갖는다고 생각해도 무방하다.

영미법에서도 우리 민법의 해석과 기본적으로 큰 차이는 없다. 즉, 제3자가 회사의 정당한 대표자·대리인이라고 믿는 것에 대해 그 회사의 관습·관행에 비추어 정당한 이유가 있는 경우 또는 회사의 정관 혹은 이사회의 결의에 의해 그 사람에게 그 거래를 할 권한이 부여되어 있지 않은 것에 대해 선의·무과실인 경우, 회사는 제3자에 대하여 책임을 진다고 하는 것이다. 다만, 이것만으로 구체적인 결론을 도출하는 것은 곤란하고, 개별 거래에 따라 판단할 필요가 있다.

한편, 미국회사에 있어서의 Vice President는 일정한 권한을 갖고 있는 것은 틀림없지만, 우리나라의 부사장과는 달리, 대규모 회사의 경우에는 수십명의 Vice President가 있는 경우도 있다. 이러한 경우에는 우리나라에서의 부장급으로 생각하면 되고, 대개 각각의 담당분야가 정해져 있다. 이와 같이 담당분야가 정해져 있는 경우에는 그 분야에 관한 매매계약의 체결권을 갖고 있는 것으로 생각해도 좋으나, 그렇지 않은 경우에는 권한이 불명확하므로 조금이라도 의심이 가는 경우에는 위임장 또는 이사회의사록에 의해 그 권한을 확인하여야 할 것이다. 그리고 Deputy Manager, Assistant Manager는 권한이 확실하지 않기 때문에 반드시 위임장 또는 이사회의사록에 의해 권한을 확인하여야 한다.

(3) 이사회의 수권·위임장

상대방 회사의 대표자·대리인으로서의 권한·자격에 조금이라도 의심이 가는 경우에는 위에서 지적한 바와 같이 그 자격에 관한 확인을 하게 된다. 확인의 방법으로서는 다음과 같은 위임장의 발행을 요구하는 것이 일반적이지만, 이때 위임자(위임장의 발행자)는 당연히 위임사항에 대해 권한·자격을 갖고 있는 것이 전제가 된다.

---

66) 상법 제395조(표현대표이사의 행위와 회사의 책임)는 다음과 같이 규정하고 있다.
"사장, 부사장, 전무, 상무 기타 회사를 대표할 권한이 있는 것으로 인정될 만한 명칭을 사용한 이사의 행위에 대하여는 그 이사가 회사를 대표할 권한이 없는 경우에도 회사는 선의의 제3자에 대하여 그 책임을 진다."

위임장의 예

POWER OF ATTORNEY

KNOW ALL MEN BY THESE PRESENTS ;

That we, Daehan Trading Company, a corporation organized and existing under the laws of Korea, having our principal place of business at 64-5, 2-Ka, chungmuro, Chung-Ku, Seoul, Korea hereby appoint Mr. Hong Kildong, Manager of Steel Tubular Section of our corporation as our true and lawful attorney-in-fact, for us and in our name, to negotiate with ABC Company, Ltd, the terms and conditions for the sale by us to the said ABC Company, Ltd. of 5,000 MT of steel tubular goods and to sign a Sales Contract therefor the "Sales Contract".

The authority hereunder is limited to negotiating with ABC Company, Ltd. the terms and conditions of and signing the Sales Contract and the attorney-in-fact has no authority to negotiate terms and conditions for any contract other than the Sales Contract nor to sign any other contract.

The attorney-in-fact has the right to appoint one or more substitute attorney-in-fact to carry out the foregoing purposes, and to revocate any such appointment.

This Power of Attorney will expire upon signing the Sales Contract.
IN WITNESS WHEREOF, we have caused this Power of Attorney to be executed by our duly authorized officer on this(day) of (month), (year).

Daehan Trading Co., Ltd.

____

Name : Kim, Kilsoo
Title : President

우리나라에서는 (1)항에서 설명한 바와 같이 대표이사의 권한이 매우 광범위하므로 대표이사가 위임자라면 문제는 없다. 따라서 대표이사가 위임자인 위임장을 요구하여야 한다.

이사회 의사록의 예

JOHN & SMITH CORPORATION
MINUTES
OF
SPECIAL MEETING OF BOARD OF DIRECTORS

A Special Meeting of the Board of Directors of John & Corporation (the "Corporation") was held on (month, day), (year) at the principal office of the Corporation in Chicago, Illinois, U.S.A.
Those present were Mr. John B. Gordon, Mr. Jack R. Arnould and Mr. Alan E. Banch and together they constituted a quorum.
Mr. John B. Gordon as Chairman and Mr. John A. Steve, Secretary of the Corporation acted as Secretary of this Special Meeting.
Upon motion duly made and seconded, the following resolutions were unanimously adopted ;

RESOLVED, that the Corporation enter into the contract with ABC Company, Ltd. for the Purchase of 5,000 MT of steel tubular goods to be manufactured by the said ABC Company, Ltd.(the "Purchase Contract").

RESOLVED FURTHER, that Mr. Clive M. Peterson, Manager of Purchasing Department of the Corporation, by himself or by attorney-in-fact duly appointed by him, with powers of substitution and revocation, be authorized to execute on behalf of the Corporation the Purchase Contract and any relevant documents thereto.
There being no further business, the Chairman closed the Special Meeting.

____

Secretary of the Meeting
John A. Steve

그러나 영국과 미국의 경우 일상의 상업활동은 사장에게 위임되어 있으나, 그 범위는 우리나라 대표이사의 대표권보다 좁다. 따라서 위임자가 가령 사장이라고 해도 위임사항에 대한 권한을 갖고 있지 않은 경우도 있을 수 있기 때문에 그러한 경우에 대비하여 이사회 의사록을 취득해 두는 것이 바람직하다.

2 일반거래조건의 협정

(1) 일반거래조건협정서

제2장 제2절에서 설명한 바와 같은 신용조사에 대한 회신이 있는 경우에는 그 신용조회처에 대하여 즉시 감사하다는 사례장을 보낸다. 그리고 신용조회결과 그 상대방의 신용상태가 양호하다고 인정되면 드디어 실제의 거래관계에 들어가게 된다.

그런데 장기적인 거래관계가 예상되거나 또는 장기적인 거래를 하고자 하는 경우에는 본격적인 거래에 앞서 후일의 분쟁을 피함과 동시에 거래를 신속하고 원만하게 처리하기 위하여 앞으로의 거래에 있어서 기준이 될 일반적인 거래조건을 협정해 두는 것이 바람직하다. 무역거래는 정치 · 경제 · 문화 · 전통 · 언어 · 관습 등을 달리하는 외국과의 거래이므로 선의의 오해나 분쟁이 발생될 가능성은 항상 존재하고 있고, 또 모든 거래에 공통되는 사항을 매 거래시마다 협의하는 것은 번잡스럽다. 따라서 실제의 거래에 앞서 일반거래조건을 협정해 둘 필요가 있는 것이다.

일반거래조건의 협정은 사전에 필요한 조건을 열거하여 문서로 작성해 둔 것을 상대방에 송부하여 그 상대방의 승낙을 받는 방법으로 이루어지는 것이 보통이다. 물론 매매계약은 상대방이 있으므로 일방이 희망하는 거래조건대로 단번에 합의가 이루어지기는 어려우며, 당사자간에 충분한 협의과정을 거쳐야 할 것이다. 그리하여 일반적인 거래조건에 관하여 매매당사자가 합의를 보게 되면 당사자 중 어느 한 편이 이것을 문서화한 일반거래조건협정서(agreement on general terms and conditions of business)를 2부 작성하여 서명한 후 상대방에 송부하고, 그 중 1부에 상대방의 서명을 받아 되돌려 받는다. 그리고 이들 기본조건의 주요부분은 계약성립 후 작성하는 매약서(sales note) 이면에 매매에 관한 기본조건으로 인쇄하여 두는 경우가 많다.

(2) 일반거래조건협정서의 내용

일반거래조건협정서의 내용은 회사의 방침이나 거래상품의 종류 또는 상대시장 여하에 따라 다소 차이가 있지만, 그 공통되는 주요 사항은 다음과 같다.

(가) 거래의 형태

이것은 본인 대 본인(principal to principal)의 거래로 하느냐, 대리점 등과 같이 수수료 베이스에 의한 거래(business on commission)로 하느냐 하는 문제이다.

본인거래(business as principal)와 수수료거래의 차이는 매매계약의 교섭당사자가 그 거래로부터 발생하는 손익을 부담하느냐 하지 않느냐 하는 점에 있다. 즉, 본인거래는 자기 자신의 명의와 계산으로 하는 거래이므로 그 거래로부터 발생하는 손익이 자기 자신에게 귀속된다. 그리고 수수료 베이스에 의한 거래는 타인의 계산으로 하는 거래이므로 그 거래로부터 발생하는 손익과는 관계없이 일정한 수수료를 받고 거래하는 것이다.

(나) 무역계약의 기본조건에 관한 사항

여기에는 앞에서 살펴 본 무역계약의 기본조건, 즉 ① 품질에 관한 조건, ② 수량에 관한 조건, ③ 가격에 관한 조건, ④ 선적에 관한 조건, ⑤ 대금결제에 관한 조건, ⑥ 보험에 관한 조건 등이 기재된다. 그리고 또 여기에는 계약을 불가항력(force majeure)적인 사유로 이행할 수 없게 된 경우에 대비하여 이른바 불가항력조항(force majeure clause)에 관하여도 규정한다. 불가항력이란 외부에서 일어난 사건 내지 사고로서 보통 일반적으로 필요하다고 인정되는 주의나 예방방법으로서는 그것을 막을 수 없는 것을 가리키며, 태풍 · 홍수 · 지진 · 낙뢰 · 전쟁 등이 그것이다.

불가항력조항에는 불가항력의 범위와 그 효과, 즉 그러한 불가항력사태의 발생으로 계약을 이행할 수 없게 된 당사자가 부담하게 되는 책임의 내용, 면책의 범위 등에 대하여 규정한다.[67)]

(다) 클레임 해결에 관한 사항

여기에는 클레임 제기방법과 해결방법 등을 기재한다.

---

67) 불가항력은 영국법에서 말하는 Frustration과는 차이가 있다. 즉 Frustration과 Force majeure는 모두 계약을 이행하는 것이 불가능하다고 하는 점에 공통점이 있지만, Frustration은 계약 그 자체의 존속을 무의미하게 하여 버리는데 대하여 Force majeure는 계약 전체를 소멸 또는 해소시키는 것이 아니라 단지 면책을 인정하는데 지나지 않는다고 하는 점에 양자의 차이가 있다.

(라) 기타 거래절차에 관한 사항

그 밖에 ① 청약 및 승낙에 관한 사항, ② 전신을 이용할 경우의 그 비용부담자, ③ 포장 · 화인(marking)의 방법, ④ 선적통지(shipping notice) 방법 등을 기재한다.

참고로 일반거래조건협정서를 예시하면 다음과 같다.

Agreement on General Terms and Conditions of Business

This Agreement entered into between The Pacific Trading Co., Inc., New York, hereinafter called the Buyers, and Daehan Trading Co., Ltd., Seoul, Korea, hereinafter referred to as the Sellers, witness as follows :

(1) **Business** : Both Sellers and Buyers act as Principals and not as Agents.

(2) **Samples and Quality** : The Sellers are to supply the Buyers with samples free of charge, and the quality of the goods to be shipped should be about equal to the sample on which an order is given.

(3) **Quantity** : Weight and Quantity determined by the Seller, as set forth in shipping documents, shall be final.

(4) **Prices** : Unless otherwise specified, prices are to be quoted in U.S. Dollars on CIF New York basis.

(5) **Firm Offers** : All firm offers are to remain effective for three days including the day cabled. Sundays and National Holidays shall not be counted as days.

(6) **Orders** : Except in cases where firm offers are accepted all orders are to be subject to the Seller's final confirmation.

(7) **Packing** : Proper export wooden case packing is to be carried out, each case bearing the mark [SH] with port mark, running case numbers, and the country of origin.

(8) **Payment** : Draft is to be drawn at 30 d/s under Irrevocable Letter of Credit which should be opened in favor of Seller immediately upon contract, for the invoice value with full set of shipping documents, namely, Bill of Lading, Insurance Policy, Commercial Invoice and other documents which each contract requires.

(9) **Shipment** : Shipment is to be made within the time stipulated in each contract. The date of Bill of Lading shall be taken as conclusive proof of the day of shipment. Unless expressly agreed upon, the port of shipment shall be at the Seller's option.

(10) **Marine Insurance** : All shipments shall be covered on ICC (A) including War Risks and Strikes Risks for the invoice amount plus 10(ten) per cent. All policies

shall be made out in U.S. Dollars and claims payable in New York.

(11) **Force Majeure** : The Sellers shall not be responsible for the delay in shipment due to force majeure, including mobilization, war, strikes, riots, civil commotion, hostilities, blockade, requisition of vessels, prohibition of export, fires, floods, earthquakes, tempest and any other contingencies, which prevent shipment within the stipulated period. In the event of any of the aforesaid causes arising, documents proving its occurrence or existence shall be sent by the Sellers to the Buyers without delay.

(12) **Delayed Shipment** : In all cases of force majeure provided in the Article No. 11, the period of shipment stipulated shall be extended for a period of twenty one(21) days. In case shipment within the extended period should still be prevented by a continuance of the causes mentioned in the Article No. 11 or the consequences of any of them, it shall be at the Buyers' option either to allow the shipment of late goods or to cancel the order by giving the Sellers the notice of cancellation by cable.

(13) **Claims** : Claims, if any, shall be submitted by cable within fourteen (14) days after arrival of goods at destination. Certificates by recognized surveyors shall be sent by mail without delay. All claims which cannot be amicably settled between Sellers and Buyers shall be finally settled by arbitration in Seoul, Korea in accordance with the Arbitration Rules of the Korean Commercial Arbitration Board and under the Laws of Korea. The award rendered by the arbitrator(s) shall be final and binding upon both parties concerned.

(14) **Shipping Notice** : The Sellers shall cable each shipment immediately when it is effected.

(15) **Cable Expenses** : Expenses relating to cabling shall be borne by the respective senders.

(16) **Trade Terms** : Unless specially stated, the trade terms under this contract shall be governed and interpreted by the latest Incoterms.

This Agreement shall be valid on and after July 5, 2020.

(Buyers) Pacific Trading Co., Inc.	(Sellers) Daehan Trading Co., Ltd.
(Signed)	(Signed)
General Manager	Export Manager

일반거래조건협정서

매수인 Pacific 무역주식회사와 매도인 대한무역주식회사 사이에 다음과 같이 협정한다.

(1) **거래형태** : 매매 당사자 모두 본인 대 본인거래로 하며, 대리인자격으로 하는 것이 아니다.

(2) **견본 및 품질** : 매도인은 매수인에게 무상으로 견본을 제공하고, 선적상품의 품질은 주문의 기초가 된 견본과 대체로 일치하여야 한다.

(3) **수량** : 중량 및 수량은 선적서류에 기재된 것으로 한다.

(4) **가격** : 가격은 별도로 정한 경우를 제외하고는 CIF New York 조건에 의거 미국 달러로 견적한다.

(5) **확정청약** : 모든 확정청약은 타전일을 포함하여 3일간 유효하다. 다만, 일요일과 국경일은 일수계산에서 제외된다.

(6) **주문** : 확정청약을 승낙한 경우 이외의 모든 주문은 매도인의 최종확인을 조건으로 한다.

(7) **포장** : 적당한 수출용 목재상자 포장을 하고, 매 상자에는 화인으로서 [SH]에 도착항 마크, 상자 일련번호 및 원산지를 기입한다.

(8) **결제** : 매매계약체결 직후에 매도인을 수익자로 하여 발행되는 취소불능신용장에 의거하여 송장금액에 대하여 일람 후 30일불의 환어음을 발행한다. 이때 선하증권, 보험증권, 상업송장 및 개별계약에서 요구하는 기타 선적서류를 첨부한다.

(9) **선적** : 개개의 계약에서 정해진 기일 이내에 선적한다. 선하증권의 발행일을 선적일로 간주하고, 별도 합의가 없는 한 선적항은 매도인이 임의로 선택한다.

(10) **해상보험** : 모든 선적화물은 송장금액의 110%를 보험금액으로 하여 전쟁위험과 동맹파업위험을 포함한 ICC(A)조건으로 부보한다. 보험증권은 모두 미국 달러로 표시하고, 또 보험금은 뉴욕에서 지급한다.

(11) **불가항력** : 매도인은 불가항력으로 인한 선적지연에 대하여 책임을 지지 아니한다. 불가항력에는 동원령 · 전쟁 · 동맹파업 · 소요 · 폭동 · 적대행위 · 봉쇄 · 선박의 징발 · 수출금지 · 화재 · 홍수 · 지진 · 폭풍우 및 그밖에 지정기일까지 선적을 불가능하게 하는 우발적인 사고를 포함한다. 이러한 사유가 발생한 경우, 매도인은 그러한 사유의 발생이나 존재를 증명하는 서류를 지체없이 매수인에게 송부한다.

(12) **선적지연** : 위 제11조에 열거한 모든 불가항력적인 사유가 발생한 경우에는 선적기일이 21일간 연장된다. 연장된 선적기일까지도 제11조의 사유가 계속되거나 또는 그 결과로서 선적이 불가능할 경우, 매수인은 선적지연을 허용하거나 또는 매도인에게 전신으로 취소통지를 함으로써 주문을 취소할 수 있다.

(13) **클레임** : 클레임은 상품이 목적지에 도착한 후 14일 이내에 타전한다. 그리고 지체없이 공인검사인의 증명서를 우송한다. 매매당사자간에 원만한 해결이 되지 않는 모든 클레임은 대한민국 서울특별시에서 대한상사중재원의 중재규칙 및 대한민국법에 따라 중재에 의하여 최종적으로 해결한다. 중재인의 판정은 최종적인 것으로 당사자 쌍방을 구속한다.

〈그림 3-2〉 원가가산법에 의한 수출가격결정

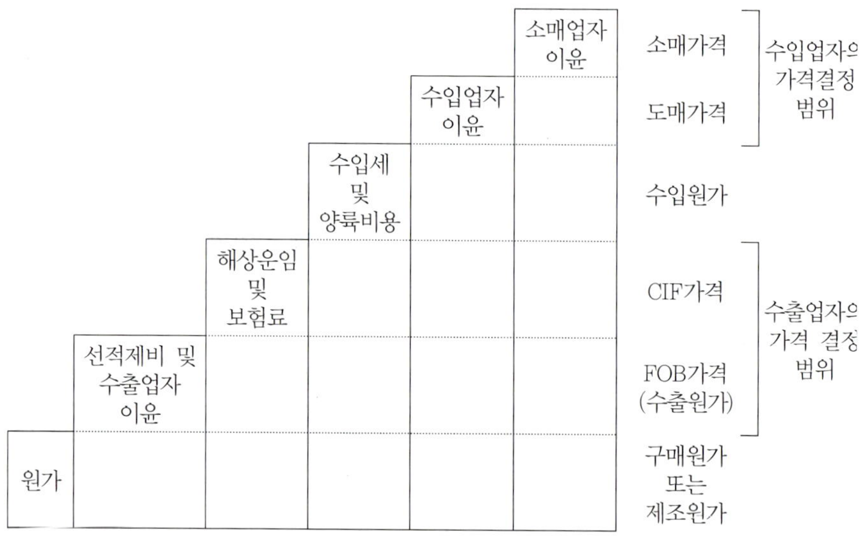

구체적으로 살펴보기로 한다.

원가가산법에 의해 수출가격을 산출함에 있어서는 가격산정에 커다란 영향을 미치는 비용을 빠짐없이 계상하여야 하지만, 가격에 거의 영향을 미치지 않는 소액의 비용은 무시하거나 또는 일괄하여 잡비로 계상하면 된다.

그리고 이것은 어디까지나 견적에 지나지 않으므로 계약이행단계에서 비용이 확정되면 이것을 견적서와 대조하여 견적이 정확한가의 여부를 점검할 필요가 있다. 실적이 견적과 차이가 나는 때에는 그 후의 견적에 이를 반영하여야 할 것이다.

그런데 수출가격의 구성요소는 가격조건(price terms)에 따라 달라진다. 〈그림 3-2〉에서 원가가산법에 의한 수출가격의 구성요소를 개략적으로 살펴보았는데, 그림에 있는 선적제비에는 국내운임 · 수출포장비 · 수출검사료 · 창고료 등이 포함된다.

여기서 수출지에서 수입지까지 필요한 중요한 가격요소를 항목별로 좀 더 구체적으로 살펴보면 다음과 같다. 실거래의 견적서에는 여기에 언급한 항목의 일부가 생략되기도 하고, 또 여기에 언급되지 않은 항목이 추가되기도 한다.

1) 단위당 원가(제조원가 또는 구매원가)

제조업자인 경우에는 제조원가, 고유 무역업자인 경우에는 구매원가가 되는데, 여기에는 관세환급을 받는 경우에 그 환급액을 공제하고, 해외 광고비나 여행경비 등 추가할 것이 있으면 이를 추가하여 산출한다. 무역업자가 제조업자로부터 수출검사와 수출포장을 완료한 상태로 선적항 창고인도조건으로 구입하는 경우에는 다음에서 살펴 볼 수출포장비, 수출검사료, 화인비용, 국내운임 등이 구매원가에 포함된다.

2) 수출포장비(case & packing charges)

상품은 보통 국내판매용으로 포장되기 때문에 수출을 위한 포장을 하여야 한다. 만약 특약에 의해 수출포장을 하는 것으로 계약하면 이 비용은 구입가격에 포함된다. 상품에 따라서는 무포장상태로 수출업자의 창고까지 가지고 와서 수출업자가 이를 검사한 후 수출포장을 하는 경우가 적지 않다. 이러한 경우에는 인건비도 포장비로 계상하여야 한다.

3) 수출검사료(inspection or certificate fee)

수출계약조건에 따라 수출검사를 하여야 하는 경우에는 검사료가 소요된다. 또 중량을 달기 위해 검량인에게 의뢰하면 요금이 징수된다.

4) 화인비용(marking)

수출품의 외부포장에 하는 화인에 소요되는 비용을 계상한다.

5) 예상이익(profit)

수출업자가 기대하는 이윤으로서 보통 원가의 몇%로 계상한다.

6) 금리(interest)

상품의 국내구매에서 수출대금 회수시까지 투자액에 대한 이자 또는 수출대금이 기한부로 결제되는 경우 그 기간에 상당하는 금융비용 등을 계상한다.

7) 외환비용

외국환거래에 따른 각종 수수료 등을 계상한다.

8) 해외대리점수수료(overseas agent's commission)

해외대리점에 대한 수수료는 보통 운임, 보험료 등의 비용을 가산하지 않은 원가의 일정비율을 지급하지만, 이에 관하여는 대리점계약에서 명확히 해 두어야 한다. 또 국가에 따라서는 수수료를 송장에 별도로 표시하면 수수료에 대하여 관세를 징수하지 않는 경우도 있으므로 사전에 대리점과 수수료 표시방법에 관하여 협의를 해 두는 것이 좋다.

9) 전신료(cable charge)와 잡비(petties)

수출에 필요한 각종 통신요금을 계산한다.

10) 국내운임(inland freight)

생산자로부터 구입한 물품은 일단 자기의 창고로 가져와 검사를 한 다음 선적을 위해 부두창고로 운송하여 선적하거나 혹은 검사를 요하지 않는 것은 공장에서 직접 부두창고로 운송한다. 이 경우 생산자의 공장인도조건(EXW)으로 구입한 때는 화물자동차나 철도편으로 자기 창고 또는 부두창고로 반입하기 위해 운임이 소요된다.

11) 부선사용료(lighterage)

본선적재가 정박지에서 이루어지는 경우 본선 선측까지 부선으로 운반하여야 하기 때문에 이에 대한 부선사용료를 지급하여야 한다.

12) 창고료(storage : godown-rent)

본선을 기다리기 위해 부두창고에 입고시키면 반출되기까지의 기간에 대한 보관료 및 입출고료(storing charges and unstoring charges)가 소요된다.

13) 적재비(loading charges)

선측까지 운반된 다음 선상에 적재하기까지 소용되는 비용이다. 만약 화물이 중량물인 경우에는 기중기(floating crane 또는 derrick)를 사용하게 되는데, 이때는 기중기사용료(charges for derrick)가 소요된다.

14) 선내 하역비(stevedorage)

본선에서 화물을 수취하여 적부를 마칠때까지 소요되는 인부임

15) 수출통관 비용(charges for customs clearance)

수출통관에 따른 비용

16) 해상운임(ocean freight)

목적항까지의 해상운송계약에 따른 운임을 계산한다. 해상운임에는 정기선 운임과 부정기선 운임으로 대별된다.

17) 해상보험료(marine insurance premium)

해상적하보험계약에 따른 보험료를 계상한다. 해상보험료는 보험금액에 보험료율을 곱하여 산정한다.

18) 양륙비용(discharging charges)

본선이 수입항에 도착되고 나서 육상 또는 부선상에 양하하는데 소요되는 비용으로서, 운임조건이 「Liner Terms」인 때는 운임에 포함된다.

19) 부선사용료 및 연안하역비

정박지 하역의 경우 부선을 이용하여 연안창고에 입고하기까지 소요되는 비용

20) 수입통관 비용

수입통관에 따른 관세, 창고료, 검사료 등의 비용

4 청약과 승낙

(1) 청 약

(가) 청약의 종류

청약에는 매도인이 제시하는 매도청약(selling offer)과 매수인이 제시하는 매수청약(buying offer)이 있는데, 무역업계에서 청약이라고 하면 보통 매도청약을 가리킨다. 그리고 매도청약을 하는 경우 시황의 변화나 재고량 등을 감안하여 청약에 일정한 조건을 붙이는 것이 보통인데, 이러한 조건 여하에 따라 청약은 다음과 같이 구별할 수 있다.

1) 확정청약(firm offer)

확정청약은 피청약자의 승낙 회답기간을 한정하고 있는 청약이다. 확정청약에 대하여 피청약자인 매수인이 그 유효기간내에 조건없이 승낙하면 매매계약은 성립된다. 그리고 승낙회답기간을 경과하면 청약은 당연히 무효가 된다. 그런데 여기서 문제가 될 수 있는 것은 청약의 유효기간의 종기(終期)를 구체적인 일시로 규정하지 않고, 기간(예를 들면, 20일간과 같이)으로 규정하고 기간계산방법을 구체적으로 명시하지 않은 경우에 어떻게 계산하느냐 하는 점이다.

이와 관련하여 비엔나협약은 청약의 방법에 따라 ① 전보의 경우는 발송을 위하여 교부된 시점으로부터, ② 서신의 경우는 서신에 표시되어 있는 일자, 그러한 일자가 없으면 봉투에 표시된 일자로부터, ③ 전화·텔렉스와 같은 동시적 통신수단의 경우는 청약이 상대방에게 도달한 시점으로부터 승낙기간을 기산하며, 또 기간계산에 있어서는 원칙적으로 공휴일이나 비영업일도 포함하지만 기간의 말일이 청약자의 영업소 소재지의 공휴일 또는 비영업일에 해당하여 승낙의 통지가 청약자에게 도달될 수 없는 경우에는 청약의 유효기간이 그 다음 최초의 영업일까지 연장되는 것으로 규정하고 있다(제20조).

2) 불확정청약(free offer)

불확정청약은 승낙 회답기간이 명시되어 있지 않은 청약으로서, 사실상 거래를 권유하는 청약의 유인에 지나지 않는다. 이러한 청약에 속하는 것으로는 다음과 같은 것이 있다.

① 확인조건부 청약(sub-con offer) : "Sub-con"은 "Subject to our confirmation"의 약어로서 청약자의 확인이 있어야 계약이 성립되는 청약이다.

② 선착순 판매조건부 청약(offer subject to prior sale : offer subject to being unsold) : 한정된 수량의 재고상품에 대하여 동시에 다수의 매수인 앞으로 청약하는 경우에 이용되며, 그 상품의 매진과 동시에 효력이 소멸되는 청약이다. 즉, 피청약자로부터의 승낙이 있고, 그 시점에 당해 상품의 재고가 있는 경우에 한하여 유효하다고 기재된 청약으로서, 단순히 조건부 청약(conditional offer)이라고도 한다.

〈OFFER SHEET〉

DAEHAN TRADING CO., LTD.
20. 2-KA, CHOONGMU-RO, CHOONG-KU
SEOUL KOREA

CABLE ADD. : "KDAEHANCO, SEOUL"

C.P.O. BOX : 1144
TELEPHONE : 778-2138

OFFER

Messes. : The Pacific Trading Co., Inc.
New York.

DATE : Seoul, July 20. 2020
OFFER NO. : 208

Gentlemen :

We are pleased to offer you the following merchandise as per the terms and conditions set forth hereunder ;

CODE NO.	COMMODITY & DESCRIPTION	QUANTITY	UNIT PRICE	AMOUNT
TB	Porcelain Tea Set B	400 Dozen	CIF New York per dozen US$10.00	US$4,000.00

SHIPMENT ; During August.
PACKING ; Ten dozen in a wooden case.
PAYMENT ; By an Irrevocable L/C at 30 d/s to be opened in our favor immediately after contract.
VALIDITY ; Seoul, July 26, 2020.
REMARKS ; Maker's inspection to be final.

Very truly yours,
DAEHAN TRADING CO., LTD.
(signed)

Export Manager

(나) 청약서의 내용

청약의 내용은 거래상품이나 청약의 종류에 따라 달라질 수 있지만, 보통 품명(commodity name) · 원산지(origin) · 규격(specification) · 수량(quantity) · 단가(unit price) · 선적기일(shipping date) · 대금결제방법(payment condition) 등 앞에서 살펴본 가격표와 대동소이한 내용들이 기재된다.

(2) 반대청약과 승낙

매도인으로부터의 확정청약에 대하여 매수인이 그대로 승낙하면 매매계약은 성립된다. 그러나 현실적으로 매도인이 제시한 조건을 그대로 조건없이 승낙하는 경우는 거의 없으며, 가격을 인하하자든가 또는 선적기일을 단축하자든가 하는 등 이른바 반대청약(counter offer)을 해 오는 것이 보통이다. 이러한 반대청약이 수차례 오고 간 다음 어느 일방으로부터 조건없이 승낙(acceptance)하면 매매계약은 성립된다.

5 매매계약서의 작성

매매계약이 성립되면 다음 단계에서는 계약의 내용을 서면으로 확인해 둘 필요가 있다.

(1) 매매계약서 작성의 필요성

원래 매매계약은 낙성 · 불요식계약이므로 매매계약서를 작성하는 것이 계약성립의 요건은 아니다. 그러나 무역거래는 계약의 성립으로부터 물품인도 및 결제완료에 이르기까지 상당한 시일이 소요되므로 후일의 분쟁에 대비하여 계약서를 작성해 두는 것이 바람직하다. 더욱이 무역거래는 국내상거래와는 달리 인종 · 언어 · 종교 · 전통 · 관습 · 법률 등을 달리하는 이국간의 거래이기 때문에 오해나 분쟁이 발생될 여지가 많다. 또 무역거래는 그 국제성 · 격지성으로 인해 내용이 특수하고 복잡하기 때문에 구두의 양해만으로는 불충분하다. 따라서 장래의 거래를 신속하고 원만하게 하고, 또 오해나 분쟁을 피하기 위해서도 매매계약의 제조건을 담은 계약서를 교환해 둘 필요가 있다.

더욱이 계약의 내용을 서면으로 확인하는 것은 계약조건의 오해를 바로 잡을 수 있을 뿐 아니라 계약서 작성시까지의 합의에서 누락된 사항에 대해서도 보완하여 쌍방이 확인할 수 있으므로 앞으로 계약조건을 이행하는 과정에서 발생할 분쟁을 미연에 방지할 수 있는 것이다.

특히 영미법에서는 일정한 경우에 서면계약을 요구하고 있다. 예컨대 미국의 경우 UCC(제2-201조 제1항)에서 5,000달러 이상되는 매매계약에 관하여는 그 계약의 성립을 증명하는 일정한 기록이 없으면 강제력이 없는 것으로 규정하고 있다.

(2) 매매계약서의 형식

매매계약서의 형식은 원칙적으로 자유이다. 그리고 주문서의 교환으로 매매계약서의 작성을 대신하기도 한다. 일반적으로 매매계약은 다음과 같은 형식으로 그 계약내용을 확인하고 있다.

① 매수인이 자사 소정양식의 주문서(order sheet : purchase note)를 작성하여 매도인에게 송부하고 매도인이 이들 서류를 검토한 후 상세한 「Sales Note」(매약서) 또는 주문확인서(confirmation of order : sales confirmation)를 작성하여 매수인의 확인을 구하는 방법.

② 매도인이 직접 계약의 내용을 정리, 매매계약서(contract sheet) 또는 「Sales Note」를 2통 작성하여 서명한 후 매수인에게 송부하고, 매수인이 그 내용을 검토한 후 서명하여 그 중 1통은 자신이 보관하고 1통은 매도인에게 반송하는 방법.

③ 매도인이 발행한 「Offer Sheet」에 매수인이 승낙의 서명을 하거나 매수인이 작성한 주문서에 매도인이 승낙의 서명을 하여 각자 한 통씩 보관하는 방법 : 이 방법의 경우 계약서의 내용이 너무 간단하기 때문에 사전에 일반거래조건에 대한 협정이 되어 있는 경우가 아니면 이용하기 곤란하다.

(3) 국제상업회의소 표준 국제매매계약서

국제상업회의소(ICC)의 상거래법 및 관습위원회(the Commission on Commercial Law and Practice : CLP)에서는 국제계약을 체결하는 당사자들이 신속하고도 공평하게 계약을 체결하는데 도움을 주기 위하여 다양한 표준 계약서를 마련해 두고 있는데, 그 중에 매매와 관련하여 국제상업회의소 표준 국제매매계약서(ICC Model International Sale Contract)가 있다. 이 계약서는 기본적으로 전매하고자 하는 제품의 매매계약을 전제로 하여 마련된 것이다. 따라서 이러한 매매계약의 경우에는

주문서(order shect)

THE PACIFIC TRADING CO., INC.

To : Daehan Trading Co., Seoul, Korea July 30, 2020

ORDER NO. 310

This is to confirm our having placed the following order with you for our account and risk.

COMMODITY & DESCRIPTION	QUANTITY	PRICE	AMOUNT
Porcelain Tea Set B	400 dozen	CIF New York per dozen US $ 10.00	US $ 4,000.00

Shipment : During August. 2020.

Packing : 1 dozen each to be packed in a carton box and 10 dozen in a wooden case.

Insurance : All Risks including War Risks and S.R.C.C. for 110% of the invoice amount.

Mark : D △(AT) A
New York
C/#1/up[68]
MADE IN KOREA

Terms : Draft at 30 d/s under Irrevocable L/C.

THE PACIFIC TRADING CO., INC.
(Signed)
Sales Manager.

68) Case number one up이라고 읽고, 일련 포장번호(running case number)가 1에서부터라는 뜻이다.

매약서(Sales Note) 전면

DAEHAN TRADING CO., LTD. CABLE ADRESS
P.O. BOX NO. 500 "FORCE SEOUL"
SEOUL.

NO. 311 **SALES NOTE**

Messrs. : The Pacific Trading Co., Inc. SEOUL August 5, 2020
New York

We confirm our sale as specified hereunder. If you find therein anything not in order, please let us know immediately, if necessary, by telegram. Kindly sign and return the duplicate after confirming the under-mentioned.

CODE NO.	SPCIFICATION	QUANTITY	UNIT PRICE	AMOUNT
TB	Porcelain Tea Set B	400 dozen	CIF New York per dozen US$10.00	US$4,000.00

Shipment : During September, 2020.
Terms of Payment : Draft at 30d/s under Irrevocable L/C in our favor.
Insurance : All Risks including War Risks & S.R.C.C. for 110% of invoice value.
Packing : 1 dozen each packed in a carton box and 10 dozen in a wooden case.
Inspection : Maker's inspection to be final.
Shipping Marks : D △ A
AT
New York
C/#1/up
MADE IN KOREA.
Remarks : Other terms and conditions as per on the back hereof.[69]

Very truly yours,
Accepted by (Buyer) DAEHAN TRADING CO., LTD.
(Signed)
Export Manager

69) 보통 이와 같이 Sales Note 뒷면에 중요한 거래조건을 인쇄하여 두는 것이 대부분이지만 일반거래조건을 협정해 둔 경우에는 다음과 같이 일반거래조건협정서를 준용한다고 기재하기도 한다. "All other conditions are subject to the stipulations in our Agreement on General Terms and Conditions of Business"

매약서 이면

TERMS & CONDITIONS OF BUSINESS

All sales and other business shall be transacted between Buyer and Seller as Principals.

1. Quantity : Quantities quoted are subject to a variation of plus or minus ten (10) percent unless otherwise specially advised.

2. Payment : An irrevocable letter of credit shall be established within fifteen (15) days after conclusion of any contract and be maintained at least fifteen (15) days after the month of shipment for negotiation of the relative draft.

If Buyer fails to provide such a letter of credit for Seller as prescribed above, Seller shall have the option of reselling the contracted goods on account of Buyer or holding the goods on Buyer's account and risk or cancelling any part or the whole of this contract.

3. Shipment : The date of Bill of Lading shall be taken as the conclusive proof of the date of shipment. Ten (10) days' grace shall be allowed for shipment earlier or later than the time agreed upon by the parties. In the event of the goods for one order being shipped in more than one lot, each lot shall be deemed to be a separate sale or contract.

Seller shall not be responsible for non-shipment or late shipment of the contracted goods or any part thereof due to Force Majeure or any other causes beyond Seller's control and causes due to failure of Buyer to provide in time a letter of credit or other instructions requested by Seller.

4. Insurance : Insurance shall be effected by Seller ten (10)% over the invoice amount in case of CIF business.

Seller shall bear a war risk premium (water borne only) to the extent of half(1/2)%, only. Should the premium be at the time of shipment, more than half (1/2)% the excess premium to be for Buyer's account.

5. Claims : No claim shall be entertained before the payment is made or the draft is duly honoured. Each claim shall be advised by telegram or cable to Seller within fourteen (14) days after the arrival of the goods at destination, and shall be confirmed by airmail within fifteen (15) days after telegraphing or cabling. No claim shall be entertained after the expiration of such fourteen (14) days.

6. Arbitration : A claim shall be settled amicably as far as possible, but in case of failing, it shall be submitted to the arbitration in Seoul, Korea in accordance with the Arbitration Rules of the Korean Commercial Arbitration Board. The arbitral award shall be final and binding the both parties and the loser shall bear its cost.

7. Patents, Trade marks etc. : Seller shall be free from liabilities or responsibilities for any trade mark, design or stamp used by Seller pursuant to instructions of Buyer. Buyer hereby agrees to assume the liabilities for any disputes resulting from such use.

이 표준계약서를 활용하면 신속하고 합리적으로 계약을 체결할 수 있다(ICC 표준 국제매매계약서 견본 및 번역문 참조).

다만 이 표준계약서는 2000년 Incoterms를 전제로 한 것이다. 따라서 2010년 및 2020년 Incoterms의 시행에 따라 관련된 내용이 다소 바뀌어야 하지만 아직 이에 대한 개정작업이 이루어지고 있지 않다. 그러나 Incoterms가 변경되었더라도 이 표준계약서에서 바뀌어야 할 내용은 극히 일부이다. 따라서 이 책에서는 기존의 표준계약서에서 수정되어야 할 부분을 밑줄로 표시하고 그 옆에 2020년 Incoterms에 따라 수정되어야 할 내용을 괄호 안에 표시해 두었다.

(가) 일반적 특성 및 적용범위

ICC 표준 국제매매계약서는 파트 A와 파트 B의 두 파트로 구성되는데, 파트 A(특정조건)는 특정 매매계약에 특유한 사항을 규정한 것이고, 파트 B(일반조건)는 ICC 일반 매매조건(ICC General Conditions of Sale)을 삽입한 것으로 모든 계약에 공통되는 표준조건을 규정하고 있다.

이 표준 계약서는 당사자들이 통상 파트 A와 파트 B를 모두 이용한다는 가정 하에서 만들어진 것으로 양 파트는 유기적으로 연결되어 있다. 그러나 계약 당사자들은 그들의 계약에 파트 B, 즉 일반조건만 삽입할 수도 있다. 이러한 경우 파트 A는 사용되지 않고, 파트 B에서 파트 A에 있는 조항에 대한 모든 언급은 당해 특정 계약에서 당사자들에 의해 합의된 관련 특정조건을 언급한 것으로 간주된다(파트 B 제1.1조 참조).

그리고 이 표준 계약서는 기본적으로 전매하고자 하는 제품, 즉 구매자가 최종소비자가 아니고 또 계약이 장기공급계약의 일부라기보다 독립적인 거래인 경우의 매매계약을 위한 것이다.

(나) 준거법

당사자 사이에 별도의 합의가 없는 한, 표준계약서는 국제물품매매계약에 관한 유엔협약, 즉 1980년 비엔나협약(이하 경우에 따라 "비엔나협약" 또는 "CISG"라 한다)을 조건으로 한다. 비엔나협약을 표준계약서 파트 B의 제1.2(A)에 삽입함에 따라 매매당사국이 비엔나협약을 비준했는지의 여부를 불문하고 비엔나협약이 적용된다.

그리고 CISG가 다루고 있지 않은 문제에 관하여는 매도인이 영업소를 가지고 있는 국가의 법률에 의해 규율된다(제1.2조).

다만 당사자들이 CISG 대신에 국내법을 선택하고자 하는 경우 파트 A의 A-14(a)칸에 준거법을 기입하여야 하고, 또 CISG에서 다루고 있지 않는 문제를 규율하기 위해 매도인 국가의 법률 이외의 법을 선택하고자 하는 경우에도 A-14(b)칸에 준거법을 반드시 기입하여야 한다.

(다) 정형거래조건

당사자들은 Incoterms상의 적절한 정형거래조건을 선택할 수 있고, 만약 그러한 선택이 없는 경우 EXW조건이 적용된다.[70] 비록 표준계약서는 A-3에서 Incoterms상의 모든 정형거래조건을 나열하고 있지만 표준계약서를 작성한 작업반은 당사자들이 예컨대 Incoterms에 있는 CFR과 CIF와 같이 선하증권과 같은 유통성 운송서류를 요구하는 조건을 사용하기보다, EXW, FCA, CPT, CIP, DAF, DDU(2020년 Incoterms의 경우 DAP, DPU) 또는 DDP조건의 사용을 권장하고 있다. 제조물은 운송도중에 판매되거나 저당 잡히는 일이 드물고 따라서 거의 유통성 운송서류의 사용을 요구하고 있지 않기 때문이다.

(라) 인도시기

표준계약서 파트 A의 A-4에 당사자들에 의해 삽입되는 인도시기(time of delivery)는 매매계약, 특히 당사자들이 선택한 관련 정형거래조건하에서 매도인이 자기의 인도의무를 이행해야 할 날짜 또는 기한을 가리킨다. 이 "인도시기"는 계약상의 인도장소와 연결되어 있고, 반드시 물품이 매수인에게 도착해야 되는 장소는 아니다. 따라서 CPT조건하에서 매도인의 인도의무는 물품이 지정목적지에 도착한 때가 아니라 물품을 (이 정형거래조건 A4조항에 따라) 운송인의 보관 하에 인도한 때에 완료된다.

당사자들은 인도시기를 특정일(예를 들면 "2020년 2월 10일" 또는 "2020년 2월 10일까지") 또는 기간(예컨대, "2020년 2월 셋째 주" 또는 "2020년 3월" 등)으로 약정할 수 있다. 또한 당사자들은 특정 일자로부터 일정한 기간(예컨대, "계약서의 서명일로부터 50일", "합의된 선지급금 수령 후 70일")으로 합의할 수도 있다. 만약 기간이 합의된 경우, 매도인은 CISG 제33조에 따라 그 기간 중 언제든지 물품을 인도할 수 있다. 다만, 매수인이 기일을 선택하여야 할 사정이 있는 경우에는 그러하지 아니하다.

---

70) 파트 B 제8조 참조.

(마) 권리의 유보

당사자들은 표준계약서 파트A의 A-6에 기입하거나 그 밖의 방법으로 표준계약서 파트 B의 제7조에서 규정하는 바와 같이 대금결제가 완료될 때 또는 달리 합의한 때까지 물품의 소유권은 매도인이 갖는 것으로 합의할 수 있다. 그러나 다수의 국내법 하에서 전매하고자 하는 물품의 권리유보가 항상 유효한 것은 아니라는 사실을 유의할 필요가 있다. 따라서 매도인은 관련 법(통상 물품이 위치하고 있는 국가의 법이 될 것이다)에 의해 파트 B의 제7조가 유효한지 주의 깊게 체크하여야 한다.

(바) 소비자에 대한 하자담보

이 표준계약서가 기본적으로 의도한 물품유형의 제조자들은 일반적으로 최종적인 구매자(소비자)에게 하자담보(경우에 따라 수리 및/또는 교체)를 해 준다. 이러한 경우 최종 소비자에 대한 제조자의 하자담보는 매매계약 하에서의 매도인의 의무와 겹칠 수 있다. 사실상 물품에 하자가 있는 경우 원칙적으로 최종 구매자는 매매계약에 의해 매도인에게 클레임을 제기하거나 또는 제조자의 하자담보에 의해 직접 제조자에게 클레임을 제기할 수 있다.

그리고 당사자들 사이의 바람직한 협력사항은 표준계약서 파트 B의 제12조에 규정되어 있다.

(사) 책임제한

국제무역에 있어서의 일반 관습에 따라 표준계약서 파트 B는 채무불이행 당사자에게 제기할 수 있는 손해배상액의 한도를 제10.1조, 10.4조, 11.3조, 11.5조 및 11.6조에서 규정하고 있다. 그리고 당사자들이 이러한 한도를 변경할 수 있는 기회를 파트 A의 A-10, A-11 및 A-12에서 부여하고 있다.

(아) 계약위반의 경우에 매수인에 의한 계약 종료

표준계약서는 매수인이 매도인의 계약위반을 이유로 계약을 종료시킬 수 있는 경우를 다음과 같은 세 가지로 예상하고 있다.

(a) 표준계약서 파트 A의 A-9란에서 합의한 계약의 취소일까지 매도인이 물품을 인도하지 않은 경우(파트 B 제10.2조 참조), 또는

(b) 그러한 합의한 날짜가 없고, 매도인이 제10.1조에 따라 인도지연의 통지를 받고도 물품을 인도하지 않은 경우에는 지연에 대한 손해배상 예정액이 최대금액에 도달하고(즉 매도인이 물품을 인도했어야 할 날짜로부터 10주가 경과),

funds at least 30 days before the agreed date of delivery or the earliest date within the agreed delivery period. If advance payment has been agreed only for a part of the contract price, the payment conditions of the remaining amount will be determined according to the rules set forth in this article.

5.3 If the parties have agreed on payment by documentary credit, then, unless otherwise agreed, the Buyer must arrange for a documentary credit in favour of the Seller to be issued by a reputable bank, subject to the Uniform Customs and Practice for Documentary Credits published by the International Chamber of Commerce, and to be notified at least 30 days before the agreed date of delivery or at least 30 days before the earliest date within the agreed delivery period. Unless otherwise agreed, the documentary credit shall be payable at sight and allow partial shipments and transhipments.

5.4 If the parties have agreed on payment by documentary collection, then, unless otherwise agreed, documents will be tendered against payment (D/P) and the tender will in any case be subject to the Uniform Rules for Collections published by the International Chamber of Commerce.

5.5 To the extent that the parties have agreed that payment is to be backed by a bank guarantee, the Buyer is to provide, at least 30 days before the agreed date of delivery or at least 30 days before the earliest date within the agreed delivery period, a first demand bank guarantee subject to the Uniform Rules for Demand Guarantees published by the International Chamber of Commerce, or a standby letter of credit subject either to such Rules or to the Uniform Customs and Practice for Documentary Credits published by the International Chamber of Commerce, in either case issued by a reputable bank.

Art. 6 Interest in case of delayed payment

6.1 If a party does not pay a sum of money when it falls due the other party is entitled to interest upon that sum from the time when payment is due to the time of payment.

6.2 Unless otherwise agreed, the rate of interest shall be 2% above the average bank short-term lending rate to prime borrowers prevailing for the currency of payment at the place of payment, or where no such rate exists at that place, then the same rate in the State of the currency of payment. In the absence of such a rate at either place the rate of interest shall be the appropriate rate fixed by the law of the State of the currency of payment.

Art. 7 Retention of title

If the parties have validly agreed on retention of title, the goods shall remain the property of the Seller until the complete payment of the price, or as otherwise agreed.

Art. 8 Contractual term of delivery

Unless otherwise agreed, delivery shall be "Ex Works" (EXW).

Art. 9 Documents

Unless otherwise agreed, the Seller must provide the documents (if any) indicated in the applicable Incoterm or, if no Incoterm is applicable, according to any previous course of dealing.

Art. 10 Late-delivery, non-delivery and remedies therefor

10.1 When there is delay in delivery of any goods, the Buyer is entitled to claim liquidated damages equal to 0.5% or such other percentage as may be agreed of the price of those goods for each complete week of delay, provided the Buyer notifies the Seller of the delay. Where the Buyer so notifies the Seller within 15 days from the agreed date of delivery, damages will run from the agreed date of delivery or from the last day within the agreed period of delivery. Where the Buyer so notifies the Seller after 15 days of the agreed date of delivery, damages will run from the date of the notice. Liquidated damages for delay shall not exceed 5% of the price of the delayed goods or such other maximum amount as may be agreed.

10.2 If the parties have agreed upon a cancellation date in Box A-9, the Buyer may terminate the Contract by notification to the Seller as regards goods which have not been delivered by such cancellation date for any reason whatsoever (including a force majeure event).

10.3 When article 10.2 does not apply and the Seller has not delivered the goods by the date on which the Buyer has become entitled to the maximum amount of liquidated damages under article 10.1, the Buyer may give notice in writing to terminate the Contract as regards such goods, if they have not been delivered to the Buyer within 5 days of receipt of such notice by the Seller.

10.4 In case of termination of the Contract under article 10.2 or 10.3 then in addition to any amount paid or payable under article 10.1, the Buyer is entitled to claim damages for any additional loss not exceeding 10% of the price of the non-delivered goods.

10.5 The remedies under this article are exclusive of any other remedy for delay in delivery or non-delivery.

Art. 11 Non-conformity of the goods

11.1 The Buyer shall examine the goods as soon as possible after their arrival at destination and shall notify the Seller in writing of any lack of conformity of the goods within 15 days from the date when the Buyer discovers or ought to have discovered the lack of conformity. In any case the Buyer shall have no remedy for lack of conformity if he fails to notify the Seller thereof within 12 months from the date of arrival of the goods at the agreed destination.

11.2 Goods will be deemed to conform to the Contract despite minor discrepancies which are usual in the particular trade or through course of dealing between the parties, but the Buyer will be entitled to any abatement of the price usual in the trade or through course of dealing for such discrepancies.

11.3 Where goods are non-conforming (and provided the Buyer, having given notice of the lack of conformity in compliance with article 11.1, does not elect in the notice to retain them), the Seller shall at his option:

(a) replace the goods with conforming goods, without any additional expense to the Buyer, or

(b) repair the goods, without any additional expense to the Buyer, or

(c) reimburse to the Buyer the price paid for the non-conforming goods and thereby terminate the Contract as regards those goods.

The Buyer will be entitled to liquidated damages as quantified under article 10.1 for each complete week of delay between the date of notification of the non-conformity according to article 11.1 and the supply of substitute goods under article 11.3(a) or repair under article 11.3(b) above. Such damages may be accumulated with damages (if any) payable under article 10.1, but can in no case exceed in the aggregate 5% of the price of those goods.

11.4 If the Seller has failed to perform his duties under article 11.3 by the date on which the Buyer becomes entitled to the maximum amount of liquidated damages according to that article, the Buyer may give notice in writing to terminate the Contract as regards the non-conforming goods unless the supply of replacement goods or the repair is effected within 5 days of receipt of such notice by the Seller.

11.5 Where the Contract is terminated under article 11.3(c) or article 11.4, then in addition to any amount paid or payable under article 11.3 as reimbursement of the price and damages for any delay, the Buyer is entitled to damages for any additional loss not exceeding 10% of the price of the non-conforming goods.

11.6 Where the Buyer elects to retain non-conforming goods, he shall be entitled to a sum equal to the difference between the value of the goods at the agreed place of destination if they had conformed with the Contract and their value at the same place as delivered, such sum not to exceed 15% of the price of those goods.

11.7 Unless otherwise agreed in writing, the remedies under this article 11 are exclusive of any other remedy for non-conformity.

11.8 Unless otherwise agreed in writing, no action for lack of conformity can be taken by the Buyer, whether before judicial or arbitral tribunals, after 2 years from the date of arrival of the goods. It is expressly agreed that after the expiry of such term, the Buyer will not plead non-conformity of the goods, or make a counter-claim thereon, in defence to any action taken by the Seller against the Buyer for non-performance of this Contract.

Art. 12 Cooperation between the parties

12.1 The Buyer shall promptly inform the Seller of any claim made against the Buyer by his customers or third parties concerning the goods delivered or intellectual property rights related thereto.

12.2 The Seller will promptly inform the Buyer of any claim which may involve the product liability of the Buyer.

Art. 13 Force majeure

13.1 A party is not liable for a failure to perform any of his obligations in so far as he proves:

(a) that the failure was due to an impediment beyond his control, and

(b) that he could not reasonably be expected to have taken into account the impediment and its effects upon his ability to perform at the time of the conclusion of the Contract, and

(c) that he could not reasonably have avoided or overcome it or its effects.

13.2 A party seeking relief shall, as soon as practicable after the impediment and its effects upon his ability to perform become known to him, give notice to the other party of such impediment and its effects on his ability to perform. Notice shall also be given when the ground of relief ceases.

Failure to give either notice makes the party thus failing liable in damages for loss which otherwise could have been avoided.

13.3 Without prejudice to article 10.2, a ground of relief under this clause relieves the party failing to perform from liability in damages, from penalties and other contractual sanctions, except from the duty to pay interest on money owing as long as and to the extent that the ground subsists.

13.4 If the grounds of relief subsist for more than six months, either party shall be entitled to terminate the Contract with notice.

Art. 14 Resolution of disputes

14.1 Unless otherwise agreed in writing, all disputes arising in connection with the present Contract shall be finally settled under the Rules of Arbitration of the International Chamber of Commerce by one or more arbitrators appointed in accordance with the said Rules.

14.2 An arbitration clause does not prevent any party from requesting interim or conservatory measures from the courts.

〈ICC 표준국제매매계약서 파트 A(번역문)〉

A. 특정조건

이 특정조건은 당사자들이 이 계약에 규정된 항목 중에서 (경우에 따라)공란에 기입하거나 또는 선택함으로써 그들 매매계약상에서 개별적인 조건을 합의할 수 있도록 준비되어 있다. 이 계약에서 당사자들은 이 밖의 조건 또는 A-16란에 구체적인 추가조건을 합의하거나, 또는 하나 이상의 조건을 첨부할 수 있다.

매도인	계약담당자	**매수인**	계약담당자
(성명 및 주소)	(성명 및 주소)	(성명 및 주소)	(성명 및 주소)

A-1 매매물품

(물품명세)

(여백이 부족한 경우 당사자들은 별도로 첨부할 수 있다)

A-2 계약가격(제4조)

통화;

금액(숫자) 금액(문자):

A-3 인도조건

추천하는 조건(Incotemrs 2000(2020)에 따름)

* EXW 공장인도	지정(인도) 장소:________
* FCA	지정(인도) 장소:________
* CPT 운송비지급인도	지정 목적지:________
* CIP 운송비·보험료지급인도	지정 목적지:________
* DAF 국경인도(DAP 목적지인도)	지정 목적지:________
* DDU 관세미지급인도(DPU 목적지양하인도)	지정 목적지:________
* DDP 관세지급인도	지정 목적지:________

기타 조건(Incoterms 2000(2020)에 따름) :

* FAS 선측인도	지정 선적항 :_______
* FOB 본선인도	지정 선적항 :_______
* CFR 운임포함인도	지정 도착항 :_______
* CIF 운임·보험료포함인도	지정 도착항 :_______
* DES 착선인도(DAP 목적지인도)	지정 도착항 :_______
* DEQ 부두인도(DPU 목적지양하인도)	지정 도착항 :_______

기타 인도조건 :

*____

운송인(적용되는 경우)
(성명 및 주소) 계약담당자

이 매매계약은 (관련 란에 기입된 범위 내에서) 이 특정조건과 이 서류 B편에 있는 ICC 매매일반조건(전매목적의 제조물)의 적용을 받는다.

매도인 **매수인**
(서명) (서명)

장소: 날짜: 장소; 날짜;

A-4 인도시기

여기에는 매도인이 Incoterm의 각 조건 A4. 에 따라 자기의 인도의무를 이행해야 하는 일자 또는 기간(예컨대, 주 또는 월)을 기재한다.

A-5 매수인에 의한 물품검사(제3조)

□ 선적전 검사장소:

□ 기타______________________________

A-6 권리의 유보(제7조)

□ 예 □ 아니오

A-7 결제조건(제5조)

□ **장부결제방식으로 결제(제5.1조)**

결제시기(제5.1조와 다른 경우) ; 송장의 발행일자로부터 ____일. 기타: ______

□ 요구불 보증서 또는 보증신용장에 의해 보증된 장부결제(제5.5조)

□ **선지급(제5.2조)**

일자(제5.2조와 다른 경우) : □ 대금 전액 □ 대금의 ____%

□ **화환추심(제5.4조)**

□ 지급인도(D/P) □ 인수인도(D/A)

□ **취소불능화환신용장(제5.3조)** □ 확인 □ 무확인

발행장소(적용시); 확인장소(적용시):

신용장 사용방법 :	분할선적	환적
* 일람출급	* 허용됨	* 허용됨
* 연지급 :____일	* 금지됨	* 금지됨
* 환어음의 인수:________일		

〈ICC 표준국제매매계약서 파트 B(번역문)〉

B. 일반조건

ICC 매매일반조건(전매목적의 제조물)

제1조 총칙

1.1 이 일반 조건은 ICC 국제매매계약(전매목적의 제조물)의 특정조건(파트 A)과 함께 적용할 것을 의도하고 있지만 모든 매매계약에 독립적으로 사용될 수도 있다. 이 일반조건(파트 B)이 앞의 특정조건(파트 A)과 별개로 사용되는 경우, 파트 B에서의 파트 A에 대한 모든 언급은 당사자들이 합의한 모든 관련 특정조건을 언급하는 것으로 해석한다. 이 일반조건과 당사자들이 합의한 모든 특정조건 사이에 모순이 있는 경우 특정조건이 우선한다.

1.2 이 계약과 관련하여 이 계약서 자체에 있는 규정(즉, 이 일반조건과 당사자들이 합의한 모든 특정조건)에 의하여 명시적 또는 묵시적으로 해결되지 않는 모든 문제는 다음과 같은 법규에 의해 규율된다.

A. 국제물품매매계약에 관한 유엔협약(1980년 비엔나협약, 이하 CISG라 한다), 및

B. CISG가 다루고 있지 않는 문제는 매도인이 영업소를 가지고 있는 국가의 법률

1.3 정형거래조건(예컨대 EXW, FCA 등)에 관한 모든 언급은 국제상업회의소가 발행한 Incoterms 상의 관련 조건을 가리키는 것으로 간주한다.

1.4 국제상업회의소의 발행물에 관한 모든 언급은 당해 계약의 체결일에 통용되는 것(version)을 가리키는 것으로 간주한다.

1.5 계약의 변경은 서면으로 합의되거나 입증되지 않는 한, 효력이 발생하지 않는다. 다만, 당사자의 일방은 상대방이 자신의 행동을 신뢰한 한도까지는 이 규정을 원용할 수 없다.

제2조 물품의 특성

2.1 매도인의 카탈로그, 안내장, 회람, 광고, 설명서, 가격표에 있는 중량, 치수, 용적, 가격, 색상 및 기타자료와 같은 물품 및 그 사용에 관한 모든 정보는 계약서에 명시적으로 언급하지 않은 한 계약조건으로서의 효력이 없는 것으로 한다.

2.2 별도 합의가 없는 한, 매수인은 그가 이용할 수 있는 소프트웨어, 설계 등의 재산권을 취득하지 못한다. 매도인은 여전히 물품에 관한 모든 지적재산권 또는 산업재산권의 배타적인 소유자이다.

제3조 물품의 선적전 검사

매수인이 선적 전에 물품을 검사할 권한이 있는 것으로 당사자들이 합의한 경우, 매도인은 선적 전 합리적인 기간 내에 물품이 합의된 장소에서 검사할 준비가 완료되었음을 매수인에게 통지하여야 한다.

제4조 가격

4.1 가격의 합의가 없는 경우 당해 계약체결시의 매도인의 현행 가격표 표시가격이 적용된다. 그러한 현행 표시가격이 없는 경우, 당해 계약체결시 동종 제품에 일반적으로 부과되는 가격을 적용한다.

4.2 서면으로 별도 합의를 하지 않은 한, 가격에는 부가가치세(VAT)를 포함하지 않고, 또한 가격조정을 조건으로 하지도 않는다.

4.3 A-2에 표시된 가격(계약가격)은 이 계약에 따라 매도인이 부담해야 할 모든 비용을 포함하고 있다. 그러나 이 계약에 따라 매수인이 부담해야 할 비용(예를 들면 EXW 또는 FCA조건에서 운임 또는 보험료)을 매도인이 부담하여야 할 경우, 그러한 금액은 A-2에 있는 가격에 포함된 것으로 간주되지 아니하고, 따라서 매수인이 이를 상환하여야 한다.

제5조 결제조건

5.1. 달리 서면으로 합의하거나 당사자 사이의 거래관행으로부터 묵시적으로 인정되지 않는 한, 매수인이 매도인에게 지급해야 할 대금과 그 밖의 모든 금액의 결제는 장부결제(open account) 방식[71]으로 하고, 결제 시기는 송장의 발행일로부터 30일 이내로 한다. 결제해야 할 금액은, 별도 합의가 없는 한, 매도인의 국가에 있는 매도인 거래은행의 매도인 계좌에 전신으로 송금되어야 하고, 매수인의 결제의무는 결제할 금액이 매도인의 거래은행에서 즉시 인출할 수 있는 자금의 형태로 수령된 때에 이행된 것으로 간주한다.

5.2 당사자들이 추가적 표시 없이 선지급을 약정한 경우에는, 별도의 합의가 없는 한, 그러한 선지급은 대금전액을 가리키고, 또 그 선지급은 적어도 약정 인도기일 또는 약정 인도 기간의 첫날로부터 30일 이전에 매도인의 거래은행에서 즉시 인출할 수 있는 자금의 형태로 수령되어야 하는 것으로 추정된다. 만약 선지급이 계약가격의 일부만을 선지급 하기로 합의한 경우 나머지 금액의 결제조건은 이 조에 규정된 규칙에 따라 결정된다.

---

71) 이것은 순수한 외상판매방식으로 수출자가 미리 상품선적을 해서 서류를 보낸 후 일정기일이 경과하면 수입자가 송금하여 결제해 주는 방식이다(이재민·배인성, 글로벌 무역금융, 두남, 2009, 39면).

5.3 당사자들이 화환신용장에 의해 결제하기로 합의 한 경우에는, 별도의 합의가 없는 한, 매수인은 매도인을 수익자로 하는 화환신용장을 평판이 좋은 은행이 발행하도록 수배하여야 한다. 이 신용장은 국제상업회의소의 화환신용장통일규칙에 준거하고, 또한 적어도 약정 인도기일 30일 전 또는 적어도 약정 인도기간의 첫 번째 날로부터 30일 이전에 통지되어야 한다. 별도의 합의가 없는 한, 화환신용장은 일람출급조건으로 하고, 분할선적과 환적을 허용하여야 한다.

5.4 당사자들이 화환추심으로 결제하기로 합의한 경우에는, 별도의 합의가 없는 한, 서류가 지급인도조건(D/P)으로 제시되어야 하고, 그 제시는 어떠한 경우에도 국제상업회의소의 추심에 관한 통일규칙을 조건으로 한다.

5.5 당사자들이 결제가 은행보증서에 의해 뒷받침되기로 합의한 경우 매수인은 적어도 약정 인도기일 30일 전 또는 적어도 약정 인도기간의 첫 번째 날로부터 30일 이전에 국제상업회의소의 요구불 보증에 관한 통일규칙에 따른 요구불 은행보증서(first demand bank guarantee), 또는 국제상업회의소의 신용장 통일규칙에 따른 보증신용장을 제공하여야 하며, 이들 보증서 또는 신용장은 평판이 좋은 은행이 발행한 것이어야 한다.

제6조 연체이자

6.1 일방 당사자가 지급기일에 지급하지 않는 경우 상대방은 지급기일이 도래된 때로부터 지급시까지 그 금액에 대한 이자를 징수할 수 있다.

6.2 별도의 합의가 없는 한, 이자율은 결제 장소에서 결제통화에 대하여 우량고객에 일반적으로 적용하는 평균 은행 단기대출금리, 또는 당해 장소에 그러한 금리가 존재하지 않는 경우에는 결제통화 국가에서의 이와 동일한 금리에 2%를 가산한 것으로 한다. 위의 어느 장소에서도 그러한 금리가 존재하지 않는 경우 이자율은 결제통화국가의 법률에 따라 결정되는 적정 금리로 한다.

제7조 권리의 유보

당사자들이 권리유보에 관하여 유효하게 합의한 경우, 대금의 완전한 결제 또는 달리 합의한 때까지 물품의 소유권은 매도인이 갖는다.

제8조 계약상의 인도조건

별도의 합의가 없는 한, 인도조건은 공장인도(EXW)조건이다.

제9조 서 류

별도 합의가 없는 한, 매도인은 적용 가능한 Incoterms 또는 Incoterms가 적용되지 않는 경우에는 당사자 사이의 종래의 거래관행에 따라 서류를 제공하여야 한다.

제10조 인도의 지연, 불인도 및 그에 따른 구제

10.1 물품의 인도가 지연되는 경우 매수인은, 매도인에게 그 지연 통지를 하는 것을 조건으로, 지체 1주일 당 당해 물품가격의 0.5% 또는 기타 합의한 비율만큼의 손해배상의 예정액을 청구할 수 있다. 매수인이 매도인에게 약정된 인도기일로부터 15일 이내에 통지하는 경우, 손해배상은 약정된 인도기일 또는 약정된 인도기간의 마지막 날로부터 계산하여야 한다. 매수인이 매도인에게 약정된 인도기일로부터 15일 이후에 통지하는 경우 손해배상은 통지일로부터 계산한다. 지연에 대한 손해배상의 예정액은 지연된 물품가격의 5% 또는 기타 별도로 합의한 최대금액을 초과할 수 없다.

10.2 당사자들이 A-9란에서 계약 취소일을 약정한 경우, 매수인은 이유 여하를 막론하고(불가항력적인 경우 포함) 그 계약 취소일까지 인도되지 아니한 물품에 관하여 매도인에게 취소통지를 함으로써 당해 계약을 종료시킬 수 있다.

10.3 제10.2조가 적용되지 아니하고, 매수인이 제10.1조에 의해 손해배상 예정액의 최대금액까지 청구할 수 있는 날짜까지 매도인이 물품을 인도하지 아니한 경우, 매수인은 그 물품에 관하여는 매도인이 그 통지를 수령한 날로부터 5일 이내에 그 물품을 매수인에게 인도하지 않으면 계약을 종료하겠다고 서면 통지를 할 수 있다.

10.4 제10.2조 또는 제10.3조에 의해 당해 계약이 종료되는 경우에는, 제10.1조에 따라 지급되었거나 지급될 금액에 추가하여, 매수인은 인도되지 아니한 물품가격의 10%를 초과하지 않는 한도내에서 모든 추가손해에 대한 손해배상을 청구할 수 있다.

10.5 이 조에 따른 구제는 인도의 지연 또는 불인도에 대한 기타의 모든 구제와 별개이다.

제11조 물품의 부적합

11.1 매수인은 물품이 목적지에 도착하면 가능한 한 빨리 검사하여야 하고, 또 매수인이 부적합을 발견하였거나 발견할 수 있었던 날로부터 15일 이내에 물품의 부적합에 대하여 매도인에게 서면으로 통지하여야 한다. 어떠한 경우에도 매수인은 약정된 목적지에 물품이 도착한 날로부터 12개월 이내에 물품의 부적합에 관하여 매도인에게 통지하지 아니하면 그 부적합에 대하여 구제받을 수 없다.

11.2 특정의 거래 또는 당사자 간의 거래과정에서 통상적으로 발생하는 사소한 부적합이 있는 경우에도 물품은 계약에 적합한 것으로 간주한다. 다만 매수인은 거래 또는 거래과정에서 그러한 부적합에 대하여 통상 인정되는 대금 감액을 청구할 권리가 있다.

11.3 물품이 부적합한 경우(그리고 매수인이 제11.1조에 따라 부적합에 대한 통지를 하고, 그 통지에서 물품을 보유하기로 하지 않은 한), 매도인은 다음과 같이 처리할 수 있다.

(a) 매수인에게 추가 비용을 부담시키지 않고, 그 물품을 적합한 물품으로 대체하거나, 또는

(b) 매수인에게 추가 비용을 부담시키지 않고, 당해 물품을 수리하거나, 또는

(c) 부적합물품에 대하여 지급된 대금을 매수인에게 반환하고 그 물품에 관한 계약의 종료.

매수인은 제11.1조의 규정에 따라 부적합의 통지를 한 날과 제11.3조 (a)항에 따라 대체품을 공급한 날 또는 제11.3조 (b)항에 따라 수리를 한 날 사이의 지연된 매 1주일당 10.1조에 따라 계산된 손해배상의 예정액을 청구할 권리가 있다. 이러한 손해배상은 제10.1조에 따라 지급될 손해배상액에 가산할 수 있으나, 어떠한 경우에도 당해 물품가격의 5%를 초과할 수는 없다.

11.4 매수인이 제11.3조에 따른 손해배상 예정액의 최대한도까지 청구할 수 있는 날까지, 매도인이 동 조에 따른 자기의 의무를 이행하지 못한 경우, 매수인은 부적합 물품에 관하여, 매도인이 이 통지를 수령하고 5일 이내에 대체물의 공급 또는 수리를 하지 않으면 당해 계약을 종료하겠다고 통지할 수 있다.

11.5 제11.3조 (c) 또는 제11.4조에 따라 계약이 종료된 경우에는, 대금의 상환 및 일체의 지연에 대한 손해배상으로 제11.3조에 의해 지급되었거나 지급될 금액에 추가하여, 매수인은 부적합 물품가격의 10% 범위 내에서 모든 추가손해에 대한 손해배상을 청구할 수 있다.

11.6 매수인이 부적합 물품을 보유하기로 한 경우, 매수인은 계약에 합치한 경우의 약정 목적지에서의 물품가격과 인도된 상태대로의 동일 장소에서의 가격과의 차액에 상당하는 금액을 청구할 권리가 있다. 다만 그 금액은 당해 물품가격의 15%를 초과하지 않는 것으로 한다.

11.7 별도의 서면 합의가 없는 한, 이 제11조에 따른 구제는 부적합에 대한 다른 모든 구제와 별개이다.

11.8 별도의 서면 합의가 없는 한, 물품의 도착일로부터 2년이 경과하면 매수인은 법원 또는 중재판정부에 부적합에 대한 소송을 제기할 수 없다. 이러한 기간이 경과한 이후에는 매수인은, 이 계약의 불이행에 대하여 매도인이 매수인을 상대로 제기하는 소송에 대한 항변으로서, 물품의 부적합을 주장하거나 또는 그에 관한 반소를 제기하지 않을 것을 명시적으로 합의한다.

제12조 당사자간의 협력

12.1 매수인은 인도된 물품 또는 그와 관련된 지적재산권에 관하여 매수인의 고객 또는 제3자들이 매수인을 상대로 제기한 모든 클레임을 지체 없이 매도인에게 통지하여야 한다.

12.2 매도인은 매수인이 제조물책임을 부담할 수 있는 모든 클레임을 지체 없이 매수인에게 통지한다.

제13조 불가항력

13.1 당사자 일방은 다음과 같은 사실을 입증하는 경우, 자기의 채무불이행에 대하여 책임을 지지 아니한다.

(a) 그 불이행이 자기가 통제할 수 없는 장애에 기인하였다는 사실, 및

(b) 계약체결시에 장애사실과 그 장애가 자신의 이행능력에 미치는 영향을 고려하는 것이 합리적으로 기대될 수 없었다는 사실, 그리고

(c) 자기가 장애 또는 그 영향을 합리적으로 회피하거나 극복할 수 없었다는 사실

13.2 면책하고자 하는 자는 당해 장애와 그 장애가 자신의 이행능력에 미치는 영향을 알고 난 후 가능한 한 빨리 상대방에게 그 장애와 그 장애가 자신의 이행능력에 미치는 영향을 통지하여야 한다. 면책 사유가 소멸된 경우에도 통지하여야 한다.

이러한 통지를 하지 않은 당사자는 통지하였다면 회피 할 수 있었던 손해에 대해 손해배상책임을 부담한다.

13.3 제10.2조를 해함이 없이, 이 조에 따른 면책사유는, 그 사유가 존속하는 한, 불이행 당사자로 하여금 손해배상책임, 위약금과 기타 계약상의 제재로부터 벗어나게 한다. 다만 그 기간 동안의 금전채무에 대한 이자는 지급하여야 한다.

13.4 면책사유가 6개월 이상 존속하는 경우, 각 당사자는 통지에 의해 이 계약을 종료시킬 수 있다.

제14조 분쟁의 해결

14.1 별도의 서면합의가 없는 한, 이 계약과 관련하여 발생하는 모든 분쟁은 국제상업회의소 중재규칙에 준거하여, 당해 규칙에 따라 선임된 1명 이상의 중재인에 의하여 최종적으로 해결하는 것으로 한다.

14.2 중재조항은 당사자들이 법원에 잠정조치 또는 보존조치를 청구하는 것을 방해하지 아니한다.

(4) 매매계약서 작성시 유의사항

매매계약서를 작성할 때에는 다음 사항을 주의하여야 한다.

① 계약서는 법적으로 유효한 권한을 가진자의 서명 또는 기명날인을 받아야 한다.

② 계약서에는 주요 조건을 빠짐없이 망라하여야 한다.

③ 계약성립일자를 명확히 해 두어야 한다.

④ 계약서의 용어 선택에 주의하여야 한다. 계약서는 해석상 혼란을 피하기 위해 1개국어로 작성하고 또 법률상의 개념을 정확히 전달할 수 있는 용어를 선택해 사용하여야 한다.

⑤ 계약을 체결하는 나라의 법률에 유의하여야 한다. 예를 들면, 수입인지를 첨부하거나 공증인의 인증을 받지 않으면 계약이 법적으로 강제력이 없는 경우도 있기 때문이다.

여기서 지금까지 살펴 본 무역계약의 체결과정을 정리해 보면 대개 다음과 같다. 「해외시장조사(foreign market research) → 거래처의 발굴 → 거래제의장(circular letter : business proposal) → 거래조회(inquiry) → 신용조사(credit inquiry) → 확정청약(firm offer) → 반대청약(counter offer) → 승낙(acceptance) → 계약서의 작성(sales note : contract sheet)」

Chapter 4

신용장과 통일규칙

1. 신용장의 개념
2. 신용장거래의 관계당사자
3. 신용장의 종류
4. 신용장 통일규칙
5. 수입신용장의 발행
6. 신용장의 내용
7. 수출신용장의 접수
8. 신용장의 조건변경 및 취소
9. 신용장의 양도

Chapter 4 신용장과 통일규칙

1 신용장의 개념

① 무역결제와 신용장

국제무역에 있어서 대금의 결제는 화환어음에 의하여 이루어지는 경우가 많다(제3장 제3절 참조). 즉, 수출업자는 계약상품의 선적완료 후 곧바로 수입업자 앞으로 환어음을 발행하고, 그 담보로서 선하증권 등의 운송서류와 그 밖의 선적서류를 첨부하여 거래은행에서 할인받아 수출대금을 회수하게 된다. 화환어음제도는 상품인도와 대금회수와의 시차관계로부터 발생하는 매매 당사자간의 상반된 이해관계를 효과적으로 조정하고 있다.

물론 국제상거래의 대금결제도 국내상거래와 마찬가지로 상품과 대금을 동시에 수수하는 것이 이상적이다. 그러나 국제상거래의 경우는 매매당사자가 지리적으로 멀리 떨어져 있을 뿐 아니라 국적 · 통화 등을 달리 하므로 현실적으로 그렇게 하는 것은 불가능에 가깝다. 한편, 매도인(수출자)의 입장에서는 상품을 인도해 주기 전에 대금을 회수하는 것이 유리하고, 매수인(수입자)의 입장에서는 상품을 먼저 인수하고 대금을 지급하는 것이 유리하다. 그러나 매매당사자가 서로 자기에게 유리한 방법만을 고집하면 거래가 이루어지기 어렵다. 또 매매당사자가 서로 양보하는 경우에도 여전히 문제는 남게 된다. 즉, 매도인이 상품을 먼저 인도하고 나중에 대금을 회수하고자 하면 대금회수불능의 위험(신용위험)이 따르게 되고, 반대로 매수인이 대금을 먼저 지급하고 나중에 상품을 인수하고자 하면 상품입수불능의 위험이 따르게 된다.

화환어음에 의한 결제는 이와 같은 매매 당사자간의 상반된 이해관계를 조정하고 있는 것이다. 즉, 매도인의 입장에서는 선적완료와 거의 동시에 수출대금을 회수할 수 있고, 매수인의 입장에서도 후불의 경우보다는 못하지만 계약상품이 실제로 선적되고 그 선적화물이 화체(化體)된[1] 선적서류라고 하는 눈에 보이지 않는 상품과 상환으로 대금을 지급하는 것이므로, 매매 당사자 모두 현품상환불과 비슷하게 거래를 할 수 있게 된다. 그런데 현실적으로 이 화환어음에 의한 결제방법에도 또 하나의 중대한 문제가 남아 있다. 그것은 수입업자가 과연 환어음 대금을 정해진 날짜에 확실하게 지급하여 줄 것인가 하는 점이다.

특히 환어음을 할인하여 주는 은행의 입장에서 보면 수출업자의 재정상태는 비교적 쉽게 파악할 수 있지만, 어음 지급인인 해외 수입업자의 신용상태는 정확히 파악하기 어려우므로 금융상의 불안이 따른다. 물론 어음 지급이 거절되면 담보물인 수출화물을 은행 스스로 처분할 수는 있지만, 은행은 매매의 전문가가 아니기 때문에 실제로 외국으로 운송중인 상품의 처분이 간단하지 않다. 따라서 자연히 은행은 어음의 매입을 꺼리게 되고, 수출업자가 어음 매입을 의뢰하더라도 추심어음으로 처리하고자 한다. 즉, 화환어음을 수입지에 송부하여 거기서 결제될때까지 수출업자에 대한 대금지급을 유보하게 된다. 이렇게 되면 수출업자로서는 금융상의 곤란뿐만 아니라 수입업자가 어음대금을 틀림없이 지급하여 준다는 보장도 없어 매우 불안하게 되고, 그 결과 국제무역은 위축될 수밖에 없다.

여기서 이러한 장애를 제거할 수 있는 화환금융의 보강수단으로 등장하는 것이 신용장이다. 즉, 은행이 화환어음의 매입을 꺼리는 것은 결국 수입업자의 신용상태에 대한 불안 때문인데, 이러한 불안은 신용장을 이용함으로써 해소될 수 있는 것이다.

② 신용장의 의의

신용장(letter of credit : L/C)이란 간단히 말하여 무역거래의 대금결제를 원활히 하기 위하여 수입업자의 거래은행이 수입업자의 요청과 지시에 따라 발행하는 것으로[2] 신용장에 명기된 조건에 일치하는 소정의 서류와 상환으로 틀림없이 지급을 하겠다는 발행은행의 약정을 의미한다.

이와 관련하여 2007년 7월 1일부터 시행되고 있는 현행 신용장통일규칙(이하 “UCP 600” 또는 단순히 “UCP”라 한다)에서는 신용장을 다음과 같이 정의하고 있다

1) 권리가 증권에 화체되어 있다는 것은 그 증권의 점유가 권리행사의 요건으로 되어 있는 상태를 말한다[곽윤직, 채권총론(민법강의III), 박영사, 2006, 222면].

2) 신용장은 매매대금결제 이외의 목적으로도 발행되지만, 이 책에서는 별도의 언급이 없는 한 매매대금 결제에 이용되는 상업신용장을 중심으로 설명하기로 한다.

(제2조).

"신용장이라 함은 신용장조건과 일치하는 제시에 대하여 결제(honour)하겠다는 발행은행의 취소불능확약을 의미한다."

즉, 신용장을 발행하는 것은 발행은행이 약정한 대로의 서류와 상환으로 수익자 또는 그 지시인에게 직접 지급을 하거나 또는 수익자가 발행한 환어음을 인수 및 지급하거나, 혹은 다른 은행으로 하여금 그러한 지급이나 환어음의 인수·지급 또는 매입을 하도록 수권할 것을 확약하는 것이다.

요컨대, 신용장은 신용상태가 불확실한 수입업자 대신 대외적으로 공신력이 있는 은행이 개입하여 일정한 조건을 전제로 지급을 확약하는 것이 그 요체라 하겠다.

3 신용장의 기능

신용장은 다음과 같은 기능을 하고 있다.

(1) 신용위험(credit risk)의 회피

신용장의 본질적인 기능은 수입업자의 지급불능 또는 지급거절에 의해 수출업자가 대금회수를 할 수 없게 되는 신용위험을 제거하는 것이다.

(2) 금융수단

수출업자는 신용장에 의하여 선적 후 곧바로 수출대금을 회수할 수 있게 되고, 또 선적 전에도 수출상품의 생산·집하 및 가공에 필요한 자금의 융통, 즉 수출금융의 혜택을 받을 수 있다.

(3) 환결제위험의 회피

수입국에서 외환관리, 특히 수입제한을 실시·강화함에 따라 수입업자가 대금결제의 의사와 능력이 있는 데도 불구하고 대외 지급을 할 수 없게 되는 경우가 있다. 그러나 신용장이 발행된 경우에는 이러한 위험은 회피한다.

(4) 수출거래의 확정

수출계약이 체결된 경우에도 수입국의 국제수지 악화 등에 따라 수입업자 자신의 의사와는 관계없이 계약이 취소될 수도 있다. 그러나 취소불능신용장을 접수한 경우에는 신용장의 취소 등이 신용장 관계 당사자의 동의를 필요로 하기 때문에 그 취소는 불가능하게 되어 수출거래가 확정되는 효과를 가져온다.

이상에서 보는 바와 같이 신용장은 주로 수출업자의 매매상의 위험 및 매매에 따른 금융상의 불편 등을 회피 또는 경감시키는 데에 그 주된 기능이 있지만, 수입업자 입장에서도 신용장거래를 함으로써 대금선지급에 따른 위험을 피할 수 있고, 또 신용장의 이점을 수출업자에게 제공하는 대신 가장 유리한 조건으로 상품을 사들일 수 있을뿐 아니라 매매계약의 이행을 보장받게 되는 이점 등이 있다.

4 신용장거래의 성질

신용장은 매매 당사자 사이의 매매를 원활하게 하기 위하여 존재하는 것으로, 매매계약상의 대금결제조건에서 신용장에 의해 대금을 결제하기로 약정하면 수입업자는 매매계약상의 의무로서 자기의 거래은행에 신용장의 발행을 신청하게 된다. 이와 같이 신용장은 분명히 매매계약에 기초를 두고 발행되지만, 일단 발행된 신용장은 그 발행의 근거가 된 매매계약 등과는 별개의 독립된 거래가 된다. 이러한 신용장거래의 독립성에 관하여 UCP 제4조 a항은 다음과 같이 규정하고 있다.

"신용장은 본질적으로 그 기초가 되는 매매계약이나 기타 계약과는 별개의 거래이다. 신용장에 그러한 계약에 대한 언급이 있더라도 은행은 그러한 계약과는 무관하며 또한 구속도 받지 아니한다. 결과적으로 은행의 결제, 매입 또는 신용장에 따른 기타 모든 의무 이행에 대한 확약은 발행신청인이 발행은행 또는 수익자와의 관계에 기초하여 주장하는 청구권 또는 항변에 영향을 받지 아니한다.

수익자는 어떠한 경우에도 은행 상호간 또는 발행신청인과 발행은행 사이에 존재하는 계약관계를 원용할 수 없다."(A credit by its nature is a separate transaction from the sale or other contract on which it may be based. Banks are in no way concerned with or bound by such contract, even if any reference whatsoever to it is included in the Credit. Consequently, the undertaking of a bank to honour, to negotiate or to fulfil any other obligation under the credit is not subject to claims or defences by the applicant resulting from its relationships with the issuing bank or the beneficiary.

A beneficiary can in no case avail itself of the contractual relationships existing between banks or between the applicant and the issuing bank.)

따라서 은행과 수출업자 및 수입업자는 신용장거래에서 발생하는 문제를 매매계약조건 등을 이유로 대항할 수 없는 것이다.

또한 신용장거래는 상품거래가 아니고 서류상의 거래이다. 이에 관하여 UCP 제5조는 다음과 같이 규정하고 있다.

"은행은 서류로 거래하는 것이며, 그 서류가 관련된 물품, 서비스 또는 행위의 거래를 하는 것은 아니다."(Banks deal with documents and not with goods, services or performance to which the documents may relate.)

이것은 신용장거래의 추상성을 밝힌 것으로서 신용장거래는 상품거래가 아니고 서류를 가지고 하는 거래임을 명백히 하고 있다.

이와 같이 신용장거래가 매매계약 등의 원인계약과 별개로 독립되어 있고 추상화되어 있는 것을 신용장거래의 독립추상성이라 한다. 이러한 성질 때문에 극단적인 경우로서 가령 매매계약상의 상품이 설탕이지만 실제로 선적된 상품은 소금이라 하더라도 선적서류상에 설탕으로 표시되어 은행이 매입하였다면, 수입업자는 매매계약 위반을 이유로 은행에 대한 화환어음대금의 지급을 거절할 수 없다. 물론 이것은 명백한 매매계약위반이므로 수출업자에게 클레임을 제기할 수는 있지만, 그것은 어디까지나 신용장거래와는 별개의 문제이다.

이러한 신용장거래의 독립추상성은 신용장거래에 매매의 직접적인 당사자가 아닌 은행이 참가함에 따라 생겨난 불가피한 특성이다. 만약 매매계약 등에 영향을 받는다고 하면 발행은행을 위시하여 매입 · 지급은행 등은 자기가 알지 못하는 내용 때문에 뜻하지 않은 손해를 볼 위험이 있으므로 신용장거래를 회피하게 될 것이며, 그 결과는 국제무역을 위축시키게 된다. 따라서 원활한 신용장거래를 위하여는 신용장거래를 매매계약 등과 분리하여 독립추상화 할 필요가 있는 것이다. 그러므로 신용장거래를 함에 있어서는 항상 이와 같은 신용장의 특성을 염두에 두고 있어야 한다.

2 신용장거래의 관계당사자

신용장거래에 관여하는 자를 신용장의 관계당사자라고 한다. 여기서 신용장의 관계당사자를 명확히 이해하기 위하여 우선 일반적인 신용장거래의 경로를 간단히 살펴보면 다음과 같다(〈그림 4-1〉 참조).

〈그림 4-1〉 신용장의 거래경로

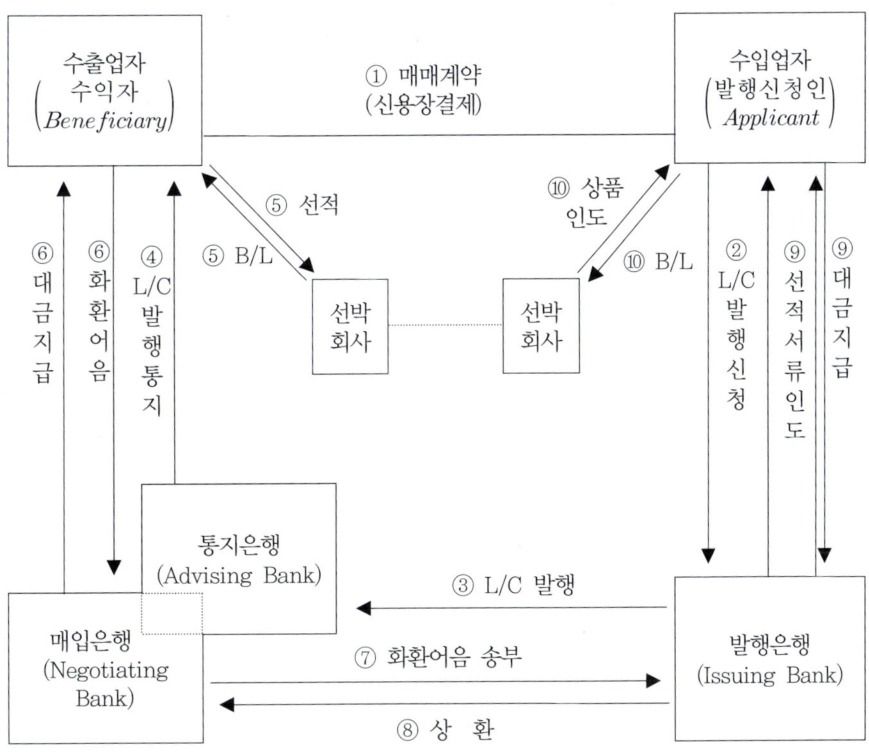

① 먼저 수출입당사자 사이에 매매계약이 체결되고, 계약조건의 하나로 대금결제를 신용장에 의하여 하기로 하면

② 수입업자는 매매계약조건에 따라 자기의 거래은행에 신용장의 발행을 신청한다.

③ 거래은행이 신용장을 발행하면 발행은행이 되는데, 발행은행은 보통 수출업

자(수익자)소재지에 있는 자기의 환거래은행(통지은행)을 통하여

④ 수출업자에게 신용장의 발행통지를 한다.

⑤ 신용장을 접수한 수출업자(수익자)는 물품을 선적하고

⑥ 신용장조건에 따라 환어음을 발행한 후 신용장에 명기된 선적서류를 첨부하여 거래은행(매입은행)으로부터 매입을 받음으로써 수출대금을 회수한다.

⑦ 한편, 매입은행은 수익자로부터 매입한 화환어음(선적서류가 첨부된 환어음)을 발행은행(또는 상환은행)앞으로 송부하고

⑧ 발행은행(또는 상환은행)으로부터 매입대금을 상환받으며

⑨ 발행은행은 수입업자(발행신청인)로부터 대금을 지급받고 송부받은 선적서류를 인도한다.

⑩ 수입업자는 선적서류 중 운송서류와 상환으로 수입품을 인수함으로써 신용장 거래는 종결된다.

신용장거래에는 이상에서 살펴 본 당사자 이외에도 확인은행 · 인수은행 등이 참여하기도 하는데, 여기서 이들 당사자를 좀 더 구체적으로 살펴보면 다음과 같다.

1 기본당사자

기본당사자란 신용장거래에 빠져서는 안되는 당사자, 즉, 어떠한 신용장거래에도 항상 등장하는 당사자로서 다음과 같은 당사자가 있다.

(1) 발행신청인(applicant : 개설의뢰인)

은행에 신용장의 발행을 신청하는 자를 발행신청인[3]이라 하며, 보통 매매계약상의 매수인인 수입업자가 매매계약서에서 정한 바에 따라 자기의 거래은행에 신용장의 발행을 신청하게 된다. 발행신청인은 신용장의 발행을 해 주는 자라는 점에

3) 일반적으로 신용장의 발행신청인은 개설의뢰인, 발행은행은 개설은행, 그리고 신용장의 발행은 신용장의 개설이라고 하고 있다. 따라서 대한상공회의소가 2007년 5월에 발간한 「UCP 600 공식번역 및 해설서」에서도 이러한 관습을 반영하여 "Issuing bank"를 「개설은행」으로, "applicant"를 「개설의뢰인」으로 번역하여 해설하고 있다. 그런데, 한국외환은행에서 사용하고 있는 각종 신용장의 관계양식에서는 "취소불능화환신용장 발행신청서", "발행신청인" 등의 표현을 사용하고 있고, 신용장통일규칙에서도 Opening Bank(개설은행)라는 표현 대신 Issuing Bank(발행은행)라는 표현만을 사용하고 있다. 따라서 이 책에서는 업계의 실무와 신용장통일규칙을 감안하여 "개설"을 「발행」, "개설의뢰"는 「발행신청」, 그리고 "개설의뢰인"은 「발행신청인」이라는 용어로 통일하여 사용하기로 한다.

서 「Opener」, 수입화물의 수하인이라는 점에서 「Consignee」, 은행으로부터 신용을 부여받는다는 점에서 「Accredited buyer」, 어음대금을 최종적으로 지급하는 자라는 뜻에서 「Accountee」 등으로도 불리고 있다.

(2) 발행은행(issuing bank)

발행신청인의 신청 또는 자기 자신을 위하여 신용장을 발행하는 은행을 발행은행 또는 개설은행(opening bank)이라 한다. 발행은행은 보통 신용장 발행신청인의 거래은행으로서 외국환업무를 취급하는 외국환은행이 된다.

(3) 수익자(beneficiary)

신용장의 발행에 따른 이익을 받는 당사자를 수익자라고 하며, 보통 매도인인 수출업자가 신용장의 수익자가 된다. 수익자는 신용장의 사용자라는 점에서 「User」, 환어음의 발행인이라는 점에서 「Drawer」, 신용장이 수익자 앞으로 발행되어진 점에서 「Addressee」(수신인), 신용을 받고 있는 자라는 점에서 「Accreditee」(신용수령인) 등으로 불리운다.

그리고 양도가능신용장의 경우에는 양도받은 자(양수인 : transferee)를 제2수익자(second beneficiary)라고 하며, 이 경우 최초의 수익자를 원수익자(original beneficiary) 또는 제1수익자(first beneficiary)라 한다.

2 기타 당사자

(1) 통지은행(advising bank : notifying bank)

발행은행의 요청에 따라 발행된 신용장을 통지해 주는 은행을 통지은행이라 한다. 신용장의 발행은행은 신용장을 발행하면, 보통 수익자의 소재지에 있는 자기의 본 · 지점 또는 환거래은행[4]을 통하여 신용장의 발행사실과 그 내용을 수익자에게 통지한다. 확인은행이 아닌 통지은행은 수익자에 대한 지급이나 매입의무 없이 통

4) 환거래은행(correspondent bank)이란 무역대금의 결제 등에 대하여 상호간에 지점으로서의 역할을 대행하도록 하는 환거래계약관계에 있는 상대방 은행을 말한다. 환거래은행에는 ① 거래은행에 자기은행의 예금계정을 개설한 예치환거래은행(depository correspondent bank)과 ② 예금계정을 개설하지 않고 단순히 외국환거래에 따른 여러 가지 편의만을 제공하는 무예치환거래은행(non-depository correspondent bank)의 두가지 종류가 있다.

지하지만, 신용장을 통지하는 것은 자기가 통지하는 신용장의 외관상의 진정성이 충족된다는 것과 그 통지가 송부 받은 신용장의 조건들을 정확히 반영하고 있다는 것을 의미한다(UCP 제9조). 통지은행은 수익자에게 신용장을 통지하기 위해 다른 은행을 이용할 수 있는데, 이러한 경우 그 은행을 "제2통지은행"이라 한다.

(2) 매입(할인)은행(negotiating bank)

신용장에 의거하여 수익자가 발행한 환어음 또는 서류를 매입(negotiation)하는 은행을 매입은행 또는 할인은행이라 한다. 여기서 매입이란 지정은행에 대한 상환이 예정된 은행영업일 또는 그 이전에 지정은행이(신용장 조건에) 일치하는 제시에 대하여 수익자에게 대금을 지급하거나 또는 대금지급에 동의하는 방법으로 환어음 및/또는 서류를 사들이는 것을 의미한다(UCP 제2조 참조). 신용장의 수익자(수출업자)는 선적을 완료하면 신용장의 내용에 따라 발행은행 앞으로 환어음을 발행하고, 이에 신용장에서 요구하는 선적서류를 첨부하여 신용장과 함께 통지은행 또는 그 밖의 지정은행에 그 어음의 매입을 의뢰하게 되는데, 이때 매입을 하는 은행이 매입은행이다.

신용장의 발행은행은 수익자가 발행한 환어음의 선의의 소지인인 매입은행에 대해서도 수익자에 대한 것과 마찬가지로 그 어음의 인수 또는 지급에 대하여 책임을 진다.

(3) 지급은행(paying bank)과 인수은행(accepting bank)

수익자가 발행한 환어음의 인수인 또는 지급인은 보통 발행은행이 되지만, 발행은행이 자기의 특정 거래은행으로 하여금 인수인 또는 지급인이 되게 한 경우가 있다. 이러한 은행을 인수은행 또는 지급은행이라 한다. 지급은행은 수익자가 제시한 환어음에 대해서 직접 지급을 해 주는 은행으로서, 보통 발행은행의 본 · 지점이나 예치환거래은행이 지급은행이 된다. 그리고 인수은행은 기한부어음을 인수하는 은행으로서, 이 은행은 그 어음의 만기일이 되면 지급은행이 된다.

(4) 확인은행(confirming bank)

발행은행의 수권 또는 요청을 받은 제3의 은행이 신용장에 확인(confirmation)을 추가하는 경우 그 은행을 확인은행이라 하며, 확인은행은 발행은행과 동등한 의무를 부담한다. 여기서 확인이란 (신용장조건에) 일치하는 제시에 대하여 결제(honour)

또는 매입하겠다는 발행은행의 확약에 추가하여 확인은행이 하는 확약을 가리킨다(UCP 제2조 참조). 원래 신용장은 수입업자의 불확실한 신용상태를 보강하는 수단으로 등장한 것인데, 만약 발행은행 자체를 신용하기가 어렵다면 곤란하다. 그런데 경우에 따라서는 발행은행의 대외 공신력과 자산상태가 확실하지 않거나 또는 수입국의 경제사정으로 대외 지급에 제한을 가해 발행은행의 지급확약에 의심이 갈 때가 있다. 이러한 경우에는 보통 수출업자가 제3의 은행의 확인을 요청하게 되며, 이에 따라 확인을 한 제3의 은행이 확인은행이다.

(5) 결제은행(settling bank)

신용장의 결제통화가 수출입 당사국 통화가 아닌 제3국 통화일 경우 제3국에 있는 발행은행의 예치환거래은행이 그 신용장의 결제은행이 되며, 어음을 매입한 은행에 대금을 상환해 주는 은행이라는 점에서 상환은행(reimbursing bank)이라고도 한다.

3 신용장의 종류

① 신용장의 분류

신용장은 크게 상업신용장과 클린신용장으로 구분할 수가 있다.

(1) 상업신용장

상업신용장(commercial letter of credit)이란 수출입거래의 결제를 위해 사용되는 신용장으로서, 이는 다시 화환신용장과 무담보신용장으로 구분된다.

화환신용장(documentary credit)은 신용장에 의거하여 발행된 환어음에 그 담보로서 선적서류가 첨부되어야 대금결제가 가능한 신용장이다. 즉, 신용장의 수익자인 수출업자가 선적후에 발행한 환어음(bill of exchange : draft)과 그에 첨부된 선적서류가 신용장의 조건과 일치하는 경우에 한하여 발행은행이 그 어음의 인수 · 지급을 확약하고 있는 신용장으로서, 보다 정확히 말하면 상업화환신용장(commercial documentary credit)이다.

한편, 무담보신용장(documentary clean credit)은 신용장에 의해 발행된 어음에 선적서류의 첨부를 요하지 않는 신용장이다. 즉, 수출업자가 선적서류를 수입업자에게 직접 보내고 은행에는 환어음만 제시해도 대금을 회수할 수 있는 신용장이다. 무담보신용장의 발행은행으로서는 담보를 확보할 수가 없어 위험부담이 크므로 발행신청인을 전적으로 신뢰할 수 있는 경우가 아니면 이러한 신용장을 발행하지 않는다.

(2) 클린신용장

클린신용장(clean credit)은 수출입거래 이외의 국제거래에 사용되는 것으로서, 애초부터 담보물건으로서 선적서류가 발급되지 않는 것이 특징이다. 클린신용장은 여행자신용장과 일반클린신용장으로 구분할 수가 있다. 여행자신용장(traveller's letter of credit)은 해외 여행자가 현금 휴대에 따른 불편과 위험을 덜고 여행지에서 필요한 자금을 사용할 수 있도록 하기 위해 발행되는 신용장이나, 오늘날에는 여행자수표(traveller's check)나 신용카드 등의 보급에 따라 거의 이용되지 않고 있다.

한편, 일반클린신용장은 운임 · 보험료 · 매매수수료 등 서비스에 대한 결제나 입찰보증 등에 사용되며, 또한 차입금의 변제 등을 보증하는 보증신용장(stand-by credit)도 이에 해당한다. 보증신용장은 해외에서의 금융이나 채무보증을 위하여 채권자를 수익자로 하여 발행되는 특수한 신용장이다.

예를 들어 우리나라 상사의 해외지점이 현지의 외국은행으로부터 융자를 받고자 하나 마땅한 담보가 없는 경우, 당해 상사 본사의 요청에 따라 본사의 거래은행이 융자은행에 대한 채무변제를 보증하기 위하여 발행하는 신용장이 그것이다. 현지의 융자은행은 융자를 받은 현지 지점이 변제기일에 채무상환을 하지 않으면 보증신용장을 발행한 은행으로부터 변제를 받을 수 있기 때문에 안심하고 융자를 해 줄 수 있게 된다. 보증신용장은 이 밖에도 입찰보증(bid bond)이나 계약이행보증(performance bond)이 필요한 경우에도 이용되며, 또 전대신용장(packing credit)에 있어서의 수익자에 대한 선지급금의 담보로도 이용된다. 이상 살펴 본 신용장의 분류를 요약하면 〈그림 4-2〉와 같다.

〈그림 4-2〉 신용장의 분류

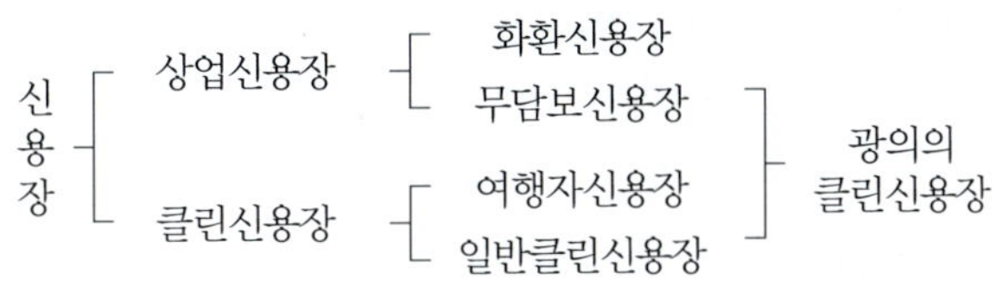

이들 신용장 중에서 수출입거래의 결제에 사용되는 신용장은 원칙적으로 모두 화환신용장이다. 그런데 화환신용장도 관점에 따라 여러 가지로 구분되기 때문에 구체적인 하나의 신용장은 결코 단일명칭으로 그 성질을 모두 나타내는 것이 아니고, 다음에서 설명할 여러 가지 구분이 겹쳐서 비로소 그 신용장의 성질을 나타내게 된다. 또 화환신용장에는 다음에서 열거하는 종류만이 아니고 국제무역의 진전에 따라 계속 새로운 신용장이 생겨나게 되지만, 여기서는 기존의 일반적인 신용장의 종류를 상대적으로 나열하여 살펴보기로 한다.

❷ 취소불능신용장과 취소가능신용장

신용장은 취소불능신용장과 취소가능신용장으로 구분할 수 있으나, UCP는 제3조에서 "신용장은 취소불능이라는 표시가 없더라도 취소가 불가능하다"라고 규정하고 있다. 따라서 UCP에서 신용장이라고 하면 당연히 취소불능신용장을 가리킨다.

취소불능신용장(irrevocable credit)은 신용장에 명기된 조건만을 충족시키면 발행은행이 틀림없이 대금을 지급하겠다고 확약한 신용장이며, 이러한 신용장은 원칙적으로 신용장의 관계당사자, 즉 발행은행, 확인은행(있는 경우) 및 수익자의 합의 없이는 취소나 조건변경을 할 수 없다(UCP 제10조 a항).

한편, 취소가능신용장(revocable credit)은 신용장의 발행은행이 수익자에게 예고 없이 일방적으로 언제라도 취소나 조건변경을 할 수 있는 신용장이다. 취소가능신용장의 경우는 언제 취소나 조건변경이 될지 알 수 없기 때문에 수익자의 입장에서는 매우 불안하다. 또 현실적으로 취소가능신용장은 거의 사용되지 않고 있다. 따라서 UCP는 취소가능신용장을 인정하지 않고 있다.

③ 확인신용장과 무확인신용장

확인신용장(confirmed credit)은 발행은행 이외의 제3의 은행, 즉 확인은행이 발행은행의 수권 또는 요청을 받아 지급 확약을 추가하고 있는 신용장이며, 이와 같은 제3의 은행의 확인이 없는 신용장을 무확인신용장(unconfirmed credit)이라 한다.

확인신용장의 경우는 취소불능신용장의 발행은행이 지급불능사태에 빠진 경우에도 확인은행(confirming bank)이 수익자에 대하여 신용장의 약정을 이행하여 주기 때문에 신용있는 은행의 확인이 있는 취소불능신용장은 수출업자에 있어 가장 바람직한 신용장이라 할 수 있다.

④ 양도가능신용장과 양도불능신용장

양도가능신용장(transferable credit)은 신용장상에 "양도가능"(transferable)이라고 명시한 신용장으로서, 신용장의 제1수익자(first beneficiary)가 수권된 양도은행(transferring bank)에 대하여 신용장상의 권리의 전부 또는 일부를 1인 또는 수인의 다른 수익자(제2수익자 ; second beneficiary)에게 양도해 주도록 요청할 수 있는 신용장을 말한다(신용장통일규칙 제38조).

한편 양도불능신용장(non-transferable credit)은 양도를 할 수 없는 신용장으로서 신용장에 "양도가능"이란 명시가 없으면 양도불능신용장이 된다. 원래 신용장은 매매당사자의 대금결제수단이므로 신용장의 양도란 논리상으로는 있을 수 없는 일이지만, 현실적으로 신용장의 양도를 전적으로 부인하기가 어려우므로 일정한 범위내에서 신용장의 양도를 인정하고 있다.[5)]

양도가능신용장은 뒤에서 설명할 내국신용장과 혼동해서는 안된다. 양도가능신용장은 원신용장의 이익이 그대로 양수인(transferee)에게 옮겨지며 양수받은 금액은 원신용장에서 없어져 버리지만, 내국신용장의 경우에는 원신용장과 내국신용장

---

5) 양도가능신용장은 다음과 같은 이유에서 이용되고 있다.
① 국가에 따라서는 수출창구가 일원화되어 있거나 일정한 요건을 갖춘 자 만이 수출할 수 있어 최초의 수익자만으로는 수출을 할 수 없는 경우
② 수익자가 상품의 제조업자가 아닌때에 생산자로 하여금 직접 선적과 대금결제를 하게 하고자 하는 경우
③ 수출지에 있는 수입업자의 대리점 또는 지사가 먼저 신용장을 일괄적으로 받아 놓고 실수출자에게 신용장을 일부씩 양도하는 경우
④ 중간차익의 취득을 목적으로 신용장을 타사에 양도하고자 하는 경우

이라는 두개의 신용장이 병존하는 것이다.

⑤ 일람출급신용장 · 연지급신용장 · 인수신용장 · 매입신용장

UCP 제6조 b항은「신용장은 그 신용장이 일람지급 · 연지급 · 인수 또는 매입 중 어느 것에 의하여 이용가능한지를 명시하여야 한다」고 규정하고 있다. 이 규정상의 신용장 사용방법에 따라 신용장을 분류하면 신용장은 일람출금신용장, 연지급신용장, 인수신용장 및 매입신용장의 4종류로 구분할 수 있다.

일람출급신용장(sight payment credit)은 수익자가 신용장조건과 일치하는 서류를 신용장에서 지정하고 있는 은행에 제시하면 일람 후 즉시 지급하겠다고 약정하고 있는 신용장으로서, 일람출급조건의 환어음의 발행을 요하는 경우도 있고 환어음의 발행을 요하지 않는 경우도 있다.

그리고 연지급신용장(deferred payment credit)은 신용장조건과 일치하는 서류의 제시를 요건으로 하여 신용장의 규정에 따라 결정되는 특정기일(예컨대, 선적후 90일 또는 지정은행의 서류 수령 후 30일 등과 같이 신용장에 의해 정해지는 특정기일)에 신용장에 지정된 은행이 지급할 것을 약정하고 있는 신용장으로서, 원칙적으로 기한부 환어음의 발행을 요하지 않는 신용장이다.

또 인수신용장(acceptance credit)은 신용장에서 지정하고 있는 지급인(drawee bank) 앞으로 발행되는 기한부 환어음의 인수를 약정하고 있는 신용장이다.

한편, 매입신용장(negotiation credit)은 신용장에 의하여 발행된 환어음이 매입(negotiation)되는 것을 허용하고, 수익자뿐만 아니라 어음의 선의의 소지인(bona fide holder)에 대하여도 지급을 확약하고 있는 신용장이다.

⑥ 보통신용장과 특정신용장

신용장의 발행은행이 그 신용장에 의거하여 발행되는 환어음의 매입을 특정은행으로 제한하는 경우의 신용장을 특정신용장(special credit) 또는 매입은행제한 신용장(restricted credit)이라 하고, 매입은행을 특정은행으로 한정하지 않고 어느 은행에서나 매입을 허용하고 있는 신용장을 보통신용장(open credit : freely negotiable credit)이라 한다. 이것은 앞에서 살펴 본 매입신용장을 다시 세분한 것이다.

⑦ 회전신용장

회전신용장(revolving credit)은 일정한 기간동안 일정한 조건에 따라 신용장 금액이 자동적으로 갱생되어 계속하여 사용할 수 있는 신용장을 말한다. 일반적으로 신용장은 신용장상에 기재된 특정상품의 선적에 대하여 개별적으로 발행되고 금액과 유효기일이 특정되어 있기 때문에, 그 금액만큼 지급되면 신용장은 당연히 효력을 상실하게 되고, 가령 잔액이 남아 있다고 해도 유효기일이 경과되면 사용할 수 없다. 그러나 동일한 거래처와 동일한 상품을 계속 거래할 경우에 매 거래시마다 신용장을 발행하면 발행신청인측의 많은 시간과 노력 및 비용이 소요되고, 또 거래예상액 전액에 대해 한꺼번에 신용장을 발행하고자 하면 막대한 자금부담이 된다. 따라서 이러한 경우에 그러한 번거로움과 자금부담을 경감하기 위하여 회전신용장이 이용된다.

⑧ 전대신용장

전대신용장(packing credit)이란 발행은행이 신용장의 수익자에게 일정한 조건하에서 신용장금액의 일부를 전대할 것을 약정하고 있는 신용장을 말한다. 이 신용장은 수출전대를 약정하고 있는 문구가 적색으로 기재되기 때문에 「Red Clause Credit」라고도 하며, 또 전대를 받는 수익자의 입장에서 보아 「선수금신용장」이라고도 한다.

전대신용장의 경우 만약 전대를 하였으나 관계상품이 선적되지 않으면 전대금을 회수하기 어렵게 된다. 따라서 이 신용장은 주로 해외에 나가 있는 수입업자의 구매대리인에 대한 구매자금의 금융을 목적으로 하여 이용되고 있으며, 그 밖의 경우에는 수출업자를 전적으로 신용할 수 있거나 또는 전대금에 대한 보증신용장의 발행을 조건으로 하지 않는 한 발행되지 않는다.

⑨ 내국신용장

내국신용장(local credit)이란 신용장의 수익자인 수출업자가 수출상품(원재료 포함)공급자에게 금융의 방편을 제공하기 위하여 해외로부터 받은 신용장을 거래은행에 제시하고 이 신용장을 견질로 상품공급자를 수익자로 하여 발행한 신용장으로서, 「Secondary Credit」, 「Domestic Credit」 또는 「Subsidiary Credit」라고도 한다. 이에 대하여 내국신용장발행의 담보가 된 원신용장은 「Master L/C」, 「Original L/C」 또는 「Prime L/C」라고도 한다.

내국신용장을 발행함으로써 수출업자는 수출상품의 조달에 필요한 자금부담이 경감되고, 또 내국신용장의 수익자인 상품(또는 원재료)공급자도 원신용장과 관계없이 물품을 공급하면 곧바로 대금을 회수할 수 있게 된다.

⑩ 기탁신용장

기탁신용장(escrow credit)이란 수입업자가 신용장을 발행할 때 신용장 조건으로 그 신용장에 의한 수출대전을 수익자에게 직접 지급하지 않고 수익자명의의 기탁계정(escrow account)에 기탁하여 두었다가, 그 수익자가 원신용장 발행국으로부터 수입하는 상품의 대금결제에 한하여 이 계정을 사용할 것을 약정하고 있는 신용장을 말한다.

이 신용장은 다음에서 설명할 동시발행신용장 및 토마스신용장과 더불어 연계무역(구상무역)의 경우에 이용된다.

⑪ 동시발행신용장

동시발행신용장(back to back credit)은 신용장의 효력발생시기에 제한을 가한 신용장으로서, 주로 통상조약이 체결되어 있지 않은 국가간의 수출입거래를 매 거래마다 개별적으로 균형시킬 목적으로 사용되고 있다.

예를 들어 우리나라에서 수입신용장을 발행하는 경우에 상대방이 우리나라로부터 같은 금액의 상품을 수입하기 위한 신용장을 발행하여야만 비로소 우리나라에서 발행한 수입신용장이 효력을 발생한다는 조건을 붙인 신용장이 동시발행신용장이다.

⑫ 토마스신용장

토마스신용장(Tomas credit)은 수출입 쌍방이 서로 동액의 신용장을 동시에 발행하는 것이 아니라 한 쪽이 먼저 신용장을 발행하고 그 신용장의 효력은 상대방이 동액 만큼 일정기간내에 신용장을 발행하겠다는 보증서를 발행해야 발생하도록 조건을 붙인 신용장을 말한다. 이것은 동시발행신용장과 유사하지만, 그 발효조건이 신용장 발행이 아니라 보증서 발행이라는 점에서 차이가 있다. 「Tomas」라는 명칭은 최초로 이 방식을 사용한 일본의 동경무역(주)의 전신약호 「Tomas」에서 유래된 것으로,[6] 원래 일본과 중국간의 무역에 사용되었던 것이다. 이와 같은 신용장은 교역 당사국간에 일방의 수출상품은 확정되어 있으나 그 대가로 수입할 상품이 미정인 경우에 주로 이용된다.

4 신용장 통일규칙

① 화환신용장의 통일운동

신용장의 기원에 대하여는 학자에 따라 그리이스 시대로 보기도 하고 로마 시대로 보기도 하지만, 분명한 것은 신용장이 상업거래의 수단으로 매우 오랜 역사를 지니고 있다는 사실이다. 그러나 은행이 신용장의 발행인으로 개입하기 시작한 것은 19세기에 들어와서의 일이다. 즉, 영국계통의 어음인수회사(merchant bank)들이 고객의 신청을 받아 신용장을 발행하기 시작한 것이 19세기 후반이었는데, 이때의 신용장도 여전히 여행자신용장과 같은 형식을 벗어나지 못했었다. 오늘날의 신용장과 같이 발행신청인인 매수인이 지명하는 수익자가 무역거래의 상대방인 매도인이 되고, 또한 발행은행이 스스로 환어음의 지급인이 되는 등의 형태로 변한 것은 20세기초부터이다. 그 후 두 차례의 세계대전을 거치면서 국제무역이 활발하게

6) 大崎正瑠, 標準貿易取引, 東京, 成山堂, 1980, 67면.

이루어짐에 따라 신용장은 널리 이용되기 시작하였다.

그런데 신용장은 19세기 후반 이후, 특히 영국 및 영국계은행을 중심으로 육성되어 왔지만, 20세기에 접어들어 국제무역거래에 있어서의 미국의 지위가 비약적으로 상승되면서 미국계은행에 의한 신용장의 발행이 늘어났으며, 이들 은행은 각각 자기 은행이 편리한 대로 여러 가지 형태의 신용장을 발행하였던 것이다. 이와 같이 각 은행간에 사용되는 신용장의 양식이나 내용이 다양하면 자연히 거래상대방 은행으로서는 시간과 노력의 낭비가 뒤따르게 된다. 뿐만 아니라 미국은 영국과 같이 신용장제도에 관한 경험과 지식이 풍부하지 못했기 때문에 신용장의 취급과 해석을 둘러싸고 많은 혼란과 분쟁이 발생하였다.

따라서 이와 같은 분쟁을 미연에 방지하기 위하여 신용장의 해석에 통일을 기해야 한다는 요청이 미국의 무역업자 및 은행가들로부터 강하게 일어나게 되었다. 그 결과 1920년에 미국은 「은행 상업신용장회의」(The Banker's Commercial Credit Conference)에서 신용장통일에 관한 규칙을 결의하였고, 이어 1922년에는 「미국인수업자심의회」(American Acceptance Council)가 신용장의 표준양식(Commercial Credit Conference Form)을 제정하여 미국내 각 은행에 대하여 그 해 7월 1일을 기해 채택할 것을 권고하였던 것이다.

이와 같은 미국내에서의 민간단체에 의한 자발적인 국내 통일운동은 각국에 파급되어 독일, 프랑스, 이탈리아, 스웨덴, 오스트리아 등에서도 각기 국내적인 통일운동이 일어났다. 그러나 신용장은 본질상 국제적으로 유통되는 것이기 때문에 단지 각국내의 통일규칙으로서는 충분한 효과를 거둘 수 없으며, 따라서 필연적으로 국제적인 통일운동으로 이어지게 되었다.

❷ 신용장통일규칙의 제정 및 개정

(1) 통일규칙의 제정

신용장의 국제적인 통일운동은 국제상업회의소(International Chamber of Commerce ; 이하 "ICC"라 한다)를 중심으로 추진되었다. 즉, ICC는 1926년 이래 신용장의 국제적 통일운동에 나서서 꾸준히 노력한 결과 드디어 1933년 비엔나(Vienna)에서 개최된 ICC 제7차 회의에서 「상업화환신용장에 관한 통일규칙 및 관례」(Uniform Customs and Practice for Commercial Documentary Credits)가 채택되었다. 이것이 바로 「신용장통일규칙」의 효시인데, 원문은 불어로 되어 있고 영어와 독어로 번역되어 발표되었다.

그러나 이 규칙은 국가간에 체결된 조약이나 국제협정도 아니고, 어디까지나 민간단체인 ICC가 제정한 규칙에 불과하므로 법적 구속력이 없어 ICC로서는 각국의 은행에 채택을 권고하는 입장에 있을 뿐이다. 그런데 이를 채택한 국가는 프랑스, 벨기에를 비롯한 유럽대륙의 몇 나라에 불과하였고 신용장통일규칙의 제창자인 미국조차도 1938년에 이르러 조건부로 채택하였으며, 신용장거래에 큰 비중을 차지하고 있는 영국도 이 규칙을 채택하지 않았다.

(2) 통일규칙의 제1차 개정(1951년)

무역관습은 시간이 경과함에 따라 변화하기 때문에 그에 따라 신용장통일규칙도 바뀌지 않을 수 없다. 따라서 1949년이래 제1차 개정작업이 진행되었으며, 그 결과 1951년 리스본(Lisbon)에서 개최된 ICC 제13차 총회에서 개정안이 통과되어 1952년 1월 1일부터 적용하게 되었다. 제1차 개정의 의의는 관습을 보다 상세하게 명문화한 점과 미국측의 제안을 수용하여 미국이 조건없이 채택함으로써 유럽계의 관행과 미국의 관행을 조화시켰다고 하는 점이다. 그러나 여전히 영국이 이 규칙을 받아들이지 않았다.

(3) 통일규칙의 제2차 개정(1962년)

제1차 개정규칙의 실제적용에 따른 문제점을 보완하고 영국의 의견을 반영하여 다시 1962년 11월 ICC 제99차 이사회에서 2차 개정이 결의되고 1963년 4월 멕시코(Mexico)에서 개최된 ICC 제19차 총회에서 확인되어 동년 7월 1일부터 시행하게 되었다.[7)]

제2차 개정의 의의는 그때까지 런던 관습(London Practice)을 고집하던 영국 및 영국계은행이 이것을 채택함으로써 명실상부한 세계적인 규범이 되었다는 점에 있다.

7) 제2차 개정에서 통일규칙의 영문표기를 종전의 “Uniform Customs and Practice for Commercial Documentary Credits”에서 「Commercial」을 삭제하고, 현재와 같이 “Uniform Customs and Practice for Documentary Credits”로 바꾸었다.

(4) 통일규칙의 제3차 개정(1974년)

제2차 개정 이후 컨테이너운송의 급속한 발전과 복합운송증권의 보급 및 동서간의 활발한 교역 등에 따라 규칙상의 문제점을 보완할 필요성이 있어, 1974년 12월 ICC 상임위원회에서 제3차 개정안을 채택하고 1975년 6월 마드리드(Madrid)에서 개최된 ICC 총회에서 정식으로 채택되어 1975년 10월 1일부터 시행하였다.

이 규칙은 운송기술의 발전에 대응하는 새로운 규정이 삽입된 이외에도 구 규칙상의 애매한 표현 등을 한층 더 명확하게 표현하는 등 대폭적인 개정을 한 것이다.

(5) 통일규칙의 제4차 개정(1983년)

제3차 개정규칙이 시행된 이래 운송부문의 변화, 특히 복합운송증권이 다양한 형식으로 널리 이용되고, 또 통신수단 등이 발달함에 따라 기존 규칙으로서는 도저히 실거래상의 요구를 충족시킬 수가 없게 되었다.

따라서 1979년 11월에 통일규칙의 제4차 개정이 거론되었고, 그 이후 개정작업을 추진해 온 결과 1983년 6월 ICC 제144차 이사회에서 개정안이 통과되어 1984년 10월 1일부터 시행해 왔다.

(6) 통일규칙의 제5차 개정(1993년)

제4차 개정규칙이 시행되고 난 이후 국제운송에서 복합운송이 정착되고, 또 컴퓨터와 통신기술의 발달에 따라 EDI(전자자료교환)방식이 보급됨으로써 이른바 서류없는 무역거래시대를 맞이하고 있다. 이러한 변화에 발맞추어 외국환은행들도 이미 범세계적으로 신용장에 관한 모든 통신업무를 「국제은행간 금융정보통신망」(SWIFT)[8]에 의하여 처리하고 있다. 따라서 ICC는 이러한 상관습의 변화를 수용하기 위하여 1989년부터 신용장통일규칙의 제5차 개정을 위한 준비에 착수하였으며, 그후 3년간의 작업을 마무리하고 1993년 4월 ICC집행위원회의 의결을 거쳐 1994년 1월 1일부터 시행하도록 1993년 5월 13일자로 공표하기에 이르렀다.

8) SWIFT는 Society for Worldwide Interbank Financial Telecommunication의 약칭이다. 이것은 벨기에 법에 의거한 비영리법인으로서 세계각지의 가맹은행에 외국환 · 국제금융업무와 관련된 각종의 지시 · 통지에 관하여 일반 전보 · 텔렉스에 대신하여 통신서비스를 제공하고 있다(東京銀行 편, 新版 貿易と信用状, 東京, 實業之日本社, 1987, 161면).

(7) 현행 통일규칙(제6차 개정 : 2007년)

제5차 개정규칙이 시행되고 난 이후 운송 및 전자상거래 분야에서의 새로운 발전을 반영할 필요성이 생겼다. 따라서 2003년 5월 국제상업회의소 은행기술 및 실무위원회(은행위원회)에서 개정작업이 시작되고 3년 이상의 작업 끝에 2006년 10월 25일 파리에서 개최된 은행위원회(Banking Commission)는 만장일치로 UCP 600을 승인했다. 신 규칙은 2007년 7월 1일부터 시행되고 있는데, 이 규칙의 공식명칭은 "Uniform Customs and Practice for Documentary Credits, 2007 Revision, ICC Publication No. 600"이고, 총 39개조로 구성되고 있다.

③ 전자신용장통일규칙과 국제표준은행관행

(1) 전자신용장통일규칙

전자신용장통일규칙(eUCP)은 UCP의 추록으로서 화환신용장거래에서 종이서류(paper documents) 대신 전자기록(electronic record)의 제시를 수용하기 위해 제정된 "전자적 제시를 위한 화환신용장통일규칙 추록"을 가리킨다.

오늘날 정보통신기술의 발달과 전자상거래의 확산으로 국제무역거래에서도 전자무역시대가 도래하게 되었다. 이와 같이 전자무역이 생성되면서 UCP 500의 종이신용장에 상응하는 전자적 자료처리에 있어 기술적 변화들을 수용한 eUCP(1.0)를 제정하게 되었으며, 2002년 4월 1일부로 발효되었다. eUCP의 제정으로 실질적으로 전자신용장거래가 이루어질 수 있는 체계가 구축된 것이다. 그리고 그 후 UCP 600의 등장에 따라 개정된 eUCP(1.1)가 발표되었다.

그런데 eUCP는 UCP를 대체하는 것이 아니고, 단지 전자적 제시를 위한 보완적 규칙이라 할 수 있다. eUCP는 신용장상에 eUCP에 따른다는 준거문언이 있는 경우에 적용되고, 이러한 eUCP에 준거하는 신용장의 경우 그 신용장에 별도로 UCP에 준거한다는 규정이 없더라도 UCP에 준거하여야 한다. 그리고 eUCP와 UCP가 충돌하는 경우에는 eUCP가 우선 적용된다.

(2) 국제표준은행관행

국제표준은행관행(International Standard Banking Practice : ISBP)은 신용장거래에서 은행의 서류심사기준에 대한 국제관행을 규정하고 있는 것이다. ISBP는 신용장통일규칙을 개정하는 것이 아니라 신용장통일규칙을 실무에서 어떻게 적용하여야 하느냐를 설명하고 있으며, 국제상업회의소가 2002년 10월 30일 제정하였고, 2007년 7월 1일부터 제6차 개정 신용장통일규칙(UCP 600)이 발효됨에 따라 ISBP도 그 내용을 업데이트하였다.

국제상업회의소가 ISBP를 제정한 배경은 서류를 심사하는 기준이 되는 국제표준은행관행이 무엇인가에 대한 의문을 불식하기 위해서였다. 2000년 5월 국제상업회의소 은행위원회 회의에서 구성된 ISBP 제정을 위한 작업반(Task Force)은 UCP의 규정과 은행위원회의 의견(opinion), 결정(decision), 입장표명서(position papers), 그리고 적용 가능한 범위 내에서 화환신용장 분쟁해결전문가 결정(DOCDEX[9] decisions)을 반영하여 ISBP를 제정하였다. 따라서 은행은 서류를 심사할 때 지금까지 발표된 의견(opinion) 등을 일일이 찾아보지 않고 ISBP만 보아도 대부분의 의문점을 해소할 수 있다.

5 수입신용장[10]의 발행

수입업자는 수출업자와의 사이에 매매계약이 체결되고, 만약 계약조건 중에 대금결제가 신용장베이스로 하게 되어 있으면 자기의 거래 외국환은행에 신청하여 약정된 종류의 신용장을 발행하여야 한다.

① 신용장의 발행신청

신용장을 발행하기 위해서는 신용장 발행신청서, 담보차입증, 신용장거래약정서 등을 발행은행에 제출하여야 한다.

9) DOCDEX(Documentary Credit Dispute Resolution Expertise)는 1997년 국제상업회의소가 은행간 대금상환에 관한 분쟁을 포함하여 화환신용장과 관련된 분쟁 발생시 전문가의 견해를 들어 분쟁이 소송까지 가는 것을 줄이기 위하여 만든 전문가 자문기구이다(http://www.iccwbo.org/court/docdex/id4493/index.html).

10) 신용장은 그 이용자의 입장에서 수출신용장과 수입신용장으로 구분할 수 있다. 이것은 동일한 하나의 신용장을 보는 관점에 따라 구분한 것으로서, 수입업자측에서는 수입신용장이라 하고 수출업자측에서는 수출신용장이라 한다.

신용장 발행신청서에 기재되는 내용은 그대로 신용장의 조건이 되기 때문에 신용장 발행신청서상의 모든 사항은 간단 명료하고 정확하게 기재하여야 하고, 또 매매계약상의 제반 조건과 반드시 일치하여야 한다.

그리고 신용장거래약정서는 발행신청인과 발행은행간의 신용장발행에 따른 전반적인 사항을 규제하는 계약서이다. 이 계약서의 골자는 발행신청인이 신용장거래에 따른 모든 채무와 비용을 부담한다는 것과 신용장 대금이 결제될 때까지 관계 수입상품은 발행은행의 담보로서 그 소유권이 발행은행에 있다는 것이다.

한편 수입업자는 한국무역정보통신(주)(KTNET : www.cTradeWorld.com)의 cTrade World 서비스에 가입하여 EDI방식으로 신용장을 발행할 수도 있다. 즉 발행신청인은 APP700(또는 APP707) 전자문서를 발행은행에 보내 발행은행을 방문하지 않고도 신용장을 개설할 수 있다.

❷ 신용장의 발행방법

은행은 발행신청인으로부터 접수한 발행신청서의 내용을 검토한 후 신용장 발행수수료를 징수하고 신용장을 발행하게 된다. 신용장의 발행방법으로서는 우편에 의한 방법과 전신에 의한 방법이 있는데, 발행방법의 선택은 발행신청인이 한다.

(1) 우편에 의한 발행(mail credit의 발행)

우편으로 신용장을 발행하는 경우, 발행은행은 신용장 발행신청서의 내용에 따라 신용장을 작성, 보통 수익자 소재지에 있는 통지은행에 우송한다. 또한 발행은행은 신용장 발행 후 그 사본 1통을 발행신청인에게 교부하여 그 내용이 발행신청서와 일치하는가의 여부를 확인시키는데, 이때 만약 착오가 발견되면 즉시 정정을 요구하여 바로 잡아야 한다. 그런데 현실적으로 신용장을 우편으로 발행하는 경우는 거의 없다.

(2) 전신에 의한 발행(cable credit의 발행)

오늘날 대부분의 신용장은 전신으로 발행되고 있다. 전신으로 신용장이 발행되는 경우에는 반드시 통지은행을 경유하여 수익자에게 신용장이 전달되는데, 이것은 신용장의 진위를 판정함과 동시에 전신의 어수(語數)를 절약하여 전신료의 부담을 덜게 해 준다. 전신에 의한 신용장의 발행에는 「short cable」에 의한 방법과 「full cable」에 의한 방법 등이 있다.

(가) 「short cable」에 의한 발행

「short cable」에 의한 방법은 신용장이 발행되었다는 뜻을 미리 통지하여 수익자로 하여금 수출준비를 하게 하기 위한 것으로, 전신상에 "full details to follow"(세부사항 추후 통지) 또는 우편확인서(mail confirmation)를 유효한 신용장 증서로 한다는 문언을 삽입하고 나중에 신용장 원본을 송부하게 된다. 그러므로 이것은 엄밀한 의미에서 보면 사전통지(preliminary advice)에 지나지 않는다. 그런데 발행은행은 지체없이 유효한 신용장을 발행할 용의가 없는 한 취소불능신용장의 발행에 관한 사전통지를 해서는 안된다(UCP 제11조 b항). 따라서 발행은행은 취소불능신용장의 발행에 관한 사전통지를 한 경우에는 지체없이 그 사전통지와 모순되지 않는 신용장을 발행하여야 한다.

(나) 「full cable」에 의한 발행

발행은행이 신용장 전문을 그대로 전신으로 통지은행에 보내고, 통지은행이 이를 자기은행 신용장통지 양식에 옮겨 수익자에게 전달하는 것이다. 「full cable」로 신용장을 발행하는 것은 통지은행의 오역을 방지하고 거래의 신속성을 도모하는 장점이 있다.

(다) SWIFT에 의한 발행

우리나라도 1992년 3월부터 SWIFT(Society for Worldwide Interbank Financial Telecommunication : 국제은행간 금융정보통신망) 시스템을 설치 운영하고 있다. 따라서 현재는 보통 SWIFT 시스템에 의해 신용장을 발행하고 있다. SWIFT에 의해 신용장을 발행하면 완벽한 보안유지와 신속한 업무처리를 기할 수 있다.

6 신용장의 내용

신용장의 형식을 규제하는 성문법이나 관습법은 존재하지 않기 때문에 원칙적으로 신용장을 발행하는 은행이 독자적으로 신용장양식을 만들어 사용할 수 있다. 그러나 신용장의 형식을 국가나 은행별로 달리하고 있으면 국제적으로 유통되는 신용장업무의 취급에 많은 불편이 따를 뿐 아니라 분쟁이 일어날 가능성도 높다.

따라서 신용장의 형식을 통일하려는 움직임은 일찍부터 일어났었다. 즉, 미국에서는 1922년에 신용장 표준양식(Commercial Credit Conference Form)을 제정한 바 있으며, 국제상업회의소도 1951년에 화환신용장에 관한 표준양식을 제정하였었다. 그러나 각국의 은행들로부터 호응을 받은 것은 1970년 12월 국제상업회의소가 종전의 표준양식을 보완한 「화환신용장발행을 위한 표준양식」(Standard Forms for Issuing of Documentary Credits, Brochure No. 268)을 채택한 이후의 일이다.

그후 신용장의 표준양식은 신용장통일규칙의 개정에 따라 계속 바뀌어 왔다. 즉, 1974년 신용장통일규칙의 제3차 개정에 따라 1978년에 신양식(Publication No. 323)이 제정되었고, 또 1983년의 제4차 개정 신용장통일규칙에 따라 1986년에 다시 개정양식(Publication No. 416)이 발표되었다. 그후 1993년의 신용장통일규칙 개정에 따라 또 개정양식(Publication No. 516)이 발표되었다. 우리나라에서는 건국 후 외국환업무를 다시 취급하게 되면서 미국의 「Conference Form」을 본딴 신용장 양식을 사용해 오다가, 1975년경부터 국제상업회의소의 표준양식에 따라 신용장 양식을 개정하여 사용하고 있다.

그런데 신용장은 어디까지나 무역거래의 대금결제수단이며, 또한 독립추상성이라는 본질에는 변함이 없기 때문에 표준양식을 이용하든 하지 않든, 신용장에 기재되는 내용은 어느 정도 공통점을 지니고 있다.

취소불능신용장을 중심으로 볼 때 신용장에 기재되는 공통사항은 크게 다음과 같이 분류할 수 있다.

① 신용장 자체에 관한 사항
② 환어음에 관한 사항
③ 선적서류 및 상품에 관한 사항
④ 기타 사항

그리고 신용장은 신용장의 발행신청인이 작성한 신용장 발행신청서의 내용을 옮겨 적은 것이다. 따라서 발행신청서의 내용을 살펴보는 것이 곧 신용장의 내용을 살펴보는 것이 된다. 여기서는 한국외환은행이 2006년 11월에 개정하여 사용하고 있는 양식에 (가칭) 대한무역주식회사가 홍콩의 (가칭) Hong Kong Trading Co., Ltd.를 수익자로 하여 작성한 취소불능 화환신용장 발행신청서의 기재사항을 중심으로 신용장의 내용을 살펴보기로 한다.

❶ 신용장 자체에 관한 사항

(1) 신용장 발행은행(issuing bank)

신용장발행신청서를 접수한 은행이 신용장을 발행하면 발행은행은 당연히 한국외환은행이 된다.

(2) 신용장의 종류(kind of L/C)

이 신용장은 취소불능(irrevocable) 신용장이다. 신용장은 신용장상 아무런 표시가 없더라도 당연히 취소불능신용장이다(UCP 제3조). 또 이 신용장은 무확인신용장이고, 또한 양도불능신용장이다(1 및 19번 참조).

(3) 신용장 번호(L/C number)

신용장번호는 발행은행이 부여하는 것으로 M06-000000이다(2번 참조).

(4) 통지은행(advising bank)

통지은행은 홍콩에 있는 XYZ은행이다(3번 참조).

(5) 수익자(beneficiary)

수익자는 수출업자로서 홍콩에 있는 Hong Kong Trading Co., Ltd.이다(6번 참조). 수익자란에는 수익자의 상호 이외에 주소도 명확히 표시하여야 한다.

(6) 신용장의 발행신청인(applicant)

신용장의 발행신청인은 수입업자가 되는데, 이 신용장에서는 대한무역주식회사

(Daehan Trading Co., Ltd.)이다(5번 참조).

취소불능 화환신용장 발행신청서

외환은 외환은행

취소불능 화환신용장 발행신청서

(APPLICATION FOR IRREVOCABLE DOCUMENTARY CREDIT)

□ 전문사본 요청합니다.	FAX :
□ 선적서류 도착시 연락 전화번호/FAX 번호.	TEL : FAX :

1. Transfer : 2 (1: Allowed / 2: Not-Allowed)
2. Credit Number : M06-000000 — 삭제됨: t
3. Advising Bank : 개설은행에서 지정(고객 지정가능) XYZ BANK, HONG KONG
4. Expjry Date (YY-MM-DD) : 2007.09.08 — 삭제됨: p
5. Applicant : DAEHAN TRADING CO., LTD., 64-5, 2-GA, CHUNGMURO, CHUNG-GU
   SEOUL, KOREA
6. Beneficiary : HONG KONG TRADING CO., LTD., 40, LONDON ROAD, HONG KONG

7. Amount : USD180,000.00 (+ ____/ - ____%)
8. Drafts at : SIGHT
   - Usance 인 경우: __ (1: Bankers / 2: Shippers / 3: Domestic)
   - Settling Bank(송금방식인 경우 ' 송금방식' 으로 표시) :
9. Partial Shipment : 1 (1: Allowed / 2: Not-Allowed) — 메모 [1]:
10. Transshipment : 2 (1: Allowed / 2: Not-Allowed)

※ Transport Mode(운송방법) : (1)
(1.Sea(해상) / 2. Air(항공) / 3. Sea(해상) or Air(항공) /4. Combined(복합) /5. Others(기타)

11. Loading(Shipment from)
   1) Port of Loading/ Airport of Departure : HONG KONG — 삭제됨:
   2) Place of Taking in Charge/Dispatch from.../Place of Receipt : — 서식 있음: 글머리 기호 및 번호 매기기 / 삭제됨: ort of Loading/ Airport of Departure
   (복합운송 및 기타의 경우만 기재)
12. Discharging(Shipment to)
   1) Port of Discharge / Airport of Destination: BUSAN, KOREA — 삭제됨: Discharging / 서식 있음: 글머리 기호 및 번호 매기기
   2) Place of Final Destination/For Transportation to.../Place of Delivery:
   (복합운송 및 기타의 경우만 기재)
13. Latest Shipment Date (YY-MM-DD) : 2007.08.31
14. Documents Required :

① Signed /Original/Commercial Invoice in THREE Fold

② Packing List in TWO Fold

③ FULL SET of Clean on Board Ocean Bills of Lading made out toTHE ORDER OF KOREA EXCHANGE BANK marked Freight 2 (1. Collect / 2. Prepaid) and notify 1

EP-A-FM-020 (1/4) (2006.11 월 개정,210x297)

KEB First Choice Bank 외환은행

취소불능 화환신용장 발행신청서

외환은 외환은행

취소불능 화환신용장 발행신청서

(APPLICATION FOR IRREVOCABLE DOCUMENTARY CREDIT)

(1. Applicant / 2. Other : _____)

④ Air Waybill consigned to KOREA EXCHANGE BANK marked Freight __ (1. Collect / 2. Prepaid) and notify __ (1. Applicant / 2. Other : _____)

삭제됨: (1.

서식 있음: 글머리 기호 및 번호 매기기

⑤ FULL SET of Clean Multimodal Transport Document made out toTHE ORDER OF KOREA EXCHANGE BANK marked Freight _____ (1. Collect / 2. Prepaid) and notify _____ (1. Applicant / 2. Other : _____)

⑥ FULL SET of Insurance Policy or Certificate, endorsed in blank for 110 % of the invoice value, expressly stipulating that claims are payable in Korea and it must include 2 (1. All Risk / 2. Other : WA3%)

⑦ Certificate of Origin in _____ Fold

⑧ Certificate of Analysis in _____ Fold

⑨ Other Document(s) Required :

15. Additional Conditions :

EP-A-FM-020 (2/4) (2006.11 월 개정.210x297)

KEB 외환은행 First Choice Bank

(7) 신용장 금액(L/C amount)

신용장금액은 발행은행이 지급확약을 하고 있는 금액의 최고한도로서 미화 180,000달러이다(7번 참조). 만약 이 금액 앞에 "about" 또는 "approximately"와 같은 표현이 있는 경우에는 발행은행이 10%까지 초과하여 책임을 진다(UCP 제30조).

(8) 신용장의 유효기일(expiry date)

유효기일이란 신용장상의 지급 · 인수 또는 매입을 위하여 수익자가 은행에 서류를 제시해야 할 최종기일을 말한다. 이 신용장에서 유효기일은 2007년 9월 8일이다(4번 참조). 신용장의 유효기일이 은행의 휴업일에 해당하는 경우에는 그 다음 최초의 은행영업일까지 연장된다(UCP 제29조). 여기서 「휴업일」이란 일요일과 국경일과 같은 공휴일과 당해 은행의 통상의 휴업일을 말한다. 따라서 UCP 제36조에 언급되고 있는 불가항력적인 사유(예컨대, 천재 · 폭동 · 소요 · 반란 · 전쟁 · 테러행위, 또는 동맹파업 · 직장폐쇄 또는 기타 통제할 수 없는 사유 등)로 인하여 은행업무가 중단된 경우는 휴업일에서 제외된다.

② 환어음에 관한 사항

환어음에 관한 사항에는 어음기한(tenor)을 기준으로 한 환어음의 종류가 기재된다. 이 신용장에 의해 발행되는 어음은 일람출급어음이다(8번 참조). 한편 기한부어음(usance draft)인 경우에는 예컨대 "at 30 days after sight"와 같이 표시되는데, 이러한 경우에는 신용장상의 지급인이 먼저 어음을 인수하고, 그 인수 후 30일에 결제가 이루어진다.

③ 선적서류 및 상품에 관한 사항

(1) 선적서류의 명세

화환신용장거래는 서류상의 거래이므로 신용장 내용 중에서 가장 중요한 부분의 하나가 이 선적서류에 관한 사항이다. 따라서 신용장을 발행할 때에는 요구하는 서류를 구체적으로 명시하여야 한다. 이 신용장에서는 선적서류로서 상업송장(commercial invoice) 3통, 포장명세서(packing list) 2통, 선하증권(bill of lading : B/L) 전통, 그리고 해상보험증권(insurance policy) 또는 해상보험증명서(insurance certificate) 전통을 요구하고 있다(14번 참조).

신용장에 따라서는 이 밖에도 영사송장, 원산지증명서 등 각종 선적서류를 요구하고 있는데, 선적서류에 관한 자세한 내용은 제11장에서 살펴보기로 하고, 여기서는 이들 신용장에서 요구하고 있는 서류 중 선하증권, 보험증권 및 상업송장을 중심으로 신용장조건과 관련하여 간단히 살펴보기로 한다.

(가) 선하증권

일반적으로 신용장에서 요구하는 선하증권은 이 신용장에서 보는 바와 같이 "Full set of clean on board ocean bills of lading, made out to the order of Korea Exchange Bank marked 'freight prepaid'……"로 표시하고 있다. 여기서 이 문언을 구체적으로 살펴보면 다음과 같다.

1) 전통(full set)을 요구하고 있다

선하증권은 1통만 발행되는 것이 아니라, 분실이나 도난 등의 위험에 대비하여 보통 3통을 1조로 하여 발행된다. 그런데 이와 같이 수통의 선하증권이 발행된 경우 선하증권의 소지인은 2인 이상이 될 수 있다.

한편, 개개의 선하증권은 독립하여 효력을 갖고 있으므로, 선박회사는 수통의 선하증권 중 1통만 제시하면 화물을 인도해 주고, 일단 화물이 인도되면 나머지 선하증권은 자동적으로 효력을 상실하게 된다. 따라서 은행의 입장에서 볼 때 선하증권 전통을 갖고 있지 않으면 확실한 담보가 되지 않으므로 당연히 이와 같이 전통을 요구하게 된다. 이와 같은 관습에 따라 UCP(제20조 a항 ⅳ호)에서도 신용장이 선하증권을 요구하는 경우에는, 발행된 선하증권 전통으로 구성된 것을 수리하는 것으로 규정하고 있다.

2) 무사고 선하증권(clean B/L)을 요구하고 있다

무사고 선하증권이란 화물자체나 포장에 하자가 있음을 명시하고 있는 조항이나 단서가 없는 선하증권을 말한다. 은행은 오로지 무사고 선하증권만을 수리하므로(UCP 제27조), 신용장상에는 보통 이와 같이 무사고 선하증권을 요구하고 있다.

3) 선적선하증권(on board B/L)을 요구하고 있다

선적선하증권은 화물이 실제로 특정선박에 선적되었다는 뜻이 기재된 선하증권으로서, 수취선하증권(received B/L)에 대응하는 개념이다. 해상선하증권의 경우에는 보통 이와 같이 선적선하증권을 요구하는 것이 관습이며, 따라서 UCP 제20조에서도 선하증권은 물품이 신용장에 규정된 선적항에서 지정 선박에 선적(shipped)되었음을 명시한 선하증권, 즉 선적선하증권을 수리하는 것으로 규정하고 있다.

만약 선하증권이 수취선하증권 형태로 인쇄되어 있는 경우에는 선하증권상에 별도로 물품의 본선적재를 나타내는 표기를 함으로써 선적선하증권과 동일한 취급을 받을 수 있다(UCP 제20조 a항 참조).

4) 해양선하증권(ocean B/L)을 요구하고 있다

해양선하증권은 해외운송에 대하여 발행되는 선하증권으로서 내국선하증권(local B/L), 즉 해외운송에 접속하는 국내운송의 경우에 발행되는 선하증권에 대응하는 개념이다. 국제무역의 성격상 해양선하증권을 요구하는 것은 당연하다.

5) 지시식 선하증권(order B/L)을 요구하고 있다

선하증권은 수하인(consignee)의 표시방법에 따라 지시식 선하증권과 기명식 선하증권으로 구분할 수가 있다. 기명식 선하증권(straight B/L : consigned B/L)은 선하증권상의 수하인란에 "Mr. Brown"이나 "ABC Co., Ltd."와 같이 특정인을 기입한 선하증권이고, 지시식 선하증권은 선하증권의 수하인란에 특정인을 기입하지 않고 단순히 "order", "order of ABC bank" 등과 같이 표시한 선하증권이다. 기명식 선하증권의 경우에는 유통성에 제한이 있으므로 보통 이 신용장에서와 같이 "to the order of…"로 표시된 지시식 선하증권을 요구하고 있다. 이와 같은 지시식으로 되어 있으면 한국외환은행(Korea Exchange Bank)의 백지배서(blank endorsement)에 의해 증권의 소지인이 곧 선하증권의 정당한 소유자가 되므로 선하증권은 자유롭게 유통될 수 있다.

6) 운임 선지급조건의 선하증권을 요구하고 있다

따라서 선하증권상에 운임이 선지급되었음을 나타내는 날인 또는 기타의 방법으로 표시된 서류를 수리한다. 예컨대, "freight prepaid"라고 하는 고무인 또는 타이핑이 있거나 사전에 인쇄된 선지급·후지급의 문구 중 후지급이 말소된 것 등은 모두 수리된다.

한편, 다음과 같은 선하증권은 은행이 수리하지 않는다(UCP 제20조 및 제26조 참조).

① 용선계약 선하증권
② 신용장에 규정된 선적항에서 양륙항까지의 선적을 기재하지 않은 선하증권
③ 갑판적재를 표시한 선하증권

(나) 보험증권

보험증권은 가격조건이 FOB나 CFR조건 등일 경우에는 매수인(수입업자)이 부보하기 때문에 요구하지 않지만, CIF나 CIP조건 등에서는 반드시 요구하게 되어 있다. 이 신용장은 CIF조건의 매매이기 때문에 보험증권을 요구하고 있는데, 보험증권을 요구할 때에는 보험금액과 보험조건을 명백히 하여야 한다. 이 신용장에서는 보험금액이 송장금액의 110%(for 110% of the invoice value)가 되어야 하고, 보험조건은 WA(with average : 분손담보조건) 3%인 보험서류를 요구하고 있다.

보험증권에 관한 자세한 내용은 제7장에서 살펴 보기로 하고, 여기서는 UCP에서 규정하고 있는 보험서류에 관한 내용만을 간단히 살펴보기로 한다. 우선 보험증권, 포괄예정보험(open cover)에 의거한 보험증명서(insurance certificate) 또는 확정통지서(declaration)와 같은 보험서류는 반드시 보험회사(insurance companies) · 개인보험업자(underwriters)[11] 또는 그들의 대리인에 의해 발행 및 서명된 것이어야 한다. 그리고 수통의 보험증권 원본이 발행된 경우에는 그 전통이 제시되어야 하고, 부보각서(cover note)는 수리되지 않는다.

또 보험서류의 발행일은 선적일보다 늦어서는 안된다. 다만 보험서류상으로 선적일 이전에 보험기간이 개시되는 경우에는 그러하지 아니하다. 보험서류상에는 보험금액을 기재하여야 하고, 보험서류상의 표시통화는 신용장에 표시된 통화와 동일하여야 하며, 신용장에 별도의 규정이 없으면 보험금액은 적어도 관계상품의

11) 원래 「Underwriter」란 말은 보험자가 보험을 인수할 때 보험증권 하단에 서명을 하는 데서 비롯되었으며, 위험을 부담하는 자(the person who carries the risk)를 가리킨다. 즉, 「Underwriter」라는 말은 해상보험자를 통칭하는 개념으로서, 여기에는 「Lloyd's Underwriter」와 「Company Underwriter」가 모두 포함될 수 있다. 그러나 「Company Underwriter」는 보험회사를 대리하여 서명하도록 지명된 보험회사의 직원으로서 자기가 인수한 위험에 대하여 개인적인 책임을 지지 않는다[Robert H. Brown, Dictionary of Marine *Insurance Terms and Clauses* (5th ed.), London, Witherby & Co., Ltd., 1989, C37]. 따라서 여기서 「Underwriter」란 「Lloyd's Underwriter」와 같은 개인보험업자를 가리키는 것이다.

CIF 또는 CIP가액의 110%가 되어야 한다(UCP 第28조).

(다) 상업송장

상업송장은 수출업자가 작성하는 선적화물의 명세서인 동시에 계산서 또는 대금청구서이다. 상업송장은 신용장의 수익자가 발행신청인 앞으로 작성하여야 하고, 신용장상의 통화로 표시되어야 하며, 서명을 필요로 하지 않는다(UCP 제18조 a항). 그리고 지정은행은 신용장금액을 초과하여 결제하거나 매입하지 않았다면 신용장금액을 초과하는 상업송장을 수리할 수 있고(동 b항), 또 상업송장 이외의 선적서류상의 물품, 서비스, 행위의 명세는 신용장에 기재된 명세와 저촉되지 않는 일반적인 용어로 기재할 수 있지만(UCP 제14조 e항), 상업송장에 기재되는 물품, 서비스, 또는 행위의 명세는 반드시 신용장상의 명세와 일치하여야 한다(UCP 제18조 c항).

(2) 상품의 명세

이 신용장의 경우 상품은 4,500 metric ton의 portland cement이다(16번 참조).

(3) 가격조건(price terms)

이 신용장에서는 가격조건이 "CIF Busan"이다(16번 참조).

(4) 선적항

해상운송의 경우에는 선적항(port of loading), 항공운송의 경우에는 출발공항(airport of departure), 그리고 복합운송이나 기타의 경우에는 수령지(place of taking in charge) 또는 발송지(dispatch) 등이 기재된다. 이 신용장에서는 선적선하증권을 요구하고 있고, 또 가격조건이 CIF인 점에서 여기에 표시된 지명 홍콩(Hong Kong)은 선적항을 가리킨다(11번 참조).

(5) 도착항

여기에는 물품의 최종목적지가 표시되는데, 이 신용장의 경우 도착항이 부산(Busan)이다(12번 참조). 위의 (4)란과 이 (5)란에 기재된 장소는 제시되는 운송서류상에 반드시 표시되어 있어야 한다.

(6) 선적기일(shipping date)

선적기일은 물품의 최종선적일(latest shipment date)로서 늦어도 이 날 까지는 선적되어야 한다. 이 신용장의 경우 선적기일은 8월 31일이다(13번 참조). 여기서 주의할 것은 최종선적일이 가령 일요일이나 법정공휴일이라 할지라도 유효기일의 경우와 달리 그 다음 날로 연장되지 않는다는 점이다(UCP 제29조 c항).

한편 선적기일과 관련하여 "신속하게(prompt)", "즉시(immediately)" 또는 "가능한 한 빨리(as soon as possible)" 등과 같이 애매한 표현이 사용된 경우, 은행은 이러한 표현을 무시한다(UCP 제3조). 그리고 선적기일에 예를 들어 "Shipment must be effected on or about May 10, 2007"과 같이 「on or about」(…경)이라는 표현을 사용한 경우는 그 날짜의 5일 전부터 5일 후까지의 기간에 선적할 것을 요구하는 것으로 해석한다. 따라서 이러한 경우 선적은 5월 5일부터 5월 15일까지 사이에 이루어져야 한다(UCP 제3조).

(7) 분할선적(partial shipments)

분할선적의 가부, 즉 분할선적을 허용할 경우에는 "allowed"에, 그리고 금지할 경우에는 "not allowed"에 표시한다. 이 신용장은 분할선적을 허용하고 있다((9번 참조). 만약 분할선적의 가부에 관하여 아무런 언급이 없으면 분할선적을 허용하는 것으로 해석하므로 분할선적을 금지할 필요가 있는 경우에는 반드시 신용장상에 금지한다는 규정을 명시하여야 한다(UCP 제31조 a항).

그리고 동일코스(same journey)의 동일 운송수단에 선적된 것으로 표시된 복수의 운송서류는 동일한 목적지를 명시하고 있는 한, 그 운송서류가 상이한 선적일 또는 적재항 · 수령지 · 발송지를 명시하고 있다고 해도 분할선적으로 간주하지 않는다(UCP 제31조 b항). 따라서 분할선적을 금지하고 있는 경우에도 이러한 운송서류는 수리된다. 그러나 동일 운송방법 내의 둘 이상의 운송수단에 선적된 것으로 표시된 하나 또는 둘 이상의 운송서류는 비록 그 운송수단이 같은 일자에 동일 목적지를 향하여 출발하였더라도 분할 선적으로 간주한다.

(8) 환적(transhipment)

환적의 가부를 표시하는 것으로 이 신용장은 환적을 금지하고 있다(10번 참조). UCP에서는 운송방식에 따라 환적의 정의와 그 수리요건을 별도로 규정하고 있는데 여기서 선하증권의 경우만을 간단히 살펴보면 다음과 같다.

선하증권에서 환적이란 신용장에 기재된 선적항으로부터 양륙항까지의 운송 도중에 한 선박으로부터 양하하여 다른 선박에 재선적하는 것을 말한다(제20조 b항). 선하증권은 전운송이 단일 및 동일 선하증권에 의해 커버되는 것을 전제로 물품이 환적될 것이라거나 될 수 있다고 표시할 수 있다.

또 신용장상 환적을 금지하고 있는 경우에도, 물품이 컨테이너 · 트레일러 또는 라쉬 · 바지(LASH barge)[12]에 선적되었음이 선하증권에 의해 입증되면 선하증권상에 환적될 것이라거나 될 수 있다고 명시하고 있어도 수리된다(동 c항). 그리고 운송인이 환적할 권리를 유보한다는 선하증권상의 조항은 무시한다(동 d항).

(9) 운송서류 제시기한

모든 신용장에는 앞에서 설명한 유효기일 이외에 운송서류를 제시하여야 할 기간도 규정하여야 하는데, 만약 이러한 기간이 규정되어 있지 않은 경우 운송서류는 선적일자 이후 21일 이내에, 그리고 유효기일 이내에 제시되어야 한다(UCP 제14조 c항).

서류제시기한이 필요한 이유는 선적일로부터 많은 시간이 경과한 다음에 서류가 제시되면, 당해 화물이 먼저 목적지에 도착되어 과중한 창고료부담이나 화물의 변질 또는 상기(商機)의 상실 등을 이유로 분쟁이 발생할 가능성이 높기 때문이다. 이 신용장에서는 선적일로부터 10일 이내에 제시하도록 요구하고 있다(18번 참조). 만약 서류제시기한의 종료일이 은행의 휴업일인 경우에는 유효기일의 경우와 마찬가지로 그 다음 최초의 은행영업일까지 연장된다(UCP 제29조 a항).

12) LASH란 Lighter Aboard Ship의 약어로서 컨테이너 대신 화물이 적재된 부선(lighter, 즉 LASH barge)을 그대로 적재하여 운송하는 선박을 말한다. 따라서 라쉬 · 바지(LASH barge)는 대형 컨테이너와 동일한 역할을 하고 있다(〈그림 4-3〉 참조).

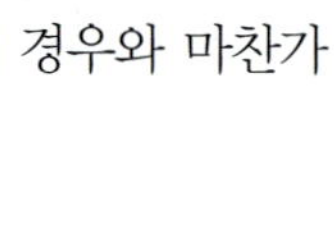

〈그림 4-3〉 라쉬 · 바지(LASH barge)

④ 기타 사항

(1) 특수조건(special conditions)

여기에는 다른 곳에 규정되지 않은 사항 중 특별히 명시할 사항이 있을 경우 기재하는데 이 신용장에서는 아무런 기재가 없다.

(2) 은행수수료 부담자

이 신용장에서는 신용장의 발행국가 이외에서 발생하는 모든 은행수수료는 수익자가 부담하는 것으로 규정하고 있다(17번 참조).

(3) 은행간 신용장대금상환에 관한 통일규칙 및 신용장통일규칙 준거문언

이 신용장에서는 국제상업회의소가 제정한 「은행간 신용장대금상환에 관한 통일규칙」(Uniform Rules for Bank-to-Bank Reimbursements under Documentary Credits, ICC publication No. 525)과 UCP 500(1993년)에 준거하는 것으로 규정하고 있다.

7 수출신용장의 접수

매매계약이 체결되고 매매계약조건의 하나로 대금결제를 신용장에 의하여 하기로 되어 있는 경우, 수입업자는 자기의 거래은행에 신청하여 신용장을 발행하게 된다. 발행은행이 신용장을 발행하면 보통 통지은행을 통하여 수익자인 수출업자에게 통지되어 온다.

한편 KTNET는 전자신용장서비스를 제공하고 있다. 이러한 경우 해외은행으로부터 전신으로 전송 받은 신용장에 대해 전자적 e-L/C유통관리시스템으로만 통지하며 종이문서로는 통지하지 않는다. 전자신용장(e-L/C)으로 통지 받은 신용장을 종이문서로 통지 받으려면 통지은행에 신용장 원본교부신청을 하여 종이문서로 교부 받을 수 있는데, 종이문서로 원본을 교부 받게 되면 원본교부 내용이 기록되며 더 이상 전자적으로 유통될 수는 없다.[13] 이러한 전자신용장 서비스를 이용하기 위해서는 당연히 KTNET 회원으로 가입하여야 한다.

수출업자는 신용장을 접수하면 즉시 그 기재 내용을 점검하여 매매계약조건과 차이가 있거나 실행 불가능한 조건이 있으면 지체 없이 매수인과 합의하여 조건변경을 함으로써 신용장거래에 따른 마찰을 사전에 해소하도록 하여야 한다. 여기서 신용장 접수시 검토해야 할 사항을 좀 더 구체적으로 살펴보면 다음과 같다.

① 수출계약내용과의 대조

신용장은 원래 매매계약조건에 따라 발행되는 것이지만, 일단 발행된 신용장은 매매계약과는 별개의 독립된 서류로 취급되기 때문에(신용장의 독립추상성) 신용장 내용과 매매계약조건이 일치하지 않는데도 불구하고 그대로 방치해 두면 나중에 수익자가 이러지도 저러지도 못하는 난처한 입장에 놓이게 된다. 발행은행의 지급확약은 어디까지나 신용장조건과의 일치를 전제로 하고 있으므로 신용장조건을 충족시키면 대금결제는 받을 수 있지만, 수입업자와의 사이에는 엄연히 매매계약이 존재하기 때문에 매매계약조건위반을 이유로 클레임을 제기 당하게 된다. 그렇다고 하여 매매계약조건을 충족시키면 신용장조건을 충족시키지 못해 대금회수를 할 수 없게 되는 것이다.

따라서 신용장을 접수하면 수익자명, 발행신청인, 상품명, 규격, 수량, 신용장금액, 선적기일, 선적서류, 신용장의 유효기일 등을 중심으로 우선 매매계약과의 일치 여부를 확인하고, 또한 실행 불가능한 조건이 있을 때에는 발행신청인인 수입업자와 협의하여 신용장조건을 변경하도록 하여야 한다.

② 신용장 자체에 관한 사항의 검토

(1) 발행은행의 신용상태

보통 은행이라고 하면 어느 정도 믿을 수가 있지만, 경우에 따라서는 발행은행의 대외 공신력과 자산상태에 의심이 가거나, 수입국의 정치상황이나 경제사정으로

13) http://www.ctradeworld.com/ctw/help/ctw_guide_eic.jsp(2007.1.4)

대외 지급에 제한을 가해 발행은행의 지급확약에 의문을 갖게 될 때가 있다. 이러한 경우에는 통지은행을 통하여 신용조회를 하고, 또 필요한 경우에는 제3의 은행의 확인을 요청하여야 한다.

(2) 취소가능 여부에 대한 확인

신용장상에 취소가능이라는 표시가 있으면 취소가능신용장이 되는데, 취소가능신용장의 경우는 언제 취소될지 알 수 없으므로 안심하고 수출상품을 조달할 수가 없다. 특히 UCP에서는 취소가능신용장을 인정하지 않고 있다. 따라서 취소가능이라는 표시가 있는지의 여부를 확인하고, 있을 경우에는 삭제하도록 조치을 취하여야 한다.

(3) 신용장통일규칙의 적용문언 및 지급확약 문언의 존재여부 확인

신용장상에 모든 조건을 빠짐없이 명시하기는 어렵다. 따라서 신용장에 명시되지 않은 사항으로 인하여 발생될지도 모르는 사태에 대비하여 신용장에는 UCP에 준거한다는 문언, 즉 "Subject to Uniform Customs and Practice for Documentary Credits, 2007 Revision, ICC Publication No. 600"을 기재하여야 한다. 그리고 만약 이러한 문언이 기재되어 있지 않은 경우에는 취소불능신용장이라고 해도 지급확약문언이 기재되어 있어야 안전하므로 지급확약문언을 확인할 필요가 있다.

(4) 기타 특수조건의 확인

그 밖에도 신용장의 효력에 관한 제한문언이나 조건 이행이 불가능한 문언 등이 기재되어 있는가의 여부를 확인하여 필요한 경우 신용장변경조치를 취하여야 한다.

8 신용장의 조건변경 및 취소

신용장의 조건변경(amendment)이라 함은 발행된 신용장의 조건을 바꾸는 것을 말하고, 신용장의 취소(cancellation)라 함은 이미 발행된 신용장의 효력을 소멸시키는 것을 말한다.

신용장은 원래 매매계약서의 조건대로 발행되어야 하는데, 발행된 신용장이 매매계약조건과 일치하지 않는다거나 또는 그 밖의 특별한 사정이 있는 경우에는 조건을 변경하거나 취소해야 할 필요성이 생긴다. 그런데 신용장의 조건변경이나 취소는 신용장의 종류에 따라서 그 처리방법이 달라진다. 즉, 취소가능신용장의 경우는 발행은행이 수익자에게 예고없이 일방적으로 취소나 조건변경을 할 수 있지만, 취소불능신용장의 취소나 조건변경을 하기 위하여는 반드시 신용장의 관계당사자 중 발행은행, 확인은행(확인신용장의 경우) 및 수익자의 합의가 있어야 한다. 한편, 신용장의 조건변경은 수익자(수출업자)로부터의 신청에 의하여 이루어지는 경우와 발행신청인(수입업자)의 요구로 이루어지는 경우가 있다.

① 취소불능신용장의 조건변경 절차

(1) 수입신용장의 조건변경

신용장의 발행신청인인 수입업자는 매매계약조건에 따라 신용장의 발행신청을 하게 되는데, 신용장이 발행된 다음 수출업자로부터 변경요구가 있어 당사자 간에 합의를 보면 발행은행에 조건변경절차를 밟게 된다.

신용장조건을 변경하기 위해서는 우선 발행신청인인 수입업자가 신용장조건변경신청서(Application for amendment to irrevocable documentary credit)를 작성하여 발행은행에 조건변경을 의뢰한다. 발행은행의 입장에서 보면 신용장의 조건변경은 여신행위의 내용변경이 되기 때문에 신중하게 심사를 하게 된다. 즉, 조건변경신청서를 접수하면 조건변경 신청자가 당사자인가를 확인하고, 필요한 경우에는 기타 증빙서류를 제출 받아 조건변경내용을 일일이 검토한 다음 변경이 가능하다고 판단되어 변경을 승낙하게 되면 통지은행을 통해 신용장조건변경통지서(Advice of amendment to the credit : Amendment letter)를 수익자에게 송부한다.

(2) 수출신용장의 조건변경

신용장의 수익자인 수출업자는, 신용장을 접수하면 신용장조건을 점검하고 점검 결과 매매계약조건과 다른 내용이 있거나 신용장 자체에 문제가 있어 그대로 두면 계약상품의 선적이나 대금결제에 지장이 있다고 판단될 경우, 신용장의 발행신청인인 수입업자에게 조건변경을 요청한다. 신용장의 조건변경은 대부분 이와 같이 수익자의 요구로 이루어지는데, 이러한 요청을 수입업자가 승낙하면 수입신용장 조건변경의 경우와 반대의 경로를 통해 수출업자에게 통지되어 온다. 즉, 수입업자는 발행은행에 변경을 신청하고 발행은행은 통지은행을 통해 신용장의 조건변경통지서를 수익자에게 송부해 준다. 수익자인 수출업자는 이 조건변경통지서를 원신용장에 첨부해 두었다가 화환취결시에 함께 은행에 제출하여야 한다.

2 신용장 조건변경의 효력

신용장의 발행은행은 그 조건변경서를 발행하는 때부터, 그리고 확인은행은 그 조건변경을 통지하는 때부터 신용장의 조건변경에 대한 효력이 발생한다(UCP 제10조 b항). 반면 수익자는 그 변경에 대한 승낙을 통지은행에 통보할 때까지 원신용장에 따른 권리를 주장할 수 있다. 즉, 수익자의 명시적인 승낙이 통보되어야 비로소 신용장의 조건은 변경된다. 다만, 수익자는 그 변경에 대하여 승낙 또는 거절의 통지를 하여야 한다. 그리고 수익자가 신용장의 변경에 대한 명시적인 승낙의 통보 없이 있다가 변경된 조건에 일치하는 서류를 은행에 제시하는 경우에는 그것으로 수익자가 그 변경에 대하여 승낙의 통보를 한 것으로 간주된다(동 c항). 또 신용장의 변경에 대한 일부승낙은 허용되지 아니하고, 이는 변경의 거절통지로 간주한다(동 e항).

취소불능 화환신용장 조건변경 신청서

외환은 외환은행

(APPLICATION FOR AMENDMENT TO IRREVOCABLE DOCUMENTARY CREDIT)

□ 전문사본 요청합니다.	FAX :.
□ 선적서류 도착시 연락 전화번호/FAX 번호.	TEL : FAX :.

1. Credit Number : M06-
2. Beneficiary(Before This Amendment) :
3. Currency :
4. Increase of L/C Amount :
5. Decrease of L/C Amount:
6. New L/C Amount after Amendment :
7. New Date of Expiry (년/ 월/ 일) :
8 New Latest Date of Shipment :
9. Percentage L/C Amount Tolerance : (+ /- %)
10. Partial Shipments : (1. Allowed / 2. Not-Allowed. instead of previous)
11. Transshipments : (1. Allowed / 2. Not-Allowed. instead of previous)
12. New Loading(Shipment from)
   1) New Loading/Airport of Departure :
   2) Place of Taking in Charge/Dispatch from.../Place of Receipt :
   (복합운송 및 기타의 경우만 기재)
13. New Discharging(Shipment to)
   1) Port of Discharge/Airport of Destination :
   2) Place of Final Destination/For Transportation.../Place of Delivery :
   (복합운송 및 기타의 경우만 기재)
14. Others :

EP-A-FM-021 (2006.11 월 개정, 210X297)

KEB First Choice Bank 외환은행

취소불능 화환신용장 조건변경 신청서

외환은 외환은행

(APPLICATION FOR AMENDMENT TO IRREVOCABLE DOCUMENTARY CREDIT)

Reimbursements under this Credit are subject to the Uniform Rules for Bank-to-Bank Reimbursements under Documentary Credits, ICC Publication No.525. This Documentary Credit is subject to the Uniform Customs and Practice for Documentary Credits(1993 Revision, ICC Publication No.500)

외환은행 앞

위와 같이 신용장 조건변경을 신청함에 있어서 따로 제출한 외국환 거래약정서의 해당 조항에 따를 것을 확약합니다.

년 월 일

신 청 인 (인)

주 소

EP-A-FM-021 (2006.11 월 개정, 210X297)

KEB 외환은행 First Choice Bank

9 신용장의 양도

신용장의 양도란 양도가능신용장의 수익자가 향유하는 권리의 전부 또는 일부를 수익자가 지시하는 제3자에게 넘겨주는 것을 말한다.

① 양도의 요건

원칙적으로 신용장은 수익자가 지정되어 있어 제3자에게 양도할 수 없지만, 신용장상에 "Transferable"이라고 명시하고 있는 양도가능신용장(transferable L/C)의 경우에는 원수익자(first beneficiary : original beneficiary)가 제2수익자(second beneficiary)에게 양도할 수 있다. 물론 반드시 양도하여야 하는 것은 아니고 양도할 의사가 없으면 양도하지 않아도 되지만, 양도하는 경우에는 다음과 같은 요건을 갖추어야 한다(UCP 제38조).

(1) 양도은행의 범위

양도은행(transferring bank)은 신용장을 양도하는 지정은행 또는 모든 은행에서 사용할 수 있는 신용장의 경우에는 발행은행에 의해 양도하도록 특별히 수권을 받고 또한 신용장을 양도하는 은행을 의미한다. 발행은행도 양도은행이 될 수 있다(b항). 은행은 자기가 명시적으로 동의한 방법과 범위내에서만 양도한다(a항).

(2) 양도비용의 부담자

양도시에 달리 합의하지 않은 한, 양도와 관련하여 발생한 수수료 · 요금 · 비용 또는 지출금과 같은 모든 경비는 제1수익자(원수익자)가 지급하여야 한다(c항).

(3) 양도의 회수 및 양도신용장의 조건

(가) 양도의 회수

양도가능신용장은 1회에 한하여 양도할 수 있다. 따라서 신용장을 양도받은 제2수익자는 이를 다시 다른 수익자(subsequent beneficiary)에게 양도할 수 없다. 다만, 제2수익자가 양도받은 신용장을 다시 제1수익자에게 재양도하는 것은 상관없다. 그리고 신용장이 분할선적이나 어음의 분할발행을 허용하는 경우, 2인 이상의 제2수익자에게 분할하여 양도할 수 있다(d항).

(나) 양도되는 신용장의 조건

양도되는 신용장은 원칙적으로 원신용장의 조건과 동일하여야 하지만, 다음과 같은 사항에 대하여는 원신용장조건의 변경이 인정된다.

① 신용장의 금액 및 단가의 감액
② 유효기일, 서류제시기간, 선적기일 또는 선적기간의 단축
③ 부보비율의 인상
④ 발행신청인의 명의를 제1수익자 명의로 대체하는 것. 다만, 발행신청인의 명의가 송장 이외의 모든 서류에 나타나도록 원신용장에서 특별히 요구하는 경우에는 양도되는 신용장에 이를 반영하여야 한다(g항).

(4) 송장의 대체와 차액의 청구

제1수익자는 신용장의 원금액을 초과하지 않는 범위내에서 제2수익자의 송장과 환어음(있는 경우)을 자기의 송장 및 환어음으로 대체할 권리를 가지고 있다(송장·환어음의 대체권). 그리고 이와 같이 대체하는 경우 제1수익자는 자기의 송장과 제2수익자의 송장 사이에 차액이 있을 때에는 차액에 대하여 신용장에 의거하여 환어음을 발행할 수 있다(h항).

그러나 송장 등을 대체할 수 있는 경우에도 원수익자가 양도은행의 최초의 요구를 받고 곧바로 대체분을 제공하지 않는 경우, 양도은행은 제2수익자로부터 수령한 송장과 환어음(있는 경우)을 그대로 발행은행에 인도할 권리가 있다(i항).

제2수익자에 의한 또는 제2수익자를 위한 서류제시는 양도은행에 하여야 한다(k항).

2 양도절차

신용장의 양도는 그 양도금액에 따라 전액양도와 분할양도로 구분할 수가 있다. 전액양도(total transfer)는 신용장금액 전체를 한사람에게 양도하는 것으로서 분할선적이 금지되고 있는 경우에는 이러한 전액양도만이 가능하다. 한편, 분할양도(partial transfer)는 신용장 금액의 일부를 한사람이나 여러 사람에게 나누어 양도

하는 것으로서, 분할선적이 허용되는 경우에 가능하다. 그런데 어떠한 경우이든 양도를 하기 위해서는 원수익자가 양도은행에 양도신청서[Application for total (partial) transfer]와 신용장 원본을 제출한다. 양도은행은 이들 서류의 내용을 검토한 후 타당하다고 인정되면 원신용장에 양도사실을 기재하고, 원수익자가 지정한 양수인에게 양도사실을 통지하게 된다.

한편 전자신용장으로 통지받은 신용장금액의 전부 또는 일부를 제2수익자에게 양도하고자 할 경우에도 신용장의 양도를 신청할 수 있다. 이때에는 제1수익자가 신청한 양도신청서에 제2수익자가 인터넷으로 접속하여 제1수익자가 신청한 양도신청내용을 확인하여 양도에 동의하거나 혹은 거절할 수 있다. 그리고 제1수익자와 제2수익자가 상호 동의한 양도신청서가 양도은행에 제출되어야만 은행에서 양도업무가 처리된다.

양도신청서

담 당	검토자		결재권자

APPLICATION FOR ☐Total ☐Partial Transfer

To : **WOORI BANK**

Date :

Re : L/C No.
Dated
Issuing Bank
Amount
Beneficiary
Accountee

Gentlemen :

We hereby request you to transfer irrevocably all of our rights of the above mentioned credit to the transferee under the same terms and conditions of the original credit with exceptions indicated hereunder :

Amount to be transferred :
Lastest shipping date :
Expiry date :
Description of commodities and other conditions

Any amendment to the credit hereafter made is to be advised to ☐ the first beneficiary
☐ the second beneficiary

The original credit(including amendments to this date, if any) is attached herewith for your endorsement.

We agree to indemnify and hold you harmless against any and all losses, damages and expenses arising from your actions on this transfer.

This application is subject to the Uniform Customs and Practice for Documentary Credit.
1993 Revision. International Chamber of Commerce Publication No. 500.

Accepted by

Your very truly

인감 및 원본확인

Name and Signature
of Second Beneficiary

Name and Signature
of First Beneficiary

수출(4030031, 310×297) 수출신용장양도신청서 백상지 80g/㎡ (2002. 11 개정)9

Chapter 5

수출상품의 확보와 선적준비

1. 수출상품의 확보
2. 무역금융
3. 수출포장

Chapter

5 수출상품의 확보와 선적준비

1 수출상품의 확보

무역계약이 체결되면 수출업자는 계약조건과 일치하는 상품을 확보하여 계약조건에 따라 수입업자에게 인도하여야 한다. 그런데 일반적으로 수출업자는 계약상품을 사전에 확보해 두고 있는 경우는 극히 드물고, 대개 계약체결과 동시에 국내의 생산업자로부터 완제품을 구매하거나 또는 직접 생산에 착수하게 된다. 즉, 수출상품을 확보하는 방법은 수출업자의 공장에서 직접 생산하는 경우와 다른 생산업체에서 생산한 완제품을 국내에서 구매하는 경우로 나눌 수 있다. 수출상품을 직접 생산하기 위해서는 원자재를 확보하여야 하는데, 원자재는 국내에서 구매하거나 외국으로부터 수입하게 된다.

① 완제품 및 원재료의 국내구매

완제품이나 수출용 원재료를 국내에서 구매하는 경우에는 내국신용장이나 구매확인서를 이용할 수 있다.

(1) 내국신용장에 의한 구매

제4장에서 설명한 바와 같이 내국신용장(local L/C)이란 수출신용장의 수익자인 수출업자가 수출상품(원자재 포함)의 공급자에게 금융의 방편을 제공하기 위하여 해외로부터 받은 원신용장을 거래은행에 제시하고, 이를 견질로 상품(또는 원자재)공급자를 수익자로 하여 발행한 신용장이다. 그런데 현재 우리나라의 내국신용장제도에 의하면 수출을 지원하기 위해 수출신용장뿐 아니라 선수출계약서 등을 근거로 하여 내국신용장을 발행할 수도 있다. 내국신용장을 발행함으로써 수출업자는 수출상품의 조달에 필요한 자금부담이 경감된다.

보존기한 1년

외환은 외환은행

취소불능 내국신용장 발행신청서

형식 : 수익자가 신용장금액을 한도로 하여 물품대금 전액을 어음금액으로 하고
본인을 지급인, 귀행을 지급장소로 하는 일람출급환어음을 발행함을 허용하는 신용장

담당자	책임자

신용장번호 :

1. 발 행 신 청 인 :
2. 수익자(한글명) :
   수익자(영문명) :
3. 신 용 장 종 류 : [1.원화표시(외화부기) 2.외화표시 3.순수원화표시]
4. 결제통화 및 금액 : 순수원화 또는 원화표시(외화부기)인 경우
   - 원 화 금 액 : ₩
   - 통 화 : (1.USD 2.JPY 3.EUR 4.기타)
   - 외 화 금 액 :
   - 환 율 :

   다만, 환어음 매입시 매매기준율이 개설시와 다를 경우 원화금액은 동 매매기준율로 환산한 금액으로 함.

4-1. 결제통화 및 금액 : 순수외화인 경우
   - 통 화 : (1. USD 2.JPY 3.기타)
   - 외 화 금 액 :

   다만, 발행의뢰인의 거주자계정으로부터 수익자의 거주자계정에 이체지급할 것을 조건으로 함.

5. 유 효 기 일 :
6. 물품 인도 기일 :
7. 분 할 인 도 : (1. 허용함 2. 불허함)
8. 서류 제시 기간 : 물품수령증명서 발급일로부터 영업일 이내
9. 발 행 근 거 :
   (1. 수출L/C 2.D/A 3.D/P 4.외화표시 물품공급계약서)
   (5.기타 수출관련계약서 6.내국신용장 7.과거수출실적)

9-1. 신용장(계약서번호) :

10. H.S CODE :

이 영역은 전산인자 부분이므로 삭제 또는 편집하지 마십시오.

EP-A-FM-022(1/2) (2003. 9월 개정, 210x297)

KEB First Choice Bank 외환은행

외환은 외환은행

11. 제출서류 :

- 물품수령증명서 : 통
- 공급자발생 세금계산서사본 : 통
- 공급자발행 물품매도확약서 : 통
- 기 타 : 통

12. 기 타 :

13. 용 도 :

14. 상품명세 : 내용이 길어지면 별첨자료로 첨부

HS 부 호	품명 및 규격	단위 및 수량	단 가	금 액

외환은행 앞

귀행이 발행하는 내국신용장은 상기 원 신용장과는 독립 별개의 것임을 서약하고 따로 제출한 외국환거래 약정서의 각 조항에 따를 것을 확약하며 위와같이 내국신용장 발행을 신청합니다.

TEL :	FAX :	담당자명 :

20 년 월 일

신 청 인 (인)
주 소

이 신용장에 관한 사항은 다른 특별한 규정이 없는 한 국제 상공회의소 제정화환신용장 통일규칙 및 관례에 따릅니다.

EP-A-FM-022(2/2) (2003. 9월 개정, 210x297)

KEB First Choice Bank 외환은행

한편, 내국신용장의 수익자인 상품(또는 원자재)공급자도 대금회수를 보장받고, 또 수취한 내국신용장을 근거로 공급물품을 제조·가공하는데 필요한 자금지원도 받을 수 있을뿐 아니라 내국신용장에 의한 공급실적은 수출실적으로 인정되며, 부가가치세 영세율 적용 등의 혜택을 받을 수 있다.

내국신용장은 당해 업체가 보유하고 있는 무역금융의 융자대상 증빙, 즉 수출신용장, D/P·D/A계약서, 외화표시 물품공급계약서, 외화표시 건설 및 용역공급계약서, 내국신용장을 근거로 하거나, 당해 업체의 과거 수출실적을 근거로 하는 무역금융 융자한도에 따라 거래 외국환은행에서 발행할 수 있다.

내국신용장의 수익자는 내국신용장 조건대로 내국신용장 발행신청인에게 물품을 공급하고, 발행신청인으로부터 물품수령증명서를 발급받아 발행은행에 직접 지급요청을 하거나 거래 외국환은행에 추심을 의뢰하여 대금을 회수하게 된다.

(2) 구매확인서에 의한 구매

구매확인서는 무역금융 한도부족·단순송금방식에 의한 수출 등 내국신용장의 발행이 어려운 경우에 국내에서 생산된 물품을 외화획득용 원료 또는 물품으로 사용하기 위하여 구매하고자 하는 경우, 외국환은행의 장이 내국신용장에 준하여 발급하는 증서를 말한다.

그러나 구매확인서는 내국신용장과 달리 은행이 대금지급을 보증하고 있지 않고, 무역금융의 융자대상도 되지 않는다. 구매확인서는 업자간의 거래를 외국환은행의 장이 확인하여 일정한 혜택(수출실적으로 인정·부가가치세 영세율 적용 등)을 국내공급상에게 부여함으로써 외화획득용원료의 구매를 원활하게 하는데 그 목적이 있다.

구매확인서를 발급받기 위해서는 외화획득용원료 구매확인신청서에 신용장 등의 발급근거를 첨부하여 구매자의 거래 외국환은행에 신청하며, 동 은행은 공급자 앞으로 구매확인서를 발급한다.

2 외화획득용 원료의 수입

외화획득용 원료는 외화획득에 제공되는 물품과 대외무역법 시행령 제3조에 따른 용역 및 제4조에 따른 전자적 형태의 무체물을 생산(제조·가공·조립·수리·재생 또는 개조하는 것을 말한다)하는 데에 필요한 원자재·부자재·부품 및 구성품을 말한다(대외무역법 시행령 제2조 6호). 우리나라는 수출물품 생산에 소요되는 원료 등에 대하여 최대한 부담을 줄여줌으로써 수출상품의 국제경쟁력을 제고시키고자 외화획득용 원료의 조달에 대하여는 내수용과 비교하여 여러 가지 혜택을 부여하고 있다. 여기서 참고로 외화획득용 원료수입과 일반 내수용 수입의 차이점을 살펴보면 다음과 같다.

(1) 수출입공고 등의 적용배제

외화획득용 원료는 그 원료를 사용하여 생산되는 물품이 수출된다는 점에서 일반 내수용의 수입과는 달리 수출입공고 등의 제한규정에도 불구하고 수입이 가능하다.

(2) 관세부담

외화획득용 원료는 수입시 납부한 관세 등을 수출 이행 후 환급 받으므로 사실상 관세부담이 없다.

(3) 무역금융지원

수출물품의 생산에 소요되는 자금부담을 덜어주기 위하여 외화획득용 원료의 수입에 필요한 자금은 무역금융지원을 해 주고 있다.

외화획득용 원료의 수입절차는 일반 내수용 물품 수입절차와 비슷하다. 다만 위에서 언급한 바와 같이 외화획득용 원료 수입에 대하여는 여러 가지 혜택을 부여하고 있기 때문에 그에 따라 사후관리나 관세환급 등의 절차가 추가된다.

2 무역금융

① 무역금융의 의의 및 종류

무역금융이란 수출과 수입 등의 무역을 하는데 필요한 자금의 융통 혹은 신용의 공여를 말한다. 즉, 수출입상품의 거래와 관련하여 그 생산·구매로부터 대금결제에 이르기까지 각 단계에 따라 필요한 자금을 공급해 주는 것을 무역금융이라 한다.

무역금융은 융자의 시점 · 기간 · 통화종류 등에 따라 다음과 같이 구분된다.

(1) 수출금융, 수입금융, 현지금융

융자대상에 따른 분류로서 수출금융은 수출을 위한 금융, 즉 수출계약을 체결한 뒤에 수출상품을 조달하여 선적하고 그 대금을 회수하기까지에 필요한 자금을 융통해 주는 것을 말하고, 수입금융은 수입을 위한 금융, 즉 수입계약을 체결한 후 신용장 발행 및 수입어음 결제를 위하여 필요한 자금을 융통해 주는 것을 말한다.

한편, 현지금융은 외국환은행이 무역상사 등의 해외지점이나 현지법인의 수출입자금이나 운전자금을 현지에서 외화로 융자하거나 또는 외국은행으로부터의 차입금의 변제를 보증하는 것을 말한다.

(2) 외화금융과 원화금융

융자하는 통화종류에 따른 분류로서 외화금융은 외화로 하는 금융이고, 원화금융(방화금융)은 원화로 하는 금융이다. 위에서 설명한 현지금융은 모두 외화금융에 속한다.

(3) 선적전 금융과 선적후 금융

무역금융은 융자시기에 따라 선적전 금융(수출전대금융 : export advance)과 선적후 금융으로 나눌 수 있다. 선적전 금융은 수출계약체결후 신용장의 내도를 거쳐 선적할 때까지 필요한 자금을 융통해 주는 것이다. 한편, 선적후 금융은 물품의 선적 후 대금을 회수할 때까지 상당한 시일이 소요될 경우에(예컨대, D/A조건이나 usance L/C 수출의 경우 등) 그 동안의 수출업자의 자금부담을 덜어주기 위하여 금융기관이 수출환어음을 매입해 주거나 이를 담보로 자금을 융통해 주는 것을 말한다.

(4) 단기금융과 중 · 장기 금융

무역금융은 융자기간의 장단에 따라 단기금융과 중 · 장기 금융으로 구분된다. 일반적으로 단기금융은 융자기간이 1년 이내인 것을 말하고, 중기금융은 1년~5년 이내, 장기금융은 5년을 초과하는 융자를 말한다.

(5) 국내금융과 국제금융

무역금융은 신용공여자의 소재지를 기준으로 국내금융과 국제금융으로 구분된다. 우리나라 은행이 취급하는 현행 무역금융은 모두 국내금융이고, 국제금융은 신용공여자가 외국에 소재하는 경우로서, D/A나 Usance L/C 등의 연지급수입, 수출선수금 등이 여기에 속한다.

2 우리나라의 현행 무역금융제도

무역금융은 무역을 하는데 필요한 자금의 융통 혹은 신용의 공여를 말하므로, 광의의 무역금융에는 연지급조건의 수입신용장 발행, D/A조건의 물품수입, 수출환어음의 매입 등도 포함되지만, 보통 무역금융을 협의로 해석하여 수출업자 등에게 단기간 직접적으로 융자해 주는 선적전 금융을 가리키고 있다. 이러한 협의의 무역금융에 대하여는 많은 혜택이 부여되고 있다. 즉, 대외 경쟁력 강화라는 정책적 배려에서 우대금리가 적용될 뿐 아니라 외국환은행의 융자취급액에 대하여는 그 일정비율 해당액을 중앙은행인 한국은행으로부터 다시 융자받을 수 있다.

현재 우리나라의 무역금융은 신용장기준 금융, 실적기준 금융 및 포괄금융으로 나누어진다.

(1) 신용장기준 금융

신용장기준 금융이란 업체별 융자한도범위 내에서 당해 업체가 보유하고 있는 수출신용장 등 건별 융자대상 증빙을 근거로 매 건별로 융자하는 방식이다.

신용장기준 금융에서는 생산자금, 원자재구매자금, 완제품구매자금별로 당해업체가 보유하고 있는 수출신용장, 선수출계약서(D/P, D/A), 외화표시 물품공급계약서, 내국신용장 등 융자대상 증빙을 근거로 취급한다.

(2) 실적기준 금융

실적기준 금융이란 과거 수출실적을 기준으로 산정된 업체별 융자한도 범위내에서 수출신용장 등 건별 융자대상 증빙과는 관계없이 융자하는 것이다. 실적기준 금융에서는 과거 1년간 수출실적이 있는 업체가 향후 일정기간에도 동일금액만큼 수출할 것으로 간주하여 신용장 등의 내도와는 관계없이 생산자금, 원자재구매자금,

완제품구매자금별로 일괄하여 융자 취급한다.

(3) 포괄금융

중소기업의 소액수출을 촉진하기 위해서는 중소기업에 대한 자금지원이 필요하지만, 기업규모가 영세한 소액수출업체가 복잡한 무역금융제도를 이용하기에는 현실적으로 여러 가지 애로가 따른다. 따라서 일정한 요건을 갖춘 소액수출업체에 대하여는 자금용도의 구분없이 수출신용장 등의 금액의 일정비율 또는 과거 수출실적의 일정비율 해당액을 일괄 융자지원하고 있는데, 이를 포괄금융이라고 한다.

포괄금융을 수혜받고자 하는 업체는 당해업체의 무역금융 융자한도의 결정 등 무역금융에 관한 종합관리를 담당할 주거래 외국환은행을 지정하고, 동 은행에 포괄금융 수혜업체로 신청해야 한다. 지정은행은 신청업체가 자격요건에 해당하는지를 검토한 후 포괄금융 수혜업체로 선정하게 된다.

3 무역어음제도

무역어음이란 수출신용장 등에 의하여 신용장 등에 표시된 물품을 직접 제조·가공하여 수출하거나 국내에 공급하는 무역어음의 발행인이 인수기관과의 일정한 약정에 의해 인수기관을 지급인으로 하여 발행하고, 그 인수기관이 인수한 기한부 환어음을 말한다. 즉, 이 제도는 수출업체가 신용장[내국신용장, 선수출계약서(D/P, D/A) 및 외화표시 물품공급계약서 포함] 또는 과거 수출실적을 근거로 무역어음을 발행, 외국환은행의 인수를 받아 중개기관(dealer)에 할인 매각함으로써 자금을 조달하는 것이다. 그리고 중개기관은 그 할인 무역어음을 일반투자가에게 매각하게 되며, 인수기관은 수출업체의 네고(nego)대전으로 어음결제대금을 회수한다(〈그림 5-1〉 참조).

무역어음은 무역금융과 같이 한국은행의 재할인대상이 되는 정책금융이 아니고, 취급기관의 자체적인 재원을 바탕으로 하고 있는 것이다.

〈그림 5-1〉 무역어음의 유통과정

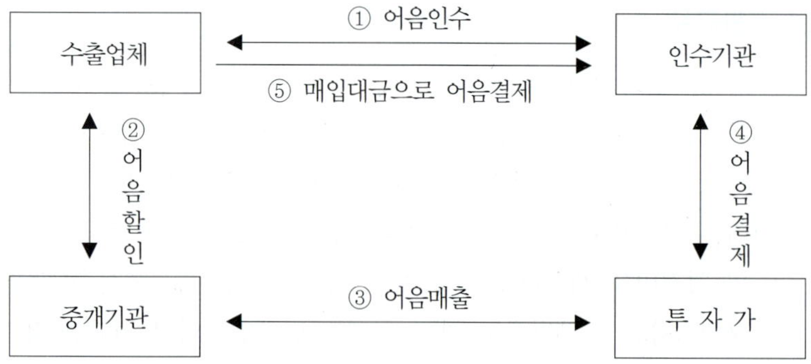

(1) 인수기관

인수기관은 무역어음에 기명날인함으로써 지급기일에 무역어음의 지급의무를 부담하는 금융기관으로서, 네고업무을 취급하는 외국환은행 또는 종합금융회사가 인수기관이 된다.

(2) 중개기관(할인기관)

중개기관은 인수기관이 인수한 무역어음을 할인 매입하여 일반투자가(기관·개인·기업 등)에게 매출하는 금융기관으로서, 은행·종합금융회사·보험회사가 중개기관이 된다.

3 수출포장

① 수출포장의 특징

포장(packing)은 물품의 운송 및 보관에 있어서 그 물품의 가치 및 상태를 보호하기 위하여 적합한 재료나 용기 등으로 포장하는 방법 및 상태를 말한다.

포장이 수행하는 기능은 ① 보호기능(protective function)과 ② 판매촉진기능(sales promotive function)으로 나누어 볼 수 있는데, 국내에서 유통되는 상품의 포장은 이 중 판촉기능에 중점을 두고 있다. 그러나 수출상품의 경우에는 공장에서 출하되어 수입국의 최종 수요자에게 인도되기까지 선적 · 환적 · 양륙 등을 위해 운송 중 난폭한 취급을 받게되며, 또한 장기간 운송되는 과정에서 기후의 변화, 습기 · 광열 · 해수 · 충해 등에 의해 부패 또는 파손될 위험도 많고, 그 밖에 도난이나 분실의 염려도 있다. 따라서 수출포장에 있어서는 수출상품을 원래의 상태대로 목적지에 도착시키기 위한 보호성의 발휘에 중점이 놓여지게 된다.

한편, 과다포장이나 불완전포장은 모두 여러 가지 문제를 수반한다. 과다포장은 비경제적이고, 또 불완전포장으로 인한 손해에 대하여는 선박회사 · 보험회사 모두 책임을 지지 않기 때문에 수출업자 스스로 그 책임을 져야 한다. 따라서 결국 포장은 운송거리나 운송수단, 환적여부, 경유지의 기후, 포장비용 등을 충분히 고려하여 경제적이면서도 상품이 손상되지 않도록 하여야 한다.

❷ 수출포장의 종류

포장은 크게 단위포장(개장), 내부포장(내장) 및 외부포장(외장)으로 나눌 수 있다.

단위포장(unitary packing)은 상품 개개의 포장으로서 최종적으로 소비자의 손에 들어가는 시점의 상품단위에 대한 포장을 말한다. 그리고 내부포장(interior packing)은 단위포장을 한 물품 몇 개를 적절한 재료로 싸거나 용기에 담는 것과, 또 운송용기에 넣을 때 내용물이 수분 · 습기 · 광열 · 충격 등에 의해 손상되는 것을 방지하기 위하여 외부포장의 내부에 판지 · 솜 · 프라스틱 등을 채우거나 칸막이를 하는 것을 말한다.

한편, 외부포장(outer packing)은 운송을 위한 포장으로서, 그 주된 목적이 물품 자체의 보호에 있다. 따라서 외부포장은 내항성포장(seaworthy packing)을 하여야 하고, 또 수송 · 보관 · 취급에 편리하도록 하여야 하는데, 일반적으로 포장이라고 하면 이 외부포장을 가리킨다.

③ 수출포장 용기

수출물품을 포장하는데 사용되는 재료와 용기[1]는 보통 상품의 종류에 따라 달라진다. 그리고 상품에 따라서는 그 포장에 용기를 사용하는 경우(용기포장)도 있고, 또 사용하지 않는 경우(무용기포장 ; 예컨대, 팔레트 · 두루마리 · 다발 등)도 있다. 또한 용기포장은 용기의 종류에 따라 상자포장, 포대포장, 통포장 등으로 나누어진다.

④ 수출화인

수출물품에 대한 포장이 끝나면 그 외부포장에다 화인을 하게 된다. 화인(貨印 : shipping marks)이란 포장화물의 외부포장에 기입하는 특정의 기호 · 도착항구 · 번호 · 기타의 표지를 말한다. 화인을 하는 목적은 상품의 운송, 보관 및 하역에 있어서 관계당사자, 특히 운송관계인으로 하여금 다른 화물과의 식별을 용이하게 하고자 하려는 데에 있다.

일반적으로 수출화물은 타 수출화물과 혼재되어 운송 · 하역 · 보관되는데, 화인이 없거나 불완전 또는 불명료한 경우에는 불착이나 잘못 인도될 우려도 있으며, 또한 수입통관시에도 뜻하지 않은 곤욕을 치를 염려가 있다. 따라서 화인은 반드시 두 곳 이상 상당한 크기로 선명하면서도 지워지지 않도록 하여야 한다.

화인은 거래당사자 사이에 특약이 있는 경우에는 그에 따라 표시하여야 한다. 그런데 현실적인 문제로서 화인을 회사별로 임의로 표시하면 많은 불편과 어려움이 초래될 수 있다. 따라서 한국 무역절차간소화위원회(KOSTPRO)에서는 유엔 국제무역절차간소화회의에서 내 놓은 권고안을 토대로 우리나라 실정에 적합한 표준화인을 제정해 두고 있다. 그러므로 당사자간에 특약이 없는 경우에는 이 표준화인에 준거하여 표시하는 것이 바람직하다.

표준화인은 크게 기본화인, 정보화인, 그리고 화물취급표시의 세 가지로 구분된다(〈그림 5-2〉 참조).

1) 포장재료와 포장용기는 동일한 것으로 생각하기 쉬우나 엄연히 다르다. 예를 들면, 나무나 종이 등은 포장재료이고, 이를 가지고 만든 나무상자나 종이상자는 포장용기이다.

〈그림 5-2〉 표준화인

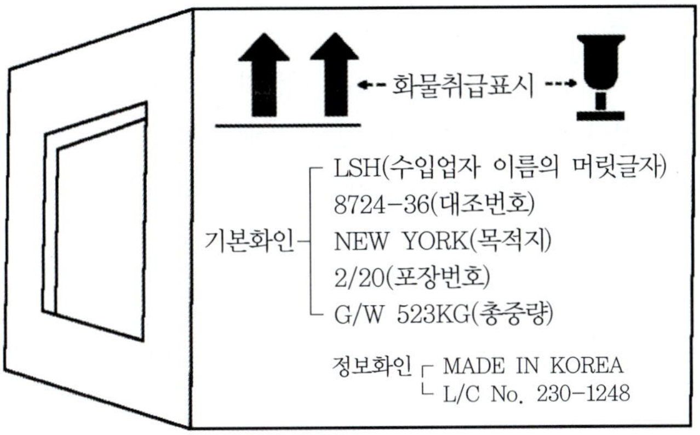

(1) 기본화인

기본화인(main marks)은 ① 수입업자 이름의 머릿글자, ② 대조번호, ③ 목적지, ④ 포장번호, ⑤ 총중량의 5가지로 구성되며, 화물과 선하증권·화물인도지시서 등 화인 관련서류의 대조·점검에 사용된다.

1) 수입업자명 : 수하인이나 매수인 이름의 머릿글자 또는 생략된 이름을 사용하는데, 이는 보통 매매계약체결시에 당사자간에 약정해 두게 된다.

2) 대조번호 : 주문번호(order No.)나 송장번호(invoice No.) 중에서 매매 당사자가 가장 중요하다고 생각하여 결정해 둔 것을 기재한다.

3) 목적지 : 화물의 목적지 또는 도착항구명을 표시한다. 그리고 목적지와 도착항이 다를 때에는 목적지뿐 아니라 경유항, 즉 도착항도 함께 기재한다. 예컨대, 양륙항이 샌프란시스코이고 목적지가 시카고인 경우에는 "Chicago via San Francisco" 또는 "Chicago overland via San Francisco"라고 표시한다. 다만, 복합운송의 경우에는 최종목적지만 기재한다.

4) 포장번호 : 개별화물과 총 화물수량을 2/25와 같이 표시한다. 2/25는 25개의 전체 화물 중에서 두 번째 화물임을 뜻한다. 그리고 포장의 종류를 명확히 하고자 할 때에는 "C/No. 2/25" 또는 "B/No. 2/25" 등과 같이 표시하는데, 여기서 C는 「Case」, B는 「Bale」을 나타낸다.

5) 총중량 : 총중량을 예컨대, 550kg과 같이 표시한다.

(2) 정보화인

정보화인(information marks)은 원산지(country of origin), 신용장번호 등으로 상대국 정부나 매수인의 요구가 있을 때에만 표시한다. 정보화인은 기본화인과 명확히 구분하기 위하여 기본화인보다 작은 글씨로 표시한다.

(3) 화물취급표시

화물취급표시(cargo handling marks)는 화물의 성질에 따라 그 취급, 운송 및 적재 등의 요령을 나타내는 주의표시로서, 일반적인 화물취급표시(〈그림 5-3〉 참조)와 위험물표시(〈그림 5-4〉 참조)로 나누어진다.

이러한 표시는 화물 취급상의 주의를 환기시킬 목적으로 하는 것이므로 알기 쉽게 그림으로 표시하거나 문자로 표시하기도 하는데, 문자로 표시할 때에는 목적지의 현지어로 표시하는 것이 효과적일 경우가 많다.

〈그림 5-3〉 화물취급표시 마크의 예

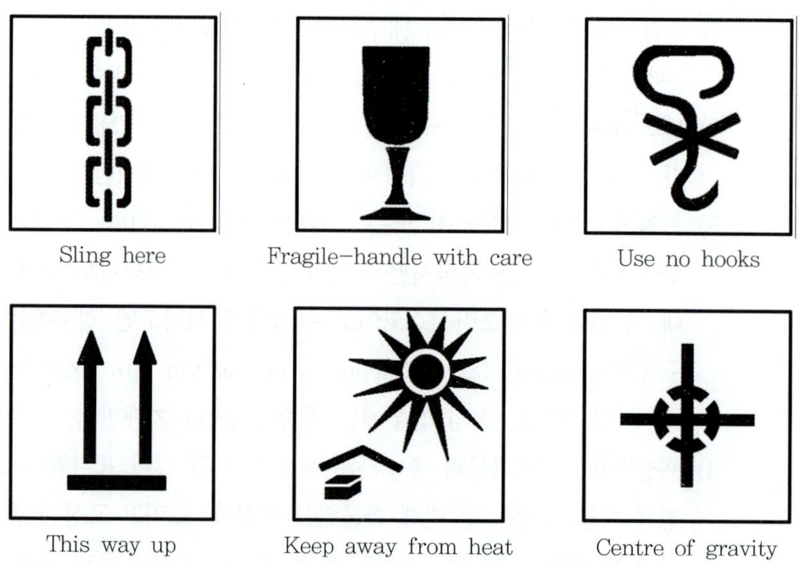

〈그림 5-4〉 위험물표시 마크의 예

Chapter 6

무역과 운송

1. 운송수단의 선택
2. 해상운송
3. 복합운송

Chapter 6

무역과 운송

1 운송수단의 선택

계약상품의 준비가 완료될 단계에 가까와 오면 당해 상품을 목적지로 운송하기 위하여 적당한 운송수단(means of transportation)을 확보해 두어야 한다. 무역상품의 운송수단으로서 유럽 제국간이나 미국 · 캐나다간에는 철도나 화물자동차가 많이 이용되지만, 반도국가인 우리나라로서는 선박이나 항공기를 이용할 수밖에 없다.

한편, 매매당사자 중 누가 운송수단을 확보해야 하느냐는 계약조건(가격조건)에 따라 결정된다. 즉, "C"조건들(CFR, CIF, CPT, CIP)의 경우에는 주된 운송계약을 매도인이 체결하여야 하며, "F"조건들(FCA, FOB 등)의 경우에는 원칙적으로 매수인이 운송계약을 체결하여야 한다. 다만, 현실적으로는 FOB조건의 경우에도 외국에 있는 매수인이 수출지의 운송사정에 어둡기 때문에 보통 매수인을 위하여 매도인이 운송계약의 체결을 대행하는 것이 보통이다. 그리고 이러한 계약조건은 선택가능한 운송수단 자체를 제한하게 된다. 예컨대, CIF조건으로 매매계약이 체결되면 당연히 선박으로 운송할 수밖에 없다. 이 밖에도 무역상품의 운송수단을 선택함에 있어서는 여러 가지 사항을 고려하여야 한다.

그런데 무역상품의 운송수단으로서 가장 오래전부터 이용되어 왔고, 또 오늘날에도 가장 많이 이용되고 있는 것은 선박에 의한 해상운송이다. 그것은 해상운송을 함으로써 대량의 상품을 값싸게 운송할 수 있기 때문이다. 물론 최근들어 항공기의 대형화에 따라 신속한 대량수송이 가능하게 된 결과, 무역화물의 운송에도 항공운송의 이용이 증가하고 있지만, 항공운송은 1회의 운송량 · 중량 · 스페이스(space)에 제한이 있을 뿐 아니라 운임이 비싸므로 부피가 큰 상품이나 중량물에는 부적합하다. 따라서 항공운송은 견본품이나 그밖에 경량고가품의 운송에 주로 이용되고 있다.

2 해상운송

① 해운기업의 선박운항형태

해운기업의 선박 운항형태는 정기선운송과 부정기선운송으로 나누어지며, 이들 운송에 투입된 선박을 각각 정기선, 부정기선이라고 한다.

(1) 정기선

정기선(liner)은 두 개 이상의 항구 사이를 사전에 확정된 운항일정에 따라 규칙적으로 반복하여 항행하는 선박을 가리킨다. 따라서 정기선은 불특정 다수화주에게 서비스를 제공하고, 만선이 되지 않더라도 예정된 일정에 따라 운항하여야 하는데, 이와 같은 규칙적인 운항은 정기선운항의 생명이며 화주에 대한 신용의 기준이 된다. 보통 정기선은 개품운송계약의 형식을 취하고, 또 정기선이 취항하는 항로, 즉 정기항로에는 해운동맹이 결성되어 운임 및 기타 운항조건이 협정되고 있다. 그리고 세계의 주요항로에는 정기선 항로망이 형성되어 있고, 유수한 선박회사는 거의 세계일주의 정기선을 운항하고 있다.

(2) 부정기선

부정기선(tramp : tramper)은 운송 수요자의 요청에 따라 수시로 어디에나 취항하는 선박을 말한다. 따라서 앞에서 설명한 정기선의 경우를 화물이 선박을 찾아오는 것이라고 한다면, 부정기선 운항은 선박이 화물을 찾아가는 것으로 비유할 수가 있다.

부정기선 운항은 항해의 신속성이나 정확성보다도 저렴한 운임을 특징으로 하고 있다. 따라서 운송대상은 주로 중량 또는 용적에 비하여 값이 싸고 출회시기가 불규칙한 화물이나 운송단위가 큰 대량화물 등이 된다. 그리고 부정기선은 보통 용선계약(charter party)의 형태를 취하고, 운임도 선복의 수요공급에 따라 항상 변동되는 점에서 정기선의 경우와는 다르다.

② 정기항로와 해운동맹

(1) 해운동맹의 의의와 유형

해운동맹(shipping conference : shipping ring)이란 특정의 정기항로에 배선하고 있는 선박회사가 상호간의 과당경쟁을 배제할 목적으로 결합하여 운송에 관한 각종협정(운임율 · 기항지 · 취항회수 · 적하량 등)을 맺는 일종의 국제카르텔을 말한다.

이것은 보통 정기선에 한하여 존재하고,[1] 또 정기항로에는 전부 동맹이 결성되어 있다고 해도 과언이 아니므로, 해운동맹을 정기선동맹(liner conference)이라고도 하며, 또한 해운동맹에는 반드시 운임이 중요한 협의사항이 되기 때문에 운임동맹(freight conference)이라고도 한다.

원래 해운업은 타 산업에서 볼 수 있는 수입제한 · 관세부과 등과 같은 보호조치를 취할 수 없고, 어떠한 항로든 각국의 선박이 자유롭게 취항할 수 있기 때문에 국제적으로 자유경쟁이 극심한 산업이다.

특히 정기항로에는 그 항로의 예정화물에 따라 적격선을 투입하고, 또 화주에게 예고한 입출항의 기일을 지켜야 할 뿐만 아니라 국내외에 점포망을 설치하는 등 막대한 자본을 투하하여야 하는 반면, 일단 투하된 자본은 고정성이 강하기 때문에 그 항로에서 경쟁이 격화되더라도 쉽게 다른 항로로 옮겨가기가 어렵다. 따라서 일단 경쟁이 치열해지면 파산에 이르기까지 경쟁이 지속될 가능성이 있어 정기해운업계에서는 일찍부터 자주적인 경쟁 규제기구로서 해운동맹이 생성된 것이다.[2]

이와 같이 경영의 자위권 발동으로 생성된 해운동맹은 그 일차적 목적이 선주의 이익보호에 있지만, 그와 동시에 국제무역의 증진에도 상당한 기여를 하여 왔다. 즉, 정기적인 배선에 따른 취항의 규칙성과 협정운임 적용에 따른 운임의 안정성은 계획적인 수출입과 선물계약을 가능하게 하였으며, 적격선의 배선에 의한 신속 · 안전한 운송에 따라 보험료가 절감된 점 등이 그것이다. 그러나 한편 해운동맹의 운영을 잘못하면 독점의 폐해가 생겨 화주가 부당한 불이익을 받을 우려가 있으며, 따라서 일찍부터 그 독점의 폐해가 논의되기도 하였다.

---

1) 부정기선의 카르텔(cartel)이 성립되기 위해서는 ① 항로 및 화물이 어느 정도 한정되고, ② 거기에 취항하는 선박간의 비용조건이 어느 정도 균등해야 한다. 그러나 부정기선 분야에서는 세계적으로 시장이 광범위하고, 선주 및 관계국의 수가 많아 카르텔조직의 성립이 사실상 불가능하다.

2) 세계최초의 해운동맹은 1875년에 결성된 캘커타 해운동맹(United Kingdom/Calcutta Conference ; 보통 The Calcutta Conference라고 한다)이며, 현재 세계에는 400여개의 해운동맹이 존재하고 있다.

해운동맹은 그 가입요건 여하에 따라 개방형 동맹(open conference)과 폐쇄형 동맹(closed conference)으로 구분된다. 개방형 동맹은 동맹가입을 희망하는 선박회사를 무조건 가입시키는 동맹으로서, 미국이 원칙적으로 이러한 형태를 취하고 있다.

한편, 폐쇄형 동맹은 동맹선사의 기득권을 존중하고 기존질서의 유지를 원하는 보수주의적 색채를 띠고 있어 신규가입에 대하여는 철저한 심사를 하며, 그 결과 동맹이 만족하지 않는 한 가입을 허용하지 않는 유형의 동맹으로서, 영국선주를 중심으로 한 유럽계의 해운동맹이 이러한 형태를 취하고 있다.

해운동맹에 가입한 선사의 선박을 동맹선(member liner)이라 하고, 동맹에 가입하지 않은 선사의 선박을 맹외선(outsider) 또는 비동맹선(non-conference liner)이라 한다.

(2) 해운동맹의 대외적 경쟁억제수단

해운동맹은 정기항로에 있어서의 경쟁을 규제 또는 제한하기 위하여 여러 가지 수단을 강구하고 있다. 즉, 가맹회사 상호간의 경쟁을 억제하기 위하여 ① 운임률을 협정하여 일정기간 고정시키고, ② 항해 수(또는 발항지 · 기항지) 및 적재화물의 수량을 협정하여 제한을 가하기도 한다. 이러한 점에서 동맹은 생산제한카르텔이고, 동시에 공급할당카르텔이기도 하다. 뿐만 아니라 더 나아가 ③ 공동계산제(pooling system)를 채택하기도 하고, 또 집하사무소(booking office)를 설치 · 운영하기도 한다.

한편, 동맹은 비동맹선에 의한 해운시장의 교란을 방지하여 영업의 안정을 꾀하기 위해 다음과 같은 수단을 강구하고 있다.

(가) 화주구속수단

화주가 맹외선을 이용하지 않도록 하기 위해 동맹선을 이용하는 화주에게 운임상의 일정한 특전(할인)을 주는 방법으로서 다음과 같은 세 가지가 있다.

1) 계약운임제(contract rate system) : 해운동맹과 계약을 체결하여 자기의 화물은 모두 동맹선에만 적재할 것을 약속한 화주(계약화주 : contract shipper)에 대해서는 비계약화주에 적용되는 일반운임률(base rate) 또는 비계약운임률(non-contract rate)보다 낮은 계약운임률(contract rate)을 적용하는 제도이다. 이 제도는 동맹의 표정운임이 미리 계약운임률과 비계약운임률의 두 가지로 설정되어 있으므로 이중운임제(dual rate system)라고도 한다. 계약운임과 비

계약운임의 차이(spread)는 보통 비계약운임의 15% 이내이며,[3] 계약화주가 계약을 위반하고 맹외선에 적재하였을 때에는 계약에 따라 위약금이나 그 밖의 제재가 가해진다.

2) 운임연환급제(deferred rebate system) : 일정기간(계산기간 : account period) 동맹선에만 적재한 화주에 대하여 그 기간중에 지급한 운임의 일부(보통 10%)를 환급할 것을 약정하는 것인데, 환급조건으로 그 다음의 일정기간(유보기간 : deferred period)도 동맹선의 이용을 의무화시켜 유보기간이 경과한 후에 환급금이 지급되는 제도이다. 따라서 화주가 맹외선에 선적하는 것은 그 기간의 선적분뿐 아니라 그 앞기간에 행해진 운송에 대한 환급금청구권도 포기하는 것이 된다. 이 제도는 1877년 캘커타 해운동맹에서 채용한 이래 주로 영국계 동맹에서 이용되어 왔으나 오늘날에는 거의 이용되지 않는다.

3) 충실보상제(fidelity commission system : loyalty bonus system) : 일정기간 동맹선에만 적재한 화주에 대하여 그 기간내에 선박회사가 수취한 운임의 일정 비율을 기간경과 후에 곧바로 환급하는 제도이다. 즉, 이 제도는 위에서 설명한 운임연환급제와 달리 유보기간이 없이 일정기간경과 후 환급금 전액이 한꺼번에 지급되는 것으로 「Immediate Rebate System」이라고도 한다.

(나) Fighting Ship(경쟁선 또는 맹외대항선)

해운동맹이 결성되어 있는 항로에 유력한 맹외선이 출현하여 저렴한 운임으로 집하함으로써 동맹의 질서를 교란하는 경우가 있다. 이러한 때에 맹외선의 취항을 저지하기 위하여 동맹선사가 공동으로 마련한 대항선을 "Fighting Ship"이라 한다. 이것은 동맹선사의 선박 중에서 특정선박을 선정하여 맹외선의 기항지를 동일한 일시에 쫓아 다니며 채산성을 무시한 저렴한 운임으로 집하함으로써 맹외선의 배선을 단념하게 하는 대단히 노골적인 방법이다.

3 컨테이너운송

(1) 운송화물의 컨테이너화(containerization)

1970년대에 들어와 우리나라에서도 해상 컨테이너운송이 급격히 증가하고 있

3) 1961년 미국해운법(Bonner Act) 제14조 b항 참조.

다.[4] 국제 해상운송에 컨테이너가 사용되기 시작한 것이 최근의 일인데, 이와 같이 급속히 보급되고 있는 것은 그것이 수송의 3대 원칙인 ① 경제성 ② 신속성 ③ 안전성을 최대한 충족시켜 주고, 운송 도중에 화물의 이적(移積)없이 일관수송(through transportation)을 가능하게 하였기 때문이다.

원래 컨테이너의 사용은 19세기 말 미국에서 철도운송의 합리화대책을 그 발단으로 하고 있다. 이것은 도착한 화물을 그대로 트레일러에 싣고 화주의 문전까지 운송한다고 하는 발상에서 시작되었으며, 1920년에는 뉴욕 센트럴(Central) 철도와 펜실베니아 철도가 대량의 컨테이너를 사용하여 영업을 하고 있다. 이와 같이 철도에서 개시된 소량화물을 위한 컨테이너운송은 종래의 운송방식에 비하여 운임률이 낮아지고 신속한 운송이 이루어짐으로써 전국 각지에 확산되고, 드디어 영국, 프랑스, 독일 등 유럽 각국에 파급되었다.

그러나 철도를 중심으로 한 컨테이너 개발과는 대조적으로 해상컨테이너는 그보다 훨씬 늦게 사용되기 시작하였다. 해상운송에 컨테이너를 먼저 사용한 것은 군대였다. 즉 해상컨테이너는 제2차 세계대전 중 미군의 군수물자 수송을 위해 본격적으로 해상운송에 사용되었고, 그 후 월남 전쟁에서 해상 컨테이너를 사용한 것이 일반화물을 컨테이너화한 계기가 되었다.

상업 베이스에 의한 컨테이너화물의 해상운송은 1946년 미국 선박회사의 하나인 알래스카(Alaska) 기선회사가 컨테이너에 의한 해상운송을 개시한 것이 처음이다. 그리고 항만에서 대형 컨테이너의 하역 및 육상운송을 위한 중계시설이 완비되어 이른바 해 · 육 일관수송체제에 의한 컨테이너전용선(full container ship)을 취항시킨 것은 1957년 미국 「씨-랜드」사(Sea-Land Service Inc.)의 휴스턴-뉴욕간이 세계최초이다. 당시 이 회사는 철도와의 치열한 경쟁에 대응하기 위해 운항코스트의 대폭적인 삭감과 항로운영의 철저한 합리화를 강요당하고 있었고, 이를 위한 근본적인 타개책을 컨테이너운송에서 구한 것이다.

이와 같이 당초 육상운송의 합리화를 위해 시작된 컨테이너 운송방식이 국제 해상운송에 이용되기까지에는 상당한 기간이 소요되었으나, 오늘날에는 컨테이너운송이 국제간 화물운송의 주류를 이루고 있으며, 화물의 포장 · 수송 · 하역 · 보관 등의 이른바 물적 유통(physical distribution : PD)부분의 합리화에 크게 기여하고 있다.

4) 우리나라에 처음으로 컨테이너선이 입항하기 시작한 것은 대략 1960년대 말경으로 알려지고 있으나, 컨테이너전용선이 본격적으로 입항하기 시작한 것은 미국의 Sea-Land사가 1970년 3월에 한진상사와 대리점계약을 체결한 이후의 일이다.

(2) 컨테이너의 기초

컨테이너는 운송화물을 단위화할 목적으로 사용되는 상자형 운송용기로서 육상컨테이너, 항공컨테이너 및 해상컨테이너로 구분할 수가 있는데, 여기서는 해상컨테이너를 중심으로 기초적인 사항을 살펴보기로 한다.

(가) 규 격

국제간의 컨테이너운송을 촉진하기 위해서는 컨테이너 규격의 국제적인 표준화가 선행되어야 한다. 따라서 국제표준화기구(International Standardization Organization : I.S.O.)에서는 효율적인 일관수송과 그 밖에 운송의 경제성 등을 고려하여 표준규격을 정해 놓고 있으며, 이것이 국제규격으로 활용되고 있다. 이 중 가장 널리 이용되고 있는 기본적인 규격은 2.45m(8ft)×2.45m(8ft)에 길이 6.10m(20ft) 또는 12.20m(40ft)이다. 이들 컨테이너의 최대적재용량(maximum load capacity)은 각기 18,720kg과 27,580kg이다.[5)]

(나) 종 류

컨테이너는 다양한 화물들을 가장 효율적으로 운송하기 위해 여러 가지 종류가 개발 · 이용되고 있으며, 앞으로도 특수한 상품의 운송을 위해 계속 새로운 컨테이너가 등장하게 될 것이다. 따라서 해상컨테이너는 그 형태 · 재료 · 용도 등에 따라 여러 가지로 나눌 수가 있는데, 여기서 그 중 중요한 컨테이너를 살펴보면 다음과 같다(〈그림 6-1〉 참조).

1) Dry Container(일반용 컨테이너 : general purpose container) : 일반 잡화용으로 제작된 표준컨테이너(standard container)로서, 온도 조절이 필요없는 일반 잡화의 운송에 이용된다. 이것은 가장 널리 이용되고 있는 컨테이너 형태로서 보통 모든 면이 밀폐되어 있고 뒷부분에 문(end door)이 있으며, 「Covered Container」라고도 한다.
2) Reefer(refrigerated) Container(냉동 컨테이너) : 냉동화물 및 과일 · 채소 기타 보냉을 필요로 하는 화물을 운송하기 위하여 냉동기가 부착된 컨테이너로서, +26℃에서 −28℃까지의 온도조절이 가능하다. 필요한 온도를 유지하여야 하므로 컨테이너선박과 육상의 컨테이너 야아드에는 발전기와 전원 플러

5) Alan E. Branch, *Elements of Export Practice*(2nd ed.), London, Chapman and Hall Ltd., 1985, pp. 48~49.

그(plug)가 설치되어 있으며, Dry Container 다음으로 많이 이용되고 있다.

3) Open Top Container(상부 개방식 컨테이너) : 기계류 · 철강제품 등 중량화물의 운송에 적합한 컨테이너로서 천정을 개방할 수 있도록 캔버스 덮개로 되어 있으며, 기중기(crane)를 사용하여 윗쪽으로 하역할 수 있는 것이 특징이다.

〈그림 6-1〉 각종 컨테이너

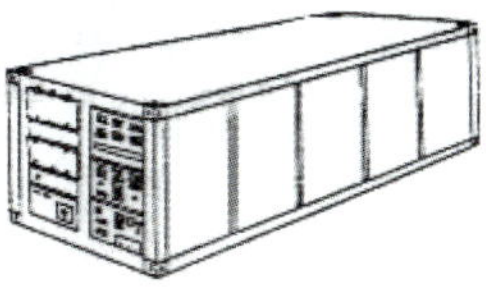

Reefer Container

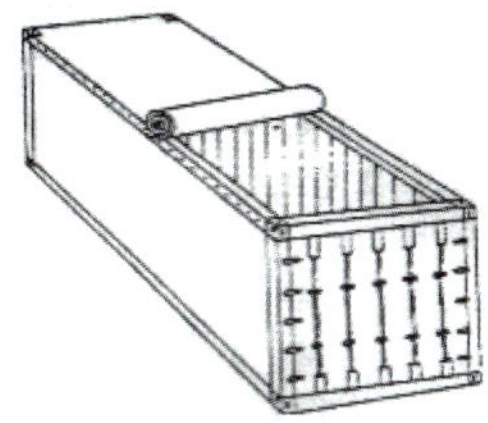

Open Top Container

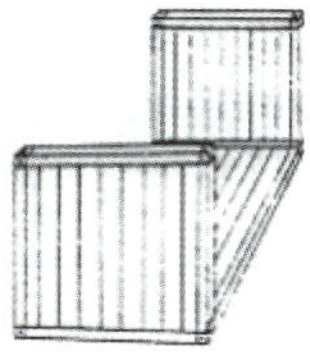

Flat Rack Container

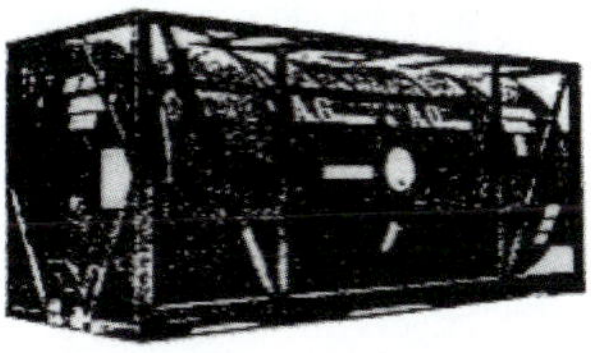

Tank Container

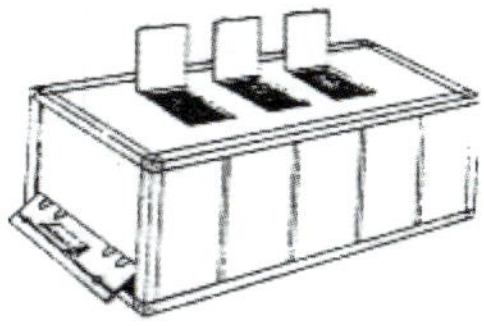

Dry Bulk Container

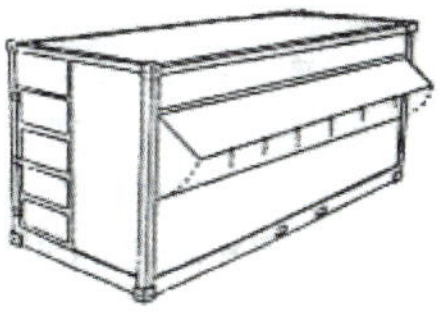

Pen Container

4) Flat Rack Container : 밑바닥과 가장자리 벽만이 있을뿐 천정과 양측 벽이 없는 컨테이너로서, 기계류 · 강재 등 비교적 무겁고 흔들리더라도 지장이 없는 화물의 운송에 적합하며, 컨테이너 측면 또는 윗쪽으로 하역을 할 수 있는 것이 특징이다.

5) Tank Container : 주류 · 유류 · 액체 · 화학제품 등 액체화물을 운송하기 위해 제작된 특수 컨테이너로서, 「Bulk Liquid Container」라고도 한다.

6) Dry Bulk Container : 곡물 · 분말 · 비료 등의 화물을 운송하기 위해 제작한 특수 컨테이너이다.

7) Pen Container(동물용 컨테이너) : 소나 말 등의 산동물을 수송하기 위해 만든 컨테이너로서, 통풍과 먹이를 주기 편리하게 만들어져 있으며, 「Livestock Container」라고도 한다.

(3) 컨테이너 터미널

컨테이너 터미널은 컨테이너운송에 있어서 해상운송과 육상운송의 연결고리로서, 본선하역과 하역준비 · 화물보관 · 컨테이너 및 컨테이너 화물의 인수, 기타 각종 기계의 관리 · 보관 등을 하는 시설을 갖춘 지역이다. 컨테이너운송의 특징인 신속하고 안전한 수송을 원활하게 하느냐 못하느냐는 터미널의 기능 여하에 달려 있다.

컨테이너 터미널의 형태는 입지의 특수사정에 따라 달라지지만, 컨테이너 터미널 시설 중 중요한 것을 살펴보면 다음과 같다(〈그림 6-2〉 참조).

〈그림 6-2〉 표준 컨테이너 터미널

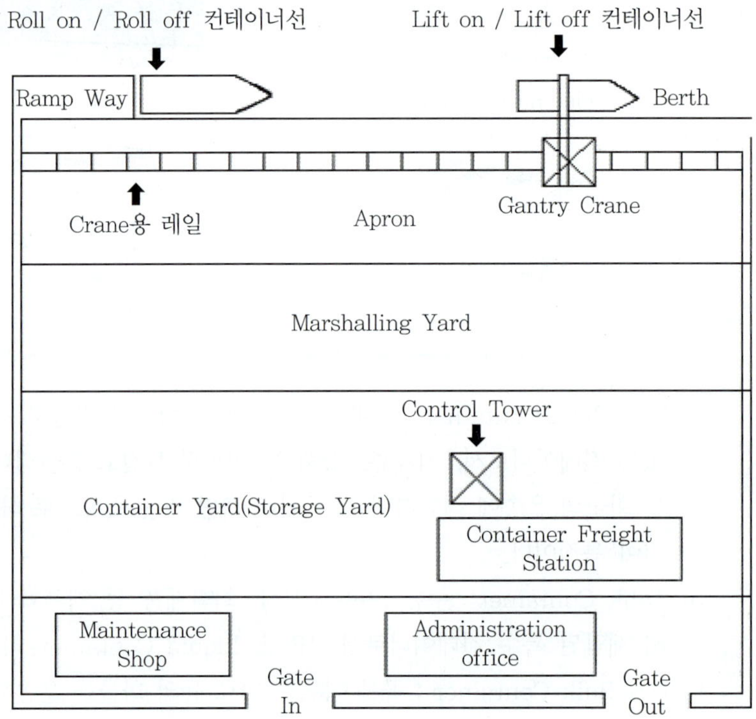

1) 에이프런(apron) : 부두 안벽에 접한 부분으로서, 갠트리 크레인(gantry crane)이 설치되어 있어 컨테이너의 하역이 이루어지는 장소이다.
2) 마샬링 야드(marshalling yard) : 본선 입항전에 선적할 컨테이너를 미리 작성된 적부계획(stowage plan)에 의거하여 정리 · 보관함과 동시에 양륙된 컨테이너를 화주의 요구에 따라 인도해 줄 수 있도록 배치해 놓은 부지를 가리키며, 보통 에이프런에 인접해 있다.
3) 컨테이너 장치장(container yard : CY) : 광의로는 에이프런, 마샬링 야드를 포함한 컨테이너 터미널을 가리키지만, 협의로는 컨테이너를 보관 · 집적 · 수령 또는 인도하는 장소를 말한다. 즉, 화물이 내장되어 있는 컨테이너를 본선에 적재하기 위해 화주나 CFS운영자로부터 인수하거나, 또는 양륙된 컨테이너를 화주나 CFS운영자에게 인도하는 장소인 동시에 빈 컨테이너를 보관 · 집적하는 장소이다. 컨테이너 장치장에서 실제로 컨테이너의 관리나 이동 및 본선에의 적재, 본선으로부터의 양륙작업을 하는 업자가 「CY Operator」이다.
4) 컨테이너화물 조작장(container freight station : CFS) : 한 화주의 화물이 컨테이너 1개에 가득 채워지는 대량화물(full container load cargo : FCL화물)[6]의 경우, 화물은 화주의 창고 또는 공장에서 컨테이너에 적재되어 CY로 직접 반입되고, 또 양륙된 FCL화물은 수하인이 CY에서 수령하지만, 한 화주의 화물이 한 개의 컨테이너 수용량에 미달하는 소량화물(less than container load cargo : LCL화물)은 다른 소량화물과 혼재할 수밖에 없다. 이러한 LCL화물을 다수 화주로부터 수취하여 동일 목적지별로 정리한 다음 컨테이너에 혼재하여 CY Operator에게 인도하거나, 또는 혼재된 컨테이너를 CY Operator로부터 수취하여 그 내용물을 반출(devanning)하고, 그것을 수하인에게 인도하는 작업을 하는 장소가 CFS이다. 그리고 CFS에서 이러한 작업을 하는 업자를 「CFS Operator」라 한다.
5) Gantry Crane : 컨테이너를 본선에 적재하거나 본선으로부터 양륙하기 위해서 특별히 설계 · 제작된 기중기를 말한다.
6) Control Tower : CY의 오퍼레이션을 통할하는 사령실로서, CY내의 배치, 본선 하역작업에 대한 계획 · 지시 · 감독을 한다.
7) Maintenance Shop : 컨테이너의 취급에 필요한 모든 기기를 점검 · 보수 · 수

6) 이것을 CL화물(container load cargo)이라고도 한다.

리 · 유지할 뿐 아니라 컨테이너 자체의 이상유무를 체크, 하자가 있으면 수리할 수 있도록 설치된 작업장으로서, 「Repair Shop」이라고도 한다.

(4) 컨테이너화물의 운송형태

컨테이너운송의 경우, FCL화물은 통상 송하인이 자신의 창고에서 컨테이너에 적입하여 CY로 반입, CY Operator에게 인도한다. 그리고 선박회사의 책임은 CY Operator에게 인도된 때로부터 개시된다. 한편, LCL화물의 경우는 보통의 포장상태로 CFS에 반입, CFS Operator에게 인도된다. 컨테이너에의 적재는 CFS Operator가 하고, 적재가 끝나면 CY Operator에게 인도, CY Operator가 선적을 하게 된다. 선박회사의 책임은 화물이 CFS Operator에게 인도된 때에 개시한다.

그리고 컨테이너선에 의해 목적항까지 운송된 컨테이너는 위에서 설명한 것과 반대의 경로를 통해 수하인에게 인도된다(〈그림 6-3〉 참조).

〈그림 6-3〉 컨테이너 화물의 유통경로

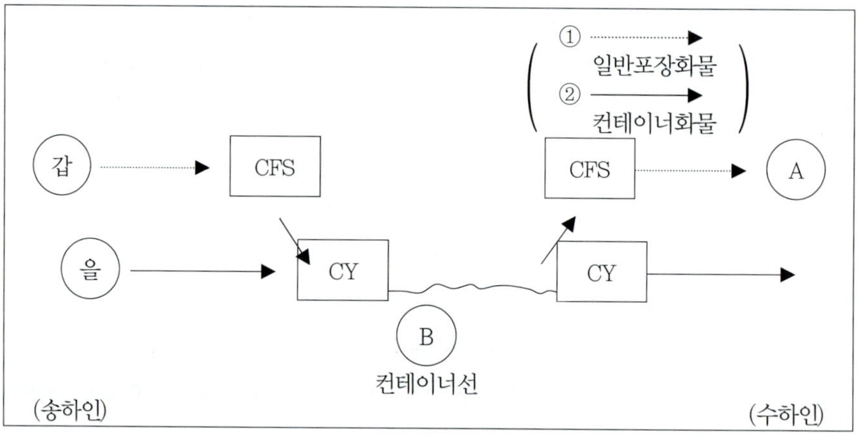

따라서 컨테이너화물의 운송형태는 다음과 같이 4가지로 구별할 수 있다.

(가) CFS/CFS(LCL/LCL : pier to pier)

LCL화물의 운송에 이용되는 형태로서, 선적항의 CFS로부터 목적항의 CFS까지만 컨테이너로 화물을 운송하는 것이다. 이것은 컨테이너 운송의 가장 초보적인 형태로서 단위 컨테이너 적재화물의 송하인과 수하인이 각기 여러 사람으로 구성되어 있는 경우에 이용되고, 운송인의 책임은 선적지 CFS 입고시로부터 목적지 CFS 출고시까지이다.

(나) CFS/CY(LCL/FCL : pier to door)

선적항의 CFS로부터 최종목적지의 수하인의 공장 또는 창고까지 컨테이너화물을 운송하는 것으로서, 보통 한 사람의 수하인(수입업자)이 여러 송하인들로부터 각 LCL화물을 일시에 받아 자기창고까지 운송하는 것이다.

(다) CY/CFS(FCL/LCL : door to pier)

선적지의 송하인의 공장 또는 창고로부터 목적항의 지정 CFS까지 컨테이너화물을 운송하는 형태이다. 이것은 수출업자 1인이 동일 수입국에 있는 복수의 수입업자에게 일시에 화물을 운송하는 형태로서, 한 사람의 송하인과 여러 사람의 수하인으로 구성되어 있다.

(라) CY/CY(FCL/FCL : door to door)

송하인의 공장 또는 창고로부터 수하인의 창고까지 육 · 해 · 공 또는 육 · 해 · 육을 연결하는 컨테이너에 의한 일관수송형태로서, 운송 도중 컨테이너가 개폐되지 않는다. 이것은 컨테이너화의 이상적인 형태로서, 수송의 3대원칙(경제성 · 신속성 · 안전성)을 최대한 충족시켜 주고 있다.

④ 해상운송계약

무역상품을 목적지로 운송하기 위해서는 그에 필요한 선복(船腹)[7]을 확보해 두어야 한다. 즉, 선적화물의 준비가 끝나가고 신용장이나 계약상의 선적기일이 다가오면 그 선적기일내에 선적을 완료할 수 있는 적당한 선박을 선정하여 선박회사와 운송계약을 체결하여야 한다.

(1) 해상운송계약의 종류

해상물건운송계약은 그 법적구조 내지 경제적 기능에 따라 용선계약과 개품운송계약으로 대별된다.

7) 경제용어로서의 선복은 운송가능한 선박을 의미하지만, 무역에서의 선복(ship's space)이란 화물의 선적에 필요한 공간을 말한다.

(가) 개품운송계약

개품운송계약(carriage in a general ship)은 운송인(carrier)이 개개의 물건을 해상에서 선박으로 운송할 것을 인수하고, 그 상대방인 송하인(Shipper)이 이에 대하여 운임을 지급하기로 약정하는 운송계약이다(상법 제791조). 이것은 앞에서 설명한 정기선에 의한 운송의 경우에 행해지는 형태로서,[8] 운송인은 불특정 다수화주로부터 화물을 모아 운송하게 된다.

일반적으로 무역상품은 1회의 수송량이 대량이 아니므로, 보통 개품운송계약에 의해 운송되고 있다.

(나) 용선계약

용선계약(charter party)이라 함은 선박소유자(Shipowner)가 선박의 전부 또는 일부의 선복을 운송에 제공하여 이것에 적재된 물건을 운송할 것을 약정하고, 상대방인 용선자(charterer)가 이에 대하여 보수(운임 또는 용선료)를 지급할 것을 약정하는 운송계약으로서, 선복운송계약이라고도 한다. 이 방식은 곡물 · 광석 등의 대량화물을 운송할 경우에 이용되고, 주로 부정기선을 이용하게 된다.[9]

그리고 용선계약은 관점에 따라 다시 여러 가지로 분류된다. 즉, 용선하는 선복의 범위에 따라 전부용선과 일부용선으로 나누어지고, 용선계약의 존속기간에 따라 항해용선(voyage charter)과 정기용선(time charter)으로 구분되며, 또 용선하는 주체가 화주냐 운송인이냐에 따라 화주용선과 운송인용선[10]으로 구분된다.

그런데 상법에서는 용선계약을 항해용선계약, 정기용선계약, 그리고 선체용선계약의 세 가지로 구분하고 있다.

---

8) 정기선은 개품운송계약에 의하고 부정기선은 용선계약에 의한다는 것은 대체로 타당하지만, 정기선도 일부를 용선계약에 의해 운송하는 경우가 결코 적지는 않다.

9) 용선계약과 개품운송계약은 다음과 같은 점에서 차이가 있다.
   ① 용선계약은 불특정 항로에서 수시로 필요에 따라 이용되지만, 개품운송계약은 특정항로에서 정기적으로 이용되는 것이 보통이다.
   ② 일반적으로 용선계약의 경우는 선박의 규모가 적은데 비해, 개품운송계약의 경우는 우수한 고속 대형선박이 사용된다.
   ③ 용선계약에 있어서는 그 계약내용이 계약별로 정해지는데 비하여, 개품운송계약의 경우는 해상운송인의 동일한 약관에 의하여 획일적으로 결정된다.

10) 해운업자가 자기소유선(owned vessels)이 부족할 때는 다른 선주(owner : 대선업자)로부터 선복 전부를 일정기간 또는 특정 항해를 한정하여 용선하고 그 빌린 선박(time or voyage chartered vessels)으로 화주의 선복 수요에 응한다. 이와 같은 해운업자는 화주에 대하여는 운송인이지만 대선업자에 대하여는 용선자이므로, 이러한 경우의 용선을 「운송인용선」이라 한다.

1) 항해용선계약 : 항해용선계약은 특정한 항해를 할 목적으로 선박소유자가 용선자에게 선원이 승무하고 항해장비를 갖춘 선박의 전부 또는 일부를 물건의 운송에 제공하기로 약정하고 용선자가 이에 대하여 운임을 지급하기로 약정하는 용선계약이다(상법 제827조 참조). 항해용선계약에 있어서의 운임은 실제로 적재한 수량을 기준으로 하여 톤당으로 계산되는 것이 보통이지만, 경우에 따라서는 그 변형으로서 「Lump-sum Charter」와 「Daily Charter」가 이용되기도 한다.

가) Lump-sum Charter(총괄운임용선 또는 선복용선) : 운임을 적재톤수에 의해 계산하지 않고, 1항해당 운임총액 얼마라고 일괄해서 운임을 정하여 용선하는 것이다. 이것은 원래 적재화물의 양이 불확정적일 때 채용되며, 이때의 운임을 「Lump-sum Freight」(총괄운임 또는 선복운임)라고 한다.

나) Daily Charter(일당용선) : 본선이 지정 선적항에 회항하여 용선자에게 인도된 일시로부터 기산하여 지정 양륙항에서 하역이 완료된 일시까지의 소요시간에 대하여 1일(24시간)당 얼마라고 용선료율을 정해 선복을 대여하는 용선을 말한다. 보통 화물의 선적항 · 양륙항이 양호한 항구가 아니거나 험준한 항해가 예상되어 1항해에 소요되는 일수를 미리 확정짓기 어려울 때 이용된다.

2) 정기용선계약 : 정기용선계약은 선박소유자가 용선자에게 선원이 승무하고 항해장비를 갖춘 선박을 일정한 기간 동안 항해에 사용하게 할 것을 약정하고 용선자가 이에 대하여 기간으로 정한 용선료를 지급하기로 약정하는 용선계약이다(상법 제842조 참조). 따라서 선주는 당연히 선박을 유지하기 위해 필요한 선비(船費), 즉 직접선비와 간접선비를 부담하게 된다.[11)]

한편, 용선자는 선주에게 용선료를 지급함과 동시에 연료비 · 항비 · 하역비 · 운하통과료 · 대리점비 등의 운항비[12)]를 부담하여야 한다.

3) 선체용선계약 : 선체용선계약은 용선자의 관리 · 지배 하에 선박을 운항할 목적으로 선박소유자가 용선자에게 선박을 제공할 것을 약정하고 용선자가 이에 따른 용선료를 지급하기로 약정하는 용선계약이다(상법 제847조 제1항 참

11) 직접선비는 선박을 즉시 가동할 수 있는 상태로 유지하기 위해 필요한 비용으로 선원비 · 수리비 · 선용품비 등이 이에 속하고, 간접선비는 선박을 보유하고 있는 한 필요한 경비로서 선박의 감가상각비 · 보험료 · 금리 등이 이에 속한다.

12) 운항비는 연료비 · 항비 · 하역비 · 조출료 · 대리점비 등 선박운항에서 직접 요하는 비용으로 항해를 하지 않으면 발생하지 않는 경비를 말한다(이시환 · 김정회, 국제운송론, 대왕사, 2010, 76면).

조). 이것은 나용선계약이라고도 하는데 원래 나용선계약(bare boat charter)은 선박 자체만을 임차하고, 선원 · 항세 · 수선비 · 항해비용 등 항해에 필요한 일체의 인적 · 물적 요소를 용선자가 부담하는 선박의 임대차계약을 가리킨다. 그런데 우리 상법에서는 선박소유자가 선장과 그 밖의 해원을 공급할 의무를 지는 경우에도 용선자의 관리 · 지배 하에서 해원이 선박을 운항하는 것을 목적으로 하면 이를 선체용선계약으로 본다(동 제2항 참조).

(2) 해상운송계약의 성립

해상운송계약은 낙성계약이므로 청약과 승낙의 합치로서 성립되고, 용선계약이든 개품운송계약이든 그 성립이나 효력에 있어서 특별한 서면 기타의 방식을 요하지 않는다. 그러나 실무상 관행으로서 용선계약서, 선하증권 등의 증서방식이 이용되고 있는데, 이에 관하여는 뒤에서 별도로 설명하기로 한다.

5 개품운송계약의 체결

대부분의 무역상품은 일회의 수송량이 대량이 아니므로 보통 개품운송계약에 의해 운송되고 있다. 수출업자는 매매계약상 자기가 해상운송계약을 체결하여야 하는 경우, 우선 선박회사가 보내오는 배선표(sailing schedule)나 각 선박회사의 선박 입출항예정이 상세하게 기록된 자료 또는 주요 정기 선사들의 홈페이지를 방문하여 운항계획을 보고 선적화물의 준비상황, 매매계약상의 선적기일을 고려하여 적당한 선박을 선정한다.

선박이 선정되면 사전에 가능한 한 충분한 시간적인 여유를 갖고 일찍 선박회사나 대리점에 선복(ship's space)을 신청한다. 선박회사에서는 이 신청을 승낙한 경우에 선복원부(space book)에 기입하게 되는데, 이것을 선복의 예약(booking ship's space : booking)이라 하며, 개품운송계약은 이와 같은 화주측의 청약과 선박회사의 승낙에 의해 성립되는 낙성계약이다. 그리고 선복 청약 및 운송인수에는 아무런 형식적 요건도 요구되지 않는다. 실무상으로는 선박회사의 집하요원(solicitors)이 화주를 방문하여 화물을 자사선에 유치하거나 또는 화주로부터의 전화청약에 의하든가 하는 간편한 방법으로 계약이 성립되는 경우가 대부분이다. 그런데, 선복의 신청은 전화로도 가능하지만 보다 정확을 기하고 후일의 분쟁을 피하기 위해 화주 자신의 양식에 의한 Shipping Request(선복신청서 또는 선적요청서)나 선박회사의 홈페이지에 있는 Shipping Request양식에 필요한 사항을 입력하여 제출해 두는 것이 좋다.

(1) 본선의 선정

본선(本船)[13]을 선정함에 있어서는 매매계약상 약정된 선적기일(shipping date) 이외에, 목적지까지 직행하는 선박인가, 환적이 필요한가 등 본선의 운항예정을 상세하게 조사할 필요가 있다. 또 목적지에 따라서는 본선을 선정하기 이전에 어떠한 항로를 선택할 것인가도 검토하여야 한다.

예를 들면, 영국 런던으로 수출되는 화물의 경우 수에즈를 경유하느냐, 남아프리카의 케이프타운을 경유하느냐에 따라 운송거리는 크게 차이가 나고, 따라서 운송기간과 운임상에 커다란 영향을 미치게 된다. 이와 같이 목적지까지 가는 항로가 둘 이상일 때는 당연히 최단거리, 최단시일내에 도착할 수 있는 항로를 선택하여야 할 것이다. 물론 FOB계약 등의 경우, 해상운임을 매수인이 부담하기 때문에 매도인이 매수인을 대리하여 운송계약을 체결해 주는 경우에도 운송거리의 장단, 해상운임의 고저는 매도인과 직접적인 이해관계가 없다.

또 CIF조건이라 하더라도 매도인은 선적기일만 지키면 되고, 본선이 목적지에 빨리 도착하느냐 늦게 도착하느냐 하는 점은 매도인과 관계가 없다. 그러나 무역거래관계는 상대방의 입장을 생각해 주지 않으면 오랫동안 지속될 수가 없는 것이다. 뿐만 아니라 동일한 항로인 경우에도 속력이 빠른 선박을 선정하여야 할 것이다. 특히 해운동맹에 소속된 동맹선의 경우에는 어떠한 선박을 이용하더라도 운임은 표정운임(tariff rate)이 적용되어 동일하기 때문에 속력이 빠른 선박을 선정하는 것이 매수인에게 봉사하는 것이 된다.

(2) 중요한 계약사항

개품운송계약에서 명확히 합의하여야 할 주요사항은 적재톤수, 운임 등이다.

(가) 적재톤수

적재톤수는 정확히 계산하여 예약해 두어야 한다. 왜냐하면 선적시에 화물의 실

13) 무역에서 본선이라 함은 운송계약의 목적물을 적재하고 목적지로 발항하는 선박을 말한다.

선적요청서

SHIPPING REQUEST Page: 1

Shipper BARO SHIPPING CO., LTD. O/B OF A & D KOREA LIMITED SEOUL, KOREA SEOUL, KOREA	Booking Number: House B/L Number: BAROADL05010051
Consignee TRANSTAR FORWARDING INT'L P/L SUITE 1, 14 WOODRUFF STREETS PORT MELBOURNE VIC 3207 TEL: 03 9646 7844 FAX: 03 9645 2744 ATTN: CHRIS ROE	TO: TEL: FAX: ATTN: FROM: TEL: FAS: ATTN:
Notify SAME AS CONSIGNEE	CFS/CY

M.Vessel/Voyage	HENRY HUDSON BRIDGE 77S	Ref No.	BRA05051
Port of Loading	BUSAN, KOREA	Port of Discharge	ADELAIDE SA
Place of Delivery	ADELAIDE SA	Final Destination	
Mark & Number	No of Pkages	Description of Goods	Weight Measurement
ADM ADELAIDE, AUSTRALIA PALLET & C/NO. 1-25 MADE IN KOREA ADK-04-567 ADM ADELAIDE, AUSTRALIA C/NO. 1-51 MADE IN KOREA --Container No-- texu4695970/35688	76 CTNS 40DC×1	SAID TO CONTAIN: 313 PCS OF COMPONENTS FOR HVW-G 190 SETS & PCS OF WEIGHING INSTRUMENTS 'FREIGHT COLLECT'	5,340.000KGS 39.841CBM

About:

제톤수가 예약톤수에 미달하는 경우에는 부적운임(dead freight)[14]을 징수당하거나, 반대로 예약톤수보다도 실제톤수가 많은 경우에는 선적거절(shut out)[15]을 당할 위험이 있기 때문이다. 따라서 만약 예약톤수를 변경할 필요가 있는 경우에는 가능한 한 빨리 변경절차를 밟아야 한다.

한편, 톤수에 있어서 용적톤(measurement ton)의 경우는 40cft. 또는 1㎥가 1톤이다. 그리고 중량톤(weight ton)의 경우는 Long Ton(2,240 lbs.), Short Ton (2,000 lbs.) 및 Metric Ton(1,000kg 또는 2,204 lbs.)이 있으므로, 이 중 어느 것인가를 명확히 해 두어야 한다.

(나) 운 임

정기항로에는 그 항로에 정기적으로 배선하고 있는 선박회사간에 해운동맹이나 운임협정을 맺고 일정한 운임률(freight rate)[16]을 설정하여 그것에 따라 운임을 적용한다. 즉 정기선운임은 화물의 대부분이 「표정운임(Tariff Rate)」으로 공시되고, 다수 화주의 화물을 집하·수송하기 위하여 순수한 운임 이외에 선내하역비(stevedorage)도 포함한 요금으로 되어 있다. 이것을 「Liner Term(berth term)운임」이라고도 한다.

(1) 운임의 계산기준(freight basis)

정기선운임은 화물의 종류에 따라 중량(weight) 또는 용적(measurement)에 대해 톤당으로 계산되고, 또 가격이 비싼 물품(고가물)은 가액(ad valorem)[17]을 단위로 하여 계산된다. 그리고 중량을 기준으로 하는 톤(중량톤)은 영국계 국가에서는 Long Ton, 미국계 국가에서는 Short Ton, 유럽대륙에서는 Metric Ton이 주로 이용된다. 한편, 용적에 의한 톤(용적톤)은 보통 40 cft.를 1톤으로 하지만, 유럽제국에서는 1㎥, 목재류에는 1,000 B/M(board measure : 480 B/M : 40 cft.) 등이 각각 1톤으로 계산되기도 한다.

용적을 기준으로 하는 화물을 용적화물(measurement cargo), 중량을 기준

14) 부적운임이란 선적하지 않은 화물에 대하여 선박회사가 그 계약화주로부터 징수하는 운임을 가리키며, 공적운임이라고도 한다. 선적을 계약대로 하였거나 혹은 다른 화주의 화물을 실었으면 당연히 운임을 벌어들일 수 있었기 때문에 선주는 그 만큼의 운임을 청구할 권리가 있는 것이다.

15) Shut Out이란 본선이 화물의 인수를 거절하는 것을 말한다. 화물의 도착지연으로 인한 선적거절을 "No time, shut out"이라 하고, 본선의 화물만재로 인한 거절을 "No space, shut out"이라 한다.

16) 운임률이란 보통 톤당 운임을 가리킨다.

17) 이때의 가액은 FOB송장가격을 기준으로 한다.

으로 하는 화물을 중량화물(weight cargo)이라 하는데, 보통 선박회사는 중량톤 또는 용적톤 중 운임수입이 많은 쪽을 운임징수의 기준으로 하는 선택권을 유보하고 있다. 이때 운임징수기준으로 사용되는 톤을 운임톤(revenue ton : freight ton)이라 한다.

한편, 정기선의 경우 해운동맹에서 각 항로마다 최저운임을 설정해 두고, 화물의 중량 또는 용적이 1톤 미만의 경우에 정상적인 계산으로는 이에 미달되더라도 그 최저운임(minimum freight)을 적용하고 있다.

(2) 할증요금

정기항로에 취항하는 정기선에 있어서는 기항지간에 위에서 설명한 바와 같이 용적이나 중량 등을 기준으로 한 기본운임(base rate)이 적용되지만, 화물이나 항로 등에 따라서는 할증요금이 추가로 가산되기도 한다. 할증요금에는 다음과 같은 것이 있다.

가) 통화변동 할증요금(Currency Adjustment Factor, CAF) : 달러화의 가치 하락에 따른 손실을 보전하기 위하여 일정비율을 화주로부터 징수하는 것이며, 그 비율은 해운동맹에 따라 계산방법이 다르다.

나) 유가조정 할증요금(Bunker Adjustment Factor, BAF) : 1973년 석유위기 이후 선박의 주연료인 벙커C유 가격의 인상에 의한 선사의 대폭적인 원가상승을 운임인상으로 흡수할 수 없어 그 일부를 화주가 부담하도록 한 것이다.

다) 화물의 형태에 따른 할증요금 : 단위화물의 중량 · 용적 또는 길이가 일정기준을 초과하는 중량화물(heavy cargo), 부피가 큰 화물(bulky cargo) 또는 장척화물(lengthy cargo)에 대해서는 각기 동맹이 정한 중량할증요금, 용적할증요금, 장척화물할증요금이 부과된다.

라) 항해상의 이유에 의거한 할증요금

① 양륙항 선택요금(optional charge) : 선적시에 화물의 양륙항이 확정되지 않고 화주가 여러 항구 중에서 양륙항을 선택할 권리를 갖고 있는 화물, 즉 양륙항 선택화물(optional cargo)에 대해서 부과되는 할증요금이다. 이 할증요금은 선택하는 항구의 수가 많을수록 증가하는 것이 보통이다.

② 체선 할증요금(congestion surcharge) : 특정의 양륙항에 기항하는 본

선이 그 항구의 사정으로 체선이 극심한 경우에 화주에게 예고하고 그 항구로 가는 화물에 대해 부과하는 할증요금이다. 이것은 체선에 따라 발생하는 본선의 체선료 및 기타의 제비용을 화주에게 분담시키기 위한 것이다.

(3) 부대요금

가) 터미널취급수수료(Terminal Handling Charge : THC) : THC는 항구나 컨테이너터미널 시설 내에서 화물을 취급하고 운반하는 비용이다. 이러한 THC는 컨테이너가 출현하기 전에는 존재하지 않던 비용으로, 본래는 운임의 일부를 구성하는 것으로 생각되지만 선박회사는 운임 자체를 인상하지 않도록 하기 위해 운임과는 별도로 징수하고 있다. 우리나라, 대만, 홍콩 등 극동지역이나 ASEAN국가, 유럽지역에서는 THC라는 명칭으로, 일본은 아시아 항로에 CHC(Container Handling Charge)를 부과하고 있으며, 미국은 「DDC」(Destination Delivery Charge : 도착지화물인도비용)라고 하여 THC에 내륙운송비를 추가하여 부과하고 있다.

나) 양륙항변경요금(diversion charge) : 운송중인 화물에 대하여 송하인 또는 수하인이 거래 또는 그 밖의 사정으로 선적시에 정한 양륙항 이외의 항구로 양륙지를 변경한 경우에 부과되는 요금이다.

6 용선계약

1회의 선적수량이 대량인 경우에는 보통 부정기선의 일부 또는 전부를 대절하여 용선운송을 하게 된다. 용선계약에는 여러 가지 종류가 있지만, 무역업자가 이용하는 화주용선의 경우에는 대부분 항해용선계약이므로, 여기서는 항해용선계약을 중심으로 살펴보기로 한다.

(1) 용선계약의 체결

용선계약은 용선자가 선주와 직접 또는 용선중개인(chartering broker)을 통하여 체결한다. 그런데 우리 상법에 의하면 용선계약의 당사자는 상대방의 청구에 의하여 용선계약서를 교부하여야 하는 것으로 규정하고 있다(제828조).

용선계약서(charter party : C/P)는 용선계약의 성립 및 내용을 증명하는 증거증권이다.[18]

(2) 용선계약서의 양식

용선계약서는 법정의 기재사항이 없기 때문에 당사자가 임의로 작성할 수는 있으나, 용선계약을 체결할 때마다 당사자 사이에 명확히 해 두어야 할 무수한 계약사항을 일일이 정하는 것은 매우 어렵고 또한 번거롭다. 그러므로 해운업자 단체나 화주 단체에서 그들의 오랜 경험에 의거하여 정형화된 여러 가지 표준서식(standard form)을 작성해 두고 있다. 따라서 실제로 용선계약을 체결함에 있어서는 그러한 표준서식을 이용하는 것이 보통이다.

용선계약서의 표준서식은 용선계약이나 화물의 종류 또는 선적지에 따라 그 내용이 서로 다르다. 먼저, 정기용선계약서의 표준서식으로서 세계적으로 널리 사용되고 있는 것은 발틱국제해운이사회(The Baltic and International Maritime Council : BIMCO)가 제정한 볼타임서식(BALTIME Form : Uniform Time Charter)과 뉴욕생산물거래소(New York Produce Exchange)가 제정하였고, 「미국 선박중개인 및 대리점협회」[The Association of Ship Brokers and Agents(USA)]가 개정하여 계속 사용하고 있는 뉴욕생산물거래소 서식(NYPE 93) 등이 있다.

한편, 항해용선계약서의 표준양식도 100종 이상이 있으나, 이들 중 세계각국에서 가장 많이 이용되고 있는 것은 「GENCON」(Uniform General Charter)이다. 이것은 BALTIME을 만든 발틱국제해운이사회의 전신인 발틱백해동맹(The Baltic and White Sea Conference)이 제정한 것으로, 1922년과 1976년 및 1994년에 개정되었다. GENCON은 계약의 대상으로 특정화물이나 항로를 예정함이 없이 어떠한 화물이나 항로에도 이용될 수 있도록 만들어져 있고, 또 다른 서식에 비해 운송인에게 유리하게 되어 있다.

(3) 항해용선계약의 중요 계약사항

용선계약을 체결할 때에는 적재톤수, 운임률 이외에 특히 선내비용조건과 정박기간에 관한 조건에 대하여 명확하게 해 두어야 한다.

항해용선계약서에 기재되는 중요 계약사항을 살펴보면 다음과 같다.

18) 이균성, 신체계 해상법강론, 한국해운기술원, 1988, 185면.

(가) 화물의 명세(description of cargo)

화물의 종류와 수량을 표시한다. 수량은 화물에 따라 용적 또는 중량으로 표시하는데, 중량톤으로 표시할 때에는 Long Ton, Short Ton, Metric Ton 중 어느 것인가를 명시할 필요가 있다.

선적시에 실제로 적재하는 수량이 계약수량보다 적을 경우에는 그 부족분에 대하여 부적운임(dead freight)을 지급하여야 하므로, 실제로는 화물의 수량을 "5,000 metric tons 10% more or less" 혹은 "not exceeding…… tons but not less than…… tons" 등과 같이 표시하는 것이 보통이다.

(나) 운임률 및 운임지급조건

정기용선이나 선체용선의 경우는 계약기간에 따라 용선료(charterage)가 결정되지만, 항해용선의 경우는 원칙적으로 적재수량을 기준으로 하여 운임(freight)이 계산된다.[19] 예를 들면 "US＄5.10 per 1 metric ton of cargo"와 같이 적재수량의 톤당으로 산정되는 것이 보통이다.

그리고 또 용선계약에 있어서 운임에 관하여 명확히 하여야 할 사항은 ① 운임산정의 기준(base of freight rate), ② 지급시기(time of payment), ③ 지급장소(place of payment), ④ 지급수단(means of payment) 등이다. 운임산정의 기준이 되는 화물의 적재량은 선적수량(shipped quantity)이나 양륙수량(landed quantity) 중의 어느 하나가 되지만, 원래 운송계약은 도급계약이므로 이론상으로는 양륙수량에 의하는 것이 원칙이다(상법 제805조 참조). 그러나 실제로는 관습상 선적수량에 의하는 경우가 많다. 운임은 지급시기에 따라 선지급운임(freight prepaid)과 후지급운임(freight to collect : collect freight)으로 구분되나, 전자가 일반적이다. 운임의 지급장소로는 선적지 · 양륙지 · 기타 제3의 장소를 선택할 수 있고, 운임의 지급수단으로서는 약속어음 · 현금 등이 있다.

(다) 하역비용의 부담

해상운임에 관계되는 조건의 하나로서 위에서 설명한 운임률 이외에, 선적비용과 양륙비용을 누가 부담하느냐에 관하여도 명확히 하여야 한다.

19) 용선계약의 경우 그 보수를 보통 용선료라 하지만, 정확히 말하면 운송인용선의 경우의 보수는 용선료이고, 화주용선인 경우의 보수는 용선료가 아니라 운임이다.

GENCON양식

RECOMMENDED
THE BALTIC AND INTERNATIONAL MARITIME COUNCIL
UNIFORM GENERAL CHARTER (AS REVISED 1922, 1976 and 1994)
(To be used for trades for which no specially approved form is in force)
CODE NAME: "GENCON"

Part I

1. Shipbroker	2. Place and date
3. Owners/Place of business (Cl. 1)	4. Charterers/Place of business (Cl. 1)
5. Vessel's name (Cl. 1)	6. GT/NT (Cl. 1)
7. DWT all told on summer load line in metric tons (abt.) (Cl. 1)	8. Present position (Cl. 1)
9. Expected ready to load (abt.) (Cl. 1)	
10. Loading port or place (Cl. 1)	11. Discharging port or place (Cl. 1)
12. Cargo (also state quantity and margin in Owners' option, if agreed; if full and complete cargo not agreed state "part cargo") (Cl. 1)	
13. Freight rate (also state whether freight prepaid or payable on delivery) (Cl. 4)	14. Freight payment (state currency and method of payment; also beneficiary and bank account) (Cl. 4)
15. State if vessel's cargo handling gear shall not be used (Cl. 5)	16. Laytime (if separate laytime for load. and disch. is agreed, fill in a) and b). If total laytime for load. and disch., fill in c) only) (Cl. 6)
17. Shippers/Place of business (Cl. 6)	a) Laytime for loading
18. Agents (loading) (Cl. 6)	b) Laytime for discharging
19. Agents (discharging) (Cl. 6)	c) Total laytime for loading and discharging
20. Demurrage rate and manner payable (loading and discharging) (Cl. 7)	21. Cancelling date (Cl. 9)
	22. General Average to be adjusted at (Cl. 12)
23. Freight Tax (state if for the Owners' account) (Cl. 13 (c))	24. Brokerage commission and to whom payable (Cl. 15)
25. Law and Arbitration (state 19 (a), 19 (b) or 19 (c) of Cl. 19; if 19 (c) agreed also state Place of Arbitration) (if not filled in 19 (a) shall apply) (Cl. 19)	
(a) State maximum amount for small claims/shortened arbitration (Cl. 19)	26. Additional clauses covering special provisions, if agreed

It is mutually agreed that this Contract shall be performed subject to the conditions contained in this Charter Party which shall include Part I as well as Part II. In the event of a conflict of conditions, the provisions of Part I shall prevail over those of Part II to the extent of such conflict.

Signature (Owners)	Signature (Charterers)

Printed by The BIMCO Charter Party Editor

원래 화주는 화물을 선측까지 운반하고, 선주는 본선 선측에서 인수하는 것이 원칙이다. 양륙의 경우에도 마찬가지로 본선 선측에서 인도된다. 그러나 부정기선의 화물운송에서는 정기선의 경우와 달리 화물의 하역비용을 화주에게 부담시키는 경우도 있다. 따라서 하역비용을 선주와 화주 중 누가 부담할 것인가를 결정하여야 한다. 적양비용의 부담에 관한 조건은 선내하역비(stevedorage)를 선주와 용선자 중 누가 부담하느냐에 따라 「Berth Terms」와 「FIO」 등으로 구분된다.

1) Berth Terms : 선내하역비와 항비(port charge)를 적재 및 양륙시 선주가 부담하는 조건으로서 「Liner Terms」라고도 한다.
2) FIO(free in and out) : 이것은 Berth Terms와는 반대로 선내하역비를 적재(in) 및 양륙(out)시 모두 용선자(화주)가 부담하는 조건이다.
3) FI(free in) : 적재시의 선내하역비는 용선자부담이고, 양륙시의 선내하역비는 선주가 부담하는 조건이다.
4) FO(free out) : FI와 반대로 적재시의 선내하역비는 선주부담이고, 양륙시의 선내하역비는 용선자가 부담하는 조건이다.

(라) 정박기간에 대한 조건

선박회사로서는 본선의 가동 회전율이 매우 중요하다. 따라서 항해용선의 경우에도 하역을 위한 정박일수가 화주의 사정으로 헛되이 연장되지 않도록 하기 위하여 정박기간을 예약해 두게 된다. 정박기간(laydays : laytime)이란 용선자가 계약화물 전량을 완전히 적재 또는 양륙하는데 소요되는 일수를 선주에게 보증하는 기간으로, 이 기간을 초과하여 하역이 된 때에는 그 초과한 시수에 대하여 용선자가 선주에게 체선료(demurrage)를 지급하여야 하고, 반대로 보증기간보다 빨리 하역이 종료된 때에는 선주로부터 조출료(despatch money)를 지급받게 된다.

용선계약상 정박기간은 화물의 종류, 항구의 관습 등에 따라 여러 가지 방법으로 결정되지만, 이를 대별하면 정박기간을 한정하는 경우와 한정하지 않는 경우로 구분할 수 있다.

1) 정박기간을 한정하지 않는 경우(unfixed laydays)

일반적으로 CQD(customary quick despatch : 관습적조속하역)라고 하는 것으로, 그 항구에 관습적으로 존재하는 통상의 하역능력에 따라 가능한 한 빨리 하역하는 조건이다. 그러나 이 조건의 경우 관습의 판단에 대하여 불확실한 요소가 개재될 여지가 많기 때문에 당사자간에 분쟁이 발생하기 쉬워 널리 이용되지 않고 있다.

2) 정박기간을 한정하는 경우(fixed laydays)

정박기간을 한정한 경우에는 그 기간내에 어떠한 사정이 생겨도 용선자는 작업을 완료해야 하며, 특약이 없는 한, 가령 용선자의 과실없이 작업이 완료되지 않은 때에도 용선자는 그 책임을 면할 수 없다. 그런데 정박기간을 한정하는 경우, 정박기간의 표시방법은 "정박기일…일"이라는 식으로 직접적으로 표시하는 경우와 1일의 책임하역량을 표시(예컨대, 1일의 책임하역량 1,000톤)함으로써 간접적으로 정박기간을 나타내는 경우가 있다. 후자의 경우 총 적재수량을 1일의 책임하역량으로 나누면 비하역일을 고려하지 않은 허용정박일수가 산출된다. 한편 사용정박일수를 산정하는 경우에 그 계산의 기본이 되는 "일"(day)에는 다음과 같은 것이 있다.

가) 연속일(running days) : 악천후 · 동맹파업 · 불가항력을 불문하고 정박기간 개시 후는 모두 사용정박기간에 산입하는 것이다. 따라서 일요일, 공휴일은 물론 그 기간 중에 하역불능사태가 발생해도 그 시간은 원인 여하를 불문하고 모두 사용정박시간에 산입된다.

나) Weather working days(WWD : 호천후 작업일) : 사용정박기간에서 악천후로 인한 하역불능일을 제외한 것이다. 즉, WWD는 기후조건이 하역작업 가능한 날짜만을 사용정박기간에 산입하고, 우천 등과 같이 일기불량으로 하역작업이 불가능한 기간은 제외하는 것이다. 그리고 일요일, 공휴일은 원래 작업일이 아니므로 가령 일요일에 작업을 해도 보통 사용정박기간에 산입되지 않는다[sundays, holidays excepted even if used : SHEXEIU]. 그러나 "하역하지 않은 경우에만 산입하지 않는"(sundays and holidays excepted unless used : SHEXUU) 조건도 있다. 정박기간에 관한 조건으로 가장 널리 이용되는 것이 이 "WWDSHEXEIU"조건이다.

(마) 체선료와 조출료

체선료와 조출료는 항해용선에서 정박기간을 한정한 경우에 문제가 된다. 체선료(demurrage)는 용선계약에 의해 허용된 하역일수를 초과하여 하역이 행해졌을 때, 그 초과한 기간(체선기간)에 대하여 지급되는 특별보수 또는 손해배상금으로서[20]), 보통 「1일당 얼마」(예컨대, demurrage at the rate of US $1,500 per day)로 정해지는데, 그 금액은 대개 1일당의 선비(船費)가 기준이 된다.

한편, 조출료(despatch money)는 약정된 정박기간 만료전에 하역이 완료되었을 때 그 단축된 기간에 대하여 선주가 용선자에게 지급하는 금전으로서 보통 체선료의 반액이 된다. 그리고 체선료는 WWD의 경우에도 허용 정박기간을 초과하면 초과한 모든 시간(running으로)에 대해 징수되지만, 조출료는 보통 "for all laytime saved" 또는 "for all working time saved"로 되어 있어 정박기간에 산입되지 않는 기간(일요일 · 공휴일 등)은 조출료 계산에서 제외된다.

3 복합운송

① 복합운송의 개념

복합운송(multimodal transport : combined transport)이란 운송물의 수령장소로부터 지정인도장소까지 적어도 두 가지 이상의 각각 다른 운송수단의 결합에 의하여 운송하는 것이다.

단일 운송계약에 대하여 2인 이상의 운송인이 관여하는 형태의 운송을 통운송(through transport : through carriage)이라 하는데, 이러한 통운송 중 각 구간 모두 동일운송수단(single mode of transport)에 의한 경우를 단순통운송이라 하고, 각각 다른 운송수단(different mode of transport)에 의한 일관운송을 복합운송이라고 하는 것이다. 그리고 이러한 복합운송이 국제간에 걸쳐 이루어지는 경우를 국제복합운송 또는 국제물건복합운송이라 한다. 즉, 국제복합운송(international multimodal transport)이란 복합운송인(multimodal transport operator : MTO)에 의해 국제간의 물건운송을 적어도 두 가지 이상의 각각 다른 운송방법(해상 · 철도 · 항공 등

20) 체선료의 법적성질에 관하여는 특별보수설과 손해배상설이 대립된다. 우리 상법은 「…상당한 보수를 청구할 수 있다」(상법 제829조 제3항)고 규정하여 특별보수설의 입장에서 입법화하였고, 대법원 판례도 특별보수설을 취하고 있다. 따라서 약정 체선료가 과다하더라도 이를 손해배상액의 예정으로 보아 법원이 감액할 수 없다.

의 각종 운송수단)으로 하는 것을 말한다.

이러한 국제복합운송은 컨테이너운송의 출현으로 각 운송장소의 접속 또는 각 운송수단의 결합에 관한 하역장애를 극복할 수 있게 됨에 따라 크게 발달하게 된 것이다.

그리고 화주 입장에서 복합운송의 가장 큰 장점은 단일운송과 달리 운송 도중 별도의 운송수배를 할 필요 없이 단한번의 운송계약으로 목적지까지 물품을 일관하여 운송할 수 있다는 것이다. 또 복합운송인은 운송물의 수령에서부터 인도에 이르기까지 전체운송구간에 대하여 책임을 부담하고 있으므로, 운송 도중 화물에 손해가 발생할 경우 실제운송인이 누구인지 따질 필요 없이 복합운송인을 상대로 손해배상을 청구하면 된다.

❷ 국제복합운송의 주요경로

컨테이너를 매개로 하여 이루어지고 있는 국제복합운송은 크게 해·륙복합운송과 해·공복합운송으로 구별할 수 있다.

(1) 해·륙복합운송

복합운송 중에서 가장 많이 이용되는 것이 육상운송과 해상운송을 연결하는 해륙복합운송인데, 이 경우 철도망을 이용하는 육상운송은 해상운송구간을 연결하는 가교(bridge) 역할을 수행하므로 보통 랜드 브리지 서비스(land bridge service)라고 한다. 즉 랜드 브리지 서비스라고 하는 것은 대륙을 횡단하는 철도망을 이용하여 양쪽의 해상운송을 연결하는 해상 – 육상 – 해상의 운송형태를 말한다. 현재 이러한 형태로 운송되는 것은 북미대륙을 횡단하는 경우와 시베리아대륙을 횡단하는 경우가 있다.

이러한 랜드 브리지 서비스는 재래의 해상운송에 비해 운송일수의 단축이나 운송원가의 절감이 가능하기 때문에 널리 이용되고 있다.

(가) 시베리아 랜드브리지(Siberian Land Bridge : SLB[21])

극동에서 러시아의 항구까지 컨테이너선박을 이용하고, 거기서 러시아 서부국경

21) SLB는 TSR(Trans Siberian Railway) 또는 TSCS(Trans Siberian Container Service)라고도 한다.

까지는 시베리아 횡단철도를 이용한 다음 유럽의 목적지까지 해상으로 접속 운송하는 것이다(〈그림 6-4〉 참조).

〈그림 6-4〉 SLB

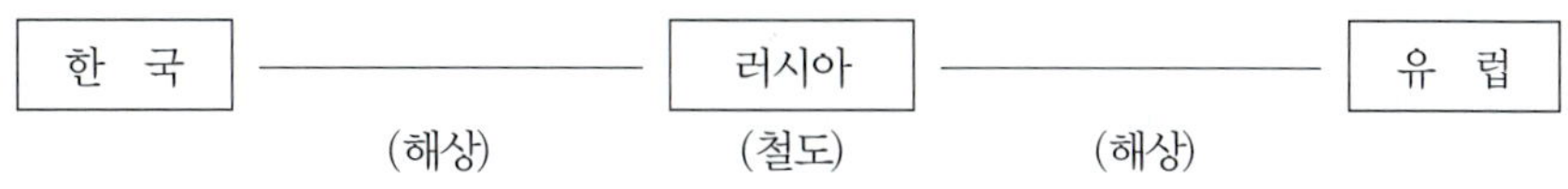

(나) 아메리카 랜드브리지(American Land Bridge : ALB)

극동에서 선적된 화물을 미국의 서해안에 있는 항구까지 해상운송한 다음 미국 동부에 있는 항구까지 대륙횡단철도로 접속 운송하고, 이를 다시 해상을 통해 유럽의 목적지까지 운송하는 방식이다(〈그림 6-5〉 참조).

〈그림 6-5〉 ALB

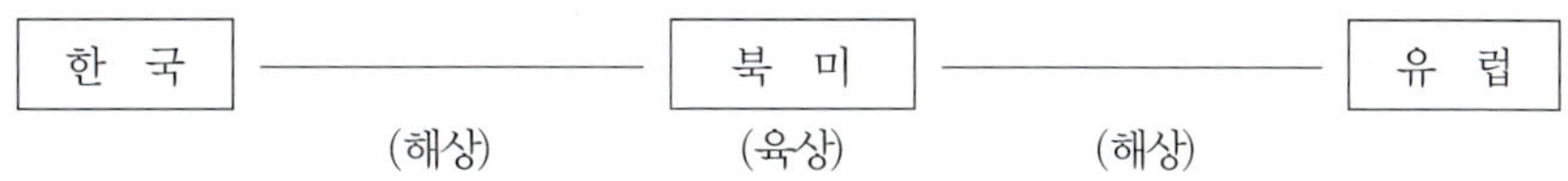

(다) 캐나다 랜드브리지(Canadian Land Bridge : CLB)

캐나다 서안 항구까지 해상운송을 하고, 캐나다 동부항구까지 철도운송을 한 다음, 대서양을 다시 선박으로 접속하여 유럽의 항구까지 해상운송하는 것이다.

(라) 트랜스 차이나 레일(Trans China Rail : TCR)

우리나라나 일본 등에서 중국 동부 항구까지 해상운송을 한 후 철도편으로 중국 대륙을 관통하여 러시아 철도와 연결시켜 유럽까지 운송하는 것이다.

(마) 미니 랜드브리지(Mini-Land Bridge : MLB)

극동/미국 · 캐나다 서안(태평양안)의 해상운송에 이어 미국 · 캐나다 동해안까지의 철도운송을 하는 해-륙의 복합운송이다.

(바) 마이크로 브리지(Micro Bridge : MCB)

일명 「IPI(interior point intermodal)서비스」라고도 하는 것으로, MLB 서비스가

극동에서 미국 · 캐나다 서해안 경유 미국 · 캐나다 대서양안 여러 항구까지의 복합운송(port to port service)인데 반하여, IPI는 미국 · 캐나다의 철도 · 도로망을 이용하여 내륙지역의 목적지(point)까지 운송을 하는 것이다. 즉, MLB가 「to port」로 한정되는데 반하여, 「to door」까지 서비스를 확대한 것이 IPI이다.

(2) 해 · 공복합운송

해 · 공(Sea & Air)복합운송은 화물을 출발지에서 목적지까지 운송하는데 있어서, 해상운송수단과 항공운송수단을 결합하여 일관수송서비스를 제공하는 것으로, 해상운송에서의 싼 운임과 항공운송에서의 신속성이라는 두 가지 운송방법의 장점을 살린 것이다.

현재 우리나라로부터의 해 · 공복합운송의 주된 경로는 한국에서 두바이(Dubai)까지 해상운송하고, 거기서 유럽의 여러 도시까지 항공운송을 하는 것, 한국/미국 서해안까지의 해상운송에 이어 유럽까지 항공운송을 하는 것 등이 있다.

Chapter 7

해상보험계약과 보험증권

1. 해상보험계약의 기초개념
2. 해상위험과 해상손해
3. 해상보험증권과 보험약관
4. 해상보험계약의 체결

Chapter 7

해상보험계약과 보험증권

1 해상보험계약의 기초개념

① 무역거래상의 위험과 그 대책

무역은 서로 다른 나라에 거주하는 상인(무역업자)간에 행해지는 물품의 매매이므로 국내상거래에 비해 상품의 이동거리가 멀고, 또 매매당사자는 언어 · 관습 · 법률 · 화폐제도 등을 달리하고 있으므로 무역거래에 따른 위험은 국내상거래에 비하여 훨씬 크고 복잡 · 다양하다. 따라서 무역업에 종사하는 자는 그 경영활동에 수반되는 영업위험에 대하여 충분히 연구 · 고찰하여 가능한 한 그 위험의 발생을 회피 또는 예방함과 동시에 예방 또는 회피할 수 없는 위험에 대하여는 이를 타인에게 전가하는 방책을 강구하여야 할 것이다.

여기서 무역거래에서 발생하는 중요한 위험과 그에 대한 대책을 간단히 살펴보면 다음과 같다.

(1) 신용위험

신용위험(credit risk)이란 채권자의 지위에 관하여 발생할 수 있는 위험으로서, 그 대표적인 예가 수입업자의 지급불능 또는 지급거절에 의해 수출업자가 인도상품에 대한 대금을 회수할 수 없게 되는 위험이다. 이 위험은 거래상대방의 신용조사를 철저히 하고 또한 앞에서 설명한 신용장(letter of credit : L/C)의 이용으로 어느 정도 예방할 수 있다.

(2) 비상위험

비상위험(emergency risk : political risk)이란 전쟁 · 내란 · 천재지변 · 수입국에서의 수입금지 또는 제한 · 환거래의 제한 또는 금지조치 등과 같이 계약당사자에게 책임지울 수 없는 불가항력적인 사유로 인하여 계약이행이 불가능하게 되거나 또는 대금을 회수할 수 없게 되는 위험을 말한다. 이러한 위험은 다음 장에서 살펴볼 무역보험에 의해 어느 정도 커버할 수 있다.

(3) 환위험

환위험(exchange risk)이란 환율변동에 따른 위험으로서, 이것은 환예약에 의해 외국환은행(foreign exchange bank)에 전가할 수 있다. 환예약(forward exchange contract)이란 선물환거래에 관한 계약을 말하며, 구체적으로는 환의 매매당사자간에 거래외화의 종류 · 금액 · 환율 · 매매의 실행시기 등의 제 조건을 미리 결정하고, 그 조건에 따라 장차 현실적으로 매매를 실행할 것을 상호간에 약속하는 것을 말한다. 따라서 장차 현실적으로 환매매를 할 때 환율이 어떻게 변하였든, 사전에 약정해 둔 환율에 의하여 매매하기 때문에 환율변동에 따른 위험은 피할 수 있게 된다.

(4) 운송위험

운송위험(transportation risk)은 거래상품이 수출지를 떠나 수입업자에게 인도될 때까지의 운송 도중에 해난이나 기타 사고에 의해 물리적으로 손상되는 위험이다. 무역상품은 운송에 이용되는 수단, 즉 운송수단(means of transportation) 여하에 따라 육상위험 · 해상위험 · 공중위험 등에 직면하게 되는데, 이러한 위험은 해상보험제도를 이용함으로써 보험회사에 전가시킬 수 있다.

2 해상보험의 의의

해상보험(marine insurance)이란 해상사업에 관한 사고로 인하여 생길 손해를 보상할 것을 목적으로 하는 보험이며(상법 제693조 참조), 손해보험의 일종이다. 손해보험은 일정한 우연한 사고로 인하여 생길 재산상의 손해를 보상할 것을 목적으로 하는 보험인데, 이 「일정한 우연한 사고」가 「해상사업에 관한 사고」인 보험이 해상보험이다.[1)]

이와 같이 해상보험은 해상사업에 관한 위험에 대한 보험이지만, 그와 동시에 항

1) 영국의 1906년 해상보험법(Marine Insurance Act, 1906 ; 이하 "MIA"라 한다) 제1조도 다음과 같이 해상보험은 보험자가 「해상사업에 수반하는 손해」를 보상할 것을 인수하는 계약이라고 정의하고 있다.
"해상보험계약은 그 계약에 의해 합의한 방법과 범위내에서 해상손해, 즉 해상사업에 수반하는 손해를 보험자가 피보험자에게 보상할 것을 인수하는 계약이다."

해에 부수 또는 접속되는 육상 · 내륙수로 또는 항공위험을 해상보험계약에서 담보하는 경우가 있으며, 이러한 경우에는 이들 해상위험 이외의 위험에 대해서도 해상보험의 규정이 준용되는 것이 보통이다.[2)]

③ 해상보험의 특징

해상보험의 기원에 대하여는 여러 가지 설이 있지만, 통설에 의하면 14세기 르네상스(Renaissance) 초기에 이탈리아의 상인들이 보험자로써 해상위험을 인수한 것을 그 시초로 보고 있다. 이후 1666년 런던의 대화재[3)]를 계기로 하여 화재보험이 런던에서 생겨나기까지 3세기 사이는 해상보험이 유일한 보험이었으므로 당시는 보험이라 하면 곧 해상보험을 의미하였다. 따라서 그 3세기간에 형성 · 발전된 해상보험의 이론과 실제가 오늘날 무수히 많은 각종 손해보험의 원형이 된 것이다. 손해보험이 해상보험(marine insurance)과 비해상보험(non-marine insurance)로 대별되는 것과 같이 해상보험은 다른 손해보험에서는 볼 수 없는 몇 가지 특징을 지니고 있다.

첫째, 해상보험은 단순히 오랜 역사를 지니고 있을 뿐 아니라 그 전통이 오늘날까지도 그대로 유지되고 있는 보험이다. 물론 제3절에서 설명하는 바와 같이 보험증권 양식의 개정에 따라 그 내용이 대폭 간소화되었지만, 그 모체는 어디까지나 Lloyd's S.G. Policy[4)]인 것이다. Lloyd's[5)] S.G. Policy는 원래 1779년 1월 12일

2) 이와 관련하여 MIA 제2조 제1항은 다음과 같이 규정하고 있다.
"해상보험계약은 명시된 특약 또는 상관습에 의해 그 담보범위를 확장하여 해상항해에 부수되는 내수로 또는 육상위험으로 인한 손해에 대하여도 피보험자를 보호할 수 있다."

3) 이 화재는 4주야 동안 계속되어 당시 런던시 가옥의 85%에 해당하는 13,200호를 소실시키고, 재해자가 20만명에 달한 것으로 전해지고 있다(姉崎義史 外, 講案保険總論, 日本 京都, 法律文化社, 1984, 112면 : 한동호, 보험학, 박영사, 1981, 150면).

4) Lloyd's S.G. Policy에서의 S.G.는 「Ship and Goods」를 의미하며, 선박보험 · 적하보험 · 운임보험 기타 모든 해상보험에 공통으로 사용하는 보험증권이다. 오늘날에는 이 양식이 선박보험양식(Hull Form)과 적하보험양식(Cargo Form)으로 분리되었다.

5) 오랫동안 세계 보험시장의 중심이 되어 왔던 로이드의 역사는 17세기경부터 런던에서 유행하기 시작한 다방(coffee house)에서부터 시작되었다. 즉, 17세기 말경 테임즈(Thames)강변의 타워가(Tower Street)에 있던 로이드(Edward Lloyd ; 1648~1713)씨가 경영하던 다방(1688년 개점)에 선주 · 선장 · 무역업자 · 해상보험자 등 해사관계자가 많이 모여 해상보험계약이나 선박 및 화물의 매매를 하였으며, 이것이 오늘날 로이드의 기원이다. 그 이후 로이드는 많은 우여곡절을 거쳐 오늘에 이르고 있는데, 여기서 로이드의 발전과정을 간추려 살펴보면 다음과 같다(이시환, 신무역보험론, 대왕사, 2012, 76~78면).
① 1691년 : 타워가의 다방이 협소하게 되어 롬바드가(Lombard Street)로 이전

개최된 Lloyd's회원총회에서 과거 오랫동안 사용되어 오던 양식을 통일한 것으로서, 이것이 거의 그대로 MIA 부칙에 보험증권의 표준양식으로 채택되었다. 따라서 해상보험계약의 내용을 정확하게 이해하기 위해서는 연혁적(沿革的)인 연구가 필요하다.

둘째, 해상보험은 국제성이 매우 강한 보험이다. 해상보험은 바다를 무대로 하고 있기 때문에 자국의 독자적인 제도로 존재할 수 있는 각종 육상보험과 커다란 차이가 있다. 특히 일찍부터 영국의 해상보험시장이 발달함에 따라 영국의 해상보험계약에 관한 법률이나 약관이 확립된지 오래이고, 이것이 영국의 세계 해운지배와 함께 세계의 해상보험시장에 전파되었다. 우리나라 해상보험실무에서는 영문의 보험증권 과 보험약관이 이용되고 있고, 여기에 포함된 영국법준거법약관에 의거하여 보험자의 책임, 보험금의 정산 문제 등을 영국법에 따라 해석하고 있다. 따라서 영국 해상보험법과 각종 협회약관에 대한 지식을 필요로 하는 것이다.[6]

④ 해상보험계약의 당사자

해상보험계약은 당사자의 일방(보험자)이 해상위험으로 인하여 생길 해상손해를 보상할 것을 약속하고, 상대방(보험계약자)은 그 대가로서 보험료를 지급할 것을 약정하는 계약이다. 따라서 해상보험계약의 당사자로서는 보험자와 보험계약자가 있으며, 이 밖에 보험계약에 이해관계를 가지는 자로서 피보험자가 있다.

---

② 1713년 : 로이드 사망. 그 때까지 로이드 자신은 보험거래에 직접 참여하지 않았음.
③ 1769년 : Pope's Head Alley의 New Lloyd's Coffee House로 이전, 일종의 회원제가 됨
④ 1774년 : 로이드의 아버지(father of Lloyd's)라고 불리우는 John J. Angerstein에 의해 왕립거래소(Royal Exchange) 건물로 이전, 여기서 다방시대는 끝나고 보험거래소로서의 로이드 탄생
⑤ 1779년 : Lloyd's S.G. Policy 양식의 채택
⑥ 1871년 : 로이드법(Lloyd's Act)에 의해 로이드조합(Corporation of Lloyd's)으로 법인화 됨
⑦ 1887년 : 해상보험 이외의 보험분야로 활동영역 확장

이후 1960년에 한차례 위기가 있긴 하였지만 약 100여년간 로이즈는 해상보험시장을 위시한 손해보험시장과 재보험시장의 발전에 주도적 역할을 해 왔다. 그러나 1980년대 말 이후 대형 재해의 연속적인 발생 등으로 인한 대규모 적자로 로이즈는 그 존립마저 위협받게 되었다. 따라서 오늘날 로이즈는 이러한 위기를 극복하기 위하여 자본기반을 다양화하고 오랜 관행을 개선하는 등 큰 변화를 시도하고 있다.

6) 영국에서 해상보험을 규율하는 성문법은 해상보험법(Marine Insurance Act, 1096)과 이를 일부 수정하는 보험법(Insurance Act, 2015) 등이 있다. 특히 보험법은 기존 해상보험법에 규정된 고지의무, 담보(warranty), 최대선의의무 등에 관한 내용을 수정하고, 사기적 보험금청구의 효력에 관한 규정을 신설하였다.

(1) 보험자

보험자(insurer : assurer : underwriter)는 보험계약을 인수하는 자로서, 보험계약자로부터 보험료를 받는 대신에 보험기간 중 보험사고가 발생할 경우 보험금을 지급할 것을 약속한 자를 말한다. 우리나라의 경우 보험사업은 회사(주식회사 · 상호회사 또는 외국보험회사)조직이 아니면 영위할 수 없으므로 보험자는 곧 보험회사를 가리킨다(보험업법 제4조). 그러나 외국에서는 개인업자도 적지 않아 보통 「Underwriter」라고 하고 있다.

(2) 보험계약자

보험계약자(policy holder)는 보험자와 보험계약을 체결하고 보험료를 지급하기로 약속한 자를 말한다. 영국법에서는 피보험자라는 개념뿐이고, 보험계약자라는 개념은 없다. 영국법상 보험계약자는 모두 피보험자의 대리인 입장에 있고, MIA에는 본인의 위임 없이 체결된 해상보험계약을 본인이 추인할 수 있다는 취지의 규정이 있다(제86조).

(3) 피보험자

피보험자(insured : assured)는 보험계약의 직접적인 당사자는 아니지만 피보험이익의 주체로서 보험계약에 의하여 보호되는 자, 즉 보험사고가 발생한 경우에 보험자로부터 손해의 보상을 받는 자를 말한다. 그런데 보험계약자와 피보험자는 동일인인 경우와 동일인이 아닌 경우가 있다. 예컨대, CIF조건의 계약에서는 매도인이 보험계약자가 되고 매수인이 피보험자가 되지만, FOB조건인 경우에는 원칙적으로 매수인이 보험계약자인 동시에 피보험자가 된다. 보험계약자와 피보험자가 동일한 경우를 「자기를 위한 보험」이라 하고, 서로 다른 경우를 「타인을 위한 보험」이라고 한다.

그리고 위에서 언급한 바와 같이 영국에서는 우리나라와 달리 일반적으로 보험계약자와 피보험자를 개념상 구별하지 않고 있으므로 보험계약을 체결하고, 보험료의 지급의무를 부담하며, 또한 피보험이익을 가지고 사고발생시에 손해를 보상받는 자를 「Assured」 또는 「Insured」라고 한다. 따라서 영국법상으로는 피보험자가 보험계약의 당사자가 된다.

5 피보험이익

해상보험은 해상위험으로 인하여 생길 해상손해를 보상할 것을 목적으로 하는 보험인데, 이 경우 위험발생의 객체가 되는 선박 또는 적하 등을 보험의 목적(subject-matter insured)이라 한다. 그런데 보험이 보호하는 대상은 선박이나 적하 그 자체가 아니라, 이러한 보험의 목적에 대하여 특정인이 가지는 이해관계이다. 이 이해관계가 보험계약의 목적(subject of insurance)이며, 이것이 바로 피보험이익(insurable interest)이다. 즉, 피보험이익이란 보험의 목적이 멸실 또는 손상됨으로써 경제적 손실을 입게 되는 특정인과 그 보험의 목적 사이에 존재하는 이해관계를 말한다. 「이익 없는 곳에 보험 없다」(no interest, no insurance)라는 말과 같이 피보험이익이 존재하지 않으면 사고가 발생해도 손해를 보지 않으므로 해상보험은 성립되지 않는다.

한편, 「이익 있는 곳에 보험 있다」라는 말과 같이 피보험이익이 있으면 하나의 보험의 목적물에 대해서도 복수의 보험계약이 존재할 수 있는 것이다. 즉, 해상보험에서 부보되는 것은 선박 또는 적하가 해상위험에 노출되는 것에 대하여 특정인이 가지고 있는 일체의 피보험이익이다. 예를 들면, 선박회사가 사고로 인하여 취득할 수 없게 되는 운임, 수입업자가 화물의 사고에 따라 상실하게 될지도 모르는 희망이익, 선박저당권자가 선박의 멸실로 인하여 저당권의 목적물을 상실하거나 또는 용선자가 취득할 수 없게 될지도 모르는 운임 등도 모두 부보할 수 있는 것이다.

그리고 또 해상보험계약을 유효하게 성립 · 존속시키기 위해서는 피보험이익이 다음과 같은 요건을 갖추어야 한다.

(1) 적법성

피보험이익은 적법한 것이어야 한다(민법 제103조 : MIA 제3조 제1항 참조). 즉, 피보험이익은 법의 금지규정에 위반하거나 공서양속에 반하는 것이어서는 안된다. 예컨대, 밀수에 종사하는 선박의 보험, 수출입이 금지된 화물의 보험 등은 법의 보호를 받지 못하므로 유효한 피보험이익이 되지 못한다.

(2) 경제성

피보험이익은 금전으로 산정할 수 있는 이익, 즉 경제적 이익이어야 한다(상법 제

668조). 피보험이익이 금전으로 산정될 수 없는 경우에는 손해액을 산정할 수가 없으며, 또 보험의 남용에 의하여 실손해 이상의 보상을 받을 염려가 있기 때문이다. 따라서 어느 특정인이 예컨대, 가보로 내려오는 가구에 대하여 강한 애착을 갖고 있어 객관적인 재산가치 이상으로 평가하고 있다고 해도 그것을 금전으로 평가할 수 없는 경우, 즉 객관적인 표준에 의하여 평가할 수 없는 경우에는 피보험이익으로서 보험의 대상이 될 수 없는 것이다. 이러한 경우에 부보할 수 있는 것은 객관적인 재산적 가치에 한하고, 감정적 · 도덕적 · 종교적 가치는 제외된다.

(3) 확정성

피보험이익은 반드시 계약체결 당시에 현존하고 확정되어 있어야 하는 것은 아니지만, 적어도 보험사고 발생시까지는 이익의 존재 및 귀속이 확정될 수 있는 것이어야 한다(MIA 제6조 제1항). 왜냐하면 그 때까지 이익이 확정되지 않으면 손해도 확정될 수 없고, 따라서 보험자는 보상을 할 수 없기 때문이다.

6 보험가액과 보험금액

보험가액(insurable value)이란 피보험이익을 금전으로 평가한 가액, 즉 사고가 발생한 경우에 피보험자가 입게 될 손해액의 최고한도액이다. 그런데 보험가액은 보험기간 중 고정되어 있는 것이 아니라 시간의 경과, 장소의 이동, 물가의 변동 등에 따라 끊임없이 변동한다. 따라서 보험가액에 관하여는 그 평가가 문제된다.

해상보험을 포함한 각종 손해보험이 피보험자가 입은 손해의 보상을 목적으로 하는 이상, 보험자가 보상책임을 져야 할 손해액은 원칙적으로 손해발생시의 가액을 기준으로 하여 결정된다(상법 제671조 참조). 그러나 해상보험과 같이 장소를 이동하는 선박이나 화물이 대상인 보험에서는 손해가 발생한 때와 장소에서의 보험가액 산정이 곤란할 뿐만 아니라 손해가 발생한 때와 장소 자체를 알 수 없는 경우도 적지 않다. 따라서 해상보험에서는 보험자의 책임개시시(선박보험의 경우) 또는 선적시(적하보험의 경우)의 가액을 보험가액으로 하고 있다(상법 제696~697조 : MIA 제16조 참조). 이것이 해상보험에 있어서의 법정보험가액이다. 그리고 이러한 보험가액은 보험기간 중 변하지 않는 것으로 하고 있는데 이것을 「보험가액불변경의 원칙」이라 한다.

그런데 보험기간의 시기(始期) 또는 선적시의 가액이 얼마인지를 정확히 평가하는 것도 쉬운 일이 아닐 뿐 아니라 당사자간에 다툼이 생길 수 있기 때문에 실제거래에서는 계약체결시에 당사자가 보험가액을 협정하는 것이 보통이다. 이와 같이 계약당사자가 협정한 보험가액을 협정보험가액 또는 보험평가액(insured value : agreed value)이라 하고, 이와 같은 협정보험가액이 기재된 보험증권을 기평가보험증권(valued policy)이라 하는데, 해상보험은 일반적으로 기평가보험이다.

한편, 보험금액(insured amount : sum insured)은 손해발생시에 보험자가 부담하는 보상책임의 최고한도로서 미리 당사자간에 약정한 금액이다. 예를 들어 가액 5천만원인 화물에 대해 4천만원으로 부보한 경우에는 5천만원이 보험가액이고, 4천만원은 보험금액이다. 보험금액은 보험료를 산정하기 위한 기준이 된다. 피보험이익이 없는 곳에 보험이 있을 수 없으므로 보험금액은 보험가액을 초과할 수 없다. 그러나 보험금액은 당사자가 임의로 정할 수 있으므로 보험금액이 객관적인 보험가액을 초과하는 경우가 있는데, 이와 같이 보험금액이 보험가액을 초과하는 보험을 초과보험(over insurance)이라 한다. 그리고 보험금액과 보험가액이 동일한 경우를 전부보험 (full insurance)이라 하고, 보험금액이 보험가액에 달하지 않는 경우, 즉 보험가액의 일부를 부보한 경우를 일부보험(under insurance)이라 한다. 일부보험의 경우 손해가 발생하면 보험자는 보험금액의 보험가액에 대한 비율로 손해를 보상한다(상법 제674조 : MIA 제81조). 이것을 「비례보상의 원칙」이라 한다.

또 손해가 발생한 경우 보험자가 피보험자에게 지급하는 금전을 보험금이라 하고, 위험부담의 대가로서 보험계약자가 보험자에게 지급하는 금전을 보험료라 한다.

7 보험기간

보험자의 위험부담책임의 존속기간, 즉 보험자의 위험부담의 시간적 한계를 보험기간(duration of insurance : period of insurance) 또는 위험기간(duration of risk)이라 한다. 보험자는 보험기간 중에 발생한 위험으로 인하여 발생한 손해만을 보상할 책임을 진다. 따라서 손해가 보험기간의 개시 후에 생긴 경우에도 그 원인인 사고가 보험기간의 개시전에 발생한 때에는 보험자는 그 손해를 보상할 책임이 없으며, 반대로 보험기간 중에 사고가 발생하면 그에 따른 손해가 보험기간 종료 후에 생겨도 보험자는 그 손해를 보상할 책임이 있다.[7)]

보험기간은 당사자의 합의에 의해 정해지는데, 보험기간의 결정방법에 따라 해상보험은 항해보험과 기간보험으로 나누어진다. 항해보험(voyage policy)이란 보험기간이 A지로부터 B지까지와 같이 일정한 항해를 기준으로 하여 정해진 보험을 말하고, 기간보험(time ploicy)은 보험기간이 일정한 기간을 기준으로 하여 정해진 보험(예컨대, 2007년 1월 1일부터 1년간 등)을 말한다. 일반적으로 선박보험의 경우는 기간보험으로 계약되고, 적하보험은 항해보험형태를 취한다.

2 해상위험과 해상손해

① 해상위험

(1) 해상위험의 의의

우리가 보험계약을 체결하는 것은 일정한 위험, 즉 어떤 우연한 사고의 발생으로 손해를 입을 가능성이 있기 때문이다. 이 손해를 초래할 사고발생의 가능성이 곧 위험(risk)이며, 위험이 존재하지 않으면 보험이 존재하지 않는다. 위험이 존재한다고 하는 것은 사고의 발생이 불확실한 것을 의미한다. 사고가 발생하지 않을 것이 확실하다거나 또는 사고의 발생이 확정적이라면 이미 위험은 존재하지 않으며, 따라서 보험계약은 무효이다. 「위험 없으면 보험 없다」(no risk, no insurance)라고 하는 경우의 위험이란 이러한 사고발생의 가능성을 뜻한다.

그런데 해상보험의 대상이 되는 위험, 즉 피보험위험은 해상위험이다. 상법 제693조는 해상보험계약이 「해상사업에 관한 사고」로 인하여 생길 손해의 보상을 목적으로 한다는 뜻을 규정하고 있고, MIA 제3조는 해상위험을 「항해에 기인 또는 부수하는 위험」(perils consequent on, or incidental to, the navigation of the sea) 이라고 정의하고 있다. 여기서 알 수 있는 바와 같이 해상위험은 항해를 계기로 하

7) 이러한 의미의 보험기간은 실질적 보험기간이라고도 하며 형식적 보험기간, 즉 보험계약기간과 구별된다. 보험계약기간은 보험계약의 성립시로부터 종료시까지, 즉 보험계약이 유효하게 존속하는 기간을 말하는데, 보통 보험기간과 보험계약기간은 일치하지만 반드시 일치하는 것은 아니다.

여 생기는 위험이다. 즉, 해상위험은 항해의 위험에 한정되는 것이 아니라 항해에 부수되는 위험도 포함한다. 따라서 하천이나 항만 등 내수에서의 항행 또는 정박 중의 위험, 화물을 환적하기 위한 양륙 중의 위험도 그것이 주된 항해에 부수되는 것인 이상 해상위험이며, 당연히 보험자의 부담에 속한다.

그런데 해상위험은 해상사업에 관하여 생기는 다수의 사고를 포함하는 포괄적 개념이므로 실제로 해상위험인가, 아닌가를 판단하는 것은 그리 간단하지 않다. 일반적으로 해상보험계약만 체결하면 어떠한 손해라도 모두 보험자가 보상해 줄 것으로 생각하기 쉬우나 실제로는 그렇지 않다. 따라서 손해보상에 있어서 해상위험의 범위를 정하는 것은 매우 중요하다.

(2) 포괄책임주의와 열거책임주의

해상보험에 있어서 보험자가 위험을 부담하는 방식은 크게 두 가지로 나눌 수 있다. 하나는 일체의 해상위험을 포괄적으로 부담(인수)하는 방법이고, 또 하나는 해상위험 중에서 특별히 열거한 위험만을 부담(인수)하는 방법이다. 전자를 포괄책임주의라 하고, 후자를 열거책임주의라 한다.

(가) 포괄책임주의

우리나라 상법(제693조)은 「해상보험계약의 보험자는 해상사업에 관한 사고로 인하여 생길 손해를 보상할 책임이 있다」고 규정하여 독일 및 프랑스 등과 같이 모든 해상위험을 포괄적으로 부담하는 이른바 포괄책임주의를 채택하고 있다.

역사적으로 보면 14세기 이탈리아에서 해상보험이 생성된 이래 보험자는 일체의 해상위험을 부담하여 왔다. 그러나 상업사회의 발전과 더불어 위험이 대형화됨에 따라 보험자측으로서는 위험부담책임이 과중하다는 것을 인식하게 되고, 따라서 보험자는 면책약관을 사용함으로써 위험부담책임이나 손해보상책임을 제한하게 되었다. 이리하여 오늘날에 와서는 포괄책임주의가 채택되고 있다고 해도 그 내용은 사실상 열거책임주의와 대동소이하게 되었다. 다만, 이론상 포괄책임주의하에서는 모든 위험이 일단 보험자의 부담에 속하기 때문에 피보험자는 손해보상 청구시에 해상손해가 발생하였다고 하는 사실과 손해액을 증명하기만 하면 되므로 피보험자측에 유리하다고 할 수 있다. 만약 보험자가 보상책임을 거부하려고 하면 그 손해가 면책위험으로 인하여 발생되었다는 반증을 필요로 하는 것이다.

(나) 열거책임주의

오늘날 대부분의 국가는 포괄책임주의를 채택하고 있으나, 영국은 보험자가 포괄적 개념인 해상위험 중에서 특정의 위험만을 부담하는 이른바 열거책임주의를 취하고 있다. 즉, MIA 제3조에서는 해상위험의 종류를 구체적으로 열거하고 있고, 또 MIA 제1부칙에 있는 Lloyd's S.G. Policy에서도 해상위험 중 보험자가 부담하는 위험을 위험약관(perils clause)에서 구체적으로 열거하고 있다. 뿐만 아니라 협회적하약관(Institute Cargo Clauses : 이하 "ICC"라 한다) 제1조 위험약관(risks clause)에서도 보험자의 담보위험을 구체적으로 명확하게 규정하고 있다.

열거책임주의 하에서는 보험증권에 열거된 위험만이 담보되고 열거되지 않은 위험은 담보되지 않으므로, 열거되지 않은 위험을 담보받기 위해서는 특약이 필요하다. 그런데, 보험증권에 열거되지 않은 각종 위험에 대하여 하나 하나 특약하는 것은 번거롭기 때문에 오늘날에는 보험증권의 열거책임주의를 포괄책임주의로 변경시키는 특약이 생겨나게 되었다. 다음에서 보는 바와 같은 ICC(A)의 위험약관(종래의 All Risks약관)이 그것이다.

"This insurance covers all risks of loss of or damage to the subject-matter insured except as provided in Clauses 4, 5, 6 and 7 below"(이 보험은 보험의 목적의 멸실 또는 손상의 모든 위험을 담보한다. 다만, 다음 제4조, 제5조, 제6조 및 제7조에 규정된 위험은 제외한다.)

열거책임주의 하에서 피보험자가 보험금을 청구하기 위해서는 두 가지 사실을 입증하여야 한다. 하나는 부보된 피보험이익에 손해가 발생하였다는 것이고, 또 하나는 손해가 열거위험으로 인하여 발생하였다고 하는 것이다. 요컨대, 포괄책임주의를 취하는 위험약관은 담보위험에 제한을 가하고 있고, 또 열거책임주의의 위험약관은 특약에 의해 담보위험을 확장하고 있으므로 담보위험의 내용은 사실상 거의 비슷하게 되었다. 다만, 거증책임면에서 열거책임주의 하에서는 손해가 열거위험으로 인하여 발생하였다고 하는 적극적 사실을 피보험자가 입증하여야 한다는 점에서 차이가 있다.

(3) 담보위험과 부담보위험

보험자가 부담하는 위험, 즉 그 위험으로 인하여 생긴 손해를 보험자가 보상할 책임이 있는 위험을 피보험위험(risk insured) 또는 담보위험(risk covered)이라 한다. 담보위험에는 당해 보험에서 보통약관으로 당연히 담보되는 위험도 있고, 또 보통 담보되지 않지만 특정계약에서 특약하여 특별약관으로 담보되는 위험도 있다.

한편, 담보위험이 아닌 위험을 부담보위험(risk not insured)이라 한다. 부담보위험 중에는 원래 담보되는 위험이지만 특정 보험계약에서 명시적으로 담보하지 않는 이른바 면책위험(risk excluded)과 원래부터 담보되지 않는 이른바 중성위험이 있다.

❷ 해상손해

(1) 해상손해의 종류

해상보험은 해상위험으로 인하여 발생한 손해의 보상을 목적으로 하는 것이지만 해상위험으로 인하여 발생한 손해, 즉 해상손해는 분류기준 여하에 따라 여러 가지로 구분된다. 해상손해는 우선 손해의 정도에 따라 전손과 분손으로 나누어지고, 손해부담자의 범위에 따라 분손은 다시 공동해손과 단독해손으로 구분된다(〈그림 7-1〉 참조).[8]

〈그림 7-1〉 해상손해의 종류

- 해상손해
  - 전 손
    - 현실전손
    - 추정전손
  - 분 손
    - 공동해손
    - 단독해손

8) 원래 단독해손 · 공동해손이라는 것은 전손 · 분손이라는 것과 별개의 개념이다. 즉, 전손과 분손은 손해의 정도에 따른 분류이고, 단독해손과 공동해손은 손해를 단독으로 부담하느냐 이해관계자가 공동으로 부담하느냐에 따른 분류인 것이다. 따라서 전손에도 단독해손과 공동해손이 있고, 분손에도 단독해손과 공동해손이 있다. 그러나 해상보험거래의 실무상 분손의 경우에는 그것이 단독해손이냐 공동해손이냐에 따라 보험자의 책임이 달라지지만, 전손의 경우에는 그것이 단독해손이든 공동해손이든 불문하고 항상 보상되기 때문에 전손에 대해서는 양자를 구별하는 실익(實益)이 없다. 그러므로 MIA 제64조나 업계에서는 손해를 전손과 분손으로 구분하고, 분손의 경우에만 단독해손과 공동해손으로 분류하고 있다.

(가) 전손과 분손

손해는 그것이 피보험이익의 전부에 발생하였는가, 일부에 발생하였는가에 따라, 즉 보험가액의 전부의 손해인가, 일부의 손해인가에 따라 전손과 분손으로 구분된다.

1) 전손

전손(total loss)이란 피보험이익이 전부 멸실된 경우를 말하며, 전손은 다시 현실전손과 추정전손으로 구분된다.

현실전손(actual total loss)은 보험의 목적물이 현실적으로 그 경제적 가치를 상실한 경우를 말하는데, MIA 제57조에 의하면 구체적으로 다음과 같은 손해를 현실전손으로 간주하고 있다.

① 보험의 목적이 파괴되어 멸실된 경우

② 보험의 목적물이 물적으로 존재하고 있지만, 부보된 종류의 물건이 아닐 정도로 심하게 손상되었을 경우(예를 들면, 쌀이 부패하여 사료로서의 가치밖에 없게 된 경우)

③ 피보험자가 보험의 목적을 탈취당해 되찾을 수 없는 경우(예를 들어 화물이 포획 또는 몰수된 경우)

그리고 MIA 제58조에서는 선박이 상당한 기간 행방불명된 때에는 현실전손으로 간주하고 있다.

한편, 추정전손(constructive total loss)은 현실전손이 확실시되지만 그 증명을 할 수 없는 때 또는 물리적으로는 보험의 목적을 회수하거나 수복할 수 있어도 그 비용이 지나치게 많이 소요되어 채산성이 없는 때에 법에 의해 전손으로 간주하는 것이다. 예를 들어 어떤 사람이 깊은 물에 100원짜리 동전을 빠뜨렸고, 그 물속에 있는 동전은 1,000원을 투자하면 건져 올릴 수 있다고 가정해 보자. 이 경우 1,000원을 투자해 100원짜리 동전을 건질려고 하는 사람은 없을 것이다. 이때 100원은 추정전손이 된다.

추정전손이 발생한 경우, 피보험자는 그 피보험물에 대하여 갖는 일체의 권리를 보험자에게 이전하고 현실전손의 경우와 마찬가지로 보험금액 전액을 청구할 수 있다. 이것을 위부(abandonment)라고 한다. 위부에 관해서는 제10장에서 별도로 설명하기로 한다.

2) 분 손

분손(partial loss)이란 전손이 아닌 손해, 즉 피보험이익의 일부에 생긴 손해를 말한다. 예를 들면, 부보된 100상자의 화물중 5상자가 담보위험으로 인하여 파손된 경우나, 선박에 화재가 발생하여 적하의 일부가 소실된 경우가 그것이다.

(나) 단독해손과 공동해손

분손은 그 손해를 이해관계자가 공동으로 부담하느냐, 단독으로 부담하느냐에 따라 공동해손과 단독해손으로 구분된다.

1) 공동해손

공동해손(general average : GA)이란 공동해손행위로 인하여 발생한 손해 또는 공동해손행위의 직접적인 결과로서 발생한 손해를 말한다(MIA 제66조 제1항). 공동해손행위(general average act)란 선박 및 적하가 공동의 위험에 놓여 있을 때, 그 위험을 면하기 위하여 선박 또는 적하에 대하여 선장이 고의적으로 이례적(異例的)인 처분을 하거나 또는 비용을 지출하는 것을 말한다(MIA 제66조 제2항 및 상법 제865조 참조).

공동해손에는 예를 들어 선박이 폭풍우를 만나 침몰될 위험에 놓였을 경우 그 위험을 피하기 위하여 적하의 일부를 선박 밖으로 버리는 투하(jettison)와 같은 물적 손해인 공동해손희생(general average sacrifice)과 예컨대, 선박이 위험한 장소에 좌초된 경우에 선박을 구하기 위하여 예선을 사용함으로써 발생하는 비용손해인 공동해손비용(general average expenditure)이 있다. 이러한 비상조치로 인하여 발생한 손해는 그로 인하여 위험을 면하게 된 자들이 각자가 받은 혜택의 정도에 따라 분담하게 되는데, 이 분담액을 공동해손분담금 또는 공동해손분담액(general average contribution)이라 한다. 공동해손의 정산은 보통 뒤에서 살펴 볼 요크 · 앤트워프 규칙(York-Antwerp Rules)에 의해 행해진다.

2) 단독해손

단독해손(particular average : PA)은 분손 중 공동해손이 아닌 손해를 말하며(MIA 제64조 제1항), 이것은 그 손해를 입은 자가 단독으로 부담하여야 하는 것이다.

(2) 공동해손과 요크 · 앤트워프규칙

(가) 요크 · 앤트워프규칙의 제정

공동해손의 성립과 범위 및 정산에 관한 각국의 법률은 각각 다르기 때문에 국제적으로 관계되는 공동해손을 어느 국가의 법률에 의해 처리하느냐 하는 것은 매우 중요한 문제이다. 이것은 공동해손의 발생시마다 제기되는 문제인데, 이러한 문제를 해결하기 위하여 일찍부터 공동해손 처리의 통일을 위한 운동이 일어났었다. 즉, 19세기 중엽부터 공동해손에 관한 국제적인 통일규칙을 제정하려는 움직임이 일어나 구미제국의 법률가, 선주, 무역업자, 보험업자 등이 1860년 스코틀랜드 남서부에 있는 그라스고우(Glasgow)에서, 1864년에는 영국의 요크(York)에서, 그리고 1877년 벨기에의 앤트워프(Antwerp)에서 각각 회의를 개최한 결과 12개조로 된 요크 · 앤트워프규칙(York-Antwerp Rules)이 제정되었다.

이 규칙은 시대의 발전에 따라 수차에 걸쳐 개정되어 오늘에 이르고 있다. 즉, 1890년, 1924년, 1950년, 1974년, 1994년 및 2004년에 각각 개정되었는데, 현행 규칙은 2016년에 개정된 요크 · 앤트워프규칙(York-Antwerp Rules, 2016 : 이하 "YAR"이라 한다)이다. YAR은 공동해손을 구성하는 손해 및 비용에 관한 국제적인 통일규칙으로서, 이해관계자가 공동해손에 관하여 이 규칙을 적용하기로 합의한 경우에는 각국의 법률 및 관습에 우선하여 이 규칙이 적용된다.9)

오늘날 일반적으로 사용되고 있는 선하증권이나 용선계약서에는 공동해손에 관하여 YAR을 적용한다는 규정이 삽입되어 있으며, 해상보험에서도 종래 ICC에 해상화물운송계약에서 공동해손이 YAR에 의하여 정산된다고 규정된 때는 해상보험자도 그 규칙에 따른 공동해손의 정산에 구속을 받는다는 뜻의 규정이 삽입되어 있었다. 그런데 ICC의 개정에 따라 ICC 제2조 공동해손약관(general average clause)에서 YAR이라는 명문의 표현은 삭제되었지만, 해상운송계약의 대부분이 실제로 공동해손에 관하여 YAR을 적용하고 있으므로 실질적인 내용은 종래와 마찬가지이다. 따라서 YAR이 해상운송계약 및 해상보험증권에 도입된 결과, 공동해손에 관한 한 MIA는 YAR의 요건에 일치하는 범위내에서만 적용된다.

여기서 지적해 둘 것은 공동해손과 해상보험은 밀접한 관계가 있지만, 원래 양자는 별개의 제도라는 점이다. 즉, 해상보험계약의 존재 여부를 불문하고 공동해손은

9) YAR은 해석규정(rule of interpretation), 지상규정(rule paramount)과 A조부터 I조에 이르는 9개의 문자규정(lettered rules) 및 23개의 숫자규정(numbered rules)으로 구성되고 있다.

성립되고, 이해관계자는 분담책임을 져야 한다. 공동해손의 분담관계는 보험과는 전혀 관계없는 해사법에 의해 정산되지만, 대개의 경우 선박 및 적하에 대하여는 해상보험계약이 체결되어 있으며, 공동해손이 보험자의 손해보상범위에 속하는 한, 해상보험과 공동해손은 밀접한 관련을 갖게 된다.

(나) 공동해손의 정산

공동해손 손해는 그로 인하여 위험을 면하게 된 자들이 그들이 받은 혜택의 정도에 따라 분담하게 되는데, 그 분담액을 공동해손분담액(GA contribution)이라 한다.[10] 공동해손의 정산이란 이 분담액을 결정하는 것을 말한다. 그런데 공동해손의 정산은 매우 복잡한 계산을 요하므로 공동해손정산인(GA adjuster)이라고 하는 전문가에 위촉하는 것이 보통이다.

정산인은 정산서를 작성하게 되는데 이것을 공동해손정산서(statement of general average)라 하며, 이 정산서에 의하여 모든 것이 결정된다. 여기서 공동해손 정산의 개요를 간단히 살펴보면 다음과 같다.

공동해손을 정산하기 위해서는 우선 공동해손손해액, 즉 공동해손배상액(amount made good)을 결정함과 동시에, 다른 한편에서는 이것을 분담하여야 할 재산액, 즉 공동해손분담가액(contributory values)을 결정하여야 한다. 공동해손배상액과 공동해손분담가액은 항해 종료의 시 및 장소의 가액을 기준으로 하여 결정된다.[11]

공동해손배상액과 공동해손분담가액이 결정되면, 공동해손배상액의 총액을 공동해손분담가액의 총액으로 나누어 공동해손분담률을 구한다. 그리고 이 비율을 선박, 적하 및 운임의 각 공동해손분담가액에 곱하면 각 이익별 분담액이 산출되고 각 이해관계자가 갹출해야 할 금액이 확정된다. 이것이 이른바 공동해손의 정산이며, 정산의 결과는 공동해손정산서에 상세하게 기재된다.

그런데 공동해손의 정산에는 상당한 시일이 소요되므로 만약 정산완료시까지 선주가 화물을 인도해 주지 않는다면 화주로서는 무척 곤란하다. 따라서 화주는 일단 화물을 인수하는 대신 선주의 공동해손채권에 대하여 보증을 하여야 한다. 즉, 선주는 화물을 인도할 때에 공동해손계약서(general average bond), 공동해손공탁금(general average deposit) 또는 공동해손분담보증장(general average guarantee)을 징수하게 되는 것이다. 이들 서류에 관하여는 제10장에서 별도로 설명하기로 한다.

10) YAR A조 : MIA 제66조 제3항 및 상법 제866조~867조 참조.
11) YAR G조 및 상법 제867조 참조.

3 해상보험증권과 보험약관

① 보험증권과 약관

보험증권(insurance policy)이란 보험계약의 성립 및 그 내용을 명백히 하기 위하여 보험자가 작성하여 보험계약자(피보험자)에게 교부하는 증서를 말한다.

한편, 보험약관(insurance clause)이란 일반 보험계약에 공통된 표준적 사항을 보험자가 미리 정해 둔 것으로서, 보험증권상의 각종 약속과 규정을 가리킨다. 보험약관에는 보통보험약관과 특별보험약관이 있다. 보통보험약관(general clause)은 특정종류의 보험계약에 공통으로 적용되는 조항을 규정한 기본적인 약관으로서, 영문 해상보험증권상의 본문에 인쇄되어 있는 약관이 이에 해당한다. 한편, 특별보험약관(special clause)은 보통보험약관의 내용을 보충 또는 수정하는 내용의 조항을 정한 약관으로서 원칙적으로 특약에 의해 적용된다.

② 해상보험증권과 협회적하약관

종래 세계의 해상보험시장에서 사용해 오던 해상보험증권 양식의 모체는 MIA 제1부칙에 규정되어 있는 Lloyd's S.G. Policy이다. 우리나라 보험회사가 사용하는 영문 적하보험증권 양식도 런던보험업자협회(Institute of London Underwriters : ILU)가 Lloyd's S.G. Policy를 기초로 하여 작성한 Companies' Combined Policy를 모방한 것이다.

그런데 Lloyd's S.G. Ploicy는 원래 1779년 1월 로이드 회원총회에서 과거 오랫동안 사용되어 오던 양식을 통일하여 그 후 해상보험증권으로 채택할 것을 확인한 것으로서, 그 양식이 거의 그대로 MIA 제1부칙에 해상보험증권의 표준양식으로 채택되었다. 그러므로 해상보험증권은 고어체와 난해한 문장으로 되어 있고, 또 이에 첨부되는 ILU가 제정한 각종 약관(협회적하약관 : ICC)이 겹쳐서 이해하기가 무척 어려웠다. 따라서 오래전부터 보험증권의 전면적인 개정이 역설되어 왔으나, 지금으로부터 수세기 전인 범선시대에 만들어진 보험증권이 원자력시대인 오늘날까지 계속 사용되어 온 데는 그만한 이유가 있었다. 즉, 그것은 증권에 사용된 어구 하나하나가 과거 수백년동안에 걸친 무수한 판례에 의해 확정되었고, 또 한편으로는 영국인의 보수성도 작용한 것이다.

그러나 지난 1978년 11월 UNCTAD(유엔 무역개발회의)가 발표한 "해상보험에 관한 보고서"(UNCTAD Report on Legal and Documentary Aspects of the Marine Insurance Contract)에서의 로이드 보험증권 양식 및 협회적하약관에 대한 비평에 따라 보험증권과 ICC를 개정하지 않을 수 없게 되었다. 이에 따라 당시의 ILU와 로이드보험업자협회(Lloyd's Underwriters' Association)의 합동작업반이 중심이 되어 신 보험증권 양식과 일련의 새로운 협회적하약관을 작성하였으며, 1982년 1월 1일부터 사용해 왔다. 따라서 우리나라 보험회사도 1983년 3월부터 신양식과 구양식을 병용해 오고 있다.

보험증권의 신양식은 종전 양식에 있던 본문약관(body clause)의 일부를 적하보험 특별약관인 ICC에 통합시키고, 이탤릭서체약관 전부와 본문약관의 나머지 대부분을 삭제시킴으로써 매우 간결하게 되었다. 따라서 신양식은 ICC를 중심으로 하게 되었으므로 반드시 ICC를 첨부하여야 보험증권으로서의 구실을 할 수 있게 된다.

한편 1982년 약관은 그 제정 이후 4반세기가 경과하고 있어 제정 당시와 비교하면 국제화물의 취급이나 2001년에 발생한 이른바 9·11테러를 발단으로 하는 테러리스트의 위협 등 해상적하보험시장을 둘러싼 환경이 크게 변하고 있다. 따라서 영국 보험시장의 로이즈시장협회(Lloyd's Market Association : LMA)와 국제보험인수협회(International Underwriting Association of London : IUA)의 대표로 구성되는 합동적하보험위원회(Joint Cargo Committee : JCC)[12]는 1982년 약관의 개정을 결정하고 2006년 이후 개정작업을 진행해 왔으며, 그 결과 2008년 11월 24일자로 새로운 ICC 및 그 관련 약관을 공표하고 2009년 1월 1일부터 발효되는 것으로 하였다.[13] 다만, 협회적하약관이 개정되었다고 하여 당장 종래에 사용하던 약관이 사라지는 것은 아니고 영국보험시장에서도 당분간은 1982년 약관이 계속 사용된다.

그런데 우리나라의 경우는 아직 2009년 약관을 사용하고 있지 않다. 그러나 2009년 약관은 오늘날 무역화물을 둘러싼 위험이나 화물취급의 변화 등에도 대응하고 있고, 나아가 약관 문언이 명확하고 알기 쉽게 바뀌었으며, 특히 전체적으로 보면 피보험자에게 유리한 방향으로 개정되었다. 따라서 우리나라에서도 머지않아

12) 이를 "적하보험합동위원회" 또는 "합동적하위원회"라고도 한다.
13) 이시환, 제4판 신무역보험론, 대왕사, 2009, 105면.

해상보험증권

DAEHAN FIRE & MARINE INSURANCE CO., LTD.

HEAD OFFICE : #51-1, NAMCHANG-DONG, CHUNG-KU, SEOUL, KOREA
TEL : 82-2-3455-3114 / FAX : 82-2-774-7059 / E-mail : marine@daeins.co.kr

대한민국정부
인 지 세
1 0 0 원
남대문세무서
인쇄승인 제2005-96호

MARINE CARGO INSURANCE POLICY

Assured(s). etc.	Ref. No.
Policy No.	Amount Insured hereunder
Claim, if any, payable at :	
Survey should be approved by :	Conditions
Ship or Vessel	
Sailing on or about / Local vessel or Conveyance	
From (interior place)	
At and from (port of loading) / Transshipped at	
Arrived at (port of discharge)	
Thence to (final destination)	

Goods and Merchandises

Subject to following Clauses as per back hereof.
Institute Radioactive Contamination Exclusion Clause
Institute Classification Clause
On-Deck Clause
Special Replacement Clause(applying to machinery)
Replacement Clause(For second hand machinery)
Excluding the risk of Mortality
Excluded:Natural Withering
Computer Millennium Clause(cargo)

Place and Date signed in

No. of Policies issued

For use only with the Old Marine Policy Form

1. Warranted free of capture, seizure, arrest restraint or detainment, and the consequences there of or any attempt there at; also from the consequences of hostilities or warlike operations, whether there be a declaration of war or not; but this warranty shall not exclude collision, contact with any fixed or floating object(other than a mine or torpedo), stranding, heavy weather or fire unless caused directly(and independently of the nature of the voyage or service which the vessel concerned or, in the case of a collision, and other vessel involved there in, is performing)by a hostile act by or against a belligerent power, and for the purpose of this warranty "power" includes any authority maintaining naval, military or air forces in association with a power.

Further warranted free from the consequences of civil war, revolution, rebellion, insurrection, or civil strife arising therefrom, or piracy.

2. Warranted free of loss or damage

(a) Caused by strikers, locked-out workmen, or persons taking part in labour disturbances riots or civil commotions;

(b) resulting from strikes, lock-outs, labour disturbances, riots or civil commotions.

3. (a) Should the risks excluded by Clause 1(F.C. & S.Clause)be reinstated in this Policy by deletion of the said Clause, or should the risks or any of them mentioned in that clause or the risks or mines, torpedoes, bombs or other engines of war be insured under this Policy. Clause(b) below shall become operative and anything contained in this contract which is inconsistent with Clause(b) or which affords more extensive protection against the aforesaid risks than that afforded by the Institute War Clause relevant to the particular form of transit covered by this insurance is null and void.

(b) This policy is warranted free of any claim based upon loss of, or frustration of, the insured voyage or adventure caused by arrests restraints or detainments of Kings Princes Peoples Usurpers or persons attempting to usurp power.

4. This insurance does not cover any loss or damage to the property which at the time of the happening of such loss or damage is insured by or would but for the existence of this Policy be insured by any fire or other insurance policy or policies except in respect of any excess beyond the amount which would have been payable under the fire or other insurance policies had this insurance not been effected

The descriptions to be inserted in the follwing clauses are shown as above. **Be it known That** as well in his or their own Name, as for and in the Names and Names of all and every other Person or persons to whom the same doth, may, or shall appertain, in part or in all, doth make Assurance, and cause himself or themselves and them and every of them, to be Assured, lost or not lost, at and from upon any kind of Goods and Merchandises, in the good Ship or Vessel called the whereof is Master, for this present Voyage, or whosoever else shall go for Master in the said Ship, or by what so ever other Name or Names the said ship, or the Master thereof, is or shall be named or called, beginning the Adventrue upon the said Goods and Merchandises from the loading thereof aboard the Adventure upon the said during her abode there, upon the said Ship, & C, and further, until the said ship, with all her Goods and Merchandises whatsoever, shall be arrived at and upon the Goods and Merchandises until the same be there discharged and safely landed; and is shall, be lawful for the said Ship, & C., in this voyage to proceed and sail to and touch and stay at any Ports or Places whatsoever without Perjudice to this Assurance. The said Goods and Merchandises. & C., for so much as concerns the Assured by Agreement between the Assured and Assurers in this Policy are and shall be valued at TOUCHING the Adventures and Perils which the said Company are contented to bear and do take upon themselves in this voyage, they are, of the Seas, Men-of-War, Fire, Enemies, Pirates, Rovers, Theives, Jettisons, Letters of Mart and Countermart, Surprisals, Takings at Sea, Arrests, Restraints and Detainments of all Kings, Princes and People, of what Nation, Condition, or Quality soever, Barratry of the Master and Mariners, and of all other Perils, Losses and *Misfortunes that* have or shall come to the Hurt, Detriment or Damage of the said Goods and Merchandises, or any part thereof; and in case of any Loss or Misfortune, it shall be lawful to the Assured, his or their Factors, Servants and Assigns, to sue, labour and travel for, in and about the Defence, Safeguard and Recovery of the said Goods and Merchandises, or any part thereof, without Prejudice to this Assurer; to the Charges whereof the said Company will contribute. And it is especially declared and agreed that no acts of the Assurer or Assured in recovering, saving, or preserving the property assured, shall be considered as a waiver or acceptance of abandonment. And it is agreed that this writing or Policy of Assurance shall be of as much Force and Effect as the surest Writing or Policy of Assurance made in London. And so the said Company are contented, and do hereby promise and bind themselves to the Assured, his or their Executors, Administrators, or Assigns, for the true Performance of the Premises; confessing themselves paid the Consideration due unto them for this Assurance, at and after the rate of as arranged Per Cent.

N.B.-Corn, Fish, Salt, Fruit, Flour and Seed are warranted free from Average, unless general, or the Ship be stranded;Sugar, Tobacco, Hemp, Flax, Hides and Skins are warranted free from Average, under Five Pounds per cent.; and all other goods, also the Ship and Freight, are warranted free from Average, under Three Pounds per cent., unless general, or the Ship be stranded, sunk or burnt.

All questions of liability arising under this policy are to be governed by the laws and customs of England. IN WITNESS whereof, I the Undersigned of Daehan Fire & Marine Insurance Co.,Ltd. on behalf of the said Company have subscribed my name in to Policies of the same tenor and date, one of which being accomplished, the others to be *void, as of the date specified as above.*

For use only with the New Marine Policy Form

Notwithstanding anything contained herein or attached hereto to the contrary, this insurance is understood and agreed to be subject to English law and practice only as to liability for and settlement of any and all claims.

This insurance does not cover any loss or damage to the property which at the time of the happening of such loss or damage is insured by or would but for the exsistence of this Policy be insured by and fire or other insurance policy or policies except in respect of any excess beyond the amount which would have been payable under the fire or other insurance policy or policies had this insurance not been effected.

We, DAEHAN FIRE & MARINE INSURANCE CO.,LTD. hereby agree, in consideration of the payment to us by or on behalf of the Assured of the premium as arranged, to insure against loss damage liability or expense to the extent and in the manner herein provided.

In witness whereof, I the Undersigned of **DAEHAN FIRE & MARINE INSURANCE CO.,LTD.** on behalf of the said company have subscried my Name in the place specified as above to the policies, the issued numbers thereof being specified as above, of the same tenor and date, one of which being accomplished, the others to be void, as of the date specified as above.

☞ In the event of loss or damage arising under this Policy, no claims vill be admitted unless a survey has been held with the approval of his Company's Office or Agents specified in this Policy.

In case of loss or damage, please follow the "IMPORTANT" clause printed on the back hereof.

For DAEHAN FIRE & MARINE INSURANCE CO., LTD.

代表理事

2009년 약관이 사용될 것으로 예상된다(이하 이 책에서는 1982년 약관과 2009년 약관 모두를 편의상 "신약관"이라 하고, 혼란을 피하기 위해 그 뒤에 연도를 표시한다).

3 보험계약의 기본조건

해상위험과 해상손해에는 여러 가지 종류가 있지만, 이들 위험과 손해를 모두 보험자가 부담해 주는 것은 아니다. 보험회사가 어느 범위까지의 위험과 손해를 부담해 주느냐 하는 것은 보험자와 보험계약자 사이에 약정된 보험조건에 의하여 결정된다. 여기서 신·구 증권상의 보험계약의 기본조건을 살펴보면 다음과 같다.

(1) 구증권을 이용할 경우

구증권을 이용할 경우 보험계약의 기본조건으로서는 FPA·WA 및 All Risks 조건의 세 가지가 있다.

(가) 단독해손부담보(free from particular average : FPA)[14]

이 조건은 보험증권에 열거하여 보험자가 보통 담보할 것을 약속하고 있는 이른바 「보통 담보하는 위험」에 의해 발생한 전손과 공동해손은 보상하지만, 단독해손인 분손은 선박이 좌초(Stranding), 침몰(Sinking), 충돌(Collision) 및 대화재(Burning)의 이른바 SSCB라고 하는 4대사고[15]가 발생한 경우를 제외하고는 원칙적으로 보상되지 않는 조건이다.

「보통 담보하는 위험」에는 다음과 같은 위험이 포함된다.

① 해상고유의 위험(perils of the seas)[16]

② 화재(fire)

③ 강도(thieves)

④ 투하(jettison)

14) FPA는 분손부담보라고도 하지만, 공동해손인 분손은 담보하는 조건이므로 엄밀히 말하면 단독해손부담보이다.

15) 좌초, 침몰, 대화재 및 충돌은 일반적으로 약관상 특별취급을 하고 있기 때문에 주요사고(major casualty)라고 하는데, 실무에서는 영어의 머리글자를 따서 SSBC(sinking, stranding, burning, collision) 사고 또는 충돌을 제외하고 SSB 사고라고도 한다. 그리고 이러한 주요사고에 의한 분손을 특정분손이라고 한다.

16) 이것은 바다 고유의 위험이라고도 하며, 해상에서 발생하는 우연한 사고로서 구체적으로는 침몰(sinking), 파선(shipwreck), 좌초(stranding), 교사(grounding), 촉초(touch and go), 충돌(collision), 기타 풍파의 이례적인 작용(폭풍우)의 결과로서 일어나는 침수 등을 들 수 있다.

⑤ 선원의 악행(barratry)

⑥ 이상의 각종 위험과 동종의 위험(all other perils)[17]

(나) 분손담보(with average : WA)

분손담보 조건은 단독해손담보라고도 하며, 전손·공동해손은 물론 단독해손인 분손도 「보통 담보하는 위험」으로 인한 손해인 한 모두 보상해 주는 조건이다. 다만, 이 조건에서는 SSCB사고가 발생한 경우를 제외하고는 원칙적으로 일정비율 미만의 단독해손은 담보되지 않는다.[18] 그런데 실무상으로는 화물의 종류나 성질 또는 포장 등에 따라 보통 WA 3%나 WAIOP 중의 어느 하나를 선택하여 부보하게 된다.

WA 3%는 보험금액의 3% 미만의 단독해손에 대하여 보상하지 않는다는 조건이고, WAIOP에서 IOP는 "irrespective of percentage"의 약자로서 면책 비율의 적용없이 단독해손의 전액을 보상하는 조건이다.

(다) 전위험담보(all risks : A/R)

전위험담보 조건은 법률 또는 약관에 의해 면책되는 것 이외의 모든 위험을 담보하는 조건이다. 위에서 설명한 FPA조건이나 WA조건은 모두 보험자가 「보통 담보하는 위험」만을 담보하지만, A/R조건은 보통 담보하는 위험 이외에 보험증권에 열거되어 있지 않은 이른바 「특약에 의해 담보하는 위험」도 원칙적으로 모두 보험자가 담보한다.

구증권에서는 보험자가 보험증권상에 열거된 위험만을 담보하는 이른바 열거책임주의를 취하고 있으나, A/R조건에서는 보험자가 일체의 위험을 포괄적으로 부담하는 포괄책임주의로 바뀌게 된다. 따라서 WA조건 등의 경우 피보험자는 손해보

---

17) "all other perils"는 "기타 일체의 위험"으로서 문자대로 해석하면 위험약관에 열거된 위험을 제외한 그 밖의 모든 위험을 가리키는 것으로 볼 수 있다. 그러나 이 총괄적 문언(general words)에는 동종제한의 원칙(principle of ejusdem generis)이 적용되어 앞에서 열거한 위험과 같은 종류의 위험만을 포함하는 것으로 해석된다[MIA 제1부칙에 있는 「보험증권해석규칙」(Rules for Construction of Policy : RCP) 제12조 참조].

18) WA 조건에서는 FPA 조건과는 달리 면책비율(franchise)이 적용되는데, 이와 같이 소손해를 담보하지 않는다고 규정하고 있는 약관이 이른바 소손해면책비율약관(franchise clause 또는 memorandum clause)이다. 원거리에 화물을 운송하게 되면 약간의 손해는 불가피하게 발생할 수가 있는데, 이러한 작은 손해를 보험자가 모두 보상하면 보험자로서는 많은 비용과 시간이 소요되고, 따라서 보험료를 인상하지 않을 수 없다. 그러므로 일정비율 이하의 소손해는 보험자가 담보하지 않는 것으로 하는 경우가 있으며, 이것을 소손해면책이라 한다.

상을 청구함에 있어서 손해가 담보위험(열거위험)으로 인하여 발생한 것임을 입증하여야 하지만, A/R조건에서는 손해가 보험기간 중에 발생한 사실만 입증하면 되고 손해의 원인을 입증할 필요는 없다. 따라서 만약 보험자가 보상을 거부하고자 할 때에는 그 면책사유를 입증하여야 한다. 다만, A/R조건인 경우에도 법률 및 약관에 의해 면책되는 것은 담보되지 않기 때문에 특약이 없는 한, 지연이나 피보험자의 고의적인 불법행위 및 피보험화물의 고유의 하자 또는 성질에 기인하는 손해 등은 보상되지 않으며, 또한 전쟁위험과 동맹파업위험도 담보되지 않는다.

(2) 신증권을 이용할 경우

1983년 3월부터 사용되고 있는 신증권을 이용할 경우 보험계약의 기본조건으로서는 다음과 같은 세 가지가 있다.

① Institute Cargo Clauses(A) : A Clauses : A조건

② Institute Cargo Clauses(B) : B Clauses : B조건

③ Institute Cargo Clauses(C) : C Clauses : C조건

이 중 A조건은 종래의 A/R, B조건은 WA, 그리고 C조건은 FPA에 대응하는 것이지만, B조건과 C조건의 담보위험은 종래의 WA나 FPA와 상당한 차이가 있다. 특히 종래의 FPA조건이나 WA조건에서는 단독해손에 대하여 상당한 제한을 가하였지만, 신조건에서는 담보위험으로 인한 손해인 한 전손 · 분손에 관계없이 보상되며, 더욱이 소손해면책도 적용되지 않는다.

(가) A조건

A조건의 경우는 손해가 약관에 의하여 면책되는 것이 아닌 한 피보험화물에 발생한 모든 위험을 보험자가 담보한다. 즉, A조건의 경우는 종래의 A/R조건과 동일이다.

(나) B조건과 C조건

B조건과 C조건은 약관상에 구체적으로 열거된 담보위험으로 인한 모든 손해를 보상한다. 따라서 B조건과 C조건의 차이점은 담보위험 뿐이다. 여기서 B조건과 C조건에 규정된 담보위험을 비교해 보면 〈표 7-1〉과 같다.

〈표 7-1〉 B조건과 C조건상의 담보위험

(○표는 담보, ×표는 면책)

	B	C
A. 다음 사유에 상당인과관계가 있는 멸실 · 손상		
① 화재 · 폭발	○	○
② 선박 · 부선의 좌초 · 교사 · 침몰 · 전복	○	○
③ 육상운송용구의 전복 · 탈선	○	○
④ 선박 · 부선 · 운송용구와 물 이외의 다른 물체와의 충돌 · 접촉	○	○
⑤ 피난항에서의 화물양륙	○	○
⑥ 지진 · 화산의 분화 · 낙뢰	○	×
B. 다음 사유로 기인한 멸실 · 손상		
① 공동해손희생	○	○
② 투하	○	○
③ 갑판유실	○	×
④ 선박 · 부선 · 선창 · 운송용구 · 컨테이너 · 리프트밴[19] 또는 보관장소에의 해수 · 호수 · 강물의 유입	○	×
⑤ 선박 · 부선에의 선적 또는 양륙 도중 바다에 낙하 또는 추락하여 발생한 포장 단위당의 전손(sling loss)	○	×
C. 공동해손 및 구조비	○	○
D. 「쌍방과실충돌」 손해	○	○

한편, 위의 세 가지 기본조건에서는 보험자가 원칙적으로 다음과 같은 위험을 담보하지 않는다. 다만, A조건의 경우는 다음의 면책위험 중 ⑦항을 보험자가 담보한다.

① 피보험자의 고의적 불법행위

② 통상의 누손, 통상의 중량이나 용적의 감소 및 자연소모

③ 포장 또는 운송준비의 불완전 또는 부적합

④ 보험의 목적의 고유의 하자 또는 성질

⑤ 지연(담보위험에 의한 경우 포함)

⑥ 운송인의 파산 또는 재정상의 채무불이행

⑦ 일체의 사람(들)의 불법행위에 의한 고의적인 손상 또는 파괴

⑧ 핵무기 등의 사용

19) 2009년 신약관에서는 "리프트밴" 삭제

⑨ 선박 등의 불내항 또는 부적합(피보험자 또는 그 사용인이 알고 있는 경우에 한함)

⑩ 전쟁위험 및 동맹파업위험

4 해상보험계약의 체결

① 보험계약의 청약과 성립

제3장에서 설명한 바와 같이 매매당사자 중 누가 해상보험계약을 체결하느냐는 무역거래조건(trade terms)에 의하여 결정되며, 무역거래조건상 보험계약을 체결할 의무가 있는 당사자는 보험회사와 해상보험계약을 체결하여야 한다.

보험계약은 법률상 낙성·불요식계약이므로 계약당사자의 의사표시가 합치됨으로써 효력이 생기고, 그 계약의 성립에 특별한 요식행위를 필요로 하지 않는다. 즉, 보험계약자가 청약을 하고 보험자가 승낙한 때에 보험계약은 성립하며, 보험청약서의 작성이나 보험증권의 발행이 계약성립의 요건은 아니다. 그러나 실무상으로는 보험자가 청약서 양식을 인쇄해 두고 있으므로, 보험계약자는 그 보험회사 소정의 보험청약서(cargo insurance application)에 필요사항을 기재하여 보험회사에 제출한다.

보험회사는 보험을 인수하면 보험계약이 성립된 증거로서 계약내용(조건)을 기재한 보험증권을 교부해 준다. 다만 최근에는 보험개발원과 전자문서시스템이 연결되어 있는 KTNET를 이용하면 EDI방식으로 보험계약을 체결할 수도 있다. 즉 무역업체가 적하보험청약서를 작성하여 보험회사에 EDI방식으로 전송하면 보험회사는 내부업무처리 후 보험증권 전자문서를 무역업체로 전송하고, 무역업체는 사전에 수령한 보험증권 양식에 부보사항을 출력하여 사용한다.

보험의 청약은 원칙적으로 운송화물에 관한 보험책임의 개시 이전에 하여야 한다. 따라서 CIF조건으로 수출하는 경우에는 선적을 위해 화물이 운송되기 시작하는 출하지 창고(또는 보세창고)에서 반출되기 이전에 보험청약을 하여야 하며, FOB

나 CFR조건으로 수입하는 경우에는 수출항에서 본선에 적재되기 이전에 보험청약이 이루어져야 한다. 여기서 보험청약서의 주요 기재사항을 살펴보면 다음과 같다.

① 피보험자명(assured) : 수출입상사명을 기재하는데, CIF계약의 수출인 경우 피보험자에 대하여 별도의 약정이나 지시가 없으면 수출업자 자신을 피보험자로 하고 Nego시에 백지배서(blank endorsement)를 하여 양도하면 된다.

② 보험금의 지급지 및 지급통화

③ 적재선박명 및 출항예정일 : 특히 수출의 경우에는 선하증권상의 그것과 일치하도록 하여야 한다. 그리고 적재선박에 대하여 당해 선박의 명세, 즉 국적·톤수·건조연도 및 선급도 함께 기재한다.

④ 항로 : 출발항과 도착항을 표시한다. 그리고 환적이 있을 경우에는 환적항도 표시한다.

⑤ 목적지가 내륙지방에 있는 경우에는 그 최종목적지와 운송방법

⑥ 보험금액(amount insured)과 송장금액(invoice amount) : 적하보험의 경우 보험가액은 보통 송장금액(CIF 기준)에 매수인의 희망이익(anticipated profit : expected profit) 10%를 가산한 금액으로 협정하게 되며, 이것이 그대로 보험금액이 된다.

⑦ 피보험화물의 명세 : 품명, 수량 및 기타 명세를 신용장이나 선하증권상의 기재내용대로 기입한다.

⑧ 보험조건(conditions) : 보험조건은 보통 매매계약서나 신용장에 규정되어 있으므로 그 조건대로 기입하면 된다.

⑨ 소요되는 보험증권의 부수

⑩ 기타 보험자가 요구하는 사항

이상과 같은 내용이 기재된 보험청약서는 보험계약자로부터의 고지내용 및 부보의사의 확인을 위한 중요한 서류이다. 보험자는 이 보험청약서의 내용과 보험계약자가 제공한 정보를 기초로 하여 위험, 즉 사고발생의 가능성을 측정하고 그에 따라 보험의 인수여부, 인수할 경우의 보험료율 및 담보위험 등을 결정한다. 따라서 보험계약자(또는 피보험자)는 자기가 알고 있는 모든 중요한 사항, 즉 보험자의 보험료 산정이나 보험의 인수여부 결정에 영향을 미치는 일체의 사항을 계약체결 전에 보험자에게 성실히 고지하여야 한다. 만약 보험계약자(또는 피보험자)가 고지의무(告知義務)를 이행하지 않았을 경우에는 보험자가 보험계약을 취소할 수 있다(MIA 제17조).

❷ 보험조건의 선택

적하보험계약을 체결함에 있어서는 우선 어떠한 보험조건을 선택할 것인가 하는 점이 문제가 된다. 즉, 구체적으로는 어떠한 기본조건을 선택하고, 또 화물과 운송의 특수사정을 고려하여 어떠한 부가위험을 추가할 것이며, 전쟁위험과 동맹파업위험은 어떻게 할 것인가를 결정하지 않으면 안된다. 이러한 결정은 보통 매매계약을 체결할 때에 매매당사자의 합의에 의해 이루어진다.

(1) 기본조건의 선택

보험계약의 기본조건은 앞에서 살펴 본 바와 같이 구증권을 이용하는 경우에는 FPA, WA, 그리고 A/R의 세 가지가 있고, 신증권을 이용하는 경우에는 A조건, B조건, 그리고 C조건의 세 가지가 있다. 따라서 우선 이들 조건 중 어느 하나를 선택하여야 한다.

(2) 담보위험의 추가

보험계약의 기본조건 중 FPA, WA, 그리고 B조건과 C조건은 이른바 열거책임주의를 취하고 있으므로, 그 조건상에 규정된 담보위험으로 인하여 발생한 손해에 대하여만 보험자가 보상책임을 진다. 따라서 보험계약의 기본조건으로서 이들 조건 중의 하나를 선택한 경우, 약관상에 열거되지 않은 위험으로 인한 손해를 보상받기 위해서는 특약을 필요로 한다. 즉, 피보험자는 화물의 종류 · 성질 · 포장 · 항로 등을 감안하여 필요한 경우에는 담보위험 이외의 위험에 대하여 추가담보를 요청하여야 하는 것이다. 이와 같이 보험증권에 열거된 위험은 아니지만 특약에 의하여 추가보험료를 지급하고 특별히 담보되는 위험을 부가위험(extraneous risks)이라 한다. 여기서 부가위험 중 주요한 것을 들어보면 다음과 같다.

(가) Theft, Pilferage and Non-Delivery(TPND : 도난 · 발하 · 불착)

Theft와 Piferage는 물건을 몰래 훔치는 것을 말하는데, Theft는 포장 채로 훔치는 것이고, Pilferage는 포장내용물의 일부를 빼내는 것으로서 좀도둑이라고도 한다. 한편, 불착(non-delivery)은 포장단위의 화물이 송두리째 목적지에 도착하지 않는 경우를 말한다.

(나) Rain &/or Fresh Water Damage(RFWD : 빗물 및 담수로 인한 손해)

바닷물 이외의 민물에 젖어 발생한 손해로서, 예를 들면 하역작업 중 비나 눈이 와서 젖거나 선박의 음료수가 선창에 침투하여 화물에 손해가 발생한 경우가 그것이다. 섬유제품이나 잡화 등을 운송하는 경우에 보통 이 위험을 추가로 부보하게 되는데, 이 위험을 추가 담보하지 않더라도 선박이나 보관장소 등에 호수나 강물이 유입되어 발생한 손해는 보험자가 보상한다.

(다) Contact with Oil &/or Other Cargo(COOC : 유류 및 타물과의 접촉)

선박의 연료유 등에 의해 화물이 입게 되는 유손(oil damage), 적재된 다른 화물에 직접 접촉함으로써 피보험화물에 흠이 생기거나 파손 또는 오손되는 등의 위험이다.

(라) Washing Overboard(WOB : 갑판유실)

일반적으로 화물은 가장 안전한 적부장소로서 선창(hold)에 적재되지만, 목재·차량 등 특수한 화물은 갑판에 적재되어 운송되는 경우가 많다. 이러한 갑판적재화물(on deck cargo : deck-loaded cargo)은 선창내 적재화물에 비하여 위험의 정도가 크기 때문에 C조건으로 인수하는 것이 원칙이다. 그런데 앞에서 살펴본 바와 같이 C조건에서는 보험자가 갑판유실을 담보하지 않는 반면, 갑판적재화물에는 대부분 갑판유실위험이 따르므로 이를 담보받기 위하여는 특약할 필요가 있다.

(마) Hook & Hole(갈고리에 의한 손해)

하역작업 중 갈고리를 사용함으로써 생기는 손해로서, 직물이나 잡화 등을 마대 등으로 포장한 경우에는 이 위험을 추가로 담보받을 필요가 있다.

(바) Breakage(B'kge : 파손)

도자기나 유리제품 등 깨어지기 쉬운 화물의 경우는 담보위험 이외의 사유로 인한 파손을 보상받기 위하여 이 위험을 특약하게 된다. 파손에는 통상의 손해나 성질손해와 같은 필연적 손해도 포함되므로, 보험자는 「Excess조항」에 의해 협정된 면책비율을 초과하는 손해만을 보상하는 것이 보통이다.

(사) Leakage &/or Shortage(L'kge &/or S'tage : 누손, 부족손)

포장용기의 틈 사이나 파손된 부분에서 화물이 누출하여 누손이나 내용물의 부족을 초래하는 위험으로서, 주로 액체화물·분말류의 화물·가스 등의 운송에서 이 위험을 추가하여 부보한다. 그런데 이 위험도 파손의 경우와 마찬가지로 Excess조항을 삽입하는 것이 보통이다.

(아) Sweat &/or Heating(SH : 습기와 발열에 의한 손해)

Sweat는 선창내와 선박 바깥의 기온 차에 의해 선창의 천정 또는 내벽에 응결된 수분이 떨어지거나 또는 그러한 수분에 접촉함으로써 화물이 젖게 되거나, 화물 자체가 수분을 발산함으로써 젖게되는 등의 위험이다.

한편, Heating은 항해 중에 기온·습도 등의 변화에 따라 쪄지는 위험을 가리킨다. 보통 곡물이나 피혁 등에 이러한 손해가 일어나기 쉽다.

(자) Denting &/or Bending(곡손)

Denting은 우구러지는 것이고, Bending은 구부러지는 것으로서 보통 기계류에 이러한 손해가 생기기 쉽다. 그런데 기계류는 부분적인 파손 또는 곡손(曲損)으로 인하여 사용이 불가능하게 되거나 중대한 손해가 될 염려가 있으므로 보험자는 기계수선특별약관(Special Replacement Clause)을 삽입하여 손해부분의 수선비 또는 교체비 및 그 부대비용을 보상한도로 하는 것이 보통이다.

(차) Contamination(오염)

액체 화학약품이나 유류 등이 해수 또는 담수 등의 혼입으로 입게 되는 품질저하의 위험이다.

(카) Spontaneous Combustion(자연발화)

석탄·성냥·양모·화약 등은 항해 중 화물 자체의 화학적 변화에 의해 자연발화되는 경우가 있다. 자연발화는 화물 고유의 하자 또는 성질에 의한 것이므로 원래 보험자가 부담하는 것은 아니다. 그러나 자연발화는 전혀 우연성이 없는 사고는 아니며, 또 화재 원인의 확인이 곤란한 경우도 있으므로 특약에 의해 담보된다. 다만, 특약을 하지 않은 경우에도 다른 화물의 자연발화로 인하여 피보험화물이 입은 손해나, 선박이 충돌하고 그 결과로서 석탄 등이 발화된 경우에는 보험자가 이를 보상할 책임이 있다.

(타) Mould & Mildew(곰팡이)

곡물이나 연초·섬유제품 등이 습도의 증가에 따라 곰팡이가 생김으로써 손해를 입는 경우가 있다. 이 손해도 화물의 고유의 하자 또는 성질에 의한 것으로 보험자는 원칙적으로 면책되지만, 특약에 의해 담보받을 수 있다.

(파) Rust(녹)

금속화물 등에 습기로 인하여 생기는 녹의 위험은 특약에 의해 담보된다.

(하) Rats & Vermin(쥐 및 벌레로 인한 손해)

곡물이나 목재 등이 운송 중 쥐나 벌레로 인하여 손해를 입는 위험이다. 이러한 위험은 보통 담보되는 것이 아니므로 특약에 의한 추가 담보를 필요로 한다.

이상 살펴 본 부가위험 중 (카)~(하)항과 같이 보통 화물의 고유의 하자 또는 성질에 의해 발생하는 손해를 보상받기 위하여는 A/R조건(또는 A조건)에서도 특약을 필요로 한다는 점을 주의하여야 한다. 또 보험계약의 기본조건 중 어떠한 조건으로 부보하더라도 전쟁위험과 동맹파업위험은 면책되고 있으므로, 이들 위험을 담보받기 위해서는 특약이 필요하다

❸ 예정보험

보험계약이 유효하게 성립되기 위하여는 피보험이익이 존재하지 않으면 안되고, 더욱이 그 피보험이익은 확정되어 있거나 또는 확정할 수 있는 것이어야 한다. 그런데 해상보험, 특히 적하보험에서는 피보험자가 피보험이익을 갖고 있거나 또는 가까운 장래에 가질 것이 확실하지만 계약체결시에 피보험이익의 내용을 확정할 수 없는 경우가 종종 발생한다.

예를 들면, 피보험화물의 적재선박이나 수량 또는 금액이 밝혀지지 않은 경우나, 또 FOB조건이나 CFR조건 등으로 수입하는 경우에 볼 수 있는 바와 같이 외국에 있는 매도인으로부터 통지가 올 때까지는 선적화물의 가액 · 수량 · 적재 선박명을 알지 못하는 경우가 있다. 이러한 경우 그 내용이 밝혀질 때까지 보험계약을 체결할 수가 없다고 하면 피보험화물의 위험개시와 동시에 보험의 보호를 받지 못하게 될 우려가 있다. 따라서 이와 같은 무보험상태를 피하기 위하여 존재하는 것이 예정보험이다.

예정보험이란 보험계약을 체결할 당시에 보험증권에 기재할 보험계약의 내용의 일부(예컨대, 적재 선박이나 보험금액 등)가 확정되어 있지 않은 보험계약을 말한다.

이에 대하여 보험계약 체결당시 계약내용이 확정되어 있는 것을 확정보험(definite policy)이라 한다. 예정보험의 경우 미확정분이 확정된 때는 보험계약자가 보험자에게 그 내용을 통지할 의무가 있으며, 이 통지에 의하여 계약의 내용이 확정된다. 예정보험에는 개별예정보험과 포괄예정보험이 있다.

개별예정보험이란 개개의 보험의 목적에 대하여 체결하는 예정보험으로서, 개별예정보험의 청약에 대하여 보험자는 예정보험증권(provisional policy)을 발행하고 후일의 확정통지(definite declaration)에 의거 확정보험증권을 발행한다.

한편, 포괄예정보험이란 일정한 기준에 의하여 정한 다수의 보험의 목적에 대하여 포괄적으로 이루어지는 예정보험이다. 개별예정보험이 개개의 선적화물에 대하여 부보하는 것임에 반하여, 포괄예정보험은 장차 출하될 불특정화물에 대하여 부보하는 것이다. 포괄예정보험계약을 체결한 경우에는 「Open Policy」 또는 「Open Contract」라고 하는 특약서가 작성된다. 보험계약자 또는 피보험자는 포괄예정보험계약의 규정에 해당하는 화물이 선적된 때에는 이를 지체없이 보험자에게 확정통지하여야 한다. 보험자는 확정통지가 된 화물에 대하여 위험의 개시 시점으로부터 자동적으로 책임을 부담함과 동시에 보험증명서(certificate of insurance) 또는 필요에 따라 보험증권을 발행한다.

Chapter **8**

무역보험의 부보

Chapter 8 무역보험의 부보

무역거래에는 제7장에서 설명한 바와 같이 무수한 위험이 따른다. 즉, 신용위험, 비상위험, 환위험, 운송위험 및 기업위험 등이 그것이다. 무역보험이란 무역이나 그 밖의 대외거래에서 발생하는 이러한 여러 가지 위험 중에서 해상보험과 같은 통상의 보험으로 담보하지 않는 위험을 담보하는 보험이다.

무역보험은 크게 수출보험과 수입보험으로 구성되는데 당초 무역보험제도는 수출보험에서 출발하였으나 수출보험만으로는 우리 기업의 경쟁력을 제고하여 수출을 확대하는데 한계가 있었다. 여기서 경제성장과 수출에 꼭 필요한 주요 해외자원 · 에너지 및 원자재 등 필수 시설재의 장기적 안정적 확보를 지원하기 위하여 2010년에 수입보험제도를 도입하였다. 그러나 무역보험의 주가 되는 것은 어디까지나 수출보험이다. 따라서 이 책에서는 수출보험을 중심으로 설명하고 수입보험에 대하여는 뒷부분에서 간단하게 언급하기로 한다.

1 수출보험의 개요

① 수출보험의 의의

수출보험이란 수출거래에서 발생하는 여러 가지 위험 가운데서 해상보험과 같은 통상의 보험으로는 구제하기 곤란한 위험, 즉 비상위험이나 신용위험 등으로 인하여 수출업자 · 수출물품 생산업자 · 수출자금을 융자해 준 금융기관 등이 입게 되는 재산상의 손실을 보상하여 줌으로써 궁극적으로 수출진흥을 도모하기 위한 비영리 정책보험이다.

수출보험은 국가에 따라 정부가 직영하거나 공기업체가 대행하기도 하며, 또 민간기업에 위탁하여 운영하기도 하지만, 그 어떠한 경우이든 수출보험 운영기구는 정부가 직접 · 간접으로 관여하고 궁극적으로는 정부책임하에 비영리로 운영되는 것이 보통이다. 수출보험을 정부책임하에 운영하는 것은 그 목적이 무역의 진흥에 있다는 점과 그 내용면에서 민영보험회사에서 담보하기 곤란한 비상위험을 담보하고 있기 때문이다. 비상위험의 경우 ① 사고발생확률을 예측하기가 어렵고, ② 동시에 다수의 수출계약에 발생하므로(위험의 동시다발성) 보험경영 주체의 막대한 담보력이 보장되어야 한다.

우리나라의 경우 수출보험을 포함한 무역보험사업은 정부(산업통상자원부)가 관장하고 있으나, 그 업무의 전부를 한국무역보험공사(Korea Trade Insurance Corporation : K-sure)에 대행시키고 있다. 즉, 한국무역보험공사는 정부가 정하는 대행범위와 대행절차에 따라 업무를 수행할 뿐이며, 실질적인 보험자는 정부이다. 따라서 보험사고 발생시 보험금의 지급의무는 정부가 부담한다.

2 수출보험의 기능

수출보험제도의 중요한 기능은 다음과 같다.

(1) 수출거래상의 불안제거기능

수출보험의 제1차적인 기능은 수출거래에 따르는 불안을 해소시켜 준다고 하는 점이다. 즉, 수입국에서 발생하는 비상위험 또는 신용위험 등으로 인하여 수출업자나 생산업자가 입는 손실을 보상해 줌으로써 안심하고 수출활동을 할 수 있도록 하여 준다.

(2) 금융보완적 기능

수출보험은 수출대금의 미회수 위험을 담보하므로 금융기관으로 하여금 수출지원금융을 안심하고 하여 줄 수 있게 하며, 또한 보험사고가 발생하였을 때에는 기업이 받는 손실을 보상함으로써 자금면의 유동성을 제고시켜 사업을 계속할 수 있게 한다.

(3) 수출진흥정책수단으로서의 기능

수출보험은 수출진흥을 위한 비영리 정책보험이다. 수출업자는 저렴한 보험료

부담으로 유리한 실손실을 보상받을 수 있게 되어 수출경쟁력을 강화시키고, 결과적으로 수출보조의 기능을 하게 된다.

(4) 해외 수입상사의 신용조사기능

수출보험의 운영주체는 업무상 당연히 보험사고를 방지하기 위하여 해외 수입업자의 신용상태를 파악하게 된다. 이와 같은 신용조사의 결과는 무역업자로 하여금 수출불능이나 대금회수불능을 예방할 수 있게 하여 준다.

3 우리나라 수출보험제도의 개관

수출보험이란 용어가 사용되기 시작한 것은 20세기 초기의 일이지만, 우리나라에서 수출보험제도를 도입 · 시행하게 된 것은 1960년대 말부터이다. 즉, 1968년 12월 31일에 수출보험법이 제정되고, 이듬해 2월 18일부터 그 업무를 개시하였던 것이다. 당시 수출보험사업은 재무부가 관장하고 그 업무를 대한재보험공사가 대행하고 있었으나, 수차에 걸친 수출보험법의 개정, 그리고 2010년 4월에는 수입보험을 포괄하기 위하여 법의 명칭을 무역보험법으로 개정하였다. 그 결과 현재 무역보험사업은 지식경제부가 관장하고 한국무역보험공사가 대행하고 있다. 여기서 우선 현행 우리나라의 수출보험제도를 간추려 살펴보면 다음과 같다.

(1) 수출보험의 종류

현재 우리나라의 수출보험 운영종목으로서는 다음과 같은 것들이 있다.

1) 단기수출보험
2) 중장기수출보험
3) 해외공사보험
4) 수출보증보험
5) 해외투자보험
6) 환변동보험
7) 이자율변동보험
8) 부품 · 소재 신뢰성보험
9) 서비스종합보험

10) 해외사업금융보험
11) 수출기반보험
12) 기 타

그리고 이 밖에 1개의 보증제도(수출신용보증)를 운영하고 있다.

(2) 수출보험의 담보위험

수출보험은 그 종목에 따라 다음과 같은 위험을 담보하고 있다.

(가) 비상위험(political risk)

비상위험이란 수입국에서의 수입금지 또는 제한, 환거래의 제한 또는 금지, 수입국이나 외국에서의 전쟁 · 내란 · 정변과 같은 비상사태 등 수출계약 당사자에게 책임지울 수 없는 사유로 인한 물품의 수출불능 또는 대금회수불능위험을 말한다.

(나) 신용위험(commercial risk : credit risk)

신용위험이란 수입업자의 파산이나 일방적인 계약파기 등으로 인한 수출불능 및 대금회수불능, 수입업자의 재정상태 악화로 인한 대금지급 지연 등 수입업자가 당연히 이행하여야 할 채무를 이행하지 않거나 태만히 함으로써 발생하는 위험을 말한다. 앞에서 살펴 본 비상위험과 이 신용위험의 차이는 비상위험이 수출계약당사자의 귀책사유가 아닌 것임에 반하여, 신용위험은 수출계약 상대방의 귀책사유라는 점에 있다.

(다) 기업위험(management risk : business risk)

기업위험이란 기업의 활동과정에서 발생하는 위험으로서, 판매예측이 맞지 않았거나 또는 경영예측이 어긋남으로써 발생하는 위험을 말한다.

(3) 수출보험에 있어서의 보험금액

현행 수출보험은 모든 종목이 일부보험(단, 중소기업이 보험계약자인 경우는 예외)으로 운영되고 있다. 이것은 피보험자에게 손실의 일부를 부담시킴으로써 기업자의 과대한 거래를 방지하고 거래 수행에 있어서 정당한 책임과 주의를 다하도록 하기 위한 것이며, 각국이 공통적으로 채용하고 있는 신용보험의 공리(公理)라고도 할 수 있다. 즉, 손실발생시 수출금액 전액을 보상해 줄 경우 보험가입자가 수출보험제도를 역이용하여 고의적으로 부실수출을 하거나, 수입업자의 신용상태파악을 소홀히 하는 것 등을 방지하기 위하여 각종 수출보험은 모두 일부보험으로 운영되고 있는 것이다.

현재 우리나라 수출보험의 손실보상한도액은 원칙적으로 보험가액의 95% 범위 내로 제한되고 있다.

(4) 수출보험계약의 운영방식

수출보험은 개별보험 인수방식과 포괄보험 인수방식의 두 가지 방법으로 운영되고 있다.

(가) 개별보험

개별보험은 보험계약자가 부보할 거래를 임의로 선택하여 청약하고, 보험자는 그 내용을 심사하여 인수 여부를 결정하는 방식이다. 즉, 개별보험의 경우는 수입국의 정세, 수입업자의 신용상태 등을 보험계약자가 판단하여 위험이 있다고 생각하는 거래에 한하여 개별적으로 부보하기 때문에 보험계약자에게 선택의 자유가 있는 것이 특징이다.

(나) 포괄보험

포괄보험은 보험계약자와 보험자가 사전에 포괄보험특약을 체결하여 일정기간 동안의 특정 상품 및 특정 결제조건의 수출을 의무적으로 부보하고, 보험자도 이를 자동적으로 인수하는 방식이다. 따라서 보험계약자에게 개별보험에서와 같은 선택의 자유가 없다.

포괄보험의 경우 보험자의 입장에서는 위험의 역선택(adverse selection : anti-selection)[1]을 방지함으로써 보험료의 할인혜택을 부여할 수 있고, 수출업자의 입장에서는 보험료가 저렴할 뿐 아니라 보험자에게 보험청약서만 제출하면 자동적으로 보험관계가 성립되기 때문에 부보절차가 간소화되는 등의 이점이 있다.

(5) 보험금의 산정방식

보험금은 수출보험의 종류에 따라 다음과 같은 두 가지 방식 중의 하나에 의해 산정된다.

1) 위험의 역선택이란 보험자에게 불리한 보험사고의 발생 가능성이 높은 위험을 보험계약자가 자진하여 보험의 목적으로 선택하는 것을 말한다.

(가) 비례보상

보험사고발생으로 인하여 생긴 손실액에 대하여 보험금액의 보험가액에 대한 비율에 따라 보상하는 것이다. 즉,

$$보험금 = 손실액 \times \frac{보험금액}{보험가액}$$

(나) 실손보상

보험금액을 한도로 하여 손실액을 보상하는 것이다. 즉,

보험금 = 손실액

(6) 사이버 수출보험

우리나라는 한국무역보험공사가 1999년부터 인터넷을 통해 수출보험청약을 완료할 수 있는 서비스를 제공하고 있다. 사이버 수출보험이란 수입자의 신용조사의뢰로부터 수출보험 부보까지 수출보험 이용을 쉽고 빠르게 One-Stop으로 처리할 수 있는 통합 서비스이다. 사이버 수출보험 서비스를 이용하기 위해서는 한국무역보험공사에 사이버 수출보험 회원으로 가입하여야 하는데 현재 사이버 수출보험에서 제공하는 서비스는 다음과 같다.[2)]

(가) 신용조사의뢰 서비스

① 수입자의 신용조사 의뢰 및 의뢰접수내역 조회
② 수입자의 신용조사 진행상황 및 신용평가 결과 조회

(나) 보험청약 서비스

① 단기수출보험 인수한도 신청서 입력 및 접수내역 조회
② 인수한도 책정심사 진행상황 및 책정결과 조회 : 수출통지 서비스
③ 단기수출보험 수출통지서 입력
④ 수출통지서 성립처리 여부 실시간 조회
⑤ 단기수출보험 결제통지서 입력
⑥ 결제통지서 처리 결과 즉시 조회

2) www.keic.or.kr(2007.1.4)에서 발췌.

(다) 조회 서비스

① 거래 수입자에 대한 상사현황, 등급변경 및 유효등급만료 내역 조회
② 단기수출보험 인수한도 및 수출신용보증 보증한도 조회
③ 단기수출보험 보험부보 현황, 납부예정 보험료 내역 및 만기도래 미결제 내역조회
④ 단기수출보험 보험료 및 수출신용보증 보증료 계산 조회
⑤ 국가별 보험사고 수입자 내역 조회
⑥ 국가별 보험인수 기준인 국별인수방침 조회
⑦ 수출보험 부보 환율 조회
⑧ 해외미수채권 추심진행상황 조회

사이버 수출보험은 개인이나 법인 또는 중소기업, 대기업을 가리지 않고 모든 국내 수출업자가 이용할 수 있다.

2 각종 수출보험

① 단기수출보험

단기수출보험은 결제기간 2년 이내의 수출거래에서 물품을 수출한 후, 수출자 또는 은행이 수출대금을 회수할 수 없게 된 때에 입게 되는 손실을 보상하는 보험이다(단, 당해 물품에 발생한 손실은 제외함). 한편 단기수출보험은 단기수출보험(선적후), 단기수출보험(포페이팅), 단기수출보험(수출채권유동화), 단기수출보험(농수산물패키지) 등 4종류로 구분된다.

(1) 단기수출보험(선적후)

단기수출보험(선적후)는 수출자가 물품을 수출한 후 수입자(신용장거래인 경우 발행은행)로부터 수출대금을 받을 수 없게 된 때에 입게 되는 손실을 보상하는 제도이다.

(2) 단기수출보험(포페이팅)

단기수출보험(포페이팅)은 은행이 포페이팅(forfaiting)에 의한 수출금융을 취급한 후, 신용장 발행은행으로부터 만기에 수출대금을 회수하지 못하여 입게 되는 손실을 보상하는 제도이다.

(3) 단기수출보험(수출채권유동화)

단기수출보험(수출채권유동화)는 은행이 수출자의 외상수출채권을 무소구조건으로 매입한 후 매입대금을 회수할 수 없게 된 경우 입게 되는 손실을 보상하는 제도이다.

(4) 단기수출보험(농수산물패키지)

단기수출보험(농수산물패키지)는 농수산물 수출시 발생하는 대금미회수위험, 수입국 검역위험, 클레임비용위험 등 3가지 위험을 포괄적으로 보장하는 제도로서, 농수산물 수출기업용 맞춤보험이다.

❷ 중장기수출보험

중장기수출보험은 결제기간 2년을 초과하는 수출거래에서 수출자가 수출이 불가능하게 되거나, 수출대금을 회수할 수 없게 된 때 또는 수입자에게 수입자금을 대출한 은행이 대출금을 회수할 수 없게 된 때 입게 되는 손실을 보상하는 보험이다. 한편 중장기수출보험은 중장기수출보험(선적전), 중장기수출보험(공급자신용), 중장기수출보험(구매자신용) 등 3종류로 구분된다.

(1) 중장기수출보험(선적전)

중장기수출보험(선적전)은 자본재 상품(산업설비, 선박, 플랜트 등)의 중장기수출계약을 체결한 수출자가 신용위험이나 비상위험으로 수출 자체가 불가능하게 됨으로써 입게 되는 손실을 보상하는 제도이다.

(2) 중장기수출보험(공급자신용)

중장기수출보험(공급자신용)은 중장기 연불조건으로 중장기수출계약을 체결한 수출자가 신용위험이나 비상위험으로 수출대금을 회수할 수 없게 됨으로써 입게 되는 손실을 보상하는 제도이다. 공급자신용은 수출자가 수입자에게 금융을 제공하여 수출자가 보험계약자가 되는 구조를 말하며, 연불조건은 특정 시점(물품인도시점, 환어음의 발행시점, 환어음의 제시시점 등)으로부터 일정 기간이 경과된 후에 대금을 일시 지급하거나 분할 지급하는 방식을 말한다.

(3) 중장기수출보험(구매자신용)

중장기수출보험(구매자신용)은 자본재 상품의 수입자와 금융계약을 체결한 국내은행이 신용위험이나 비상위험으로 수입자로부터 대출원리금을 회수할 수 없게 됨으로써 입은 손실을 보상하는 제도이다. 구매자신용은 금융기관이 수입자에게 금융을 제공하여, 금융기관이 보험계약자가 되는 구조를 말한다.

3 해외공사보험

해외공사보험은 해외공사계약 체결후 비상위험이나 신용위험으로 인하여 당해 공사에 필요한 물품의 수출이 불가능하게 되거나, 지출비용 · 확인대가(Running Royalty)를 회수할 수 없게 되거나, 또는 해외공사에 사용할 장비에 대한 취득대가를 회수할 수 없게 됨으로써 입게 되는 손실을 보상하여 주는 보험이다.

해외건설공사나 해외(건설)엔지니어링활동은 외화획득에 기여하는 바가 크지만, 비교적 공사기간이 길고 공사금액이 거액이므로 공사대금의 확실한 회수가 보장되지 않는 한 적극적으로 진출하기가 어렵다. 여기서 해외건설업체의 공사대금회수를 보장해 줌으로써 안심하고 공사에 임할 수 있도록 하여 해외건설활동의 건전한 발전과 경제의 안정적 성장을 도모하기 위해 마련된 것이 해외공사보험제도이다.

4 수출보증보험

수출보증보험은 플랜트수출이나 해외건설공사에서 필요로 하는 보증서, 즉 본드(bond)를 발행한 외국환은행이 해외 발주자로부터 보증채무의 이행청구를 받아 이를 이행함으로써 입게 되는 손실을 보상해 주는 보험이다. 일반적으로 플랜트수출이나 해외건설공사의 경우에는 해외의 발주자로부터 당해 수출이나 공사를 마지막까지 정확하게 이행할 것을 보증하는 보증서의 제출을 요구받는 것이 통례이며,

수주자는 이 보증서를 거래은행(또는 보험회사)으로부터 발행받는다. 이와 같은 보증서를 요구하는 것은 수주자가 과연 약정한 대로 계약을 이행해 줄 것인가에 대하여 발주자가 불안을 느끼기 때문이다.

보증서가 있으면 만약 수주자가 파산 등으로 계약상의 의무를 이행하지 못하게 된다고 해도 보증서를 발생한 은행이 수주자의 보증인으로서 발주자의 청구에 따라 보증금을 지급하여야 하므로 발주자는 안심하고 계약을 체결할 수 있게 된다. 물론 본드를 발행한 은행이 본드에 의한 보증 채무를 이행한 경우에는 그 손해를 본드의 발행의뢰자인 수주자에게 구상하게 된다. 그러나 은행으로서는 수주자의 구상능력에 확신이 없으므로 본드발생을 꺼리는 경향이 있다. 여기서 플랜트수출과 해외건설공사의 수주를 촉진하기 위해 본드발행의 위험부담을 경감시키고자 마련된 것이 수출보증보험제도이다.

5 해외투자보험

해외투자보험은 주식취득 등 해외투자 후 원리금, 배당금 등을 회수할 수 없게 될 경우 이를 보상해 주는 보험이다. 이 보험에는 해외투자보험(주식 등, 대출금, 보증채무)과 해외투자보험(투자금융)의 두 가지가 있다.

해외투자보험(주식 등, 대출금, 보증채무)은 해외투자를 한 후 투자대상국에서의 수용, 전쟁, 송금위험 등으로 인하여 그 해외투자의 원리금, 배당금 등을 회수할 수 없게 되거나 보증채무 이행 등으로 입게 되는 손실을 보상하는 보험이다.

한편 해외투자보험(투자금융)은 국내기업의 다양한 해외개발사업에 대한 원활한 금융조달 방법을 제공하기 위한 국가정책적 목적에 따라 도입된 것으로, 국내기업이 자원개발, 부동산개발, M&A 등 다양한 해외사업에 필요한 소요자금을 대출받는 경우, 비상위험 또는 신용위험으로 인한 금융기관의 대출금 미회수위험을 담보하는 제도이다.

이 보험은 해외투자를 적극적으로 지원함으로써 수출시장의 유지 내지 확장과 나아가서는 우리나라 경제의 안정적 성장을 도모하기 위해 마련된 제도이다.

⑥ 환변동보험

환변동보험은 수출계약체결 후 수출대금입금시의 환율변화로 입은 손해를 보상해 줌으로써 수출기업들이 적극적으로 수출활동을 할 수 있도록 하기 위하여 만들어진 보험이다.

이 보험에서는 일정한 보장환율을 정해두고 결제환율이 보장환율보다 낮을 때에는 한국무역보험공사가 차액을 보전하고 반대로 결제환율이 보장환율보다 높을 때에는 한국무역보험공사가 차액을 환수한다.

⑦ 이자율변동보험

이자율변동보험은 결제기간이 2년을 초과하는 수출계약에 대해 수출대금 금융계약을 체결하고 한국무역보험공사의 중장기수출보험(구매자신용)에 부보한 금융기관이 이자율변동에 따라 입게 되는 손실을 보상하고 또한 이익은 환수하는 보험이다. 즉 이것은 금융기관이 고정금리로 수입기업의 필요자금을 빌려주고 대출에 필요한 돈을 금융시장에서 변동금리로 빌릴 때 대출금리(고정금리)와 차입금리(변동금리)간의 격차를 보전해 주는 보험이다.

금융기관은 한국무역보험공사와의 이자율변동보험계약에 근거하여 차주에게 고정금리로 대출을 할 수 있게 된다.

⑧ 부품 · 소재 신뢰성보험

부품 · 소재 신뢰성보험은 국내 부품소재산업의 경쟁력을 제고하고 부품소재의 해외의존도 심화를 개선하기 위해 도입된 정책보험으로서 부품소재 전문기업이 생산 · 판매 · 제조한 제조품이 제3자에게 양도된 후 그 제조품의 결함발생으로 부품소재기업이 부담해야 하는 법률상의 배상책임을 담보하는 손해보험이다. 즉 신뢰성보험은 중소기업이 생산한 부품 · 소재를 사용하는 수요기업에게 제품의 신뢰성을 보장하여 안정적으로 사용할 수 있도록 제조물의 결함으로 인한 재산적 피해를 담보하는 손해보험이다.

9 서비스종합보험

서비스종합보험은 국내 서비스사업자가 서비스를 의뢰한 해외수입자에게 서비스를 제공하고 수입국 또는 수입자 책임으로 서비스대금을 받지 못하는 경우의 손실을 보상하는 보험이다. 서비스종합보험에는 서비스종합보험(일시결제방식)과 서비스종합보험(기성고 · 연불방식)의 두 가지가 있다.

서비스종합보험(일시결제방식)은 국내에 주소를 둔 기업이 외국기업에게 운송, 관광 등의 서비스를 제공하고 서비스제공 상대방으로부터 서비스대금을 지급받지 못하게 됨으로써 발생하는 손실을 보상하는 제도이다.

한편 서비스종합보험(기성고 · 연불방식)은 국내 수출업체가 시스템통합, 기술서비스, 컨텐츠, 해외엔지니어링 등의 서비스 거래를 수출하고 이에 따른 지출비용 또는 확인대가를 회수하지 못함으로써 입게 되는 손실을 보상하는 제도이다.

10 해외사업금융보험

해외사업금융보험은 국내 · 외 금융기관이 외국인(정부, 공공단체 및 외국법인, 관련 금융기관 등)에게 수출증진이나 외화획득의 효과가 있을 것으로 예상되는 해외사업[3]에 필요한 자금을 상환기간 2년 초과의 조건으로 공여하는 금융계약을 체결한 후, 대출원리금을 받을 수 없게 됨으로써 입게 되는 손실을 보상하는 보험이다.

11 수출기반보험

수출기반보험은 금융기관이 국적외항선사 또는 국적외항선사의 해외현지법인에게 상환기간 2년 초과의 선박 구매자금을 대출하고 대출 원리금을 회수할 수 없게 된 경우에 발생하는 손실을 보상하는 보험이다. 여기서 국적외항선사란 한국 국적

3) 여기서 말하는 해외사업은 국내법인 등이 아래의 계약을 체결함으로써 참여하는 사업을 가리킨다.
① 해외사업을 영위하는 외국법인의 주식 등의 지분취득 계약
② 해외사업관련 원재료 공급계약
③ 해외사업관련 생산물 구매계약
④ 해외사업관련 운영 및 관리계약
⑤ 상기 이외에 수출증진이나 외화획득 효과가 있을 것으로 예상되는 해외사업관련 계약

의 선사로서 해운법상 외항 화물운송사업을 영위하는 자를 가리킨다.

⑫ 기 타

이 밖에도 중소기업 Plus 보험, 탄소종합보험, 녹색산업종합보험, 해외자원개발 펀드보험 등이 있다.

(1) 중소기업 Plus보험

중소기업 Plus보험은 개별 수출거래 건별로 보험계약이 체결되는 단기수출보험과 달리 수출기업의 전체 수출거래를 대상으로 위험별 책임금액을 설정하여 운영하는 것으로, 보험계약자인 수출기업은 연간보상한도에 대한 보험료를 납부하며, 수입자위험 · 신용장위험 · 수입국위험 등 보험계약자가 선택한 담보위험으로 손실이 발생할 때 한국무역보험공사가 책임금액 범위 내에서 손실을 보상한다.

(2) 탄소종합보험

탄소종합보험은 교토의정서[4]에서 정하고 있는 탄소배출권 획득사업[5]을 위한 투자 · 금융 · 보증과정에서 발생할 수 있는 손실을 종합적으로 담보하는 보험이다.

(3) 녹색산업종합보험

녹색산업종합보험은 지원 가능한 특약항목을 『녹색산업종합보험』 형태로 운영하여, 녹색산업에 해당되는 경우 기존이용 보험약관에 수출기업이 선택한 특약을 추가하여 우대하는 제도이다.

(4) 해외자원개발 펀드보험

해외자원개발 펀드보험은 해외자원개발펀드가 해외자원개발사업에 투자하여 피투자국의 전쟁, 수용, 송금제한 등의 비상위험과 투자 상대방의 파산, 해당자원의 가격변동 등의 신용위험(사업위험 포함)으로 손실이 발생하는 경우 손실액의 일부를

4) 교토의정서는 지구온난화를 방지하기 위하여 선진국 등의 온실가스 배출감축의무 및 구체적 이행 방안을 규정한 국제 의정서로서, 2005년에 발효하였다.

5) 탄소배출권사업은 친환경기술 등을 사용하여 감축한 온실가스 배출량만큼 탄소 배출권을 확보하여 배출권거래시장에서 매매할 수 있는 사업이다.

보상하는 제도이다. 여기서 해외자원개발펀드란 다수 투자자들로부터 자금을 모아 해외자원개발사업에 투자하여 그 수익을 펀드투자자에게 배분하는 것을 목적으로 하는 펀드로서, 해외자원개발사업법에 따른 특수펀드이다.

13 수출신용보증제도

수출신용보증은 수출기업이 은행으로부터 선적 전에 원자재 확보자금이나 제작 자금을 조달하는 경우('선적전 무역금융') 또는 선적 후에 화환어음의 매입을 통해 자금을 조달하는 경우('선적후 무역금융'), 수출기업이 은행에 대해 부담하는 금전 채무에 대하여 한국무역보험공사가 연대보증을 제공하는 것을 말한다. 따라서 이 제도는 보험이 아니라 보증이라는 점에 유의해야 한다. 한편 수출신용보증은 수출 신용보증(선적전), 수출신용보증(선적후), 수출신용보증(Nego), 수출신용보증(문화콘텐츠) 등 4종류로 구분된다.

(1) 수출신용보증(선적전)

수출신용보증(선적전)은 수출기업이 수출물품을 제조, 가공, 조달하기 위하여 은행으로부터 필요한 자금을 대출받을 때 공사가 대출금상환을 보증하는 제도이다

(2) 수출신용보증(선적후)

수출신용보증(선적후)는 수출기업이 결제기간 2년 이내의 수출계약에 따라 물품을 선적하고 은행이 수출기업이 발행한 화환어음을 매입할 때 공사가 대금상환을 보증하는 제도이다.

(3) 수출신용보증(Nego)

수출신용보증(Nego)는 수출기업이 결제기간 180일 이내의 수출계약에 따라 물품을 선적하고, 은행이 수출기업이 발행한 화환어음 또는 수출기업의 외상매출채권을 매입할 때 공사가 대금상환을 보증하는 제도이다. 이 제도는 수출신용보증(선적후)와 달리 무신용장 방식(D/A, D/P , O/A 등)의 거래인 경우만 이용할 수 있다.

(4) 수출신용보증(문화콘텐츠)

수출신용보증(문화콘텐츠)는 수출계약이 체결되었거나 외화획득이 예상되는 문화상품(영화, 드라마, 게임, 공연 등)의 제작사가 은행으로부터 제작비를 대출받을 때 공사가 대출금상환을 보증하는 제도이다.

3 수입보험

① 수입보험의 의의

수입보험은 한국무역보험공사가 정하는 대상거래[6]에 한하여 국내 수입업자의 자금조달을 지원하는 것은 물론 해외 수출자의 계약불이행으로 적기에 물품을 인도받지 못하거나 선급금을 회수하지 못하는 경우의 손실을 보상하는 제도이다.

② 수입보험의 종류

수입보험에는 ① 수입보험(수입자용)과 ② 수입보험(금융기관용)의 두 가지가 있다.

6) 2020년 2월 현재 수입보험의 대상이 되는 거래는 다음과 같다.

구 분	명 세
주요자원	철, 동, 아연, 석탄, 원유 및 사철, 바륨, 안티모니, 셀레늄 등
시설재	- 관세법 제95조 제1항 제1호의 오염물질 배출방지 · 처리 물품 및 제2호의 폐기물처리 물품 - 관세법 제95조 제1항 제3호의 공장자동화 물품 - 관세법 제90조 제1항 제4호의 산업기술연구 · 개발용 물품
첨단제품	산업발전법 제5조의 "첨단제품"
외화획득용 원료	대외무역관리규정 제32조의 "외화획득용 원료"

(1) 수입보험(수입자용)

수입보험(수입자용)은 국내기업이 선급금 지급조건 수입거래에서 비상위험 또는 신용위험으로 인해 선급금을 회수할 수 없게 되는 경우에 발생하는 손실을 보상하는 보험이다.

(2) 수입보험(금융기관용)

수입보험(금융기관용)은 금융기관이 주요자원 등의 수입에 필요한 자금을 수입기업에 대출(지급보증)한 후 대출금을 회수할 수 없게 되는 경우에 발생하는 손실을 보상하는 보험이다.

Chapter 9

통관과 관세

1. 통 관
2. 관 세
3. 관세환급

Chapter 9

통관과 관세

1 통 관

① 세관과 통관

(1) 세관의 의의

세관(custom house : customs)은 외국과의 통상무역과 관련하여, 국경통과에 수반하여 발생하는 일체의 사무를 취급하기 위하여 사람 · 물품 · 선박 · 항공기 등이 자국의 국경을 출입하는 요지(개항)에 설치한 관청이다.

세관의 업무를 크게 나누어 보면 다음과 같다.

1) 세무행정 : 수입물품에 대하여 관세나 내국소비세를 부과 · 징수한다.
2) 감시행정 : 위법한 수출입이 행해지지 않도록 물품의 선적 · 양륙 · 출입을 감시하고, 위반행위를 조사하기도 한다.
3) 통관행정 : 통관절차에서 물품의 수출입이 적법하게 행해지고 있는지의 여부를 심사한다.
4) 보세행정 : 무역의 진흥이나 수출입절차의 편의를 위하여 보세공장 · 보세창고 또는 기타 보세구역의 허가를 하거나 그 감독을 한다.

일반적으로 관세행정의 2대분야라고 하면 이들 중 세무행정과 감시행정을 들고 있다. 따라서 세관의 주된 업무는 수입물품에 관세를 부과하거나 물품의 수출입이 합법적으로 이루어지도록 감독하는 것이다.

요컨대, 세관의 업무는 국가의 출입구로서 수출입에 관한 법령의 모든 규제를 최종적으로 실시하는 데에 그 특징이 있는 것이다.

(2) 통관의 의의

통관(customs clearance)이란 관세법에서 규정한 절차를 이행하여 물품을 수출 ·

수입 또는 반송하는 것을 말한다[관세법(이하 이 장에서는 "법"이라고 한다) 제2조]

한편 물품을 수출입함에 있어서 관세법 이외의 법령(예컨대, 대외무역법 등)에서 그 수출이나 수입에 대하여 허가 또는 승인 등을 필요로 하는 경우에는, 물품의 통관절차를 밟기 전에 미리 그러한 법령에 의한 허가 등을 받아야 한다. 세관은 이들 법령의 허가 등이 이행되었음을 확인한 후가 아니면 수출 또는 수입신고를 수리해 주지 않는다.

실제로 이러한 통관절차는 보통 무역업자가 직접 밟지 않고, 통관업자(관세사 · 관세법인[1] 또는 통관취급법인[2])가 대행한다. 여기서 관세사란 타인으로부터 의뢰를 받아, ① 수출입물품에 대한 세번 · 세율의 분류, 과세가격의 확인과 세액의 계산, ② 관세법 제38조 제3항의 자율심사 및 그에 따른 자율 심사보고서의 작성, ③ 관세법 그 밖에 관세에 관한 법률에 의한 물품의 수출 · 수입 · 반출 · 반입 또는 반송의 신고 등과 이와 관련되는 절차의 이행, ④ 관세법 제226조에 따라 수출입하려는 물품의 허가 · 승인 · 표시나 그 밖의 조건을 구비하였음을 증명하기 위하여 하는 증명 또는 확인의 신청, ⑤ 관세법에 의한 이의신청 · 심사청구 및 심판청구의 대리, ⑥ 관세에 관한 상담 또는 자문, ⑦ 관세법 제241조 및 제244조에 따른 수출입신고와 관련된 상담 또는 자문, ⑧ 관세법 및 수출용 원재료에 대한 관세 등 환급에 관한 특례법[2011. 12. 31. 법률 제11131호 ; 이하 "관세환급특례법"이라 한다]에 의한 환급청구의 대리, ⑨ 세관의 조사 또는 처분 등과 관련된 화주를 위한 의견진술의 대리, ⑩ 위 ③, ④, ⑤ 외에 관세법에 따른 신고 · 보고 또는 신청 등과 이와 관련되는 절차의 이행을 그 직무로 하는 자로서(관세사법 제2조), 관세사시험[3]에 합

1) 관세법인은 관세사 업무를 조직적 · 전문적으로 수행하고 공신력을 높이기 위하여 5인 이상의 관세사를 사원으로 하여 설립한 법인으로서, 관세법인이 그 업무를 수행하려는 때에는 관세청장에게 등록하여야 한다[관세사법(2019. 7. 1. 법률 제16094호) 제17조, 제17조의 2 및 제17조의 3 참조].

2) 통관취급법인은 다음 각 호의 어느 하나에 해당하는 자로서 관세사법 시행령으로 정하는 바에 따라 관세청장에게 등록한 법인을 말한다(관세사법 제19조).
① 운송 · 보관 또는 하역을 업으로 하는 법인
② 위 ①항의 법인이 자본금의 100분의 50 이상을 출자하여 설립한 법인
③ 물류정책기본법 제38조에 따라 인증을 받은 종합물류기업 중 관세사법 시행령으로 정하는 기업

3) 관세사시험은 제1차 시험과 제2차 시험으로 구분하여 행하며, 제1차 시험은 객관식 필기시험에 의하고 제2차 시험은 주관식 필기시험에 의한다. 관세사시험의 과목은 제1차 시험이 ① 내국소비세법(「부가가치세법」 · 「개별소비세법」 · 「주세법」에 한한다), ② 관세법개론(「자유무역협정 이행을 위한 관세특례법」 및 「대한민국 정부와 칠레공화국정부 간의 자유무역협정의 이행을 위한 관세법의 특례에 관한 법률」을 포함한다), ③ 회계학(회계원리와 회계이론에 한한다), ④ 무역영어이고, 제2차 시험은 ① 관세법(관세평가는 제외하며, 「수출용원재료에 대한 관세 등 환급에 관한 특례법」을 포함한다), ② 관세율표 및 상품학, ③ 관세평가, ④ 무역실무(「대외무역법」 및 「외국환거래법」을 포함한다)이다.

격한 사람은 관세사의 자격이 있다(관세사법 제4조). 관세사의 자격이 있는 자가 그 업무를 개시하고자 할 때에는 관세사법 시행령이 정하는 바에 의하여 관세청장에게 등록하여야 하고, 관세청장 또는 세관장에게 개업신고를 하여야 한다(관세사법 제7조 및 제10조).

한편 현재 관세청은 통관단일 창구인 인터넷통관 서비스시스템, 즉 UNI-PASS를 운영하고 있다. UNI-PASS는 우리나라 관세청 전자통관시스템의 브랜드명으로, 현재 관세청에서 운영하고 있는 업무처리정보시스템(통관, 화물, 징수시스템 등)을 총칭한다. 이것은 국제관세환경의 변화와 IT기술의 발전을 적극 수용하여 사용자와 함께 만들어 온 관세행정정보화의 결정체로서, 모든 세관신고업무를 통합하여 언제 어디서나 원스톱으로 처리할 수 있게 하고 있다. UNI-PASS는 이미 국내외 평가에서 그 우수성이 입증되어 국제인증(ISO 2000)을 획득하였으며, 해외 수출은 물론 세계 각국에서 벤치마킹을 하고 있다. UNI-PASS가 구축됨으로써 1일 이상 소요되던 수출통관은 1.5분 이내로, 2일 이상 소요되던 수입통관은 1.5시간으로 단축되는 등 신속하고 정확한 선진관세행정의 구현이 가능하게 되었다.

❷ 수출통관

수출업자는 수출상품의 제조나 수집이 끝나면 이를 외국에 있는 매수인에게 보내기 위하여 관세법에서 규정한 수출[4]에 따른 절차를 이행하여야 한다. 즉, 내국물품을 외국물품화[5]하여 선적하기 위한 일련의 절차를 거쳐야 하는데, 이러한 절차를 수출통관(export clearance)절차라고 한다. 즉, 수출통관절차라 함은 수출하고자 하는 물품을 세관에 수출신고한 후, 신고수리를 받아 물품을 외국무역선(기)에 적재하기까지의 절차를 가리킨다.

수출하고자 하는 자는 당해 물품을 적재하기 전까지 당해물품의 소재지 관할세관장에게 수출신고를 하고 수리를 받아야 하는데, 여기서 수출통관절차를 간단히 살펴보면 다음과 같다.

---

4) 관세법상 수출이란 "내국물품을 외국으로 반출하는 것"을 말한다(제2조).

5) 내국물품 · 외국물품의 구별은 관세법상의 독자적인 구분으로서, 외국물품은 외국으로부터 우리나라에 도착된 물품으로서 수입신고가 수리되기 전의 것과 수출신고가 수리된 물품을 말하고, 내국물품은 ① 우리나라에 있는 물품으로서 외국물품이 아닌 것, ② 우리나라의 선박 등이 공해에서 채집하거나 포획한 수산물 등, ③ 입항전 수입신고가 수리된 물품, ④ 수입신고수리전 반출승인을 받아 반출된 물품, ⑤ 수입신고전 즉시반출신고를 하고 반출된 물품을 말한다(법 제2조).

(1) 수출신고

물품을 수출하려면 해당 물품의 품명 · 규격 · 수량 및 가격과 그 밖에 대통령령으로 정하는 사항을 세관장에게 신고하여야 한다(법 제241조).

(가) 수출신고인

수출신고는 ① 화주, ② 화주에게 해당 수출물품을 제조하여 공급한 자, ③ 관세사법에 의한 관세사 · 관세법인 또는 통관취급법인(이하 경우에 따라 "관세사 등"이라 한다)의 명의로 하여야 한다(법 제242조).

(나) 신고서류

수출신고는 수출신고인이 전자자료교환방식에 의한 수출통관 EDI 시스템을 사용하여 전자문서로 수출신고서(export declaration)를 작성하여 관세청 전자통관시스템에 전송하면 된다. 다만, 다음에 해당하는 물품에 대하여는 신고자료를 전자통관시스템에 전송한 후, 수출신고서 및 해당 구비서류를 세관장에게 제출하여야 한다.

① 관세법 제 226조(허가 · 승인 등의 증명 및 확인)의 규정에 의한 세관장 확인물품 및 확인방법 지정 고시중 수출신고 수리 전에 요건구비의 증명이 필요한 물품 다만, 수출승인기관과 전산망이 연계된 품목은 제외한다.

② 계약내용과 상이한 물품의 재수출 또는 재수출조건부로 수입통관된 물품의 수출

③ 수출자가 재수입시 관세 등의 감면, 환급 또는 사후관리 등을 위하여 서류제출로 신고하거나 세관검사를 요청하는 물품

④ 수출통관시스템에서 서류제출대상으로 통보된 물품

한편 수출신고의 효력이 발생되는 시점은 관세청 전자통관시스템에서 신고번호가 부여된 시점이며, 전자통관시스템에 기록된 내용과 종이신고서에 기록된 내용이 상이한 경우에는 전자통관시스템에 기록된 것을 기준으로 한다. 그리고 수출신고서에는 당해 물품의 수출승인서 · 상업송장 및 포장명세서 기타 참고서류를 첨부하여야 한다.

(다) 신고사항의 보완

수출신고를 받은 세관은 우선 그 신고서류에 대한 심사를 하고, 미비사항이 있을 경우에는 그 보완을 요구하게 된다. 다만, 미비사항이 경미하고 신고수리 이후에 보완이 가능하다고 세관장이 인정하는 경우에는, 관세청장이 정하는 바에 따라 신고수리후에 이를 보완하게 할 수 있다(법 제249조).

수 출 신 고 필 증 (갑지)

※ 처리기간 : 즉시

제출번호 99999-99-9999999 ①신 고 자 XXXXXXXXXXXXXXXXXXXXXXXXXXXXXXXXXXXXXXXXXXX	⑤신고번호 999-99-99-99999999	⑥신고일자 YYYY/MM/DD	⑦신고구분 X	⑧C/S구분 X

②수 출 자 XXXXXXXXXXXXXXXXXXXXXXXXXXXXX 부호 XXXXXXXX 수출자구분 X
위 탁 자 XXXXXXXXXXXXXXXXXXXXXXXXXXXXX
(주소) XXXXXXXXXXXXXXXXXXXXXXXXXXXXXXXXXXXXXXXXXXXXXXXXXX
(대표자) XXXXXXXXXXXX
(통관고유부호) XXXXXXXX-9-99-9-99-9
(사업자등록번호) 999-99-99999

⑨거래구분 XX | ⑩종류 X | ⑪결제방법 XX
⑫목적국 XX XXXXXXX | ⑬적재항 XXXXX XXXXXXXXXXXX
⑭운송형태 XX XXX | ⑮검사방법선택 X 검사희망일 YYYY/MM/DD
⑯물품소재지 XXX XXXXXXXXXXXXXXXXXXXXXXXXXXXXXX

③제 조 자 XXXXXXXXXXXXXXXXXXXXXXXXXXXXX
(통관고유부호) XXXXXXXX-9-99-9-99-9
제조장소 XXX 산업단지부호 XXX

⑰L/C번호 XXXXXXXXXXXXXXXXXXXX | ⑱물품상태 X
⑲사전임시개청통보여부 X | ⑳반송 사유 XX

④구 매 자 XXXXXXXXXXXXXXXXXXXXXXXXXXX
(구매자부호) XXXXXXXXXX

㉑환급신청인 X (1:수출/위탁자, 2:제조자) 간이환급 XX
㉒환급기관 XXXXXXXXXXXXXXXXXXXX

· 품명 · 규격 (란번호/총란수: 999/999)

㉓품 명 XXXXXXXXXXXXXXXXXXXXXXXXXXXXXXXXXXXXXXXXXXXXXXXXXXXX
㉔거래품명 XXXXXXXXXXXXXXXXXXXXXXXXXXXXXXXXXXXXXXXXXXXXXXXXXXXX
㉕상표명 XXXXXXXXXXXXXXXXXXXX

㉖모델 · 규격	㉗성분	㉘수량	㉙단가(XXX)	㉚금액(XXX)
XXXXXXXXXXXXXXXXXXXXXXXXXXXXXXXXXXXXXXXXXXXXXXXXXXXXXXXXXXXXXX	XXXXXXXXXXXXXXXXXX	999,999,999,999(XX)	9,999,999,999.99	999,999,999,999.99
XXXXXXXXXXXXXXXXXXXXXXXXXXXXXXXXXXXXXXXXXXXXXXXXXXXXXXXXXXXXXX	XXXXXXXXXXXXXXXXXX			
XXXXXXXXXXXXXXXXXXXXXXXXXXXXXXXXXXXXXXXXXXXXXXXXXXXXXXXXXXXXXX	XXXXXXXXXXXXXXXXXX			
XXXXXXXXXXXXXXXXXXXXXXXXXXXXXXXXXXXXXXXXXXXXXXXXXXXXXXXXXXXXXX	XXXXXXXXXXXXXXXXX			
XXXXXXXXXXXXXXXXXXXXXXXXXXXXXXXXXXXXXXXXXXXXXXXXXXXXXXXXXXXXXX				
XXXXXXXXXXXXXXXXXXXXXXXXXXXXXXXXXXXXXXXXXXXXXXXXXXXXXXXXXXXXXX				
XXXXXXXXXXXXXXXXXXXXXXXXXXXXXXXXXXXXXXXXXXXXXXXXXXXXXX				

㉛세번부호	9999.99-9999	㉜순중량	999,999,999,999(XX)	㉝수량	999,999,999,999(XX)	㉞신고가격(FOB)	₩999,999,999,999
㉟송품장부호	XXXXXXXXXXXXXXXXX	㊱수입신고번호	XXXXX-XX-XXXXXXX-X(XXX)	㊲원산지	XX-X-X	㊳포장갯수(종류)	999,999(XX)

㊴총중량	999,999,999,999(XX)	㊵총포장갯수	999,999 (XX)	㊶총신고가격 (FOB)	$ 9,999,999,999 ₩ 999,999,999,999
㊷운임(₩)	9,999,999,999	㊸보험료(₩)	9,999,999,999	㊹결제금액	XXX-XXX-999,999,999,999,999
㊺수입화물 관리번호	XXXXXXXXXXXXXXXXXX X			㊻컨테이너번호	XXXXXXXXXXX X

㊼수출요건확인 (발급서류명)	X-XXXXXXXXXXXXXXXXX (XXXXXXXXXXXXXXXXX)	X-XXXXXXXXXXXXXXXXX (XXXXXXXXXXXXXXXXX)	X-XXXXXXXXXXXXXXXXX (XXXXXXXXXXXXXXXXX)	X-XXXXXXXXXXXXXXXXX (XXXXXXXXXXXXXXXXX)

※신고인기재란
XXXXXXXXXXXXXXXXXXXXXXXXXXXXXXXXXXXXXXXXXXXXXXXXXXXXXXXXXXXXXXX
XXXXXXXXXXXXXXXXXXXXXXXXXXXXXXXXXXXXXXXXXXXXXXXXXXXXXXXXXXXXXXX
XXXXXXXXXXXXXXXXXXXXXXXXXXXXXXXXXXXXXXXXXXXXXXXXXXXXXXXXXXXXXXX
XXXXXXXXXXXXXXXXXXXXXXXXXXXXXXXXXXXXXXXXXXXXXXXXXXXXXXXXXXXXXXX
XXXXXXXXXXXXXXXXXXXXXXXXXXXXXXXXXXXXXXXXXXXXXX

㊽세관기재란
XXXXXXXXXXXXXXXXXXXXXXXXXXXXXXXXXXXXXXXXXXXXXXXXXXXXXXXXXXXXXXXXXXXXXXXXXXX
XXXXXXXXXXXXXXXXXXXXXXXXXXXXXXXXXXXXXXXXXXXXXXXXXXXXXXXXXXXXXXXXXXXXXXXXXXX
XXXXXXXXXXXXXXXXXXXXXXXXXXXXXXXXXXXXXXXXXXXXXXXXXXXXXXXXXXXXXXXXXXXXXXXXXXX
XXXXXXXXXXXXXXXXXXXXXXXXXXXXXXXXXXXXXXXXXXXXXXXXXXXXXXXXXXXXXXXXXXXXXXXXXXX
XXXXXXXXXXXXXXXXXXXXXXXXXXXXXXXXXXXXXXXXXXXXXXXXXXXXXXXXXXXXXXXXXXXXXXXXXXX

㊾운송(신고)인 XXXXXXXXXXXXXXXXXXXXXXXXXXXXXX ㊿기간 YYYY/MM/DD 부터 YYYY/MM/DD 까지	신고수리일자	YYYY/MM/DD	적재의무기한	YYYY/MM/DD

Page : 999/999

(1) 수출신고수리일로부터 30일내에 적재하지 아니한 때에는 수출신고수리가 취소됨과 아울러 과태료가 부과될 수 있으므로 적재사실을 확인하시기 바랍니다. (관세법 제251조, 제277조) 또한 휴대탁송 반출시에는 반드시 출국심사(부두,초소,공항) 세관공무원에게 제시하여 확인을 받으시기 바랍니다.

(2) 수출신고필증의 진위여부는 수출입통관정보시스템에 조회하여 확인하시기 바랍니다.(http://kcis.ktnet.co.kr)

(2) 물품의 검사

수출신고서가 유효하게 접수되면 세관에서는 필요에 따라 물품을 검사할 수 있다. 즉 수출물품에 대하여는 검사생략을 원칙으로 하고 있으나, 전산에 의한 발췌검사 또는 필요한 경우 예외적으로 검사를 실시하기도 한다.

수출물품의 검사는 당해 물품이 장치되어 있는 장소에서 행한다(법 제247조).

(3) 수출신고의 수리

수출신고가 관세법의 규정에 따라 적합하게 이루어진 경우, 세관장은 이를 지체없이 수리하고 신고인에게 신고필증을 교부한다(법 제248조).

수출신고된 물품에 대한 신고서의 처리방법은 자동수리, 즉시수리, 검사후 수리의 세가지가 있다.

(가) 자동수리

전산에 의하여 자동으로 수리되는 것을 말하며, 물품검사대상 또는 서류제출대상이 아닌 물품은 수출통관시스템에서 자동수리된다.

(나) 즉시수리

자동수리대상이 아닌 물품 중 검사가 생략되는 물품으로 세관직원이 신고내용을 심사하고 수리하는 것을 말한다.

(다) 검사후 수리

수출물품에 대하여는 검사생략이 원칙이나 수출시 현품의 확인이 필요한 경우와 우범물품으로 선별된 물품 중 세관장이 검사가 필요하다고 판단한 물품에 대하여 수출물품을 실제로 검사하고 수출신고를 수리하는 것을 말한다.

한편, 수출신고가 수리된 물품은 관세법상 외국물품으로 취급되어 관세법의 기속을 받게 된다. 그리고 수출신고가 수리된 물품은 원칙적으로 수출신고가 수리된 날로부터 30일 이내에 운송수단에 적재하여야 한다. 다만, 1년의 범위에서 적재기간의 연장승인을 받은 경우에는 그러하지 아니한다(법 제251조).

이상 살펴 본 수출통관절차를 요약하면 〈그림 9-1〉과 같다.

〈그림 9-1〉 수출통관절차

수출신고 → 물품검사 → 수출신고의 수리 → 운송수단에 적재

3 수입통관

수입물품은 세관에서 일련의 절차를 거쳐 외국물품을 내국물품화 하여야 국내에 반입할 수 있다. 이와 같이 외국물품을 내국물품화 하기 위하여 이행하여야 하는 관세법에 규정된 일련의 절차를 수입통관(import clearance)절차라 한다.

(1) 물품의 보세구역 반입

수입통관을 하기 위해서는 원칙적으로 우선 수입물품을 보세구역에 반입하여야 한다(법 제155조). 보세구역에 반입하도록 하는 것은 관세채권의 확보와 효율적인 화물관리에 그 목적이 있다.

(가) 보세구역

보세구역(bonded area)이란 보세상태로 외국물품을 일정기간 장치하거나 또는 가공 · 제조 · 전시 · 건설 등을 할 수 있는 일정한 구획을 갖춘 토지나 그 위의 건조물 또는 수면으로서 세관장이 지정하거나 특허한 장소이다.

보세구역은 지정보세구역 · 특허보세구역 및 종합보세구역으로 구분된다(법 제154조).

1) 지정보세구역

지정보세구역은 통관을 하려는 물품을 일시 장치하거나 또는 검사하기 위한 장소로서 세관장이 지정한 구역을 말한다. 지정보세구역은 통관절차를 간편하고 신속하게 처리하기 위하여 설치한 것이므로 세관소재지, 즉 항구 또는 공항 부근에 설치되며, 이는 다시 지정장치장과 세관검사장으로 구분된다.

① 지정장치장 : 지정장치장은 통관을 하려는 물품을 일시 장치하기 위한 장소로서 세관장이 지정한 구역을 말한다(법 제169조). 지정장치장은 물품의 장치를 주 목적으로 하지 않고, 통관절차를 밟기 위한 보세구역이기 때문에 물품의 장치기간은 6개월의 범위에서 관세청장이 정한다. 다만, 관세

청장이 정하는 기준에 따라 세관장은 3개월의 범위에서 그 기간을 연장할 수 있다(법 제170조).

② 세관검사장 : 세관검사장은 통관하려는 물품을 검사하기 위한 장소로서 세관장이 지정하는 지역을 말한다(법 제173조). 이것은 검사지역이라는 점에서 물품의 장치를 목적으로 하는 지정장치장과 구별되며, 따라서 물품장치는 허용되지 않는다.

2) 특허보세구역

특허보세구역은 보통 영리를 목적으로 세관장의 설영특허를 받아 설치한 보세구역이다. 특허보세구역은 다시 보세창고 · 보세공장 · 보세전시장 · 보세건설장 및 보세판매장으로 구분된다.

① 보세창고 : 보세창고는 외국물품이나 통관을 하려는 물품을 장치하는 구역이다(법 제183조). 보세창고제도는 원활한 거래와 중계무역의 촉진을 위하여 마련된 것으로서, 장치기간은 1년의 범위에서 관세청장이 정하는 기간으로 한다(법 제177조).

② 보세공장 : 보세공장은 외국물품을 원료 또는 재료로 하거나 외국물품과 내국물품을 원료 또는 재료로 하여 제조 · 가공하거나 그 밖에 이와 비슷한 작업을 하기 위한 구역을 말한다(법 제185조). 보세공장제도는 가공무역의 촉진을 위하여 마련된 것으로서, 장치기간은 해당 보세공장 특허기간으로 한다(법 제177조).

③ 보세전시장 : 보세전시장은 박람회 · 전람회 · 견본품 전시회 등의 운영을 위하여 외국물품을 장치 · 전시 또는 사용하는 구역이다(법 제190조). 보세전시장제도는 국제적인 규모로 개최되는 박람회나 공적 기관이 주관하는 외국상품의 전람회 등의 운영을 원활히 하기 위하여 외국물품을 보세상태로 또는 간편한 절차에 의하여 전시 또는 사용할 수 있도록 하기 위해 마련되었다.

④ 보세건설장 : 보세건설장은 산업시설의 건설에 사용되는 외국물품인 기계류, 설비품, 공사용 장비 등을 장치 · 사용하여 해당 건설공사를 하는 구역을 말한다(법 제191조). 보세건설장제도는 발전소 · 제철공장 등 대규모 산업시설을 건설함에 있어 신속하고 원활한 건설공사를 진행할 수 있도록 지원하기 위하여 마련된 것이다.

⑤ 보세판매장 : 보세판매장은 외국으로 반출하거나, 법 제88조(외교관용 물품 등의 면세) 제1항 제1호부터 제4호까지에 따라 관세의 면제를 받을 수 있는 자가 사용하는 것을 조건으로 외국물품을 판매하는 구역을 말한다(법 제196조).

3) 종합보세구역

종합보세구역은 보세창고 · 보세공장 · 보세전시장 · 보세건설장 또는 보세판매장의 기능 중 둘 이상의 기능을 종합적으로 수행하는 보세구역을 말한다(법 제197조).

따라서 본 보세구역의 종류에서 알 수 있는 바와 같이, 수입통관을 위하여 이용되는 보세구역은 지정장치장과 보세창고이다.

(나) 타소장치

수입통관을 위해서는 우선 수입하고자 하는 물품을 지정장치장이나 보세창고에 장치하여야 하지만, 화물의 성질이나 기타 특수한 사정에 의하여 보세구역에 반입할 수 없는 경우에는, 원칙적으로 보세구역 이외의 장소에 장치하게 되는데, 이것을 타소장치라 한다.

1) 타소장치물품

타소장치가 가능한 물품은 다음과 같다(법 제155조).

① 수출신고가 수리된 물품

② 크기 또는 무게의 과다나 그 밖의 사유로 보세구역에 장치하기 곤란하거나 부적당한 물품

③ 재해나 그 밖의 부득이한 사유로 임시로 장치한 물품

④ 검역물품

⑤ 압수물품

⑥ 우편물품

2) 타소장치의 허가

위 ②항에 해당하는 물품을 보세구역이 아닌 장소(타소)에 장치하려는 자는 세관장의 허가를 받아야 하며, 세관장은 그 물품의 관세에 상당하는 담보의 제공, 필요한 시설의 설치 등을 명할 수 있다(법 제156조).

(2) 수입신고

수입하고자 하는 물품을 보세구역(지정장치장 또는 보세창고)에 반입하거나 타소장치의 허가를 받아 타소장치장에 장치한 자는, 그 반입일 또는 장치일로부터 30일 이내에 세관장에게 수입신고를 하여야 한다(법 제241조). 수입신고를 하고자 하는 자는 신고자료를 관세청 통관시스템에서 인정한 관세청 사서함으로 전송한 후 해당 구비서류를 제출하여야 한다.

수입신고는 원칙적으로 해당물품을 적재한 선박이나 항공기가 입항된 후에만 할 수 있다(법 제243조).

(가) 수입신고의 성격

수입신고는 물품을 수입하기 위한 수입자의 공식적인 의사표시로서, 수입신고를 함으로써 다음과 같은 효과가 발생한다.

1) 과세물건의 확정

관세는 원칙적으로 수입신고를 하는 때의 물품의 성질과 그 수량에 따라 부과한다(법 제16조).

2) 적용법령의 확정

수입물품의 통관절차를 밟고 있는 중에 관세율의 변경, 환율의 변경 또는 감면세법령 등의 변경이 있을 수 있는데, 이러한 경우에는 원칙적으로 수입신고 당시의 법령에 따라 관세를 부과한다(법 제17조).

3) 납세의무자의 확정

수입신고를 한 물품인 경우, 그 물품을 수입한 화주(일반적으로 송품장에 기재되어 있는 수하인)가 관세의 납세의무자가 된다(법 제19조).

(나) 수입신고인

수입신고는 화주 또는 관세사 등(관세사 · 관세법인 또는 통관취급법인)의 명의로 하여야 한다(법 제242조). 화주가 직접 신고하는 경우에는 수입신고 사항을 세관에 전송하기 위한 전산설비 등을 갖춘 후 세관에서 ID를 부여받아 신고하는 방법과 영세수출업체의 경우 무역협회 등에 설치된 공용단말기를 통하여 신고하는 방법이 있다.

(다) 신고서류

수입신고는 수입신고서(import declaration)를 작성하여 세관에 제출함으로써 행해지는데, 수입신고서에는 수입승인서 · 포장명세서 기타 참고서류를 첨부하여야 한다.

(라) 수입신고의 시기 및 요건

수입신고는 원칙적으로 해당 물품을 적재한 선박이나 항공기가 입항한 후에만 할 수 있다. 그러나 수입하려는 물품의 신속한 통관이 필요할 때에는 해당물품을 적재한 선박이나 항공기가 입항하기 전에 수입신고(입항전 수입신고)를 할 수도 있다. 이 경우 입항전 수입신고가 된 물품은 우리나라에 도착한 것으로 본다(법 제244조).

현재 세관에서는 물품을 어디에 두고 신고하느냐에 따라 편의상 출항전 신고, 입항전 신고, 보세구역 도착전 신고, 보세구역 장치후 신고로 구분하고 있으며, 출항전 신고 및 입항전 신고는 당해물품을 적재한 선박 등이 우리나라에 입항하기 5일 전(항공기에 의한 경우에는 1일전)부터 신고할 수 있다.

1) 출항전 신고

출항전 신고는 수입하고자 하는 물품을 적재한 항공기 또는 선박이 당해 물품을 적재한 공항 또는 항구를 출발하기 전에 수입신고를 하는 것을 말하는데, 항공기로 수입되는 물품 또는 일본, 중국, 대만, 홍콩으로부터 선박으로 수입되는 물품은 출항전신고가 가능하며, 수입물품을 적재한 선박이 도착할 입항예정지 세관장에게 수입신고를 하여야 한다.

2) 입항전 신고

입항전 신고는 수입하고자 하는 물품을 적재한 항공기 또는 선박이 선적지 공항 또는 항구에서 출항한 후 우리나라 항구(공항)에 입항하기 전에 수입신고 하는 것을 말하는데, 출항전 신고와 같이 수입물품을 적재한 선박(항공기)이 도착할 입항예정지 세관장에게 수입신고를 하여야 한다.

3) 보세구역 도착전 신고

보세구역 도착전 신고는 수입하고자 하는 물품이 우리나라 항구 또는 공항에 도착된 후 보세창고에 입고하기 전에 수입신고 하는 것을 말하는데, 여기서 말하는 보세구역에는 보세창고는 물론 부두 밖 콘테이너 보세창고 및 콘테이너 내륙통관기지, 선상 등도 포함된다.

4) 보세구역 장치후 신고

보세구역 장치후 신고는 수입화물을 보세구역에 장치한 후 수입신고하는 것을 말한다. 수입신고의 효력발생시점은 전송된 신고 자료가 통관시스템에 접수된 시점이다.

(마) 신고서류의 심사

수입신고를 받은 세관은 우선 그 신고서류에 대한 심사를 하고, 미비사항이 있을 경우에는 그 보완을 요구하게 된다. 다만, 미비사항이 경미하고 신고수리 이후에 보완이 가능하다고 세관상이 인정하는 경우에는 관세청장이 정하는 바에 따라 신고수리 후에 이를 보완하게 할 수 있다(법 제249조).

(3) 수입물품의 검사

수입물품에 대한 검사의 목적은 수입물품의 규격과 수량을 확인하고, 그 물품의 HS번호를 확인하여 세율을 결정하며, 밀수입을 방지하는 데에 있다.

(가) 검사대상

세관에 수입물품에 대한 신고를 하면 세관에서는 신고서의 형식적 요건과 법률적 수입요건, 신고시 제출서류 여부만 확인하고 신고를 수리하는 것이 원칙이다. 그러나 세관직원이 수입신고서와 제출서류만으로는 각종 표시, 용도, 기능 등을 확인할 수 없거나 신고된 물품 이외의 물품의 은닉 여부와 수입 신고사항과 현품의 일치여부를 확인할 필요가 있는 경우에는 수입물품을 직접 확인하게 된다(법 제246조).

즉 물품검사 대상은 서류심사만으로 신고사항을 확인하기 곤란한 물품과 수입신고 사항을 불성실하게 신고한 업체 등에 대하여 수집한 정보를 바탕으로 하여, 전산에 등록된 기준에 따라 우범화물 선별검사시스템(cargo selectivity system : C/S)에 의하여 자동으로 선별한다.

(나) 검사장소

수입물품의 검사는 그 장치장소에서 한다(법 제247조 제1항). 다만, 지정장치장 또는 세관검사장 이외의 장소에서 검사를 하는 경우(즉, 파출검사)에는 소정의 수수료를 납부하여야 한다(동 제3항). 수입신고를 한 물품이 검사대상으로 선정되면 수

수입신고서

수 입 신 고 서

※처리기간 : 3일

① 신고번호	② 신고일	③ 세관·과	⑥ 입항일	
④ B/L(AWB)번호	⑤ 화물관리번호		⑦ 반입일	⑧ 징수형태

⑨ 신 고 자 ⑩ 수 입 자 ⑪ 납세의무자 (주소) (상호) (성명) ⑫ 무역대리점 ⑬ 공 급 자	⑭ 통관계획	⑱ 원산지 증명서 유무	⑳ 총중량
	⑮ 신고구분	⑲ 가격신고서 유무	㉑ 총포장 개수
	⑯ 거래구분	㉒ 국내도착항	㉓ 운송형태
	⑰ 종류	㉔ 적출국 ㉕ 선기명	
	㉖ MASTER B/L번호		㉗ 운수기관부호

㉘ 검사(반입)장소

● 품명 · 규격(란번호/총란수 :)

㉙ 품 명 ㉚ 거래품명	㉛ 상 표

㉜ 모델 · 규격	㉝ 성분	㉞ 수량	㉟ 단가(USD)	㊱ 금액(USD)

㊲ 세번부호		㊴ 순 중 량		㊷ C/S 검사		㊻ 사후확인기관	
㊳ 과세가격 (CIF)	$	㊵ 수 량		㊸ 검사변경			
	₩	㊶ 환급물량		㊹ 원산지표시		㊼ 특수세액	

㊺ 수입요건확인 (발급서류명)				

㊽ 세종	㊾ 세율(구분)	㊿ 감 면 율	51 세 액	52 감면분납부호	감 면 액	*내국세종부호

53 결제금액				55 환 율	
54 총과세가격	$	56 운 임	58 가산금액	63 납부번호	
	₩	57 보험료	59 공제금액	64 부가가치세과표	

60 세 종	61 세 액	※관세사기재란	65 세관기재란
관 세			
특 소 세			
교 통 세			
주 세			
교 육 세			
농 특 세			
부 가 세			
신고지연가산세			
62 총세액합계		66 담당자 / 67 접수일시	68 수리일자

세관 · 과 : 999-99 신고번호 : 99999-99-9999999-9 Page : 999/999

*수입신고필증의 진위여부는 수출입통관정보시스템(KCIS)에 조회하여 확인하시기 바랍니다.(http://kcis.ktnet.co.kr)

*본 수입신고필증은 세관에서 형식적 요건만을 심사한 것이므로 신고내용이 사실과 다른 때에는 신고인 또는 수입화주가 책임을 져야 합니다.

입자는 수입물품을 세관에서 검사할 수 있는 장소로 반입하여야 한다. 이때, 검사로 인하여 발생한 상하차비, 인건비 등 검사비용은 수입자가 부담한다.

(4) 수입신고의 수리와 물품의 반출

수입신고수리란 수입자가 신고한 내역에 대하여 세관에서 이를 적법하고 정당하게 이루어졌다고 인정하여 통관을 허용하는 행위이다. 수입신고가 관세법의 규정에 따라 적합하게 이루어진 경우 세관장은 이를 지체없이 수리하고 신고인에게 신고필증을 교부해 준다(법 제248조 제1항). 이와 같이 수입신고필증이 교부되면 당해 물품은 내국물품화되어 관세법의 기속으로부터 완전히 해방되며, 언제든지 보세구역으로부터 반출할 수 있다.

그리고 현행 관세법은 신속한 통관과 납세자의 편의를 도모하기 위하여 수입절차와 납세절차를 분리하고 있다. 다만, 관세를 납부하여야 하는 물품에 대하여 신고를 수리한 경우 일정한 자(관세환급특례법 위반자 또는 조세체납자)에 한하여 관세에 상당하는 담보의 제공을 요구할 수 있다(법 제248조 제2항).

한편 교부된 신고필증과 통관시스템에 보관된 신고자료가 상이한 경우에는 통관시스템에 보관된 전자문서의 내용을 원본으로 한다.

(5) 수입신고수리전 반출

수입신고 수리전의 물품은 원칙적으로 보세구역으로부터 반출할 수가 없다(법 제248조 제3항). 그러나 특별한 사유가 있는 때에는, 수입자의 신청에 의하여 수입신고의 수리전에 관세상당액을 담보로 제공하고 세관장의 승인을 얻어 당해 물품이 장치된 장소(보세구역)로부터 반출할 수가 있다(법 제252조). 신고수리전 반출승인을 얻어 반출한 물품은 내국물품이 된다.

이상 설명한 수입통관절차를 요약하면 〈그림 9-2〉와 같다.

〈그림 9-2〉 수입통관절차

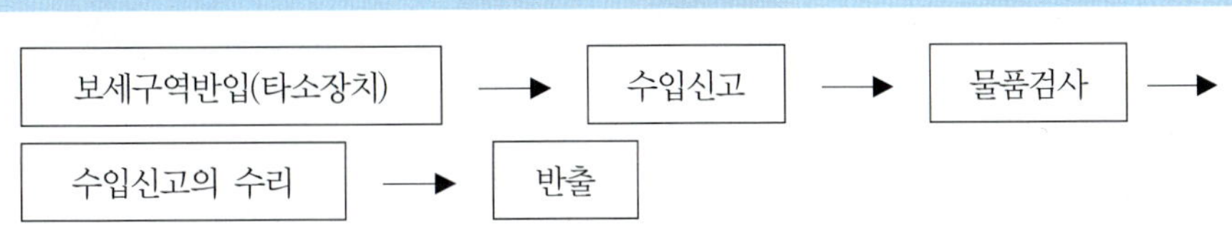

2 관 세

① 관세의 의의

관세(customs duties)란 국가가 관세영역(customs boundary)을 출입하는 물품에 대하여 법률이나 조약에 의거하여 징수하는 금전적 급부, 즉 간단히 말하여 수출입 물품에 부과하는 세금이다.

그런데 오늘날 수출물품에 관세를 부과하는 국가는 거의 없으며, 우리나라도 수입물품에 대하여만 관세를 부과한다(법 제14조 참조). 관세는 관세영역을 전제로 하여 부과되는데, 관세영역은 자국의 관세법규가 적용되는 일정한 지역, 즉 관세선으로 둘러싸인 지역을 말하며, 관세선(customs line)이란 관세가 부과되는 경계선을 말한다.

일반적으로 한 나라의 관세영역은 그 나라의 국가영역(국경)과 일치하지만, 반드시 일치하는 것은 아니다. 예컨대, 국가영역 가운데서 자유지역(우리나라의 마산 자유무역지역 등) 등은 관세의 과세권이 미치지 않으며, 이와 같은 지역을 제외한 것이 관세영역이 된다.

② 관세의 종류

관세는 분류기준 여하에 따라 다음과 같이 여러 가지로 분류할 수 있다.

(1) 수입세 · 수출세 · 통과세

이것은 과세의 기회에 따른 분류로서, 수입세(import duties)는 수입되는 물품에 부과하는 관세를 말하고, 수출세(export duties)는 수출되는 물품에 부과하는 관세이며, 통과세(transit duties)는 그 나라를 단순히 통과하는 물품에 부과하는 관세이다. 이들 중 수출세는 수출억제작용을 하기 때문에 대부분의 국가에서는 이를 부과하지 않고 있으며, 일부국가에서 일부품목에 한하여 부과하고 있을 뿐이다. 그리고 통과세는 중상주의시대에 재정수입을 위하여 주로 이용되었으나, 오늘날에는 이를 부과하는 국가가 없다. 따라서 관세라고 하면 보통 수입세를 뜻하며, 우리나라에서도 관세법 제14조에서 "수입물품에는 관세를 부과한다"고 규정하여 수출세·통과세는 부과하지 않고, 수입세만을 부과한다는 뜻을 명백히 하고 있다.

(2) 종가세·종량세·혼합세

관세는 과세의 방법에 따라 분류하면 종가세·종량세·혼합세로 구분할 수 있다.

(가) 종가세(ad valorem duties)

종가세는 물품의 가격을 과세표준[6]으로 하는 관세이다. 즉, 관세=물품가격×세율이므로, 인플레 경제하에서는 종가세를 부과할 경우 세율을 변경하지 않아도 자동적으로 재정수입이 증대된다. 종가세의 결점은 과세가격의 산출이 어렵고 또한 번잡스럽다는 점이다. 현재 우리나라의 관세율구조를 보면 대부분의 품목에 대하여 종가세를 적용하고 있다.

(나) 종량세(specific duties)

종량세는 물품의 수량을 과세표준으로 하는 관세이다. 즉, 관세=단위수량당 세액(예컨대, 1kg당 50원)×수량이므로, 수입물품의 개수·중량·용적 등을 확인하면 간단하게 관세액을 산출할 수 있다. 종량세의 단점으로서는 과세의 공평성이 결여되고[7], 인플레 하에서는 재정수입의 확보가 어렵다는 점 등을 들 수 있다.

(다) 혼합세(combined duties)

혼합세는 종가세와 종량세를 혼합한 관세로서, 이는 다시 선택세와 복합세로 구분된다.

1) 선택세(alternative duties)

선택세는 한 품목에 대해 종가세율과 종량세율을 동시에 정해 두고, 그 중 세액이 많은 쪽 또는 적은 쪽을 선택하여 부과하는 관세이다.

2) 복합세(compound duties)

복합세는 한 품목에 대하여 종가세와 종량세를 동시에 정해 놓고, 두 가지 방법으로 산출된 세액을 합하여 과세하는 제도이다. 예컨대, 관세=물품가격

6) 관세는 수입물품의 가격 또는 수량을 계산의 기초로 하여 과세되는데, 이 과세 산정의 기초가 되는 가격 또는 수량을 과세표준이라 한다.

7) 예컨대, 시계에 대하여 종량세를 부과하면 고급시계이든 값이 싼 시계이든 시계의 개수에 따라 일률적인 관세를 부과하게 되는 불공평을 낳는다.

의 20%(종가세)+1kg당 30원(종량세)과 같이 산출하는 것이다.

(3) 재정관세와 보호관세

이것은 과세의 목적에 따른 분류로서, 재정관세(revenue duties)는 과세의 주된 목적이 국고수입의 확보에 있는 관세를 말한다. 원래 관세는 재정수입을 목적으로 부과되어 왔기 때문에 어떠한 관세도 정도의 차이는 있지만 재정수입에 목적을 두고 있다. 그러나 특히 재정관세는 그 주된 목적이 국고수입에 있으므로 세율 책정에 있어서 일차적으로 고려하는 것이 국고수입이다. 일반적으로 재정관세는 국내생산이 거의 없어 부득이 수입할 수밖에 없는 경우나 또는 이미 국내산업이 확립되어 있어 더 이상 보호할 필요가 없을 때 부과된다.

한편, 보호관세(protective duties)는 그 주된 목적이 국내산업보호, 즉 유치산업의 보호·육성, 기존 산업의 유지·발전에 있는 관세를 말한다. 역사적으로 보면 19세기에 선진 영국이 자유무역을 부르짖을 때, 당시 후진국이던 미국이나 독일은 보호관세정책으로 국내의 유치산업을 보호·육성하려 하였고, 오늘날에도 후진국들은 선진국들의 시장지배로부터 국내산업을 보호하기 위하여 고율의 관세를 부과하고 있다. 보통 보호관세는 재정관세보다 관세율이 훨씬 높다.

(4) 국정관세와 협정관세

이것은 과세의 근거에 따른 분류로서, 국정관세(general duties)는 일국이 자국의 법령에 의하여 자율적으로 결정하여 부과하는 관세로서, 기본관세 또는 일반관세라고도 한다. 원래 관세는 조세의 일종으로서 다른 조세와 마찬가지로 그 세율은 그 나라의 법률에 의하여 자주적으로 정하는 것이 원칙이다.

한편, 협정관세(conventional duties)는 타국과의 통상조약이나 관세협약에 의거 협정하여 부과하는 관세이다. 협정관세는 호혜주의원칙에 따라 관세상의 혜택을 부여함으로써 통상을 증진시키는데 그 목적이 있으므로 일반적으로 국정관세보다 저율이며, 또한 국정관세보다 우선하여 적용된다. 협정관세는 두 나라 사이의 협정에 의하여 설정되는 경우도 있고, 다수국간의 협정에 의하여 설정되는 경우도 있는데, 다수국간에 적용되는 협정관세의 예로서는 WTO협정세율, WTO 개도국간의 협정세율, ESCAP[8] 개도국간의 협정세율 등이 있다. 일반적으로 각국의 통상조약

8) ESCAP(Economic and Social Commission for Asia and Pacific : 아시아 태평양 경제사회이사회)은 유엔경제사회이사회의 산하기관으로서, 종전의 ECAFE(Economic Committee for Asia and Far East : 아

에는 최혜국약관(most favored nation clause : MFN)[9]을 규정하고 있으므로 협정에 가입한 국가는 모두 협정에 가입하지 않은 국가보다 우대를 받게 된다.

(5) 기타 특수관세

이상 설명한 이외에도 특수한 관세로서 특혜관세와 탄력관세제도가 있다.

(가) 특혜관세

관세는 원칙적으로 어떠한 국가로부터 수입되는 물품이든 간에 동일한 물품에 대하여는 동일한 관세가 부과되어야 한다. 그러나 때때로 특정국가 또는 특정지역으로부터 수입되는 물품에 대하여 기본관세율 보다 낮은 관세를 부과하는 경우가 있는데, 이와 같이 특정한 국가에 한하여 허용하는 할인관세를 특혜관세(preferential duties)라고 한다. 특혜관세는 당초 본국과 식민지간에 통상을 증진시키고 유대를 공고히 하기 위하여 생겨난 것이다. 그러나 이러한 특혜관세는 특혜를 받지 못하는 국가에 대하여 상대적으로 불리한 대우를 하는 것으로서, 세계경제의 블럭화를 초래하고 자유무역을 저해할 염려가 있으므로 제2차 세계대전 후 GATT는 특혜관세를 포함한 모든 차별관세를 철폐하고 어떠한 국가로부터 수입되는 물품이든 무차별원칙을 적용하도록 하였던 것이다.[10]

그런데 1964년경부터 선진국과 후진국간에 무역면에서의 경제협력을 강화하기 위하여 UNCTAD를 중심으로 선진국의 후진국에 대한 비호혜적 특혜관세 부여에 대한 논의가 진행되어 왔으며, 그 결과 1971년부터 일반특혜관세를 실시하게 되었다.

(나) 탄력관세제도

탄력관세제도는 법률에 의하여 일정한 범위내에서 관세율의 변경권을 행정부에 위임하는 제도를 말한다. 원래 세율은 국민의 재산권에 중대한 영향을 미치므로 세율의 책정 및 변경권은 오로지 입법부만이 가지고 있으며, 조세의 부과 및 징수는 반드시 법률에 근거를 두어야 하는 것이 원칙이다(조세법률주의원칙).

그런데 관세는 수입물품에 부과되는 조세이므로 관세율의 적용에 있어서는 급변하는 국제경제환경에 따라 신축성 · 탄력성 있는 조치가 필요하다. 그럼에도 불구하

시아 극동경제위원회)를 확대 개편한 기구이다.

9) 최혜국약관은 조약 당사국 중의 한 나라가 제3국에 특혜를 부여했을 때에는 그와 동일한 특혜를 조약을 체결한 모든 나라에 부여할 것을 약속한 조항을 말한다.

10) 다만, GATT는 영연방 특혜관세나 Benelux 특혜관세와 같은 기존의 특혜관세는 예외적으로 인정하였다.

고 관세율을 법률에 의하여 고정시킨다면 부득이 수시로 법률을 개정하여야 하는데, 법률의 개정에는 상당한 시일이 소요되므로 신속하게 대처해 나갈 수가 없다. 여기서 이와 같은 법률의 경직성을 지양하기 위하여 마련된 제도가 탄력관세제도이다. 다만, 탄력관세제도는 어디까지나 조세법률주의원칙에 대한 예외조치이므로 대개 발동될 수 있는 범위와 세율변경의 범위 등을 법률로 제한하고 있다.

현재 우리나라의 관세법에 규정된 탄력관세로서는 ① 덤핑방지관세, ② 상계관세, ③ 보복관세, ④ 긴급관세, ⑤ 농림축산물에 대한 특별긴급관세, ⑥ 조정관계, ⑦ 할당관세, ⑧ 계절관세, ⑨ 국제협력관세, ⑩ 편익관세, ⑪ 일반특혜관세의 11종이 있다.

1) 덤핑방지관세(anti-dumping duties)

덤핑방지관세는 외국에서 정상가격 이하로 판매되는 물품의 수입으로 국내시장이 교란될 때 부과되는 할증관세를 말한다. 덤핑이란 시장을 독점하기 위하여 부당하게 싼 가격으로 상품을 판매하는 것이며, 덤핑의 기준으로는 ① 수출국의 국내시장가격보다 싸게 판매하는 경우, ② 국제시장가격 이하로 판매하는 경우, ③ 생산원가보다 싸게 판매하는 경우 등을 들 수 있다.

덤핑방지관세를 부과하는 목적은 덤핑되는 상품의 국내시장 침투로 말미암아 국내산업이 입게 되는 타격을 방지하는데 있으며, 그 세액은 당해 상품의 정상거래가격과 덤핑가격과의 차액이 된다. 이 관세는 1904년 캐나다에서 처음으로 실시한 이래 오늘날에는 세계 각국이 국내산업을 보호하기 위하여 대부분 채택하고 있다.

관세법 제51조는 덤핑방지관세에 대하여 다음과 같이 규정하고 있다.

> "국내산업에 이해관계가 있는 자로서 대통령령으로 정하는 자 또는 주무부장관이 부과요청을 한 경우로서 외국의 물품이 대통령령으로 정하는 정상가격 이하로 수입되어 다음 각 호의 어느 하나에 해당하는 것으로 조사를 통하여 확인되고 해당 국내산업을 보호할 필요가 있다고 인정되는 경우에는 기획재정부령으로 그 물품과 공급자 또는 공급국을 지정하여 해당 물품에 대하여 정상가격과 덤핑가격 간의 차액에 상당하는 금액 이하의 관세를 추가하여 부과할 수 있다.
>
> 1. 국내산업이 실질적인 피해를 받거나 받을 우려가 있는 경우
> 2. 국내산업의 발전이 실질적으로 지연된 경우"

2) 상계관세(countervailing duties)

상계관세는 수출국에서 수출장려금이나 보조금을 지급받은 물품이 수입되어 국내산업을 저해하는 경우에 수입국이 그에 대항하여 그 효력을 상쇄시킬 목적으로 부과하는 할증관세를 말한다. 상계관세는 1874년 미국에서 처음으로 채택되었으며, 그 후 거의 모든 나라가 이 관세를 채택하고 있다.

관세법 제57조는 상계관세에 대하여 다음과 같이 규정하고 있다.

> "국내산업에 이해관계가 있는 자로서 대통령령으로 정하는 자 또는 주무부장관이 부과요청을 한 경우로서, 외국에서 제조·생산 또는 수출에 관하여 직접 또는 간접으로 보조금이나 장려금을 받은 물품의 수입으로 인하여 다음 각 호의 어느 하나에 해당하는 것으로 조사를 통하여 확인되고 해당 국내산업을 보호할 필요가 있다고 인정되는 경우에는 기획재정부령으로 그 물품과 수출자 또는 수출국을 지정하여 그 물품에 대하여 해당 보조금 등의 금액 이하의 관세를 추가하여 부과할 수 있다.
>
> 1. 국내산업이 실질적인 피해를 받거나 받을 우려가 있는 경우
> 2. 국내산업의 발전이 실질적으로 지연된 경우"

3) 보복관세(retaliatory duties)

보복관세란 외국에서 우리나라의 수출물품 등에 대하여 불리한 대우를 함으로써 우리나라의 무역이익이 침해되는 경우 그 나라로부터 수입되는 물품에 대하여 보복적으로 부과하는 할증관세를 말한다. 보복관세의 주된 목적은 이러한 제도를 유지함으로써 상대국의 부당한 취급을 미연에 방지하는 데에 있으며, 이 관세는 1879년 독일이 처음으로 채택하였다.

관세법 제63조 제1항은 보복관세에 관하여 다음과 같이 규정하고 있다.

> "교역상대국이 우리나라의 수출물품 등에 대하여 다음 각 호의 어느 하나에 해당하는 행위를 하여 우리나라의 무역이익이 침해되는 경우에는 그 나라로부터 수입되는 물품에 대하여 피해상당액의 범위에서 관세를 부과할 수 있다.
>
> 1. 관세 또는 무역에 관한 국제협정이나 양자 간의 협정 등에 규정된 우리나라의 권익을 부인하거나 제한하는 경우
> 2. 그 밖에 우리나라에 대하여 부당하거나 차별적인 조치를 하는 경우"

4) 긴급관세(emergency tariff)

긴급관세는 특정물품의 수입을 긴급히 억제할 필요가 있는 경우에 그 수입품의 관세율을 인상하여 부과하는 관세이다.

관세법 제65조는 "특정물품의 수입증가로 인하여 동종물품 또는 직접적인 경쟁관계에 있는 물품을 생산하는 국내산업이 심각한 피해를 받거나 받을 우려가 있음이 조사를 통하여 확인되고 해당 국내산업을 보호할 필요가 있다고 인정되는 경우에는 해당 물품에 대하여 심각한 피해 등을 방지하거나 치유하고 조정을 촉진하기 위하여 필요한 범위에서 관세를 추가하여 부과할 수 있다"고 규정하고 있다.

5) 농림축산물에 대한 특별긴급관세

농림축산물에 대한 특별긴급관세는 세계무역기구(WTO)의 출범에 따라 농림축산물의 수입이 급증하는 경우에 그 수입을 억제할 목적으로 관세율을 인상하여 부과하는 관세이다. 즉, 관세법 제73조(국제협력관세)에 따라 국내외 가격차에 상당한 율로 양허한 농림축산물의 수입물량이 급증하거나 수입가격이 하락하는 경우에는 대통령령으로 정하는 바에 따라 양허한 세율을 초과하여 관세를 부과할 수 있다(관세법 제68조).

한편 정부는 우리나라의 대외무역 증진을 위하여 필요하다고 인정될 때에는 특정 국가 또는 국제기구와 관세에 관한 협상을 할 수 있고(관세법 제73조 제1항), 이러한 협상을 수행할 때 필요하다고 인정되면 관세를 양허할 수 있다(동 제2항).

6) 조정관세(adjustment tariff)

조정관세는 산업구조의 변동 등으로 물품간의 세율이 현저히 불균형하여 이를 시정할 필요가 있는 경우 등에 부과하는 할증관세이다.

관세법 제69조는 조정관세에 관하여 다음과 같이 규정하고 있다.

> "다음 각 호의 어느 하나에 해당하는 경우에는 100분의 100에서 해당 물품의 기본세율을 뺀 율을 기본세율에 더한 율의 범위에서 관세를 부과할 수 있다. 다만, 농림축수산물 또는 이를 원재료로 하여 제조된 물품의 국내외 가격차가 해당 물품의 과세가격을 초과하는 경우에는 국내외 가격차에 상당하는 율의 범위에서 관세를 부과할 수 있다.

1. 산업구조의 변동 등으로 물품 간의 세율 불균형이 심하여 이를 시정할 필요가 있는 경우
2. 국민보건, 환경보전, 소비자보호 등을 위하여 필요한 경우
3. 국내에서 개발된 물품을 일정 기간 보호할 필요가 있는 경우
4. 농림축수산물 등 국제경쟁력이 취약한 물품의 수입증가로 인하여 국내시장이 교란되거나 산업기반이 붕괴될 우려가 있어 이를 시정하거나 방지할 필요가 있는 경우"

7) 할당관세(tariff quota)

할당관세제도는 수입수량(또는 금액)의 일정 한도를 사전에 설정해 두고, 그 수량한도까지 수입될 때에는 저율의 관세를 부과하고 그 한도를 초과하는 것에 대하여는 고율의 관세를 부과하는 것이다. 이 제도는 관세율의 조작에 의하여 수입수량을 직접 조정하기 위하여 마련된 것이다.

우리나라는 관세법 제71조 제1항에서 ① 원활한 물자수급 또는 산업의 경쟁력 강화를 위하여 특정물품의 수입을 촉진할 필요가 있는 경우, ② 수입가격이 급등한 물품 또는 이를 원재료로 한 제품의 국내가격을 안정시키기 위하여 필요한 경우, ③ 유사물품간의 세율이 현저히 불균형하여 이를 시정할 필요가 있는 경우에 100분의 40의 범위의 율을 기본세율에서 빼고 관세를 부과할 수 있는 것으로 규정하고, 동 제2항에서는 "특정물품의 수입을 억제할 필요가 있는 경우에는 일정한 수량을 초과하여 수입되는 분에 대하여 100분의 40의 범위의 율을 기본세율에 더하여 관세를 부과할 수 있다"고 규정하고 있다. 즉, 우리나라의 할당관세제도는 수입을 유도하기 위하여 할인관세(discount tariff)를 부과할 수도 있고, 수입을 억제하기 위하여 할증관세(additional tariff)를 부과할 수도 있도록 되어 있다.

8) 계절관세(seasonal duties)

계절관세는 계절에 따라 가격의 등락이 심한 물품(계절상품 ; 예컨대 농산물 등)의 수입에 있어서 계절별로 세율에 차등을 두는 관세를 말하며, 이것은 연중 가격의 안정을 도모하려는 데에 그 존재 의의가 있다.

관세법 제72조 제1항은 "계절에 따라 가격의 차이가 심한 물품으로서 동종물품 · 유사물품 또는 대체물품의 수입으로 인하여 국내시장이 교란되거나 생

산 기반이 붕괴될 우려가 있을 때에는 계절에 따라 해당 물품의 국내외 가격차에 상당하는 율의 범위에서 기본세율보다 높게 관세를 부과하거나 100분의 40의 범위의 율을 기본세율에서 빼고 관세를 부과할 수 있다"고 규정하고 있다.

9) 국제협력관세

국제협력관세는 협정관세(conventional duties)를 가리킨다. 관세법 제73조 제1항은 "정부는 우리나라의 대외무역 증진을 위하여 필요하다고 인정될 때에는 특정 국가 또는 국제기구와 관세에 관한 협상을 할 수 있다"고 규정하고, 이어 제2항에서 "제1항에 따른 협상을 수행할 때 필요하다고 인정되면 관세를 양허할 수 있다. 다만, 특정국가와 협상할 때에는 기본관세율의 100분의 50의 범위를 초과하여 관세를 양허할 수 없다"고 규정하고 있다.

10) 편익관세(beneficial duties)

편익관세는 조약에 의하여 관세상의 특혜를 받지 못하는 나라로부터의 수입품에 대하여, 기존의 타국과의 조약에 의한 관세상의 특혜(편익)를 한도로 관세상의 편익을 부여하는 관세제도이다. 따라서 편익관세는 최혜국대우(most favoured nation treatment)와 비슷한 내용이지만, 최혜국대우는 타국과의 조약에 의하여 편익을 부여하는 것이고, 편익관세는 자국이 일방적으로 최혜국대우의 범위 안에서 편익을 주는 것이다. 편익관세는 상대국이 우리나라 수출품에 대하여 호의적 우대를 하는 경우에 이에 보답하거나 또는 상대국과의 정치 · 경제적 유대관계를 두텁게 하려는 데에 그 목적이 있다.

관세법 제74조는 "관세에 관한 조약에 따른 편익을 받지 아니하는 나라의 생산물로서 우리나라에 수입되는 물품에 대하여 이미 체결된 외국과의 조약에 따른 편익의 한도에서 관세에 관한 편익을 부여할 수 있다"고 규정하고 있다.

11) 일반특혜관세(generalized system of preferences : GSP)

일반특혜관세는 개발도상국으로부터의 수입품에 대하여 선진국이 무관세를 적용하거나 또는 일반적인 관세보다 낮은 관세율을 적용하는 제도이다. 관세법 제76조 제1항은 일반특혜관세와 관련하여 "대통령령으로 정하는 개발도상국가를 원산지로 하는 물품 중 대통령령으로 정하는 물품에 대하여는 기본세율보다 낮은 세율의 관세를 부과할 수 있다"고 규정하고 있다.

3 현행 관세율의 종류와 그 적용순위

(1) 관세율의 종류

현재 우리나라에서 수입물품에 부과되는 관세의 세율에는 다음과 같은 4종이 있다(관세법 제49조).

1) 기본세율 : 관세법 별표 관세율표상의 기본이 되는 세율을 말한다.
2) 잠정세율 : 특정 품목에 대하여 기본세율을 적용하지 않고, 잠정적으로 적용하기 위하여 마련된 별도의 세율로서, 관세율표에 기본세율과 함께 표시되어 있다.
3) 탄력관세율 : 관세법 제51조부터 제67조까지, 제67조의2 및 제68조부터 제77조까지의 규정에 따라 대통령령 또는 기획재정부령으로 정하는 세율이다.
4) 협정세율 : 조약이나 협정에 의해 정하는 세율을 말한다.

(2) 관세율의 적용순위

위에서 본 바와 같이 관세율에는 여러 가지 종류가 있다. 따라서 이들 세율이 경합할 때 어떤 세율이 우선하여 적용되느냐 하는 점이 문제가 된다.

관세율의 적용순위와 관련하여 관세법 제50조(세율적용의 우선순위)는 다음과 같이 규정하고 있다.

"① 기본세율과 잠정세율은 별표 관세율표에 따르되, 잠정세율을 기본세율에 우선하여 적용한다.

② 제49조 제3호의 세율(탄력관세율)은 다음 각 호의 순서에 따라 별표 관세율표의 세율에 우선하여 적용한다.

1. 제51조, 제57조, 제63조, 제65조, 제67조의2 및 제68조에 따른 세율
2. 제73조 및 제74조에 따른 세율
3. 제69조, 제71조 및 제72조에 따른 세율
4. 제76조에 따른 세율

③ 제2항에도 불구하고 제2항 제2호의 세율은 기본세율, 잠정세율, 제2항 제3호 및 제4호의 세율보다 낮은 경우에만 우선하여 적용하고, 제2항 제3호의 세율

중 제71조에 따른 세율은 제2항 제4호의 세율보다 낮은 경우에만 우선하여 적용한다. 다만, 제73조에 따라 국제기구와의 관세에 관한 협상에서 국내외의 가격차에 상당하는 율로 양허(讓許)하거나 국내시장 개방과 함께 기본세율보다 높은 세율로 양허한 농림축산물 중 대통령령으로 정하는 물품에 대하여 양허한 세율(시장접근물량에 대한 양허세율을 포함한다)은 기본세율 및 잠정세율에 우선하여 적용한다."

따라서 이들 규정을 정리해 보면 현행 관세율의 적용순위는 다음과 같다.

① 덤핑방지관세율 · 상계관세율 · 보복관세율 · 긴급관세율 · 농림축산물에 대한 특별긴급관세율
② 국제협력관세율(협정관세율) · 편입관세율
③ 조정관세율 · 계절관세율 · 할당관세율
④ 일반특혜관세율
⑤ 잠정세율
⑥ 기본세율

④ 관세의 산출과 납부

(1) 과세가격의 결정

(가) 과세가격의 신고

관세의 납세의무자는 원칙적으로 수입신고를 할 때 대통령령으로 정하는 바에 따라 세관장에게 해당 물품의 가격에 대한 신고를 하여야 하는데, 이를 가격신고라 한다. 다만, 과세가격을 결정하기가 곤란하지 아니하다고 인정하여 기획재정부령으로 정하는 물품에 대하여는 가격신고를 생략할 수 있다(법 제27조).

(나) 과세가격의 결정방법

1984년 7월 1일부터 시행된 신평가제도하에서는 다음 6가지 방법 중 어느 하나에 의하여 수입물품의 과세가격(종가세물품의 과세표준이 되는 가격)을 결정한다(법 제30조~제35조). 다만, 후순위의 평가방법은 선순위의 평가방법을 적용할 수 없을 때에 한하여 적용된다. 따라서 원칙적인 과세가격의 계산방법은 당연히 이들 6가지 방법

중 가장 먼저 적용되는 제1평가방법, 즉 수입물품에 대한 거래가격이 된다.

1) 제1평가방법 : 수입물품의 거래가격을 기준으로 한 과세가격 결정
2) 제2평가방법 : 동종 · 동질물품의 거래가격을 기초로 한 과세가격의 결정
3) 제3평가방법 : 유사물품의 거래가격을 기초로 한 과세가격의 결정
4) 제4평가방법 : 국내판매가격을 기초로 한 과세가격의 결정
5) 제5평가방법 : 산정가격을 기초로 한 과세가격의 결정
6) 제6평가방법 : 합리적 기준에 의한 과세가격의 결정

(2) 관세의 산출

수입물품에는 관세 · 특별소비세 · 주세 · 교육세 및 부가가치세 등이 부과되지만, 여기서는 관세만을 중심으로 간단히 살펴보기로 한다.

(가) 종가세 적용물품

거래가격(일반적으로 CIF가격)×과세환율[11)]=과세가격
과세가격×관세율=관세

(나) 종량세 적용물품

수입물품의 수량×(관세율표상의)일정액=관세

(다) 선택세 적용물품[12)]

종가세와 종량세 중 고액을 선택

(3) 관세의 부과와 납부

관세를 부과 · 징수하는 방식에는 신고납부방식과 부과고지방식의 두 가지가 있다. 신고납부방식이란 납세의무자 자신이 세액을 결정하는 방식으로서, 납세자가 스스로 세액을 결정하여 신고하고 스스로 납부한다는 의미에서 자진신고납부제도라고도 한다. 그리고 부과고지방식이란 세액결정을 세관 측에서 하여 이를 고지하면 납세자가 고지된 세액을 납부하는 제도이다. 현재 우리나라는 신고납부방식에 의한 관세징수를 원칙으로 하고 있다.

11) 과세환율은 관세청장이 수입신고일이 속하는 주의 전주의 외국환매도율을 평균하여 책정한다(법 제18조).
12) 현재 은행, 대추, 밤 등에 선택세가 적용된다.

(가) 신고납부

다음에서 살펴 볼 부과고지의 대상이 되는 물품 이외의 물품을 수입하려는 자는 수입신고를 할 때에 세관장에게 납세신고를 하여야 한다(법 제38조 제1항). 그리고 납세의무자는 신고 납부한 세액이 과부족하다는 것을 알게 되거나, 세액산출의 기초가 되는 과세가격 또는 품목분류 등에 오류가 있는 것을 알게 되었을 때에는 신고납부한 날부터 6개월 이내(보정기간)에 해당 세액을 보정(補正)하여 줄 것을 세관장에게 신청할 수 있다(제38조의 2). 또 납세의무자는 신고 납부한 세액이 부족한 경우에는 수정신고(보정기간이 지난 후로 한정한다)를 할 수 있고, 신고 납부한 세액이 과다한 것을 알게 되었을 때(보정기간이 지난 후로 한정한다)에는 최초로 납세신고를 한 날부터 2년 이내에 신고한 세액의 경정(更正)을 세관장에게 청구할 수 있다(제38조의 3 제1항 및 제2항).

한편 세관장은 납세의무자가 신고 납부한 세액, 납세 신고한 세액 또는 제2항에 따라 경정청구한 세액을 심사한 결과 과부족하다는 것을 알게 되었을 때에는 그 세액을 경정하여야 한다(법 제38조의 3 제3항).

(나) 부과고지

부과고지의 대상이 되는 물품은 과세가격 결정에 관한 자료가 부족한 우편물이나, 납세의무자가 관세청장이 정하는 사유로 과세가격 · 관세율 등을 결정하기 곤란하여 부과고지를 요청하는 경우 등 특수한 경우에 한한다(법 제39조 제1항 참조).

부과고지에 의하여 관세를 징수하는 경우에는 세관장이 납세의무자에게 납세고지를 하게 된다(법 제39조 제3항).

3 관세환급

① 관세환급의 의의

관세환급이란 세관에서 일단 징수한 관세 등을 특정한 요건에 해당하는 경우에 그 전부 또는 일부를 되돌려 주는 것을 말한다. 이러한 환급제도로서는 관세법상의 과오납금의 환급(제46조)과 계약내용과 다른 물품 등에 대한 관세환급(제106조)제도가 있으며, 또 수출용 원재료에 대한 관세 등 환급에 관한 특례법(이하 "관세환급특례법"이라 한다.)에 의한 관세환급제도가 있는데, 일반적으로 관세환급이라고 하면 관세환급특례법상의 환급을 말한다. 이러한 환급제도는 1974년 12월 12일 법률 제2675호로 관세환급특례법을 제정, 1975년 7월 1일부터 도입한 것이다.

관세환급제도를 도입한 이유는 종래 수출지원을 위해 이용되어 오던 면세제도가 사후관리를 수반한다는 불편 이외에 국산원재료의 사용기피 등의 부작용을 일으키고 있었으므로 이러한 부작용 내지 부조리를 제거하려는데 있었다. 결과적으로 본다면 면세제도나 환급제도 모두 종국적으로는 관세부담을 지우는 것이 아니다. 그러나 환급제도의 경우에는 원재료 수입시로부터 그 원재료를 사용하여 만든 제품의 수출시까지 일시적인 관세부담을 지움으로써 그 기간동안의 이자 상당액만큼 부담을 주는 것이며, 이 정도의 부담이나마 지움으로써 수출용원재료의 수입을 억지시키거나 또는 가능한 한 저가공의 원재료를 수입하도록 하여 결과적으로 국산원재료의 사용을 유도·촉진하려는 데에 이 제도의 의의가 있다.

② 환급방법

관세를 환급하는 방법으로서는 크게 개별환급과 정액환급의 두 가지가 있다.

(1) 정액환급

정액환급이란 수입시 관세를 납부하였거나 또는 징수유예를 받은 물품으로 제조·가공한 물품을 수출하였을 때 수출물품을 기준으로 미리 정해진 일정금액을 환급하는 방식을 말한다. 원래 환급이란 말은 받은 세금을 그대로 되돌려 준다는 뜻이므로 원재료를 수입할 때 납부한 세액을 계산하여 그 금액을 가감하지 않고 그대로 환급하여야 할 것이다. 그러나 그렇게 되면 당초 수입된 원재료에 부과된 세액을 일일이 확인하여야 하므로 여간 번거롭지가 않다. 여기서 이러한 번거로움을 피하고 또한 국산원재료의 사용촉진을 위하여 마련된 것이 정액환급제도이다.

정액환급의 적용대상은 정액환급률표에 게기된 품목이며, 수출물품이 수출 등에 제공된 때에 시행되는 정액환급률표에 정하여진 방법에 따라 환급한다(관세환급특례법 시행령 제14조).

(2) 개별환급

개별환급이란 정액환급률표에 게기되어 있지 않은 물품을 수출하였을 때 그 물품생산에 소요된 각종 원재료의 종류와 수량을 소요량증명서에 의하여 확인하고, 그 원재료 수입시 납부한 세액이 얼마인가를 수입신고필증에 의거 일일이 산출, 그 세액을 환급하는 방법을 말한다.

3 환급금의 신청과 지급

(1) 환급금의 신청

환급을 신청하려면 환급신청 전에 환급기관(환급업무를 관할할 세관)을 결정하여야 한다. 또 환급신청인은 환급신청 전에 관할세관에 전용계좌번호를 서류로 통보하여야 하며, 이미 개설된 환급금 전용계좌를 변경하고자 하는 경우 세관장에게 계좌변경통보를 하여 관세청 전산시스템에 계좌번호가 등록되어야 환급금의 지급이 가능하다.

(가) 환급신청권자

관세환급을 신청할 수 있는 자는 환급받고자 하는 물품을 수출하였거나 국내에서 외화를 획득하는 용도에 제공한 자이다.

(나) 환급신청기관

환급신청은 환급신청인의 제조장 또는 본사(법령에 의하여 사업장으로 등록된 사무소 포함)를 관할하는 세관장(출장소장 포함)에게 하도록 되어 있다.

(다) 환급신청기간

환급의 신청은 물품이 수출 등에 제공된 날로부터 2년 이내에 하여야 한다.

(라) 환급신청서의 작성

환급업체(관세사)는 환급대상 수출신고필증 중 동일한 HS 품목으로 같은 달에 수출된 수출건을 취합하여 신청서를 작성해야 하며, 정액환급은 정액환급률표 고시단위(매년단위로 고시함)별로 수출월 구분없이 동일한 HS품목이면 동시에 환급신청이 가능하다.

환급신청서(갑)

①환급신청인
주 소:
상 호:
성 명: ____________

신 청 인 부 호
사 업 자 등 록 번 호

⑤ ※ 접수번호

처리기간	3 일

기관부호	년 도	일 련 번 호

②신청관세사: ____________

⑥ ※ 접수일자

③제출번호

⑦ ※ 환급구분
(1:연산품정액 2:간이정액 3:개별환급)

⑧ ※ 결정일자

⑨ 추가환급

④제조자
주 소:
상 호:
성 명: ____________

통 관 고 유 부 호
사 업 자 등 록 번 호

⑩ 수 출 품 명 규 격			세 종	환 급 액
			⑰관 세	
			⑱특 소 세	
			⑲교 통 세	
⑪ H S	⑫ 부 호	⑬ 형 태	⑳주 세	
			㉑교 육 세	
⑭ 수출금액(FOB $)	⑮ 수 출 물 량	⑯ 단 위	㉒농 특 세	
			㉓ 계	

㉔ 지급은행		
	은 행 명	본(지)점
	코 드 번 호	
	온 라 인 구 좌 번 호	

총(　　)행

ⓐ행번호	수 출 신 고 번 호				ⓕ 수리일자	ⓖ 수출물량	ⓗ수출금액(FOB $)
	ⓑ세 관	ⓒ 과	ⓓ신 고 번 호	ⓔ 란			

결재	담 당	주 무	과 장	장

신청서를 작성할 때에는 해당 수출건에 사용된 수입(매입)물품의 소요량을 계산근거로 하여 환급신청서 및 제증명서를 환급처리용 S/W에 입력하며, S/W가 준비되지 않은 중소업체의 경우 관세사에 환급대행을 의뢰하거나 전국 주요세관 및 상공회의소의 입력시설을 이용하여 입력할 수 있다.

입력이 완료되면 EDI 전자문서로 변환 후 KTNET을 거쳐 관세청에 전송하게 되며 업체의 문서작성 · 전송은 24시간 중 어느 때라도 가능하다.

(2) 환급금의 지급

수출업체에서 전산에 의해 환급신청을 하면, 세관장은 환급신청사항을 환급전산시스템으로 확인하여 환급금의 결정통지를 한다. 한편 세관장은 환급결정 즉시, 한국은행에 해당 세관장의 세입금계정에서 환급금을 이체하여 환급신청인의 계좌로 입금하도록 의뢰한다. 이후 한국은행은 세관장이 이체의뢰한 금액을 환급신청인의 계좌로 입금시킨 후, 입금결과를 세관장에 전자문서로 통지한다.

4 환급에 갈음하는 관세율인하제도

관세환급제도 하에서는 원칙적으로 모든 수입물품에 대하여 일단 관세를 부과하고, 사후에 당해 수입품으로 제조 · 가공한 물품을 수출하게 되면, 수입시에 부과한 관세를 환급하게 된다.

그런데 국산이 불가능한 원재료로서 주로 수출용으로 사용되는 물품인 경우에는, 조만간 환급이 될 것인데도 불구하고 관세를 징수하면 관세행정상 번잡하기만 하다. 따라서 이러한 물품에 대하여 차라리 관세를 인하하여 징수하고, 나중에 수출이 되더라도 환급을 해주지 않는 것이 훨씬 편리하다. 이러한 이유에서 마련된 것이 환급에 갈음하는 관세율인하제도이다(관세환급특례법 제19조 참조).

Chapter **10**

선적과 양륙

1. 수출화물의 선적
2. 수입화물의 인수
3. 수입화물의 손상과 구상

Chapter 10 선적과 양륙

1 수출화물의 선적

수출신고가 수리된 화물은 목적지까지 운송하기 위하여 보통 선박에 적재하게 된다. 원래 선적은 송하인이 화물을 본선의 선측에서 본선책임자에게 인도하는 것을 말하며, 선박회사의 책임은 선적에서부터 시작된다. 따라서 화물을 본선의 선측까지 운반하기 위한 일체의 위험 및 비용은 송하인이 부담하는 것이 원칙이다.

① 개품운송계약에 있어서의 선적

(1) 재래선 화물

정기선에 의한 개품운송계약의 경우에는 수출업자가 화물적재시 직접 입회하지 않고 부두창고에서 화물을 선박회사에 인도하면 선박회사가 일괄 선적하는 것이 관례로 되어 있다.

수출화물을 선적하기 위하여는 우선 선박회사로부터 본선의 선장 앞으로 당해 화물의 선적을 지시하는 선적지시서(shipping order : S/O), 선박회사의 화물인수목록(booking note) 등의 서류가 필요하며, 선적이 완료되면 본선의 일등항해사(chief mate)는 화물을 수령한 증거로서 본선수취증(mate's receipt : M/R)을 발행하여 화주에게 교부한다.

화주는 이 본선수취증을 선박회사에 제출하고 운임선지급조건(freight prepaid)인 경우에는 운임을 지급한 후 선하증권을 발급받게 된다. 그런데 일등항해사가 본선수취증을 발급할 때 만약 선적지시서상의 내용과 실제로 선적된 물건상에 차이가 있으면 그 내용이 예컨대, "Five cases short in dispute"(5상자 부족 논의 중), "Three cases over in dispute"(3상자 과잉 논의 중) 등과 같이 본선수취증상에 사고적요(remarks)로서 기재된다. 본선수취증상에 사고적요가 기재된 때에는 이를

「사고부 본선수취증」(foul receipt 또는 dirty receipt)이라고 하는데, 이러한 사고적요는 그대로 선하증권에 기재되어 이른바 사고부 선하증권(foul B/L)이 된다.

사고부 선하증권에 대하여는 은행이 화환어음매입을 거부하므로 이러한 때에는 선박회사에 보상장(letter of indemnity)[1]을 제시하고 사고적요가 기재되지 않은 무사고 선적선하증권(Clean On Board B/L)을 발급받아 두어야 한다.

그리고 이상과 같이 선적이 완료되면 수출업자는 수입업자에게 선적완료의 사실을 전신으로 통지하고, 필요한 경우에는 선적견본(shipping sample)과 선적서류 사본을 첨부한 선적통지서(shipping advice)도 송부한다.

(2) 컨테이너화물

컨테이너선의 경우에는 선적방식이 전통적인 재래선의 경우와는 크게 달라진다. 우선 선박회사가 화물을 수취하는 장소가 본선이 아니라 선박회사가 지정한 CY 또는 CFS가 된다.

컨테이너화물은 화주와 선박회사 중 누가 컨테이너에 적입하는가에 따라 「Shipper's Pack 컨테이너」와 「Carrier's Pack 컨테이너」로 구분되고, 또 화물의 양에 따라 제6장에서 설명한 바와 같이 FCL화물(full container load cargo)과 LCL화물(less than container load cargo)로 구별되며 그에 따라 화물의 유통경로가 달라진다. 즉, FCL화물의 경우는 화주가 CY Operator와 기기수도증(equipment receipt : E/R 또는 equipment interchange receipt : EIR)을 교환한 후 빈컨테이너를 차입하여 자기의 공장이나 창고 등 컨테이너의 적입장소에서 수출통관절차를 밟은 다음 화물을 컨테이너에 적입하고 봉인하여 CY에 반입한다. 이때 수출업자는 「컨테이너내 적부표」(container load plan : CLP)[2]와 수출신고필증 및 부두수취증(dock receipt : D/R)을 CY Operator에게 제출한다. 이렇게 CY에 반입된 컨테이너는 CY에 보관되었다가 본선에 적재된다.

그러나 LCL화물의 경우에는 선복 예약 후 수출업자가 직접 선박회사가 지정하는 CFS까지 화물을 운송한다. 이때 수출업자는 D/R과 수출신고필증을 CFS Operator에게 제출하고, CLP는 CFS Operator가 작성하게 된다.

일단 화물이 선박회사가 지정한 CY 또는 CFS에 반입되면 수출업자는 거기서 발급해 준 D/R을 선박회사에 제시하고, 운임지급조건에 따라 운임을 지급한 후 무사

1) 보상장에 관하여는 제11장 제2절 참조.
2) CLP는 컨테이너별로 그 내장 화물의 명세와 주의사항을 기재한 서류로서, 컨테이너에 적입한 자가 작성한다.

고 수취선하증권(Clean Received B/L)을 발급받는다. D/R은 선박회사가 부두에서 화주로부터 화물을 수취했다는 사실을 확인하는 서류로서 재래선의 경우에 발급되는 본선수취증(M/R)과 그 기능이 동일하다. 원래 이것은 화물을 인수한 Operator가 발행하여야 하지만, 보통은 화주가 선박회사 소정의 부두수취증 양식에 필요사항을 기재하여 화물반입시 CY 또는 CFS Operator에게 제출하고 CY/CFS Operator가 그 기재사항을 확인한 후 교부해 준다.

그리고 이상의 절차가 끝나게 되면 송하인은 선적이 완료된 사실을 확인하고 선적내용을 매수인에게 통지하게 된다.

② 용선계약에 있어서의 선적

용선계약에 있어서의 선적은 대개 화주 자신이 자기의 책임하에 직접 화물을 선측까지 운반하여 선적하는 이른바 자가적방식(自家積方式)에 의한다. 이러한 경우 본선의 입항검사가 끝나면 선박회사는 화주 앞으로 하역준비완료통지서(notice of readiness)를 보내 주게 된다. 따라서 수출업자는 통관을 마친 다음 선적을 하고, 선적이 완료되면 정박일수계산서(laydays statement)를 작성하여 선박회사와 선장 및 화주가 서명한다. 정박일수계산서는 체선료나 조출료계산의 기초자료가 된다.

한편, 선적완료 후 선박회사는 적재화물에 대하여 용선계약 선하증권(charter party B/L : C/P B/L)을 발급해 주는데, 이 선하증권은 신용장에서 특별히 허용하고 있지 않는 한 은행이 수리해 주지 않는다.

2 수입화물의 인수

① 개품운송계약에 있어서의 양륙 및 인수

(1) 재래선 화물

수출항에서 선적이 완료되면 해외의 수출업자는 지체없이 선적통지서(shipping

advice : shipping notice)를 송부한다. 또 화물을 적재한 본선의 선박회사는 선하증권에 기재된 통지수령인(notify party) 앞으로 본선의 도착에 앞서 착선통지(arrival notice)를 해 주는 것이 관행이며, 운임이 도착지지급조건(collect freight)인 경우에는 운임청구서(invoice : freight memo)도 동시에 송부된다. 따라서 수입업자는 이들 서류를 참고로 하여 본선의 입항예정일을 확인하고, 입항 즉시 화물을 인수할 수 있도록 관련은행으로부터 선적서류를 입수하여 통관 기타의 절차에 대비한다.

(가) 선적서류의 입수

선적서류는 은행으로 송부되어 온 화환어음대금을 지급하거나 또는 어음을 인수함으로써 입수할 수 있다. 그리고 만약 수입금융으로 수입하거나, 일람출급조건으로 수입한 화물의 수입어음대금을 자금상의 이유로 결제할 수 없는 경우에는 수입(담보)화물 대도(trust receipt : T/R)제도를 이용하여 선적서류를 입수할 수도 있다. T/R제도는 수입대금 결제전에 수입업자에게 선적서류를 대여하여 화물을 수령·처분할 수 있도록 하고, 은행도 그 담보권을 상실하지 않도록 하기 위하여 이용되는 제도이다. 이 제도를 이용하면 수입업자는 수출환어음 대금의 결제전에 화물을 처분할 수 있고, 은행도 자기 소유하에 있는 수입화물을 수입업자에게 대도하여 그 화물을 적기에 처분케 함으로써 그 판매대금으로 약정기일에 수입대금을 결제받을 수 있게 된다.

또 화물은 이미 도착하였으나 예기치 못한 사정으로 선적서류가 도착되지 않은 경우에는 수하인과 은행이 연대보증한 수입화물선취보증서(letter of guarantee : L/G)를 은행으로부터 발급받아 수입화물을 인수하기도 한다. L/G에는 선박회사가 선하증권 없이 화물을 인도함으로써 후일 입게 될지도 모르는 손해를 수하인과 은행이 연대하여 책임질 것과 선하증권을 입수하면 곧바로 이것을 선박회사에 제출하겠다는 것 등이 기재되어 있다.[3]

3) 근거리무역에서는 이른바 선하증권의 위기라는 문제가 발생한다. 「선하증권의 위기」란 선박의 고속화 등에 의해 선박이 목적지에 도착했는데도 불구하고 매도인으로부터 선하증권이 아직 매수인에게 도착하지 않고 있기 때문에 매수인은 눈앞에 있는 화물을 수령할 수 없는 사태를 가리킨다. 이러한 선하증권의 위기에 대처하는 방법으로서 여기서 보는 L/G인도의 편법적 사용과 제11장에서 살펴 볼 해상화물운송장 및 Surrendered B/L이 활용되고 있다. 그런데 법률적으로 해상운송인은 원본 선하증권을 제시하는 자에 대해서만 물품을 반출하도록 규정하고 있으므로 수입화물선취보증서의 제시에 대하여 물품을 반출하는 행위는 위법행위에 해당한다. 즉, 관행적으로 행해지고는 있으나 보증도는 위법행위이므로 운송인은 유의할 필요가 있다. 실제로 소송 등의 법률적 문제가 제기되지 않으면 관계없으나 수입화물선취보증서를 통한 물품반출에 관련된 소송이 제기되는 경우 1차적으로 운송인이 책임을 부담하여야 한다. 예를 들어, 수입화물선취보증서를 제시한 자에게 물품을 반출한 이후에 원본 선하증권을 소지한 자가 물품 반출을 요구하는 경우 해상운송

선적서류수령증 / 수입물품 대도(T/R) 신청서

□ 선 적 서 류 수 령 증
□ 수입물품 대도 (T/R) 신청서

우리은행 앞

□본인은 아래 신용장에 의한 선적서류를 정히 수령하였습니다

□본인은 아래 신용장의 수입물품을 대도신청함에 있어 따로 제출한 외국환거래약정서 및 양도담보계약서의 모든 조항에 따를 것을 확약합니다

신용장번호(L/C번호)	금 액(AMOUNT)	선하증권번호 (항공화물운송장)	비 고

년 월 일

본 인 (인)

주 소

인감 및 원본확인

수입(4040101, 210×297) 백상지 80g/㎡('2006. 07 개정)

우리은행

인은 원본 선하증권에 대하여 물품을 반출하여 줄 책임이 있으므로 반출된 물품에 대하여 법적 책임을 부담하여야 하는 것이다.

수입화물선취보증 신청서

외환은 외환은행

보존기간: 1 년

담 당	책임자

수입화물선취보증 신청서

(Application For Letter of Guarantee)

외환은행 앞

		L/G 번호
선박회사명		신용장(계약서)번호
송하인		선하증권번호
상업송장금액		선 박 명 항해번호
선적항		도착항
화물표시 및 번호	포장수	상품명세

본인은 위 신용장 등에 의한 관계 선적서류가 귀행에 도착하기 전에 수입화물을 인도받기 위해 수입화물선취보증을 신청하며 본인이 따로 제출한 수입화물 선취보증서(LETTER OF GUARANTEE)에 귀행이 서명함에 있어 다음 사항에 따를 것을 확약합니다.

1. 귀행이 수입화물선취보증서에 서명함으로써 발생하는 위험과 책임 및 비용은 모두 본인이 부담하겠습니다.
2. 본인은 위 수입화물에 대하여는 귀행에 소유권이 있음을 확인하며 귀행이 수입화물선취보증서에 따른 보증채무를 이행하여야 할 것이 예상될 경우 또는 본인에 대하여 은행여신거래 기본약관 제 7 조 제 1 항~제 5 항 각호의 사유가 발생한 경우에는 귀행의 청구를 받는 즉시 위 수입화물을 귀행에 인도하겠으며 수입화물의 인도가 불가능한 경우에는 위 수입화물에 상당하는 대금으로 상환하겠습니다.
3. 본인은 위 수입화물에 관한 관계선적서류를 제 3 자에게 담보로 제공하지 않았음을 확인하며, 또한 귀행의 서면동의 없이 이를 담보로 제공하지 않겠습니다.
4. 본인은 위 수입화물에 관한 관계 선적서류가 도착할 때에는 신용장조건과의 불일치 등 어떠한 흠결에도 불구하고 이 서류를 반드시 인수하겠습니다.

년 월 일

신청인 : (인)

주 소 :

인감대조

2/2

EP-C-FM-011(2/2) (99.7 월 개정,210x297)

KEB First Choice Bank 외환은행

수입화물선취보증서

외환은 외환은행

Letter of Guarantee

To ______________________ L/G No. ______________

[Shipping Company] Date ______________

Vessel Name/ Voyage No.		Letter of Credit No.	Date of Issue
Port of Loading		Invoice Value	
Port of Discharge(or Place of Delivery)		Description of Cargo	
Bill of Lading No.	Date of Issue		
Shipper		No. of Packages	Marks & Nos.
Consignee			
Party to be delivered			

Whereas you have issued a Bill of Lading covering the above shipment and the above cargo has arrived at the above port of discharge(or the above place of delivery), we hereby request you to give delivery of the said cargo to the above mentioned party without production of the original Bill of Lading.

In consideration of your complying with our above request, we hereby agree as follows ;

1. To indemnify you, your servants and agents and to hold all of you harmless in respect of liability, loss, damage or expenses which you may sustain by reason of delivering the cargo in accordance with our request, provided that the undersigned bank shall be exempt from liability for freight, demurrage or expenses in respect of the contract of carrage.
2. As soon as the original Bill of Lading corresponding to the above cargo comes into our possession, We shall surrender the same to you, whereupon our liability hereunder shall cease.
3. The liability of each and every person under this guarantee shall be joint and several and shall not be conditional upon your proceeding first against any person, whether or not such person is party to or liable under this guarantee.
4. This guarantee shall be governed by and construed in accordance with Korean law and the jurisdiction of the competent court in Korea.

Should the Bill of Lading holder file claim or bring a lawsuit against you, you shall notify the undersigned Bank as soon as possible.

Yours faithfully,

For and on behalf of
[Name of Requestor]

For and on behalf of
[Name of Bank]

____
Authorized Signature

____
Authorized Signature

* 본 L/G 진위확인 절차란

L/G 발급사실확인 : 외환은행 외환지원센터 전화번호 : FAX 번호 :	귀사에서 확인의뢰한 L/G는 당행에서 발급한 L/G임을 확인함. 확인자 성명 : (인)

1/2

EP-C-FM-011(1/2) (99.7 월 개정,210x297)

KEB First Choice Bank 외환은행

(나) 수입화물의 양륙 및 인수

화물을 적재한 본선이 입항하여 입항절차를 마치게 되면 하역작업이 시작된다. 그런데 개품운송의 경우에는 선박회사가 지정한 하역업자가 다수 화주의 화물을 일단 전부 양륙하여 보세구역에 반입하고, 거기서 화주에게 인도하는 이른바 창고 반입인도방식을 취하고 있다.

한편, 수입업자가 선박회사로부터 수입화물을 인수하기 위해서는 선박회사가 화물의 인도 당사자 앞으로 당해 서류상에 기재된 화물의 인도를 지시하는 화물인도지시서(delivery order : D/O)를 입수하여야 한다. D/O는 선박회사에 선하증권 또는 L/G를 제출함과 동시에 수하인이 지급하여야 할 제비용을 지급하면 교부해 준다. 다만, 종래 수입화물을 인도받기 위한 화물인도지시서를 입수하기 위해서는 직접 선사를 방문하여야 하였으나 현재는 자기 사무실에서 전자인도지시서(e-D/O)를 신청 및 발급받을 수 있는 서비스가 제공되고 있다.

수입업자는 발급받은 D/O를 하역업자의 창고에 가지고 가서 이와 상환으로 화물을 인수하게 된다. 이와같이 하여 인수한 화물은 통관절차와 기타 필요한 검사 및 수입절차를 거쳐 국내에 반입된다.

(2) 컨테이너화물

컨테이너 화물의 경우에도 선적서류를 입수하는 것까지는 재래선 화물과 마찬가지이다. 그런데 컨테이너 화물은 FCL화물이냐 LCL화물이냐에 따라 그 인수절차에 차이가 있다.

FCL화물의 경우에는 컨테이너 채로 인도되는 것이 보통이다. 즉, 컨테이너를 적재한 본선이 입항하여 양륙을 하게 되면 컨테이너는 곧바로 CY로 반입된다. 따라서 수하인은 B/L 또는 L/G와 상환으로 선박회사로부터 입수한 D/O를 CY operator에게 제시하고 화물을 인수한다.

한편, LCL화물의 경우에는 양륙후 CFS로 반입되며, 거기서 CFS Operator가 적출(devanning)하여 수하인별로 구분하는 등 인도준비를 한다. 따라서 화주는 B/L이나 L/G를 선박회사에 제출하고 입수한 D/O를 CFS Operator에게 제시하여 화물을 인수한다.

② 용선계약에 있어서의 양륙 및 인수

용선계약의 경우에는 수하인이 직접 본선에서 화물을 인수하여 보세구역으로 운반하는 이른바 본선인도방법을 취하고 있다.

따라서 화물을 적재한 본선의 입항이 가까워 오면 수입업자는 하역업자를 선정하고 하역작업을 위한 준비를 하여야 한다. 즉, 개품운송의 경우와 마찬가지로 수입업자는 D/O를 입수함과 동시에 선박회사로부터 보내 온 적재도면(stowage plan)을 하역업자에게 제시하여 하역계획을 세우도록 한다.

본선의 입항절차가 완료되면 선박회사 또는 그 대리점으로부터 화주에게 하역준비완료통지서(notice of readiness)가 오고 그 때부터 하역이 개시된다.

그리고 하역을 완료하면 화주는 본선 책임자와 함께 선박회사(또는 그 대리점)에 가서 정박일수계산서(laydays statement)에 서명한다. 이때 하역일수가 계약일수를 초과하였다면 화주는 선박회사에 체선료(demurrage)를 지급하여야 되고, 그 반대의 경우는 조출료(despatch money)를 지급받게 된다.

이상과 같이 하여 인수한 화물은 보세구역에 반입된 후 통관절차를 거쳐 국내에 반입된다.

3 수입화물의 손상과 구상

① 단독해손이 발생한 경우

수입화물이 양륙되면 즉시 도착화물에 대한 손상(damage) 또는 부족(shortage : short delivery)의 유무를 조사하고, 만약 손상이나 부족이 발견되면 이에 대한 책임 소재를 밝혀 화물을 인수하기 전에 그 책임자에게 통지하고 구상절차를 밟아야 한다.

화물의 손상이나 부족에 대한 책임은 송하인(수출업자)이나 선박회사 또는 보험회사 중 어느 하나에 귀속되는데, 송하인의 귀책사유인 경우의 처리에 대하여는 제

13장에서 별도로 살펴보기로 하고, 여기서는 선박회사와 보험회사의 귀책사유인 경우의 처리에 대하여 살펴보기로 한다.

(1) 선박회사에 대한 구상

선적된 화물이 도착되지 않은 경우와 같이 손해의 책임이 선박회사에 있거나 또는 책임의 소재가 명확하지 않은 경우에도 일단 화물의 사고가 발생하면 수입업자는 즉시 선박회사(또는 그 대리점)에 서면으로 사고통지(notice of loss or damage)를 하여 손해배상청구의 권리를 유보하고 있다는 뜻을 알려준다.

선박회사는 양륙부족의 경우와 같이 자기에게 책임이 있음이 명백한 경우 이외에는 대개 선하증권상의 면책조항이나 해난보고서(captain's protest : sea protest)[4] 등을 근거로 면책을 주장한다. 그러나 수입업자로서는 일단 손해의 발견 즉시 사고통지를 해 두고, 나중에 화물 손해의 책임이 선박회사측에 있는 것으로 판명되면 다음과 같은 서류를 선박회사에 제출하여 정식으로 손해배상을 청구한다.

① 손해배상청구서(claim letter)

② 상업송장(commercial invoice)

③ 검정보고서(survey report)

④ 기타 선박회사가 요구하는 서류

(2) 보험회사에 대한 구상

만약 화물의 손상 또는 멸실이 보험사고인 때에는 화물인수 전에 지체없이 보험증권에 기재된 양륙지의 보험회사 또는 그 대리점에 통지하고 입회검사를 요구하여 손해를 사정한 후, 보험회사에 보험금을 청구한다. 그리고 보험사고 여부가 명확하지 않은 경우에도 일단 보험회사에 사고통지를 해 두고, 나중에 책임소재가 밝혀진 다음 정식으로 클레임을 제기하는 것이 보통이다.

(가) 보험금 청구시의 구비서류

보험금 청구시에는 대개 다음과 같은 서류를 구비하여 보험회사 또는 그 대리점에 제출한다.

4) 해난보고서는 선박이 항해중 악천후를 만나 선체나 적하에 손해를 입었거나 또는 손해가 예상되는 경우에 선장이 도착항 해무관청에 제출하는 해난 사실의 전말보고서이다. 이 보고서에 당해 관청의 증명을 받으면 해난증명서가 되는데, 이것은 손해가 불가항력에 의한 것이고 선장에게 책임이 없음을 주장하기 위하여 작성한다.

① 보험금청구서(lettter of claim)

② 보험증권(insurance policy) 또는 보험증명서(insurance certificate)

③ 선하증권(bill of lading)

④ 상업송장(commercial invoice)

⑤ 검정보고서(survey report)

⑥ 선박회사가 보내 온 배상거부장(letter from carrier)

⑦ 해난보고서(captain's protest)

⑧ 제비용을 증명하는 서류

(나) 보험금의 산출

보험회사가 지급하는 보험금은 전손의 경우에는 당연히 보험금액이 되고, 단독해손의 경우에는 보험금액에 손율(allowance)을 곱하여 산출한다.

1) 양적 손해

예컨대, 5,000개의 라디오가 보험금액 US $50,000로 부보되었는데, 수송도중 200개가 멸실되었다고 하면 보험금은 다음과 같이 US $2,000이 된다.

손율=4%

보험금=US $50,000×4%=US $2,000

2) 질적 손해

화물이 훼손상태에서 목적지에 도착한 경우에는 화물이 무사히 목적지에 도착한 경우의 도매시장가액, 즉 총정품가액(gross sound value)과 훼손상태에서의 시장가액, 즉 총손품가액(gross damaged value)의 차액인 감가액(depreciation)의 총정품가액에 대한 비율을 보험금액에 곱하여 보험금을 산출한다.

예컨대, 보험금액 US $5,000인 화물에 단독해손이 발생하였는데, 당해 화물의 총정품가액은 US $4,000이고 총손품가액은 US $2,800이라고 하면, 보험금은 다음과 같이 US $1,500이 된다.

손율(감가율)=30%

보험금=US $5,000×30%=US $1,500

이러한 계산방법을 분손계산(average loss settlement)이라고 한다.

3) 구조물 차감보상

피보험화물이 목적지에 도착하기 전에 손해를 입어 목적지에 도착한 후 처분하는 것보다 운송 도중에 중간항에서 매각 처분하는 것이 유리한 경우가 있다. 이러한 경우에는 분손계산에 의하지 않고 보험금액에서 순매각액(proceeds)을 차감한 금액을 보험금으로 지급하게 되는데, 이러한 보상방법을 구조물 차감보상(salvage loss settlement)이라고 한다.

2 공동해손이 발생한 경우

공동해손이 발생한 경우 선박회사는 우선 검정인(surveyor)으로 하여금 선박 및 적하에 대한 손해를 평가시킴과 동시에, 화주에 대하여 공동해손의 발생사실을 통지하고 정산지의 지정, 정산인의 선정 등에 대하여 수하인의 동의를 얻기 위하여 공동해손계약서(general average bond ; average bond)에 서명을 요구하여 온다.

공동해손계약서는 선주가 공동해손의 정산을 신속하고 정확하게 하기 위하여 이해관계자로 하여금 서명하여 제출하게 하는 서류로서, 여기에는 정산지의 지정 · 정산인의 선정 · 정산방법 · 이해관계자의 의무 · 현존화물의 평가 · 해손부담의 보증금 등에 관한 사항이 기재되는데, 당해 정산처리를 선주에게 일임할 것과 그 정산결과에 따라 분담액을 지급할 것을 약속하는 것이므로 계약서라고 한다. 또한 이때 선박회사는 공동해손채권을 보전하기 위한 보증과 공동해손 정산시의 공동해손 분담가액결정의 참고자료로 삼기 위하여 적하가격신고서(valuation form : valuation paper) · 선하증권 · 상업송장의 제출, 그리고 공동해손공탁금(general average deposit)의 지급 또는 공동해손분담보증장(general average guarantee)의 제출을 요구해 온다.

이러한 요구에 따라 공동해손계약서, 적하가격신고서, 공동해손공탁금 또는 공동해손분담보증장과 선하증권 및 상업송장 등을 선박회사에 제출하면 선박회사는 화물인도지시서(D/O)를 교부해 주는데, 수입업자는 이 D/O로 수입화물을 인수한다.

(1) 공동해손공탁금과 공동해손분담보증장

공동해손 손해는 공동해손 이해관계자들이 그들이 받은 혜택의 정도에 따라 분담하게 되지만, 공동해손의 정산에는 상당한 시일이 소요되기 때문에 정산을 하고 난 다음에 공동해손분담액을 징수하기는 무척 어렵다. 더욱이 선주가 갖는 공동해손채권을 보전하기 위하여 화주에 대하여 유치권을 행사, 공동해손분담액이 확정될 때까지 화물을 인도해 주지 않는다는 것은 화주 입장에서 볼 때 보통 문제가 아니다. 따라서 선주는 공동해손채권을 보전하기 위한 보증을 요구하게 되는 것이다.

그런데 현실적으로 공동해손분담액의 보증으로 현금을 공탁하는 경우는 극히 드물고, 그 대신 보통 적하보험회사가 발행하는 공동해손분담보증장을 제출한다. 보증장을 제출한 경우 나중에 공동해손분담액이 결정되면 선박회사는 이 보증장에 의거적하보험회사분담액을 징수하게 된다.

(2) 보험금의 청구

자기 화물에 손해가 전혀 없는 경우에는 위에서 설명한 바와 같이 보험회사에 신청하여 공동해손분담보증장을 발급받고 이에 공동해손계약서, 적하가격신고서 등을 첨부하여 선박회사에 제출하면 그것으로 공동해손에 대한 처리는 끝나고, 별도로 보험금을 청구할 필요가 없다.

그러나 자기화물에 손해가 있는 경우에는 즉시 보험회사에 공동해손분담보증장의 발행을 신청함과 동시에 선박회사가 지정하는 검정인의 검사를 받는다. 이러한 검사에 의하여 공동해손 희생손해(GA sacrifices)와 단독해손 손해가 결정되는데, 단독해손이든 공동해손이든 보험금 청구절차는 하등 다를 바가 없다. 따라서 앞에서 설명한 단독해손이 발생한 경우의 보험회사에 대한 구상과 동일한 절차를 밟게 된다. 다만, 보험자는 공동해손 희생손해를 화주에게 직접 보상하고 나중에 공동해손정산서에 의하여 공동해손이해관계자로부터 회수하게 된다.

3 추정전손과 위부

전손이 발생한 경우에도 보험금의 청구절차는 단독해손의 경우와 마찬가지이다. 다만, 추정전손이 발생한 경우 피보험자인 화주는 그 피보험화물에 대한 모든 권리를 보험자에게 이전시키고 보험금액 전액을 청구할 수 있는데, 이러한 제도를 위부(委付 : abandonment) 또는 보험위부라고 한다. 위부제도는 손해보험 가운데서도 해상보험에만 존재하는 제도이다.

(1) 위부사유

피보험자가 위부할 수 있는 경우는 추정전손이 성립되는 경우이다.

추정전손은 현실전손의 발생이 불가피하다고 인정되는 경우나 손해의 정도가 너무 심하여 보험목적의 가액을 초과하는 비용을 지출하지 않으면 전손을 면할 수 없는 경우에 성립된다(MIA 제60조). 종래 우리 상법에서는 위부사유를 영국법과 다르게 규정하고 있었으나, 현행 상법(제710조)에서는 MIA의 내용을 그대로 수용하였기 때문에 상법상의 위부사유도 MIA의 규정과 동일하다.

(2) 위부의 통지

위부는 현실적으로 전손이 발생하지 않았음에도 불구하고 피보험자에게 전손과 마찬가지로 보험금액의 전부를 보상하는 예외적인 제도이기 때문에, 피보험자가 위부하고자 하는 경우에는 위부사유 발생 후 일정한 기간내에 보험자에게 위부의 통지(notice of abandonment)를 하여야 한다.

위부의 통지는 구두로 하여도 무방하나 실무상으로는 서면으로 하고 있다.[5)]

그리고 위부의 통지는 상당한 기간내에 이루어져야 한다(MIA 제62조 제3항 및 상법 제713조 제1항 참조). 피보험자가 상당한 기간내에 위부통지를 하지 않으면 위부권이 소멸되는데, 이러한 경우 피보험자는 사정 여하에 따라 분손 또는 전손으로서 손해보상을 청구할 수 있다.[6)]

(3) 위부의 성립

영국법에서는 위부의 통지를 위부의 청약으로 간주하고 보험자의 승낙이 있어야 비로소 위부가 성립된다. 즉, 영국법상 위부는 하나의 계약이다. 그러나 우리나라의 경우 위부는 피보험자의 일방적 의사표시, 즉 위부의 통지에 의하여 효력이 발생되는 단독행위이고, 보험자의 승낙을 요하지 않는다.[7)] 따라서 위부가 성립되느냐 않느냐는 위부사유가 존재하느냐의 여부에 달려 있다.

(4) 위부의 효과

위부가 성립되면 보험자는 피보험자가 보험의 목적에 관하여 가지고 있는 모든

5) 위부의 통지방식에 대하여 상법은 별도 규정을 두지 않고 있으며, MIA 제62조 제2항에서는 서면 또는 구두로 할 수 있는 것으로 규정하고 있다.
6) 葛城照三, 海上保險講義要綱, 東京, 早稻田大學出版部, 1978, 118면.
7) 이시환, 신무역보험론, 대왕사, 2005, 213면.

권리를 취득하고(상법 제718조 제1항 : MIA 제63조), 한편 피보험자는 보험금액 전부의 지급을 청구할 수 있다(상법 제710조 : MIA 제61조).

④ 보험자의 대위

보험에서 대위(代位 : subrogation)란 보험자가 보험금을 지급한 경우, 피보험자가 보험의 목적에 대하여 가지는 권리 및 제3자에 대하여 가지는 권리를 피보험자를 대신하여 보험자가 취득하는 것을 말한다.

원래 손해보험계약은 손해보상, 즉 손해를 본 피보험자를 손해를 받기전과 같은 상태로 복귀시키는 것을 목적으로 하는 계약이며, 피보험자에게 이득을 보게 하는 것은 아니다. 여기서 「보험에 의하여 이득을 보아서는 안된다」고 하는 이른바, 이득금지의 원칙이 생겨난다. 그런데 피보험자가 보험자로부터 보험금의 지급을 받고도 보험의 목적에 잔존하고 있는 권리나 제3자에 대한 손해배상청구권을 그대로 가지고 있다면 피보험자는 부당한 이익을 보게 된다.

대위를 인정하는 이유는 이와 같은 부당이득을 방지하려는 데에 있다. 보험자의 대위에는 보험자가 취득하는 권리의 종류에 따라 두 가지로 구분된다. 그 하나는 피보험자가 보험의 목적에 대하여 가지는 권리를 취득하는 경우이고, 또 하나는 보험계약자 또는 피보험자가 제3자에 대하여 가지는 권리를 취득하는 경우이다. 전자를 잔존물대위, 후자를 구상권대위 또는 청구권대위라 한다.

잔존물대위의 예로서 다음과 같은 경우를 생각할 수 있다. 가령 가액 500만원인 쌀을 보험금액 500만원으로 하여 보험계약을 체결하였는데, 운송 도중 해수의 침입으로 쌀이 부패하여 사료로서의 가치밖에 없게 되었다고 하자. 앞 제7장에서 살펴 본 바와 같이 이러한 손해는 현실전손에 속하기 때문에 보험자는 보험금으로 500만원을 지급하였고, 사료를 처분하면 100만원을 받을 수 있다고 하자. 이러한 경우에 만약 사료에 대한 권리가 피보험자에게 있다고 하면, 피보험자는 500만원 손해에 대하여 보험자로부터 보험금으로 500만원을 받았음에도 불구하고 사료를 처분하여 100만원의 부당이득을 볼 수 있다. 따라서 이러한 경우 당연히 사료에 대한 권리는 보험자가 취득하여야 한다.

한편, 구상권대위의 예로서 다음과 같은 경우를 생각할 수 있다. 가령 해상운송 도중 사고가 발생하여 100만원의 손해가 발생하였는데, 사고의 원인을 조사한 결과 그 손해에 대하여 운송인에게도 배상책임이 있고, 또 보험사고이기 때문에 보험자도 손해보상을 해야 하는 것으로 판명되었다고 하자. 이러한 경우 만약 피보험자인 화주가 100만원 손해에 대하여 운송인과 보험자로부터 각각 100만원씩 배상(보상) 받는다고 하면 100만원 손해에 대하여 200만원을 지급받게 되어, 100만원의 부당이득이 발생한다. 따라서 부당이득을 방지하기 위하여는 피보험자가 어느 한 편에서만 지급받도록 하여야 한다.

그런데 이러한 경우 피보험자는 먼저 운송인에게 손해배상을 청구하여야 한다.[8] 그러나 현실적으로 운송인은 여러 가지 이유를 들어 손해배상을 거부하는 것이 보통이다. 운송인이 손해배상을 거부하는 경우에는 운송인의 배상거부서한이나 또는 클레임 제기서한 자체를 첨부하여 보험자에게 손해보상을 청구한다. 이러한 청구를 받은 보험자는 일단 100만원을 지급하고 피보험자가 운송인에 대하여 가지고 있는 손해배상청구권을 대위 취득하여 직접 운송인에게 손해배상을 청구하게 된다.

8) 협회적하약관(ICC) 제16조 피보험자 의무약관(duty of assured clause) 참조.

Chapter 11

선적서류

1. 선적서류의 기초
2. 선하증권
3. 기타의 운송서류
4. 상업송장
5. 부속서류

Chapter 11

선적서류

오늘날 무역거래에 있어서의 대금결제는 대부분 화환어음(documentary bill)에 의하여 하고 있다. 즉, 매도인은 물품의 선적 후 매수인(신용장이 있는 경우는 발행은행) 앞으로 환어음을 발행하고, 여기에 선적서류를 첨부하여 외국환은행에서 할인받아 대금을 회수하고 있다. 따라서 신용장결제 여부를 불문하고 수출업자는 우선 선적서류를 정비하여야 한다.

1 선적서류의 기초

① 선적서류의 의의

선적서류(shipping documents)란 선적화물의 재산권을 상징하는 일련의 서류로서, 이는 대금결제시 환어음의 담보가 되며 또 계약상품을 인도하는데 이용된다. 특히 CIF와 같은 상징적 인도조건에 있어서의 매도인의 물품인도 및 매수인의 대금지급은 반드시 이러한 선적서류의 수수(授受)에 의하여 이행되어야 한다.

그런데 여기서 주의할 것은 선적서류라고 하는 용어가 해상운송의 경우에만 국한하여 사용되는 것이 아니라는 점이다. 물론 선적(shipment)이라고 하는 것은 원래 선박에의 물품적재를 의미하는 해운용어이다. 그러나 오늘날에는 선적이란 용어를 해상운송뿐 아니라 도로 · 철도 · 항공운송과 복합운송, 심지어는 우편소포의 경우까지 사용하고 있다.

따라서 여기서 사용하는 선적서류라는 용어는 곧 무역서류를 가리키는 것이다.

❷ 선적서류의 구성

대금결제시 제시해야 할 선적서류로서는 매수인으로부터 특별한 요구가 없으면 선적화물을 유가증권화한 운송서류(선하증권이나 또는 그 대용서류)와 그 물품의 명세서 겸 계산서인 상업송장, 그리고 운송도중의 위험을 담보하는 보험서류(보험증권 또는 보험증명서 ; FOB조건 등의 경우에는 제외)를 준비하면 된다. 이들 서류는 반드시 필요한 서류이기 때문에 주요서류라고 한다.

이 밖에 매수인이 포장명세서 · 영사송장 · 세관송장 · 원산지증명서 등의 서류를 계약서나 신용장에서 명시적으로 요구하는 경우가 있는데, 이러한 요구가 있을 때에는 그러한 서류도 준비하여야 한다. 거래 당사자가 필요에 따라 요구하는 이러한 주요서류 이외의 서류를 부속서류라고 한다(〈그림 11-1〉 참조).

〈그림 11-1〉 선적서류의 구성

- 선적서류
  - 주요서류
    - 운송서류 : 선하증권 · 항공화물운송장 또는 그 대용서류
    - 보험서류 : 해상보험증권 또는 보험증명서
    - 매매서류 : 상업송장
  - 부속서류
    - 세관관계서류
      - 세관송장
      - 영사송장
      - 원산지증명서
    - 송장부속서류
      - 포장명세서
      - 용적 · 중량증명서
    - 기 타
      - 검사증명서
      - 위생증명서
      - 차변표 · 대변표

일반적으로 부속서류 중 포장명세서와 용적 · 중량증명서는 통상 요구하고 있으며, 검사증명서와 위생증명서는 특정상품의 경우에 한하여 필요하고, 영사송장 · 세관송장 · 원산지증명서는 특정국가에 한하여 필요한 서류이다.

그리고 모든 선적서류는 매매계약서나 신용장에서 요구하는 내용대로 정비되어야 하며, 특히 신용장결제의 경우에는 당해 선적서류의 내용에 대하여 명시적인 합의가 없는 경우에도 UCP에서 규정하고 있는 바에 따라야 한다.

여기서는 이들 선적서류 중 제7장에서 살펴 본 보험증권을 제외한 서류에 관하여 좀더 구체적으로 살펴보기로 한다.

2 선하증권

① 선하증권의 의의와 성질

(1) 선하증권의 의의

선하증권(bill of lading : B/L)이란 해상운송인이 운송물을 수령 또는 선적한 후 용선자 또는 송하인의 청구에 의하여 발행하는 것으로, 해상물건운송계약에 따른 운송물의 수령 또는 선적을 증명하고 해상운송인에 대한 운송물의 인도청구권을 표창하는 유가증권이다.[1] 즉, 선하증권은 운송인이 그 증권의 정당한 소지인(보통 수하인)에게 증권과 상환으로 당해 화물을 인도할 것을 약정한 유가증권이다.

따라서 선하증권의 중요한 기능을 요약하면 다음과 같다.[2]

① 선장이나 또는 운송인의 대리인으로서 정당한 권한을 부여받은 자가 서명한 화물수령증(receipt for goods)이다.

② 선하증권에 기재된 화물에 대한 권리증권(document of title)이다.

③ 운송계약 당사자(운송인과 송하인) 사이에 합의한 운송조건(terms and conditions of carriage)을 표시하는 증거서류이다. 즉, 화물의 운송에 관하여 선하증권 이면에 기재된 운송조건이 적용되며, 송하인측은 이 운송조건을 승낙하는 것을 전제로 하여 화물의 운송을 의뢰한 것이다.

(2) 선하증권의 성질

선하증권은 법률상 요인증권, 요식증권, 문언증권, 인도증권, 상환증권, 지시증권 등의 성질을 지니고 있는 것으로 보고 있다. 그러나 전통적 이론을 그대로 용인하면 거래의 안전이라고 하는 견지에서 다소 문제가 있으므로, 오늘날에는 이들 성질 중 몇 가지의 내용을 상당히 완화하여 해석하고 있다.

(가) 요인증권

요인증권이란 증권상의 권리가 그 증권 수수(授受)원인의 존재를 전제로 하여 성

---

1) 최기원, 상법학신론(하), 박영사, 2004, 884면.

2) J. Bes, *Chartering and Shipping Terms*, Vol. 1(10th ed.), London, Barker & Howard Ltd. 1977, p.110.

립하는 증권을 말하며, 그러한 원인의 존부에 관계없이 증권상의 권리가 인정되는 불요인(무인)증권(예컨대, 어음 · 수표 등)에 대칭되는 개념이다. 어음상의 권리는 매매, 기타 어음행위를 하게 된 원인이 되는 법률관계와는 독립하여 존재하며, 그 권리의 행사에 있어서 원인관계의 입증을 요하지 않는다. 예컨대, 매매대금 채무를 변제하기 위하여 어음을 발행하였으나 나중에 그 매매가 취소된 경우에도 어음상의 권리는 유효하게 성립한다.

그러나 선하증권은 어음이나 수표와는 달리 이것을 작성하였다는 사실만으로 그에 상당한 가치가 발생하는 것이 아니라, 운송계약이라는 전제하에 화물이 운송물로서 수령 또는 선적되었다고 하는 원인을 필요로 한다. 따라서 그러한 수령 또는 선적되었다는 사실이 없으면 선하증권은 무효이다.

(나) 요식증권

요식증권이란 기재사항이 법정되어 있는 유가증권을 말하는데, 선하증권의 기재사항은 상법(제853조)에 규정되어 있으므로 요식증권이다. 그런데 요식증권에는 법정기재사항 이외에는 법이 인정하는 것을 제외하고 무효로 하는 것과 임의의 특약사항기재를 인정하는 것이 있다. 어음 · 수표는 전자에 속하지만, 선하증권은 원칙적으로 특약사항기재를 인정하고 있다. 뿐만 아니라 어음의 경우 그 요식성은 엄격하나, 선하증권의 경우는 법정기재사항이라고 해도 선하증권의 본질에 반하지 않는 한 그 일부가 누락되어도 무효가 되지는 않는다.

(다) 문언증권

문언증권이라 함은 증권상의 권리관계가 증권에 기재된 문언에 따라 정해지는 증권을 말하며, 이는 증권에 기재되지 않은 실질권이 선의의 증권취득자에 대하여도 효력을 갖는 비문언증권(예컨대, 주권)에 대칭되는 개념이다. 다만, 구 상법(제820조 · 제131조)에서는 선하증권 기재의 효력에 관하여 절대적 증거력을 인정하고 있었으나, 현행 상법 제854조(선하증권 기재의 효력)에서는 추정적 증거력만을 인정하고 있다.

(라) 인도증권

인도증권이란 증권상의 권리를 행사할 수 있는 자에게 증권을 인도한 경우에 그 인도가 물건을 인도한 것과 동일한 효력을 생기게 하는 증권을 말하는데, 선하증권은 이러한 인도증권이다(상법 제133조 및 제861조 참조). 그리고 선하증권의 이러한 물건 자체의 인도를 대신할 수 있는 효력을 물권적 효력이라 한다.

(마) 상환증권

상환증권이란 증권과 상환하지 않고는 채무의 이행을 할 필요가 없는 증권을 말하며, 증권과 상환하지 않고도 권리행사를 할 수 있는 비상환증권(예컨대, 주권)과 대칭되는 개념이다. 선하증권은 운송물과 불가분의 관계에 있으므로 그것이 필요없게 된 때에는 반드시 회수되어야 한다.

(바) 지시증권

지시증권이란 증권상에 권리자로 지정된 자와 그가 지시하는 자가 권리자로 될 수 있는 유가증권을 말한다. 지정하는 방식은 배서(endorsement)[3]이다.

지시증권으로서의 성질은 원래 지시문구에 의해 생기는 것이지만, 그 기재 유무를 불구하고 법률의 규정에 의하여 당연히 지시증권이 되는 경우가 있다. 전자를 「선택적 지시증권」이라 하고, 후자를 「법률상 당연한 지시증권」이라 한다. 선하증권은 어음 · 수표 · 창고증권 등과 같이 증권면에 배서를 금지하는 뜻의 문구가 없는 한, 당사자에 의한 지시문구 기재의 유무에 불구하고 법률의 규정에 의하여 당연히 지시증권이 되는 「법률상 당연한 지시증권」이다(상법 제861조 및 제130조 참조).

2 선하증권의 종류

선하증권은 분류기준 여하에 따라 여러 가지로 구분되지만, 그 중 중요한 것을 들어보면 다음과 같다.

(1) 선적선하증권과 수취선하증권

선적선하증권(shipped B/L : on board B/L)은 운송물이 선적된 후에 발행된 것으로, 증권면에 "Shipped on board the ship……"와 같이 화물이 실제로 특정 선박에 선적되었다는 뜻이 기재되어 있다. 그리고 수취선하증권(received B/L)은 화물을 선적할 목적으로 수령하였다는 취지가 기재된 선하증권으로서, 선적하기 위하여 화물을 수령한 후 선적전에 발행한 것이다. 선하증권은 보통 운송인이 본선상에서 화물을 수령한 후 송하인의 청구에 의하여 발행하는 것이므로, 선적선하증권이 기

3) 배서란 증권의 이면에 일정한 사항을 기재하여 타인에게 교부하는 것으로, 이에 의하여 증권이 표창하고 있는 권리가 이전된다(大木一男, 船荷證券の實務的解說, 東京, 成山堂, 1979, 18면).

본적인 형태이다.

수취선하증권은 수출업자 입장에서 보면 대금회수를 앞당길 수 있어 유리하지만, 선적항에서 어느 선박에 언제 선적될 것인지를 알 수 없으며, 또한 반드시 선적된다는 보장도 없다. 따라서 UCP 제20조에서도 신용장이 선하증권을 요구하는 경우에는 물품이 지정선박에 선적(shipped)되었음을 명시한 선하증권, 즉 선적선하증권만을 수리하는 것으로 규정하고 있다. 그러므로 수취선하증권을 발급받은 경우에는 화물이 실제로 선적된 후 수취선하증권을 선박회사에 제출하여 선적 사실을 기재하고 서명을 받아 두어야 한다. 이것을 본선적재표기(on board notation : on board endorsement)라 하고, 이러한 본선적재표기가 부기된 선하증권을 선적배서 선하증권(on board endorsement B/L)이라고 하는데, 이 선하증권은 선적선하증권과 동일한 취급을 받는다.[4)]

(2) 기명식 선하증권과 지시식 선하증권

선하증권에는 법정기재사항의 하나로서 "수하인(consignee)의 성명 · 상호"를 표시하게 되어 있는데(상법 제853조), 이것은 수하인의 표시방법에 따른 분류로서 엄밀히 말하면 선하증권의 종류라기보다는 표시 형식상의 차이에 지나지 않는다.

기명식 선하증권(straight B/L : consigned B/L)은 선하증권상의 수하인란에 "Mr, Brown"이나 "ABC Co., Ltd."와 같이 특정인(보통 수입업자명)을 기입한 선하증권이고, 지시식 선하증권(order B/L)은 선하증권의 수하인란에 특정인을 기입하지 않고 단순히 "Order", "Order of ABC Bank" 등과 같이 기입한 선하증권이다. 기명식 선하증권의 경우에는 배서가 금지되고 있지 않다고 해도 그 특정 수하인이 배서에 의해 양도하지 않는 이상 그 특정인만이 화물을 수령할 수 있으므로 유통성이 크게 제한을 받는다. 그러나 지시식 선하증권의 경우에는 백지배서(blank endorsement)에 의하여 증권의 소지인이 곧 증권의 정당한 소유자가 되므로 선하증권은 자유롭게 유통된다.

(3) 무사고 선하증권과 사고부 선하증권

이것은 선하증권상에 사고적요(remarks)가 있느냐 없느냐에 따른 분류이다. 선하증권에는 법정기재사항의 하나로서 "운송물의 외관상태"를 표시하여야 하는데(상

4) 상법 제852조 제2항 : 헤이그규칙 제3조 제7항 ; UCP 제20조 a항 참조.

법 제853조), 보통은 외관상 양호한 상태(in apparent good order and condition)로 수취되므로 선하증권 표면에 그러한 취지의 문구가 인쇄되어 있다. 따라서 이러한 인쇄문언을 부정하거나 수정하는 단서 문구, 즉 사고적요가 붙어있지 않은 선하증권은 무사고 선하증권(clean B/L)이 되며, 이를 무고장 선하증권이라고도 한다.

한편, 운송인이 화물을 수령할 때 외관상 어떤 손상이 있거나 선적시에 포장이나 수량 등에 결함 또는 차이가 있으면 그 내용이 M/R이나 D/R 등에 기재되고 그것이 그대로 선하증권에 옮겨 기재된다. 따라서 선하증권상에 예컨대, "3 packages short in dispute", "damaged crates", "10 bags torn", "2 cartons missing", "2 cartons slightly broken" 등과 같이 기재된 것을 사고부 선하증권(foul B/L : dirty B/L)이라 한다. 즉, 사고부 선하증권은 선박회사가 선하증권의 기재사항에 대하여 그대로 동의할 수 없을 때 그러한 뜻의 적요를 선하증권상에 기입한 것으로서, 유보 선하증권 · 하자 선하증권 또는 고장부 선하증권이라고도 한다.

그런데 선하증권은 문언증권이므로 선박회사는 면책을 목적으로 가능한 한 많은 적요를 부기하려고 하지만, 적요가 기재되어 있다고 하여 반드시 사고부 선하증권이 되는 것은 아니다. 이와 관련하여 UCP 제27조는 다음과 같이 규정하고 있다.

"무사고 운송서류란 물건 또는 그 포장에 하자가 있는 상태임을 명백히 표시하는 조항 또는 단서(notation)가 없는 운송서류를 말한다."

이것은 바꾸어 말하면 결국 사고부 선하증권이라고 하는 것은 화물 자체나 포장 상태에 결함이 있다고 명시하고 있는 조항이나 단서가 붙어 있는 선하증권을 말하는 것이라고 할 수 있다.

은행은 무사고 운송서류만을 수리한다(UCP 제27조). 따라서 사고부 M/R 또는 D/R이 발행된 경우에는 선박회사에 (사고화물)보상장(letter of indemnity : L/I)을 제출하고 사고적요를 말소시킨 무사고 선하증권을 교부받아야 한다. 보상장에는 선박회사가 보상장을 받고 무사고 선하증권을 발급해 줌으로써 입게 될 일체의 손해에 대하여 보상장을 써 준 수출업자가 책임을 진다고 하는 내용이 기재되어 있다.

선적선하증권

BILL OF LADING

AVIN LINERS

B/L No. BUAQ-019-1

Shipper
KUKJE-ICC CORPORATION
SEOUL, KOREA

Consignee (If "Order" state Notify Party)
TO THE ORDER OF
ARAB BANK LTD.

Notify Party (ONLY if not stated above; otherwise leave blank)
JORDAN PETROLEUM REFINERY CO., LTD
AMMAN, JORDAN

Local vessel | From (Local port of loading)

Ocean vessel: KRITI PEARL V-35W | Port of loading: BUSAN, KOREA

Port of discharge: AQABA, JORDAN | Final destination (if on-carriage): REFINERY SITE AT ZERKA

*PLACE OF DELIVERY: AQABA PORT

SHIPPED in apparent good order and condition, unless otherwise stated herein, on board the ocean vessel herein (or on board a pre-carrying vessel or other means of transport, if the place of receipt is named herein, for forwarding subject to clause 9.2, on the reverse side of this Bill of Lading) the cargo specified above, weight, measure, marks, numbers, quality, contents and value unknown, for carriage from the above port of loading and discharge at the port of discharge named herein (or other port or place as is provided in clause 5.6 or 7 hereof) or so near thereunto as she may safely get and lie, always afloat, where the carrier's responsibilities and liabilities shall finally cease, for delivery unto the named Consignee or to his or their Assigns.
This Bill of Lading constitutes the contract of carriage between the Merchant and the Carrier.
If the final destination is named herein, the cargo shall be forwarded in accordance with clause 9.2. hereof for delivery unto the named Consignee or to his or their Assigns.
In accepting this Bill of Lading the Merchant expressly accepts and agrees to all its stipulations on both pages, whether written, printed, stamped or otherwise incorporated, as fully as if they were all signed by the Merchant.
In witness whereof the below stated number of Bills of Lading all of this tenor and date have been signed, one of which being accomplished, the others to stand void.
CONTAINERS ON DECK It is expressly agreed between the Shipper and the sea-Carrier that cargo stowed in containers, transported on ships equipped with appropriate fixing and lashing devices may be loaded on or under the deck of these ships without notice to the Shipper at the option of the sea-Carrier, and that the provisions of the Hague Rules or of the Hague Visby Rules as incorporated herein shall be applicable in all cases whether the transport is carried out on or under deck. Also the cargo and/or containers shall contribute in General Average whether carried on or under deck.

Marks and Numbers	Number and kind of packages, description of goods	Gross Weight	Measurement
(54P'KGS) JOPETROL STORAGE TANKS PROJECT TENDER NO : 50/85 PACKAGE NO. : 1/54-54/54 WEIGHT, NET : 127,266 KGS GROSS : 131,963 KGS MADE IN KOREA AMMAN AGENT ADDRESS EAST MEDITERRANEAN SHIPPING CO., LTD. P.O. BOX 6605 AMMAN, JORDAN TEL. : 622022	SAID TO BE : MATERIAL AND EQUIPMENT NECESSARY FOR THE INSTALLATION OF 14 STORAGE TANKS WITH ALL REQUIRED FACILITIES ON A TURN KEY JOB BASIS IN STRICT CONFORMITY TO SPECIFICATION AS STIPULATED IN THE CONTRACT CONCLUDED WITH BENEF. ON 9.11.85. L/C NO. 3071/85 "FREIGHT PREPAID"	131,963 KGS LOADED ON BOARD DATE *MALTRANS SHIPPING AGENCY PO BOX 921805 AMMAN JORDAN TEL NO. 665721, 665737 MR. NABIL KHATIB	107.222 CBM

Particulars declared by Shipper

COPY NOT NEGOTIABLE

Total Number of Packages or Units (in words): SAY: FIFTY FOUR(54) PACKAGES ONLY.-

Freight & Charges	Revenue Tons	Rate	Per	Prepaid	Collect
"AS ARRANGED"					

Ex. Rate	Prepaid at	Payable at	Place B(s)/L Issue	Dated
	SEOUL, KOREA		SEOUL, KOREA	1986. 10. 24
	Total Prepaid in Local Currency	Number of Original B(s)/L: THREE(3)	AVIN LINERS	

PAN ASIA SHIPPING CORP.
As agents for the carrier

수취선하증권

HANJIN SHIPPING **BILL OF LADING**

SHIPPER/EXPORTER (COMPLETE NAME AND ADDRESS)	BOOKING NO. / (DOCUMENT NO) / EXPORT DEC EXPORT REFERENCES
CONSIGNEE (COMPLETE NAME AND ADDRESS/NON-NEGOTIABLE UNLESS CONSIGNED TO ORDER)	FORWARDING AGENT REFERENCES (COMPLETE NAME AND ADDRESS)
NOTIFY PARTY (COMPLETE MAILING ADDRESS)	POINT AND COUNTRY OF ORIGIN ALSO NOTIFY (NAME AND FULL ADDRESS)/DOMESTIC ROUTING
PIER OR PLACE OF RECEIPT * / PRE-CARRIAGE BY *	
VESSEL VOY (FLAG) / PORT OF LOADING	TYPE OF MOVE / CONTAINERIZED (Vessel only) ☐ Yes ☐ No
PORT OF DISCHARGE / PLACE OF DELIVERY (BY ON CARRIER) *	FINAL DESTINATION (FOR THE MERCHANT'S REFERENCE ONLY)

PARTICULARS FURNISHED BY SHIPPER

CONTAINER NO. SEAL NO.: MARKS & NOS	NO. OF PKGS. OR CONTAINERS	H M ● ●	KIND OF PACKAGES: DESCRIPTION OF GOODS	TOTAL GROSS WEIGHT KGS (POUNDS)	TOTAL MEASUREMENT CBM (CFT)
			ORIGINAL VOID		

Optional Declared Value for increased freight charges to avoid Package Limitation: US$ ______

TOTAL NO. OF PACKAGES OR CONTAINERS (IN WORDS)

FREIGHT AND CHARGES	RATED AS	RATE	PER	PREPAID	COLLECT
			TOTAL		
			AT		

Date

By ______

PLACE OF B(s)/L ISSUE

NO. OF ORIGINAL B(s)/L SIGNED

DATE OF B(s)/L ISSUE

BILL OF LADING NO.

RECEIVED by the Carrier from the Shipper in apparent good order and condition unless otherwise indicated herein, the Goods, or the container(s) or package(s) said to contain the cargo herein mentioned, to be carried subject to all the terms and conditions provided for on the face and back of this Bill of Lading by the Vessel named herein or any substitute at the Carrier's option and/or other means of transport, from the place of receipt or the port of loading to the port of discharge or the place of delivery shown herein and there to be delivered to Consignee or on-carrier on payment of all charges due thereon.

If REQUIRED by the Carrier, this Bill of Lading duly endorsed must be surrendered in exchange for the Goods or delivery order. None of the terms of this Bill of Lading can be waived by or for the Carrier except by written waiver signed by a duly authorized agent of the Carrier.

IN ACCEPTING THIS BILL OF LADING the Merchant agrees to be bound by all the stipulations, exceptions, terms and conditions on the face and back hereof, whether written, typed, stamped or printed, as fully as if signed by the Merchant, any local custom or privilege to the contrary notwithstanding.

IN WITNESS WHEREOF, the undersigned, on behalf of Hanjin Shipping Co., Ltd. the master and the owner of the Vessel has signed the number of Bill(s) of Lading stated above all of the same tenor and date, one of which being accomplished, the others to stand void.
(Terms of Bill of Lading Continued on Back Hereof).

* Applicable only when used for multimodal or through transportation. ● Check "HM" column if hazardous material.

HANJIN SHIPPING CO., LTD.
As Carrier

BY ______

보상장

Letter of Indemnity

Date : 20______

To The Lines, Ltd.

Dear Sir,

In cosideration of your issuing us (me) clean Bill of Lading for the undermentioned goods, for which exceptions have been inserted in the relative Mate's Receipt as indicated below, we (I), the undersigned, hereby undertake and agree to pay, on demand, any claims that may arise on the goods made by the consignee, or by any person to whom the documents are endorsed, and also to indemnify you against all consequences arising therefrom.

We (I), consent to this Letter of Indemnity being disclosed to under-writers on application.

Your faithfully,

____

The Ship " " Voy. No.	Sailing on
Port of loading	Port of Discharge
B/L NO.	Shippers
Mark & Nos.	
Description of Goods	
Numbers of Packages	
Weight or Measurement	
Exceptions inserted in the M/R	

(4) 통선하증권과 중간선하증권

통선하증권(through B/L)은 통운송의 경우에 최초의 운송인이 계약운송의 전체 구간에 대하여 발행하는 선하증권으로서 통과선하증권이라고도 한다. 원래 화물이 한 운송인의 손에서 다른 운송인에게 넘어가는 경우에는 별개의 운송계약을 필요로 하고, 따라서 별개의 증권이 발행되는 것이 원칙이다. 그러나 그렇게 되면 화주로서는 운송계약의 갱신과 운송 도중에서의 증권의 입수에 많은 불편을 겪게되므로, 최초의 운송인과 다음 운송인이 특약하여 그 화물이 최종목적지에 도착할 때까지의 운송 도중 별도의 조치를 취할 필요없이 운송되도록 한 것이 통선하증권이다.

한편, 중간선하증권(local B/L)은 통운송의 경우에 하청운송인이 자기가 맡은 운송구간에 대하여 최초의 운송인을 송하인으로 하여 발행하는 선하증권으로서, 구간선하증권이라고도 한다.

(5) 해양선하증권과 내국선하증권

해양선하증권(ocean B/L)은 해외운송에 대하여 발행되는 선하증권, 즉 한 나라의 항구에서 다른 나라의 항구까지 운송되는 화물에 대하여 발급되는 선하증권으로서, 외항용 선하증권이라고도 한다.

한편, 내국선하증권(local B/L)은 해외운송에 접속하는 국내운송의 경우에 발급되는 선하증권, 즉 동일국내 항구상호간(예컨대, 인천에서 부산 사이)에 운송되는 화물에 대하여 발급되는 선하증권으로서, 내항용 선하증권이라고도 한다.[5)]

(6) 직항선하증권과 환적선하증권

환적선하증권(transhipment B/L)은 운송 도중에 다른 선박에 환적하게 됨을 증권면에 기재한 선하증권이고, 직항선하증권(direct B/L)은 선적항에서 목적항까지 선하증권상에 기재된 본선이 직접 운송하는 선하증권이다.

(7) 정식 선하증권과 약식 선하증권

정식 선하증권(long form B/L)은 선하증권의 이면약관 전부가 인쇄되어 있는 것이다. 한편 약식 선하증권(short form B/L)은 선하증권의 필수기재사항은 전부 기재되

5) Ocean B/L 대 Local B/L이라고 하는 호칭은 이론상의 분류는 아니고 실무계에서 편의상 외항용, 국내항구간의 운송용으로 사용하는데 지나지 않으며, Local B/L의 원래의 뜻은 앞 (4)항에서 설명한 중간선하증권을 의미한다.

어 있으나, 사무간소화를 위하여 개개의 증권면에 기재할 필요가 없다고 생각되는 선하증권의 이면약관 등 상세한 운송조건을 기재하지 않은 선하증권이다. 약식 선하증권에서 운송약관 등 생략된 부분은 정식 선하증권상의 조건에 따르도록 되어 있는데, UCP에서도 이러한 약식선하증권은 은행이 수리하는 것으로 규정하고 있다(제20조 a항).

(8) 용선계약 선하증권

용선계약 선하증권(charter party B/L ; C/P B/L)은 용선계약에 의거하여 발행되고 용선계약조건에 따르게 되어 있는 선하증권으로서, 보통 약식(short form)으로 발행된다. UCP에서는 이러한 선하증권은 신용장에서 허용하지 않는 한 은행이 수리하지 않는 것으로 규정하고 있다(제20조 a항).

(9) 양륙항선택 선하증권

양륙항선택 선하증권(optional B/L)은 선하증권상에 양륙항 선택권을 표시하여 발행되는 선하증권이다. 즉 선적시에 화물의 양륙항이 확정되지 않고 화주가 여러 항구 중에서 양륙항을 선택할 권리를 갖고 있는 양륙항 선택화물(optional cargo)인 경우에 발행되는 선하증권이 양륙항선택 선하증권이다.

(10) 제3자 선하증권

일반적으로 선하증권상의 송하인(shipper)은 해당 L/C의 수익자(beneficiary)가 되는 것이 보통이지만 경우에 따라서는 운송계약의 주체인 송하인과 L/C상의 수익자가 서로 다른 경우가 있다. 이와 같이 신용장의 수익자 이외의 송하인이 표시된 선하증권을 제3자 선하증권(Third party B/L)이라 한다. 예를 들면, 한국에서 일본으로 수출을 하려는 업체가 수출물품을 한국이 아닌 중국에서 조달하여 수출 할 경우를 가정해 보면, 계약당사자 즉, L/C상의 수익자는 한국의 수출자이지만, 실제 수출물품은 중국에서 선적되어 B/L상의 송하인은 중국에 있는 제3의 업체가 된다. 이러한 경우 오해나 분쟁을 방지하기 위해서 신용장이나 매매계약서에 "Third party Bills of Lading are acceptable"이라는 문구를 기재하기도 하지만 실제로 이러한 규정은 별 의미가 없다. 왜냐하면 UCP 600(제14조 k항)에 의하면 「물품의 송하인은 신용장의 수익자일 필요가 없다」고 규정하고 있으므로, "Third party B/L, are acceptable"이라는 조건이 없어도 이러한 서류는 수리되기 때문이다.

(11) 운송주선인 선하증권

Forwarder(운송주선인)는 원래 운송인과 화주 사이에 개입하여 운송·보관·포장 등 여러 가지 편의를 제공하는 업자로서, 보통 Freight Forwarder라고 한다. 이 Forwarder가 경우에 따라서는 직접 선하증권을 발행하는 경우가 있는데, 이것을 운송주선인 선하증권(Forwarder's B/L)이라 한다.

(12) 해상화물운송장

해상화물운송장(sea waybill)은 선하증권은 아니지만, 유가증권인 선하증권을 이용하는데 따른 문제점을 극복하기 위하여 선하증권의 대용서류로서 등장한 것이다.

해상화물운송장은 화물의 수령증과 운송계약의 증거서류로서의 기능만을 수행하는 서류로서, 유통성이 없고 또 화물인도시에 제시 또는 상환할 필요도 없다. 화물인도지에 있는 선박회사에서는 선적지나 증권 발행지에 있는 점포로부터의 내부통지에 의해 파악한 수하인에게 화물을 인도해 준다.

(13) 권리포기 선하증권

권리포기 선하증권(Surrendered B/L)은 해상화물운송장과 함께 「화물수령시 증권을 제시할 필요가 없다」는 점에 주목하여 이른바 「선하증권의 위기」 대책으로 이용되고 있다.

통상의 B/L을 이용한 화물수령절차에서는 선박회사 등에 의해 발행된 선하증권이 송하인으로부터 수하인에게 송부되고, 수하인이 선하증권에 기재된 양륙항에서 선하증권을 제시하고 화물을 인도받는다. 그런데 선박이 고속화되면 항해일수가 단축되고 따라서 거리가 가까운 중국이나 일본, 대만 등을 목적지로 하는 경우 화물은 본선 출항 후 1~2일 이내에 목적지에 도착해 버린다. 그렇지만 선하증권이 수하인에게 교부되지 않으면 수하인은 화물을 수령할 수 없다. 이러한 경우 수입업자가 빨리 화물을 수령하기 위하여 Surrendered B/L이 이용된다. 즉 빨리 화물을 수취하고자 하는 수하인을 위해 송하인의 백지배서를 받은 선하증권 전통을 선하증권 발행회사의 소재지, 즉 선적지에서 회수하고 수하인이 선하증권을 제시하지 않아도 화물을 수취할 수 있도록 하는 것을 선하증권의 Surrender라 하고, 이렇게 Surrender된 선하증권을 Surrendered B/L이라 한다. 따라서 Surrendered B/L은 선하증권의 종류를 가리키는 것은 아니다.

선박회사가 선하증권 원본을 회수해 버리면 그 시점에서 선하증권이라고 하는 존재는 없어진다. 따라서 이른바 Surrendered B/L이라고 하는 선하증권이 별도로 발행되는 것은 아니다.

Surrendered B/L의 경우 선적항과 양륙항의 선박회사 간에는 텔렉스 등으로 연락을 하여 화물인도시 증권을 제시할 필요성을 없게 하는 것이다. Surrendered B/L은 선적지에서 회수되기 때문에 송하인은 선하증권 원본은 송부할 필요가 없고, 선하증권 사본을 수하인에게 FAX로 보내기만 하면 된다.

화물의 양륙항에서는 수하인 앞으로 화물도착통지서(arrival notice)가 오는데 그 서면에는 운송서류가 Surrendered B/L임을 표시하고 있다. 통상의 경우 선하증권에 배서하여 화물인도지시서(Delivery Order : D/O)와 교환하게 되지만 Surrendered B/L의 경우 수하인이 수입화물을 수취하기 위해 선박회사 등에 제출하는 서류는 없다. 수하인은 필요한 제비용을 지급하고 D/O를 발급받아 화물을 보세구역으로부터 수취할 수 있다. 이러한 Surrendered B/L은 대부분 송금 베이스에 의한 화물대금결제에서 이용되며, 선하증권 원본이 존재하지 않기 때문에 은행을 경유하는 신용장거래에서는 원칙적으로 이용되지 않는다. 또 이러한 취급을 하는 선하증권은 Straight B/L이 바람직하고 Order B/L의 경우는 선박회사가 현지에서 누구에게 화물을 인도하는지 분명하지 않기 때문에 인도인을 명시한 각서의 차입이 필요하다.

(14) 기한경과 선하증권

기한경과 선하증권(stale B/L)이란 선적 후 필요 이상으로 늦게 은행에 제시된 선하증권으로서 지연선하증권 또는 실효선하증권이라고도 한다. UCP 제14조에 의하면 운송서류는 선적일로부터 21일 이내에 제시해야 하는 것으로 규정하고 있다. 따라서 신용장에 서류제시기간이 명시되어 있지 않고, "Stale B/L acceptable"이란 조항도 없는 경우에는 선적일 후 21일이 지난 다음에 은행에 제시하면 Stale B/L이 되어 은행은 수리하지 않게 된다. 이러한 규정을 둔 이유는 선적 후 날짜가 많이 경과하게 되면 화물이 먼저 목적항에 도착하여 과중한 창고료부담이나 통관지연, 물품의 변질 등에 따른 분쟁이 발생되기 쉬울 뿐 아니라, 특히 매수인이 전매할 수 있는 기회까지도 상실할 수 있기 때문이다.

❸ 선하증권의 내용

(1) 선하증권의 구성

선하증권에는 법률상으로 요구되고 있는 기재사항(법정기재사항)과 그밖에 당사자 사이의 특약에 의해 임의로 여러 가지 사항이 기재된다.

여기서 선하증권의 형식을 보면 대개 ① 선하증권임을 표시하는 문자, ② 전문, ③ 주체, ④ 임의기재사항으로 구성되고 있다(〈그림 11-2〉 참조).

1) 전문(前文) : 전문은 운송인인 선하증권 발행자가 증권상에 표시되고 있는 운송물을 선적 · 운송하여 양륙항(또는 인도지)에서 인도한다고 하는 취지의 의사표시를 하고 있는 것이다.

2) 주체 : 주체는 대개 법정기재사항으로 구성되고 있다. 이것은 선하증권의 핵심부분으로서, 이 부분을 정정할 때에는 반드시 정정한 부분에 선하증권 서명권자의 확인을 필요로 한다.

3) 임의기재사항 : 임의기재사항은 크게 운송약관과 사고적요로 구성된다. 운송약관은 이른바 특약에 해당되며, 선하증권이 임의의 특약사항기재를 인정하고 있는 점을 이용하여 주로 선하증권 발행자인 운송인의 입장에서 만들어진 것이므로, 그 수가 많을 뿐 아니라 송하인 · 선하증권 소지인 또는 수하인에게 불리하다고 생각되는 점이 많다.

(2) 법정기재사항

상법 제853조에 의하면 선하증권에는 다음 사항을 기재하고 운송인이 기명날인 또는 서명하여야 하는 것으로 규정하고 있다.

① 선박의 명칭, 국적 및 톤수

② 송하인이 서면으로 통지한 운송물의 종류, 중량 또는 용적, 포장의 종별, 개수와 기호

③ 운송물의 외관상태

④ 용선자 또는 송하인의 성명 · 상호

⑤ 수하인 또는 통지수령인의 성명 · 상호

⑥ 선적항

⑦ 양륙항

하여 점차 면책조항이 늘어나, 드디어 19세기 말경에는 해상운송인의 책임이 거의 존재하지 않는다고 할 정도까지 되었다. 당시의 상황은 단적으로 판사가 "선주는 운임을 징수하는 것 이외에는 아무런 의무도 부담하지 않는 것과 다름없다"(there seems to be no other obligation on the shipowner than to receive the freight)고 혹평할 정도에까지 이르렀다.[7] 무역거래의 일익을 담당하는 선하증권이 이렇게 되면 무역업자는 물론 은행 · 보험업자도 안심하고 거래를 할 수 없고, 나아가 국제거래의 건전한 발전에도 지장을 초래하게 된다. 이러한 상황하에서 화주 · 은행 · 보험업자측으로부터 그들의 이익을 보호하기 위하여 면책약관을 규제하려는 움직임이 일어나게 되었다.

(1) 하터법의 제정

해상운송인의 책임을 규제하는 법을 가장 먼저 제정한 나라는 미국이다. 화주국의 입장에 있던 미국은 영국 선주들의 지나치게 일방적인 면책조항에 대항할 필요성과 다른 한편에서 자국 선주의 불리한 입장을 구제하기 위하여 1893년에 이른바 하터법(Harter Act)을 제정하였다.

하터법의 골자는, 선주는 감항능력의 유지를 위하여 상당한 주의(due diligence)를 다하여야 하며, 그러한 경우에도 항해 또는 선박의 취급에 관한 과실, 즉 항해상의 과실에 대하여는 면책되지만 운송화물의 선적, 적부, 보관 및 인도 등에 관한 과실, 즉 상업상의 과실에 대하여는 면책되지 않는다는 것이다. 미국과 마찬가지로 화주국 입장에 있던 뉴질랜드, 오스트레일리아, 캐나다 등도 잇따라 이와 비슷한 입법을 하였다.

(2) 헤이그규칙

원래 해운업은 국제성이 강한 사업이다. 따라서 국적을 달리하는 해운관계당사자의 이해를 조화시키고 선하증권거래의 안전성을 확보하기 위해서는 국내법이 아니라 면책약관을 중심으로 하는 선하증권의 국제적인 통일규범이 필요하다.

한편, 종래 이 문제에 관하여 소극적이었던 선주국인 영국도 그 식민지 제국과의 경제적 · 정치적 융화를 꾀하기 위하여 면책약관의 제한 움직임에 관심을 갖게 되었다. 이러한 상황하에서 국제법협회(International Law Association : ILA)가 미국

7) S.C. Boyd, A.S. Burrows, D. Foxton, *Scrutton on Charterparties and Bills of Lading*(20th ed.), London, Sweet & Maxwell, 1996, p.208.

의 하터법과 영국식민지 제국의 기존 법률을 기초로 초안을 작성, 1921년 9월에 개최된 헤이그회의에서 심의한 결과 1921년의 이른바 헤이그규칙(Hague Rules, 1921)이 채택되었다.

이 규칙은 하터법과 마찬가지의 내용으로 해상운송인과 화주의 이익을 조화시키고자 한 것이지만, 그 채용은 운송계약을 체결하는 당사자의 자유에 맡겨졌고, 또 규칙 자체에 여러 가지 결함이 있어 세계적인 통일을 거두기는 어려웠다. 여기서 1924년 8월 벨기에의 수도 브뤼셀에서 소집된 각국 정부의 대표로 구성되는 해사법외교회의(Diplomatic Conference on Maritime Law)에서 사적 규범인 헤이그규칙에 약간의 자구수정을 하여 26개국의 서명을 받음으로써 법적 강제력을 갖는 「선하증권에 관한 약간의 규칙통일을 위한 국제협약」(International Convention for the Unification of Certain Rules relating to Bills of Lading)이 성립되었다. 이 협약은 「선하증권통일협약」이라고 약칭하기도 하고, 또 1921년의 헤이그규칙을 모체로 한 것이므로 「헤이그규칙」이라고도 한다. 이 헤이그규칙도 기본적으로는 하터법의 정신을 계승한 것으로서 1931년에 발효한 이래, 개품운송계약을 규율하는 유일한 국제협약으로서 널리 각국에 수용되어 그 기능을 유감없이 발휘해 왔다.

(3) 헤이그 · 비스비규칙

헤이그규칙의 채택 이후 다시 이를 채택한 각국의 판결의 상위, 경제정세의 변화 및 수송기술의 혁신 등에 따라 해운 및 무역의 실태에 부응하지 않는 점이 나타나게 되었다. 그 대표적인 예로서 헤이그규칙에 의하면 운송인이 화물손해에 대하여 배상책임이 있는 경우, 운송인은 원칙적으로 1포장 또는 1단위당 영국화폐 100파운드 또는 이와 같은 금액의 타국통화를 한도로 책임을 지는 것으로 규정하고 있었다. 그러나 영국화폐 100파운드를 자국통화로 환산하는 시기에 대하여는 규정하고 있지 않았다. 따라서 각국은 비준시의 영국통화에 대한 환율을 적용하여 한도를 정하였으므로 국가별로 한도액이 통일되지 않았고, 또 한도액 자체도 그간의 인플레, 상품유형의 변화 등에 따라 현실에 맞지 않게 되었다. 뿐만 아니라 컨테이너가 등장함에 따라 1포장 또는 1단위를 1컨테이너에 적용할 것인가 또는 컨테이너에 내장된 개개의 포장에 적용할 것인가 하는 문제도 발생되었다.

그리하여 국제해사위원회(CMI)에서 통일협약의 개정이 논의되고, 그 결과 1968년 브뤼셀에서 개최된 해사법외교회의에서 「선하증권통일협약 개정의정서」(Protocol to Amend the International Convention for the Unification of Certain

Rules of Law relating to Bills of Lading), 즉 비스비규칙(Visby Rules)이 만들어져 1977년부터 발효하고 있다. 비스비규칙은 그 자체가 신협약은 아니고 어디까지나 종래의 헤이그규칙의 개정을 위한 협약으로서, 이 개정의정서와 종래의 헤이그규칙을 합하여 「헤이그 · 비스비규칙」(Hague-Visby Rules)이라 한다.

비스비규칙에서는 운송인의 책임한도액을 현실에 맞도록 인상하여 1포장 또는 1단위당 10,000포앙카레 프랑(poincaré franc)[8]과 중량 1kg당 30포앙카레 프랑으로 계산한 총액 중 많은 쪽을 운송인의 책임한도액으로 하는 것으로 개정하였다. 그런데 그 후 해사협약의 화폐단위로서 IMF가 창출한 SDR(Special Drawing Right : 특별인출권)을 채용하는 것이 보편화됨에 따라, 1979년 12월에 포앙카레 프랑을 폐지하고 계산단위로 SDR을 채용하기로 하였다. 따라서 10,000포앙카레 프랑은 667 SDR, 30포앙카레 프랑은 2 SDR로 변경되어 1984년 2월부터 시행하고 있다. 또 컨테이너나 팔레트(pallet) 또는 이와 유사한 용기가 물품을 혼재(consolidate)하기 위해 사용되는 경우에는 이들 컨테이너 등에 내장된 화물의 포장 또는 단위의 수가 선하증권에 기재되어 있으면 이들 개개의 포장 또는 단위를 운송인의 책임제한액 산정기준으로 하고, 선하증권상에 그러한 기재가 없으면 컨테이너나 팔레트 자체를 그 산정기준으로 하는 이른바, 컨테이너약관을 신설하였다.

(4) 함부르크규칙

비스비규칙의 성립과 때를 같이 하여 그동안 국제무대에서 발언권이 강해진 개발도상국의 주도하에 유엔을 무대로 선하증권협약의 근복적인 개편이 거론되었다.

개발도상국에 의하여 선하증권협약의 개정문제가 제기된 것은 1967년에 개최된 UNCTAD(United Nations Conference on Trade and Development : 유엔 무역개발회의) 해운위원회(Committee on Shipping)의 제2차 회의에서의 일이다. 그 후 UNCTAD의 권고에 의하여 UNCITRAL(United Nations Commission on International Trade Law : 유엔 국제무역법위원회)이 통일협약의 개편작업을 추진해 왔으며, 그 결과 1978년 함부르크에서 개최된 유엔 주최의 외교회의에서 「1978년 유엔 해상물건운송협약」(United Nations Convention on the Carriage of Goods by Sea, 1978)이 채택되었다. 이 협약은 개최지의 이름을 따 보통 함부르크규칙(Hamburg Rules)이라

---

8) 포앙카레 프랑은 금프랑(gold franc)이라고도 하는데, 이것은 통화의 단위는 아니며, 추상적인 금가치단위로서 순도 1,000분의 900의 금 65.5㎎을 가리킨다(비스비스규칙 제4조 제5항 d호). 10,000포앙카레 프랑은 약 428파운드에 상당한 것이다.

하는데, 이 규칙이 채택됨에 따라 종래의 헤이그 · 비스비규칙은 근본적으로 개편되게 되었다.[9] 다만, 함부르크규칙은 신협약 제정의 형식을 취하고 있으나, 실질적으로 운송인과 화주간의 위험의 분배(allocation of risks)에 관한 헤이그 · 비스비규칙을 변경한 개정협약이라고 할 수 있으며, 1992년 11월에 발효하였다.

함부르크규칙의 골자는 한마디로 해상운송인의 책임을 대폭 강화한 것이라고 할 수 있다. 예를 들면, 운송인의 책임기간을 헤이그규칙에서는 선적시부터 양하한 시점까지의 이른바 "tackle to tackle" 원칙을 채택하였었으나, 함부르크규칙에서는 "선적항에서 운송물의 수령시부터 양륙항에서 운송물의 인도시까지"로 확장하였고, 전통적인 항해과실면책을 비롯하여 헤이그규칙에 있던 17개의 면책사유[10]를 삭제하였을 뿐 아니라 운송인의 책임한도액도 포장 또는 선적단위당 835 SDR과 중량 1kg당 2.5 SDR로 계산한 총액 중 많은 쪽으로 규정함으로써 비스비규칙에 비하여 25% 인상하였다.

9) Leo D'arcy et al., *op. cit.*, pp. 268~269.

10) 헤이그규칙 제4조 제2항에서는 운송인의 면책사유로서 다음과 같은 17개 항목을 나열하고 있었는데, 이를 면책카탈로그라고 한다.

① 항해과실
② 화재
③ 해상 기타 항해할 수 있는 수역의 재해 · 위험 또는 사고
④ 천재
⑤ 전쟁행위
⑥ 공적행위
⑦ 행정권에 의한 억류·제한 또는 재판상의 압류
⑧ 검역상의 제한
⑨ 송하인·물건의 소유자 또는 이들의 사용인·대표자의 작위 또는 부작위
⑩ 동맹파업·작업장 폐쇄·작업정지·방해
⑪ 폭동 또는 소요
⑫ 해상에서의 인명 또는 재산의 구조 또는 구조의 기도
⑬ 운송물의 숨은 하자·특수한 성질 또는 고유의 하자에서 생기는 용적 또는 중량의 감소 기타의 모든 멸실 또는 손상
⑭ 포장의 불충분
⑮ 기호의 불충분 또는 부적합
⑯ 상당한 주의를 기울려도 발견할 수 없는 숨은 하자
⑰ 기타 운송인·그 대리인·사용인의 고의 또는 과실에 의하지 않은 사고

5 선하증권의 유통

선하증권은 배서 또는 교부(인도)에 의해 양도할 수 있는 유통증권이다. 송하인은 선하증권을 수하인 또는 기타 제3자에게 넘겨주고 운송물의 가치에 상당하는 대가를 받음으로써 상업적 목적을 달성하게 된다.

그런데 선하증권과 운송물은 일신별체(一身別體)로서 각기 다른 길을 가고 있다. 즉, 운송물은 항상 운송인과 함께 있고, 선하증권은 누군가의 손으로 옮겨지고 있다. 그러나 선하증권의 소지인이 누구이든 그가 운송물의 진정한 소유자임은 움직일 수 없는 사실이다. 그러므로 선하증권의 유통은 보증되지 않으면 안되고, 또 유통의 방법에 대하여도 엄격히 규제하여 쓸데없는 분쟁을 피하지 않으면 안된다.

(1) 선하증권의 유통방식

선하증권은 배서 또는 교부에 의하여 양도되는데 어떠한 방식으로 유통되느냐는 선하증권의 수하인란에 어떻게 기재되어 있느냐에 따라 결정된다. 선하증권은 수하인의 표시방법에 따라 기명식 · 지시식 · 무기명식 · 선택무기명식 선하증권으로 구분되는데, 이들 종류별로 유통방식을 살펴보면 다음과 같다.

1) 기명식 선하증권 : 우리나라에서는 기명식 선하증권이라도 배서에 의해 양도할 수 있다. 그러나 외국에서는 배서에 의해 양도할 수 없도록 하고 있는 것이 보통이고, 또 우리나라에서도 기명식 선하증권면에 "non-negotiable"이라고 기재되어 있으면 배서에 의해 양도할 수 없다. 이러한 경우에는 지명채권 양도와 동일한 방법으로 하여야 한다. 지명채권은 채권자가 특정되어 있는 채권을 말하며 지명채권의 양도는 양도인과 양수인 사이의 낙성계약에 의한다.
2) 지시식 선하증권 : 지시식 선하증권의 경우는 보통 송하인의 기명식 또는 백지식 배서에 의해 유통된다.
3) 무기명식 선하증권 : 선하증권의 수하인란이 공란으로 비어 있거나 "Bearer"라고만 기입되어 있는 무기명식 선하증권의 경우에는 증권을 교부함으로써 양도의 효력이 생긴다.
4) 선택무기명식 선하증권 : 선하증권의 수하인란에 "ABC Bank or Bearer"와 같이 기입된 선택무기명식(지명소지인출급식) 선하증권의 경우는 ABC Bank나 Bearer가 권리자가 될 수 있지만, ABC Bank가 기명식 배서를 하면

Bearer의 권리는 소멸하고, 이때부터 선택무기명식 선하증권은 지시증권으로 변질된다. 물론 이러한 배서가 없는 경우에는 무기명식 선하증권의 경우와 마찬가지로 증권을 교부함으로써 양도할 수 있다.

(2) 선하증권의 배서

선하증권은 유통증권이고 지시증권인 점에서 당연히 그 효용상 중요한 사항이 배서이다. 배서는 피배서인을 지정하지 않고 할 수 있으며, 또 배서인의 서명 또는 기명날인만으로도 할 수 있다(상법 제65조 : 민법 제510조). 실무상 배서의 형식에는 다음과 같은 것이 있다.

1) 기명식 배서(full endorsement) : 피배서인을 지정하고 배서인이 기명날인하는 방식이다. 기명식 배서를 한 경우에는 피배서인이 다시 배서를 해야 제3자에게 선하증권을 양도할 수 있다.

예) Deliver to XYZ Co.
ABC Co., Ltd.
(signed)
____
Export Manager

2) 백지식 배서(blank endorsement) : 피배서인을 지정하지 않고 단지 배서인의 서명만 하는 방법으로서, 무기명배서 또는 백지배서라고도 한다.

예) ABC Co., Ltd.
(signed)
____
Export Manager

3) 지시식 배서 : 피배서인으로서 "Order of XX" 또는 "XX or order"와 같이 기재하는 것이다.

예) Deliver to the order of XYZ Co.
ABC Co., Ltd.
(signed)
____
Export Manager

3 기타의 운송서류

운송서류 중 가장 중요한 것은 앞 절에서 살펴 본 선하증권이지만, 이 밖에도 운송수단 여하에 따라 여러 가지 운송서류가 있다. 여기서는 그러한 서류 중 이용빈도가 높은 항공화물운송장과 복합운송증권에 대하여 살펴보기로 한다.

① 항공화물운송장

항공화물운송장(air waybill : AWB)은 무역상품을 항공기로 운송하는 경우에 당해 항공화물에 대하여 항공운송인이 발행하는 서류이다. 다만, 선하증권의 경우에는 운송인이 직접 발행 · 교부하지만, 항공화물운송장은 송하인이 작성하고 운송인은 서명만 하는 것이 원칙이다. 항공화물운송장은 서명됨으로써 발행이 완료되고 완전한 운송장으로 성립된다.

그리고 항공화물운송장은 선하증권과 달리 재산권을 표창하는 것이 아니고 유통성도 없으므로 유가증권(valuable instrument)은 아니며, 단순한 증거증권[11] 내지 화물수령증에 지나지 않는다. 따라서 화환결제를 하는 은행 입장에서 볼 때 확실한 담보물건이 되지 못하지만, 신용장에서 항공화물운송장을 요구하는 경우에는 이를 수리한다.

항공화물운송장의 양식은 국제항공운송협회(International Air Transport Association : IATA)에서 표준화시켜 두고 있어, 대부분의 항공사와 IATA 및 Non-IATA 대리점 모두 동일한 이 표준양식을 사용하고 있다. 그러나 반드시 표준 운송장을 사용해야 하는 것은 아니며, 표준운송장에 수정 · 변경을 가하여 사용하여도 무방하다.

UCP 제23조는 신용장이 항공운송서류를 요구하는 경우, 다음과 같은 요건을 갖춘 서류는 그 명칭에 관계없이 은행이 수리하는 것으로 규정하고 있다.

① 운송인의 성명과 함께 운송인 또는 그 대리인이 서명한 서류

② 물품이 운송을 위하여 인수되었음을 명시한 서류

11) 항공화물운송장이 증거증권이라 함은 그것이 첫째, 항공운송계약이 존재한다는 사실, 둘째로 운송인이 운송을 위하여 화물을 인수하였다는 사실, 셋째로 화물운송의 조건에 관한 증거가 된다는 뜻이다(이시환 · 김정회, 국제운송론, 대왕사, 2005, 335면).

③ 발행일을 명시한 서류

④ 신용장에 규정된 출발 공항과 도착 공항을 명시한 서류

⑤ 송하인(shipper/consignor) 앞으로 발행된 원본으로 구성된 서류

⑥ 운송에 관한 이면약관이 있거나, 그 약관이 생략된 약식 서류

한편 국제적으로 운송되는 화물의 사고에 관한 항공운송인, 즉 항공회사의 책임 및 사고처리방법 등을 국제적으로 통일하여 국제화물사고의 처리를 간편하고 신속하게 할 목적에서 1929년 10월 바르샤바에서 열린 국제항공 사법회의(International Conference on Private Air Law)에서 "국제항공운송에 있어서의 일부규칙의 통일에 관한 협약"(Convention for the Unification of Certain Rules relating to International Carriage by Air) – 약칭 바르샤바협약(Warsaw Convention) – 이 체결되었고, 1933년 2월 13일에 발효하였다. 그리고 그 이후 항공운송의 급속한 발달에 따라 이 협약으로서는 도저히 현실적 수요에 부응할 수 없게 됨에 따라 1955년 네덜란드의 헤이그에서 "1929년 10월 12일 바르샤바에서 서명된 국제항공운송에 있어서의 일부규칙의 통일에 관한 협약을 개정하기 위한 의정서"(Protocol to Amend the Convention for the Unification of Certain Rules relating to International Carriage by Air Signed at Warsaw on 12 October 1929) – 약칭 헤이그의정서(Hague Protocol) – 가 채택되고, 1963년 8월 1일에 발효하였다.[12] 또 그 이후 이들 협약의 내용을 보완 내지 개정하는 것으로서 1961년의 과달라하라협약(Guadalajara Convention)[13], 1971년의 과테말라의정서(Guatemala Protocol), 그리고 1975년에는 몬트리올 제1 · 제2 · 제3 및 제4추가의정서(Montreal Additional Protocols Nos. 1,2,3,4)가 성립하였다.

이상과 같은 1929년 바르샤바협약과 1955년 헤이그의정서, 1961년 과달라하라협약, 1971년의 과테말라 의정서, 1975년의 몬트리올 제1 · 제2 · 제3 및 제4추가의정서를 총칭하여 바르샤바체제라고 한다.

12) 이시환 · 김정회, 「국제운송론」, 대왕사, 2005, 328~329면.

13) 이 협약의 정식 명칭은 「계약 당사자가 아닌 운송인이 이행한 국제항공운송과 관련된 일부규칙의 통일을 위한 바르샤바협약을 보충하는 협약」(Convention Supplementary to the Warsaw Convention for the Unification of Certain Rules relating to International Carriage by Air Performed by a Person other than the Contracting Carrier)이다.

항공화물운송장

180 3279 0015 180-3279 0015

Shipper's Name and Address | Shipper's Account Number

VOID

Not negotiable
Air Waybill
(Air Consignment note)
issued by
KOREAN AIR LINES CO

KOREAN AIR

CABLE ADDRESS: "KOREANAIRLINES" C.P.O. BOX 864
41-3, SOSOMUN-DONG, CHUNG-GU, SEOUL, KOREA

Copies 1, 2 and 3 of this Air Waybill are originals and have the same validity.

Consignee's Name and Address | Consignee's Account Number

VOID

It is agreed that the goods described herein are accepted in apparent good order and condition (except as noted) for carriage SUBJECT TO THE CONDITIONS OF CONTRACT ON THE REVERSE HEREOF. ALL GOODS MAY BE CARRIED BY ANY OTHER MEANS INCLUDING ROAD OR ANY OTHER CARRIER UNLESS SPECIFIC CONTRARY INSTRUCTIONS ARE GIVEN BY THE SHIPPER. THE SHIPPER'S ATTENTION IS DRAWN TO THE NOTICE CONCERNING CARRIER'S LIMITATION OF LIABILITY. Shipper may increase such limitation of liability by declaring a higher value for carriage and paying a supplemental charge if required.

Telephone:

Issuing Carrier's Agent Name and City

VOID

Accounting Information

Agent's IATA Code | Account No.

Airport of Departure (Addr. of First Carrier) and Requested Routing

To | By First Carrier (Routing and Destination) | to | by | to | by | Currency | CHGS Code | WT/VAL PPD COLL | Other PPD COLL | Declared Value for Carriage | Declared Value for Customs

Airport of Destination VOID | Flight/Date (For Carrier Use Only) Flight/Date | Amount of Insurance | INSURANCE – If Carrier offers insurance, and such insurance is requested in accordance with conditions on reverse hereof, indicate amount to be insured in figures in box marked 'amount of insurance'.

Handling Information

No. of Pieces RCP	Gross Weight	kg lb	Rate Class / Commodity Item No.	Chargeable Weight	Rate / Charge	Total	Nature and Quantity of Goods (incl. Dimensions or Volume)
						VOID	

Prepaid | Weight Charge | Collect | Other Charges

Valuation Charge

Tax

Total Other Charges Due Agent

Shipper certifies that the particulars on the face hereof are correct and that insofar as any part of the consignment contains dangerous goods, such part is properly described by name and is in proper condition for carriage by air according to the applicable Dangerous Goods Regulations.

Total Other Charges Due Carrier

Signature of Shipper or his Agent

Total Prepaid | Total Collect

Currency Conversion Rates | CC Charges in Dest. Currency

Executed on (date) at (place) Signature of Issuing Carrier or its Agent

For Carrier's Use Only at Destination | Charges at Destination | Total Collect Charges

180-3279 0015

COPY 12

그런데 바르샤바체제는 협약 자체도 잦은 개정으로 구성과 내용이 복잡할 뿐 아니라 각국별로 가입형태도 다양하였다. 따라서 국제항공운송업무의 처리와 국제항공기 소송사건을 다루는데 있어 매우 불편하고 신속성을 기하지 못하고 있었을 뿐 아니라 많은 지장을 주고 있었다.[14] 그리하여 UN산하 국제민간항공기구(International Civil Aviation Organization: ICAO)에서는 위에서 언급한 여러 협약과 의정서를 하나의 협약으로 통합하여 단순화시키고 현대화시키기 위하여 작업을 진행해 왔다. 그 결과 1999년 5월 캐나다의 몬트리올에서 "국제항공운송에 있어서의 일부 규칙통일에 관한 협약"(Convention for the Unification of Certain Rules for International Carriage by Air), 즉 몬트리올협약(Montreal Convention)이 채택되었으며, 이 협약은 2003년 11월 4일에 발효되었다.

그 동안 우리나라는 1955년의 헤이그의정서에만 가입하였으므로 국제항공운송 관련 모든 분쟁들에 대하여 법원은 헤이그의정서에 의하여 해결해 왔는데[15] 지난 2007년 10월 몬트리올협약에 가입하여 12월 29일자로 발효함에 따라 이제 몬트리올협약은 국내법으로서의 효력을 갖게 되었다.

그런데 국제항공운송계약에 관한 각 협약은 각각 별개의 협약이므로 발착 공항 소재의 각국이 동일한 협약의 가맹국인 경우에만 그 협약이 적용된다. 즉 어떤 협약 또는 의정서가 적용되느냐 하는 문제는 각국이 어떤 협약을 비준하고 있는가에 달려있다.

그리고 몬트리올협약의 발효 이후 국제항공운송협회(International Air Transport Association : IATA)에서는 항공화물운송장의 이면약관을 개정하여 지난 2008년 3월 17일부터 이를 시행하고 있다.

② 복합운송증권

복합운송증권(multimodal transport document : MTD)은 복합운송계약에 의해 복합운송인이 발행하는 증권으로서, 복합운송계약의 내용 내지 운송조건과 복합운송인에 의한 운송물의 수령을 증명하는 증거증권이다.

복합운송증권의 유가증권성은 그 발행형식에 의하여 결정되는 것이지만, 적어도

14) 김두환, "몬트리올조약에 있어 국제항공여객운송인의 손해배상책임", 「항공우주법학회지」, 제18권, 한국항공우주법학회, 2003, 10면.
15) 한덕규, "몬트리올협약에 의한 국제항공운송계약의 규율", 「법률신문」, 2007년 10월 25일자 제3597호.

유통성있는 증권의 형식으로 발행되는 것은 유가증권성이 인정된다. 그리고 유가증권으로서의 복합운송증권의 법적 성질은 앞에서 살펴 본 선하증권의 경우와 마찬가지이다.

그런데 현재 복합운송증권의 성격을 갖는 운송증권은 통일되어 있지 않다. 따라서 화주 입장에서는 개개의 복합운송증권에 대하여 그 약관을 검토하여 복합운송인의 책임이 어떻게 되어 있는가를 체크하여야 한다. 다만 현실적으로 복합운송증권으로서 Freight Forwarder의 국제조직인 FIATA(federation internationale des associations de transitaires et assimiles : 국제복합운송주선인협회 연맹)가 제정한 복합운송 선하증권(FIATA CT B/L : FBL)이 많이 이용되고 있다.

UCP에 의하면 복합운송증권(multimodal or combined transport document)은 다음과 같은 요건을 갖추어야 한다(제19조).

① 운송인의 성명과 함께 운송인이나 선장 또는 그 대리인이 서명한 서류
② 물품이 신용장에 규정된 장소에서 발송 · 수령 또는 본선적재 되었음을 명시한 서류
③ 비록 운송서류상에 다른 발송지, 수령지, 선적지 또는 최종목적지를 추가하고 있거나, 또는 운송서류가 선박, 선적항 또는 양륙항과 관련하여 "예정된" 또는 이와 유사한 단서를 달고 있을지라도 신용장에 기재된 발송지, 수령지 또는 선적지 및 최종목적지를 명시한 서류
④ 단일의 원본운송서류나 수통의 원본으로 발행된 전통으로 구성된 서류
⑤ 운송에 관한 이면약관이 있거나 또는 그 약관이 생략된 약식서류
⑥ 용선계약에 따른다는 명시가 없는 서류

한편, 국제복합운송의 발달에 따라 해상운송에 있어서의 헤이그규칙과 같은 국제복합운송인의 책임에 관한 통일협약이 필요하게 되었다. 따라서 오랫동안 국제복합운송을 규제하는 국제협약을 제정하고자 하는 움직임이 있었고, 그 결과 1980년에 이윽고 「유엔국제물건복합운송협약」(United Nations Convention on International Multimodal Transport of Goods, 1980) – 약칭 MT협약 – 이 탄생되었다. 그러나 이 협약은 아직까지 발효조건인 30개국의 비준 · 가입이 이루어지지 않아 사문화되고 말았다.

여기서 국제해사위원회(CMI)가 나서서 앞에서 살펴 본 해상운송인의 책임에 관한 헤이그 · 비스비규칙과 복합운송을 결합한 새로운 국제협약 초안을 작성하였고, 이를 바탕으로 UNCITRAL의 운송법(Transport Law) 작업반(working group)이

2002년 이후 그 수정작업을 진행, 이윽고 2008년 12월 12일 비엔나에서 개최된 유엔 총회에서 「2008년 12월 11일자 전부 또는 일부가 해상 운송되는 국제물건운송계약에 관한 유엔협약」(United Nations Convention on Contracts for the International Carriage of Goods Wholly or Partly by Sea on 11 December 2008), 즉 로테르담규칙(Rotterdam Rules)이 성립되었다.[16)]

로테르담규칙은 해상운송을 포함한 오늘날의 door-to-door 컨테이너복합운송에 현대적이고 통일된 법률을 마련하는데 있지만, 적용범위가 항구간 물품운송으로 제한되지는 않는다. 즉, 이 규칙은 해상운송뿐만 아니라 해상운송이 포함된 복합운송에 적용된다. 그리고 이 규칙은 함부르크규칙과 마찬가지로 운송인의 책임기간도 수령에서 인도까지로 규정하고 있다. 또 화재를 포함하여 15개 면책사유는 인정하지만, 항해과실면책은 인정하지 않으며, 운송인은 포장당 875 SDR과 중량 1kg당 3 SDR로 계산한 총액 중 많은 쪽으로 책임을 제한할 수 있다. 이 규칙은 20개국의 비준이 있으면 발효되지만, 현재로서 발효 시기를 예측하기는 어렵고, 우리나라의 경우는 상법을 개정하여 2008년 8월 4일부터 시행하고 있으므로 로테르담규칙이 발효된다고 하더라도 곧바로 상법을 개정하기는 어려울 것으로 전망된다.

4 상업송장

송장은 크게 나누어 상업송장(commercial invoice)과 공용송장(official invoice)으로 분류된다. 일반적으로 송장이라고 하면 상업송장을 말하며, 공용송장은 수입국에서의 통관시 상업송장의 진실성을 증명하기 위하여 송장내용에 관하여 영사의 사증을 받거나 또는 특정양식에 수출업자가 스스로 작성, 서명한 것이다. 현재 사용되고 있는 공용송장에는 영사송장과 세관송장이 있는데, 이들 서류는 계약서나 신용장에 명시하여 요구하는 경우에 한하여 필요한 서류로서 뒤에서 별도로 살펴보기로 하고, 여기서는 상업송장을 중심으로 설명하기로 한다.

16) http://www.unis.unvienna.org/unis/pressrels/2008/unisli25.html(2009.1.2).

FIATA 복합운송선하증권

Consignor	FBL No. KR 410 NEGOTIABLE FIATA COMBINED TRANSPORT BILL OF LADING issued subject to ICC Uniform Rules for a Combined Transport Document (ICC publication 298).
Consigned to order of	**DAE-A TRANSPORT CO.,LTD.** TEL : (02) 752-1340 FAX : (02) 752-1360 TLX : K23248 DAEATRS C.P.O.BOX : 2550, SEOUL, KOREA
Notify address	
Place of receipt	
Ocean vessel / Port of loading	
Port of discharge / Place of delivery	

Marks and numbers	Number and kind of packages	Description of goods	Gross weight	Measurement

COPY

NON-NEGOTIABLE

according to the declaration of the consignor

The goods and instructions are accepted and dealt with subject to the Standard Conditions printed overleaf.

Taken in charge in apparent good order and condition, unless otherwise noted herein, at the place of receipt for transport and delivery as mentioned above.
One of these Combined Transport Bills of Lading must be surrendered duly endorsed in exchange for the goods. In Witness whereof the original Combined Transport Bills of Lading all of this tenor and date have been signed in the number stated below, one of which being accomplished the other(s) to be void.

Freight amount	Freight payable at	Place and date of issue
Cargo Insurance through the undersigned ☐ not covered ☐ Covered according to attached Policy	Number of Original FBL's	Stamp and signature
For delivery of goods please apply to:		**DAE-A TRANSPORT CO.,LTD.**

① 상업송장의 의의 및 종류

상업송장은 송하인(매도인인 신용장의 수익자)이 수하인(매수인인 신용장 발행신청인) 앞으로 작성하는 선적화물의 내용을 표시하는 출하안내서인 동시에 화물의 가격 등을 명확히 한 계산서(statement of account)이고, 또한 대금청구서의 역할을 하는 문서이다.

상업송장은 선적송장과 견적송장으로 구분된다(〈그림 11-3〉 참조). 선적송장(shipping invoice)은 매매계약 또는 위탁계약에 의하여 당해 계약상품을 선적하고 실제로 선적된 화물에 대하여 작성하는 것이고, 견적송장(pro-forma invoice)은 매매계약 성립전에 거래계약을 유발·촉진시키기 위한 수단으로 그 거래를 가상하여 작성하는 것이다. 이 중 선적서류로 이용되는 상업송장은 선적송장이므로 일반적으로 상업송장이라고 하면 선적송장을 가리킨다.

그런데 선적송장은 그 토대가 되는 매매의 종류에 따라 다시 ① 매매송장, ② 위탁판매송장, ③ 매입위탁송장, ④ 견본송장 등으로 나누어진다.

매매송장(sales invoice)은 선적송장의 가장 일반적인 형태로서, 보통 송하인인 수출업자가 작성하기 때문에 수출송장(export invoice)이라고도 한다.

그리고 위탁판매송장(consignment invoice)은 위탁판매품을 선적할 때 위탁자가 수탁자 앞으로 작성하는 송장이고, 매입위탁송장(indent invoice)은 구매위탁품을 선적할 때 수탁자가 작성하는 송장이다.

한편, 견본송장은 수출업자가 견본품을 송부할 때 작성하는 것으로서, 유상으로 견본을 보내는 경우에는 수출송장과 다를 바가 없다.

〈그림 11-3〉 상업송장의 종류

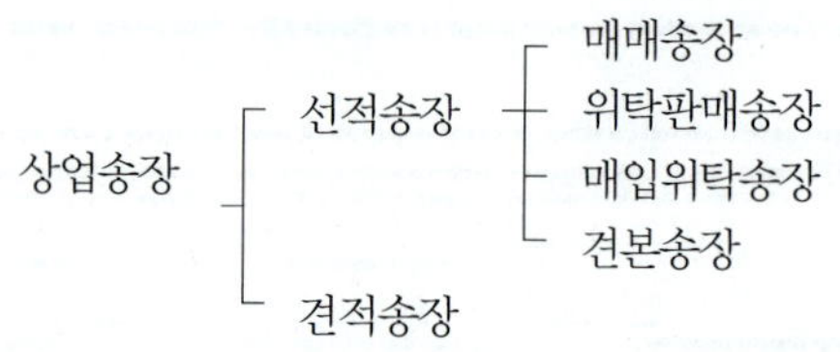

❷ 상업송장의 기능

위에서도 간단히 언급한 바와 같이 선적서류로서의 상업송장은 수출업자가 작성하는 선적화물의 명세서인 동시에 계산서 · 청구서로서의 성격을 지니고 있는데, 여기서 송장이 지닌 주요한 기능을 좀 더 구체적으로 살펴보면 다음과 같다.

(가) 수출품의 출하안내서 겸 명세서

상업송장은 수출품의 내용을 상세하게 기재한 적하의 안내서인 동시에 명세서이다. 따라서 상업송장에는 ① 상품명, ② 화인, ③수량, ④ 단가, ⑤ 금액, ⑥ 적재선박명, ⑦ 선적항, ⑧ 목적항, ⑨ 출항일 등 매수인인 수입업자가 당해 상품을 수입함에 있어 필요하리라고 생각되는 제반사항을 모두 표시함으로써 수입업자가 이것을 그대로 활용하여 수입통관[17]이나 전매 등에 이용할 수 있도록 하여야 한다.

(나) 계산서 겸 청구서

상업송장은 수출업자가 수입업자에게 교부하는 수출계산서로서 송장에 표시된 총계금액, 즉 송장금액은 수입업자가 부담하여야 할 최종채무액을 나타낸다.

송장이 계산서로서의 역할을 하기 때문에 별도의 대금청구서 없이 송장을 대금청구서로 겸용하고 있으며, 또 이러한 명세서 겸 계산서라는 성격 때문에 선적서류로서 송장을 필요로 하는 것이다. 따라서 송장은 계산서 겸 대금청구서로서의 내용에 적합한 일정한 형식을 구비하여야 한다.

그리고 송장의 계산서로서의 성격 때문에 수출업자는 송장금액으로 ① 환어음금액(보통 송장가액의 100%)을 결정하고, ② 해상운임이 종가운임인 경우 운임산출의 기준(FOB 송장가액)을 제공하고, 또 ③ 부보시 보험가액 및 보험금액(보통 CIF 송장가액의 110%)을 산정할 수가 있다.

(다) 수입화물의 매입서

상업송장을 수입업자의 입장에서 보면 수입화물의 매입서로서의 역할을 하고 있다. 즉, 수입업자는 해외 수출업자가 먼저 보내온 송장 사본에 의거 화물의 명세를 정확히 파악할 수 있으므로 화물의 도착전에 화물을 인수할 준비와, 또 고객에게

17) 상업송장은 수출입통관시 신고서류의 하나로서 반드시 세관에 제출하도록 되어 있는데, 세관에서는 상업송장을 보통 송품장이라고 한다.

상업송장

COMMERCIAL INVOICE

①Shipper/Seller

⑦Invoice No. and date

⑧L/C No. and date

②Consignee

⑨Buyer(if other than consignee)

¥Other references

③Departure date

④Vessel/flight ⑤From

⑥To

¥Terms of delivery and payment

¥Shipping Marks	¥No.&kind of packages	¥Goods description	¥Quantity	¥Unit price	¥Amount

Signed by
¥

견적송장

From :

Ref. NO :
(DATE)

Tel :
Fax :
E-mail :

To :

PROFORMA INVOICE

We as Seller confirm having sold you as Buyer the following goods on the terms and conditions as stated below :

COMMODITY :

QUALITY :

QUANTITY :

PACKING & MARKING :

UNIT PRICE & TERMS OF DELIVERY :

AMOUNT :

PAYMENT :

TIME OF SHIPMENT :

PORT OF SHIPMENT :

DESTINATION :

INSURANCE :

INSPECTION :

SPECIAL TERMS
& CONDITIONS :

(회사명)

____
(대표자명 & 직위)

화물을 인도하거나 전매할 준비를 할 수 있다. 그리고 화물이 도착된 다음에는 송장 원본을 수입신고서에 첨부하여 세관에 제출, 당해 화물이 정당한 거래과정을 밟아 정확한 계산하에 수입된 것임을 입증함으로써 수입통관을 원활하게 해 준다. 또 관세액의 부과·결정에 이의를 제기할 때에는 송장이 유력한 자료가 된다.

5 부속서류

① 포장명세서

포장명세서(packing list)는 선적화물의 포장방법, 포장단위별 내용명세, 순중량, 총중량, 용적 등을 명시한 것으로서 상업송장의 내용을 보완하여 주는 서류이다.

선적화물을 조회하는 경우에 상업송장이나 용적·중량증명서로서는 순중량이나 상자안의 내용물이 분명하지 않기 때문에 송장의 보조서류로서 포장명세서가 필요하게 되는데, 이것은 통관 특히 수입통관시에 없어서는 안되는 서류이다. 따라서 선적 후 수출업자가 수입업자에게 보내는 선적서류의 사본에는 반드시 포장명세서를 동봉하여야 한다.

포장명세서는 보통 공장에서의 포장과 동시에 작성하지만, 보다 정확을 기하기 위해서는 포장명세서를 먼저 작성하고 그에 따라 포장을 하는 것이 효과적인 방법이 될 수 있다.

② 영사송장

영사송장(consular invoice)은 탈세·외화도피·덤핑 등을 방지하기 위하여 수출국에 주재하는 수입국 영사가 송장의 기재내용을 확인한 특정서식의 송장을 말한다. 이것은 중남미 국가 등 특정국가에 수출하는 경우 선적서류의 하나로서 요구되고 있다.

포장명세서

PACKING LIST

<table>
<tr><td colspan="3">①Shipper/Seller</td><td colspan="3">⑦Invoice No. and date</td></tr>
<tr><td colspan="3" rowspan="2">②Consignee</td><td colspan="3">⑧Buyer(if other than consignee)</td></tr>
<tr><td colspan="3" rowspan="4">⑨Other references</td></tr>
<tr><td colspan="3">③Departure date</td></tr>
<tr><td colspan="2">④Vessel/flight</td><td>⑤From</td></tr>
<tr><td colspan="3">⑥To</td></tr>
<tr><td>⑩Shipping Marks</td><td>⑪No.&kind of packages</td><td>⑫Goods description</td><td>⑬Quantity or net weight</td><td>⑭Gross-Weight</td><td>⑮Measurement</td></tr>
<tr><td colspan="3"></td><td colspan="3">Signed by
⑯</td></tr>
</table>

선적서류로서의 상업송장은 수입지 세관에서 관세를 산정하는 자료가 되는데, 수입지 세관의 입장에서 보면 상업송장은 외국의 수출업자가 작성한 사문서에 불과하므로 그 내용을 신뢰하기 어려운 경우가 있다. 그런데 만약 송장금액을 실 계약가격보다 낮게 기재하면 관세포탈이 되고, 반대로 높게 기재하면 외화도피가 된다. 따라서 수출국에 주재하는 수입국의 영사가 자국으로 가는 물품의 매도인으로 하여금 송장을 제출하도록 하여 그 내용의 진실성을 인증하고 있는데, 이것이 곧 영사송장제도이다.

선적서류의 하나로서 영사송장을 제출하도록 요구받은 경우 수출업자는 소정 양식에 필요 사항을 기재하여 선적 후 수입국 영사관에서 사증을 받는다. 이때 영사관에서는 소정의 사증료(consular fee)를 징수하는데, 이 비용은 FOB 또는 CIF 등의 계약에서는 원래 매수인이 부담하여야 할 성질의 것이기 때문에 수출업자가 우선 부담하고 나중에 매수인으로부터 상환받아야 한다.

③ 세관송장

세관송장(customs invoice)은 수출업자가 직접 수입지 세관에 대하여 송장 내용의 진실성을 선서하는 공용송장으로서, 수출업자가 소정 양식에 필요사항을 기재하여 스스로 서명만 하면 되고 영사의 사증을 필요로 하지 않는다. 뉴질랜드 · 남아연방 등 특정국가에 수출하는 경우에 영사송장과 동일한 목적으로 이러한 세관송장이 요구된다.

그리고 캐나다는 1985년 1월 1일을 기해 신관세평가제도를 도입하면서 새로운 서식을 발표하고 수입업자로 하여금 수입신고시 제출하도록 하고 있으나, 반드시 세관송장을 제출할 필요는 없고 수출업자가 작성한 상업송장상에 캐나다 세관송장상의 기재사항이 모두 포함되어 있으면 이로 갈음할 수 있도록 하고 있다. 한편, 미국도 종래 특별세관송장을 요구해 오다가 1985년 5월 10일부터는 이를 폐지하였다. 다만, 미국으로 수출되는 상품에 대한 상업송장상에는 반드시 원산지를 기재하여야 한다.

④ 원산지증명서

원산지증명서(certificate of origin)는 당해 화물이 확실히 그 나라에서 생산 또는 제조되었음을 증명하는 공문서로서, 원래 수입업자가 수입화물에 대한 관세부과에 있어서 국정세율(general tariff)보다 낮은 협정세율(conventional tariff)의 적용을 받기 위하여 개인적으로 필요한 것이었지만, 오늘날에는 그 성질이 변하여 수입국의 무역관리나 외환관리를 위하여 요구하기도 한다.

원산지증명서는 그 용도(목적)에 따라 일반 수출물품 원산지증명서와 관세양허대상 수출물품 원산지증명서 등으로 구분된다. 일반 수출물품 원산지증명서는 관세양허대상이 아닌 유상 또는 무상으로 수출하는 물품에 대해 발급하는 것으로 수입국의 원산지 표시문제 및 불공정무역행위(덤핑) 조사 등을 이유로 요구하며 대한상공회의소에서만 발급한다.

한편 관세양허대상 수출물품 원산지증명서는 관세혜택을 목적으로 발급하는 것으로 전국 세관 및 대한상공회의소에서 발급한다. 관세양허대상 수출물품 원산지증명서는 협정 등에 따라 ① 자유무역협정(Free Trade Agreement : FTA)에 의한 관세양허 수출품의 원산지증명, ② 아시아 · 태평양무역협정(Asia-Pacific Trade Agreement : APTA)에 의한 관세양허대상 수출품의 원산지증명, ③ 일반특혜관세(Generalized System of Preferences : GSP) 원산지증명 등으로 구분된다.

5 검사증명서

매매계약조건의 하나로 품질이 수입업자가 지정한 검사기관의 검사에 합격할 것을 조건으로 한 경우에는 당해 기관의 검사증명서(inspection certificate)를 요구하게 된다. 또 식물을 수출하는 경우 수입국에 따라서는 검역소에서 발급하는 검사증명서를 요구하고, 광석류나 화학제품류에는 함유성분을 명확히 한 분석증명서(certificate of analysis)를 첨부하여야 한다.

6 용적 · 중량증명서

용적 · 중량증명서(certificate and list of measurement and/or weight)는 제목 그대로 상품의 용적 · 중량에 대한 증명서로서, 상업송장상에 총괄적으로 표시한 것을 보충하여 개개의 화물별로 총용적 및 총중량을 표시한 서류이며, 공인검량업자가 발행한다.

원산지증명서

1. Exporter(Name, address, country) GILDONG TRADING CO. LTD 15P. SAMSUNG-DONG, KANGNAM-GU SEOUL, KOREA	ORIGINAL **CERTIFICATE OF ORIGIN** issued by THE KOREA CHAMBER OF COMMERCE & INDUSTRY Seoul, Republic of Korea
2. Consignee(Name, address, country) TO ORDER OF abc BANK	3. Country of Origin REPUBLIC OF KOREA
4. Transport details FROM : BUSAN, KOREA TO : NEW YORK, USA BY : SAZLING ON OR ABUT APR. 25, 2000	5. Remarks CY 875-022-4 APR. 25, 2000

6. Marks & numbers ; number and kind of packages ; description of goods		7. Quantity
G.T. NEW YORK S/# : 4794FX GT/FXMR E/# : 1 Q'TY : 2 DOZ. C/# : 1-400 MADE IN KOREA ////////////////	LADIES 55PCT RAMIE 45 PCT COTTON SWEATERS. CAT 845 (55% RAMIE 45% COTTON 2/17'S) STYLE NO. 4794FX GT/FXMR L/C NO. Y 178792 //	800 DOZ. ///////////////////

8. Declaration by the Exporter (Signature) (Name)	9. Certification Authorized Signatory Certificate No.

THE KOREA CHAMBER OF COMMERCE & INDUSTRY

7 위생증명서

위생증명서(certificate of health)는 식료품 · 화장품 · 약품 등을 수출하는 경우에 수입국에서 규정하고 있는 기준에 합치된다는 것과 무균 · 무해임을 증명하는 서류이다.

8 차변표와 대변표

차변표(debit note)는 전표의 발행자가 그 상대방에 대하여 전표에 기재된 금액을 청구할 권리가 있음을 표시한 전표이다. 예를 들어, 수입업자가 부담해야 할 영사송장에 대한 사증료를 입체 부담한 경우에는 수출업자가 수입업자 앞으로 차변표를 발행한다.

한편, 대변표(credit note)는 차변표와는 반대로 전표의 발행자가 그 상대방에 대하여 지급계정이 있는 경우에 그 내용과 금액을 상대방에게 통지하는 전표이다. 수출업자가 수입업자에게 지급하여야 할 대리점 수수료를 이 대변표에 기재하여 통지하기도 하고, 또 수입업자가 수입지에서 수출업자를 위하여 대신 지급한 비용을 수출업자가 나중에 지급하기로 약속한 경우 등에도 대변표를 발행한다.

검사증명서

CERTIFICATE OF INSPECTION

DATE :

AS PER L/C NO.

SHIPPED BY

OF

TO

THIS IS TO CERTIFY THAT OUR QUALITY CONTROLLER ATTENDED FOR INSPECTION OF THE CAPTIONED SHIPMENT AT

AND SAMPLES TAKEN AT RANDOM FROM THIS SHIPMENT WERE INSPECTED AND APPEARED TO BE SUCH AS TO WARRANT THE ISSUE OF THIS AUTHORIZATION.

THE ISSUE OF THIS CERTIFICATE OF INSPECTION TO SHIP THESE GOODS DOES NOT IMPLY THAT THE GOODS ARE IN ACCORDANCE WITH THE CONTRACT AND DOES NOT IN ANYWAY RELIEVE THE SELLERS OF THEIR RESPONSIBILITY TO SUPPLY THE GOODS TO BE SHIPPED HEREWITH IN ENTIRE ACCORDANCE WITH THE CONTRACT.

MERCHANDISE INSPECTED BY :

QUALITY CONTROLLER :

Authorized signature

차변표(DEBIT NOTE)

DEBIT NOTE

Messrs. Pacific Trading Co. August 10,2020 2007

New York

Debited to Daehan Trading Co., Ltd. *

Quantity	Description	Amount
	Consular Fee Order #5 shipped per M/S "Arirang"	

Daehan Trading Co., Ltd.
(signed)

* 대변표의 경우는 "Credited by Daehan Trading Co., Ltd."와 같이 표시된다.

Chapter 12

수출입대금의 결제

1. 외국환의 기초이론
2. 수출대금의 회수
3. 수입대금의 결제
4. 국제팩토링·포페이팅방식에 의한 결제
5. 전자무역의 결제시스템

Chapter 12 수출입대금의 결제

1 외국환의 기초이론

① 외국환의 개념

(1) 국가간의 결제

외국으로부터 물품을 수입하면 그 나라에 대금을 지급하여야 하고, 반대로 수출을 하면 대금을 회수하여야 한다. 이와 같이 수출입이나 기타 여러 가지 원인에 의하여 국가간에 대차관계가 발생하면 그 결제를 하여야 하는데, 이러한 결제가 국내에서의 일이라면 간단하다. 즉, 국내에서는 어디를 가나 한국은행권이 통용되므로 그것으로 결제하면 된다.

그러나 국가간의 결제의 경우에는 사정이 달라진다. 우리나라의 통화는 외국에서 통용되지 않고 또한 외국의 통화는 우리나라에서 통용되지 않기 때문이다. 여기서 국가간의 대금결제수단으로 외국환이 등장하게 된다. 물론 외국환 이외에 국제간의 대금결제를 하는 방법이 전혀 없는 것은 아니다. 예를 들면, 수입대금을 수출품이라고 하는 상품으로 지급하거나 금(gold)으로 지급하는 방법 등도 생각할 수 있다. 그러나 이러한 결제방법을 채택하는 데에는 현실적으로 여러 가지 장애요소가 있다. 따라서 오늘날 세계 각국간의 대금결제는 사실상 그 대부분이 외국환에 의존하고 있다.

(2) 외국환의 의의

일반적으로 환(exchange)이란 「격지자간의 대차결제를 현금을 직접 수송하지 않고 제3자(보통 은행)의 중개에 의해 어음이나 수표 등 넓은 의미에서의 신용수단으로 결제하는 방법」을 말한다. 이때 대차결제를 하는 지역이 예컨대, 서울과 부산과 같이 동일 국내인 경우를 내국환이라 하고, 서울과 런던과 같이 국가간에 걸치는 경우를 외국환(foreign exchange)이라고 한다. 여기서 설명을 쉽게 하기 위하여 내국환의 경우를 예로 들어 먼저 환의 원리를 살펴보면 다음과 같다.

지금 가령 서울의 A가 부산의 B로부터 상품을 매입하여 1,000만원의 채무가 있고, 또 이와는 별개로 서울의 C가 부산의 D에게 상품을 판매하여 1,000만원의 채권을 갖고 있다고 하자. 이러한 경우 A가 B에게, 그리고 D가 C에게 각각 1,000만원의 현금을 수송하여 지급하면 양자의 결제는 끝난다. 그러나 현금을 수송하는 것은 수송 도중 분실 또는 도난의 위험이 따르고, 또 시일도 많이 소요될 뿐 아니라 포장을 하는 것도 그리 간단하지가 않다. 여기서 이러한 위험과 불편을 피하기 위하여 서울의 A는 부산의 B에게 지급하는 대신 서울의 C에게 1,000만원을 지급하고, 또 부산의 D는 서울의 C에게 지급하는 대신 부산의 B에게 1,000만원을 지급할 수가 있다고 하면, 서울과 부산사이에 현금을 수송하지 않고도 이들 네사람 사이의 대차관계는 안전하고 신속하게 결제할 수 있다. 이와 같은 방법으로 격지자간의 대차를 결제하는 것이 환의 본래의 의미이다.

그런데 현실적으로 이러한 A와 B, 그리고 C와 D 사이의 채권 · 채무관계와 같이 금액과 지급기일이 동일한 경우는 거의 찾아 볼 수 없다. 또 A, B, C, D의 이와 같은 결제는 채무자 A와 D 중 누군가가 신용이 없어 약속대로 지급을 하지 않는다면 A, B, C, D 사이의 모든 결제에 혼란이 생긴다. 더욱이 가령 금액과 지급기일이 같고 채무자 A와 D 모두가 신용있는 당사자라 해도 서울의 A와 C, 그리고 부산의 B와 D가 서로 이러한 대차관계를 가진 상대방을 찾기란 여간 어려운 일이 아니다. 따라서 이러한 불편을 피하기 위해 풍부한 자금과 높은 신용을 가진 자가 환거래를 중개할 필요가 있는데, 이러한 중개의 역할을 하고 있는 것이 은행이다. 은행이 중개하는 경우의 환거래는 〈그림 12-1〉에서 보는 바와 같이 된다.

즉, 서울의 A가 부산의 B에게 1,000만원을 지급하고자 하는 경우, A는 K은행의 서울 본점에 1,000만원을 지급하고 K은행 부산지점 지급의 송금수표를 받아 이것을 부산의 B에게 우송한다. B는 이 수표와 상환으로 K은행 부산지점으로부터 1,000만원을 수취한다. 또 부산의 D도 마찬가지 방법으로 서울의 C에게 1,000만원을 송금할 수가 있다. 이와 같이 하면 A와 B, 그리고 C와 D사이의 채권 · 채무는 현금을 수송하지 않고 결제가 끝나게 되는데, 이와 같이 채무자가 은행을 통하여 채권자에게 송금하는 방법을 송금환 또는 순환이라고 한다.

그리고 환거래에는 이와 반대로 채권자가 은행을 통하여 채무자로부터 추심하는 방법, 즉 추심환(또는 역환)도 있는데, 추심환 방식으로 결제하는 경우에도 그 원리는 송금환의 경우와 마찬가지이다.

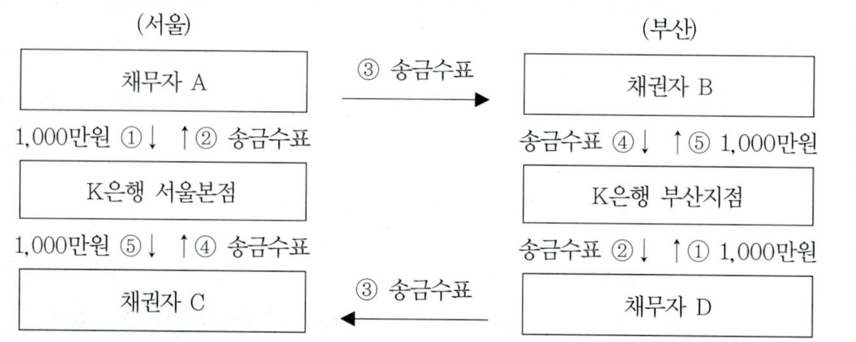

〈그림 12-1〉 환거래

이상에서 설명한 환의 원리는 외국환의 경우에도 그대로 적용된다. 즉, 그것은 ① 격지자간의 대차결제방법이고, ② 그 거래에는 반드시 은행(외국환은행)이 중개하며, ③ 어음이나 수표 등의 신용수단을 이용하여 행해지는 것이다.

요컨대, 외국환이란 「외국과의 사이에 있어서의 대차결제를 현금을 수송하지 않고 은행의 중개에 의해 어음이나 수표 등의 신용수단을 이용하여 하는 것」이라고 정의할 수 있다.

(3) 외국환의 특징

환의 원리는 내국환이나 외국환이나 마찬가지이다. 그러나 외국환은 「외국과의 사이에 있어서의 대차결제」를 하는 것이므로 내국환과는 다음과 같은 점에서 차이가 있다.[1)]

(가) 환거래의 원인

환거래의 원인인 대차관계가 내국환의 경우는 항상 국내에 한정되어 채권자와 채무자가 동일국내에 있지만, 외국환의 경우는 양 당사자 중 한편은 국내에 있고 상대방은 외국에 있어 소재지를 달리한다.

(나) 환결제의 형태

내국환의 경우에는 중앙은행인 한국은행을 통하여 각 지역간의 결제 차액, 즉 현금의 과부족이 최종적으로 결제되지만, 외국환의 경우에는 중앙은행이 존재하지

1) 津田 昇, 現代外國爲替論, 東京, 千倉書房, 1980, 4~5면 참조.

않기 때문에 중앙은행 대신 국제금융 및 외환시장이 그 역할을 대행한다. 따라서 그 최종결제의 형태는 내국환에 비하여 훨씬 복잡하다.

(다) 환율의 개입

내국환은 동일국내의 거래이기 때문에 단일통화로 결제되지만, 외국환의 경우에는 서로 다른 통화를 사용하는 외국과의 결제이므로 두 나라 통화의 교환이 필요하게 되며, 따라서 그 교환비율, 즉 환율문제가 발생한다.

(라) 선물환제도의 존재

환율은 각종 원인에 의해 항상 변동하기 때문에 환율변동에 따른 위험, 즉 환위험(exchange risk)을 회피하기 위한 수단으로서 선물환거래가 존재하며, 또 외국환은행이 환조작(exchange operation)[2]을 하게 된다.

(마) 결제에 이용되는 신용수단

외국환의 경우에는 수출입 대금결제를 위한 환어음에 수출입화물의 소유권을 상징하는 선적서류를 첨부한 화환어음(documentary draft)을 이용하거나 또는 그 화환어음의 지급을 보증하는 화환신용장이 사용되고 있다.

(바) 국제수지문제

외국환은 외국에 대한 대차의 결제이기 때문에 필연적으로 한 나라의 국제수지와 밀접한 관련을 갖게 되는데, 국제수지는 일국의 금융 · 경제에 중대한 영향을 미친다. 따라서 대부분의 국가는 국제수지의 균형을 유지하기 위하여 외국환거래의 통제, 즉 외환관리(exchange control)를 하고 있으므로 내국환에 비하여 자금이동이 자유롭지 못하다.

2 외국환거래의 방법

외국환거래의 방법은 크게 송금환과 추심환의 두 가지로 나눌 수 있다.

2) 외국환은행의 「환조작」이란 외국환은행이 고객과의 환거래를 원활히 하고, 또 환위험을 회피하기 위하여 외화자금의 과부족을 조정하는 것을 말한다.

(1) 송금환

송금환은 채무자가 채권자에게 외국환은행을 통하여 송금하는 방법인데, 여기에는 지급지시에 의한 방법과 수표 등의 신용수단을 이용하는 방법이 있다.

가령 서울의 채무자(수입업자) 갑이 뉴욕의 채권자(수출업자) A에게 5만 달러를 송금하는 경우를 가정하면, 〈그림 12-2〉가 그 하나의 방법이다. 즉, 서울의 채무자 갑이 서울에 있는 B은행에 5만 달러에 상당하는 원화를 불입하고 채권자 A에게 지급하여 줄 것을 의뢰하면, B은행은 뉴욕의 M은행에 전신 또는 서신으로 A에 대한 「지급지시」(instruction to pay)를 한다. 따라서 M은행은 A에게 5만 달러를 지급함과 동시에 자기가 보유하고 있는 B은행의 미화표시 예금계정에서 동액을 결제하게 된다. 이때 B은행의 M은행에 대한 지급지시가 전신으로 이루어지는 경우를 전신환 또는 전신송금(telegraphic transfer : T/T)이라 하고, 서신으로 이루어지는 경우를 우편환 또는 우편송금(mail transfer : M/T)이라 한다.

〈그림 12-2〉 송금환의 예(지급지시에 의한 방법)

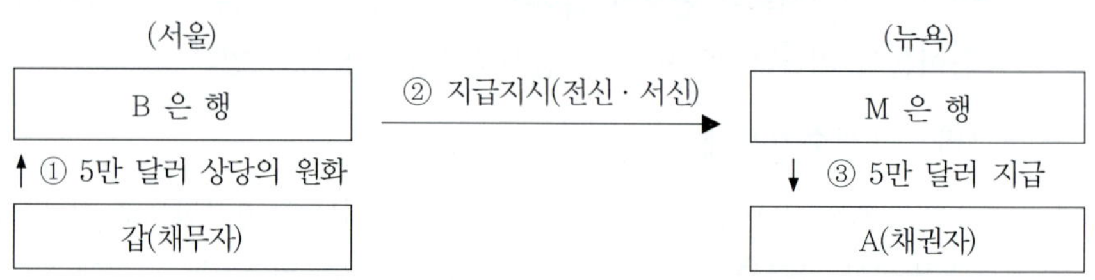

또 하나의 방법은 〈그림 12-3〉에서 보는 바와 같이 채무자 갑이 서울에 있는 B은행에 5만 달러에 상당하는 원화를 불입하고 B은행을 발행인, 채권자 A를 수취인, 뉴욕의 M은행을 지급인으로 하는 5만 달러의 환어음 또는 B은행의 수표(banker's check)를 수취한다. 그리고 갑이 이를 우편으로 채권자 A에게 송부하면 A는 이것을 M은행에 제시하고 5만 달러를 지급받게 되며, 이때에 M은행은 자기가 보유하고 있는 B은행의 예금계정에서 동액을 결제한다.

〈그림 12-3〉 송금환의 예(신용수단을 이용하는 방법)

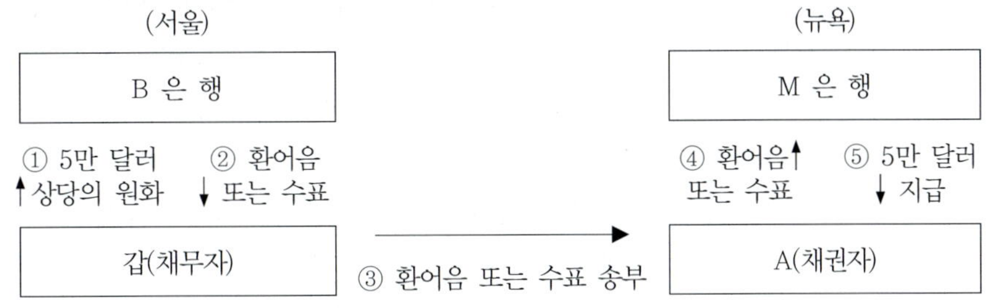

그런데 이상에서 설명한 송금환방법은 대개 개인간의 송금이나 무역외 거래의 결제에 주로 이용되며, 수출입대금의 결제에는 다음에서 설명하는 추심환방법을 이용하는 것이 보통이다.

(2) 추심환

추심환은 채권자가 은행을 통하여 채무자로부터 대금을 추심하는 방법으로서, 예를 들면 〈그림 12-4〉에서 보는 바와 같다.

〈그림 12-4〉 추심환의 예

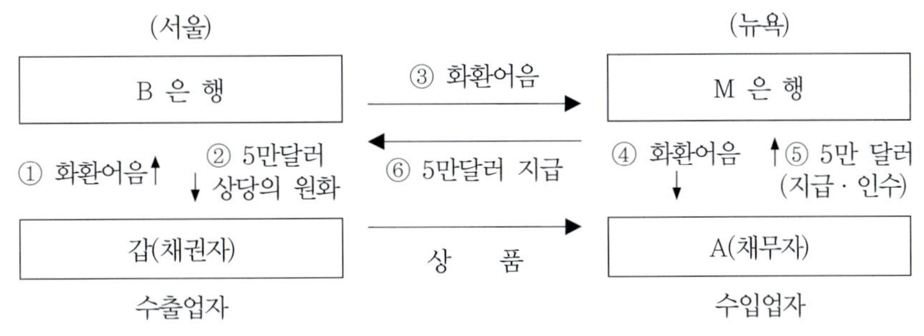

즉, 우선 채권자(수출업자) 갑은 화물을 선적한 후 채무자(수입업자) A를 지급인, B은행을 수취인으로 하는 환어음을 발행하고, 여기에 선적서류를 첨부하여 B은행에 매입을 의뢰하면, B은행은 그 화환어음과 상환으로 5만 달러 상당의 원화에서 어음의 지급기일까지의 이자를 차감한 금액을 지급한다.[3] 이와 같이 이자를 공제

3) 다만, 현실적으로는 이자를 별도로 징수하지 않고 다음 3항에서 설명하는 바와 같이 환율로서 조정한다.

하고 어음을 매입하는 것을 할인(discount)이라고 한다.

한편, B은행은 화환어음을 뉴욕의 M은행에 우송하여 채무자(수입업자) A로부터의 어음대금 추심을 의뢰한다. M은행은 수취한 화환어음을 A에 제시하고 A의 인수(acceptance) 또는 지급(payment)과 동시에 A에게 선적서류를 인도한다. 이때 A가 어음대금을 지급하여야 선적서류를 인도해 주는 것을 지급인도(documents against payment : D/P)라고 하고, A의 어음 인수만으로 선적서류를 인도해 주는 것을 인수인도(documents against acceptance : D/A)라고 한다.

그리고 M은행은 추심한 대금을 자기가 보유하고 있는 B은행의 계정에 입금시킴으로써 거래는 종결된다.

그런데 이러한 추심환은 보통 채무자(수입업자)의 어음대금지급을 보증하는 신용장이 있는 경우에 행해지는 것이며, 그렇지 않은 경우는 대금추심어음(bill for collection : B/C)으로 처리하게 된다. 즉, 수출지의 은행이 곧바로 어음대금을 지급해 주는 것이 아니라 화환어음을 수입지에 보내고 거기서 어음대금이 입금되어야 비로소 수출업자에게 대금을 지급하게 된다.

이상에서 설명한 화환어음에 의한 추심방법은 외국환 중 전형적인 것으로, 수출입대금의 대부분이 이러한 방식으로 결제된다.

3 환 율

(1) 환율의 개념

(가) 환율의 의의

앞에서 설명한 추심환의 예에서 보면 우리나라 수출업자(채권자) 갑은 5만 달러의 상품을 수출하였고, 따라서 환어음은 5만 달러로 표시하여 발행하지만 실제로 은행으로부터 지급받는 돈은 5만 달러에 상당하는 우리나라 원화이다. 이때 5만 달러에 대하여 몇원의 돈이 수출업자의 손에 들어오게 되는가? 여기서 미국 달러와 우리나라 원화와의 교환비율이 문제가 되는데, 이때의 교환비율을 환율이라 한다.

즉, 환율(foreign exchange rate : exchange rate)이란 한마디로 말하여 「이종통화간의 교환비율」이며, 이것을 일국의 입장에서 말하면 「자국통화와 외국통화와의 교환비율」이라 할 수 있다.

환율은 이와 같이 자국통화와 외국통화를 연결하는 다리(bridge)와 같은 것이며,

외국과의 경제교류나 무역거래는 이 다리를 통해야만 가능하다.

(나) 환율의 표시방법

환율을 표시하는 방법에는 기본적으로 두 가지가 있다. 하나는 외화표시방법이고, 다른 하나는 자국화표시방법이다.

1) 외화표시환율

외화표시환율(rate in foreign currency)이란 자국통화를 기준으로 하여 그 일정단위와 외국통화 몇 단위와 교환되는가를 표시하는 방법으로서, 자국화폐 일정단위에 대하여 얼마만큼의 외화를 수취하는가 하는 뜻에서 수취계산법(receiving quotation)이라고도 한다. 예를 들면, ₩1 : US＄1/₩950과 같이 표시하는 방법이다.

2) 자국화표시환율

자국화표시환율(rate in home currency)이란 외화표시환율과는 반대로 외국화폐를 기준으로 하여 그 일정단위와 자국통화 몇 단위와 교환되는가를 표시하는 방법으로서, 외화 일정단위를 수취하기 위하여 자국통화를 얼마만큼 지급하여야 하는가 하는 의미에서 지급계산법(giving quotation)이라고도 한다. 예를 들면, US＄1 : ₩950과 같이 표시하는 것으로서, 현재 우리나라가 이 방법을 채용하고 있다.

(2) 환율의 종류

환율은 관점에 따라 여러 가지로 구분할 수 있으나, 여기서는 외국환시장에서 형성되는 시장환율을 중심으로 살펴보기로 한다.

(가) 은행간율과 대고객률

환율은 우선 그 거래의 상대방에 따라 은행간율과 대고객률로 구분된다. 은행간율(inter-bank rate)은 외국환은행 상호간의 거래에 적용되는 환율을 말하고, 대고객률(exchange quotation)은 외국환은행과 고객간의 거래에 적용되는 환율을 말한다. 이것을 상품가격에 비유하면 대고객률은 소매가격이고, 은행간율은 도매가격에 해당한다. 마치 상품거래에서 소매가격이 도매가격을 기준으로 하여 결정되는 것과 같이, 대고객률은 은행간율을 기준으로 하여 결정된다.

(나) 매도율과 매입률

매도율(selling rate)은 외국환은행이 환의 매도시에 적용하는 환율이고, 매입률(buying rate)은 외국환은행이 환의 매입시에 적용하는 환율이다.

매도와 매입은 은행과 그 거래 상대방인 무역업자의 입장에서 볼 때 정반대가 되는 개념이지만, 환에 있어서의 매도환 · 매입환 혹은 매도율 · 매입률이라고 하는 경우의 매도 또는 매입은 은행의 입장에서 말하게 되어 있다. 예를 들면, 수출업자가 추심환의 방법으로 수출대금을 회수할 경우 수출업자의 입장에서 보면 은행에 환을 매도하는 것이지만, 은행측에서 보면 매입하는 입장에 있다. 따라서 이때 적용하는 환율은 매입률이다.

자국화표시환율의 경우 매도율은 항상 매입률보다 높게 결정되는데, 그 매매차액이 외국환은행의 취급수수료, 금리 및 환위험에 대한 대가이다.

(다) 전신환율, 일람출급환율 및 기한부어음률

위에서 언급한 대고객률은 외국환의 결제방법에 따라 전신환율, 일람출급환율, 기한부어음률, 수입어음결제율 및 현찰매매율 등으로 구분된다.

1) 전신환율(telegraphic transfer rate : T/T rate)

전신환율은 전신환의 매매에 적용되는 환율이다. 전신환의 경우에는 외화의 수급과 이에 대응하는 자국화의 수급이 거의 동시에 이루어지므로 금리요인이 포함되지 않고, 또 은행의 전신지시로 결제가 이루어지므로 신용상의 불안도 따르지 않을 뿐 아니라 인지세 등도 소요되지 않기 때문에 환율을 가장 순수하게 표시하는 기본적인 환율이다.

따라서 일반적으로 환율이라고 하면 전신환율, 특히 전신환매도율(T/T selling rate)을 가리키며, 이것이 매매환율의 기준이 되고 있다. 즉, 대고객률은 우선 전신환매도율이 결정되고 여기에 적당한 마진(margin)을 차감하여 전신환 매입률을 산출하며, 다시 일정한 마진을 두어 일람출급환율 및 기한부어음률 등이 결정되는 것이다.

2) 일람출급어음 매입률

일람출급어음 매입률은 일람출급어음의 매입에 적용되는 환율이다. 수출업자가 발행한 일람출급어음을 외국환은행이 매입하는 경우 은행은 즉시 원화대금을 지급하지만, 외화의 추심은 어음이 외국에 도착할 때까지의 우송기간

(mail days)만큼 늦어진다. 따라서 일람출급어음 매입률은 그 우송기간의 금리[4] 상당분만큼 전신환율보다 낮게 결정된다.

한편, 은행이 일람출급어음을 매도하는 경우(즉 송금환의 경우)는 이와 반대로 은행은 즉시 원화 대금을 수취하지만, 외화가 지급되는 것은 우송기간 후의 일이다. 따라서 원칙적으로 금리 상당분을 고객에게 환원하여야 하나, 실제로는 일람출급어음 매도율을 별도로 정하지 않고 전신환매도율을 그대로 적용하고 있다.

3) 기한부어음 매입률(usance buying rate)

기한부어음 매입률은 기한부어음의 매입에 적용되는 환율인데, 기한부어음의 경우에는 일람출금어음보다 외화의 수금이 더 늦어진다. 즉, 수출업자가 발행한 기한부어음을 외국환은행이 매입하는 경우 은행은 원화대금을 곧바로 지급하지만, 외화는 우송기간과 환어음기간(usance기간)이 경과되어야 입금된다. 따라서 기한부어음 매입률은 일람출급어음 매입률에서 환어음기간의 이자만큼 공제한 선에서 결정된다.

한편, 은행이 기한부어음을 매도하는 경우는 없으므로 기한부어음 매도율은 존재하지 않는다.

4) 수입어음결제율

수입어음결제율은 일람출급수입어음의 결제에 적용되는 환율을 말한다. 신용장 베이스로 수입하는 경우 수출지에서 수출업자가 선적한 다음 일람출급어음을 발행하여 현지의 거래은행에서 매입을 받으면, 그 대금은 해외은행에 개설되어 있는 신용장 발행은행명의 예금계정에서 지급(차기 : debit)된다.

그런데 신용장 발행은행이 수입어음대금을 수입업자로부터 지급받는 것은 수출지에서 매입된 어음이 우송되어온 후가 된다. 즉, 외화의 지급과 원화의 수취 사이에는 우송기간만큼 차이가 나는데, 이것은 결국 신용장 발행은행이 수입업자에게 금융을 한 것이다. 따라서 수입어음결제율은 전신환매도율에 우송기간에 해당하는 금리를 가산한 선에서 결정된다.[5]

4) 환어음의 우송기간에 대한 금리를 환가료(換價料)라고 한다.

5) 수입어음결제율은 해외 은행과 환거래계약을 체결할 때에 그 해외 은행에 당방계정을 개설한 경우에 적용되는 것이다.

5) 현찰매매율

현찰매매율은 외국환은행이 외화현찰을 매매할 때 적용하는 환율이다. 외국환은행의 입장에서 볼 때 외화현찰을 가용화하기 위해서는 현송이 필요하기 때문에 현송비와 그에 따른 위험부담, 그리고 외화현금 시재액에 대한 금리요소 등의 비용이 소요된다. 따라서 현찰매매율은 이러한 요소를 감안하여 결정된다.

(라) 현물률과 선물률

현물률(spot rate)이란 외환의 매매계약 성립과 동시에 현실적으로 환의 매매, 즉 외환과 그 대가의 수수가 실행되는 현물환거래에 적용되는 환율로서 직물률이라고도 한다.

한편, 선물률(forward rate)은 선물환거래에 적용되는 환율을 말한다. 선물환거래란 장래의 일정시점 또는 일정기간내에 환거래(현실거래)를 실행할 것을 미리 예약하는 방식의 환거래로서, 이때 예약에서 실행까지의 기간을 선물기간 또는 예약기간이라고 한다.

4 환어음

외국환거래에 있어서 외국환의 수단으로서는 ① 환어음(bill of exchange), ② 전신환(telegraphic transfer : T/T), ③ 우편환(mail transfer : M/T), ④ 수표(cheque) 등이 이용되지만, 수출입대금의 결제수단으로서 가장 널리 이용되는 것은 환어음이다.

(1) 환어음의 개념

환어음이란 예를 들어 A가 B에 채권이 있는 경우에 A가 B에 대하여 일정한 금액을 특정인 C에게 지급할 것을 위탁하는 지급위탁서(유가증권)이며, 이때 A를 발행인(drawer), B를 지급인(drawee), C를 수취인(payee)이라 한다.

환어음에 있어서 발행인 A가 어음을 작성하여 수취인 C에게 교부함으로써 C로 하여금 어음에 기재된 금액을 받을 수 있는 지위에 서게 하는데, 이것을 「어음의 발행」이라 한다. 그런데 어음을 발행하는 것만으로는 B가 A에 의하여 지급인으로 지정된 데 불과하며, C의 어음 제시에 대하여 인수를 함으로써 비로소 그 지급의무자가 된다.

한편, 발행인 A는 그 어음을 발행함으로써 지급인 B의 지급을 담보할 책임을 진다. 따라서 어음이 지급인에 의하여 지급되지 않거나 지급을 기대할 수 없는 때에는 수취인 C(또는 어음 소지인)에 대하여 어음대금의 지급의무를 지게 된다. 또 C는 어음의 수취인으로서 일단 그 권리자가 되기는 하나 그 지위는 C에 고정되어 있는 것이 아니라 다시 D를 지정하여 자기와 동일한 어음상의 권리자로 할 수 있는데, 이와 같은 권리자의 지정을 배서라 한다.

(2) 환어음의 종류

환어음은 분류기준 여하에 따라 다음과 같이 구분할 수 있다.

(가) 일람출급어음과 기한부어음

이것은 어음의 지급기한에 따른 분류로서, 일람출급어음(sight bill)은 제시되는 즉시 지급되어야 하는 어음이고, 기한부어음(usance bill)은 발행 또는 제시 후 일정 기간이 지나 지급되는 어음이다.

(나) 화환어음과 무담보어음

이것은 환어음의 담보로서 선적서류가 첨부되어 있느냐의 여부에 따른 분류로서, 화환어음(documentary bill)은 선적서류가 첨부된 어음이고, 무담보어음(clean bill)은 선적서류가 첨부되지 않은 어음이다.

(다) 내국환어음과 외국환어음

이것은 환어음 당사자의 소재지를 기준으로 한 분류로서, 내국환어음(inland bill of exchange)은 어음의 당사자가 동일국내에 있는 어음이고, 외국환어음(foreign bill of exchange)은 어음의 당사자가 2국 이상에 걸쳐 있는 경우의 어음이다. 무역결제에 사용되는 환어음은 당연히 외국환어음이다.

(라) 단일어음과 조어음

이것은 환어음의 발행통수를 기준으로 한 분류로서, 단일어음(sole bill)은 정본(original) 1통만 발행되는 어음이고, 조어음(set bill)은 정본 이외에 부본(duplicate)도 발행되는 어음이다. 내국환어음의 경우는 단일어음의 형태를 취하지만, 외국환어음의 경우는 통상 조어음으로서 동일 내용의 어음이 두 통씩 발행된다. 조어음의 경우 어느 한 통이 결제되면 나머지는 무효가 된다.

(마) 은행어음, 은행인수어음 및 개인어음

이것은 어음관계자에 따른 분류로서, 은행어음(bank bill)은 외국환은행이 발행하고 지급하는 어음으로 가장 신용도가 높은 어음이다. 그리고 은행인수어음(bank acceptance bill)은 수출업자가 발행하고 외국환은행이 지급하는 어음으로 은행어음과 마찬가지로 신용도가 높다.

한편, 개인어음(private bill)은 수출업자가 발행하고 수입업자가 지급하는 어음인데, 이때 수출업자와 수입업자가 동일회사의 본 · 지점 사이인 경우에는 「하우스 빌」(house bill)이라고 한다.

(3) 외국환어음과 어음법 및 국제협약

외국환어음은 어음의 당사자가 두 나라 이상에 걸쳐 있으므로, 서로 다른 어음법이 존재하는 국가의 당사자 사이에 어음과 관련하여 문제가 발생한 경우 어느 나라 어음법을 적용할 것인가 하는 점이 문제가 된다. 따라서 어음법의 국제적 통일을 목적으로 국제연맹의 주관하에 1930년 제네바에서 국제회의가 개최되어 「환어음 및 약속어음에 관한 법저촉의 해결을 위한 제네바협약」(Convention for the Settlement of Certain Conflicts of Laws in connection with Bills of Exchange and Promissory Notes : 약칭 "제네바어음협약")이 체결되었다. 우리나라는 이 협약에 가입은 하지 않았으나, 국제사법 제51조 내지 58조에서 어음법의 저촉에 관한 제네바협약을 기초로 하여 그 내용에 합치하는 규정을 두고 있다.

우리나라 국제사법에 의하면 어음행위는 행위지의 어음법에 의하는 것이 원칙이다.[6] 즉, 수출어음의 경우 발행은 보통 우리나라에서 하게 되어 있으므로 발행행위는 우리나라 어음법의 적용을 받는다. 또한 가령 그 어음의 인수 · 지급이 미국에서 이루어진다면 그 인수 · 지급에 대하여는 미국의 어음법이 적용된다. 이와 같은 취급을 행위지법의 원칙이라고 하는데, 이에 의하면 어느 어음행위에 대하여 그 행위지의 법률에 의하여 적법하지 않더라도 뒤의 어음행위를 한 행위지의 법률에 의하여 적법한 경우에는 뒤의 행위는 유효하게 된다(제53조 제2항 참조).

6) 이에 관한 자세한 내용은 석광현, 국제사법 해설, 지산, 2001, 325~333면 참조.

2 수출대금의 회수

수출상품에 대한 대금결제는 보통 화환어음을 이용하여 행해진다. 즉, 수출업자는 환어음을 작성하고 이에 선적서류를 첨부하여 외국환은행에서 할인받음으로써 대금을 회수하게 된다. 그리고 수출업자가 거래은행과 처음으로 화환거래를 시작하는 경우에는 먼저 은행에 화환어음거래약정서를 제출하여야 한다.

① 환어음의 발행

어음의 발행은 어음을 작성하여 수취인에게 교부하는 것을 말한다. 그런데 앞에서 언급한 바와 같이 무역거래에 이용되는 환어음은 우송중의 분실 또는 연착에 대비하여 제1권(first of exchange)과 제2권(second of exchange)의 2통을 조어음으로 발행한다. 그리하여 제1권에는 선적서류의 원본(original) 각 1통씩을 첨부하고, 제2권에는 부본(duplicate)을 첨부하여 각각 상이한 항공편으로 수출지은행에서 수입지은행 앞으로 송부되는 것이다. 따라서 조어음의 경우 이중지급을 방지하기 위하여 제1권의 어음 본문에는 "Second(of the same tenor and date being) unpaid"[(동일어음기한 및 발행일의)제2권이 미지급된 경우에 한함]라고 인쇄되어 있고, 또 제2권에도 이와 동일한 취지의 내용이 인쇄되어 있다.

(1) 환어음의 요건

어음은 엄격한 요식증권이기 때문에 반드시 일정한 요건을 갖추고 있어야 한다. 즉, 발행인이 어음을 작성함에 있어서는 반드시 증권에 법정사항을 기재하고 기명날인 또는 서명하여야 하는데, 어음법(2010. 3. 31. 법률 제10198호) 제1조에 규정되어 있는 필요적 기재사항은 다음과 같다.

(가) 환어음임을 표시하는 문자

어음의 본문 중에 환어음임을 표시하는 문자를 증권의 작성에 사용하는 국어로 다음 예와 같이 기재하여야 한다.

예) "Bill of Exchange" 또는 "First Bill of Exchange"

(나) 일정한 금액을 지급할 뜻의 무조건의 위탁

"pay to …… the sum of ……" 등과 같이 표시하는데, 이때 금액은 단일 화폐로 일정액을 기재하여야 한다. 따라서 "미화 100달러 상당액"이라든가 또는 "미화 30~50달러"와 같이 기재하면 어음 자체가 무효가 된다. 또 지급의 위탁은 무조건(unconditional)이어야 하며, 지급에 조건을 붙이거나(예컨대, 상품수령시에 지급한다는 등), 지급자금 또는 지급방법을 한정하는 경우에는 어음이 무효가 된다.

(다) 지급인의 명칭

환어음은 지급위탁증권이므로, 발행인 이외에 지급인(drawee)이 있어야 한다.

(라) 만기의 표시

만기는 어음금액이 지급될 날로서 어음면에 기재한 날을 말하는데, 어음법(제33조)에 규정된 만기의 종류는 다음과 같다.

① 일람출급(at sight)
② 일람후 정기출급(at …… days after sight)
③ 발행일자후 정기출급(at …… days after date)
④ 확정일출급(on a fixed date)

다만, 만기의 기재가 없는 때에는 일람출급의 환어음으로 본다(어음법 제2조 제2항).

(마) 지급지

지급지는 어음금액이 지급될 일정한 장소를 말하며, 실재하는 곳이어야 한다. 다만, 지급지의 기재가 없는 때에는 지급인의 명칭에 부기한 지(地)를 지급지 및 지급인의 주소지로 본다(어음법 제2조 제3항).

(바) 지급을 받을 자 또는 지급을 받을 자를 지시할 자의 명칭

이것은 수취인(payee)을 가리키는데, 우리나라 어음법은 기명식(pay to …… bank)과 지시식(pay to …… bank or order 또는 pay to the order of …… bank)에 의한 발행을 인정하고 있다. 영미법에서는 이 밖에 무기명식(소지인출급식 : pay to bearer)도 인정하고 있다.

(사) 발행일과 발행지

발행일은 어음이 발행된 날로서 어음면에 기재된 일자이고, 발행지는 어음이 발행된 장소로서 어음면에 기재된 지를 말한다. 다만, 발행지의 기재가 없는 환어음은 발행인의 명칭에 부기한 지에서 발행한 것으로 본다(어음법 제2조 제4항).

(아) 발행인의 기명날인 또는 서명

발행인(drawer)은 발행이라는 어음행위를 하는 자를 말하는데, 어음행위는 그 요건으로서 행위자의 기명날인 또는 서명을 요구하는 것이므로 발행행위에 있어서도 발행인의 기명날인 또는 서명을 요구하는 것은 당연하다.

(2) 환어음의 작성요령

환어음은 우선 위 (1)항에서 설명한 요건을 반드시 갖추고 있어야 하며, 그 중 하나라도 빠진 경우에는 원칙적으로 무효가 된다(어음법 제2조 제1항). 따라서 어음요건을 구비하고 있는지의 여부를 확인하여야 하는데, 실제로는 정형화된 환어음양식이 인쇄되어 있어 그 양식의 해당란에 필요사항을 기재함으로써 사실상 환어음의 요건은 모두 갖추어 지게 된다. 그리고 환어음 양식에는 위에서 설명한 사항 이외에도 여러 가지 임의기재사항이 표시되어 있다.

환 어 음

NO. ① BILL OF EXCHANGE Date: ② Seoul, Korea

FOR ③

AT ④ SIGHT OF THIS SECOND BILL OF EXCHANGE (FIRST OF THE SAME TENOR AND DATE BEING UNPAID) PAY TO ⑤ KOREA EXCHANGE BANK, OR ORDER

THE SUM OF ⑥

VALUE RECEIVED AND CHARGE THE SAME TO ACCOUNT OF ⑦

DRAWN UNDER ⑧

L/C NO ⑨ DATED ⑩

TO ⑪

⑫

EP-B-FM-002(2/2) (1989. 1월 개정 210×110)

한편, 신용장결제의 경우에는 환어음이 신용장에서 규정하고 있는 어음작성방법에 따라 작성되어야 하는데, 여기서 환어음 작성시 주의하여야 할 사항과 그 작성요령을 환어음 양식에 표시한 번호순으로 살펴보면 다음과 같다.

① 어음번호 : 이것은 어음의 발행인인 수출업자의 어음 일련번호로서 수출업자가 임의로 정한다.

② 어음의 발행일 및 발행지 : 어음의 발행지는 수출업자 소재지의 도시명을 적는다. 그리고 발행일은 선적완료일로부터 신용장의 유효기일(expiry date) 이내의 날짜이면 어느 날이라도 상관없으나, 실제로는 화환어음을 은행에 제시하는 날짜로 기재하는 것이 보통이다.

③ 어음금액을 숫자로 기입하는 난 : 어음금액을 숫자로 기재하면서 결제통화도 병기한다. 예컨대, US $1,000과 같이 기입한다. 이 금액은 다시 어음 본문 ⑥란에서 문자에 의해 확인하는데, 만약 양자가 일치하지 않는 경우에는 문자로 표시된 금액을 어음금액으로 간주한다. 어음금액은 상업송장상의 금액과 일치하는 것이 원칙이다.

④ 어음의 지급기일(만기) : 어음의 지급기일(만기)은 매매계약 중의 결제조건에서 결정해 두는 것이 보통이며, 신용장에도 그대로 명기된다. 일람출급의 경우에는 At와 Sight 사이에 "……"나 "×××"와 같이 표시하고, 일람 후 30일 지급조건인 경우에는 "At 30 Days after Sight"와 같이 기입한다.

⑤ 수취인(payee) : 여기에는 보통 어음의 매입은행(negotiating bank)이 기입된다. 그런데 일반적으로 이 난은 수출업자가 직접 기재하지 않고 공란으로 매입은행에 제출하면 은행측에서 처리하게 된다. "Pay to …… or Order"는 「매입은행 …… 또는 그 지시인에게 지급하시오」라는 뜻이다.

⑥ 어음금액을 문자로 기입하는 난 : 위의 ③항에서 설명한 바와 같이 ③항의 어음금액을 문자로 확인한다. 금액 뒤에 only(금 …… 원정의 정에 해당)라고 기재하고, 또 금액 앞이나 only 뒤에 in을 쓰고 통화명을 기재한다. 예를 들면, 미화 1,000달러는 "US DOLLARS ONE THOUSAND ONLY"와 같이 기입한다.

그리고 이 ⑥란 다음에 있는 "Value Received"라는 문구는 보통 대가문언(對價文言)이라고 하는데, 이것은 「어음의 발행인이 대가를 수령하였다」고 하는 뜻으로 어음면에 관습적으로 기재되고 있다.

⑦ 이 부분은 ⑪란의 어음의 지급인이 누구냐에 따라 공백으로 두기도 하고 수입업자명을 기입하기도 한다. 즉, 어음의 지급인이 수입업자가 되는 경우에는 공백

으로 두고, 지급인이 은행이 되는 경우에는 수입업자명을 기입하게 된다. “Charge the Same to Account of ABC Co.”라고 기재한 경우 이것은 “ABC 상사의 계정으로부터 어음금액을 징구하십시오”라는 뜻이다.

⑧~⑩ 신용장의 명세 : 여기는 신용장이 없는 D/A어음이나 D/P어음의 경우에는 공란으로 두고, 신용장결제의 경우에 한하여 발행되는 어음의 기초가 되는 신용장의 명세를 기입한다. 즉, ⑧란에는 신용장 발행은행명 및 신용장 종류, ⑨란에는 신용장 번호, 그리고 ⑩란에는 신용장 발행일자를 다음과 같이 기입한다.

“Drawn Under ABC Bank, New York, Irrevocable L/C No. 12345 Dated June 30, 2007”

⑪ 지급인(drawee) : 어음의 지급인란에는 수입업자명 또는 은행명이 기입된다. 신용장이 없는 D/P 또는 D/A어음인 경우에는 항상 지급인이 수입업자가 되지만, 신용장 결제의 경우에는 항상 은행이 된다.

⑫ 발행인의 기명날인 또는 서명 : 어음의 발행인인 수출업자가 회사명 및 대표자 또는 대리인의 자격을 명시하고 기명날인 또는 서명한다.

❷ 신용장이 있는 경우의 화환어음의 매입

외국환은행에 수출환어음의 매입을 신청할 때에는 은행 소정양식의 매입의뢰서에 환어음, 신용장 원본, 신용장이나 계약서에서 요구하는 선적서류, 수출신고필증 등의 서류를 첨부하여야 한다.

매입의뢰를 받은 은행에서는 제출된 선적서류와 환어음 및 기타 서류가 신용장 조건과 일치하는가를 확인하고 아무런 하자가 없으면 이를 매입하게 된다. 즉, 어음금액에 매입 당일의 해당환율을 적용하여 원화로 환산한 다음, 화환어음을 수입지에 송부하기 위한 우편료(mail charge) 등의 수수료를 공제하고, 또 수출금융이 있는 경우 이를 공제한 후 잔액을 매입의뢰인인 수출업자에게 지급하게 된다.

이때 은행이 서류를 심사하는 기준은 다음과 같다(UCP 제14조).

① 서류만을 기준으로 심사하여야 한다.

② 서류 제시일의 익일부터 최장 제5은행영업일내에 심사하여야 한다.

③ 복합운송서류, 선하증권, 비유통 해상화물운송장, 용선계약 선하증권, 항공운송서류, 도로 · 철도 또는 내수로 운송서류, 특사배달 수령증 · 우편수령증 또

는 우송증명서는 선적일로부터 21일 이내, 그리고 신용장의 유효기일 이내에 제시되어야 한다.

④ 서류의 내용이 다른 서류와 상충되지 않아야 한다.

⑤ 신용장에서 요구하지 않은 서류가 제시된 경우 제시자에게 반환할 수 있다.

⑥ 제시되는 서류는 발행일이 제시일 이후의 날짜로 되어 있어서는 아니된다.

⑦ 운송서류의 발행자(서명자)에는 제한이 있다. 그리고 UCP 600 제19조에서 제24조에 규정하고 있는 각종 운송서류의 요건을 충족하고 있어야 한다.

서류를 심사한 결과 일치하지 않을 경우 은행은 결제 또는 매입을 거절할 수 있고, 결제 또는 매입을 거절하기로 한 경우 그 취지를 제시자에게 통지하여야 한다. 이 거절통지는 전신이나, 전신으로 통지할 수 없는 경우에는 다른 신속한 수단으로 서류제시 익일로부터 제5은행영업일 이내에 이루어져야 한다. 그리고 거절통지 후 은행은 아무 때나 제시자에게 서류를 반환할 수 있다.

외국환은행에 매입을 위하여 제시된 선적서류 또는 환어음이 신용장조건과 일치하지 않지만, 그 불일치가 신용장의 조건변경을 요구할 정도의 것이 아니거나 시간적으로 신용장의 조건변경이 불가능한 경우에는 은행이 수출업자의 비용부담으로 수입업자에게 전신으로 확인한 후 화환어음을 매입하는 경우가 있다. 이것을 「Cable Negotiation」이라고 한다. 또 경우에 따라서는 은행에 보증서(letter of guarantee)를 넣고 매입을 받기도 한다. 이러한 매입을 「L/G Negotiation」이라고 한다.

③ D/P어음 및 D/A어음의 매입

신용장이 없는 D/P어음 또는 D/A어음의 경우는 어음면에 D/P(documents against payment) 또는 D/A(documents against acceptance)라고 표시하고 여기에 선적서류, 수출신고필증 등을 첨부하여 은행에 제출하게 된다.

그런데 D/P어음이나 D/A어음의 경우는 신용장결제의 경우와는 달리 그 어음대금 지급에 대하여 아무런 보증이 없으므로 은행은 어음을 매입하는 대신 대금추심어음(bill for collection)으로 처리한다. 즉, 어음의 지급인으로부터 대금이 회수될 때까지 수출업자에게 어음대금을 지급하지 않고, 추심 후 지급하게 된다.

선적서류 매입(추심) 의뢰서

선적서류 매입(추심) 의뢰서

(년 월 일)

외환은 외환은행

보존기간 : 1년

담 당	책임자	AM	부점장

외환은행 앞

MAIL TO

(BANK CODE :)

고객번호	
매입번호	

AMOUNT		TENOR & MATURITY	
L/C(CONTRACT)	NO DATED	ISSUED BY	(BANK CODE :)
COMMODITY		H.S. CODE	
ACCOUNTEE (drawee)		BENEFICIARY (drawee)	
DESTINATION	FROM TO		(COUNTRY CODE :)
PRICE TERM	E/L NO		FOB 금액

DOCUMENTS ATTACHED		DRAFT		INVOICE		B/L	AWB	P/L	I/P	C/O	I/C	BENE CERT			
		BENE	BANK	COMM	CUST										
TO ISSUING BANK	1st														
	2nd														
TO REIM. BANK				NAME :								(BANK CODE :)			

매입대전 처리신청 명세

명 세			금 액
외화계정 대체			
원화계정 대체			
원화계정 대체내용	무역어음대출	A	
		B	
	수입보증금		
	우편료	환가료	대체료
	전신료	추심료	
	계좌번호		

불일치 내용

위와 같이 화환어음의 매입(추심)을 신청함에 있어서 따로 제출한 외국환거래약정서의 해당 조항에 따를 것을 확약하며 신용장(계약서)불일치내용이 상대은행에서 통보되어온 경우에도 매입시 불일치 내용을 신고한 것으로 인정하여 이의를 제기하지 않겠습니다. 아울러 위 수출물품에 대한 모든 권리를 은행에 양도하겠습니다.

본 인 (인)
주 소

인감대조

▶은행사용란(해당사항에 " V" 표시하여 주십시오.)

※전산망 필수 투입 사항

①본지사 거래 □

②수출보험공사 부보: □수출어음보험 □단기수출보험 □기타( )

③수 출 형 태 : □선수금매입 □중계매입 □착수금매입 □기타( )

• 신용장
□BANKER' S USANCE

• D/P, D/A
□COLLECT INTEREST FROM DRAWEE AT % P.A. FROM TO (DAYS IN A YEAR)
□DO NOT WAIVE 1.INTEREST□ 2.CHARGES□ WITHOUT OUR PRIOR APPROVAL.
□ALL CHARGES AND/OR EXPENSES OUTSIDE KOREA ARE FOR DRAWEE' S ACCOUNT.

• 특수조건 기재란

EP-B-FM-024(2003. 9 월개정, 210X297)

KEB First Choice Bank 외환은행

3 수입대금의 결제

해외의 수출업자는 선적이 끝나면 우리나라 수입업자 앞으로 선적통지를 함과 동시에, 대금회수를 위하여 환어음을 작성하고 선적서류와 신용장결제의 경우에는 신용장 원본을 첨부하여 수출지의 은행에 매각함으로써 수출대금을 회수한다.

이와 같이 하여 매입된 화환어음은 수입지의 은행으로 송부되고, 선적서류를 접수한 수입지의 은행은 당해 선적서류와 신용장조건과의 일치 여부를 심사 · 확인한 후 하자가 없으면 수입업자에게 선적서류 도착사실을 통지한다. 따라서 수입업자는 수입대금을 결제하고 선적서류를 입수하게 된다.

그런데 수입어음은 신용장에 의하여 발행된 것과 신용장이 없이 발행된 경우가 있으며, 또 그 어느 경우이든 어음의 지급기한이 일람출급인 경우와 기한부인 경우가 있다.

① 신용장이 있는 경우

우리나라에서 발행된 신용장에 의해 해외의 수출업자가 발행하는 환어음의 지급인(drawee)은 발행은행이나 발행은행의 지점 또는 환거래은행이 된다. 신용장 발행은행은 신용장을 발행하면 즉시 그 사본을 지급은행에 송부해 두게 된다.

(1) 일람출급어음(sight bill)의 경우

해외의 수출업자가 신용장에 지정된 은행을 지급인으로 하여 일람출급 환어음을 발행, 화환을 취결하면 어음매입은행은 그 어음을 자기의 지점 혹은 거래은행을 통하거나 직접 지급은행에 제시한다. 지급은행은 어음의 제시를 받으면 즉시 그 어음대금을 지급하고, 그 금액을 신용장 발행은행의 계정에서 인출함과 동시에 발행은행에 대하여 차변표(debit note)를 송부한다.

발행은행은 차변표를 받으면 즉시 수입업자에게 어음금액의 지급을 요구하게 되므로, 수입업자는 이에 응하여 즉시 지급하거나 대도(Trust Receipt : T/R)신청을 해야 한다. 물론 이때에 수입업자는 원화로 대금을 지급하는데, 이때 적용되는 환율이 수입어음결제율이다.

(2) 기한부어음(usance bill)의 경우

어음이 기한부일 때에도 일람출급어음의 경우와 마찬가지로 어음매입은행은 어음을 외국의 지점 또는 거래은행을 통하거나 혹은 직접 지급은행에 제시한다. 지급은행은 어음의 제시가 있으면 이를 인수하게 되는데, 이와 같이 인수하면 은행인수어음이 된다. 그리고 어음의 인수은행은 어음을 인수하면 신용장 발행은행에 어음인수통지서(acceptance advice)를 송부하고, 만기에 이르러 어음금액을 지급하면 신용장 발행은행의 계정에서 그 금액을 인출하고 발행은행에 대하여는 차변표(debit note)를 송부한다.

한편, 수입지의 신용장 발행은행은 지급은행으로부터 어음인수통지서를 받으면, 수입업자에 대하여 그 어음과 동액, 동 기일의 외화표시어음을 발행하여 인수시키고, 선적서류는 대도절차에 의해 인도한다.

수입업자는 이 어음의 만기일에 어음금액을 전신환매도율로 환산한 원화를 지급하여 결제한다.

2 신용장이 없는 경우

신용장이 없는 경우는 어음의 기한에 관계없이 환어음의 지급인은 항상 수입업자가 된다. 해외의 수출업자는 수입업자 앞으로 어음을 발행하고 이에 선적서류를 첨부하여 수출지은행에서 화환을 취결한다. 그리고 이 수출지의 화환취결은행은 수입지에 있는 지점 또는 거래은행에 이 화환어음을 송부하여 추심을 의뢰한다.

(1) 일람출급어음인 경우

일람출급어음의 추심을 의뢰받은 수입지의 은행은 수입업자에게 어음의 지급을 요구한다. 따라서 수입업자는 즉시 수입어음을 결제하고 선적서류를 인수하게 된다.

(2) 기한부어음인 경우

기한부어음인 경우에는 어음의 인수와 동시에 선적서류를 인도해 주므로 수입업자는 화물을 찾아 판매하고 어음의 만기일에 당시의 환율로 환산한 원화를 지급하면 된다.

4 국제팩토링 · 포페이팅방식에 의한 결제

① 국제팩토링에 의한 결제

(1) 국제팩토링의 개념

팩토링(factoring)이란 매도인이 매수인에게 물품을 외상으로 판매한 후에 발생하는 외상매출채권을 팩토링회사(factor)가 일괄 양도받는 조건으로 계약을 체결한 후, 매도인에게 채권범위 내에서의 금융의 제공, 매출채권의 관리, 채권의 회수, 기타 사무처리 등을 대행하는 종합금융서비스를 말한다.

이러한 팩토링은 당사자들의 국적을 기준으로 국내팩토링(domestic factoring)과 국제팩토링(international factoring)으로 구분할 수 있다. 국내팩토링은 팩토링 당사자들의 국적이 동일한 경우이고, 국제팩토링은 팩토링 당사자들의 국적이 서로 다른 경우를 가리킨다. 즉 국제팩토링이란 무신용장방식의 신용조건부 무역거래와 관련하여 팩토링 회사가 신용조사 및 신용위험인수, 금융제공, 대금회수, 기타 업무대행 등의 서비스를 제공하는 것을 말한다. 국제팩토링을 이용할 경우 수출시에는 외상수출로 인한 대금회수 불안을 제거하면서도 대금회수 전에 수출대전을 자금화 할 수 있으며, 수입시에는 신용장 없이 팩토링회사의 지급보증으로 연지급수입을 할 수 있다.

국제팩토링의 당사자에는 ① 팩토링업무를 주요 업무로 하는 금융기관인 팩터(factor), ② 팩터와 팩토링계약을 체결하여 금융서비스를 제공받는 거래처(client : 수출자), 그리고 ③ 팩터에 대하여 제3의 채무자인 고객(customer : 수입자)이 있다.

국제팩토링의 이용자는 주로 소규모 무역거래를 영위하는 자들로서 복잡한 거래절차를 원하지 않으며, 또한 신속한 수출대금의 회수를 원하거나 담보부족 등으로 신용장 발행에 어려움이 있는 중소무역업자들이 대부분이다.[7)]

한편 국제팩토링이 활성화되기 위해서는 각국의 팩터들이 상호간에 긴밀한 관계를 유지할 필요가 있는데 현재 세계 최대의 국제팩토링기구로서는 네덜란드에 본부를 두고 있는 국제팩토링연맹(Factors Chain International : FCI)이 있다. FCI는 2006년 말 현재 61개국 212개 회원을 보유하고 있으며 우리나라의 기업은행, 신한

7) 배정한, 국제무역대금결제, 삼영사, 2006, 409면.

은행 및 수출입은행이 회원으로 가입하고 있다.[8)]

(2) 국제팩토링의 거래절차

국제팩토링의 거래과정을 살펴보면 〈그림 12-5〉와 같다.[9)]

〈그림 12-5〉 국제팩토링의 거래절차

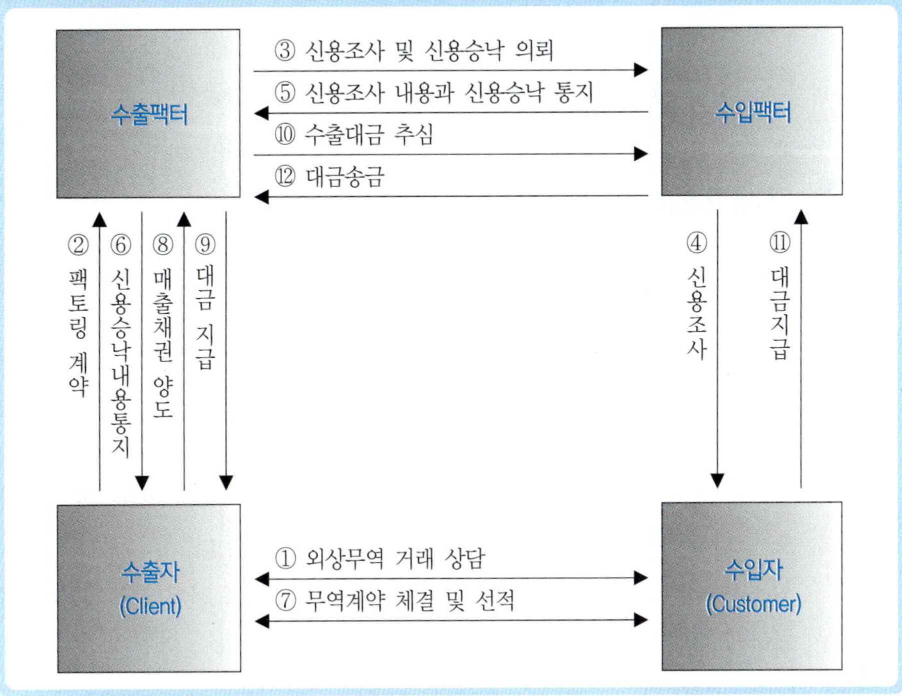

① 수출자와 수입자 사이에 외상거래방식의 상담을 진행한다.

② 수출자는 수출팩터와 팩토링계약을 체결하고 수입자에 대한 신용조사 및 신용승낙을 요청한다.

③ 수출팩터는 수입국에 있는 수입팩터에게 고객인 수입자의 신용조사와 신용승낙을 의뢰한다.

④ 수입팩터는 수입자의 신용을 조사한 다음 신용승낙을 결정한다.

⑤ 수입팩터는 수출팩터에게 신용승낙 결정을 통지한다.

8) http://www.factors-chain.com/(2007.1.9. 발췌)

9) 배정한, 전게서, 411~412면.

⑥ 수출팩터는 수출자에게 신용승낙내용을 통지한다.
⑦ 수출자는 팩토링에 의한 대금결제방식으로 무역계약을 체결하고 수출상품을 선적한다.
⑧ 수출자는 수출채권을 수출팩터에게 양도한다.
⑨ 수출팩터가 수출자에게 대금을 지급한다.
⑩ 수출팩터는 수입팩터에게 수출채권을 양도하고 수출대금의 추심을 의뢰한다.
⑪ 수입자는 채권의 만기일에 수입팩터에게 대금을 지급한다.
⑫ 수입팩터는 지급받은 대금을 수출팩터에게 송금한다.

❷ 국제포페이팅에 의한 결제

(1) 포페이팅의 개념

포페이팅(forfaiting)은 불어의 forfait에서 유래된 말로 원래 현금을 대가로 채권을 포기 또는 양도한다는 뜻이다. 즉, 포페이팅은 수출환어음이나 약속어음을 받은 수출업체에게 무소구조건(Without Recourse)으로 고정이자율로 할인해 주는 무역금융 기법으로[10] 국가 위험도가 높은 새로운 시장을 개척하려는 경우와 거래상 신용도가 낮은 업체와 거래할 때 적합한 무역금융기법이다.

소구(遡求)란 만기에 어음의 지급이 거절되거나 그 전이라도 지급의 가능성이 현저하게 불확실하게 된 때에 어음의 소지인이 자기의 전자인 배서인이나 발행인에 대하여 본래의 지급에 갈음하여 어음금과 기타비용의 지급을 청구하는 것으로, 이를 상환청구라고도 한다.[11] 따라서 "무소구조건"이란 수출자가 수출계약을 성실히 이행하였을 경우 수입자가 지급불능상태가 되거나 신용장 개설은행이 수출대금을 만기에 지급하지 못하더라도 수출자에게 당해 대금을 청구할 수 없는 조건을 말한다. 그러므로 무역어음을 포페이터(forfaitor)에게 판 수출업체들은 미리 수출대금을 받고 그 후에 발생하는 수입자의 대금지급 거절이나 연체에서 오는 손해는 일체 떠안지 않아도 된다.

10) 이와 관련하여 국제포페이팅협회에서는 포페이팅을 다음과 같이 정의하고 있다.
"Forfaiting is a form of export trade finance involving the discount of trade-related debt obligations due to mature at a future date without recourse to the exporter/endorser."
11) 최기원, 상법학신론(하), 박영사, 2004, 358면.

한편 국제포페이팅이 활성화되기 위해서는 각국의 포페이터들이 상호간에 긴밀한 관계를 유지할 필요가 있으며, 이를 위한 기구로서 국제포페이팅협회(International Forfaiting Association : IFA)가 있다. IFA는 1999년 8월에 설립되었고, 스위스 취리히에 본부를 두고 있는데, 우리나라는 2004년 11월 수출입은행이 처음으로 이 협회에 가입하였다.

(2) 포페이팅거래절차

포페이팅거래에는 수출자와 수입자 이외에 포페이터(forfaitor)와 보증인(Avalor ; 일반적으로 은행이 보증인이 되므로 "보증은행"이라고도 한다)이 참여한다. 포페이터는 수출업자가 발행한 어음을 할인 · 매입하는 은행을 말하고, 보증은행은 수입업자를 위해 환어음의 지급을 보증하거나 지급보증서를 발행하는 은행을 말한다. 즉 포페이터는 수입자의 거래은행이 발행한 지급보증서(letter of guarantee)나 Aval을 믿고 어음을 매입하게 된다. 여기서 Aval이란 수출상이 발행한 환어음이나 수입상이 발행한 약속어음을 만기에 틀림없이 지급한다는 보증을 말한다.[12)]

포페이팅의 거래절차는 포페이터에 따라 차이가 있지만, 국제포페이팅협회가 예시하고 있는 전형적인 거래절차는 다음과 같다(〈그림 12-6〉 참조).[13)]

① 수출자와 수입자 사이에 물품공급협상 중에 수입자가 신용의 공여를 요구한다.

② 수출자는 포페이터에게 신용을 공여할 수 있는지, 그리고 비용은 얼마나 소요될지 문의한다. 이 단계에서 포페이터는 ⓐ 수입자의 국가, ⓑ 수입자의 성명, ⓒ 물품 유형, ⓓ 물품가액, ⓔ 예상 선적일, ⓕ 수입자가 요구하는 결제조건, ⓖ 수입자의 채무가 은행에 의해 보증되고 있는지, 있다면 어느 은행인지 등을 알고자 한다.

③ 포페이터는 수출자에게 소요 비용을 제시한다. 이 단계에서는 아직 당사자 사이에 어떤 약속을 한 것은 아니다.

---

12) 이와 관련하여 국제포페이팅협회는 Aval을 다음과 같이 정의하고 있다.
"An unconditional, irrevocable, divisible and freely assignable/transferable guarantee to pay on the due date, normally associated with forfaiting."

13) http://www.forfaiters.org//page/index.cfm?SelNvID=1446; 2006.12.30

〈그림 12-6〉 전형적인 포페이팅거래 절차

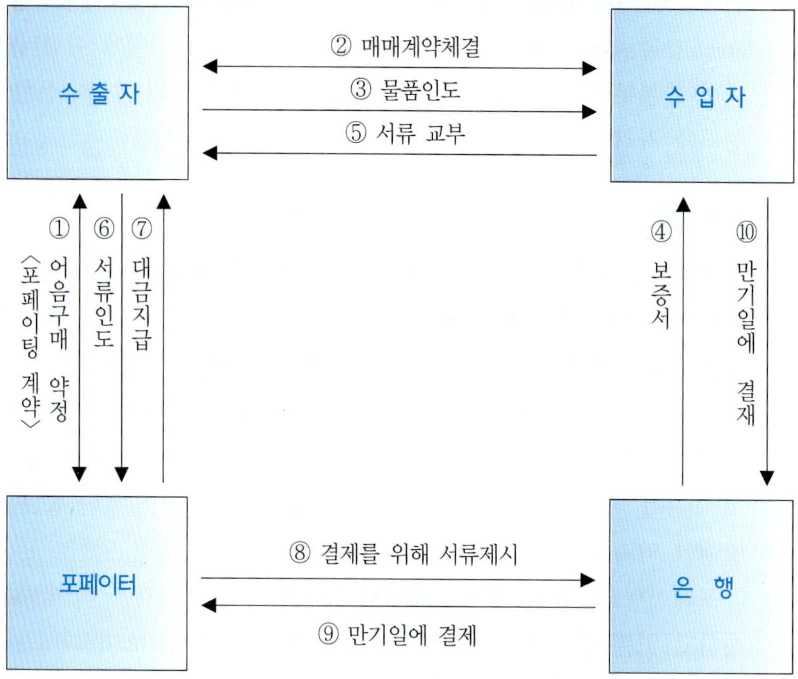

④ 통상 구체적인 계약조건이 합의되고 서명을 하기 전에, 수출자는 포페이터에게 수출거래에서 발생된 채권(환어음, 약속어음 등)의 구매약속(commitment to purchase)을 요구한다.

⑤ 포페이터는 약정서를 발급하는데, 이것이 쌍방 당사자를 구속하는 포페이팅 계약이다. 이 약정서에는 ⓐ 기초가 되는 계약의 명세 ⓑ 포페이터가 구매할 채권의 종류(성질) ⓒ 기타 수수료와 함께 적용할 할인(이자)율 ⓓ 포페이터가 요구하는 서류 ⓔ 수출자가 이들 서류를 포페이터에게 교부할 수 있는 최종일 등을 담게 된다.

⑥ 수출계약을 체결하고 물품을 인도한다.

⑦ 한편 수입자는, 필요한 경우, 은행으로부터 보증서를 입수하고, 수출자가 포페이팅을 완료하기 위해 요구하는 서류를 제공한다. 서류의 교부는 통상 은행이 하며, 수출자의 위험을 최소화하기 위하여 종종 신용장을 사용한다.

⑧ 수출자는 서류를 포페이터에게 교부하고, 포테이터는 서류를 검토한 다음 약

정서에 합의된데로 대금을 지급한다.

⑨ 이 지급은 무소구조건이므로 수출자는 더 이상 이 거래와 이해관계가 없다. 장차 수입자로부터 대금을 회수하는 것은 포페이터이고, 미지급 위험은 모두 포페이터가 부담한다.

(2) 우리나라에서의 포페이팅거래

우리나라에서 보통 포페이팅이 가능한 채권 유형은 환어음과 약속어음, 신용장, 은행보증서, 연지급신용장, 매입가능한 보증채권 등이다. 구체적인 거래 대상은 포페이터 역할을 담당하는 은행에 따라 차이가 있다. 따라서 각 은행 담당부서에 문의하여 처리하면 된다. HSBC의 경우에는 가까운 HSBC 수출입 서비스 관련부서에 연락해 수입업체와 수입국가, 신용장 발행은행과 지점명, 금액과 만기까지의 기간, 수출품목 등의 정보를 알려주면 된다. HSBC은행은 포페이팅이 가능한 거래인 경우 3일내에 해당비용과 조건을 알려준다.[14] 여기서 참고로 팩토링거래와 포페이팅거래를 비교해 보면 〈표 12-1〉과 같다.

〈표 12-1〉 팩토링거래와 포페이팅거래 비교

구 분	팩 토 링	포 페 이 팅
1. 금액	소액(30만달러 미만)	거액(100만달러 이상)
2. 외상기간	단기(1년 이내)	장기(2년 이상 10년 이내)
3. 소구권	소구, 무소구 둘다 가능	무소구만 인정
4. 금리	제한없음	고정금리로만 할인
5. 지급 근거	수입 팩터의 신용승인	수입상 거래은행의 지급보증 또는 Aval
6. 거래방식	송금방식이 가장 많음	환어음 또는 약속어음이 매개체
7. 통화	제한 없음	원칙적으로 미국 달러, 스위스 프랑, 독일 마르크로 국한
8. 대상채권	현재는 물론 미래에 발생할 채권까지 포함 가능	개별적으로 확정된 매출채권에 국한
9. 취급은행	기업은행	일부 외국계은행

자료 : 한국무역협회, 알기쉬운 무역실무 길라잡이, 2010, 258면에서 일부 수정하여 작성

14) 파이낸셜뉴스, 2006년 10월 26일자 참조.

5 전자무역의 결제시스템

현재 국제무역에 이용하기 위한 전자결제시스템으로 개발된 것으로는 트레이드카드 시스템과 볼레로시스템이 있다.

① 볼레로 시스템

Bolero(Bill of Lading Electronic Registry Organization)는 종래의 신용장거래방식을 그대로 유지하되 그에 수반되는 모든 서류를 전자문서로 대체하는 방법으로서 거래당사자간 모든 전자문서는 Bolero 시스템의 CMP(Core Messaging Platform)를 통해 교환되는 시스템이며 그 핵심은 유가증권인 B/L을 온라인문서로 대체한 것이다.

CMP는 세계 전체의 메시지를 관리 · 제어하는 유일한 센타로서, 그 운용은 은행간 결제자료교환시스템 운용실적이 있는 SWIFT가 하고 있어 그 기밀성과 안전성이 보증되고 있다.

무역은 크게 세 가지 흐름, 즉 ① 물품의 이동, ② 자금의 이동, ③ 서류의 이동으로 분류할 수 있는데 볼레로는 이들 중 서류의 이동을 전자화한 것이다.

볼레로 시스템(Bolero System)은 SWIFT와 TT Club(이하 "TTC"라 한다)[15)]의 주도하에 개발되었으며, 이들 양 단체는 1998년 4월 볼레로사(Bolero International Ltd.)를 설립하였다. 볼레로사는 볼레로 네트(Bolero net) 서비스의 책임자로서 사용자 그룹인 볼레로 협회(Bolero Association Ltd.)와 함께 범세계적으로 무역서류의 전자화를 통한 상업적 서비스를 1999년 9월부터 제공하기 시작하였다.

그리고 볼레로의 자동결제시스템(Settlement Utility for managing Risk and Finance : SURF)은 기존의 서류를 주고받는 은행을 매개로 하는 상거래를 유지하면서 완전한 전자환경에서 서류 점검에서 결제에 이르기까지 시간과 비용이 소요되는 수작업을 생략, 볼레로와 은행간의 정보교환을 완전히 자동화하여 상담에서 결제까지의 무역업무처리의 STP(Straight Through Processing)을 실현하고 있다.

15) TTC는 해상운송 및 복합운송부품의 상호보험조합으로 80여개국의 운송업자, 운송주선인, 항만당국 등이 회원으로 참여하고 있다.

볼레로서비스를 이용하고자 하는 기업은 먼저 볼레로사와 이용계약을 체결하여야 한다. 우리나라에서는 2000년 6월 우리은행을 시작으로 외환은행과 삼성전자 등이 가입하였다.

2 트레이드 카드

트레이드 카드(TradeCard)는 세계무역센터협회(World Trade Center Association : WTCA)가 구상하여 개발하고 1999년 11월에 서비스를 개시, 2000년에 상용화된 금융공급체인 서비스(financial supply chain service)이다.

물리적 공급체인자동화는 상품의 이동을 최적화하는데 반해, 금융공급체인 자동화는 물리적 공급체인에 상응하는 서류와 자금의 이동을 최적화하여 구매에서 지급까지 무역거래를 자동화 한다. 구매자와 판매자들은 세계의 주요 금융기관 및 제3자 무역서비스 제공업자들과 통합되어 있는 트레이드 카드사(Trade Card, Inc.)[16]의 호스트 플렛폼에 연결된다. 따라서 구매의 개시에서부터 지급완료에 이르기까지 모든 당사자는 금융과 물류협력을 포함하는 비즈니스를 전자적으로 수행할 수 있게 된다.[17]

트레이드 카드시스템을 추진한 배경은 화환신용장거래에서 서류의 점검에 따르는 하자비율이 80%를 넘어 이에 따른 비용과 시간이 크기 때문에 이를 해결하기 위해서는 무역서류의 전자화 및 서류점검절차의 자동화가 필수적이라는 데에 있다.

앞에서 언급한 볼레로 시스템과 이 트레이드 카드를 비교해 보면, 두 시스템 모두 궁극적으로 모든 무역서류의 전자화와 그 중계역할을 수행하겠다는 목표는 동일하다. 그러나 제공하고자 하는 서비스의 방향은 차이가 있다. 즉 볼레로 시스템에서는 전자식 선하증권의 유통을 중심으로 하여 무역서류의 전자화를 추진하는데 비하여, TradeCard 시스템에서는 무역대금의 결제과정에서 신용장을 배제하고 시스템 내에서 계약의 체결 및 이행을 증명하는 서류의 제공, 서류의 일치여부 점검 및 대금지급의 수권지시 등을 수행한다.

TradeCard는 주문서부터 상업송장에 이르기까지 모든 과정에서의 교역 파트너를 연결시키고, 관련 교역 문서를 작성하고 전자방식으로 저장한다. 모든 당사자

16) 트레이드 카드사는 본사가 뉴욕과 홍콩에 있고, 우리나라를 비롯하여 일본, 대만, 벨기에 등에 지사를 두고 있다(http://www.tradecard.com/ ; 2007.1.10 발췌).

17) http://kr.tradecard.com/(2007.1.10. 발췌)

는 거래가 진행되는 동안 언제라도 문서에 접근하여 이를 확인하며 필요시 수정할 수 있다.

그런데 전자무역을 위한 TradeCard는 현재 상용화의 초기 단계이며, 또 전자무역을 위한 각종 인프라도 아직 세계적 또는 국가별로 완전하다고 할 수는 없다.[18] 따라서 TradeCard가 널리 이용되기까진 상당한 시간이 소요될 것으로 보인다. TradeCard를 이용하기 위해서는 먼저 회원가입을 해야 하는데, 여기서 TradeCard의 거래절차를 보면 〈그림 12-7〉과 같다.[19]

〈그림 12-7〉 TradeCard 거래절차

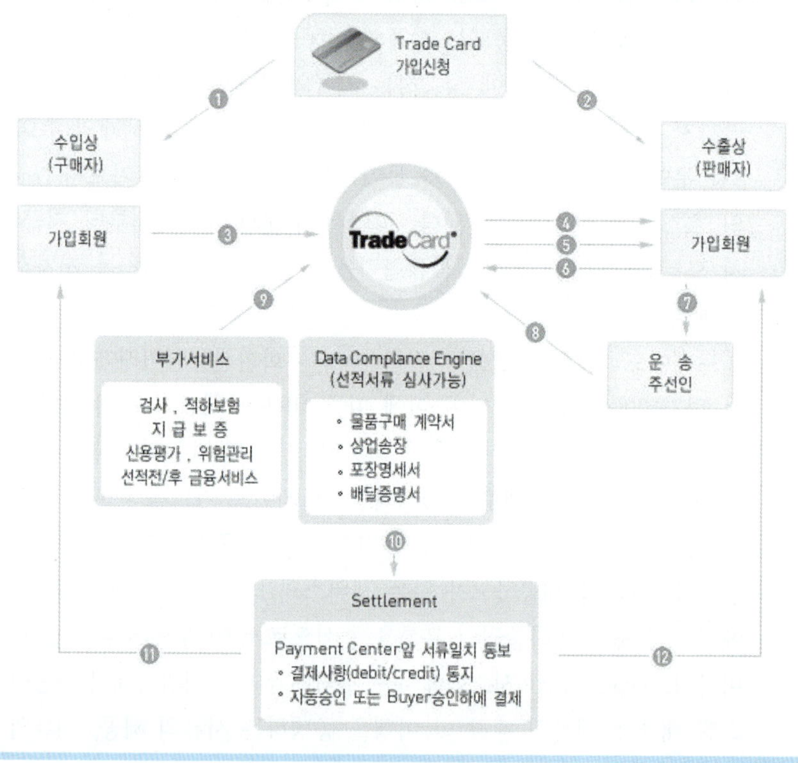

18) 배정한, "TradeCard 이용상의 문제점과 발전을 위한 제안", 무역학회지(제28권 제4호), 한국무역학회, 2003, 460면.

19) 한국외환은행(http://www.fxkeb.com/fxportal/index.jsp)

① TradeCard의 대금지급보증 협력업체(예컨대 세계최대의 수출신용보험사인 프랑스 Coface사 등)의 신용등급(@rating) 부여
② Coface사 등의 기업실체 확인
③ 구매주문서(Purchase Order; P/O) 작성/발송
④ P/O 통지/접수
⑤ 접속하여 계약서 서명, P/O는 TradeCard System에 저장
⑥ 포장명세서(Packing List) 및 송장(Invoice) 작성/발송
⑦ 선적준비
⑧ 선적사항 입력(배달증명서 등)
⑪ 결제금융기관(JP Morgan Chase Bank)이 수입상 계좌에서 차기하여
⑫ 수출상 계좌에 입금

그리고 참고로 TradeCard 시스템과 볼레로 시스템을 비교해 보면 〈표 12-2〉와 같다.

〈표 12-2〉 TradeCard 시스템과 볼레로 시스템의 비교

	TradeCard 시스템	볼레로 시스템
상업화목표	신용장방식에서 벗어난 무역거래의 전자화	전자식 선하증권의 구현 및 무역서류의 전자화
주요 서비스대상	중소무역업자	선하증권거래 관련자
우리나라의 참여자	LG, SK, 신한은행, 한국외환은행	우리은행, 삼성전자, 한국외환은행
무역매매에서의 역할	전자적 계약의 확인, 계약이행 여부의 확인, 대금지급의 결정	전자서명의 인증, 무역서류의 관리, 통신방법의 제공
주요 추진 주체	WTC, TradeCard사	SWIFT, TT Club
비용절감	신용장 관련비용의 절감	선하증권 지연과 관련된 비용절감
서비스의 특징	신용장없이 무역거래 수행	선하증권의 전자화

자료 : 한국무역협회 무역아카데미, 사이버 무역, 한국무역협회, 2000, 236면 및 안병수, "국제전자상거래시대를 대비한 BOLERO Project와 TradeCard System", 무역상무연구(제13권), 한국무역상무학회, 2000, 969면에서 일부 수정하여 작성.

Chapter 13

무역클레임과 중재

Chapter 13

무역클레임과 중재

1 무역클레임의 기초

① 무역클레임의 의의

무역거래에 있어서 클레임(claim)이란 무역계약 당사자의 일방이 계약의 내용을 성실히 이행하지 않았을 경우에 그로 말미암아 손해를 입은 당사자가 권리의 회복을 요구하거나 또는 손해의 배상을 청구하는 것을 말한다. 무역클레임을 넓게 해석할 경우에는 단순한 불평(complaint)이나 경고(warning)도 포함되지만, 보통 협의로 해석하여 이와 같이 구체적으로 물품이나 금전 등을 요구하는 적극적인 경우만을 말한다.

무역거래에 있어서는 매매당사자가 멀리 떨어져 있을 뿐만 아니라 계약 성립으로부터 이행완료에 이르기까지는 많은 시일이 소요되기 때문에 상품의 품질 및 가격의 변화가 일어나고 또한 언어 · 관습 · 법률 및 통화를 달리하는 이질국가간의 거래이므로 국내상거래에 비하여 분쟁이 발생될 여지가 훨씬 많다. 그 결과 손해를 입은 당사자가 상대방에 대하여 불평 · 불만이 생겨 손해배상을 청구하면 클레임이 된다.

무역클레임은 매매당사자 중 피해자(신청인 : claimant)가 가해자(피신청인 : claimee or respondent)에게 제기하지만, 매수인(수입업자)이 매도인(수출업자)에게 제기하는 것이 보통이다.

그런데 일단 클레임이 제기되면 거래 쌍방이 모두 손해를 보게 된다. 즉, 클레임을 제기하는 피해자도 보통 손해가 있기 때문에 각종 비용과 시간을 들여 클레임을 제기하는 것이고, 또 클레임을 제기당하는 가해자도 신용이 떨어질 뿐 아니라 손해를 배상해 주어야 하므로 경제적인 부담과 시간을 허비하게 된다. 따라서 가능한 한 클레임이 제기되지 않도록 각별히 주의하여야 하지만, 상거래는 상대방이 있으므로 일방이 성실히 거래에 임해도 클레임이 발생될 여지는 있게 마련이다. 일단 클레임이 제기된 경우에는 신속하고도 경제적인 해결책을 강구하여야 한다.

❷ 무역클레임의 청구내용

무역클레임의 청구내용은 다양하지만, 크게 ① 금전을 내용으로 하는 클레임과, ② 금전 이외의 청구를 내용으로 하는 클레임으로 나누어 볼 수 있다.

(1) 금전을 내용으로 하는 클레임

1) 손해배상청구 : 품질불량이나 선적 불이행, 신용장 발행지연 등으로 인한 손해를 금전으로 계산하여 손해배상을 청구하는 것이다.
2) 대금지급거절 : D/A거래 등에서 도착물품의 품질상이 등을 이유로 대금지급을 거절하는 것이다.
3) 대금감액요청 : D/A거래 등에서 도착물품의 품질불량 등을 이유로 가격인하를 요구하는 것 등이다.

(2) 금전 이외의 청구를 내용으로 하는 클레임

1) 물품의 인수거절 : 물품이 도착된 후, 그 상품의 품질상의 하자 · 손상 등을 이유로 물품의 일부 또는 전부의 인수를 거절하는 것이다.
2) 계약이행청구 : 계약조건대로 이행을 하지 않았을 경우에 부족분의 추가 송부요청 등을 하는 것이다.
3) 계약해제 또는 계약해지 : 1차 도착분의 품질불량 등을 이유로 전체계약분의 해제요청을 하거나, 잔여계약분의 해지요청을 하는 것이다.

❸ 무역클레임의 원인

무역클레임은 일반적으로 다음과 같은 원인에 의하여 발생한다.

① 언어의 상위 : 매매당사자간의 의사소통의 결여
② 상관습 및 법률의 상위 : 도량형표시의 차이에 따른 통관불능 등
③ 신용조사의 불충분 : L/C발행불능이나 결제상의 분쟁
④ 계약서의 불비(不備) : 무역거래의 기본조건이나 계약조건의 불비

⑤ 무역실무지식의 결여 : 각 거래절차 단계에서의 오해, 부주의 및 과실
⑥ 운송중의 위험 : 보험면책약관의 부지
⑦ 신용경시의 결과 : 불량품선적, 지연 등
⑧ 가격의 변동
⑨ 불가항력

그런데 개개의 무역거래에서 클레임의 발생원인을 자세히 살펴보면 주로 매매당사자 사이의 매매계약의 체결 및 그 이행상의 결함으로 인하여 클레임이 발생되고 있다. 즉, 상품의 매매는 당연히 계약의 내용에 따라 이행되는 것임에도 불구하고, 먼저 불완전한 계약의 체결에 의하여 클레임의 씨앗이 뿌려지고 다음에 불완전한 이행에 의하여 클레임이 구체적으로 발생되고 있다.

4 무역클레임의 종류

(1) 발생원인을 기준으로 한 분류

무역클레임은 그 주된 이유(원인)를 중심으로 보면 다음과 같이 분류할 수 있다.

1) 품질에 관한 클레임 : 품질불량 · 규격 상위 등 품질조건 위반
2) 수량에 관한 클레임 : 선적부족 · 도착화물의 부족 등 수량조건의 위반
3) 선적에 관한 클레임 : 선적지연 · 선적불이행 등 선적조건 위반
4) 포장에 관한 클레임 : 불완전포장 · 파손 등 포장조건위반
5) 선적서류에 관한 클레임 : 부정송장 · 기재사항의 상위 · 서류불비 등
6) 계약 자체에 관한 클레임 : 계약취소 등

클레임은 이들 중 품질불량과 수량부족을 이유로 제기되는 것이 가장 많다.

(2) 성질을 기준으로 한 분류

무역클레임은 그 성질을 기준으로 하면 다음과 같이 분류할 수 있다.

(가) 일반적 클레임

이것은 무역거래를 수행하는 과정에서 일어나는 보통의 클레임으로서, 매매당사자 일방의 과실 또는 태만에 의하여 발생하거나 당사자 이외의 제3자에 의하여 야기되기도 한다. 예를 들어, 제조업자나 물품공급자 등 제3자의 귀책사유로 클레임이 발생한 경우에는 가해자(피신청인)가 일단 클레임을 해결한 후 책임있는 제3자

에게 구상(求償)함으로써 이를 전가시킬 수 있다. 그리고 일반적 클레임에는 원래 운송 중의 사고에 의한 손해화물의 배상청구도 포함되어야 하지만, 이것은 보통 운송클레임이라 하여 무역클레임과 구별하고 있다.

(나) 의장적 클레임(market claim)

이것은 무역계약 성립 후에 상품의 시세가 하락한 경우, 매수인이 자기가 입은 손실을 보충할 목적으로 보통의 경우에는 클레임의 대상이 되지 않을 것을 여러 가지 구실을 붙여 가격의 인하를 요구하거나 상품의 인수를 거부하는 등의 의식적인 클레임을 말한다. 물론 이러한 클레임은 부당한 것이므로 원칙적으로 응할 필요가 없지만, 때에 따라서는 의장적 클레임인지 정당한 품질 클레임인지 판별하기 어려운 경우도 있고, 또 신용장 베이스의 거래가 아닌 경우 클레임을 받아들이지 않으면 대금지급을 거부하겠다고 위협하면 어쩔수 없이 끌려갈 수 밖에 없는 경우도 있다.

(다) 계획적 클레임

이것은 매매당사자의 악의에 의한 것으로 클레임상인(claim merchant)들이 제기하는 것이다. 예를 들면, 매수인이 처음부터 교묘한 술책을 써서 매도인이 계약을 이행하는데 지장을 일으키게 함으로써 발생되는 클레임이 그것이다.

5 무역클레임의 방지대책

무역클레임은 일단 발생하면 매매 당사자, 특히 가해자에게 커다란 피해를 주게 된다. 따라서 클레임이 발생한 다음에 그 해결방안을 강구하는 것보다는 클레임의 발생을 예방하는 대책을 강구하는 것이 훨씬 중요하다고 할 수 있다. 그렇다고 해서 결정적인 클레임의 예방책이 있는 것은 아니며, 클레임이 발생할 가능성을 최소한으로 줄이는 방법밖에 없다. 여기서 클레임의 발생을 억제하기 위하여 지켜야 할 사항을 열거하여 보면 다음과 같다.

(1) 신의성실의 원칙 준수

클레임의 방지를 위하여 가장 중요한 것은 신의성실의 원칙을 준수하는 것이다. 이를 위해서는 거래상대방을 신용있는 우수한 곳으로 선정함과 동시에 자기자신도 상대방에 대하여 우수한 거래처가 되도록 노력하여야 한다.

(2) 철저한 신용조사

위에서 언급한 바와 같이 클레임을 방지하기 위해서는 우수한 거래처를 선정하여야 하는데, 우수한 거래처를 선정하기 위해서는 거래 개시 이전에 상대방에 대한 신용조사를 철저히 하여야 한다. 더욱이 신용상태는 시일이 경과함에 따라 변하는 것이 보통이므로 거래 개시시에 한번만 할 것이 아니라 적어도 1년에 한번 정도 정기적으로 하여야 한다.

(3) 무역상담의 올바른 진행

매매 당사자 쌍방이 신의성실의 원칙에 따라 거래를 하는 경우에도 상담시에 모든 과정을 주의깊게 진행하지 않으면 사소한 문제로 인하여 클레임이 발생된다. 따라서 상담시에는 다음과 같은 사항에 유의하여야 한다.

우선 상담이 성립되기까지의 예비교섭으로서 상품목록(catalogue)이나 가격표를 송부하게 되는데, 이때에도 가격표의 제시시점과 계약체결 시점 사이에는 가격변동이 있을 수 있으므로, 가격표에는 "The above prices are subject to our final confirmation"이나 또는 "These prices are subject to change without notice" 등과 같은 문구를 삽입할 필요가 있다. 그리고 청약 및 승낙과 관련하여, 확정청약(firm offer)은 그 자체가 바로 매매계약의 내용이 되므로 계약상의 중요사항이 빠짐없이 기재되도록 충분한 검토가 있어야 하며, 승낙의 의사표시도 명확히 하여야 한다.

(4) 계약서의 완비

매매계약은 낙성계약이고 불요식계약이므로 반드시 계약 당사자의 서명이 있는 정식의 계약서를 작성 · 교부할 필요가 있는 것은 아니다. 그러나 후일의 분쟁을 피하기 위해서는 매매계약서나 일반거래조건협정서를 작성, 교부해 두는 것이 바람직하다. 그리고 매매계약의 구체적인 내용은 거래 상황이나 상품의 성질 등에 따라 많은 차이가 있지만, 어떠한 경우이든 당사자가 합의한 내용을 정확히 계약서에 명시하여야 한다. 특히 무역계약을 체결할 때에는 먼저 계약 상대방 및 그 지위를 확인하고, 또 무역계약의 기본조건, 즉 품질 · 수량 · 선적 · 가격 및 결제조건 등을 주의깊게 점검하여야 한다. 또한 계약서에는 클레임조항을 삽입하여 클레임의 제기기간, 해결방법, 비용부담 등에 관하여도 명확히 해 두어야 한다.

(5) 국제상관습에 대한 충분한 이해

국제상관습은 복잡하고도 기술적인 성격을 지니고 있으므로 이에 대하여 충분히 조사 · 연구하여 실거래에 정확히 활용할 수 있도록 하여야 한다.

(6) 생산업자의 엄선

수출업자는 자사 제품만을 수출하는 것이 아니라 타사 제품을 수출하는 경우도 상당히 많다. 그런데 타 생산업체의 제품을 수출할 경우 생산업자를 잘못 선정하면 뜻하지 않게 클레임을 제기 당하기도 하고, 나아가서는 신용 추락으로 지속적인 거래가 불가능하게 될 수 있다. 따라서 생산업자의 선정은 신중을 기하여야 한다.

(7) 신용장의 세심한 검토

오늘날에도 여전히 신용장 베이스로 결제되는 무역거래가 많은데, 이러한 경우 신용장조건과 매매계약조건의 불일치에 따른 분쟁도 종종 발생한다. 신용장은 그 독립추상성으로 인하여 매매계약조건과 불일치할 경우, 수출업자는 대금결제를 받지 못하거나 또는 수입업자로부터 클레임을 제기당하게 된다. 따라서 신용장조건과 매매계약조건이 일치하고 있는지의 여부를 주의깊게 확인하여야 한다.

이상에서 클레임 방지를 위한 몇가지 대책을 살펴보았으나 무엇보다도 중요한 것은 당사자의 정신적 요소이다. 다시 말하면 본인 스스로 매매계약상의 책임을 성실히 이행함과 동시에 외국에 있는 상대방의 이익을 위한다고 하는 국제 도의심의 발휘와 그 실천이 무역클레임 예방의 핵심적인 요소인 것이다.

2 무역클레임의 처리절차

클레임 사유가 발생하면 우선 책임소재를 밝혀 클레임을 제기할 상대방 당사자에게 그 개요를 적은 클레임통지서(claim notice)를 발송하고 이어서 곧바로 확정된 클레임 제기서한을 송부하게 되는데, 클레임 제기서한에는 클레임에 대한 상세한 내용과 클레임 금액 및 증빙자료 등을 갖추어 클레임의 정당성을 상대방에게 납득시켜야 한다.

❶ 물품의 검사와 통지

수입물품을 인수함에 있어 매수인은 우선 그 물품이 계약에 합치되는가의 여부를 검사하고, 하자 또는 수량부족 등을 발견하면 지체없이 매도인에게 통지하여야 한다.[1] 이러한 검사와 통지는 매수인의 의무인 동시에 권리이다. 여기서 매수인의 물품검사 및 통지에 관한 우리 상법과 비엔나협약상의 규정을 간추려 보면 다음과 같다.

(1) 우리나라 상법

상법 제69조(매수인의 목적물의 검사와 하자통지의무) 제1항은 다음과 같이 규정하고 있다.[2]

"상인간의 매매에 있어서 매수인이 목적물을 수령한 때에는 지체없이 이를 검사하여야 하며, 하자 또는 수량의 부족을 발견한 경우에는 즉시 매도인에게 그 통지를 발송하지 아니하면 이로 인한 계약해제, 대금감액 또는 손해배상을 청구하지 못한다. 매매의 목적물에 즉시 발견할 수 없는 하자가 있는 경우에 매수인이 6월내에 이를 발견한 때에도 같다."

(2) 비엔나협약

비엔나협약에 의하면 매수인은 그 상황에서 실행 가능한 단기간 내에(within as short a period as is practicable in the circumstances) 물품을 검사하여야 하고(제38

---

1) 매도인의 책임은 멸실의 위험이 매수인에게 이전되는 때(통상 매도인이 물품을 선적할 때나 또는 매수인이 물품을 수령할 때)에 계약과 일치되는 물품을 제공하는 것이다(비엔나협약 제36조 제1항 참조). 그런데 매수인이 물품을 수령하고 거절하지 않은 채로 보관하면서 사용하거나 또는 전매한 후 나중에 물품에 하자가 있음을 이유로 대금 지급을 거절하거나 손해배상을 청구하면, 매도인 입장에서는 매수인의 클레임이 정당한 것인지를 확인하기가 어렵게 될 것이다.
매수인이 즉시 매도인에게 통지를 해 주어야 매도인은 클레임이 정당한 것인지의 여부를 확인하기 위하여 물품을 검사하고 시험할 수가 있는 것이다. 따라서 각국의 법률과 국제협약 등에서는 매수인의 신속한 물품검사 및 통지의무를 규정하고 있다(John O. Honnold, *Uniform Law for International Sales under the 1980 United Nations Convention*, Deventer, Kluwer Law and Taxation Publishers, 1987, p. 279.).

2) 일본 상법 제526조도 이와 동일한 취지의 규정을 두고 있다.

조), 하자를 발견한 경우에는 합리적인 기간내(within a reasonable time)에 통지하도록 하고 있다. 매수인이 이러한 매도인에 대한 통지를 하지 않으면 매수인의 그 하자에 관한 권리는 소멸한다(제39조).

❷ 클레임의 입증

품질불량 · 수량부족 · 포장불량 등과 같은 클레임 사유가 발생하면 클레임의 정당성을 납득시켜야 하며, 이를 위하여 당사자의 서신 등 주관적인 의사표시 이외에 객관적인 증거에 의하여 입증을 하여야 한다. 그러한 증거서류로서 공인 검사기관의 검사보고서(survey report)가 널리 이용된다.

(1) 검사기관

검사기관은 매매계약 체결당시에 미리 약정해 두는 것이 의장적 클레임(market claim) 등을 방지하는 데에도 도움이 되고, 또 실제로 클레임이 발생한 경우에 신속한 해결을 가능하게 한다. 그러나 그러한 약정이 없는 경우에는 클레임발생 후에라도 당사자간에 상호 합의하여 정하도록 한다. 만약 상호 협의가 이루어지지 않는 경우에는 엄정, 공평이라고 하는 점에서 국제적으로 신용을 얻고 있는 검사기관(예컨대, Lloyd's surveyor)의 검사보고서를 첨부하도록 한다.

(2) 검사보고서의 내용

검사보고서에는 보통 검사년월일, 검사장소, 검사품목의 명세, 포장조건을 비롯하여 손해액의 사정을 포함한 검사결과가 기재된다. 그런데 여기서 특히 유의해야 할 것은 검사일자와 검사장소이다. 왜냐하면 상품에 따라서는 도착 후 상당한 기간이 경과하고 난 다음 검사를 할 경우 그 검사 자체가 별 의미가 없는 경우도 있으며, 또 검사장소가 양륙항의 보세창고가 아닌 경우에는 선적상품과 검사상품이 동일물이 아닐지도 모른다는 의혹을 살 수 있기 때문이다. 따라서 클레임을 제기하는 경우에는 상품 도착 후 즉시 보세창고에서 검사를 의뢰하는 것이 바람직하고, 반대로 클레임을 제기 당하는 경우에는 검사보고서상의 검사일자와 검사장소를 주의깊게 검토해 볼 필요가 있다.

③ 무역클레임의 제기기한

일반적으로 매매계약서에는 클레임조항이 있고, 여기에는 다음 예에서 보는 바와 같이 클레임 제기기한을 규정하고 있다.

"Claims, if any, shall be submitted by cable within fourteen(14) days after arrival of goods at destination. Certificates by recognized surveyors shall be sent by mail without delay."

따라서 이러한 클레임조항이 있는 경우에는 약정에 따라 목적지에 상품이 도착된 후 14일 이내에 제기하면 된다.

그런데 만약 이와 같은 명시규정이 없을 경우에는 앞에서 살펴 본 물품의 검사와 통지에 관한 법률과 국제협약에 따라 합리적으로 결정하여야 할 것이다.

그리고 무역클레임을 제기하는 경우에는 다음과 같은 서류를 첨부하여야 한다.

1) 클레임 진술서(claim statement) : 클레임 진술서는 클레임을 제기하는 자가 작성하는 법적 문서로서, 클레임이 당사자간에 원만히 해결되지 않아 중재나 소송을 하게 되는 경우 기본서류가 되는 것이기 때문에 간단 · 명료하되 구체적으로 기재하여야 한다.
2) 클레임 진술서의 부속서류 : ① 청구액에 대한 손해 명세서, ② 검사보고서(survey report)
3) 기 타 : 거래 사실을 입증할 수 있는 B/L · L/C 등

3 무역클레임의 해결방법

무역거래는 법적 영역을 달리하고 상관습을 달리하는 원격지간의 거래이므로 클레임이 발생되면 국내상거래에 있어서와 같이 간단하게 해결되지 않는다. 따라서 앞에서 설명한 바와 같이 무역클레임의 발생을 미연에 방지하는 것이 최선의 방법이지만 결정적인 무역클레임 방지책이 존재하지 않는 이상, 무역클레임의 발생은

불가피하다고 할 수 있다.

일단 무역클레임이 발생한 경우에는 신속하고도 경제적인 해결책을 강구하여야 하는데, 무역클레임의 해결방법에는 여러 가지가 있다.

우선 분쟁이 발생하면 당사자 간의 타협(화해)을 통해 직접 해결하는 것이 가장 바람직하지만, 화해에 의하여 해결책을 강구하지 못하였을 때에는 제3자의 개입에 의하여 해결할 수밖에 없다. 제3자를 통한 해결방법에는 알선 · 조정 · 중재 · 소송 등의 방법이 있다.

그리고 무역분쟁의 해결방법은 당사자들의 자치적인 의사의 개입여부에 따라 소송과 소송 이외의 분쟁처리제도(Alternative Dispute Resolution : ADR)로 구분하기도 한다. 그런데 ADR의 정의가 그렇게 명확한 것은 아니다. 우리나라에서는 일반적으로 ADR을 분쟁당사자의 합의를 기초로 사인 또는 사적 기관이 주체가 되어 분쟁을 해결하는 소송 이외의 분쟁처리제도를 총칭하는 것으로 보고 있으며, 앞에서 언급한 알선, 조정, 중재가 모두 이에 해당한다.[3] 더욱이 중재는 그 중에서도 대표적인 ADR의 수단으로 보기도 한다.[4] 그런데 영미에서는 중재와 ADR을 구분하고 있다.[5] 즉, 중재는 비록 소송에 대하여 "선택적"(alternative)인 분쟁해결방식이지만 일반적으로 널리 받아들여지고 있는 ADR의 정의에 속하는 것으로 간주하지 않고 있다.[6]

ADR과 중재의 차이는 이들 절차의 목표가 서로 다르다는 데서 찾아볼 수 있다.[7] ADR의 목표는 제3자, 즉 조정자의 서비스를 이용함으로써 분쟁의 원만한 해결을 달성하는 것이다. 제3자는 단지 당사자들이 그들의 분쟁에 합의할 수 있는 해결방안을 찾는데 도움을 줄 뿐이고, 분쟁의 시비곡직에 따라 구속력 있는 결정을 할 권리가 없다. 성공적인 조정의 최종결과는 조정자의 구속력 있는 결정이라기보다 당사자 사이의 합의이다. 한편 중재의 목표는 당사자가 지명한 사적인 재판관을 통해 분쟁을 해결하는 것이고, 사적인 재판관은 분쟁사건에 관하여 "사법적"이고 구속력 있는 결정을 하게 된다. 따라서 중재는 ADR보다 법원의 분쟁처리절차에

3) 손태빈 · 이주원, 무역클레임과 중재론, 두남, 2001, 85면; 홍성규, 국제상사중재, 두남, 2002, 112면 참조.
4) 석광현, 국제상사중재법연구(제1권), 박영사, 2007, 1면 참조.
5) 국제상업회의소(ICC)도 중재규칙(Rules of Arbitration)과 ADR규칙(ADR Rules)을 별도로 두고 있다.
6) C. Murray, David Holloway and Daren Timson-Hunt, *Schmitthoff Export Trade: The Law and Practice of International Trade*(11th ed.), London, Sweet & Maxwell, 2007(이하 "*Schmitthoff's Export Trade*"라 한다), p. 538.
7) Ibid., p. 542.

가깝다. 왜냐하면 중재는 중립적인 제3자에 의해 구속력 있는 결정을 내리고 사법적인 절차에 의하기 때문이다.

그런데 클레임의 해결과 관련하여 주의해야 할 것은 이를 계기로 매매 당사자간에 거래상의 우호관계가 완전히 파괴되어 거래상대방을 잃게 되는 일은 피해야 한다는 점이다. 그러므로 클레임의 해결은 가능한 한 소송을 피하고 조정이나 중재에 의해 평화적인 해결을 보도록 하여야 한다.

일반적으로 무역거래를 개시할 때 작성하는 일반거래조건협정서에는 이른바 클레임조항을 삽입하여 클레임 해결기관, 클레임 제기기간, 비용부담 등을 규정해 두고 있으므로 실제로 클레임이 발생하면 이 조항에 따라 클레임을 해결하게 된다.

① 당사자간의 직접교섭에 의한 해결

클레임이 제기되면 우선 그 원인을 조사하여 책임의 소재를 밝히고 당사자 사이의 직접교섭에 의해 원만하게 해결하도록 노력하여야 한다.

당사자 사이의 교섭에 의하여 타협점이 모색되면 화해(compromise)[8]가 이루어지는데, 이것이 가장 바람직한 해결방법이고 실제로 클레임의 대부분이 화해에 의하여 해결되고 있다. 그런데 이해가 상반되는 당사자간의 교섭은 쌍방 또는 어느 일방의 양보가 없으면 성립되지 않는다. 따라서 분쟁 당사자가 모두 자기의 견해나 입장을 주장하고 양보하지 않는 경우에는 화해가 성립되지 않으며, 이러한 경우에는 제3자가 개입하여 분쟁을 해결하게 된다.

② 제3자의 개입에 의한 해결방법

(1) 알 선

알선(intercession : intermediation)은 상공회의소 · 대한상사중재원 · 대사관 · 영사관 등과 같은 공정한 제3자가 당사자의 일방 또는 쌍방의 의뢰에 따라 사건에 개입하여 주로 원만한 해결을 위한 조언을 해 주는 것이다. 따라서 당사자 쌍방의 협력을 얻지 못하면 실패하게 된다.

8) 민법 제731조는 화해의 의의에 대하여 다음과 같이 규정하고 있다.
"화해는 당사자가 상호 양보하여 당사자간의 분쟁을 종지할 것을 약정함으로써 그 효력이 생긴다"

이것은 강제력은 없지만 알선하는 제3자가 유력하다거나 당사자에 대한 영향력이 큰 경우에는 성공할 확률이 높다. 알선이 다음에서 설명할 조정이나 중재와 다른 점은 형식적인 절차를 필요로 하지 않고, 당사자 일방의 의뢰에 의해서도 가능하다는 점이다.

(2) 조 정

조정(conciliation : mediation)은 당사자 쌍방이 공정한 제3자를 조정인(mediator : conciliator)으로 선임하고, 그 조정인이 제시하는 구체적인 해결방안(조정안)에 합의함으로써 클레임을 해결하는 것이다. 조정은 알선의 경우와는 달리 당사자 중 어느 일방이 마음대로 조정에 붙일 수는 없고, 당사자 쌍방이 조정에 의하여 분쟁을 해결하기로 합의하지 않으면 안된다.

그리고 제시된 조정안에 대하여 분쟁 당사자가 이를 따라야 할 의무가 없으므로, 어느 일방이 조정안에 불만이 있으면 조정은 성립되지 않는다. 그러나 일단 양 당사자가 조정안을 받아들이면 강제력을 가지게 된다. 즉, 조정은 조정인이 분쟁에 대한 조정안을 작성하여 분쟁 당사자에게 제시하고 당사자가 이를 수락함으로써 비로소 성립되는 것이며, 그러한 조정인의 노력에도 불구하고 그 조정안에 대하여 당사자간에 합의가 이루어지지 못하는 경우에는 효력이 없는 것이다.

조정인은 보통 해당 분야의 전문적인 지식과 경험이 풍부한 자가 된다. 조정은 조정안이 구속력이 없다는 점에서 불완전한 해결방법이기는 하지만, 절차가 간단하여 많이 이용되고 있다.

(3) 중 재

중재(arbitration)는 당사자가 공정한 제3자를 중재인(arbitrator)으로 선임하고, 분쟁의 해결을 전적으로 중재인에게 맡겨 그 중재판정에 복종함으로써 해결하는 방법이다.

중재는 중재로 해결할 것을 분쟁 당사자가 사전에 합의하지 않으면 안된다는 점에서 조정의 경우와 같다. 그러나 조정의 경우 조정안의 수락 여부는 당사자의 자유의사에 따르게 되나, 중재의 경우에는 당사자가 중재판정을 거부할 수 없고 그 결과에 강제당하게 된다. 이러한 점에서 소송과 비슷한 강행적인 면이 있으므로 중재재판이라고도 한다. 더욱이 1회의 중재판정(award)에 의해 모든 것이 해결되고 상소의 길이 없다는 점과 중재에 회부한 사건은 소송에 의하여 다툴 수 없다는 점에 커다란 특징이 있다.

중재는 국내의 중재관계 법규(중재법 등) 및 국제협약에 의해 뒷받침되고 있으며, 민사소송의 비용과 시간을 절약할 수 있는 점 등에서 효과적인 방법이고, 국제간의 상사분쟁을 해결하는 수단으로서 가장 유망한 방법이므로 중재제도에 관하여는 뒤에서 별도로 자세히 살펴보기로 한다.

(4) 소 송

소송(litigation)은 국가기관인 법원의 판결에 의하여 분쟁을 강제적으로 해결하는 것이다. 소송은 사건의 내용에 따라 민사소송 · 형사소송 · 행정소송 등으로 구분할 수가 있으나, 무역클레임의 대부분은 민사소송에 속한다. 민사소송은 법원이라고 하는 공적인 기관이 강제적으로 민사분쟁을 해결하는 제도로서 가장 강행적인 분쟁해결의 방법이라고 할 수 있다. 그런데 현재 국제사회에는 국제거래로부터 생기는 민사분쟁을 해결하기 위한 국제적인 재판기관이 존재하지 않는다.[9)]

헤이그 국제사법재판소는 명실 공히 국제재판소이지만, 그것은 국가 대 국가의 분쟁만을 대상으로 하고 있고, 사적 사건은 취급하지 않는다.[10)]

따라서 국제거래에 관한 민사소송은 어느 나라의 국내 법원에서 행해지지 않으면 안된다. 그러나 국제적 재판관할권이나 외국판결의 승인 · 집행 등에 관한 각국의 법제가 통일되어 있지 않다. 그 결과 당사자가 특정 국가에서의 재판을 희망해도 그 나라의 법원이 당연히 그 관할을 인정한다고 할 수 없고, 또 특정국가의 법원에서 급부 판결을 받아도 그 판결에 의거하여 다른 나라에서 당연히 강제집행을 할 수 있는 것도 아니다. 또 소송절차나 언어의 차이 등 외국에서 재판을 하는 데는 실제로 여러 가지 어려움이 있다. 다만, 지금까지 그러한 어려움을 제거하기 위한 노력이 국제적으로 이루어지지 않은 것은 아니다. 예를 들면, 국제적인 재판관할권이나 외국판결의 승인 · 집행 등에 관하여 각국 법을 통일 · 조정하기 위해 양국간 또는 다수국간 협약이 다수 성립되고 있다. 그러나 이들 협약은 특정 사항에 관한 것이거나,[11)] 지역적인 통일에 그친 것이 많고, 이들 문제 전반에 대하여 국제적인 규모로 통일이 실현되는 데에는 아직 상당한 시간을 요할 것으로 생각된다.

---

9) 山田鐐一 · 佐野寬, 國際取引法, 東京, 有斐閣, 1994, 227면.
10) 山本敬三, 國際取引法, 東京, 學陽書房, 1984, 222면.
11) 해사에 관한 협약이나 국제항공운송에 관한 협약 중에는 국제적 재판관할권에 관한 규정을 두는 경우가 적지 않다. 예컨대, 국제항공운송에 관한 바르샤바협약 제28조가 그것이다.

이와 같이 민사소송에 의한 분쟁의 해결에는 여러 가지 문제가 있기 때문에 국제 거래에서는 소송에 의해 분쟁을 해결하기보다 오히려 재판 외의 분쟁해결절차인 국제상사중재를 이용하는 경우가 많다.[12]

이상 살펴 본 무역분쟁의 해결방법과 관련하여 Schmitthoff는 "중재는 소송보다 낫고 조정은 중재보다 낫고 분쟁의 방지는 조정보다 낫다"고 하고 있다.[13] 이것은 거래처와의 영속적인 거래관계를 바라는 무역인이 명기해야 할 공리(公理)일 것이다.

4 국제상사중재

① 중재의 기초개념

(1) 중재의 종류

중재는 사적인 분쟁을 법원의 판결에 의존하지 아니하고, 당사자간의 합의로 중재인을 선임하여 그의 판정에 복종함으로써 분쟁을 해결하는 방법이다. 이러한 중재는 분류기준 여하에 따라 여러 가지로 구분된다.

(가) 상사중재와 해사중재 및 노동쟁의 중재

중재는 분쟁사건의 조건 내지 범위에 따라 상사중재, 해사중재, 노동쟁의중재 등으로 분류할 수 있다. 이들 중 상사중재(commercial arbitration)는 「상행위로 인하여 발생되는 법률관계에 관한 중재」를 가리킨다.

(나) 국내중재와 국제중재

국내중재(domestic arbitration)는 국내에 주된 영업소나 주소를 두고 있는 당사자간의 중재이고, 국제중재(international arbitration)는 국내중재를 제외한 중재를 말한다(대한상사주재원 국내중재규칙 및 국제중재규칙 제2조).

---

12) 山田鐐一 · 佐野寬, 전게서, 251면.
13) Clive M. Schmitthoff, *Schmitthoff's Export Trade*(7th ed.), London, Stevens & Sons, 1980, p. 411.

(다) 임의중재와 기관중재

임의중재(ad hoc arbitration)는 분쟁이 발생한 때마다 분쟁당사자간에 중재인을 개별적 · 임시적으로 결정함으로써 중재절차에 들어가는 것으로서 개별적 중재라고도 한다.

한편 기관중재(institutional arbitration)는 분쟁이 발생하기 전에 미리 중재를 할 상설중재기관을 당사자간에 합의 · 결정하여 두는 것이다.[14] 기관중재는 상설중재기관의 기구와 중재규칙을 이용할 수 있다는 이점을 지니므로 국제거래에서는 널리 이용되고 있다. 대표적인 상설중재기관으로서는 국제상업회의소 국제중재법원(ICC International Court of Arbitration), 런던 국제중재법원(London Court of International Arbitration : LCIA), 미국중재협회(American Arbitration Association : AAA) 등이 있고 각각 독자적인 중재규칙을 제정하여 활동하고 있다. 우리나라의 경우는 한국무역협회(Korea International Trade Association : KITA) 산하의 대한상사중재원(Korean Commercial Arbitration Board : KCAB)이 상설중재기관으로서의 역할을 수행하고 있다.

이상의 분류 중 앞으로 이 절에서 중재라 함은 별도의 명시가 없는 한 상사중재, 특히 국제상사중재, 그리고 기관중재를 가리킨다.

(2) 중재의 장단점

중재제도는 사적 자치를 기반으로 하는 자주적인 분쟁해결방법으로서 「저렴한 비용」과 「신속한 처리」를 모토(motto)로 하고 있으며, 실리와 능률을 좋아하는 상인사회의 절실한 요망에서 생겨난 것이라고 할 수 있다. 따라서 소송제도와는 상당한 차이가 있는데, 여기서 소송제도와 비교하여 중재제도의 장단점을 살펴보면 다음과 같다.

(가) 중재제도의 장점[15]

1) 판정자(중재인)의 자주적인 선택

중재의 경우 분쟁 당사자가 스스로 선택한 판정자(중재인)에게 분쟁의 해결을 맡길 수 있다. 그러나 소송의 경우에는 일방 당사자가 제소하고 국가가 임

14) 고범준, 국제상사중재법 해의, 대한상사중재원, 1985, 20면 참조.
15) *Schmitthoff's Export Trade*, pp. 543~545 및 고범준, 상게서, 26-28면 참조.

명하는 법관에 의해 강제적으로 해결된다.

2) 중재심리의 비공개

법원의 재판은 공개주의를 취하는 데 반하여 중재는 그렇지 않다. 즉 소송에 있어서는 재판절차나 판결문이 공개되지만, 중재의 경우에는 비공개로 진행되므로 사업의 내막이나 영업비밀이 외부에 누설되는 것을 방지할 수 있고, 따라서 대외신용을 계속 유지할 수 있다.

3) 합리적인 판정

상사관계는 상인사회의 관습에 지배되는 경우가 많으므로, 획일적인 법률에 묶인 판사의 판결보다 상거래의 실정에 정통한 중재인의 판정이 훨씬 현실적이고 합리적일 수 있다.

4) 중재판정의 승인 및 집행 보장

중재판정은 민간인의 자주적인 분쟁해결방법으로서 국가주권과는 별개로 국제적으로 효력을 미칠 수 있고, 특히 뒤에서 살펴 볼 뉴욕협약에 의하여 적어도 체약국간에 외국중재판정의 승인 및 집행이 보장되고 있다. 그런데 재판은 국가공권력의 발동이므로 원칙적으로 국경 내에서만 그 효력이 미친다. 그리고 외국판결의 승인 및 집행에 관하여는 현재 상태로 뉴욕협약과 같이 국제적으로 널리 받아들여지고 있는 조약이 없기 때문에 외국판결의 승인 및 집행이 가능한지와 그 요건은 국가에 따라 구구하다.
이것이 국제거래에서 분쟁해결수단으로 중재가 선호되는 가장 큰 이유이다.

5) 분쟁의 신속한 해결과 비용의 절약

흔히 중재는 재판보다 분쟁을 신속하게 해결하고 비용도 적게 든다고 하는데 국내 중재의 경우는 이것이 어느 정도 타당하다. 재판은 3심제이므로 패소한 당사자가 상소 수단을 남용하여 그 해결에 장시간이 소요될 수 있으나, 중재는 단심제이므로 분쟁이 신속하게 종결될 수도 있다. 그러나 중재판정을 승인하고 집행하는 명령은 법원의 판결인데 국제중재에서는 당사자가 관련 당사국의 사법제도에서 보장하는 항소, 상고를 할 수 있다. 따라서 국제중재 재판에 소요되는 시간은 실제로 2~3년이 걸리기도 한다.

한편 비용 면에서 법원의 서비스에 대하여는 공적으로 비용을 지급하지만 중재의 경우 당사자들은 중재인 보수 및 심문에 사용된 시설 등을 포함하여 중재비용을 사적으로 지급하여야 한다. 특히 국제중재의 경우에는 국제중재 재판소 건물이 건물 임대료가 비싼 런던, 파리 싱가포르, 홍콩 등 대도시에 있고 거기서 일하는 직원들도 교육수준이 높은 사람들이므로 급료 수준도 높다. 또 국제중재인들의 보수도 엄청나게 비싸다. 따라서 국제중재의 경우는 값싸고 신속하게 분쟁을 해결하고 손해배상을 받을 수 있는 제도라고 하기가 어렵다.

(나) 중재제도의 단점

중재제도의 신뢰성을 유지하는 가장 큰 요소는 중재인이다. 즉, 신뢰성을 유지하기 위해서는 중재인의 선정과 중재판정의 공정성이 요구되는 것이다. 중재제도의 단점이라는 것도 실은 중재인의 공정성과 그 판정에서 파생되는 것이 대부분이다.

1) 법률문제(matter of law)

중재인은 사실문제(matter of fact)에 대하여는 그 전문가로서의 지식을 충분히 발휘하여 분쟁내용을 신속 · 공정하게 판정할 수 있지만, 중요한 법률문제가 개재될 경우 그 판단능력이 부족하다는 것이다. 즉, 중재인이 그의 전문분야가 아닌 법률문제를 판정함에 있어서 그 판정결과에 대한 「불완전성」문제를 배제할 수 없다.

2) 판정결과에 대한 예견의 어려움

중재인은 원칙적으로 법률에 구애받지 않고 상관습이나 자기의 양식에 따라 판정하므로, 판정기준이 애매하여 때로는 객관성이 결여되고 자의나 주관이 가미될 위험성이 있다. 따라서 그 판정결과를 예견하기가 어렵다.

3) 절차상의 문제

중재에서는 신속한 처리를 위하여 정당한 중재절차에 대한 통지가 있으면 당사자가 참여하지 않아도 심리를 진행시킬 수 있다. 따라서 결석한 당사자의 입장이 완전히 무시될 위험이 있는 것이다.

❷ 상사중재의 실제

중재절차는 기본적으로 당사자의 의사에 따르지만, 그렇게 될 경우 중재제도가

의도하는 기능을 충분히 달성하지 못하게 될 위험이 있다. 따라서 각국은 중재에 관하여 공익을 유지함과 동시에 당사자를 보호하기 위하여 중재계약이나 중재절차 및 중재판정에 대한 일련의 규정을 두고 있다.

우리나라에서도 중재에 관한 기본법으로 중재법(2016. 11. 30. 법률 제14176호)이 마련되어 있으며, 이에 관한 절차법으로서 2016년 6월 1일부터 대법원의 승인을 받아 시행되고 있는 국내중재규칙과 국제중재규칙이 있다. 국내중재규칙은 국내중재사건에 적용되고, 국제중재규칙은 국제중재사건에 적용된다. 국내중재와 국제중재의 구분은 원칙적으로 당사자의 영업소(상거소 또는 주소)를 기준으로 한다. 예컨대 어느 당사자 일방의 영업소가 외국에 소재하는 경우는 국제중재이고, 양 당사자의 영업소가 모두 국내에 있는 경우는 국내중재이다. 다만, 양 당사자의 영업소가 모두 국내인 경우에도 중재합의에서 중재지를 외국으로 지정한 경우에는 예외적으로 국제중재로 한다.

(1) 중재합의

중재에 의하여 클레임을 해결하기 위하여는 반드시 분쟁 당사자간에 중재합의(arbitration agreement)가 있어야 한다. "중재합의"란 계약상의 분쟁인지 여부에 관계없이 일정한 법률관계에 관하여 당사자 간에 이미 발생하였거나 앞으로 발생할 수 있는 분쟁의 전부 또는 일부를 중재에 의하여 해결하도록 하는 당사자 간의 합의를 말한다(중재법 제3조). 중재는 당사자의 자주적인 분쟁해결방법으로서 사적 재판이라고 하는 성격을 지니고 있는데, 분쟁을 중재에 의하여 해결하기로 하는 합의가 곧 중재합의인 것이다.

(가) 중재합의의 종류

중재합의는 그 합의 시기가 분쟁의 발생 전이냐 후이냐에 따라 중재조항과 중재부탁계약으로 구분된다. 중재조항(arbitration clause)은 무역계약 체결시에 장차 발생할지도 모르는 클레임에 대비하여 계약서상에 중재에 관한 조항을 둔 경우를 말하고, 중재부탁계약(submission agreement)은 중재조항이 없는 상태에서 분쟁이 발생한 경우에 당사자가 그 분쟁을 중재에 회부하여 해결하기로 합의한 것을 말한다. 그런데 현실적인 문제로서 일단 분쟁이 발생하고 난 다음에는 자기에게 불리하다고 생각하는 당사자가 쉽게 중재에 동의하지 않을 수 있으므로, 무역거래에서는 계약서에 중재조항을 설정해 두는 것이 바람직하다.

그런데 각국법상 중재합의는 중재조항과 같이 주된 계약의 하나의 조항으로서 규정되고 있는 경우에도 각각 독립된 계약으로 해석되고 있다. 이것을 중재합의의 독립성 또는 가분성의 원리(separability doctrine)라 한다. 따라서 주된 계약이 어떤 이유로 무효가 되어도 중재합의는 당연히 무효가 되는 것은 아니고, 중재합의 자체가 유효요건을 충족하고 있는 한 중재에 의거하여 분쟁을 해결할 수 있다.[16] 비엔나 협약도 계약의 해제가 분쟁해결을 위한 조항에 영향을 미치지 않음을 명확히 하고 있다(제81조 제1항).

(나) 중재합의의 방식

분쟁이 발생한 후 중재합의의 존재를 입증하기 위하여 중재합의는 반드시 「서면」으로 체결해 두어야 한다. 이와 관련하여 우리나라 중재법 제8조 제2항은 "중재합의는 서면으로 하여야 한다"고 규정하고 있다.[17] 영국 중재법(제32조)과 미국 중재법(제2조) 및 후술하는 뉴욕협약(제2조)에서도 이와 동일한 취지의 규정을 두고 있다.

(다) 중재합의의 내용

실제로 분쟁이 발생한 경우에 원활하게 중재를 하기 위해서는 중재합의에 ① 중재인(또는 중재기관), ② 중재장소, ③ 준거법(applicable law), ④ 중재절차가 명시되어 있어야 한다.[18] 이러한 사항이 명시되어 있지 않은 중재합의는 실제로 분쟁이 발생한 경우에 이에 대한 별도의 합의가 있어야 되나, 일단 분쟁이 발생한 후에는 당사자가 서로 자기에게 유리한 의견을 주장하게 되므로 그 합의가 무척 어려워진다. 따라서 극단적인 경우에는 차라리 중재합의가 없는 것보다도 못할 수 있다. 왜냐하면 그러한 중재합의가 없다면 소송이라도 제기할 수 있지만, 불완전한 중재합의가 있는 경우에는 법원에 제소할 수도 없게 되기 때문이다. 즉, 법원에 제소했다고 해도 상대방이 중재합의가 있는 것을 이유로 방소항변(plea in bar)을 하게 되면 소송에 의한 해결도 불가능하게 되는 것이다.

16) 고준환, 국제상사중재론, 법문사, 1980, 273면 참조.
17) 중재법은 서면에 의한 중재합의에, ① 구두나 행위, 그 밖의 어떠한 수단에 의하여 이루어진 것인지 여부와 관계없이 중재합의의 내용이 기록된 경우 ② 전보, 전신, 팩스, 전자우편 또는 그 밖의 통신수단에 의하여 교환된 전자적 의사표시에 중재합의가 포함된 경우 ③ 어느 한쪽 당사자가 당사자 간에 교환된 신청서 또는 답변서의 내용에 중재합의가 있는 것을 주장하고 상대방 당사자가 이에 대하여 다투지 아니하는 경우 등을 포함한다고 규정함으로써 중재합의의 서면성 요건을 완화하고 있다(중재법 제8조 제3항).
18) 이들 중 중재기관, 중재장소 및 준거법을 중재합의의 3요소라고 한다.

이러한 경우에 대비하여 상설 중재기관에서는 이른바, 표준중재조항이라는 것을 만들어 이를 계약에 삽입하도록 권장하고 있다. 표준중재조항을 이용하면 중재합의의 중요한 사항이 누락되지 않기 때문에 편리한데, 대한상사중재원이 권장하는 국제중재규칙에 의한 표준중재조항은 다음과 같이 ① 장래의 분쟁(future disputes)에 관한 것과 ② 현존하는 분쟁(existing disputes)에 관한 것의 두 가지가 있다.

그런데 중재합의를 하는 당사자들은 중재장소를 가장 중요시한다. 우리나라 당사자는 우리나라를 중재지로 하는 것이 바람직하므로 대한상사중재원에서 권고하는 표준중재조항을 매매계약서에 삽입할 필요가 있다. 그러나 계약에는 항상 상대방이 있으므로 자기의 주장을 모두 관철할 수는 없으며, 중재합의도 예외는 아니다. 여기서 절충안으로서 양 당사자의 소속국가가 아닌 제3국에서 중재를 하는 방법과 양 당사자 중 피신청인이 되는 상대방의 국가에서 중재를 하는 피고지주의방법이 채용되기도 한다.

(라) 중재합의의 효력

중재법 제9조 제1항은 "중재합의의 대상인 분쟁에 관하여 소가 제기된 경우에 피고가 중재합의가 있다는 항변을 하였을 때에는 법원은 그 소를 각하하여야 한다. 다만, 중재합의가 없거나 무효이거나 효력을 상실하였거나 그 이행이 불가능한 경우에는 그러하지 아니하다"고 규정하고 있다. 영국 중재법(제4조)과 미국 중재법(제3조), 그리고 뉴욕협약(제2조 제3항)에서도 이와 유사한 취지의 규정을 두고 있다.

따라서 중재합의가 있으면 법원에 직소할 권리를 상실하게 된다. 이것을 직소금지의 효력이라 한다. 그러므로 어느 일방이 중재합의를 무시하고 법원에 제소하더라도 상대방의 방소항변(plea in bar)에 의하여 그 소는 다툼의 여지없이 각하된다. 그러나 만약 상대방이 방소항변을 하지 않고 응소하면 중재합의의 효력이 소멸된다.

이와 같은 직소금지의 효력을 인정하는 이유는 원래 계약자치의 원칙을 존중한 것으로, 중재합의의 당사자는 서면으로 모든 분쟁을 (법원의 판결에 의하지 아니하고) 중재에 의하여 해결하기로 분명히 합의하였기 때문이다.

장래의 분쟁에 관한 표준중재조항

"Any dispute, controversy or claim arising under, out of or relating to this contract (including non-contractual claims) and any subsequent amendments of this contract, including, without limitation, its formation, validity, binding effect, interpretation, performance, breach or termination, shall be referred to and finally resolved by arbitration under KCAB International Arbitration Rules, which Rules are deemed to be incorporated by reference into this clause.

The number of arbitrators shall be [one / three]

The seat, or legal place, of arbitration shall be [City / Country

The language to be used in the arbitral proceedings shall be [language]"

【이 계약(비계약적 청구를 포함)과 이 계약의 추후 수정 내용에 따라, 그로부터, 또는 그와 관련하여 발생하는 모든 분쟁, 논쟁 또는 청구(계약의 성립, 효력, 구속력, 해석, 이행, 위반 또는 해지 등 포함)는 대한상사중재원의 국제중재규칙에 의거 중재에 회부하여 중재에 의하여 종국적으로 해결하여야 한다. 대한상사중재원의 국제중재규칙은 이 표준중재조항의 일부로 본다.

중재인의 수는 〔1 또는 3〕 인으로 한다.

중재지는 〔ㅇㅇ국/ ㅇㅇ시〕 로 한다.

중재에 사용될 언어는 〔ㅇㅇ〕 어로 한다.】

현존하는 분쟁에 관한 표준중재조항

We, the undersigned parties, hereby agree that the following dispute shall be referred to and finally determined by arbitration in accordance with the KCAB International Arbitration Rules :

[brief description of the dispute]

The number of arbitrators shall be [one / three]

The seat, or legal place, of arbitration shall be [City/ Country]

The language to be used in the arbitral proceedings shall be [language]

【아래에 서명한 당사자들은 다음의 분쟁을 대한상사중재원 국제중재규칙에 따른 중재에 회부하여 종국적으로 해결할 것을 이 서면으로써 합의한다.

[분쟁의 간략한 설명]

중재인의 수는 〔1 또는 3〕 인으로 한다.

중재지는 〔ㅇㅇ국/ ㅇㅇ시〕 로 한다.

중재에 사용될 언어는 〔ㅇㅇ〕 어로 한다.】

(2) 한국의 국제상사중재절차

중재절차는 중재사건이 접수되어 판정이 내려질 때까지의 모든 절차를 의미하며, 이것은 중재법의 강행규정에 반하지 아니하는 한 당사자가 중재합의로 정할 수 있다(중재법 제20조 제1항). 만약 당사자들이 중재절차에 관하여 합의를 하지 아니한 경우에는 중재판정부가 중재법의 규정에 따라 적절한 방식으로 중재절차를 진행할 수 있다(동법 제20조 제2항).

여기서 국제중재규칙에 따른 중재절차를 살펴보면 다음과 같다.

(가) 중재의 신청

중재를 신청하기 위해서는 중재원의 사무국에 중재신청서를 제출하여야 하는데, 중재신청서에는 다음 사항이 기재 또는 첨부되어야 한다(규칙 제8조).

① 신청인의 성명, 주소, 국가번호와 지역번호를 포함하는 팩스번호, 전화번호
② 신청인에 대한 기재 -신청인이 회사인 경우 그 설립지와 회사 형태, 개인인 경우 국적과 주된 거주지 또는 근무지
③ 중재 상대방(피신청인)의 성명, 주소, 국가번호와 지역번호를 포함하는 전화번호와 팩스번호
④ 청구의 원인이 된 분쟁의 성격과 상황에 관한 기술
⑤ 중재 신청취지
⑥ 중재절차에 관하여 당사자가 이미 서면으로 합의한 사항 또는 신청인이 제안하고자 하는 사항에 대한 기술(중재지, 중재언어, 준거법, 중재인의 수, 중재인의 자격과 성명 등)
⑦ 중재합의에서 당사자의 중재인 선정을 요하는 경우, 신청인이 선정하는 중재인의 성명, 주소, 전화번호, 팩스번호, 이메일주소
⑧ 신청인이 원용한 서면 중재조항 또는 별도의 서면 중재합의 등 관련 계약서
⑨ 대리인의 성명, 주소, 국가번호와 지역번호를 포함하는 팩스번호, 전화번호

(나) 중재인의 수 및 그 선정

중재인(arbitrator)이란 분쟁당사자의 합의에 의거 중재판정을 내리는 권한이 부여된 제3자를 가리킨다. 중재인은 중재판정부(arbitration tribunal)를 구성하는데, 국제중재사건은 원칙적으로 단독중재인이 심리한다. 다만 당사자들이 3인 중재인의 심리로 합의하거나 사무국이 당사자 의사, 분쟁금액, 분쟁의 복잡성 기타 요소

중재판정이 확정되면 당사자 간에 있어서 법원의 확정판결과 동일한 효력이 있다(중재법 제35조). 따라서 중재인이라 하더라도 자기가 내린 중재판정을 철회할 수 없다.

(3) 외국중재판정의 승인과 집행

중재판정의 승인 및 집행은 법원의 승인 및 집행판결에 의한다(중재법 제37조 참조). 그런데 중재판정은 판정이 내려진 장소가 외국인가 국내인가에 따라 국내중재판정과 외국중재판정으로 구분된다. 국내중재판정은 중재법 제36조 제2항에 규정된 중재판정취소사유가 없는 한 당연히 승인 및 집행된다.[21)]

한편 외국중재판정의 경우 그 승인이나 집행에 관한 요건은 국가에 따라 다르기 때문에 어떤 나라에서 내려진 중재판정을 다른 나라에서 승인하거나 또는 집행하고자 해도 거부되는 경우가 있을 수 있다. 여기서 양국간 또는 다수국간의 협약에 의한 해결이 필요하게 된다. 이들 협약에 관하여는 뒤에서 별도로 살펴보기로 하고, 여기서는 그 중 가장 포괄적이고 중요하며, 또 우리나라가 가입하고 있는 뉴욕협약에 있어서의 외국중재판정의 승인 및 집행에 관하여 간단히 살펴보기로 한다.

뉴욕 협약에 의하면 동 협약의 체약국간에 있어서 외국중재판정의 승인 및 집행의 효력이 보장되고 있다(제1조 내지 제3조 참조). 따라서 우리나라의 경우도 당연히 뉴욕협약의 적용을 받는 외국중재판정의 승인 또는 집행은 뉴욕협약에 의한다. 그

21) 중재판정에 대한 불복은 법원에 제기하는 중재판정의 취소의 소에 의하여만 할 수 있는데, 중재법 제36조 제2항은 다음과 같이 규정하고 있다.

"법원은 다음 각 호의 어느 하나에 해당하는 경우에만 중재판정을 취소할 수 있다.

1. 중재판정의 취소를 구하는 당사자가 다음 각 목의 어느 하나에 해당하는 사실을 증명하는 경우
   가. 중재합의의 당사자가 해당 준거법(準據法)에 따라 중재합의 당시 무능력자였던 사실 또는 중재합의가 당사자들이 지정한 법에 따라 무효이거나 그러한 지정이 없는 경우에는 대한민국의 법에 따라 무효인 사실
   나. 중재판정의 취소를 구하는 당사자가 중재인의 선정 또는 중재절차에 관하여 적절한 통지를 받지 못하였거나 그 밖의 사유로 본안에 관한 변론을 할 수 없었던 사실
   다. 중재판정이 중재합의의 대상이 아닌 분쟁을 다룬 사실 또는 중재판정이 중재합의의 범위를 벗어난 사항을 다룬 사실. 다만, 중재판정이 중재합의의 대상에 관한 부분과 대상이 아닌 부분으로 분리될 수 있는 경우에는 대상이 아닌 중재판정 부분만을 취소할 수 있다.
   라. 중재판정부의 구성 또는 중재절차가 이 법의 강행규정에 반하지 아니하는 당사자 간의 합의에 따르지 아니하였거나 그러한 합의가 없는 경우에는 이 법에 따르지 아니하였다는 사실
2. 법원이 직권으로 다음 각 목의 어느 하나에 해당하는 사유가 있다고 인정하는 경우
   가. 중재판정의 대상이 된 분쟁이 대한민국의 법에 따라 중재로 해결될 수 없는 경우
   나. 중재판정의 승인 또는 집행이 대한민국의 선량한 풍속이나 그 밖의 사회질서에 위배되는 경우"

리고 뉴욕협약의 적용을 받지 아니하는 외국중재판정의 승인 또는 집행에 관하여는 민사소송법 제217조, 민사집행법 제26조 제1항[22] 및 제27조[23]의 규정을 준용한다(중재법 제39조). 따라서 뉴욕협약의 적용을 받지 아니하는 외국중재판정을 국내에서 승인 · 집행하기 위해서는 ① 유효하고 구속력 있는 외국중재판정이 존재하고, ② 그 외국중재판정이 확정적이며, ③ 그 외국중재판정이 우리나라 공공질서에 반하지 않아야 한다.

3 중재에 관한 국제협약과 양국간 협정

무역은 국제거래이므로 중재판정의 효력이 외국에 미치지 않는다면 그 판정은 의미가 없다. 국가간의 상사분쟁을 효율적으로 해결하기 위해서는 각국간에 외국의 중재판정에 대한 상호보장을 필요로 하는 것이다. 이러한 목적으로 국제협력을 하기 위하여 중재에 관한 국제협약 및 양국간 협정이 체결되고 있다.

(1) 국제협약

(가) 제네바의정서 및 제네바협약

제네바의정서는 중재에 관한 최초의 다수국간 협약으로 1923년에 체결된 「중재조항에 관한 의정서」(Protocol on Arbitration Clauses)를 가리킨다. 제네바의정서는 장래의 분쟁에 관한 중재합의의 효력을 국제적으로 승인하는 것을 목적으로 한 것이지만, 외국중재판정의 승인과 집행이 보장되고 있지는 않았다.

한편 제네바협약은 제네바의정서에서 발생하는 실제적인 장애를 제거하기 위하여 1927년에 성립된 다수국간 협약으로서 「외국중재판정의 집행에 관한 협약」(Convention on the Execution of Foreign Arbitral Awards)을 가리킨다. 이 협약의 골자는 외국중재판정에 강제집행력을 부여한 것이며, 제네바의정서의 필연적인 산

22) 민사집행법 제26조(외국판결의 강제집행) 제1항은 다음과 같이 규정하고 있다.
"외국법원의 판결에 기초한 강제집행은 대한민국 법원에서 집행판결로 그 적법함을 선고하여야 할 수 있다."

23) 민사집행법 제27조(집행판결)는 다음과 같이 규정하고 있다.
"① 집행판결은 재판의 옳고 그름을 조사하지 아니하고 하여야 한다.
② 집행판결을 청구하는 소는 다음 각호 가운데 어느 하나에 해당하면 각하하여야 한다.
1. 외국법원의 판결이 확정된 것을 증명하지 아니한 때
2. 외국판결이 민사소송법 제217조의 조건을 갖추지 아니한 때"

물이었다. 따라서 제네바협약의 가입은 제네바의정서의 비준을 전제로 하고, 반대로 제네바의정서의 탈퇴는 당연히 제네바협약의 탈퇴가 된다. 우리나라는 이 협약에 가입하지 않았다.

(나) 뉴욕협약

이것은 1958년 6월 뉴욕의 유엔본부에서 체결된 「외국중재판정의 승인 및 집행에 관한 유엔협약」(United Nations Convention on the Recognition and Enforcement of Foreign Arbitral Awards)으로서, 보통 뉴욕협약(New York Convention)이라고 한다.

뉴욕협약에서는 제네바협약의 결점, 즉 중재판정의 승인 및 집행요건이 복잡할 뿐 아니라 표현이 명확하지 못하여 충분한 실효를 거두지 못한 점을 대폭 수정하였다.

뉴욕협약의 가맹국이 되면 제네바의정서 및 제네바협약은 그 효력을 상실하게 된다. 우리나라는 이 협약에 1973년 5월 9일자로 가입함으로써 42번째의 가입국이 되었다.[24)]

뉴욕협약에 의하면 외국에 중재판정의 집행을 신청하는 절차는 이를 신청하는 청구인이 중재합의의 원본 또는 사본과 중재판정문의 원본 또는 그 사본을 집행국가의 해당법원에 제출함으로써 집행청구인의 입증책임은 완료되며, 이를 거부할 수 있는 반증책임은 피청구인 측에 있도록 규정함으로써 집행판결을 용이하게 하여, 국제상사 중재의 이용가치를 높이고 있다.

(2) 양국간 중재협정

국제무역에서 발생하는 클레임을 원활히 해결하기 위해서는 한 나라의 중재기관 단독의 힘만으로는 어려우며, 2개국 중재기관이 상호협력할 필요가 있다. 이와 같은 필요에서 각국 중재기관간에 업무제휴를 위한 중재협정을 맺고 있다.[25)]

그런데 이러한 중재협정은 대개 민간단체인 중재기관간의 협정이므로 두 나라 무역계약 당사자를 구속하는 것은 아니다. 그러나 이들 협정에서 권고하는 중재조항을 계약서에 삽입하면 원활한 분쟁해결을 보장받을 수 있다. 중재협정에는 대개 중재지 결정, 상호 시설협조, 정보제공 등에 관한 내용이 포함되는데, 여기서 참고로 한 · 미,

24) 2020년 1월 현재 이 협약의 가입국은 161개국이다.
25) 2020년 1월 현재 우리나라 대한상사중재원은 24개국의 중재기관과 중재협정을 맺고 있다. 중재협정을 체결한 외국중재기관의 구체적인 내용은 대한상사중재원 홈페이지(www.kcab.or.kr) 참조.

한 · 일, 그리고 한 · 중간의 중재협정에서 권고하는 중재조항을 살펴보면 다음과 같다.

(가) 한 · 미 상사중재협정에서 권고하는 중재조항

"All disputes, controversies, or differences which may arise between the parties, out of or in relation to or in connection with this contract, or for the breach thereof, shall be finally settled by arbitration pursuant to the U.S. – Korean Commercial Arbitration Agreement, dated December 1, 1974, by which each party hereto is bound."(이 계약으로부터 또는 이 계약과 관련하여, 또는 이 계약의 불이행으로 말미암아 당사자간에 발생하는 모든 분쟁, 논쟁 또는 의견차이는 1974년 12월 1일자 한 · 미 상사중재협정에 따라 중재에 의하여 최종적으로 해결하며, 당사자들은 이에 구속을 받는다.)

(나) 한 · 일간의 중재협정에서 권고하는 중재조항

"All disputes that may arise under or in relation to this contract shall be submitted to arbitration under the Commercial Arbitration Rules of (a) the Korean Commercial Arbitration Association[26) if the arbitration is to be held in the Republic of Korea or (b) the Japan Commercial Arbitration Association if the arbitration is to be held in Japan.

If the place of arbitration is not so designated by the parties or is not agreed by them within 28 days from the date on which a demand for arbitration is received by either of the Association from either party, the place of arbitration shall be the country of the Respondent(s). Provided that both Association may agree, on the application of either party to either of the Association, that the place of arbitration shall be the country of the Claimant(s), such agreement between the Association being binding upon both parties. Failing such agreement between the Association within 28 days from the date of the said application, the place of arbitration shall be the country of the Respondent(s)"(이 계약으로부터 또는 이 계약과 관련하여 발생되는 모든 분쟁은 ① 중재가 한국에서 행하여지게 되는 경우에는 대한상사중재

26) 이 협정 체결당시에는 대한상사중재원(The Korean Commercial Arbitration Board)의 명칭이 대한상사중재협회(The Korean Commercial Arbitration Association)였음.

협회의, 또는 ② 중재가 일본에서 행하여지게 되는 경우에는 일본상사중재협회의 상사중재규칙에 의거하여 중재에 회부하는 것으로 한다.

중재장소가 당사자에 의하여 지정되지 아니하거나, 또는 양 협회 중 어느 쪽 당사자 중의 어느 일방으로부터 중재신청을 접수한 날로부터 28일 이내에 당사자가 합의하지 아니하는 경우에는 중재장소는 피신청인의 나라로 한다. 그러나 양 협회는 당사자 중의 어느 일방으로부터 양 협회중 어느 쪽인가에 대하여 신청이 있으면 중재장소를 신청인의 나라로 할 것을 합의할 수 있으며, 양 협회간의 그러한 합의는 당사자를 구속한다. 위의 신청일로부터 28일 이내에 양 협회간의 합의가 이루어지지 아니할 경우에는 중재장소는 피신청인의 나라로 한다.)

(다) 한·중간의 중재협정에서 권고하는 중재조항

"All disputes, controversies or difference arising between the contracting parties, out of, relating to or in connection with this contract shall be finally settled by arbitration pursuant to the Agreement between the Korean Commercial Arbitration Board and the China International Economic and Trade Arbitration Commission. The arbitration award shall be final and binding upon both contracting parties."(이 계약으로부터, 또는 이 계약과 관련하여 당사자간에 발생하는 모든 분쟁, 논쟁 또는 의견차이는 대한상사중재원과 중국국제경제무역중재위원회간의 중재협정에 의한 중재에 의하여 최종적으로 해결한다. 중재판정은 최종적인 것으로 계약의 양당사자를 구속한다.)

④ UNCITRAL 표준 국제상사중재법

오늘날 세계 각국에서 통용되고 있는 국제상사중재에 관한 법규는 당사자의 합의, 중재법, 중재규칙, 양국간의 협약, 양국 상설중재기관의 중재협정 또는 다국간 협약 등 매우 다양하다. 따라서 이들 법규의 적용이나 해석에 있어서 각국의 법원이나 상설중재기관 내지 중재판정부의 태도가 항상 일치된다고 할 수는 없다. 이러한 여건하에서 UNCITRAL(국제무역법위원회)은 1981년이래 국제상사중재에 관한 표준법의 제정에 착수하여 1985년 6월 21일 제18차회기 연차총회에서 유엔 권고결의안으로 UNCITRAL 표준 국제상사중재법(UNCITRAL Model Law on International Commercial Arbitration)을 채택하였다. 이 법은 2006년에 중재합의의 서면성 요건을 완화하고, 임시적 처분에 관한 상세한 규정을 두기 위해 개정되었다.

이 법의 목적은 국제상사중재를 위한 특별법을 마련하는데 있다. 따라서 이를 채택하는 국가에서는 그것이 중재에 관한 모든 국내법에 우선하여 적용된다.[27] 우리나라는 이 법을 거의 그대로 수용하여 1999년 12월 31일자로 중재법을 전면 개정하였고, 이후 2006년 국제상사중재모델법의 개정 내용을 반영하여 2016년 5월 29일자로 중재법을 다시 개정하였다

27) 이 법의 구체적인 내용은 고범준, 전게서, 141~173면 참조.

참 고 문 헌

[국내문헌]
강원진, 전자결제시스템, 삼영사, 2000.
고범준, 국제상사중재법 해의, 대한상사중재원, 1985.
곽윤직, 채권각론(민법강의Ⅳ), 박영사, 2005.
곽윤직, 채권총론(민법강의Ⅲ), 박영사, 2006.
구종순, 무역실무, 박영사, 2005.
권태욱, 국제계약과 국제중재, 한울, 2010.
김인현, 해상법, 법문사, 2011.
김원배, 무역계약과 서류작성, 대왕사, 2006.
김정회, 전자무역, 두남, 2002.
대한상공회의소 ICC 한국국내위원회, 제5차 개정 화환신용장통일규칙 및 관례, 1993.
대한상공회의소 ICC 한국위원회, 인코텀즈(Incoterms) 2000, 1999.
대한중재인협회, 상사중재제도 해설 및 중재인의 역할, 2000.
박병호 · 이시환, 무역학개론, 경문사, 1986.
박종수, 무역창업의 이해, 삼영사, 2006.
방희석, 무역실무, 박영사, 2002.
배정한, 국제무역대금결제, 삼영사, 2006.
법무부, 국제물품매매계약에 관한 유엔협약해설, 2005.
석광현, 국제사법 해설, 지산, 2001.
석광현, 국제물품매매계약의 법리, 박영사, 2010.
석광현, 국제상사중재법연구(제1권), 박영사, 2007.
손주찬, 상법개설, 박영사, 1987.
양승규, 판례교재 보험법·해상법, 법문사, 1984.
오원석, 국제운송론, 박영사, 2004.
이광희 · 이원정, 통선계약실무, 박영사, 2009.
이균성, 신체계 해상법강론, 한국해운기술원(연수교재 - 064), 1988.
이상진 · 최동오, 전자무역, 두남, 2005.
이시환, 신무역계약론, 신양사, 2002.
이시환, 신무역보험론, 대왕사, 2012.
이시환 · 김정회, 국제운송론, 대왕사, 2010.

이시환 · 서한석, 신무역학연습, 동성사, 1999.

이재규 외, 전자상거래원론, 법영사, 2000.

임홍근 역, 수출무역계약의 법리(Clive M. Schmitthoff, Legal Aspects of Export Sales), 삼영사. 1978.

전준수·김성호, 국제해상운송실무, 박영사, 2000.

최기원, 상법학신론(하), 박영사, 2004.

최종현, 해상법상론, 박영사, 2009.

최준선, 국제거래법, 삼영사, 1998.

최준선, 국제항공운송법론, 삼영사, 1987.

텔렉처 교육개발연구소, 사이버무역사(3교시 사이버무역), 텔렉처, 2000.

한국무역협회 무역아카데미, 사이버무역, 2000.

한국무역협회, 무역실무매뉴얼, 2005.

한국무역협회, 사이버무역 실무가이드, 2000.

한국무역협회, 돈버는 수출 1%가 다르다, 2010.

한국무역협회, 알기쉬운 무역실무 길라잡이, 2010.

한국상사법학회 편, 한미상사법비교연구, 삼영사, 1982.

한국해사문제연구소 편역, 배병태 감수, 용선계약과 해상물건운송계약, 한국해사문제연구소, 1986.

한동호, 보험학, 박영사, 1981.

[외국문헌]

加藤 修, 貿易保險の實務, 東京, 同文館, 1985.

葛城照三, 海上保險講義要綱, 東京, 早稻田大學出版部, 1978.

龜井利明, マリン·リスクマネジメントと保險制度, 東京, 千倉書房, 1982.

新堀 聰, 國際統一賣買法, 東京, 同文館, 1991.

大崎正瑠, 標準貿易取引, 東京, 成山堂, 1980.

大木一男, 船荷證券の實務的解說, 東京, 成山堂, 1979.

東京銀行システム部, 貿易と信用狀, 東京, 實業之日本社, 1996.

東京銀行, 新版 貿易と信用狀, 東京, 實業之日本社, 1987.

藤代 和雄, 貿易運送の實務, 東京, 同文館, 1985.

藤田勝利. 航空賠償責任法論, 東京, 有斐閣, 1985.

木村榮一, 海上保險, 東京, 千倉書房, 1978.

木下 毅, 英米契約法の理論(第2版), 東京, 東京大學出版會, 1985.

浜谷 源藏, 船荷證券と傭船契約書, 東京, 同文館, 1981.

浜谷 源藏, 最新 貿易實務, 東京, 同文館, 1997.
山田鐐一·佐野寬, 國際取引法, 東京, 有斐閣, 1994.
山本敬三, 國際取引法, 東京, 學陽書房, 1984.
上坂酉三, 貿易用語辭典, 東京, 東洋經濟新報社, 1979.
松島 惠, 貨物海上保險槪說, 東京, 成文堂, 1990.
日通總合硏究所 編, 輸送の知識, 東京, 日本經濟新聞社, 1986.
姉崎義史·石名坂邦昭·大城裕二·武田久義 共著, 講案保險總論, 日本京都, 法律文化社, 1984.
田中信幸·中川英彦·仲谷卓芳 編, 國際賣買契約ハンドブック, 東京, 有斐閣, 1986.
田中英夫 編, 英米法辭典, 東京, 東京大學出版會, 1991.
田中和夫, 英米法槪說, 東京, 有斐閣, 1984.
朝岡良平, 貿易賣買と商慣習(第3版), 東京, 東京布井出版(株), 1982.
中村 弘, 貿易契約の基礎, 東京, 東洋經濟新報社, 1983.
中村 弘, 輸出市場開發入門, 東京, 同文館, 1983
津田 昇, 現代外國爲替論, 東京, 千倉書房, 1980.
淺田福一, 國際取引契約の理論と實際, 東京, 同文館, 1999.
Beatson, J., *Anson's Law of Contract*(27th ed.), Oxford, Oxford University Press, 1998.
Bennett, H.N., *The Law of Marine Insurance*, Oxford, Clarendon Press, 1996.
Bes, J., *Chartering and Shipping Terms*, Vol. 1(10th ed.), London, Barker & Howard Ltd., 1977.
Birds, J., *Modern Insurance Law*(2nd ed.), London, Sweet & Maxwell, 1988.
Blair, M.C., *Sale of Goods Act 1979*, London, Butterworths, 1980.
Boyd, S.C. & Burrows, A.S., *Scrutton on Charterparties and Bills of Lading*(20th ed.), London, Sweet & Maxwell, 1996.
Branch, A.E., *Elements of Export Marketing and Management*, London, Chapman and Hall, 1984.
Branch, A.E., *Elements of Export Practice*(2nd ed.), London, Chapman and Hall Ltd., 1985.
Branch, A.E., *Elements of Import Practice*, London, Chapman and Hall, 1990.
Branch, A.E., *Elements of Shipping*(5th ed.), London, Chapman and Hall, 1981.
Brown, R.H. *Marine Insurance(Vol. 1-Principles and Basic Practice)*, London, Witherby & Co., Ltd., 1998.
Brown, R.H., *Marine Insurance(Vol. 2-Cargo Practice)*, London, Witherby & Co., Ltd., 1998.
Brown, R.H., *Dictionary of Marine Insurance Terms and Clauses*(5th ed.), London,

Witherby & Co., Ltd., 1989.

Carr, I., *Principles of International Trade Law*, London, Cavendish Publishing Ltd., 1999.

Cheng, C.J., *Clive M. Schmitthoff's Select Essays on International Trade Law*, London, Graham & Trotman Ltd., 1988.

Chitty, J., *Chitty on Contracts*, Vol. 1(26th ed.), (by Guest), London, Sweet & Maxwell, 1989.

Dolan, J.F., *Uniform Commercial Code*, Boston, Little, Brown & Company, 1991.

Folsom, R.H. et. al., *International Business Transactions*, Minn., West Publishing Co., 1995.

Goodacre, J.K., *Marine Insurance Claims*(3rd ed.), London, Witherby & Co., Ltd., 1996.

Gordon, J.S. & Arnold, R.J., *Profitable Exporting*, New York, John Wiley & Sons, 1988.

Guerrero, J.A., *Marine Cargo Insurance*, London, Witherby & Co., Ltd., 2003.

Guest, A.G., *Benjamin's Sale of goods*(5th ed.), London, Sweet & Maxwell, 1997.

Hazelwood, S.J., *P&I Clubs - Law and Practice*, London, Lloyd's of London Press, 1989.

Honnold, J.O., *Uniform Law for International Sales under the 1980 United Nations Convention*, Deventer, Kluwer Law and Taxation Publishers, 1987.

ICC, *ICC Uniform Customs and Practice for Documentary Credits : 2007 Revision*, Paris, 2006.

Ivamy, E.R.H., *Marine Insurance*(4th ed.), London, Butterworths, 1985.

Kritzer, A.H., *Guide to Practical Application of the United Nations Convention on Contracts for the International Sale of Goods*, Deventer/Netherlands, Kluwer Law and Taxation Publishers, 1994.

Kurkela, M., *Letters of Credit under International Trade Law*, New York, Oceana Publications, Inc., 1985.

Lambeth, R.J., *Templeman on Marine Insurance*(6th ed.), London, Pitman, 1986.

Murray, C., David Holloway and Daren Timson-Hunt, *Schmitthoff Export Trade: The Law and Practice of International Trade*(11th ed.), London, Sweet & Maxwell, 2007.

Ramberg, J., *Guide to Incoterms 2000*, ICC Publishing S.A., 1999.

Ramberg, J., *International Commercial Transactions*, Stockholm, Kluwer Law International, 1998.

Rubino-Sammartano, M., *International Arbitration Law*, Boston, Kluwer Law and Taxation Publishers, 1990.

Sassoon, D.M. and Merren, H.O., *C.I.F. and F.O.B. Contracts*(3th ed.), London, Stevens & Sons, 1984.

Shaw M., Blanning R., Strader T. & Whinston A., Handbook on Electronic *Commerce*,

Berlin, Springer, 2000.
Sorkin, S., *Goods in Transit*(Vol. 1), New York, Matthew Bender & Co., Inc., 1991.
Turban, E., et. al., *Electronic Commerce ; A Managerial Perspective*, Upper Saddle River, Prentice Hall, 2000.
Walker, A.G., *Export Practice and Documentation*(3th ed.), London, Butterworths, 1987.
Whitehead, G., *Elements of Export Law*, Cambridge, Woodhead-Faulkner, 1983.

부 록

1. Introduction to *Incoterms® 2020*

<RULES FOR ANY MODE OR MODES OF TRANSPORT>

EX WORKS

EXW (insert named place of delivery) Incoterms 2020

EXPLANATORY NOTES FOR USERS

1. ***Delivery and risk*** – "Ex Works" means that the seller delivers the goods to the buyer
   - when it places the goods at the disposal of the buyer at a named place (like a factory or warehouse), and
   - that named place may or may not be the seller's premises.

   For delivery to occur, the seller does not need to load the goods on any collecting vehicle, nor does it need to clear the goods for export, where such clearance is applicable.

2. ***Mode of transport*** – This rule may be used irrespective of the mode or modes of transport, if any, selected.

3. ***Place or precise point of delivery*** – The parties need only name the *place* of delivery. However, the parties are well advised *also* to specify as clearly as possible the precise *point* within the named place of delivery. A named precise *point* of delivery makes it clear to both parties when the goods are delivered and when risk transfers to the buyer; such precision also marks the point at which costs are for the buyer's account. If the parties do *not* name the *point* of delivery, then they are taken to have left it to the seller to select the point "that best suits its purpose". This means that the buyer may incur the risk that the seller may choose a point just before the point at which goods are lost or damaged. Best for the buyer therefore to select the precise point within a place where delivery will occur.

4. ***A note of caution to buyers*** – EXW is the Incoterms rule which imposes the least set of obligations on the seller. From the buyer's perspective, therefore, the rule should be used with care for different reasons as set out below.

5. ***Loading risks*** – Delivery happens - and risk transfers - when the goods are placed, not loaded, at the buyer's disposal. However, risk of loss of or damage to the goods occurring while the loading operation is carried out by the seller, as it may well be, might arguably lie with the buyer, who has not physically participated in the loading. Given this possibility, it would be

advisable, where the seller is to load the goods, for the parties to agree in advance who is to bear the risk of any loss of or damage to the goods during loading. This is a common situation simply because the seller is more likely to have the necessary loading equipment at its own premises or because applicable safety or security rules prevent access to the seller's premises by unauthorised personnel. Where the buyer is keen to avoid any risk during loading at the seller's premises, then the buyer ought to consider choosing the FCA rule (under which, if the goods are delivered at the seller's premises, the seller owes the buyer an obligation to load, with the risk of loss of or damage to the goods during that operation remaining with the seller).

6. ***Export clearance*** – With delivery happening when the goods are at the buyer's disposal either at the seller's premises or at another named point typically within the seller's jurisdiction or within the same Customs Union, there is no obligation on the seller to organise export clearance or clearance within third countries through which the goods pass in transit. Indeed, EXW may be suitable for domestic trades, where there is no intention at all to export the goods. The seller's participation in export clearance is limited to providing assistance in obtaining such documents and information as the buyer may require for the purpose of exporting the goods. Where the buyer intends to export the goods and where it anticipates difficulty in obtaining export clearance, the buyer would be better advised to choose the FCA rule, under which the obligation and cost of obtaining export clearance lies with the seller.

A THE SELLER'S OBLIGATIONS	B THE BUYER'S OBLIGATIONS
A1 **General obligations** The seller must provide the goods and the commercial invoice in conformity with the contract of sale and any other evidence of conformity that may be required by the contract. Any document to be provided by the seller may be in paper or electronic form as agreed or, where there is no agreement, as is customary.	**B1** **General obligations** The buyer must pay the price of the goods as provided in the contract of sale. Any document to be provided by the buyer may be in paper or electronic form as agreed or, where there is no agreement, as is customary.
A2 **Delivery** The seller must deliver the goods by placing them at the disposal of the buyer at the agreed point, if any, at the named place of delivery, not loaded on any collecting vehicle. If no specific point has been agreed within the named place of delivery, and if there are several points available, the seller may select the point that best suits its purpose. The seller must deliver the goods on the agreed date or within the agreed period.	**B2** **Taking delivery** The buyer must take delivery of the goods when they have been delivered under A2 and notice given under A10.

A3	B3
Transfer of risks The seller bears all risks of loss of or damage to the goods until they have been delivered in accordance with A2, with the exception of loss or damage in the circumstance described in B3.	**Transfer of risks** The buyer bears all risks of loss of or damage to the goods from the time they have been delivered under A2. If the buyer fails to give notice in accordance with B10, then the buyer bears all risks of loss of or damage to the goods from the agreed date or the end of the agreed period for delivery, provided that the goods have been clearly identified as the contract goods.
A4	**B4**
Carriage The seller has no obligation to the buyer to make a contract of carriage. However, the seller must provide the buyer, at the buyer's request, risk and cost, with any information in the possession of the seller, including transport-related security requirements, that the buyer needs for arranging carriage.	**Carriage** It is up to the buyer to contract or arrange at its own cost for the carriage of the goods from the named place of delivery.
A5	**B5**
Insurance The seller has no obligation to the buyer to make a contract of insurance. However, the seller must provide the buyer, at the buyer's request, risk and cost with information in the possession of the seller that the buyer needs for obtaining insurance.	**Insurance** The buyer has no obligation to the seller to make a contract of insurance.
A6	**B6**
Delivery/transport document The seller has no obligation to the buyer.	**Proof of delivery** The buyer must provide the seller with appropriate evidence of having taken delivery.
A7	**B7**
Export/import clearance Where applicable, the seller must assist the buyer, at the buyer's request, risk and cost, in obtaining any documents and/or information related to all export/transit/import clearance formalities required by the countries of export/transit/import, such as: • export/transit/import licence; • security clearance for export/transit/import;	**Export/import clearance** Where applicable, it is up to the buyer to carry out and pay for all export/transit/import clearance formalities required by the countries of export/transit/import, such as: • export/transit/import licence; • security clearance for export/transit/import;

<table>
<tr><td></td><td>

- pre-shipment inspection; and
- any other official authorization.

</td><td></td><td>

- pre-shipment inspection; and
- any other official authorization.

</td></tr>
<tr><td>A8</td><td>Checking/packaging/marking
The seller must pay the costs of those checking operations (such as checking quality, measuring, weighing, counting) that are necessary for the purpose of delivering the goods in accordance with A2.

The seller must, at its own cost, package the goods, unless it is usual for the particular trade to transport the type of goods sold unpackaged. The seller must package and mark the goods in the manner appropriate for their transport, unless the parties have agreed on specific packaging or marking requirements.</td><td>B8</td><td>Checking/packaging/marking
The buyer has no obligation to the seller.</td></tr>
<tr><td>A9</td><td>Allocation of costs
The seller must pay all costs relating to the goods until they have been delivered in accordance with A2, other than those payable by the buyer under B9.</td><td>B9</td><td>Allocation of costs
The buyer must:

a) pay all costs relating to the goods from the time they have been delivered under A2;

b) reimburse all costs and charges incurred by the seller in providing assistance or information under A4, A5, or A7;

c) pay, where applicable, all duties, taxes and other charges, as well as the costs of carrying out customs formalities payable upon export; and

d) pay any additional costs incurred by failing either to take delivery of the goods when they have been placed at its disposal or to give appropriate notice in accordance with B10, provided that the goods have been clearly identified as the contract goods.</td></tr>
<tr><td>A10</td><td>Notices
The seller must give the buyer any notice needed to enable the buyer to take delivery of the goods.</td><td>B10</td><td>Notices
The buyer must, whenever it is agreed that the buyer is entitled to determine the time within an agreed period and/or the point of taking delivery within the named place, give the seller sufficient notice.</td></tr>
</table>

FREE CARRIER

FCA (insert named place of delivery) Incoterms 2020

EXPLANATORY NOTES FOR USERS

1. ***Delivery and risk*** – "Free Carrier (named place)" means that the seller delivers the goods to the buyer in one or other of two ways.
   - First, when the named place is the seller's premises, the goods are delivered
     - when they are loaded on the means of transport arranged by the buyer.
   - Second, when the named place is another place, the goods are delivered
     - when, having been loaded on the seller's means of transport,
     - they reach the named other place and
     - are ready for unloading from that seller's means of transport and
     - at the disposal of the carrier or of another person nominated by the buyer.

   Whichever of the two is chosen as the place of delivery, that place identifies where risk transfers to the buyer and the time from which costs are for the buyer's account.

2. ***Mode of transport*** – This rule may be used irrespective of the mode of transport selected and may also be used where more than one mode of transport is employed.

3. ***Place or point of delivery*** – A sale under FCA can be concluded naming only the place of delivery, either at the seller's premises or elsewhere, without specifying the precise point of delivery within that named place. However, the parties are well advised *also* to specify as clearly as possible the precise *point* within the named place of delivery. A named precise *point* of delivery makes it clear to both parties when the goods are delivered and when risk transfers to the buyer; such precision also marks the point at which costs are for the buyer's account. Where the precise point is not identified, however, this may cause problems for the buyer. The seller in this case has the right to select the point "that best suits its purpose": that point becomes the point of delivery, from which risk and costs transfer to the buyer. If the precise point of delivery is not identified by naming it in the contract, then the parties are taken to have left it to the seller to select the point "that best suits its purpose". This means that the buyer may incur the risk that the seller may choose a point just before the point at which goods are lost or damaged. Best for the buyer therefore to select the precise point within a place where delivery will occur.

4. ***'or procure goods so delivered'*** – The reference to "procure" here caters for multiple sales down a chain (string sales), particularly, although not exclusively, common in the commodity trades.

5. ***Export/import clearance*** – FCA requires the seller to clear the goods for export, where applicable. However, the seller has no obligation to clear the goods for import or for transit through third countries, to pay any import duty or to carry out any import customs formalities.

6. ***Bills of lading with an on-board notation in FCA sales*** – We have already seen that FCA is intended for use irrespective of the mode or modes of transport used. Now if goods are being picked up by the buyer's road-haulier in Las Vegas, it would be rather uncommon to expect a bill of lading with an on-board notation to be issued by the carrier *from Las Vegas*, which is not a port and which a vessel cannot reach for goods to be placed on board. Nonetheless, sellers selling FCA Las Vegas do sometimes find themselves in a situation where they *need* a bill of lading with an on-board notation (typically because of a bank collection or a letter of credit requirement), albeit necessarily stating that the goods have been placed on board in Los Angeles as well as stating that they were received for carriage in Las Vegas. To cater for this possibility of an FCA seller needing a bill of lading with an on-board notation, FCA Incoterms 2020 has, for the first time, provided the following optional mechanism. If the parties have so agreed in the contract, the buyer must instruct its carrier to issue a bill of lading with an on-board notation to the seller. The carrier may or may not, of course, accede to the buyer's request, given that the carrier is only bound and entitled to issue such a bill of lading once the goods are on board in Los Angeles. However, if and when the bill of lading is issued to the seller by the carrier at the buyer's cost and risk, the seller must provide that same document to the buyer, who will need the bill of lading in order to obtain discharge of the goods from the carrier. This optional mechanism becomes unnecessary, of course, if the parties have agreed that the seller will present to the buyer a bill of lading stating simply that the goods have been received for shipment rather than that they have been shipped on board. Moreover, it should be emphasised that even where this optional mechanism is adopted, the seller is under no obligation to the buyer as to the terms of the contract of carriage. Finally, when this optional mechanism is adopted, the dates of delivery inland and loading on board will necessarily be different, which may well create difficulties for the seller under a letter of credit.

A THE SELLER'S OBLIGATIONS	B THE BUYER'S OBLIGATIONS
A1 **General obligations** The seller must provide the goods and the commercial invoice in conformity with the contract of sale and any other evidence of conformity that may be required by the contract. Any document to be provided by the seller may be in paper or electronic form as agreed or, where there is no agreement, as is customary.	**B1** **General obligations** The buyer must pay the price of the goods as provided in the contract of sale. Any document to be provided by the buyer may be in paper or electronic form as agreed or, where there is no agreement, as is customary.
A2 **Delivery** The seller must deliver the goods to the carrier or another person nominated by the buyer at the named point, if any, at the named place, or procure goods so delivered.	**B2** **Taking delivery** The buyer must take delivery of the goods when they have been delivered under A2.

	The seller must deliver the goods 1. on the agreed date or 2. at the time within the agreed period notified by the buyer under B10(b) or, 3. if no such time is notified, then at the end of the agreed period. Delivery is completed either: a) If the named place is the seller's premises, when the goods have been loaded on the means of transport provided by the buyer; or b) In any other case, when the goods are placed at the disposal of the carrier or another person nominated by the buyer on the seller's means of transport ready for unloading. If no specific point has been notified by the buyer under B10(d) within the named place of delivery, and if there are several points available, the seller may select the point that best suits its purpose.		
A3	**Transfer of risks** The seller bears all risks of loss of or damage to the goods until they have been delivered in accordance with A2, with the exception of loss or damage in the circumstances described in B3.	**B3**	**Transfer of risks** The buyer bears all risks of loss of or damage to the goods from the time they have been delivered under A2. If: a) the buyer fails to nominate a carrier or another person under A2 or to give notice in accordance with B10; or b) the carrier or person nominated by the buyer under B10(a) fails to take the goods into its charge, then, the buyer bears all risks of loss of or damage to the goods: (i) from the agreed date, or in the absence of an agreed date, (ii) from the time selected by the buyer under B10(b); or, if no such time has been notified, (iii) from the end of any agreed peri-

	od for delivery, provided that the goods have been clearly identified as the contract goods.
A4 **Carriage** The seller has no obligation to the buyer to make a contract of carriage. However, the seller must provide the buyer, at the buyer's request, risk and cost, with any information in the possession of the seller, including transport-related security requirements, that the buyer needs for arranging carriage. If agreed, the seller must contract for carriage on the usual terms at the buyer's risk and cost. The seller must comply with any transport-related security requirements up to delivery.	**B4** **Carriage** The buyer must contract or arrange at its own cost for the carriage of the goods from the named place of delivery, except when the contract of carriage is made by the seller as provided for in A4.
A5 **Insurance** The seller has no obligation to the buyer to make a contract of insurance. However, the seller must provide the buyer, at the buyer's request, risk and cost, with information in the possession of the seller that the buyer needs for obtaining insurance.	**B5** **Insurance** The buyer has no obligation to the seller to make a contract of insurance.
A6 **Delivery/transport document** The seller must provide the buyer at the seller's cost with the usual proof that the goods have been delivered in accordance with A2. The seller must provide assistance to the buyer, at the buyer's request, risk and cost, in obtaining a transport document. Where the buyer has instructed the carrier to issue to the seller a transport document under B6, the seller must provide any such document to the buyer.	**B6** **Delivery/transport document** The buyer must accept the proof that the goods have been delivered in accordance with A2. If the parties have so agreed, the buyer must instruct the carrier to issue to the seller, at the buyer's cost and risk, a transport document stating that the goods have been loaded (such as a bill of lading with an onboard notation).
A7 **Export/import clearance** a) Export clearance Where applicable, the seller must carry out and pay for all export clearance formalities	**B7** **Export/import clearance** a) Assistance with export clearance Where applicable, the buyer must assist the seller at the seller's request, risk and

	required by the country of export, such as: • export licence; • security clearance for export; • pre-shipment inspection; and • any other official authorization. b) Assistance with import clearance Where applicable, the seller must assist the buyer, at the buyer's request, risk and cost, in obtaining any documents and/or information related to all transit/import clearance formalities, including security requirements and pre-shipment inspection, needed by any country of transit or the country of import.		cost in obtaining any documents and/or information related to all export clearance formalities, including security requirements and pre-shipment inspection, needed by the country of export. b) Import clearance Where applicable, the buyer must carry out and pay for all formalities required by any country of transit and the country of import, such as: • import licence and any licence required for transit; • security clearance for import and any transit; • pre-shipment inspection; and • any other official authorization.
A8	**Checking/packaging/marking** The seller must pay the costs of those checking operations (such as checking quality, measuring, weighing, counting) that are necessary for the purpose of delivering the goods in accordance with A2. The seller must, at its own cost, package the goods, unless it is usual for the particular trade to transport the type of goods sold unpackaged. The seller must package and mark the goods in the manner appropriate for their transport, unless the parties have agreed on specific packaging or marking requirements.	**B8**	**Checking/packaging/marking** The buyer has no obligation to the seller.
A9	**Allocation of costs** The seller must pay: a) all costs relating to the goods until they have been delivered in accordance with A2, other than those payable by the buyer under B9; b) the costs of providing the usual proof to the buyer under A6 that the goods have been delivered; c) where applicable, duties, taxes and any other costs related to export clearance under A7(a); and d) the buyer for all costs and charges related	**B9**	**Allocation of costs** The buyer must pay: a) all costs relating to the goods from the time they have been delivered under A2, other than those payable by the seller under A9; b) the seller for all costs and charges related to providing assistance in obtaining documents and information in accordance with A4, A5, A6 and A7(b); b) where applicable, duties, taxes and any other costs related to transit or import clearance under B7(b); and

to providing assistance in obtaining documents and information in accordance with B7(a).	b) any additional costs incurred, either because: (i) the buyer fails to nominate a carrier or another person under B10, or (ii) the carrier or person nominated by the buyer under B10 fails to take the goods into its charge, provided that the goods have been clearly identified as the contract goods.
A10 **Notices** The seller must give the buyer sufficient notice either that the goods have been delivered in accordance with A2 or that the carrier or another person nominated by the buyer has failed to take the goods within the time agreed.	**B10** **Notices** The buyer must notify the seller of a) the name of the carrier or another person nominated within sufficient time as to enable the seller to deliver the goods in accordance with A2; b) the selected time, if any, within the period agreed for delivery when the carrier or person nominated will receive the goods; c) the mode of transport to be used by the carrier or the person nominated including any transport-related security requirements; and a) the point where the goods will be received within the named place of delivery.

CARRIAGE PAID TO

CPT (insert named place of destination) Incoterms 2020

EXPLANATORY NOTES FOR USERS

1. ***Delivery and risk*** – "Carriage Paid To" means that the seller delivers the goods - and transfers the risk - to the buyer
   - by handing them over to the carrier
   - contracted by the seller
   - or by procuring the goods so delivered.
   - The seller may do so by giving the carrier physical possession of the goods in the manner and at the place appropriate to the means of transport used.

   Once the goods have been delivered to the buyer in this way, the seller does not guarantee that the goods will reach the place of destination in sound condition, in the stated quantity or indeed at all. This is because risk transfers from seller to buyer when the goods are delivered to the buyer by handing them over to the carrier; the seller must nonetheless contract for the carriage of the goods from delivery to the agreed destination. Thus, for example, goods are handed over to a carrier in Las Vegas (which is not a port) for carriage to Southampton (a port) or to Winchester (which is not a port). In either case, delivery transferring risk to the buyer happens in Las Vegas, and the seller must make a contract of carriage to either Southampton or Winchester.

2. ***Mode of transport*** – This rule may be used irrespective of the mode of transport selected and may also be used where more than one mode of transport is employed.

3. ***Places (or points) of delivery and destination*** – In CPT, two locations are important: the place or point (if any) at which the goods are delivered (for the transfer of risk) and the place or point agreed as the destination of the goods (as the point to which the seller promises to contract for carriage).

4. ***Identifying the place or point of delivery with precision*** – The parties are well advised to identify both places, or indeed points within those places, as precisely as possible in the contract of sale. Identifying the place or point (if any) of delivery as precisely as possible is important to cater for the common situation where several carriers are engaged, each for different legs of the transit from delivery to destination. Where this happens and the parties do not agree on a specific place or point of delivery, the default position is that risk transfers when the goods have been delivered to the first carrier at a point entirely of the seller's choosing and over which the buyer has no control. Should the parties wish the risk to transfer at a later stage (e.g. at a sea or river port or at an airport), or indeed an earlier one (e.g. an inland point some way away from a sea or river port), they need to specify this in their contract of sale and to carefully think through the consequences of so doing in case the goods are lost or damaged.

5. ***Identifying the destination as precisely as possible*** – The parties are also well advised to identify as precisely as possible in the contract of sale the point within the agreed place of destination, as this is the point to which the seller must contract for carriage and this is the point to which the costs of carriage fall on the seller.

6. ***'or procuring the goods so delivered'*** – The reference to "procure" here caters for multiple sales down a chain (string sales), particularly common in the commodity trades.

7. ***Costs of unloading at destination*** – If the seller incurs costs under its contract of carriage related to unloading at the named place of destination, the seller is not entitled to recover such costs separately from the buyer unless otherwise agreed between the parties.

8. ***Export/import clearance*** – CPT requires the seller to clear the goods for export, where applicable. However, the seller has no obligation to clear the goods for import or for transit through third countries, or to pay any import duty or to carry out any import customs formalities.

A THE SELLER'S OBLIGATIONS	B THE BUYER'S OBLIGATIONS
A1 **General obligations** The seller must provide the goods and the commercial invoice in conformity with the contract of sale and any other evidence of conformity that may be required by the contract. Any document to be provided by the seller may be in paper or electronic form as agreed or, where there is no agreement, as is customary.	**B1** **General obligations** The buyer must pay the price of the goods as provided in the contract of sale. Any document to be provided by the buyer may be in paper or electronic form as agreed or, where there is no agreement, as is customary.
A2 **Delivery** The seller must deliver the goods by handing them over to the carrier contracted in accordance with A4 or by procuring the goods so delivered. In either case the seller must deliver the goods on the agreed date or within the agreed period.	**B2** **Taking delivery** The buyer must take delivery of the goods when they have been delivered under A2 and receive them from the carrier at the named place of destination or if agreed, at the point within that place.
A3 **Transfer of risks** The seller bears all risks of loss of or damage to the goods until they have been delivered in accordance with A2, with the exception of loss or damage in the circumstance described in B3.	**B3** **Transfer of risks** The buyer bears all risks of loss of or damage to the goods from the time they have been delivered under A2. If the buyer fails to give notice in

			accordance with B10, then the buyer bears all risks of loss of or damage to the goods from the agreed date or the end of the agreed period for delivery, provided that the goods have been clearly identified as the contract goods.
A4	**Carriage** The seller must contract or procure a contract for the carriage of the goods from the agreed point of delivery, if any, at the place of delivery to the named place of destination or, if agreed, any point at that place. The contract of carriage must be made on usual terms at the seller's cost and provide for carriage by the usual route in a customary manner of the type normally used for carriage of the type of goods sold. If a specific point is not agreed or is not determined by practice, the seller may select the point of delivery and the point at the named place of destination that best suit its purpose. The seller must comply with any transport-related security requirements for transport to the destination.	**B4**	**Carriage** The buyer has no obligation to the seller to make a contract of carriage.
A5	**Insurance** The seller has no obligation to the buyer to make a contract of insurance. However, the seller must provide the buyer, at the buyer's request, risk and cost, with information in the possession of the seller that the buyer needs for obtaining insurance.	**B5**	**Insurance** The buyer has no obligation to the seller to make a contract of insurance.
A6	**Delivery/transport document** If customary or at the buyer's request, the seller must provide the buyer, at the seller's cost, with the usual transport document[s] for the transport contracted in accordance with A4. This transport document must cover the contract goods and be dated within the period agreed for shipment. If agreed or	**B6**	**Delivery/transport document** The buyer must accept the transport document provided under A6 if it is in conformity with the contract.

	customary, the document must also enable the buyer to claim the goods from the carrier at the named place of destination and enable the buyer to sell the goods in transit by the transfer of the document to a subsequent buyer or by notification to the carrier. When such a transport document is issued in negotiable form and in several originals, a full set of originals must be presented to the buyer.		
A7	**Export/import clearance** a) Export clearance Where applicable, the seller must carry out and pay for all export clearance formalities required by the country of export, such as: • export licence; • security clearance for export; • pre-shipment inspection; and • any other official authorization. b) Assistance with import clearance Where applicable, the seller must assist the buyer, at the buyer's request, risk and cost, in obtaining any documents and/or information related to all transit/import clearance formalities, including security requirements and pre-shipment inspection, needed by any country of transit or the country of import.	**B7**	**Export/import clearance** a) Assistance with export clearance Where applicable, the buyer must assist the seller at the seller's request, risk and cost in obtaining any documents and/or information related to all export clearance formalities, including security requirements and pre-shipment inspection, needed by the country of export. b) Import clearance Where applicable, the buyer must carry out and pay for all formalities required by any country of transit and the country of import, such as: • import licence and any licence required for transit; • security clearance for import and any transit; • pre-shipment inspection; and • any other official authorization.
A8	**Checking/packaging/marking** The seller must pay the costs of those checking operations (such as checking quality, measuring, weighing, counting) that are necessary for the purpose of delivering the goods in accordance with A2. The seller must, at its own cost, package the goods, unless it is usual for the particular trade to transport the type of goods sold unpackaged. The seller must package and mark the goods in the manner appropriate for their transport, un-	**B8**	**Checking/packaging/marking** The buyer has no obligation to the seller.

	A		B
	less the parties have agreed on specific packaging or marking requirements.		
A9	**Allocation of costs** The seller must pay: a) all costs relating to the goods until they have been delivered in accordance with A2, other than those payable by the buyer under B9; b) transport and all other costs resulting from A4, including the costs of loading the goods and transport-related security costs; c) any charges for unloading at the agreed place of destination but only if those charges were for the seller's account under the contract of carriage; d) the costs of transit that were for the seller's account under the contract of carriage; e) the costs of providing the usual proof to the buyer under A6 that the goods have been delivered; f) where applicable, duties, taxes and any other costs related to export clearance under A7(a); and g) the buyer for all costs and charges related to providing assistance in obtaining documents and information in accordance with B7(a).	**B9**	**Allocation of costs** The buyer must pay: a) all costs relating to the goods from the time they have been delivered under A2, other than those payable by the seller under A9; b) the costs of transit, unless such costs were for the seller's account under the contract of carriage; c) unloading costs, unless such costs were for the seller's account under the contract of carriage; d) the seller for all costs and charges related to providing assistance in obtaining documents and information in accordance with A5 and A7(b); e) where applicable, duties, taxes and any other costs related to transit or import clearance under B7(b); and f) any additional costs incurred if it fails to give notice in accordance with B10, from the agreed date or the end of the agreed period for shipment, provided that the goods have been clearly identified as the contract goods.
A10	**Notices** The seller must notify the buyer that the goods have been delivered in accordance with A2. The seller must give the buyer any notice required to enable the buyer to receive the goods.	**B10**	**Notices** The buyer must, whenever it is agreed that the buyer is entitled to determine the time for dispatching the goods and/or the point of receiving the goods within the named place of destination, give the seller sufficient notice.

CARRIAGE AND INSURANCE PAID TO

CIP (insert named place of destination) Incoterms 2020

EXPLANATORY NOTES FOR USERS

1. ***Delivery and risk*** – "Carriage and Insurance Paid To" means that the seller delivers the goods - and transfers the risk - to the buyer
   - by handing them over to the carrier
   - contracted by the seller
   - or by procuring the goods so delivered.
   - The seller may do so by giving the carrier physical possession of the goods in the manner and at the place appropriate to the means of transport used.

   Once the goods have been delivered to the buyer in this way, the seller does not guarantee that the goods will reach the place of destination in sound condition, in the stated quantity or indeed at all. This is because risk transfers from seller to buyer when the goods are delivered to the buyer by handing them over to the carrier; the seller must nonetheless contract for the carriage of the goods from delivery to the agreed destination. Thus, for example, goods are handed over to a carrier in Las Vegas (which is not a port) for carriage to Southampton (a port) or to Winchester (which is not a port). In either case, delivery transferring risk to the buyer happens in Las Vegas, and the seller must make a contract of carriage to either Southampton or Winchester.

2. ***Mode of transport*** – This rule may be used irrespective of the mode of transport selected and may also be used where more than one mode of transport is employed.

3. ***Places (or points) of delivery and destination*** – In CIP two locations are important: the place or point at which the goods are delivered (for the transfer of risk) and the place or point agreed as the destination of the goods (as the point to which the seller promises to contract for carriage).

4. ***Insurance*** – The seller must also contract for insurance cover against the buyer's risk of loss of or damage to the goods from the point of delivery to at least the point of destination. This may cause difficulty where the destination country requires insurance cover to be purchased locally: in this case the parties should consider selling and buying under CPT. The buyer should also note that under the CIP Incoterms 2020 rule the seller is required to obtain extensive insurance cover complying with Institute Cargo Clauses (A) or similar clause, rather than with the more limited cover under Institute Cargo Clauses (C). It is, however, still open to the parties to agree on a lower level of cover.

5. ***Identifying the place or point of delivery with precision*** – The parties are well advised to identify both places, or indeed points within those places, as precisely as possible in the contract of sale. Identifying the place or point (if any) of delivery as precisely as possible is

important to cater for the common situation where several carriers are engaged, each for different legs of the transit from delivery to destination. Where this happens and the parties do not agree on a specific place or point of delivery, the default position is that risk transfers when the goods have been delivered to the first carrier at a point entirely of the seller's choosing and over which the buyer has no control. Should the parties wish the risk to transfer at a later stage (e.g. at a sea or river port or at an airport), or indeed an earlier one (e.g. an inland point some way away from a sea or river port), they need to specify this in their contract of sale and to carefully think through the consequences of so doing in case the goods are lost or damaged.

6. ***Identifying the destination as precisely as possible*** – The parties are also well advised to identify as precisely as possible in the contract of sale the point within the agreed place of destination, as this is the point to which the seller must contract for carriage and insurance and this is the point to which the costs of carriage and insurance fall on the seller.

7. ***'or procuring the goods so delivered'*** – The reference to "procure" here caters for multiple sales down a chain (string sales), particularly common in the commodity trades.

8. ***Costs of unloading at destination*** – If the seller incurs costs under its contract of carriage related to unloading at the named place of destination, the seller is not entitled to recover such costs separately from the buyer unless otherwise agreed between the parties.

9. ***Export/import clearance*** – CIP requires the seller to clear the goods for export, where applicable. However, the seller has no obligation to clear the goods for import or for transit through third countries, or to pay any import duty or to carry out any import customs formalities.

A THE SELLER'S OBLIGATIONS	B THE BUYER'S OBLIGATIONS
A1 **General obligations** The seller must provide the goods and the commercial invoice in conformity with the contract of sale and any other evidence of conformity that may be required by the contract. Any document to be provided by the seller may be in paper or electronic form as agreed or, where there is no agreement, as is customary.	**B1** **General obligations** The buyer must pay the price of the goods as provided in the contract of sale. Any document to be provided by the buyer may be in paper or electronic form as agreed or, where there is no agreement, as is customary.
A2 **Delivery** The seller must deliver the goods by handing them over to the carrier contracted in accordance with A4 or by procuring the	**B2** **Taking delivery** The buyer must take delivery of the goods when they have been delivered under A2 and receive them from the car-

	Seller		Buyer
	goods so delivered. In either case the seller must deliver the goods on the agreed date or within the agreed period.		rier at the named place of destination or if agreed, at the point within that place.
A3	**Transfer of risks** The seller bears all risks of loss of or damage to the goods until they have been delivered in accordance with A2, with the exception of loss or damage in the circumstance described in B3.	**B3**	**Transfer of risks** The buyer bears all risks of loss of or damage to the goods from the time they have been delivered under A2. If the buyer fails to give notice in accordance with B10, then the buyer bears all risks of loss of or damage to the goods from the agreed date or the end of the agreed period for delivery, provided that the goods have been clearly identified as the contract goods.
A4	**Carriage** The seller must contract or procure a contract for the carriage of the goods from the agreed point of delivery, if any, at the place of delivery to the named place of destination or, if agreed, any point at that place. The contract of carriage must be made on usual terms at the seller's cost and provide for carriage by the usual route in a customary manner of the type normally used for carriage of the type of goods sold. If a specific point is not agreed or is not determined by practice, the seller may select the point of delivery and the point at the named place of destination that best suit its purpose. The seller must comply with any transport-related security requirements for transport to the destination.	**B4**	**Carriage** The buyer has no obligation to the seller to make a contract of carriage.
A5	**Insurance** Unless otherwise agreed or customary in the particular trade, the seller must obtain at its own cost cargo insurance complying with the cover provided by Clauses (A) of the Institute Cargo Clauses (LMA/IUA) or any similar clauses as appropriate to the means of transport used. The insurance shall be	**B5**	**Insurance** The buyer has no obligation to the seller to make a contract of insurance. However, the buyer must provide the seller, upon request, with any information necessary for the seller to procure any additional insurance requested by the buyer under A5.

	contracted with underwriters or an insurance company of good repute and entitle the buyer, or any other person having an insurable interest in the goods, to claim directly from the insurer. When required by the buyer, the seller must, subject to the buyer providing any necessary information requested by the seller, provide at the buyer's cost any additional cover, if procurable, such as cover complying with the Institute War Clauses and/or Institute Strikes Clauses (LMA/IUA) or any similar clauses (unless such cover is already included with the cargo insurance described in the preceding paragraph). The insurance shall cover, at a minimum, the price provided in the contract plus 10% (i.e. 110%) and shall be in the currency of the contract. The insurance shall cover the goods from the point of delivery set out in A2 to at least the named place of destination. The seller must provide the buyer with the insurance policy or certificate or any other evidence of insurance cover. Moreover, the seller must provide the buyer, at the buyer's request, risk and cost, with information that the buyer needs to procure any additional insurance.		
A6	**Delivery/transport document** If customary or at the buyer's request, the seller must provide the buyer, at the seller's cost, with the usual transport document[s] for the transport contracted in accordance with A4. This transport document must cover the contract goods and be dated within the period agreed for shipment. If agreed or customary, the document must also enable the buyer to claim the goods from the carrier	**B6**	**Delivery/transport document** The buyer must accept the transport document provided under A6 if it is in conformity with the contract.

at the named place of destination and enable the buyer to sell the goods in transit by the transfer of the document to a subsequent buyer or by notification to the carrier. When such a transport document is issued in negotiable form and in several originals, a full set of originals must be presented to the buyer.	
A7 **Export/import clearance** a) Export clearance Where applicable, the seller must carry out and pay for all export clearance formalities required by the country of export, such as: • export licence; • security clearance for export; • pre-shipment inspection; and • any other official authorization. b) Assistance with import clearance Where applicable, the seller must assist the buyer, at the buyer's request, risk and cost, in obtaining any documents and/or information related to all transit/import clearance formalities, including security requirements and pre-shipment inspection, needed by any country of transit or the country of import.	**B7** **Export/import clearance** a) Assistance with export clearance Where applicable, the buyer must assist the seller at the seller's request, risk and cost in obtaining any documents and/or information related to all export clearance formalities, including security requirements and pre-shipment inspection, needed by the country of export. b) Import clearance Where applicable, the buyer must carry out and pay for all formalities required by any country of transit and the country of import, such as: • import licence and any licence required for transit; • security clearance for import and any transit; • pre-shipment inspection; and • any other official authorization.
A8 **Checking/packaging/marking** The seller must pay the costs of those checking operations (such as checking quality, measuring, weighing, counting) that are necessary for the purpose of delivering the goods in accordance with A2. The seller must, at its own cost, package the goods, unless it is usual for the particular trade to transport the type of goods sold unpackaged. The seller must package and mark the goods in the manner appropriate for their transport, unless the parties have agreed on specific packaging or marking requirements.	**B8** **Checking/packaging/marking** The buyer has no obligation to the seller.

<table>
<tr><td>

A9

Allocation of costs

The seller must pay:

a) all costs relating to the goods until they have been delivered in accordance with A2, other than those payable by the buyer under B9;

b) transport and all other costs resulting from A4, including the costs of loading the goods and transport-related security costs;

c) any charges for unloading at the agreed place of destination but only if those charges were for the seller's account under the contract of carriage;

d) the costs of transit that were for the seller's account under the contract of carriage;

e) the costs of providing the usual proof to the buyer under A6 that the goods have been delivered;

f) the costs of insurance resulting from A5;

g) where applicable, duties, taxes and any other costs related to export clearance under A7(a); and

h) the buyer for all costs and charges related to providing assistance in obtaining documents and information in accordance with B7(a).

</td><td>

B9

Allocation of costs

The buyer must pay:

a) all costs relating to the goods from the time they have been delivered under A2, other than those payable by the seller under A9;

b) the costs of transit, unless such costs were for the seller's account under the contract of carriage;

c) unloading costs, unless such costs were for the seller's account under the contract of carriage;

d) the costs of any additional insurance procured at the buyer's request under A5 and B5;

e) the seller for all costs and charges related to providing assistance in obtaining documents and information in accordance with A5 and A7(b);

f) where applicable, duties, taxes and any other costs related to transit or import clearance under B7(b); and

g) any additional costs incurred if it fails to give notice in accordance with B10, from the agreed date or the end of the agreed period for shipment, provided that the goods have been clearly identified as the contract goods.

</td></tr>
<tr><td>

A10

Notices

The seller must notify the buyer that the goods have been delivered in accordance with A2.

The seller must give the buyer any notice required to enable the buyer to receive the goods.

</td><td>

B10

Notices

The buyer must, whenever it is agreed that the buyer is entitled to determine the time for dispatching the goods and/or the point of receiving the goods within the named place of destination, give the seller sufficient notice.

</td></tr>
</table>

DELIVERED AT PLACE

DAP (insert named place of destination) Incoterms 2020

EXPLANATORY NOTES FOR USERS

1. ***Delivery and risk*** – "Delivered at Place" means that the seller delivers the goods - and transfers risk - to the buyer
    - when the goods are placed at the disposal of the buyer
    - on the arriving means of transport ready for unloading
    - at the named place of destination or
    - at the agreed point within that place, if any such point is agreed.

   The seller bears all risks involved in bringing the goods to the named place of destination or to the agreed point within that place. In this Incoterms rule, therefore, delivery and arrival at destination are the same.

2. ***Mode of transport*** – This rule may be used irrespective of the mode of transport selected and may also be used where more than one mode of transport is employed.

3. ***Identifying the place or point of delivery/destination precisely*** – The parties are well advised to specify the destination place or point as clearly as possible and this for several reasons. First, risk of loss of or damage to the goods transfers to the buyer at that point of delivery/destination – and it is best for the seller and the buyer to be clear about the point at which that critical transfer happens. Secondly, the costs before that place or point of delivery/destination are for the account of the seller and the costs after that place or point are for the account of the buyer. Thirdly, the seller must contract or arrange for the carriage of the goods to the agreed place or point of delivery/destination. If it fails to do so, the seller is in breach of its obligations under the Incoterms DAP rule and will be liable to the buyer for any ensuing loss. Thus, for example, the seller would be responsible for any additional costs levied by the carrier to the buyer for any additional on-carriage.

4. ***'or procuring the goods so delivered'*** – The reference to "procure" here caters for multiple sales down a chain (string sales), particularly common in the commodity trades.

5. ***Unloading costs*** – The seller is not required to unload the goods from the arriving means of transportation. However, if the seller incurs costs under its contract of carriage related to unloading at the place of delivery/destination, the seller is not entitled to recover such costs separately from the buyer unless otherwise agreed between the parties.

6. ***Export/import clearance*** – DAP requires the seller to clear the goods for export, where applicable. However, the seller has no obligation to clear the goods for import or for post-delivery transit through third countries, to pay any import duty or to carry out any import customs formalities. As a result, if the buyer fails to organise import clearance, the goods will

be held up at a port or inland terminal in the destination country. Who bears the risk of any loss that might occur while the goods are thus held up at the port of entry in the destination country? The answer is the buyer: delivery will not have occurred yet, B3(a) ensuring that the risk of loss of or damage to the goods is with the buyer until transit to a named inland point can be resumed. If, in order to avoid this scenario, the parties intend the seller to clear the goods for import, pay any import duty or tax and carry out any import customs formalities, the parties might consider using DDP.

A THE SELLER'S OBLIGATIONS	B THE BUYER'S OBLIGATIONS
A1 **General obligations** The seller must provide the goods and the commercial invoice in conformity with the contract of sale and any other evidence of conformity that may be required by the contract. Any document to be provided by the seller may be in paper or electronic form as agreed or, where there is no agreement, as is customary.	**B1** **General obligations** The buyer must pay the price of the goods as provided in the contract of sale. Any document to be provided by the buyer may be in paper or electronic form as agreed or, where there is no agreement, as is customary.
A2 **Delivery** The seller must deliver the goods by placing them at the disposal of the buyer on the arriving means of transport ready for unloading at the agreed point, if any, at the named place of destination or by procuring the goods so delivered. In either case the seller must deliver the goods on the agreed date or within the agreed period.	**B2** **Taking delivery** The buyer must take delivery of the goods when they have been delivered under A2.
A3 **Transfer of risks** The seller bears all risks of loss of or damage to the goods until they have been delivered in accordance with A2, with the exception of loss or damage in the circumstances described in B3.	**B3** **Transfer of risks** The buyer bears all risks of loss of or damage to the goods from the time they have been delivered under A2. If: a) the buyer fails to fulfil its obligations in accordance with B7, then it bears all resulting risks of loss of or damage to the goods; or b) the buyer fails to give notice in accordance with B10, then it bears all risks of loss of or damage to the goods from the agreed date or

			the end of the agreed period for delivery, provided that the goods have been clearly identified as the contract goods.
A4	**Carriage** The seller must contract or arrange at its own cost for the carriage of the goods to the named place of destination or to the agreed point, if any, at the named place of destination. If a specific point is not agreed or is not determined by practice, the seller may select the point at the named place of destination that best suits its purpose. The seller must comply with any transport-related security requirements for transport to the destination.	**B4**	**Carriage** The buyer has no obligation to the seller to make a contract of carriage.
A5	**Insurance** The seller has no obligation to the buyer to make a contract of insurance.	**B5**	**Insurance** The buyer has no obligation to the seller to make a contract of insurance. However, the buyer must provide the seller, at the seller's request, risk and cost, with information that the seller needs for obtaining insurance.
A6	**Delivery/transport document** The seller must provide the buyer, at the seller's cost, with any document required to enable the buyer to take over the goods.	**B6**	**Delivery/transport document** The buyer must accept the document provided under A6.
A7	**Export/import clearance** a) Export and transit clearance Where applicable, the seller must carry out and pay for all export and transit clearance formalities required by the country of export and any country of transit (other than the country of import), such as: • export/transit licence; • security clearance for export/transit; • pre-shipment inspection; and • any other official authorization. b) Assistance with import clearance Where applicable, the seller must assist the	**B7**	**Export/import clearance** a) Assistance with export and transit clearance Where applicable, the buyer must assist the seller at the seller's request, risk and cost in obtaining any documents and/or information related to all export/transit clearance formalities, including security requirements and pre-shipment inspection, needed by the country of export and any country of transit (other than the country of import). b) Import clearance

buyer, at the buyer's request, risk and cost, in obtaining any documents and/or information related to all import clearance formalities, including security requirements and pre-shipment inspection, needed by the country of import.	Where applicable, the buyer must carry out and pay for all formalities required by the country of import, such as: • import licence; • security clearance for import; • pre-shipment inspection; and • any other official authorization.
A8 **Checking/packaging/marking** The seller must pay the costs of those checking operations (such as checking quality, measuring, weighing, counting) that are necessary for the purpose of delivering the goods in accordance with A2. The seller must, at its own cost, package the goods, unless it is usual for the particular trade to transport the type of goods sold unpackaged. The seller must package and mark the goods in the manner appropriate for their transport, unless the parties have agreed on specific packaging or marking requirements.	**B8** **Checking/packaging/marking** The buyer has no obligation to the seller.
A9 **Allocation of costs** The seller must pay: a) all costs relating to the goods and their transport until they have been delivered in accordance with A2, other than those payable by the buyer under B9; b) any charges for unloading at the place of destination but only if those charges were for the seller's account under the contract of carriage; c) the cost of providing the delivery/transport document under A6; d) where applicable, duties, taxes and any other costs related to export and any transit clearance under A7(a); and e) the buyer for all costs and charges related to providing assistance in obtaining documents and information in accordance with B5 and B7(a).	**B9** **Allocation of costs** The buyer must pay: a) all costs relating to the goods from the time they have been delivered under A2; b) all costs of unloading necessary to take delivery of the goods from the arriving means of transport at the named place of destination, unless such costs were for the seller's account under the contract of carriage; c) the seller for all costs and charges related to providing assistance in obtaining documents and information in accordance with A7(b); d) where applicable, duties, taxes and any other costs related to import clearance under B7(b); and

	e) any additional costs incurred by the seller if the buyer fails to fulfil its obligations in accordance with B7 or to give notice in accordance with B10, provided that the goods have been clearly identified as the contract goods.
A10 **Notices** The seller must give the buyer any notice required to enable the buyer to receive the goods.	**B10** **Notices** The buyer must, whenever it is agreed that the buyer is entitled to determine the time within an agreed period and/or the point of taking delivery within the named place of destination, give the seller sufficient notice.

DELIVERED AT PLACE UNLOADED

DPU (insert named place of destination) Incoterms 2020

EXPLANATORY NOTES FOR USERS

1. ***Delivery and risk*** – "Delivered at Place Unloaded" means that the seller delivers the goods - and transfers risk - to the buyer
   - when the goods,
   - once unloaded from the arriving means of transport,
   - are placed at the disposal of the buyer
   - at a named place of destination or
   - at the agreed point within that place, if any such point is agreed.

   The seller bears all risks involved in bringing the goods to and unloading them at the named place of destination. In this Incoterms rule, therefore, the delivery and arrival at destination are the same. DPU is the only Incoterms rule that requires the seller to unload goods at destination. The seller should therefore ensure that it is in a position to organise unloading at the named place. Should the parties intend the seller not to bear the risk and cost of unloading, the DPU rule should be avoided and DAP should be used instead.

2. ***Mode of transport*** – This rule may be used irrespective of the mode of transport selected and may also be used where more than one mode of transport is employed.

3. ***Identifying the place or point of delivery/destination precisely*** – The parties are well advised to specify the destination place or point as clearly as possible and this for several reasons. First, risk of loss of or damage to the goods transfers to the buyer at that point of delivery/destination – and it is best for the seller and the buyer to be clear about the point at which that critical transfer happens. Secondly, the costs before that place or point of delivery/destination are for the account of the seller and the costs after that place or point are for the account of the buyer. Thirdly, the seller must contract or arrange for the carriage of the goods to the agreed place or point of delivery/destination. If it fails to do so, the seller is in breach of its obligations under this rule and will be liable to the buyer for any ensuing loss. The seller would, for example, be responsible for any additional costs levied by the carrier to the buyer for any additional on-carriage.

4. ***'or procuring the goods so delivered'*** – The reference to "procure" here caters for multiple sales down a chain (string sales), particularly common in the commodity trades.

5. ***Export/import clearance*** – DPU requires the seller to clear the goods for export, where applicable. However, the seller has no obligation to clear the goods for import or for post-delivery transit through third countries, to pay any import duty or to carry out any import customs formalities. As a result, if the buyer fails to organise import clearance, the goods will be held up at a port or inland terminal in the destination country. Who bears the risk of any

loss that might occur while the goods are thus held up at the port of entry in the destination country? The answer is the buyer: delivery will not have occurred yet, B3(a) ensuring that the risk of loss of or damage to the goods is with the buyer until transit to a named inland point can be resumed. If, in order to avoid this scenario, the parties intend the seller to clear the goods for import, pay any import duty or tax and carry out any import customs formalities, the parties might consider using DDP.

A THE SELLER'S OBLIGATIONS	B THE BUYER'S OBLIGATIONS
A1 **General obligations** The seller must provide the goods and the commercial invoice in conformity with the contract of sale and any other evidence of conformity that may be required by the contract. Any document to be provided by the seller may be in paper or electronic form as agreed or, where there is no agreement, as is customary.	**B1** **General obligations** The buyer must pay the price of the goods as provided in the contract of sale. Any document to be provided by the buyer may be in paper or electronic form as agreed or, where there is no agreement, as is customary.
A2 **Delivery** The seller must unload the goods from the arriving means of transport and must then deliver them by placing them at the disposal of the buyer at the agreed point, if any, at the named place of destination or by procuring the goods so delivered. In either case the seller must deliver the goods on the agreed date or within the agreed period.	**B2** **Taking delivery** The buyer must take delivery of the goods when they have been delivered under A2.
A3 **Transfer of risks** The seller bears all risks of loss of or damage to the goods until they have been delivered in accordance with A2, with the exception of loss or damage in the circumstances described in B3.	**B3** **Transfer of risks** The buyer bears all risks of loss of or damage to the goods from the time they have been delivered under A2. If: a) the buyer fails to fulfil its obligations in accordance with B7, then it bears all resulting risks of loss of or damage to the goods; or b) the buyer fails to give notice in accordance with B10, then it bears all risks of loss of or damage to the goods from the agreed date or the end of the agreed period for

	delivery, provided that the goods have been clearly identified as the contract goods.
A4 **Carriage** The seller must contract or arrange at its own cost for the carriage of the goods to the named place of destination or to the agreed point, if any, at the named place of destination. If a specific point is not agreed or is not determined by practice, the seller may select the point at the named place of destination that best suits its purpose. The seller must comply with any transport-related security requirements for transport to the destination.	**B4** **Carriage** The buyer has no obligation to the seller to make a contract of carriage.
A5 **Insurance** The seller has no obligation to the buyer to make a contract of insurance.	**B5** **Insurance** The buyer has no obligation to the seller to make a contract of insurance. However, the buyer must provide the seller, at the seller's request, risk and cost, with information that the seller needs for obtaining insurance.
A6 **Delivery/transport document** The seller must provide the buyer, at the seller's cost, with any document required to enable the buyer to take over the goods.	**B6** **Delivery/transport document** The buyer must accept the document provided under A6.
A7 **Export/import clearance** a) Export and transit clearance Where applicable, the seller must carry out and pay for all export and transit clearance formalities required by the country of export and any country of transit (other than the country of import), such as: • export/transit licence; • security clearance for export/transit; • pre-shipment inspection; and • any other official authorization. b) Assistance with import clearance Where applicable, the seller must assist the	**B7** **Export/import clearance** a) Assistance with export and transit clearance Where applicable, the buyer must assist the seller at the seller's request, risk and cost in obtaining any documents and/or information related to all export/transit clearance formalities, including security requirements and pre-shipment inspection, needed by the country of export and any country of transit (other than the country of import). b) Import clearance Where applicable, the buyer must carry

	buyer, at the buyer's request, risk and cost, in obtaining any documents and/or information related to all import clearance formalities, including security requirements and pre-shipment inspection, needed by the country of import.		out and pay for all formalities required by the country of import, such as: • import licence; • security clearance for import; • pre-shipment inspection; and • any other official authorization.
A8	**Checking/packaging/marking** The seller must pay the costs of those checking operations (such as checking quality, measuring, weighing, counting) that are necessary for the purpose of delivering the goods in accordance with A2. The seller must, at its own cost, package the goods, unless it is usual for the particular trade to transport the type of goods sold unpackaged. The seller must package and mark the goods in the manner appropriate for their transport, unless the parties have agreed on specific packaging or marking requirements.	**B8**	**Checking/packaging/marking** The buyer has no obligation to the seller.
A9	**Allocation of costs** The seller must pay: a) all costs relating to the goods and their transport until they have been unloaded and delivered in accordance with A2, other than those payable by the buyer under B9; b) the cost of providing the delivery/transport document under A6; c) where applicable, duties, taxes and any other costs related to export and any transit clearance under A7(a); and d) the buyer for all costs and charges related to providing assistance in obtaining documents and information in accordance with B5 and B7(a).	**B9**	**Allocation of costs** The buyer must pay: a) all costs relating to the goods from the time they have been delivered under A2; b) the seller for all costs and charges related to providing assistance in obtaining documents and information in accordance with A7(b); c) where applicable, duties, taxes and any other costs related to import clearance under B7(b); and d) any additional costs incurred by the seller if the buyer fails to fulfil its obligations in accordance with B7 or to give notice in accordance with B10, provided that the goods have been clearly identified as the contract goods.
A10	**Notices**	**B10**	**Notices**

The seller must give the buyer any notice required to enable the buyer to receive the goods.	The buyer must, whenever it is agreed that the buyer is entitled to determine the time within an agreed period and/or the point of taking delivery within the named place of destination, give the seller sufficient notice.

DELIVERED DUTY PAID

DDP (insert named place of destination) Incoterms 2020

EXPLANATORY NOTES FOR USERS

1. ***Delivery and risk*** – "Delivered Duty Paid" means that the seller delivers the goods to the buyer
   - when the goods are placed at the disposal of the buyer,
   - cleared for import,
   - on the arriving means of transport,
   - ready for unloading,
   - at the named place of destination or at the agreed point within that place, if any such point is agreed.

   The seller bears all risks involved in bringing the goods to the named place of destination or to the agreed point within that place. In this Incoterms rule, therefore, delivery and arrival at destination are the same.

2. ***Mode of transport*** – This rule may be used irrespective of the mode of transport selected and may also be used where more than one mode of transport is employed.

3. ***A note of caution to sellers: maximum responsibility*** – DDP, with delivery happening at destination *and* with the seller being responsible for the payment of import duty and applicable taxes is the Incoterms rule imposing on the seller the maximum level of obligation of all eleven Incoterms rules. From the seller's perspective, therefore, the rule should be used with care for different reasons as set out in paragraph 7.

4. ***Identifying the place or point of delivery/destination precisely*** – The parties are well advised to specify the destination place or point as clearly as possible and this for several reasons. First, risk of loss of or damage to the goods transfers to the buyer at that point of delivery/destination – and it is best for the seller and the buyer to be clear about the point at which that critical transfer happens. Secondly, the costs before that place or point of delivery/destination are for the account of the seller, including the costs of import clearance, and the costs after that place or point, other than the costs of import, are for the account of the buyer. Thirdly, the seller must contract or arrange for the carriage of the goods to the agreed place or point of delivery/destination. If it fails to do so, the seller is in breach of its obligations under the Incoterms rule DDP and will be liable to the buyer for any ensuing loss. Thus, for example, the seller would be responsible for any additional costs levied by the carrier to the buyer for any additional on-carriage.

5. ***'or procuring the goods so delivered'*** – The reference to "procure" here caters for multiple sales down a chain (string sales), particularly common in the commodity trades.

6. ***Unloading costs*** – If the seller incurs costs under its contract of carriage related to unloading at the place of delivery/destination, the seller is not entitled to recover such costs separately from the buyer unless otherwise agreed between the parties.

7. ***Export/import clearance*** – As set out in paragraph 3, DDP requires the seller to clear the goods for export, where applicable, as well as for import and to pay any import duty or to carry out any customs formalities. Thus if the seller is unable to obtain import clearance and would rather leave that side of things in the buyer's hands in the country of import, then the seller should consider choosing DAP or DPU, under which rules delivery still happens at destination, but with import clearance being left to the buyer. There may be tax implications and this tax may not be recoverable from the buyer: see A9(d).

A THE SELLER'S OBLIGATIONS	B THE BUYER'S OBLIGATIONS
A1 **General obligations** The seller must provide the goods and the commercial invoice in conformity with the contract of sale and any other evidence of conformity that may be required by the contract. Any document to be provided by the seller may be in paper or electronic form as agreed or, where there is no agreement, as is customary.	**B1** **General obligations** The buyer must pay the price of the goods as provided in the contract of sale. Any document to be provided by the buyer may be in paper or electronic form as agreed or, where there is no agreement, as is customary.
A2 **Delivery** The seller must deliver the goods by placing them at the disposal of the buyer on the arriving means of transport ready for unloading at the agreed point, if any, at the named place of destination or by procuring the goods so delivered. In either case the seller must deliver the goods on the agreed date or within the agreed period.	**B2** **Taking delivery** The buyer must take delivery of the goods when they have been delivered under A2.
A3 **Transfer of risks** The seller bears all risks of loss of or damage to the goods until they have been delivered in accordance with A2, with the exception of loss or damage in the circumstances described in B3.	**B3** **Transfer of risks** The buyer bears all risks of loss of or damage to the goods from the time they have been delivered under A2. If: a) the buyer fails to fulfil its obligations in accordance with B7, then it bears all resulting risks of loss of or damage to the goods; or

	b) the buyer fails to give notice in accordance with B10, then it bears all risks of loss of or damage to the goods from the agreed date or the end of the agreed period for delivery, provided that the goods have been clearly identified as the contract goods.
A4 **Carriage** The seller must contract or arrange at its own cost for the carriage of the goods to the named place of destination or to the agreed point, if any, at the named place of destination. If a specific point is not agreed or is not determined by practice, the seller may select the point at the named place of destination that best suits its purpose. The seller must comply with any transport-related security requirements for transport to the destination.	**B4** **Carriage** The buyer has no obligation to the seller to make a contract of carriage.
A5 **Insurance** The seller has no obligation to the buyer to make a contract of insurance.	**B5** **Insurance** The buyer has no obligation to the seller to make a contract of insurance. However, the buyer must provide the seller, at the seller's request, risk and cost, with information that the seller needs for obtaining insurance.
A6 **Delivery/transport document** The seller must provide the buyer, at the seller's cost, with any document required to enable the buyer to take over the goods.	**B6** **Delivery/transport document** The buyer must accept the document provided under A6.
A7 **Export/import clearance** Where applicable, the seller must carry out and pay for all export/transit/import clearance formalities required by the countries of export, transit and import, such as: • export/transit/import licence; • security clearance for export/transit/import; • pre-shipment inspection; and	**B7** **Export/import clearance** Where applicable, the buyer must assist the seller, at the seller's request, risk and cost. in obtaining any documents and/or information related to all export/transit/import clearance formalities required by the countries of export/transit/import, such as: • export/transit/import licence; • security clearance for export,

A	B
• any other official authorization.	transport and import; • pre-shipment inspection; and • any other official authorization.
A8 **Checking/packaging/marking** The seller must pay the costs of those checking operations (such as checking quality, measuring, weighing, counting) that are necessary for the purpose of delivering the goods in accordance with A2. The seller must, at its own cost, package the goods, unless it is usual for the particular trade to transport the type of goods sold unpackaged. The seller must package and mark the goods in the manner appropriate for their transport, unless the parties have agreed on specific packaging or marking requirements.	**B8** **Checking/packaging/marking** The buyer has no obligation to the seller.
A9 **Allocation of costs** The seller must pay: a) all costs relating to the goods and their transport until they have been delivered in accordance with A2, other than those payable by the buyer under B9; b) any charges for unloading at the place of destination but only if those charges were for the seller's account under the contract of carriage; c) the cost of providing the delivery/transport document under A6; d) where applicable, duties, taxes and any other costs related to export, transit and import clearance under A7; and e) the buyer for all costs and charges related to providing assistance in obtaining documents and information in accordance with B5 and B7.	**B9** **Allocation of costs** The buyer must pay: a) all costs relating to the goods from the time they have been delivered under A2; b) all costs of unloading necessary to take delivery of the goods from the arriving means of transport at the named place of destination, unless such costs were for the seller's account under the contract of carriage; and c) any additional costs incurred by the seller if the buyer fails to fulfil its obligations in accordance with B7 or to give notice in accordance with B10, provided that the goods have been clearly identified as the contract goods.
A10 **Notices** The seller must give the buyer any notice required to enable the buyer to receive the goods.	**B10** **Notices** The buyer must, whenever it is agreed that the buyer is entitled to determine the time within an agreed period and/or

	the point of taking delivery within the named place of destination, give the seller sufficient notice.

<RULES FOR SEA AND INLAND WATERWAY TRANSPORT>

FREE ALONGSIDE SHIP

FAS (insert named port of shipment) Incoterms 2020

EXPLANATORY NOTES FOR USERS

1. ***Delivery and risk*** – "Free Alongside Ship" means that the seller delivers the goods to the buyer

   - when the goods are placed alongside the ship (e.g. on a quay or a barge)
   - nominated by the buyer
   - at the named port of shipment
   - or when the seller procures goods already so delivered.

   The risk of loss of or damage to the goods transfers when the goods are alongside the ship, and the buyer bears all costs from that moment onwards.

2. ***Mode of transport*** – This rule is to be used only for sea or inland waterway transport where the parties intend to deliver the goods by placing the goods alongside a vessel. Thus, the FAS rule is not appropriate where goods are handed over to the carrier before they are alongside the vessel, for example where goods are handed over to a carrier at a container terminal. Where this is the case, parties should consider using the FCA rule rather than the FAS rule.

3. ***Identifying the loading point precisely*** – The parties are well advised to specify as clearly as possible the loading point at the named port of shipment where the goods are to be transferred from the quay or barge to the ship, as the costs and risks to that point are for the account of the seller and these costs and associated handling charges may vary according to the practice of the port.

4. ***'or procuring the goods so delivered'*** – The seller is required either to deliver the goods alongside the ship or to procure goods already so delivered for shipment. The reference to "procure" here caters for multiple sales down a chain (string sales), particularly common in the commodity trades.

5. ***Export/import clearance*** – FAS requires the seller to clear the goods for export, where applicable. However, the seller has no obligation to clear the goods for import or for transit through third countries, to pay any import duty or to carry out any import customs formalities.

A THE SELLER'S OBLIGATIONS	B THE BUYER'S OBLIGATIONS
A1 **General obligations**	**B1** **General obligations**

A	B
The seller must provide the goods and the commercial invoice in conformity with the contract of sale and any other evidence of conformity that may be required by the contract. Any document to be provided by the seller may be in paper or electronic form as agreed or, where there is no agreement, as is customary.	The buyer must pay the price of the goods as provided in the contract of sale. Any document to be provided by the buyer may be in paper or electronic form as agreed or, where there is no agreement, as is customary.
A2 **Delivery** The seller must deliver the goods either by placing them alongside the vessel nominated by the buyer at the loading point, if any, indicated by the buyer at the named port of shipment or by procuring the goods so delivered. The seller must deliver the goods 1. on the agreed date or 2. at the time within the agreed period notified by the buyer under B10 or, 3. if no such time is notified, then at the end of the agreed period and 4. in the manner customary at the port. If no specific loading point has been indicated by the buyer, the seller may select the point within the named port of shipment that best suits its purpose.	**B2** **Taking delivery** The buyer must take delivery of the goods when they have been delivered under A2.
A3 **Transfer of risks** The seller bears all risks of loss of or damage to the goods until they have been delivered in accordance with A2, with the exception of loss or damage in the circumstances described in B3.	**B3** **Transfer of risks** The buyer bears all risks of loss of or damage to the goods from the time they have been delivered under A2. If: a) the buyer fails to give notice in accordance with B10; or b) the vessel nominated by the buyer fails to arrive on time to enable the seller to comply with A2, fails to take the goods, or closes for cargo earlier than the time notified in accordance with

	B10; then the buyer bears all risks of loss of or damage to the goods: (i) from the agreed date, or in the absence of an agreed date, (ii) from the date selected by the buyer under B10, or, if no such date has been notified, (iii) from the end of any agreed period for delivery, provided that the goods have been clearly identified as the contract goods.
A4 **Carriage** The seller has no obligation to the buyer to make a contract of carriage. However, the seller must provide the buyer, at the buyer's request, risk and cost, with any information in the possession of the seller, including transport-related security requirements, that the buyer needs for arranging carriage. If agreed, the seller must contract for carriage on the usual terms at the buyer's risk and cost. The seller must comply with any transport-related security requirements up to delivery.	**B4** **Carriage** The buyer must contract at its own cost for the carriage of the goods from the named port of shipment, except when the contract of carriage is made by the seller as provided for in A4.
A5 **Insurance** The seller has no obligation to the buyer to make a contract of insurance. However, the seller must provide the buyer, at the buyer's request, risk and cost, with information in possession of the seller that the buyer needs for obtaining insurance.	**B5** **Insurance** The buyer has no obligation to the seller to make a contract of insurance.
A6 **Delivery/transport document** The seller must provide the buyer, at the seller's cost, with the usual proof that the goods have been delivered in accordance with A2. Unless such proof is a transport document, the seller must provide assistance to the buyer, at the buyer's request, risk and cost, in obtaining a transport document.	**B6** **Delivery/transport document** The buyer must accept the proof of delivery provided under A6.

A7	B7
Export/import clearance a) Export clearance Where applicable, the seller must carry out and pay for all export clearance formalities required by the country of export, such as: • export licence; • security clearance for export; • pre-shipment inspection; and • any other official authorization. b) Assistance with import clearance Where applicable, the seller must assist the buyer, at the buyer's request, risk and cost, in obtaining any documents and/or information related to all transit/import clearance formalities, including security requirements and pre-shipment inspection, needed by any country of transit or the country of import.	**Export/import clearance** a) Assistance with export clearance Where applicable, the buyer must assist the seller at the seller's request, risk and cost in obtaining any documents and/or information related to all export clearance formalities, including security requirements and pre-shipment inspection, needed by the country of export. b) Import clearance Where applicable, the buyer must carry out and pay for all formalities required by any country of transit and the country of import, such as: • import licence and any licence required for transit; • security clearance for import and any transit; • pre-shipment inspection; and • any other official authorization.
A8	**B8**
Checking/packaging/marking The seller must pay the costs of those checking operations (such as checking quality, measuring, weighing, counting) that are necessary for the purpose of delivering the goods in accordance with A2. The seller must, at its own cost, package the goods, unless it is usual for the particular trade to transport the type of goods sold unpackaged. The seller must package and mark the goods in the manner appropriate for their transport, unless the parties have agreed on specific packaging or marking requirements.	**Checking/packaging/marking** The buyer has no obligation to the seller.
A9	**B9**
Allocation of costs The seller must pay: a) all costs relating to the goods until they have been delivered in accordance with A2, other than those payable by the buyer under B9; b) the costs of providing the usual proof to	**Allocation of costs** The buyer must pay: a) all costs relating to the goods from the time they have been delivered under A2, other than those payable by the seller under A9; b) the seller for all costs and charges

<table>
<tr>
<td>

the buyer under A6 that the goods have been delivered;

c) where applicable, duties, taxes and any other costs related to export clearance under A7(a); and

d) the buyer for all costs and charges related to providing assistance in obtaining documents and information in accordance with B7(a).

</td>
<td>

related to providing assistance in obtaining documents and information in accordance with A4, A5, A6 and A7(b);

c) where applicable, duties, taxes and any other costs related to transit or import clearance under B7(b); and

d) any additional costs incurred, either because:
(i) the buyer has failed to give notice under B10, or
(ii) the vessel nominated by the buyer under B10 fails to arrive on time, fails to take the goods, or closes for cargo earlier than the time notified in accordance with B10,

provided that the goods have been clearly identified as the contract goods.

</td>
</tr>
<tr>
<td>

A10

Notices
The seller must give the buyer sufficient notice either that the goods have been delivered in accordance with A2 or that the vessel has failed to take delivery of the goods within the time agreed.

</td>
<td>

B10

Notices
The buyer must give the seller sufficient notice of any transport-related security requirements, the vessel name, loading point and, if any, the selected delivery date within the agreed period.

</td>
</tr>
</table>

FREE ON BOARD

FOB (insert named port of shipment) Incoterms 2020

EXPLANATORY NOTES FOR USERS

1. ***Delivery and risk*** – "Free on Board" means that the seller delivers the goods to the buyer
    - on board the vessel
    - nominated by the buyer
    - at the named port of shipment
    - or procures the goods already so delivered.

    The risk of loss of or damage to the goods transfers when the goods are on board the vessel, and the buyer bears all costs from that moment onwards.

2. ***Mode of transport*** – This rule is to be used only for sea or inland waterway transport where the parties intend to deliver the goods by placing the goods on board a vessel. Thus, the FOB rule is not appropriate where goods are handed over to the carrier before they are on board the vessel, for example where goods are handed over to a carrier at a container terminal. Where this is the case, parties should consider using the FCA rule rather than the FOB rule.

3. ***'or procuring the goods so delivered'*** – The seller is required either to deliver the goods on board the vessel or to procure goods already so delivered for shipment. The reference to "procure" here caters for multiple sales down a chain (string sales), particularly common in the commodity trades.

4. ***Export/import clearance*** – FOB requires the seller to clear the goods for export, where applicable. However, the seller has no obligation to clear the goods for import or for transit through third countries, to pay any import duty or to carry out any import customs formalities.

A THE SELLER'S OBLIGATIONS	**B** THE BUYER'S OBLIGATIONS
A1 **General obligations** The seller must provide the goods and the commercial invoice in conformity with the contract of sale and any other evidence of conformity that may be required by the contract. Any document to be provided by the seller may be in paper or electronic form as agreed or, where there is no agreement, as is customary.	**B1** **General obligations** The buyer must pay the price of the goods as provided in the contract of sale. Any document to be provided by the buyer may be in paper or electronic form as agreed or, where there is no agreement, as is customary.
A2 **Delivery**	**B2** **Taking delivery**

	The seller must deliver the goods either by placing them on board the vessel nominated by the buyer at the loading point, if any, indicated by the buyer at the named port of shipment or by procuring the goods so delivered. The seller must deliver the goods 1. on the agreed date or 2. at the time within the agreed period notified by the buyer under B10 or, 3. if no such time is notified, then at the end of the agreed period and 4. in the manner customary at the port. If no specific loading point has been indicated by the buyer, the seller may select the point within the named port of shipment that best suits its purpose.		The buyer must take delivery of the goods when they have been delivered under A2.
A3	**Transfer of risks** The seller bears all risks of loss of or damage to the goods until they have been delivered in accordance with A2, with the exception of loss or damage in the circumstances described in B3.	**B3**	**Transfer of risks** The buyer bears all risks of loss of or damage to the goods from the time they have been delivered under A2. If: a) the buyer fails to give notice in accordance with B10; or b) the vessel nominated by the buyer fails to arrive on time to enable the seller to comply with A2, fails to take the goods, or closes for cargo earlier than the time notified in accordance with B10; then the buyer bears all risks of loss of or damage to the goods: (i) from the agreed date, or in the absence of an agreed date, (ii) from the date selected by the buyer under B10, or, if no such date has been notified, (iii) from the end of any agreed period for delivery,

	provided that the goods have been clearly identified as the contract goods.
A4 **Carriage** The seller has no obligation to the buyer to make a contract of carriage. However, the seller must provide the buyer, at the buyer's request, risk and cost, with any information in the possession of the seller, including transport-related security requirements, that the buyer needs for arranging carriage. If agreed, the seller must contract for carriage on the usual terms at the buyer's risk and cost. The seller must comply with any transport-related security requirements up to delivery.	**B4** **Carriage** The buyer must contract at its own cost for the carriage of the goods from the named port of shipment, except when the contract of carriage is made by the seller as provided for in A4.
A5 **Insurance** The seller has no obligation to the buyer to make a contract of insurance. However, the seller must provide the buyer, at the buyer's request, risk and cost, with information in the possession of the seller that the buyer needs for obtaining insurance.	**B5** **Insurance** The buyer has no obligation to the seller to make a contract of insurance.
A6 **Delivery/transport document** The seller must provide the buyer, at the seller's cost, with the usual proof that the goods have been delivered in accordance with A2. Unless such proof is a transport document, the seller must provide assistance to the buyer, at the buyer's request, risk and cost, in obtaining a transport document.	**B6** **Delivery/transport document** The buyer must accept the proof of delivery provided under A6.
A7 **Export/import clearance** a) Export clearance Where applicable, the seller must carry out and pay for all export clearance formalities required by the country of export, such as: • export licence; • security clearance for export; • pre-shipment inspection; and • any other official authorization.	**B7** **Export/import clearance** a) Assistance with export clearance Where applicable, the buyer must assist the seller at the seller's request, risk and cost in obtaining any documents and/or information related to all export clearance formalities, including security requirements and pre-shipment inspection, needed by the country of export.

	Seller		Buyer
	b) Assistance with import clearance Where applicable, the seller must assist the buyer, at the buyer's request, risk and cost, in obtaining any documents and/or information related to all transit/import clearance formalities, including security requirements and pre-shipment inspection, needed by any country of transit or the country of import.		b) Import clearance Where applicable, the buyer must carry out and pay for all formalities required by any country of transit and the country of import, such as: • import licence and any licence required for transit; • security clearance for import and any transit; • pre-shipment inspection; and • any other official authorization.
A8	**Checking/packaging/marking** The seller must pay the costs of those checking operations (such as checking quality, measuring, weighing, counting) that are necessary for the purpose of delivering the goods in accordance with A2. The seller must, at its own cost, package the goods, unless it is usual for the particular trade to transport the type of goods sold unpackaged. The seller must package and mark the goods in the manner appropriate for their transport, unless the parties have agreed on specific packaging or marking requirements.	**B8**	**Checking/packaging/marking** The buyer has no obligation to the seller.
A9	**Allocation of costs** The seller must pay: a) all costs relating to the goods until they have been delivered in accordance with A2, other than those payable by the buyer under B9; b) the costs of providing the usual proof to the buyer under A6 that the goods have been delivered; c) where applicable, duties, taxes and any other costs related to export clearance under A7(a); and d) the buyer for all costs and charges related to providing assistance in obtaining documents and information in accordance with B7(a).	**B9**	**Allocation of costs** The buyer must pay: a) all costs relating to the goods from the time they have been delivered under A2, other than those payable by the seller under A9; b) the seller for all costs and charges related to providing assistance in obtaining documents and information in accordance with A4, A5, A6 and A7(b); c) where applicable, duties, taxes and any other costs related to transit or import clearance under B7(b); and d) any additional costs incurred, either because: (i) the buyer has failed to give no-

	tice under B10, or (ii) the vessel nominated by the buyer under B10 fails to arrive on time, fails to take the goods, or closes for cargo earlier than the time notified in accordance with B10, provided that the goods have been clearly identified as the contract goods.
A10 **Notices** The seller must give the buyer sufficient notice either that the goods have been delivered in accordance with A2 or that the vessel has failed to take the goods within the time agreed.	**B10** **Notices** The buyer must give the seller sufficient notice of any transport-related security requirements, the vessel name, loading point and, if any, the selected delivery date within the agreed period.

COST AND FREIGHT

CFR (insert named port of destination) Incoterms 2020

EXPLANATORY NOTES FOR USERS

1. ***Delivery and risk*** – "Cost and Freight" means that the seller delivers the goods to the buyer
   - on board the vessel
   - or procures the goods already so delivered.

   The risk of loss of or damage to the goods transfers when the goods are on board the vessel, such that the seller is taken to have performed its obligation to deliver the goods whether or not the goods actually arrive at their destination in sound condition, in the stated quantity or, indeed, at all. In CFR, the seller owes no obligation to the buyer to purchase insurance cover: the buyer would be well-advised therefore to purchase some cover for itself.

2. ***Mode of transport*** – This rule is to be used only for sea or inland waterway transport. Where more than one mode of transport is to be used, which will commonly be the case where goods are handed over to a carrier at a container terminal, the appropriate rule to use is CPT rather than CFR.

3. ***'or procuring the goods so delivered'*** – The reference to "procure" here caters for multiple sales down a chain (string sales), particularly common in the commodity trades.

4. ***Ports of delivery and destination*** – In CFR, two ports are important: the port where the goods are delivered on board the vessel and the port agreed as the destination of the goods. Risk transfers from seller to buyer when the goods are delivered to the buyer by placing them on board the vessel at the shipment port or by procuring the goods already so delivered. However, the seller must contract for the carriage of the goods from delivery to the agreed destination. Thus, for example, goods are placed on board a vessel in Shanghai (which is a port) for carriage to Southampton (also a port). Delivery here happens when the goods are on board in Shanghai, with risk transferring to the buyer at that time; and the seller must make a contract of carriage from Shanghai to Southampton.

5. ***Must the shipment port be named?*** – While the contract will always specify a destination port, it might not specify the port of shipment, which is where risk transfers to the buyer. If the shipment port is of particular interest to the buyer, as it may be, for example, where the buyer wishes to ascertain that the freight element of the price is reasonable, the parties are well advised to identify it as precisely as possible in the contract.

6. ***Identifying the destination point at the discharge port*** – The parties are well advised to identify as precisely as possible the point at the named port of destination, as the costs to that point are for the account of the seller. The seller must make a contract or contracts of carriage that cover(s) the transit of the goods from delivery to the named port or to the agreed point within that port where such a point has been agreed in the contract of sale.

7. ***Multiple carriers*** – It is possible that carriage is effected through several carriers for different legs of the sea transport, for example, first by a carrier operating a feeder vessel from Hong Kong to Shanghai, and then onto an ocean vessel from Shanghai to Southampton. The question which arises here is whether risk transfers from seller to buyer at Hong Kong or at Shanghai: where does delivery take place? The parties may well have agreed this in the sale contract itself. Where, however, there is no such agreement, the default position is that risk transfers when the goods have been delivered to the first carrier, i.e. Hong Kong, thus increasing the period during which the buyer incurs the risk of loss or damage. Should the parties wish the risk to transfer at a later stage (here, Shanghai) they need to specify this in their contract of sale.

8. ***Unloading costs*** – If the seller incurs costs under its contract of carriage related to unloading at the specified point at the port of destination, the seller is not entitled to recover such costs separately from the buyer unless otherwise agreed between the parties.

9. ***Export/import clearance*** – CFR requires the seller to clear the goods for export, where applicable. However, the seller has no obligation to clear the goods for import or for transit through third countries, to pay any import duty or to carry out any import customs formalities.

A THE SELLER'S OBLIGATIONS	B THE BUYER'S OBLIGATIONS
A1 **General obligations** The seller must provide the goods and the commercial invoice in conformity with the contract of sale and any other evidence of conformity that may be required by the contract. Any document to be provided by the seller may be in paper or electronic form as agreed or, where there is no agreement, as is customary.	**B1** **General obligations** The buyer must pay the price of the goods as provided in the contract of sale. Any document to be provided by the buyer may be in paper or electronic form as agreed or, where there is no agreement, as is customary.
A2 **Delivery** The seller must deliver the goods either by placing them on board the vessel or by procuring the goods so delivered. In either case, the seller must deliver the goods on the agreed date or within the agreed period and in the manner customary at the port.	**B2** **Taking delivery** The buyer must take delivery of the goods when they have been delivered under A2 and receive them from the carrier at the named port of destination.
A3 **Transfer of risks** The seller bears all risks of loss of or damage to the goods until they have been delivered in accordance with A2, with the exception of loss or damage in the	**B3** **Transfer of risks** The buyer bears all risks of loss of or damage to the goods from the time they have been delivered under A2.

	Seller		Buyer
	circumstance described in B3.		If the buyer fails to give notice in accordance with B10, then it bears all risks of loss of or damage to the goods from the agreed date or the end of the agreed period for shipment, provided that the goods have been clearly identified as the contract goods.
A4	**Carriage** The seller must contract or procure a contract for the carriage of the goods from the agreed point of delivery, if any, at the place of delivery to the named port of destination or, if agreed, any point at that port. The contract of carriage must be made on usual terms at the seller's cost and provide for carriage by the usual route in a vessel of the type normally used for the transport of the type of goods sold. The seller must comply with any transport-related security requirements for transport to the destination.	**B4**	**Carriage** The buyer has no obligation to the seller to make a contract of carriage.
A5	**Insurance** The seller has no obligation to the buyer to make a contract of insurance. However, the seller must provide the buyer, at the buyer's request, risk and cost, with information in the possession of the seller that the buyer needs for obtaining insurance.	**B5**	**Insurance** The buyer has no obligation to the seller to make a contract of insurance.
A6	**Delivery/transport document** The seller must, at its own cost, provide the buyer with the usual transport document for the agreed port of destination. This transport document must cover the contract goods, be dated within the period agreed for shipment, enable the buyer to claim the goods from the carrier at the port of destination and, unless otherwise agreed, enable the buyer to sell the goods in transit by the transfer of the document to a subsequent buyer or by notification to the carrier.	**B6**	**Delivery/transport document** The buyer must accept the transport document provided under A6 if it is in conformity with the contract.

Seller	Buyer
When such a transport document is issued in negotiable form and in several originals, a full set of originals must be presented to the buyer.	
A7 **Export/import clearance** a) Export clearance Where applicable, the seller must carry out and pay for all export clearance formalities required by the country of export, such as: • export licence; • security clearance for export; • pre-shipment inspection; and • any other official authorization. b) Assistance with import clearance Where applicable, the seller must assist the buyer, at the buyer's request, risk and cost, in obtaining any documents and/or information related to all transit/import clearance formalities, including security requirements and pre-shipment inspection, needed by any country of transit or the country of import.	**B7** **Export/import clearance** a) Assistance with export clearance Where applicable, the buyer must assist the seller at the seller's request, risk and cost in obtaining any documents and/or information related to all export clearance formalities, including security requirements and pre-shipment inspection, needed by the country of export. b) Import clearance Where applicable, the buyer must carry out and pay for all formalities required by any country of transit and the country of import, such as: • import licence and any licence required for transit; • security clearance for import and any transit; • pre-shipment inspection; and • any other official authorization.
A8 **Checking/packaging/marking** The seller must pay the costs of those checking operations (such as checking quality, measuring, weighing, counting) that are necessary for the purpose of delivering the goods in accordance with A2. The seller must, at its own cost, package the goods, unless it is usual for the particular trade to transport the type of goods sold unpackaged. The seller must package and mark the goods in the manner appropriate for their transport, unless the parties have agreed on specific packaging or marking requirements.	**B8** **Checking/packaging/marking** The buyer has no obligation to the seller.
A9 **Allocation of costs** The seller must pay:	**B9** **Allocation of costs** The buyer must pay:

a) all costs relating to the goods until they have been delivered in accordance with A2, other than those payable by the buyer under B9; b) the freight and all other costs resulting from A4, including the costs of loading the goods on board and transport-related security costs; c) any charges for unloading at the agreed port of discharge that were for the seller's account under the contract of carriage; d) the costs of transit that were for the seller's account under the contract of carriage; e) the costs of providing the usual proof to the buyer under A6 that the goods have been delivered; f) where applicable, duties, taxes and any other costs related to export clearance under A7(a); and g) the buyer for all costs and charges related to providing assistance in obtaining documents and information in accordance with B7(a).	a) all costs relating to the goods from the time they have been delivered under A2, other than those payable by the seller under A9; b) the costs of transit, unless such costs were for the seller's account under the contract of carriage; c) unloading costs including lighterage and wharfage charges, unless such costs and charges were for the seller's account under the contract of carriage; d) the seller for all costs and charges related to providing assistance in obtaining documents and information in accordance with A5 and A7(b); e) where applicable, duties, taxes and any other costs related to transit or import clearance under B7(b); and f) any additional costs incurred if it fails to give notice in accordance with B10, from the agreed date or the end of the agreed period for shipment, provided that the goods have been clearly identified as the contract goods.
A10 **Notices** The seller must notify the buyer that the goods have been delivered in accordance with A2. The seller must give the buyer any notice required to enable the buyer to receive the goods.	**B10** **Notices** The buyer must, whenever it is agreed that the buyer is entitled to determine the time for shipping the goods and/or the point of receiving the goods within the named port of destination, give the seller sufficient notice.

COST INSURANCE AND FREIGHT

CIF (insert named port of destination) Incoterms 2020

EXPLANATORY NOTES FOR USERS

1. ***Delivery and risk*** – "Cost Insurance and Freight" means that the seller delivers the goods to the buyer
   - on board the vessel
   - or procures the goods already so delivered.

   The risk of loss of or damage to the goods transfers when the goods are on board the vessel, such that the seller is taken to have performed its obligation to deliver the goods whether or not the goods actually arrive at their destination in sound condition, in the stated quantity or, indeed, at all.

2. ***Mode of transport*** – This rule is to be used only for sea or inland waterway transport. Where more than one mode of transport is to be used, which will commonly be the case where goods are handed over to a carrier at a container terminal, the appropriate rule to use is CIP rather than CIF.

3. ***'or procuring the goods so delivered'*** – The reference to "procure" here caters for multiple sales down a chain (string sales), particularly common in the commodity trades.

4. ***Ports of delivery and destination*** – In CIF, two ports are important: the port where the goods are delivered on board the vessel and the port agreed as the destination of the goods. Risk transfers from seller to buyer when the goods are delivered to the buyer by placing them on board the vessel at the shipment port or by procuring the goods already so delivered. However, the seller must contract for the carriage of the goods from delivery to the agreed destination. Thus, for example, goods are placed on board a vessel in Shanghai (which is a port) for carriage to Southampton (also a port). Delivery here happens when the goods are on board in Shanghai, with risk transferring to the buyer at that time; and the seller must make a contract of carriage from Shanghai to Southampton.

5. ***Must the shipment port be named?*** – While the contract will always specify a destination port, it might not specify the port of shipment, which is where risk transfers to the buyer. If the shipment port is of particular interest to the buyer, as it may be, for example, where the buyer wishes to ascertain that the freight or the insurance element of the price is reasonable, the parties are well advised to identify it as precisely as possible in the contract.

6. ***Identifying the destination point at the discharge port*** – The parties are well advised to identify as precisely as possible the point at the named port of destination, as the costs to that point are for the account of the seller. The seller must make a contract or contracts of carriage that cover the transit of the goods from delivery to the named port or to the agreed point within that port where such a point has been agreed in the contract of sale.

a) all costs relating to the goods until they have been delivered in accordance with A2, other than those payable by the buyer under B9; b) the freight and all other costs resulting from A4, including the costs of loading the goods on board and transport-related security costs; c) any charges for unloading at the agreed port of discharge that were for the seller's account under the contract of carriage; d) the costs of transit that were for the seller's account under the contract of carriage; e) the costs of providing the usual proof to the buyer under A6 that the goods have been delivered; f) the costs of insurance resulting from A5; g) where applicable, duties, taxes and any other costs related to export clearance under A7(a); and h) the buyer for all costs and charges related to providing assistance in obtaining documents and information in accordance with B7(a).	a) all costs relating to the goods from the time they have been delivered under A2, other than those payable by the seller under A9; b) the costs of transit, unless such costs were for the seller's account under the contract of carriage; c) unloading costs including lighterage and wharfage charges, unless such costs and charges were for the seller's account under the contract of carriage; d) the costs of any additional insurance procured at the buyer's request under A5 and B5; e) the seller for all costs and charges related to providing assistance in obtaining documents and information in accordance with A5 and A7(b); f) where applicable, duties, taxes and any other costs related to transit or import clearance under B7(b); and g) any additional costs incurred if it fails to give notice in accordance with B10, from the agreed date or the end of the agreed period for shipment, provided that the goods have been clearly identified as the contract goods.
A10 **Notices** The seller must notify the buyer that the goods have been delivered in accordance with A2. The seller must give the buyer any notice required to enable the buyer to receive the goods.	**B10** **Notices** The buyer must, whenever it is agreed that the buyer is entitled to determine the time for shipping the goods and/or the point of receiving the goods within the named port of destination, give the seller sufficient notice.

Ⅱ. Uniform Customs and Practice for Documentary Credits(2007 Revision)

ICC Publication No.600

Article 1 Application of UCP

The Uniform Customs and Practice for Documentary Credits, 2007 Revision,ICC Publication no. 600 ("UCP") are rules that apply to any documentary credit ("credit") (including, to the extent to which they may be applicable, any standby letter of credit) when the text of the credit expressly indicates that it is subject to these rules. They are binding on all parties thereto unless expressly modified or excluded by the credit.

Article 2 Definitions

For the purpose of these rules:

Advising bank means the bank that advises the credit at the request of the issuing bank.

Applicant means the party on whose request the credit is issued.

Banking day means a day on which a bank is regularly open at the place at which an act subject to these rules is to be performed.

Beneficiary means the party in whose favour a credit is issued.

Complying presentation means a presentation that is in accordance with the terms and conditions of the credit, the applicable provisions of these rules and international standard banking practice.

Confirmation means a definite undertaking of the confirming bank, in addition to that of the issuing bank, to honour or negotiate a complying presentation.

Confirming bank means the bank that adds its confirmation to a credit upon the issuing bank's authorization or request.

Credit means any arrangement, however named or described, that is irrevocable and thereby constitutes a definite undertaking of the issuing bank to honour a complying presentation.

Honour means:

a. to pay at sight if the credit is available by sight payment.
b. to incur a deferred payment undertaking and pay at maturity if the credit is available by deferred payment.
c. to accept a bill of exchange ("draft") drawn by the beneficiary and pay at maturity if the credit is available by acceptance.

Issuing bank means the bank that issues a credit at the request of an applicant or on its own behalf.

Negotiation means the purchase by the nominated bank of drafts (drawn on a bank other than the nominated bank) and/or documents under a complying presentation, by advancing or agreeing to advance funds to the beneficiary on or before the banking day on which reimbursement is due to the nominated bank.

Nominated bank means the bank with which the credit is available or any bank in the case of a credit available with any bank.

Presentation means either the delivery of documents under a credit to the issuing bank or nominated bank or the documents so delivered.

Presenter means a beneficiary, bank or other party that makes a presentation.

Article 3 Interpretations

For the purpose of these rules:

Where applicable, words in the singular include the plural and in the plural include the singular.

A credit is irrevocable even if there is no indication to that effect.

A document may be signed by handwriting, facsimile signature, perforated signature, stamp, symbol or any other mechanical or electronic method of authentication.

A requirement for a document to be legalized, visaed, certified or similar will be satisfied by any signature, mark, stamp or label on the document which appears to satisfy that requirement.

Branches of a bank in different countries are considered to be separate banks.

Terms such as "first class", "well known", "qualified", "independent", "official", "competent" or "local" used to describe the issuer of a document allow any issuer except the beneficiary to issue that document.

Unless required to be used in a document, words such as "prompt", "immediately" or "as soon as possible" will be disregarded.

The expression "on or about" or similar will be interpreted as a stipulation that an event is to occur during a period of five calendar days before until five calendar days after the specified date, both start and end dates included.

The words "to", "until", "till", "from" and "between" when used to determine a period of shipment include the date or dates mentioned, and the words "before" and "after" exclude the date mentioned.

The words "from" and "after" when used to determine a maturity date exclude the date mentioned.

The terms "first half" and "second half" of a month shall be construed respectively as the 1st to the 15th and the 16th to the last day of the month, all dates inclusive.

The terms "beginning", "middle" and "end" of a month shall be construed respectively as the 1st to the 10th, the 11th to the 20th and the 21st to the last day of the month, all dates inclusive.

Article 4 Credits v. Contracts

a. A credit by its nature is a separate transaction from the sale or other contract on which it may be based. Banks are in no way concerned with or bound by such contract, even if any reference whatsoever to it is included in the credit. Consequently, the undertaking of a bank to honour, to negotiate or to fulfil any other obligation under the credit is not subject to claims or defences by the applicant resulting from its relationships with the issuing bank or the beneficiary.

   A beneficiary can in no case avail itself of the contractual relationships existing between banks or between the applicant and the issuing bank.

b. An issuing bank should discourage any attempt by the applicant to include, as an integral part of the credit, copies of the underlying contract, proforma invoice and the like.

Article 5 Documents v. Goods, Services or Performance

Banks deal with documents and not with goods, services or performance to which the documents may relate.

Article 6 Availability, Expiry Date and Place for Presentation

a. A credit must state the bank with which it is available or whether it is available with any bank. A credit available with a nominated bank is also available with the issuing bank.
b. A credit must state whether it is available by sight payment, deferred payment, acceptance or negotiation.
c. A credit must not be issued available by a draft drawn on the applicant.
d. i. A credit must state an expiry date for presentation. An expiry date stated for honour or negotiation will be deemed to be an expiry date for presentation.
   ii. The place of the bank with which the credit is available is the place for presentation. The place for presentation under a credit available with any bank is that of any bank. A place for presentation other than that of the issuing bank is in addition to the place of the issuing bank.
e. Except as provided in sub-article 29 (a), a presentation by or on behalf of the beneficiary must be made on or before the expiry date.

Article 7 Issuing Bank Undertaking

a. Provided that the stipulated documents are presented to the nominated bank or to the issuing bank and that they constitute a complying presentation, the issuing bank must honour if the credit is available by:
   i. sight payment, deferred payment or acceptance with the issuing bank;
   ii. sight payment with a nominated bank and that nominated bank does not pay;
   iii. deferred payment with a nominated bank and that nominated bank does not incur its deferred payment undertaking or, having incurred its deferred payment undertaking, does not pay at maturity;
   iv. acceptance with a nominated bank and that nominated bank does not accept a draft drawn on it or, having accepted a draft drawn on it, does not pay at maturity;
   v. negotiation with a nominated bank and that nominated bank does not negotiate.
b. An issuing bank is irrevocably bound to honour as of the time it issues the credit.
c. An issuing bank undertakes to reimburse a nominated bank that has honoured or negotiated a complying presentation and forwarded the documents to the issuing bank. Reimbursement for the amount of a complying presentation under a credit available by acceptance or deferred payment is due at maturity, whether or not the nominated bank prepaid or purchased before maturity. An issuing bank's undertaking to reimburse a nominated bank is independent of the issuing bank's undertaking to the beneficiary.

Article 8 Confirming Bank Undertaking

a. Provided that the stipulated documents are presented to the confirming bank or to any other nominated bank and that they constitute a complying presentation, the confirming bank must:
   i. honour, if the credit is available by
      a. sight payment, deferred payment or acceptance with the confirming bank;
      b. sight payment with another nominated bank and that nominated bank does not pay;
      c. deferred payment with another nominated bank and that nominated bank does not incur its deferred payment undertaking or, having incurred its deferred payment

undertaking, does not pay at maturity;

d. acceptance with another nominated bank and that nominated bank does not accept a draft drawn on it or, having accepted a draft drawn on it, does not pay at maturity;

e. negotiation with another nominated bank and that nominated bank does not negotiate.

ii. negotiate, without recourse, if the credit is available by negotiation with the confirming bank.

b. A confirming bank is irrevocably bound to honour or negotiate as of the time it adds its confirmation to the credit.

c. A confirming bank undertakes to reimburse another nominated bank that has honoured or negotiated a complying presentation and forwarded the documents to the confirming bank. Reimbursement for the amount of a complying presentation under a credit available by acceptance or deferred payment is due at maturity, whether or not another nominated bank prepaid or purchased before maturity. A confirming bank's undertaking to reimburse another nominated bank is independent of the confirming bank's undertaking to the beneficiary.

d. If a bank is authorized or requested by the issuing bank to confirm a credit but is not prepared to do so, it must inform the issuing bank without delay and may advise the credit without confirmation.

Article 9 Advising of Credits and Amendments

a. A credit and any amendment may be advised to a beneficiary through an advising bank. An advising bank that is not a confirming bank advises the credit and any amendment without any undertaking to honour or negotiate.

b. By advising the credit or amendment, the advising bank signifies that it has satisfied itself as to the apparent authenticity of the credit or amendment and that the advice accurately reflects the terms and conditions of the credit or amendment received.

c. An advising bank may utilize the services of another bank ("second advising bank") to advise the credit and any amendment to the beneficiary. By advising the credit or amendment, the second advising bank signifies that it has satisfied itself as to the apparent authenticity of the advice it has received and that the advice accurately reflects the terms and conditions of the credit or amendment received.

d. A bank utilizing the services of an advising bank or second advising bank to advise a credit must use the same bank to advise any amendment thereto.

e. If a bank is requested to advise a credit or amendment but elects not to do so, it must so inform, without delay, the bank from which the credit, amendment or advice has been received.

f. If a bank is requested to advise a credit or amendment but cannot satisfy itself as to the apparent authenticity of the credit, the amendment or the advice, it must so inform, without delay, the bank from which the instructions appear to have been received. If the advising bank or second advising bank elects nonetheless to advise the credit or amendment, it must inform the beneficiary or second advising bank that it has not been able to satisfy itself as to the apparent authenticity of the credit, the amendment or the advice.

Article 10 Amendments

a. Except as otherwise provided by article 38, a credit can neither be amended nor cancelled without the agreement of the issuing bank, the confirming bank, if any, and the beneficiary.
b. An issuing bank is irrevocably bound by an amendment as of the time it issues the amendment. A confirming bank may extend its confirmation to an amendment and will be irrevocably bound as of the time it advises the amendment. A confirming bank may, however, choose to advise an amendment without extending its confirmation and, if so, it must inform the issuing bank without delay and inform the beneficiary in its advice.
c. The terms and conditions of the original credit (or a credit incorporating previously accepted amendments) will remain in force for the beneficiary until the beneficiary communicates its acceptance of the amendment to the bank that advised such amendment. The beneficiary should give notification of acceptance or rejection of an amendment. If the beneficiary fails to give such notification, a presentation that complies with the credit and to any not yet accepted amendment will be deemed to be notification of acceptance by the beneficiary of such amendment. As of that moment the credit will be amended.
d. A bank that advises an amendment should inform the bank from which it received the amendment of any notification of acceptance or rejection.
e. Partial acceptance of an amendment is not allowed and will be deemed to be notification of rejection of the amendment.
f. A provision in an amendment to the effect that the amendment shall enter into force unless rejected by the beneficiary within a certain time shall be disregarded.

Article 11 Teletransmitted and Pre-Advised Credits and Amendments

a. An authenticated teletransmission of a credit or amendment will be deemed to be the operative credit or amendment, and any subsequent mail confirmation shall be disregarded. If a teletransmission states "full details to follow" (or words of similar effect), or states that the mail confirmation is to be the operative credit or amendment, then the teletransmission will not be deemed to be the operative credit or amendment. The issuing bank must then issue the operative credit or amendment without delay in terms not inconsistent with the teletransmission.
b. A preliminary advice of the issuance of a credit or amendment ("pre-advice") shall only be sent if the issuing bank is prepared to issue the operative credit or amendment. An issuing bank that sends a pre-advice is irrevocably committed to issue the operative credit or amendment, without delay, in terms not inconsistent with the pre-advice.

Article 12 Nomination

a. Unless a nominated bank is the confirming bank, an authorization to honour or negotiate does not impose any obligation on that nominated bank to honour or negotiate, except when expressly agreed to by that nominated bank and so communicated to the beneficiary.
b. By nominating a bank to accept a draft or incur a deferred payment undertaking, an issuing bank authorizes that nominated bank to prepay or purchase a draft accepted or a deferred payment undertaking incurred by that nominated bank.
c. Receipt or examination and forwarding of documents by a nominated bank that is not a confirming bank does not make that nominated bank liable to honour or negotiate, nor does it constitute honour or negotiation.

Article 13 Bank-to-Bank Reimbursement Arrangements

a. If a credit states that reimbursement is to be obtained by a nominated bank ("claiming bank") claiming on another party ("reimbursing bank"), the credit must state if the reimbursement is subject to the ICC rules for bank-to-bank reimbursements in effect on the date of issuance of the credit.

b. If a credit does not state that reimbursement is subject to the ICC rules for bank-to-bank reimbursements, the following apply:

 i. An issuing bank must provide a reimbursing bank with a reimbursement authorization that conforms with the availability stated in the credit. The reimbursement authorization should not be subject to an expiry date.

 ii. A claiming bank shall not be required to supply a reimbursing bank with a certificate of compliance with the terms and conditions of the credit.

 iii. An issuing bank will be responsible for any loss of interest, together with any expenses incurred, if reimbursement is not provided on first demand by a reimbursing bank in accordance with the terms and conditions of the credit.

 iv. A reimbursing bank's charges are for the account of the issuing bank. However, if the charges are for the account of the beneficiary, it is the responsibility of an issuing bank to so indicate in the credit and in the reimbursement authorization. If a reimbursing bank's charges are for the account of the beneficiary, they shall be deducted from the amount due to a claiming bank when reimbursement is made. If no reimbursement is made, the reimbursing bank's charges remain the obligation of the issuing bank.

c. An issuing bank is not relieved of any of its obligations to provide reimbursement if reimbursement is not made by a reimbursing bank on first demand.

Article 14 Standard for Examination of Documents

a. A nominated bank acting on its nomination, a confirming bank, if any, and the issuing bank must examine a presentation to determine, on the basis of the documents alone, whether or not the documents appear on their face to constitute a complying presentation.

b. A nominated bank acting on its nomination, a confirming bank, if any, and the issuing bank shall each have a maximum of five banking days following the day of presentation to determine if a presentation is complying. This period is not curtailed or otherwise affected by the occurrence on or after the date of presentation of any expiry date or last day for presentation.

c. A presentation including one or more original transport documents subject to articles 19, 20, 21, 22, 23, 24 or 25 must be made by or on behalf of the beneficiary not later than 21 calendar days after the date of shipment as described in these rules, but in any event not later than the expiry date of the credit.

d. Data in a document, when read in context with the credit, the document itself and international standard banking practice, need not be identical to, but must not conflict with, data in that document, any other stipulated document or the credit.

e. In documents other than the commercial invoice, the description of the goods, services or performance, if stated, may be in general terms not conflicting with their description in the credit.

f. If a credit requires presentation of a document other than a transport document, insurance

combined transport document), however named, must appear to:

i. indicate the name of the carrier and be signed by:
- the carrier or a named agent for or on behalf of the carrier, or
- the master or a named agent for or on behalf of the master.

Any signature by the carrier, master or agent must be identified as that of the carrier, master or agent.

Any signature by an agent must indicate whether the agent has signed for or on behalf of the carrier or for or on behalf of the master.

ii. indicate that the goods have been dispatched, taken in charge or shipped on board at the place stated in the credit, by:
- pre-printed wording, or
- a stamp or notation indicating the date on which the goods have been dispatched, taken in charge or shipped on board.

The date of issuance of the transport document will be deemed to be the date of dispatch, taking in charge or shipped on board, and the date of shipment. However, if the transport document indicates, by stamp or notation, a date of dispatch, taking in charge or shipped on board, this date will be deemed to be the date of shipment.

iii. indicate the place of dispatch, taking in charge or shipment and he place of final destination stated in the credit, even if:

a. the transport document states, in addition, a different place of dispatch, taking in charge or shipment or place of final destination,

or

b. the transport document contains the indication "intended" or similar qualification in relation to the vessel, port of loading or port of discharge.

iv. be the sole original transport document or, if issued in more than one original, be the full set as indicated on the transport document.

v. contain terms and conditions of carriage or make reference to another source containing the terms and conditions of carriage (short form or blank back transport document). Contents of terms and conditions of carriage will not be examined.

vi. contain no indication that it is subject to a charter party.

b. For the purpose of this article, transhipment means unloading from one means of conveyance and reloading to another means of conveyance (whether or not in different modes of transport) during the carriage from the place of dispatch, taking in charge or shipment to the place of final destination stated in the credit.

c. i. A transport document may indicate that the goods will or may be transhipped provided that the entire carriage is covered by one and the same transport document.

ii. A transport document indicating that transhipment will or may take place is acceptable, even if the credit prohibits transhipment.

Article 20 Bill of Lading

a. A bill of lading, however named, must appear to:

i. indicate the name of the carrier and be signed by:
- the carrier or a named agent for or on behalf of the carrier, or
- the master or a named agent for or on behalf of the master.

Any signature by the carrier, master or agent must be identified as that of the carrier, master or agent.

Any signature by an agent must indicate whether the agent has signed for or on behalf of the carrier or for or on behalf of the master.

ii. indicate that the goods have been shipped on board a named vessel at the port of loading stated in the credit by:
- pre-printed wording, or
- an on board notation indicating the date on which the goods have been shipped on board.

The date of issuance of the bill of lading will be deemed to be the date of shipment unless the bill of lading contains an on board notation indicating the date of shipment, in which case the date stated in the on board notation will be deemed to be the date of shipment.

If the bill of lading contains the indication "intended vessel" or similar qualification in relation to the name of the vessel, an on board notation indicating the date of shipment and the name of the actual vessel is required.

iii. indicate shipment from the port of loading to the port of discharge stated in the credit. If the bill of lading does not indicate the port of loading stated in the credit as the port of loading, or if it contains the indication "intended" or similar qualification in relation to the port of loading, an on board notation indicating the port of loading as stated in the credit, the date of shipment and the name of the vessel is required. This provision applies even when loading on board or shipment on a named vessel is indicated by pre-printed wording on the bill of lading.

iv. be the sole original bill of lading or, if issued in more than one original, be the full set as indicated on the bill of lading.

v. contain terms and conditions of carriage or make reference to another source containing the terms and conditions of carriage (short form or blank back bill of lading). Contents of terms and conditions of carriage will not be examined.

vi. contain no indication that it is subject to a charter party.

b. For the purpose of this article, transhipment means unloading from one vessel and reloading to another vessel during the carriage from the port of loading to the port of discharge stated in the credit.

c. i. A bill of lading may indicate that the goods will or may be transhipped provided that the entire carriage is covered by one and the same bill of lading.

ii. A bill of lading indicating that transhipment will or may take place is acceptable, even if the credit prohibits transhipment, if the goods have been shipped in a container, trailer or LASH barge as evidenced by the bill of lading.

d. Clauses in a bill of lading stating that the carrier reserves the right to tranship will be disregarded.

Article 21 Non-Negotiable Sea Waybill

a. A non-negotiable sea waybill, however named, must appear to:

i. indicate the name of the carrier and be signed by:
- the carrier or a named agent for or on behalf of the carrier, or
- the master or a named agent for or on behalf of the master.

Any signature by the carrier, master or agent must be identified as that of the carrier, master or agent.

Any signature by an agent must indicate whether the agent has signed for or on behalf of the carrier or for or on behalf of the master.

ii. indicate that the goods have been shipped on board a named vessel at the port of loading stated in the credit by:

- pre-printed wording, or
- an on board notation indicating the date on which the goods have been shipped on board.

The date of issuance of the non-negotiable sea waybill will be deemed to be the date of shipment unless the non-negotiable sea waybill contains an on board notation indicating the date of shipment, in which case the date stated in the on board notation will be deemed to be the date of shipment.

If the non-negotiable sea waybill contains the indication "intended vessel" or similar qualification in relation to the name of the vessel, an on board notation indicating the date of shipment and the name of the actual vessel is required.

iii. indicate shipment from the port of loading to the port of discharge stated in the credit. If the non-negotiable sea waybill does not indicate the port of loading stated in the credit as the port of loading, or if it contains the indication "intended" or similar qualification in relation to the port of loading, an on board notation indicating the port of loading as stated in the credit, the date of shipment and the name of the vessel is required. This provision applies even when loading on board or shipment on a named vessel is indicated by pre-printed wording on the non-negotiable sea waybill.

iv. be the sole original non-negotiable sea waybill or, if issued in more than one original, be the full set as indicated on the non-negotiable sea waybill.

v. contain terms and conditions of carriage or make reference to another source containing the terms and conditions of carriage (short form or blank back non-negotiable sea waybill). Contents of terms and conditions of carriage will not be examined.

vi. contain no indication that it is subject to a charter party.

b. For the purpose of this article, transhipment means unloading from one vessel and reloading to another vessel during the carriage from the port of loading to the port of discharge stated in the credit.

c. i. A non-negotiable sea waybill may indicate that the goods will or may be transhipped provided that the entire carriage is covered by one and the same non-negotiable sea waybill.

ii. A non-negotiable sea waybill indicating that transhipment will or may take place is acceptable, even if the credit prohibits transhipment, if the goods have been shipped in a container, trailer or LASH barge as evidenced by the non-negotiable sea waybill.

d. Clauses in a non-negotiable sea waybill stating that the carrier reserves the right to tranship will be disregarded.

Article 22 Charter Party Bill of Lading

a. A bill of lading, however named, containing an indication that it is subject to a charter party (charter party bill of lading), must appear to:

i. be signed by:

- the master or a named agent for or on behalf of the master, or
- the owner or a named agent for or on behalf of the owner, or
- the charterer or a named agent for or on behalf of the charterer.

Any signature by the master, owner, charterer or agent must be identified as that of the master, owner, charterer or agent.

Any signature by an agent must indicate whether the agent has signed for or on behalf of the master, owner or charterer.

An agent signing for or on behalf of the owner or charterer must indicate the name of the owner or charterer.

ii. indicate that the goods have been shipped on board a named vessel at the port of loading stated in the credit by:
- pre-printed wording, or
- an on board notation indicating the date on which the goods have been shipped on board.

The date of issuance of the charter party bill of lading will be deemed to be the date of shipment unless the charter party bill of lading contains an on board notation indicating the date of shipment, in which case the date stated in the on board notation will be deemed to be the date of shipment.

iii. indicate shipment from the port of loading to the port of discharge stated in the credit. The port of discharge may also be shown as a range of ports or a geographical area, as stated in the credit.

iv. be the sole original charter party bill of lading or, if issued in more than one original, be the full set as indicated on the charter party bill of lading.

b. A bank will not examine charter party contracts, even if they are required to be presented by the terms of the credit.

Article 23 Air Transport Document

a. An air transport document, however named, must appear to:

i. indicate the name of the carrier and be signed by:
- the carrier, or
- a named agent for or on behalf of the carrier.

Any signature by the carrier or agent must be identified as that of the carrier or agent.

Any signature by an agent must indicate that the agent has signed for or on behalf of the carrier.

ii. indicate that the goods have been accepted for carriage.

iii. indicate the date of issuance. This date will be deemed to be the date of shipment unless the air transport document contains a specific notation of the actual date of shipment, in which case the date stated in the notation will be deemed to be the date of shipment.

Any other information appearing on the air transport document relative to the flight number and date will not be considered in determining the date of shipment.

iv. indicate the airport of departure and the airport of destination stated in the credit.

v. be the original for consignor or shipper, even if the credit stipulates a full set of originals.

vi. contain terms and conditions of carriage or make reference to another source containing the terms and conditions of carriage. Contents of terms and conditions of carriage will not be examined.

b. For the purpose of this article, transhipment means unloading from one aircraft and reloading to another aircraft during the carriage from the airport of departure to the airport of destination stated in the credit.

c. i. An air transport document may indicate that the goods will or may be transhipped, provided that the entire carriage is covered by one and the same air transport document.

   ii. An air transport document indicating that transhipment will or may take place is acceptable, even if the credit prohibits transhipment.

Article 24 Road, Rail or Inland Waterway Transport Documents

a. A road, rail or inland waterway transport document, however named, must appear to:

   i. indicate the name of the carrier and:

   - be signed by the carrier or a named agent for or on behalf of the carrier, or
   - indicate receipt of the goods by signature, stamp or notation by the carrier or a named agent for or on behalf of the carrier.

   Any signature, stamp or notation of receipt of the goods by the carrier or agent must be identified as that of the carrier or agent.

   Any signature, stamp or notation of receipt of the goods by the agent must indicate that the agent has signed or acted for or on behalf of the carrier.

   If a rail transport document does not identify the carrier, any signature or stamp of the railway company will be accepted as evidence of the document being signed by the carrier.

   ii. indicate the date of shipment or the date the goods have been received for shipment, dispatch or carriage at the place stated in the credit. Unless the transport document contains a dated reception stamp, an indication of the date of receipt or a date of shipment, the date of issuance of the transport document will be deemed to be the date of shipment.

   iii. indicate the place of shipment and the place of destination stated in the credit.

b. i. A road transport document must appear to be the original for consignor or shipper or bear no marking indicating for whom the document has been prepared.

   ii. A rail transport document marked "duplicate" will be accepted as an original.

   iii. A rail or inland waterway transport document will be accepted as an original whether marked as an original or not.

c. In the absence of an indication on the transport document as to the number of originals issued, the number presented will be deemed to constitute a full set.

d. For the purpose of this article, transhipment means unloading from one means of conveyance and reloading to another means of conveyance, within the same mode of transport, during the carriage from the place of shipment, dispatch or carriage to the place of destination stated in the credit.

e. i. A road, rail or inland waterway transport document may indicate that the goods will or may be transhipped provided that the entire carriage is covered by one and the same transport document.

   ii. A road, rail or inland waterway transport document indicating that transhipment will or may take place is acceptable, even if the credit prohibits transhipment.

Article 25 Courier Receipt, Post Receipt or Certificate of Posting

a. A courier receipt, however named, evidencing receipt of goods for transport, must appear to:

i. indicate the name of the courier service and be stamped or signed by the named courier service at the place from which the credit states the goods are to be shipped; and

ii. indicate a date of pick-up or of receipt or wording to this effect. This date will be deemed to be the date of shipment.

b. A requirement that courier charges are to be paid or prepaid may be satisfied by a transport document issued by a courier service evidencing that courier charges are for the account of a party other than the consignee.

c. A post receipt or certificate of posting, however named, evidencing receipt of goods for transport, must appear to be stamped or signed and dated at the place from which the credit states the goods are to be shipped. This date will be deemed to be the date of shipment.

Article 26 "On Deck", "Shipper's Load and Count", "Said by Shipper to Contain" and Charges Additional to Freight

a. A transport document must not indicate that the goods are or will be loaded on deck. A clause on a transport document stating that the goods may be loaded on deck is acceptable.

b. A transport document bearing a clause such as "shipper's load and count" and "said by shipper to contain" is acceptable.

c. A transport document may bear a reference, by stamp or otherwise, to charges additional to the freight.

Article 27 Clean Transport Document

A bank will only accept a clean transport document. A clean transport document is one bearing no clause or notation expressly declaring a defective condition of the goods or their packaging. The word "clean" need not appear on a transport document, even if a credit has a requirement for that transport document to be "clean on board".

Article 28 Insurance Document and Coverage

a. An insurance document, such as an insurance policy, an insurance certificate or a declaration under an open cover, must appear to be issued and signed by an insurance company, an underwriter or their agents or their proxies.
Any signature by an agent or proxy must indicate whether the agent or proxy has signed for or on behalf of the insurance company or underwriter.

b. When the insurance document indicates that it has been issued in more than one original, all originals must be presented.

c. Cover notes will not be accepted.

d. An insurance policy is acceptable in lieu of an insurance certificate or a declaration under an open cover.

e. The date of the insurance document must be no later than the date of shipment, unless it appears from the insurance document that the cover is effective from a date not later than the date of shipment.

f. i. The insurance document must indicate the amount of insurance coverage and be in the same currency as the credit.

ii. A requirement in the credit for insurance coverage to be for a percentage of the value of the goods, of the invoice value or similar is deemed to be the minimum amount of coverage required.

If there is no indication in the credit of the insurance coverage required, the amount of insurance coverage must be at least 110% of the CIF or CIP value of the goods.

When the CIF or CIP value cannot be determined from the documents, the amount of insurance coverage must be calculated on the basis of the amount for which honour or negotiation is requested or the gross value of the goods as shown on the invoice, whichever is greater.

iii. The insurance document must indicate that risks are covered at least between the place of taking in charge or shipment and the place of discharge or final destination as stated in the credit.

g. A credit should state the type of insurance required and, if any, the additional risks to be covered. An insurance document will be accepted without regard to any risks that are not covered if the credit uses imprecise terms such as "usual risks" or "customary risks".

h. When a credit requires insurance against "all risks" and an insurance document is presented containing any "all risks" notation or clause, whether or not bearing the heading "all risks", the insurance document will be accepted without regard to any risks stated to be excluded.

i. An insurance document may contain reference to any exclusion clause.

j. An insurance document may indicate that the cover is subject to a franchise or excess (deductible).

Article 29 Extension of Expiry Date or Last Day for Presentation

a. If the expiry date of a credit or the last day for presentation falls on a day when the bank to which presentation is to be made is closed for reasons other than those referred to in article 36, the expiry date or the last day for presentation, as the case may be, will be extended to the first following banking day.

b. If presentation is made on the first following banking day, a nominated bank must provide the issuing bank or confirming bank with a statement on its covering schedule that the presentation was made within the time limits extended in accordance with sub-article 29 (a).

c. The latest date for shipment will not be extended as a result of sub-article 29 (a).

Article 30 Tolerance in Credit Amount, Quantity and Unit Prices

a. The words "about" or "approximately" used in connection with the amount of the credit or the quantity or the unit price stated in the credit are to be construed as allowing a tolerance not to exceed 10% more or 10% less than the amount, the quantity or the unit price to which they refer.

b. A tolerance not to exceed 5% more or 5% less than the quantity of the goods is allowed, provided the credit does not state the quantity in terms of a stipulated number of packing units or individual items and the total amount of the drawings does not exceed the amount of the credit.

c. Even when partial shipments are not allowed, a tolerance not to exceed 5% less than the amount of the credit is allowed, provided that the quantity of the goods, if stated in the credit, is shipped in full and a unit price, if stated in the credit, is not reduced or that sub-article 30 (b) is not applicable. This tolerance does not apply when the credit stipulates a specific tolerance or uses the expressions referred to in sub-article 30 (a).

Article 31 Partial Drawings or Shipments

a. Partial drawings or shipments are allowed.

b. A presentation consisting of more than one set of transport documents evidencing shipment commencing on the same means of conveyance and for the same journey, provided they indicate the same destination, will not be regarded as covering a partial shipment, even if they indicate different dates of shipment or different ports of loading, places of taking in charge or dispatch. If the presentation consists of more than one set of transport documents, the latest date of shipment as evidenced on any of the sets of transport documents will be regarded as the date of shipment.

A presentation consisting of one or more sets of transport documents evidencing shipment on more than one means of conveyance within the same mode of transport will be regarded as covering a partial shipment, even if the means of conveyance leave on the same day for the same destination.

c. A presentation consisting of more than one courier receipt, post receipt or certificate of posting will not be regarded as a partial shipment if the courier receipts, post receipts or certificates of posting appear to have been stamped or signed by the same courier or postal service at the same place and date and for the same destination.

Article 32 Instalment Drawings or Shipments

If a drawing or shipment by instalments within given periods is stipulated in the credit and any instalment is not drawn or shipped within the period allowed for that instalment, the credit ceases to be available for that and any subsequent instalment.

Article 33 Hours of Presentation

A bank has no obligation to accept a presentation outside of its banking hours.

Article 34 Disclaimer on Effectiveness of Documents

A bank assumes no liability or responsibility for the form, sufficiency, accuracy, genuineness, falsification or legal effect of any document, or for the general or particular conditions stipulated in a document or superimposed thereon; nor does it assume any liability or responsibility for the description, quantity, weight, quality, condition, packing, delivery, value or existence of the goods, services or other performance represented by any document, or for the good faith or acts or omissions, solvency, performance or standing of the consignor, the carrier, the forwarder, the consignee or the insurer of the goods or any other person.

Article 35 Disclaimer on Transmission and Translation

A bank assumes no liability or responsibility for the consequences arising out of delay, loss in transit, mutilation or other errors arising in the transmission of any messages or delivery of letters or documents, when such messages, letters or documents are transmitted or sent according to the requirements stated in the credit, or when the bank may have taken the initiative in the choice of the delivery service in the absence of such instructions in the credit.

If a nominated bank determines that a presentation is complying and forwards the documents to the issuing bank or confirming bank, whether or not the nominated bank has honoured or negotiated, an issuing bank or confirming bank must honour or negotiate, or reimburse that nominated bank, even when the documents have been lost in transit between the nominated bank and the issuing bank or confirming bank, or between the confirming bank and the issuing bank.

A bank assumes no liability or responsibility for errors in translation or interpretation of technical terms and may transmit credit terms without translating them.

Article 36 Force Majeure

A bank assumes no liability or responsibility for the consequences arising out of the interruption of its business by Acts of God, riots, civil commotions, insurrections, wars, acts of terrorism, or by any strikes or lockouts or any other causes beyond its control.

A bank will not, upon resumption of its business, honour or negotiate under a credit that expired during such interruption of its business.

Article 37 Disclaimer for Acts of an Instructed Party

a. A bank utilizing the services of another bank for the purpose of giving effect to the instructions of the applicant does so for the account and at the risk of the applicant.

b. An issuing bank or advising bank assumes no liability or responsibility should the instructions it transmits to another bank not be carried out, even if it has taken the initiative in the choice of that other bank.

c. A bank instructing another bank to perform services is liable for any commissions, fees, costs or expenses ("charges") incurred by that bank in connection with its instructions.

   If a credit states that charges are for the account of the beneficiary and charges cannot be collected or deducted from proceeds, the issuing bank remains liable for payment of charges.

   A credit or amendment should not stipulate that the advising to a beneficiary is conditional upon the receipt by the advising bank or second advising bank of its charges.

d. The applicant shall be bound by and liable to indemnify a bank against all obligations and responsibilities imposed by foreign laws and usages.

Article 38 Transferable Credits

a. A bank is under no obligation to transfer a credit except to the extent and in the manner expressly consented to by that bank.

b. For the purpose of this article:

   Transferable credit means a credit that specifically states it is "transferable". A transferable credit may be made available in whole or in part to another beneficiary ("second beneficiary") at the request of the beneficiary ("first beneficiary").

   Transferring bank means a nominated bank that transfers the credit or, in a credit available with any bank, a bank that is specifically authorized by the issuing bank to transfer and that transfers the credit. An issuing bank may be a transferring bank.

   Transferred credit means a credit that has been made available by the transferring bank to a second beneficiary.

c. Unless otherwise agreed at the time of transfer, all charges (such as commissions, fees, costs or expenses) incurred in respect of a transfer must be paid by the first beneficiary.

d. A credit may be transferred in part to more than one second beneficiary provided partial drawings or shipments are allowed.

   A transferred credit cannot be transferred at the request of a second beneficiary to any subsequent beneficiary. The first beneficiary is not considered to be a subsequent beneficiary.

e. Any request for transfer must indicate if and under what conditions amendments may be advised to the second beneficiary. The transferred credit must clearly indicate those conditions.
f. If a credit is transferred to more than one second beneficiary, rejection of an amendment by one or more second beneficiary does not invalidate the acceptance by any other second beneficiary, with respect to which the transferred credit will be amended accordingly. For any second beneficiary that rejected the amendment, the transferred credit will remain unamended.
g. The transferred credit must accurately reflect the terms and conditions of the credit, including confirmation, if any, with the exception of:
   - the amount of the credit,
   - any unit price stated therein,
   - the expiry date,
   - the period for presentation, or
   - the latest shipment date or given period for shipment,

   any or all of which may be reduced or curtailed.

   The percentage for which insurance cover must be effected may be increased to provide the amount of cover stipulated in the credit or these articles.

   The name of the first beneficiary may be substituted for that of the applicant in the credit. If the name of the applicant is specifically required by the credit to appear in any document other than the invoice, such requirement must be reflected in the transferred credit.
h. The first beneficiary has the right to substitute its own invoice and draft, if any, for those of a second beneficiary for an amount not in excess of that stipulated in the credit, and upon such substitution the first beneficiary can draw under the credit for the difference, if any, between its invoice and the invoice of a second beneficiary.
i. If the first beneficiary is to present its own invoice and draft, if any, but fails to do so on first demand, or if the invoices presented by the first beneficiary create discrepancies that did not exist in the presentation made by the second beneficiary and the first beneficiary fails to correct them on first demand, the transferring bank has the right to present the documents as received from the second beneficiary to the issuing bank, without further responsibility to the first beneficiary.
j. The first beneficiary may, in its request for transfer, indicate that honour or negotiation is to be effected to a second beneficiary at the place to which the credit has been transferred, up to and including the expiry date of the credit. This is without prejudice to the right of the first beneficiary in accordance with sub-article 38 (h).
k. Presentation of documents by or on behalf of a second beneficiary must be made to the transferring bank.

Article 39 Assignment of Proceeds

The fact that a credit is not stated to be transferable shall not affect the right of the beneficiary to assign any proceeds to which it may be or may become entitled under the credit, in accordance with the provisions of applicable law. This article relates only to the assignment of proceeds and not to the assignment of the right to perform under the credit.

한글색인

ㄱ

ㅅ

ㅇ

ㅈ

영문색인

A

B

D

G

H

I

N

O

P

T

[저 자 약 력]

이 시 환

저자약력

- 경영학박사(중앙대학교)
- 숭실대 · 경희대 · 단국대 · 중앙대 · 국세공무원교육원 등 강사
- 단국대 대학원 · 외대 무역대학원 · 건대 경영대학원 강사
- 행정고시 · 관세사자격시험 · 해무사시험 · 보험중개사시험 · 대한상공회의소 무역영어검정시험 등 출제위원
- 대한상사중재원 중재인
- 한국국제상학회 회장 · 한국무역상무학회 부회장 · 한국무역학회 감사
- 경원대학교 경상대학장 역임
- 현, 가천대학교 글로벌경제학과 명예교수

저서

- 무역요론(신양사, 1978)
- 무역실무강의(신양사, 1981)
- 무역학개론(공저, 경문사, 1982)
- 무역보험론(대왕사, 1983)
- 무역학연습(동성사, 1986)
- 무역운송론(대왕사, 1990)
- 무역계약론(대왕사, 1997)
- 신무역보험론(대왕사, 1998)

이 원 정

저자약력

- 경영학박사(중앙대학교)
- 두양상선 및 두양리미티드 기획실장
- 덕성여대 · 중앙대 강사
- 물류관리사 · 국제무역사 출제 및 선정위원
- 대한상사중재원 중재인
- 한국해법학회 집행이사 · 한국국제상학회 상무이사 · 한국무역학회 이사 · 해상보험법연구회 이사
- 미국 UNC Chapel Hill 방문교수
- 현, 덕성여자대학교 사회과학대학 국제통상학과 교수
  해양수산부, 해사안전법제포럼 위원

저서

- 용선계약실무(박영사, 2009)

무역실무강의[제2판]

2013년 2월 25일 1판 1쇄 발행
2020년 2월 25일 2판 1쇄 인쇄
2020년 2월 28일 2판 1쇄 발행

저 자 이시환 · 이원정
발행인 고 성 익
조 판 플 러 스

05027
발행처 서울특별시 광진구 아차산로 335 삼영빌딩
도서출판 三 英 社
등 록 1972년 4월 27일 제2013-21호
전 화 737-1052 · 734-8979 FAX 739-2386

정가 33,000원
ISBN 978-89-445-0499-0-93320